ENGENHEIROS DA VITÓRIA

A marca FSC® é a garantia de que a madeira utilizada na fabricação do papel deste livro provém de florestas que foram gerenciadas de maneira ambientalmente correta, socialmente justa e economicamente viável, além de outras fontes de origem controlada.

PAUL KENNEDY

Engenheiros da vitória

*Os responsáveis pela reviravolta
na Segunda Guerra Mundial*

Tradução
Jairo Arco e Flexa

1ª reimpressão

Copyright © 2013 by Paul Kennedy

Grafia atualizada segundo o Acordo Ortográfico da Língua Portuguesa de 1990, que entrou em vigor no Brasil em 2009.

Título original
Engineers of Victory: The Problem Solvers Who Turned the Tide in the Second World War

Foto de capa
Acima: Corbis/ Latinstock
Abaixo: Getty Images

Foto da quarta capa
© IWM (MH-006547)

Revisão técnica
Claudio Lucchesi

Preparação
Flavia Lago

Índice remissivo
Luciano Marchiori

Revisão
Huendel Viana
Ana Maria Barbosa

Dados Internacionais de Catalogação na Publicação (CIP)
(Câmara Brasileira do Livro, SP, Brasil)

Kennedy, Paul
    Engenheiros da vitória : Os responsáveis pela reviravolta na Segunda Guerra Mundial / Paul Kennedy ; tradução Jairo Arco e Flexa — 1ª ed. — São Paulo : Companhia das Letras, 2014.

    Título original : Engineers of Victory : The Problem Solvers Who Turned the Tide in the Second World War.

    ISBN 978-85-359-2372-8

    1. Alemanha - Forças Armadas - História — Guerra Mundial, 1939-1945 2. Guerra Mundial, 1939-1945 — Campanhas 3. Guerra Mundial, 1939-1945 — Operação naval 4. Guerra Mundial, 1939-1945 — Operações aéreas I. Título.

13-12890   CDD-940.54

Índice para catálogo sistemático:
1. Guerra Mundial : 1939-1945 : Campanhas   940.54

[2016]
Todos os direitos desta edição reservados à
EDITORA SCHWARCZ S.A.
Rua Bandeira Paulista, 702, cj. 32
04532-002 — São Paulo — SP
Telefone: (11) 3707-3500
Fax: (11) 3707-3501
www.companhiadasletras.com.br
www.blogdacompanhia.com.br
facebook.com/companhiadasletras
instagram.com/companhiadasletras
twitter.com/cialetras

Para Cynthia

O jovem Alexandre conquistou a Índia
Não teve ajuda de ninguém?

César derrotou os gauleses
Ele não levou consigo nem um cozinheiro?

Extraído do poema "Fragen eines lesenden Arbeiters" (1935), de Bertold Brecht, no qual ele imagina um jovem trabalhador alemão começando a ler vários livros de história e ficando intrigado porque eles contam principalmente a história de grandes homens.

Sumário

Mapas e gráficos 11

Introdução 13
1. Como conduzir comboios com segurança pelo Atlântico 31
2. Como conquistar o domínio aéreo 107
3. Como deter uma Blitzkrieg 184
4. Como avançar numa praia dominada pelo inimigo 259
5. Como derrotar a "tirania da distância". 334
Conclusão: Solução de problemas na história 407

Agradecimentos 429
Notas 433
Referências bibliográficas 457
Crédito das imagens 467
Índice remissivo 469

Mapas e gráficos

Localização dos navios mercantes do Império Britânico, novembro de 1937 [pp. 36-7]
A lacuna aérea do Atlântico Norte e os comboios [pp. 66-7]
Perdas de submarinos vs. Perdas de navios mercantes no Atlântico Norte, 1943 [p. 73]
A mais feroz batalha de comboios? [pp. 74-5]
Rede de controle do Comando de Caças, por volta de 1940 [p. 125]
Autonomia de voo crescente dos caças de escolta [p. 166]
Baixas de pilotos de caça ases da aviação da Luftwaffe, de março a maio de 1944 [p. 169]
As ofensivas dos exércitos anglo-americanos no Norte da África e no Sul da Itália [pp. 210-1]
A rápida expansão da Alemanha no leste, de julho a dezembro de 1941 [pp. 214-5]
Avanços do Exército Vermelho durante a Operação Bagration, de junho a agosto de 1944 [pp. 250-1]
Desembarques britânicos em Madagascar, maio de 1942 [p. 275]
As rotas marítimas anglo-americanas para a Operação Torch, novembro de 1942 [p. 283]

As invasões do Dia D, 6 de junho de 1944 [pp. 302-3]
A expansão do Império Japonês em seu apogeu, 1942 [pp. 340-1]
As quatro opções do contra-ataque aliado a Tóquio após 1942-3 [p. 348]
A geografia da história: Recursos e posições aliadas na Segunda Guerra Mundial [p. 421]

Introdução

Este é um livro sobre a Segunda Guerra Mundial que propõe um novo caminho para a abordagem desse conflito épico. Não se trata de mais uma história geral da guerra; ele não destaca uma campanha isolada, nem um único líder militar. Antes, seu foco é a solução de problemas e seus solucionadores, e ele se concentra nos anos intermediários do conflito, a partir aproximadamente do final de 1942 até meados do verão de 1944.

Num livro complexo como este, é preferível deixar claro logo no começo aquilo que ele *não é* e aquilo que *não* pretende. O trabalho resiste a todas as tentativas de reducionismo, como atribuir a vitória na guerra apenas à força ou a uma arma miraculosa qualquer de algum sistema mágico de decifração de códigos do inimigo. Alegações de que a guerra foi vencida pelos bombardeiros da Força Aérea Real (Royal Air Force, RAF), pelos tanques T-34 do Exército Vermelho ou pelas táticas de combate anfíbio dos Fuzileiros Navais dos Estados Unidos são tratadas de forma respeitosa e com cuidado nas páginas que se seguem, porém nenhuma dessas explicações domina o livro. E nem deveriam. A Segunda Guerra Mundial foi de uma complexidade muitíssimo maior, tendo sido travada em tantos teatros de operações e de maneiras tão diferentes que o estudioso inteligente deve simplesmente buscar uma explicação com muitas causas para o fato de os Aliados terem vencido.

Essa complexidade reflete-se nos cinco capítulos a seguir. Cada um deles conta uma história sobre como um pequeno grupo de indivíduos e instituições, tanto civis como militares, foi bem-sucedido em sua tarefa de permitir que seus líderes políticos alcançassem a vitória naqueles críticos anos intermediários da Segunda Guerra Mundial. Esses capítulos abordam quais eram os problemas operacionais-militares, quem os solucionou, como foram capazes de fazer as coisas funcionarem, e assim, por que seu trabalho constitui um importante tema a ser estudado. A história começa na Conferência de Casablanca em janeiro de 1943, quando o pensamento estratégico inicial dos Aliados evoluiu para um planejamento muito mais amplo e coeso rumo à derrota das forças do Eixo, e termina cerca de dezessete meses depois, em junho-julho de 1944, quando, de maneira notável, os cinco desafios operacionais já haviam sido vencidos ou estavam encaminhados para o pleno êxito. É uma análise de como grandes estratégias traçadas no papel conseguem tornar-se realidade em termos práticos, com a alegação explícita de que as vitórias não podem ser compreendidas sem o reconhecimento de como esses sucessos foram projetados e de que pessoas o fizeram. De acordo com essa concepção, a palavra "engenheiros" aqui não se refere apenas àqueles com um diploma ou um doutorado em engenharia (embora o fundador dos Seabees — unidade militar de engenharia da Marinha norte-americana responsável pela construção de bases navais e de aviação em zonas de combate —, o almirante Ben Moreell, e o inventor do detector de minas, Józef Kosacki, sem dúvida tivessem esse título), mas deve ser entendida segundo a definição mais ampla do dicionário *Webster*, como "a pessoa que executa determinada tarefa por meio de um dispositivo engenhoso ou extremamente criativo". A possibilidade de transferir para grandes organizações não militares o sentido que o livro atribui ao termo se tornará evidente.

Naturalmente, os cinco capítulos, por si, não começam em janeiro de 1943 (e nem poderiam), pois em cada caso há uma história prévia que ajudará o leitor a compreender o pano de fundo e os contornos da análise que irá se seguir. Mesmo assim, os capítulos não obedecem a uma estrutura simples e mecânica. Conduzir navios mercantes ao longo do oceano (primeiro capítulo) e desembarcar em praias dominadas pelo inimigo (quarto capítulo) são desafios militares existentes há tanto tempo, dependendo de tantos princípios e tantas lições de combates passados, que tais capítulos merecem uma introdução histórica mais ampla. Por outro lado, ter de enfrentar as técnicas de guerra blindada das Forças Armadas alemãs (terceiro capítulo) e ser abatido por caças inimigos (segundo capítulo) constituem experiências tão recentes que esses dois trechos começam com fatos pitorescos relativos ao ano de 1943. O quinto capítulo situa-se mais ou menos no meio desse caminho. Resolver o problema de transportar grandes contingentes de soldados ao longo do Pacífico depois de 1941 sem dúvida exigia novas armas e organizações, mas tal desafio operacional já era objeto de estudo por duas décadas, necessitando de uma introdução adequada.

Em contrapartida, cada capítulo encerra-se de maneira um tanto rápida depois de junho-julho de 1944. Há pouca cobertura acerca de como a guerra desemboca em Berlim e Hiroshima, mas o argumento deste livro se completa por volta de julho de 1944. A maré de fato virou naquele período crítico de um ano e meio, e não havia ações desesperadas por parte de Berlim ou de Tóquio que fossem capazes de deter o ímpeto das novas ondas.

Há uma série de razões para se escrever um livro. No meu caso, um longo período de pesquisa e de escrita durante a década de 1990, para contribuir com um estudo destinado a aumentar a eficiência das Nações Unidas, foi provavelmente a razão que provocou meu interesse na ideia dos solucionadores de problemas na história.[1] Em seguida, um curso sobre estratégias que ministrei na Universidade de Yale serviu de estímulo a esse interesse de ordem intelectual. Foi um curso muito marcante, de doze meses, no qual foram estudados os grandes clássicos (Sun Tzu, Tucídides, Maquiavel, Clausewitz), mais uma série de exemplos históricos de estratégias que tiveram êxito ou que fracassaram, concluindo com uma análise de problemas mundiais contemporâneos.[2] A justificativa pedagógica para um curso como esse é bem forte: se estamos lecionando para futuros líderes talentosos nas áreas da política, da ação militar, dos negócios e da educação, o período de formação ou quando acabaram de receber seus diplomas é o momento ideal para encarar os estudos de casos mais duradouros e marcantes ao longo da história. Poucos são os primeiros-ministros ou diretores com tempo disponível para estudar Tucídides aos cinquenta ou sessenta anos!

Mas o ensino de estratégias, por sua própria natureza, precisa dirigir-se à estratégia e à política em primeiro plano. Portanto, o que está no nível intermediário, ou de aplicação prática dessas políticas, diversas vezes é considerado algo que ocorreu de forma quase automática, sem ter exigido planejamento prévio.

Grandes líderes mundiais ordenam que alguma coisa seja feita, e então ou ela é realizada ou não se concretiza. É raro que nos debrucemos de maneira aprofundada sobre a mecânica e a dinâmica do êxito ou do fracasso; no entanto trata-se de uma área de pesquisa muito importante, mesmo estando ainda um tanto negligenciada.[3] Para darmos apenas alguns poucos exemplos: historiadores europeus sabem que por surpreendentes oitenta anos Felipe II da Espanha e seus sucessores tentaram subjugar a revolta protestante holandesa, bem ao norte de Madri e separada por muitos rios e muitas cadeias de montanhas da Europa. Quase nunca indagamos, porém, como aquela campanha militar foi conduzida de maneira tão impressionante e bem-sucedida ao longo da "Estrada Espanhola". Os estudiosos também sabem que a Marinha da rainha Elizabeth superou taticamente e derrotou a Invencível Armada espanhola em 1855, superior numericamente, mas não estão cientes de que foi apenas com o drástico e novo projeto dos galeões da rainha, realizado uma década antes por Sir John Hawkins, que aquelas embarcações ganharam a velocidade necessária e o poder de fogo para conseguir tal vitória. O espantoso crescimento do Império Britânico no decorrer do século XVIII está registrado em inúmeros livros, porém em geral sem explicar até que ponto ele foi financiado pelos mercadores de Amsterdam e de outros centros econômicos europeus. Quando a Grã-Bretanha declarou guerra à Alemanha, em agosto de 1914, os historiadores nos contam que aquele mesmo império foi logo posto em alerta militar ao redor do globo, mas dizem pouco sobre o impressionante sistema submarino de comunicação a cabo que executou tal ordem.[4] Grandes estrategistas, líderes e professores, todos eles de maneira semelhante, tendem a aceitar muitos fatos como algo quase automático.

Do mesmo modo, historiadores da Segunda Guerra Mundial também sabem que em janeiro de 1943, em seguida aos bem-sucedidos desembarques no norte da África, Winston Churchill, Franklin Delano Roosevelt e os chefes de Estado reuniram-se em Casablanca para decidir o futuro da guerra, e que foi a partir daqueles intensos debates que as diretrizes tanto políticas quanto operacionais emergiram para consolidar a ampla estratégia anglo-americana. Em termos políticos, o inimigo teria que oferecer rendição incondicional. Com a Alemanha sendo reconhecida como a mais poderosa inimiga, a vitória na Europa significaria a primeira etapa na exigência das forças aliadas, mas o almirante de esquadra Ernest J. King certificou-se de que aquela imposição deveria incluir ao mesmo tempo as operações de retorno no Pacífico e no Extremo Oriente, por mais ambiciosa que parecesse tal exigência. Os aliados russos deveriam receber toda ajuda possível para resistirem às ofensivas nazistas, mesmo que essa ajuda não pudesse incluir reforço direto de operações militares no front oriental. De maneira mais imediata, os navios ocidentais, as forças aéreas e os exércitos teriam que calcular como efetuar sua tripla missão operacional: (1) ganhar controle das rotas marítimas do Atlântico, para que os comboios rumo à Grã-Bretanha pudessem chegar com segurança a seu destino; (2) conquistar o domínio aéreo de todo o centro-oeste da Europa, para que o Reino Unido pudesse atuar não apenas como plataforma de lançamento para a invasão do continente, mas também como plataforma para a destruição aérea sistemática do Terceiro Reich; e (3) forçar passagem através das praias sob domínio do Eixo, levando a luta até o coração europeu. Depois que tudo isso ficou decidido, o presidente dos Estados Unidos e o primeiro-ministro britânico puderam posar para as fotografias da conferência, aprovar as estratégias de ação e voltar para suas casas.[5]

Sabemos também que, pouco mais de um ano depois, todos esses objetivos operacionais haviam sido plenamente conquistados ou estavam a ponto de ser atingidos (a parte da "rendição incondicional" ainda levaria mais um ano). O norte da África foi conquistado, depois a Sicília, em seguida toda a Itália. Manteve-se a política da rendição incondicional, exceto pelo império de Mussolini, que, já entrando em colapso, foi posto fora da guerra com a neutralização da Itália. O princípio da "Alemanha em primeiro lugar" foi mantido intacto e, como se esperava, os Estados Unidos mostraram-se capazes de manter recursos militares tão amplos na Guerra do Pacífico que a rendição do Japão ocorreu apenas três meses após a queda do Terceiro Reich. As rotas marítimas do Atlântico estavam a salvo. Estabelecera-se o domínio aéreo sobre a Europa e com ele veio o crescente bombardeio estratégico sobre a indústria alemã, suas cidades e sua população. A Rússia passou a receber mais ajuda, embora a principal razão para a vitória no front oriental tenham sido seu próprio poder e seus amplos recursos. As forças americanas espalharam-se pelo oceano Pacífico. Em junho de 1944, a França foi por fim invadida e menos de um ano depois os exércitos Aliados encontraram-se ao longo do rio Elba para celebrar sua mútua e árdua vitória na Europa. O que fora decidido em Casablanca estava enfim realizado. Este livro tenta explicar como e por quê.

Como acontece com frequência, as aparências enganam. Não existe uma linha reta unindo a exposição confiante das estratégias de guerra dos Aliados em Casablanca à sua realização. Pois a verdade é que, no começo de 1943, a Grande Aliança não estava em condições de atingir aqueles objetivos declarados. O fato é que em diversos campos de batalha, e sobretudo nas batalhas cruciais pelo comando do mar e do espaço aéreo, a situação piorou muito nos meses que se seguiram à Conferência de Casablanca. A vitória final de 1945 praticamente apagou essa realidade, assim como as derrotas de Felipe II da Espanha e Napoleão tendem a ocultar o quão difíceis essas conquistas pareceram, e foram, para seus adversários no meio desses conflitos.

Na batalha pelo controle das rotas do Atlântico — a campanha que, de acordo com a confissão de Churchill, foi a que lhe causou mais preocupações em toda a guerra —, as perdas de navios mercantes intensificaram-se nos meses seguintes a Casablanca. Em março de 1943, por exemplo, os submarinos do almirante Karl Dönitz afundaram 108 embarcações aliadas num total de 627 mil toneladas, índice de perdas que deixou os planejadores do Almirantado britânico apavorados, em especial por saberem que deveriam enfrentar uma quantidade ainda maior de submarinos alemães no próximo verão. Assim, distantes dos comboios que forneciam quantidades maciças de homens e munição para um segundo front, temia-se que os britânicos não conseguissem combustível suficiente para sua sobrevivência. A menos e até que esse perigo fosse superado, seria impossível falar em invadir a Europa.

À medida que 1943 avançava, as coisas foram de mal a pior também na campanha de bombardeio estratégico da Alemanha pelos Aliados. Sob a extraordinária reorganização das indústrias de guerra alemãs promovida por Albert Speer, a Luftwaffe — Força Aérea alemã — duplicou seu número de aviões de combate noturno. A célebre tática dos mil bombardeios do marechal do ar Arthur "Bomber" Harris infligiu alguns golpes dramáticos à indústria alemã (Colônia, Hamburgo), porém tantos bombardeiros da RAF também acabaram sendo destruídos ao atacar cidades alemãs mais distantes, que a Força Aérea britânica ficou à beira da paralisia. Nos dezesseis maciços ataques aéreos sobre a capital nazista entre novembro de 1943 e março de 1944, o Comando de Bombardeiros perdeu 1047 aviões e causou danos a 1682 outros. Os ataques diurnos da Força Aérea dos Estados Unidos acabaram causando um índice ainda maior de desgaste por operação. No famoso ataque de 14 de outubro de 1943, por exemplo, sessenta das 291 Fortalezas Voadoras que atacaram as grandes fábricas de rolamentos de Schweinfurt foram derrubadas e outras 138 sofreram danos. As forças aéreas das duas nações tiveram de admitir que a frase feita segundo a qual "o bombardeiro consegue sempre penetrar" estava errada. Resultado: o domínio aéreo aliado tornou-se algo tão ilusório como o domínio marítimo. Sem ambos, entretanto, a derrota da Alemanha não teria sido possível.

De todo modo, o fato é que os Aliados ocidentais não haviam conseguido atingir sua terceira tarefa militar — como desembarcar num litoral em posse do inimigo tendo consigo as capacidades defensivas da "Muralha do Atlântico", como repelir os maciços e inevitáveis contra-ataques da Wehrmacht (Forças Armadas alemãs) contra as cabeças de ponte, e como transportar de 2 milhões a 3 milhões de soldados das praias do canal até o coração da Alemanha. Os desembarques no norte da África anteriores a Casablanca haviam sido relativamente fáceis, uma vez que lá a oposição política e naval da França de Vichy era desprezível, o que, por ironia, talvez tenha contribuído para a atmosfera geral de confiança transmitida em Casablanca por Roosevelt e Churchill (e não tanto pelos experientes Alanbrooke e Dwight Eisenhower). Mas destruir as fortificações alemãs ao longo do litoral do Atlântico vinha a ser tarefa muito diferente, como os principais chefes de Estado deveriam saber, uma vez que a única aventura de ataque que havia testado aquelas defesas — a catastrófica invasão de Dieppe em agosto de 1942 — tivera como resultado a morte ou aprisionamento da maioria das tropas canadenses nela empregadas. Em consequência, a conclusão que os Aliados tiraram daquele ataque foi de que seria praticamente impossível assumir o controle de um ponto de desembarque bem defendido. Mas se a situação fosse de fato essa, onde seria possível desembarcar milhões de homens e milhares de navios? Numa praia aberta, castigada pelas habituais tempestades do Atlântico? Isso tampouco parecia prático. De que maneira, então, o Ocidente poderia invadir a França com êxito — e não apenas ela, mas também o Japão no meio das turbulentas marés do Pacífico?

O desafio de derrotar os contra-ataques alemães sobre as praias de desembarque levanta outra grande indagação: como é possível deter uma Blitzkrieg? Por motivos históricos, operacionais e técnicos, as Forças Armadas alemãs no final dos anos 1930 e princípio de década de 1940 haviam desenvolvido uma forma de dispositivos mistos de guerra (tropas de choque, pequenas armas de combate transportadas com facilidade, unidades motorizadas de infantaria, tanques, Força Aérea tática de suporte) que em pouco tempo dava cabo das defesas inimigas. Os exércitos poloneses, belgas, franceses, dinamarqueses, norugueses, iugoslavos e gregos foram arrasados. Em 1940-1 o orgulhoso Exército britânico foi escorraçado da Europa (Noruega, França e Bélgica, Grécia e Creta) de um modo que não ocorria desde a época em que Maria Tudor havia perdido Calais.

Ao final da Conferência de Casablanca havia, pelo menos, algumas boas-novas relacionadas àquela forma de combate. Nas extremidades ocidentais das fronteiras do Cairo, perto de El Alamein, as forças sob comando britânico haviam detido o avanço do carismático general Erwin Rommel, causando danos às suas principais unidades militares que forçavam o recuo do Exército alemão ao longo do litoral do norte da África. Praticamente ao mesmo tempo, a contraofensiva do Exército Vermelho na parte sul do front oriental havia paralisado a ofensiva alemã em Stalingrado, retomado cada casa daquela cidade e capturado todo o Sexto Exército do general Friedrich Paulus.

Abalado por essas duplas derrotas em terra, o Terceiro Reich deixou, no entanto, sua complacência de lado e tratou de se reorganizar. Em 1943 sua produção de armamentos ficou bem acima do dobro da produção de 1941; em termos de Força Aérea, a produção de aviões de combate daquele ano fora aproximadamente apenas metade da produção britânica, mas em 1943 ela já voltava a superar a do inimigo. As diversas forças de guerra alemãs receberam aeronaves, tanques e submarinos de qualidade superior. Diante dos desembarques Aliados no norte da África (8 de novembro de 1942), Hitler preocupou-se em assumir o controle de todo o sul da França (Vichy) e despejar divisões de choque na Tunísia. Enquanto os líderes Aliados deixavam Casablanca voando de volta para casa, as forças de Rommel recém-chegadas castigavam as inexperientes unidades americanas no Passo de Kasserine. Depois de Stalingrado, as forças da linha de frente do Exército Vermelho perderam o fôlego, e, já em fevereiro e março de 1943, os exércitos Panzer de Erich von Manstein haviam detido a ofensiva soviética, reconquistado Carcóvia e começado a preparar uma vasta força blindada para o próximo ataque a Kursk. Além disso, se Berlim continuasse a interromper os comboios do Atlântico, destruindo a ofensiva aérea ocidental e impedindo a entrada dos exércitos anglo-americanos em território francês, presume-se que seria possível aos alemães concentrar um número maior de suas forças de combate no front oriental até que o próprio Ióssif Stálin aceitasse a hipótese de uma solução de compromisso.

Outro grande desafio operacional era assegurar a derrota do Japão. Estava claro que este seria um trabalho realizado sobretudo pelos americanos, ainda que não de forma exclusiva. Na verdade, as tropas mistas, formadas por indianos e britânicos, tentariam reconquistar a Birmânia, a Tailândia e a península Malaia, enquanto divisões australianas iriam unir-se a Douglas MacArthur na tomada da Nova Guiné e na ofensiva rumo às Filipinas. Contudo, a missão operacional preponderante seria evitar as selvas da Nova Guiné, da Birmânia e da Indochina, saltando sobre o Pacífico Central, diretamente do Havaí, seguindo para as Filipinas, depois para a China e por último para o Japão. Durante os anos entre as guerras, oficiais americanos inovadores haviam exercitado esse "Plano de Guerra Orange", que, no papel, parecia ser de fato promissor; afinal, tratava-se do único plano de campanha que não precisava ser jogado fora ou modificado ao extremo depois dos grandes sucessos do Eixo de 1939 a 1942.

Mais uma vez, o problema, como no caso da invasão da França, era de ordem prática. De que maneira exatamente se desembarca num atol de coral, com as águas repletas de minas e obstáculos, as praias infestadas de armadilhas explosivas, o inimigo protegido em bunkers profundos? Foi só em novembro de 1943 que o Comando Central do Pacífico deu início à sua aguardada ofensiva num ataque esmagador contra a guarnição japonesa encarregada de proteger Tarawa, nas ilhas Gilbert. Não havia dúvidas quanto ao resultado, uma vez que o Quartel-General Imperial decidira que as ilhas Gilbert estavam fora de sua "esfera de defesa nacional absoluta" no Pacífico, e a guarnição compreendia apenas 3 mil homens, mas as perdas dos fuzileiros navais americanos submetidos a fogo pesado nos distantes recifes de coral deixaram a população americana chocada. Qualquer que fosse o caminho pelo qual se chegasse ao Pacífico, as perspectivas eram amargas. Era fácil para o general MacArthur dizer, ao ter que deixar as Filipinas em abril de 1942, "eu voltarei", mas agora a guarnição japonesa naquelas ilhas totalizava 270 mil homens, e nenhum deles haveria de se render. Quanto tempo, portanto, levaria para se tomar o próprio litoral japonês? Cinco anos? E a que custo, se as defesas japonesas nas Filipinas eram vinte ou cinquenta vezes superiores àquelas em Tarawa?

Os Aliados tinham, portanto, uma lista impressionante de obstáculos a superar, e mais ainda pelo fato de que quase todos aqueles desafios não estavam isolados por completo, mas dependiam de conquistas a serem efetuadas em outros lugares. Pular de uma ilha a outra no Pacífico, por exemplo, exigia obter o domínio do mar, o que por sua vez dependia do controle aéreo, sendo necessário, em seguida, erguer gigantescas bases de defesa por cima de frágeis terrenos de coral — e um desastre no Atlântico ou na Europa teria provocado, em vez disso, a necessidade de transferência urgente de recursos americanos do Pacífico para aquelas zonas de combate (além de acesso de fúria entre os chefes de Estado). A invasão da França tornava-se impossível até que a ameaça dos submarinos alemães aos comboios do Atlântico fosse eliminada. Somente a partir do momento em que os estaleiros aliados conseguissem produzir um número suficiente daquelas novas e esquisitas embarcações de combate capazes de superar obstáculos, abrindo caminho a fogo até as praias, seria possível levar adiante uma invasão marítima a qualquer zona de confronto. Mesmo que Stalin jamais admitisse, a verdade é que as vitórias do Exército Vermelho em terra tiravam vantagem do fato de que a campanha anglo-americana de bombardeio estratégico forçava os alemães a destinar enormes recursos humanos ao serviço de controle civil antiaéreo, bem como aos programas de reconstrução em caráter de emergência necessários para manter o Terceiro Reich em ação. Os caminhões Dodge e Studebaker, essenciais às divisões soviéticas em suas ofensivas rumo a oeste, não poderiam ser transportados da América até a Rússia a não ser que as rotas marítimas fossem preservadas pela Marinha Real. Por outro lado, fica difícil imaginar como os exércitos anglo-americanos teriam feito qualquer progresso no oeste se quantidades imensas de divisões da Wehrmacht, calejadas no combate, não tivessem sido sitiadas (e dizimadas) no leste. Em resumo, sempre que uma vantagem dos Aliados era capaz de ajudar a(s) campanha(s) em alguma região, em outro lugar uma derrota poderia atrapalhar a chance de se alcançar novos objetivos.

De maneira notável, todos os cinco desafios ligados entre si foram superados no início de 1943 e durante o verão de 1944 — basicamente, entre Casablanca e o sucesso quádruplo da Normandia, a queda de Roma, o desembarque nas ilhas Marianas no Pacífico Central e a Operação Bagration no front oriental. Alguns problemas de ordem estratégica (o domínio aéreo sobre a Alemanha, a passagem de uma ilha a outra ao longo do Pacífico) tomaram mais tempo que outros (o controle das rotas marítimas do Atlântico, e enfrentamento das Blitzkrieg), mas durante um período de cerca de dezessete meses, a maré virou no maior conflito conhecido da história.

Por que foi assim, e como isso aconteceu? Uma resposta encontra-se bem à mão, no sentido de que as nações fascistas foram imprudentes demais ao atacar o resto do mundo. Em consequência de seu aumento prévio de armas e munições, ocorrido durante a década de 1930, as forças do Eixo alcançaram grandes e impressionantes objetivos, mas não seriam capazes de derrotar nenhum dos seus três maiores inimigos. Assim que o resto do mundo se recuperou dessas derrotas, passou rapidamente a aplicar seus recursos, bem mais extensos, reagindo e atingindo a vitória final.*

No entanto há outro aspecto de igual importância a ser examinado, ou seja, *como* os Aliados puderam se recuperar e levar adiante sua reação? A capacidade produtiva de que dispunham os dois lados em 1943-4 indicava efetivamente os prováveis vencedores. Mas e se os U-boats, como eram conhecidos os submarinos alemães, não tivessem sido derrotados no verão de 1943, ou se a Luftwaffe já não estivesse destruída no início de 1944, ou, ainda, se o Exército Vermelho não encontrasse um meio de neutralizar os tanques alemães? E se as lendárias armas "de reviravolta" como o caça de longo alcance e o radar miniaturizado — cujo advento em 1943-4 foi considerado por muitos historiadores como um verdadeiro presente — não chegassem a entrar em ação no momento em que entraram, ou se elas nem tivessem sido desenvolvidas?

No mínimo, tudo isso sugere que as "inevitáveis" vitórias aliadas só ocorreriam bem depois de maio e agosto de 1945, e que teriam sido acompanhadas por perdas muito mais significativas no campo de batalha. A história da segunda metade da Segunda Guerra Mundial provavelmente apareceria para nós com um aspecto bem diferente daquele com o qual se apresenta hoje. Assim, o que vamos estudar aqui é um enigma: como é possível atingir os objetivos desejados quando se têm os recursos consideráveis mas não se dispõe, ou pelo menos por ora, dos instrumentos e organizações indispensáveis?

Esta é a história, portanto, da reviravolta estratégica, operacional e tática que vai do início de 1943 a meados de 1944. Veremos aqui, portanto, um caminho de cima para baixo, partindo das declarações conjuntas dos chefes de Estado, passando por uma análise detalhada do processo de colocar as missões

---

* Este é, afinal, o tema de meu livro *The Rise and Fall of the Great Powers*. Londres: Vintage, 1989, pp. 347-57. [Ed. bras.: *Ascensão e queda das grandes potências*. Rio de Janeiro: Campus, 1989.] (N. A.)

anunciadas em prática. Afirmar que a derrota dos U-boats era essencial é uma coisa. Porém, em termos práticos, como fazer para derrotá-los? Tampouco se discute que era conveniente para Washington e Londres (e, além disso, era uma política de boa vizinhança) garantir a Stálin que, ao longo de 1942 e 1943, um segundo front na França seria lançado. Sim, mas como? Determinadas pessoas e organizações teriam que responder a essas perguntas; e cabia a essas pessoas e organizações a solução de tais problemas, tornando assim possíveis os esforços de milhões de soldados, marinheiros e aviadores das forças aliadas.

É aqui que o presente trabalho pode se destacar, uma vez que procura contar a história desses indivíduos e organizações, não de maneira pitoresca ou na linha de quem é fanático por narrativas militares, mas sim como uma parte central para a compreensão de como foi possível provocar uma reviravolta. Muitos leitores terão algum conhecimento da equipe de decodificação da Ultra em Bletchley Park e seus equivalentes no Pacífico. Alguns irão conhecer a história — como foi apresentada no filme *Labaredas do inferno* — de como Barnes Wallis inventou as bombas saltitantes, que "quicavam" e que explodiram as represas do vale do Ruhr. Poucas pessoas conhecem os estranhos tanques criados por Percy Hobart, que no Dia D foram capazes de superar os obstáculos dos campos minados e o arame farpado, ou os homens que conceberam os portos artificiais Mulberry. Bem poucos leitores ocidentais terão alguma noção do que significaram os célebres tanques soviéticos T-34, com sua capacidade assombrosa, ou o papel extremamente importante desempenhado pelas armas antitanques do Exército Vermelho. E apenas poucos irão compreender o significado do magnétron, ou por que usar o motor de um Rolls-Royce Merlin 61 num caça americano P-51 Mustang foi um passo tão extraordinário, ou ainda o significado da incrível carreira do fundador dos Seabees da Marinha americana. Mesmo para aqueles que conhecem essas histórias, grande parte do folclore sobre a Segunda Guerra Mundial já é fascinante por si. Mas o que se pretende deixar claro aqui é que pouquíssimas vezes — ou nunca — procuramos compreender como o trabalho dessas pessoas veio à tona, como foi processado, e em seguida relacionado aos problemas em questão, bem como jamais se reconhece de que maneira essas inúmeras e bizarras peças do grande quebra-cabeça se encaixaram no todo.[6]

Este livro pretende contribuir para tal compreensão. De muitas maneiras, ele é um retorno à pesquisa e ao trabalho de redação realizado há cerca de quarenta anos em *History of the Second World War*, de Sir Basil Liddell Hart, embora desta vez espero estar vendo as coisas de maneira mais clara do que naquela época.* No entanto, o presente estudo não está concebido na forma de uma peregrinação de caráter pessoal, mas antes como um esforço para ampliar o debate sobre a tomada de decisões e a solução de problemas na história. Parece-me algo que merece ser contado. E se isso for verdade, trata-se de um método de investigação que deve ser aplicado em outras áreas.

---

* Para mais detalhes, ver os Agradecimentos. (N. A.)

ENGENHEIROS DA VITÓRIA

Há uma maré nos assuntos humanos.
Que, tomada na cheia, traz fortuna;
Se perdida, a viagem desta vida
Será só de baixios e misérias.
Nós flutuamos num tal mar em cheia,
E ou vamos com a corrente favorável
Ou perdemos a carga.*

William Shakespeare, *Julio César*, Ato IV, Cena 3

---

* Tradução de Barbara Heliodora. Rio de Janeiro: Lacerda, 2001.

1. Como conduzir comboios com segurança pelo Atlântico

Esse era o palco preparado para a Alemanha lançar a maior força possível nas águas do Atlântico [...]. Estava claro para ambos os lados que os submarinos e as escoltas dos comboios logo estariam presos a uma série de combates mortais, impiedosos, nos quais não se poderia esperar a menor misericórdia do inimigo nem demonstrar nenhum sinal de piedade. A questão tampouco haveria de ser decidida em um só confronto, uma semana ou um mês de batalha. Ela seria decidida pelo lado que suportasse a dureza dos combates por mais tempo; seria necessário que a força e a resistência das tripulações dos navios de escolta e dos aviões aliados, atentos e à espreita, escutando o inimigo oculto, superassem a disposição das tripulações dos submarinos na escuridão ou nas profundezas do mar, receando o sinal do sonar, o olho invisível do radar e o estrondo das cargas de profundidade. Seria preciso que os homens da Marinha mercante, praticamente sem meios de defender suas preciosas cargas de combustível, munições e alimentos, fossem capazes de suportar a tensão da espera, dia após dia, noite após noite, durante as lentas e demoradas pausas até a explosão dos torpedos que levariam seus navios ao fundo em questão de segundos ou então explodiriam suas cargas num inferno de chamas do qual seria impossível escapar. Era uma disputa entre homens, certamente ajudados por todos os instrumentos e dispositivos que a ciência podia proporcionar, e pela intensidade do propósito moral que os inspirava. Em toda a longa história da guerra, não havia no mar nada que

> *pudesse ser comparado a esse confronto, em que o campo de batalha se estendia por milhares de quilômetros quadrados de oceano, e para o qual não se podiam fixar limites nem no tempo nem no espaço.*
>
> S. W. Roskill, *The War at Sea, 1939-45*

Enquanto Churchill e Roosevelt iam e voltavam de Casablanca em janeiro de 1943, o tempo no Atlântico Norte alcançava um estado de agitação capaz de impressionar os marinheiros mais experimentados. Em grande parte de dezembro e janeiro o tráfego marítimo e aéreo ficou praticamente impossível. Atingidas por ondas gigantescas, cargas pesadas de navios mercantes soltavam-se e deslizavam nos cascos. Sob a força das águas e do vento, navios de escolta menores, como as corvetas, pareciam rolhas de garrafa. Navios de guerra com superestruturas e torretas de canhões mais pesadas eram jogados de um lado para o outro. Quando subiam à superfície, os submarinos alemães nada podiam ver através das ondas de mais de trinta metros de altura, e seus tripulantes logo tratavam de submergir em águas mais tranquilas ou então dirigir-se para o sul. Centenas, talvez milhares de marinheiros ficaram feridos, não sendo poucos os que morreram devido a acidentes ou por terem sido arremessados para fora de seus navios. Em alguns casos extremos, o comandante do comboio era obrigado a ordenar o retorno à base, ou ao menos a enviar de volta as embarcações avariadas. O general Sir Alan Brooke (mais tarde, visconde Alanbrooke) lembra em seu diário que ele, os outros chefes de Estado e o próprio Churchill foram obrigados a mudar diversas vezes seus planos de voo (ou de navegação pela superfície) de Londres a Casablanca.*

O resultado, naturalmente, foi que as atividades de comboio pelas rotas castigadas por tempestades do Atlântico Norte ficaram muito menos frequentes naqueles meses de pleno inverno. Houve um segundo motivo, bem diferente e bem menos otimista, para a interrupção da atividade de comboio naquele momento. A Operação Torch exigia um grande número de escoltas para auxi-

---

* O costume britânico de permitir que alguém elevado à nobreza altere ou faça combinações em seu nome torna-se um tanto confuso aqui. Durante grande parte da guerra Alan Brooke foi o general (mais tarde marechal de campo) Sir Alan Brooke — ou apenas Brooke. Ao receber o título de nobreza em 1945, ele se tornou o visconde Alanbrooke — ou simplesmente Alanbrooke. Durante a guerra, portanto, seu nome de fato foi Brooke, embora mais tarde tantos historiadores — Danchev, Bryant, Roberts — preferissem Alanbrooke; por isso fica difícil deixar de usar o nome mais conhecido. (N. A.)

liar na ocupação dos Estados de Marrocos e da Argélia, controlados pelo governo de Vichy — a Marinha Real contribuiu para a missão com 160 embarcações de guerra de diversos tipos —, e em consequência os comboios de Gibraltar, Serra Leoa e do Ártico precisaram ser temporariamente suspensos.[1] Como alguns navios que transportavam tropas aliadas, equipamento de desembarque e suprimentos de consumo imediato deveriam receber o mais alto nível de proteção naval, e estando o Eixo mal preparado para a invasão da Operação Torch devido às suas obsessões com o front oriental e com o Egito, não chega a ser surpreendente que as forças de invasão encontrassem pouca ou nenhuma oposição de submarinos no litoral do norte da África.

A outra consequência, bem compreensível, foi a de que as perdas aliadas diante dos ataques de submarinos caíram de maneira expressiva durante o inverno. Em primeiro lugar, se havia um número menor de comboios no Atlântico, aqueles que navegavam estavam sujeitos às tempestades, porém acabavam sendo protegidos pelo péssimo tempo predominante. Alguns eram desviados para bem longe ao norte, numa espécie de círculo máximo, assumindo a ameaça física causada pelos blocos de gelo em troca da distância das alcateias. O Almirantado recebeu bem essa expressiva diminuição mensal da perda de embarcações. Em novembro de 1942, por exemplo, os Aliados perderam 119 navios mercantes num total de 729 mil toneladas, e enquanto muitas dessas embarcações eram afundadas em águas mais distantes, na América do Sul, aquelas rotas de suprimento faziam parte também de um esforço integrado com o objetivo de manter e ampliar o poder anglo-americano nas ilhas britânicas. Como resultado, o naufrágio de petroleiros britânicos vindos de Trinidad iria prejudicar o fortalecimento de grupos de bombardeio americanos na Ânglia oriental; tudo dependia do controle dos mares.

Por causa do mau tempo, o naufrágio de navios pelos submarinos em dezembro e janeiro caiu a menos de 200 mil toneladas de remessas aliadas, a maioria em rotas situadas mais ao sul (como de Trinidad a Gibraltar, para abastecer os exércitos da Operação Torch). Mas, pelas razões explicadas acima, as contas daqueles meses foram altíssimas, e quando o primeiro-ministro e o presidente se reuniram em Casablanca, eles não tinham ilusões quanto à gravidade das perdas nas remessas. Ao longo de 1942 as frotas mercantes dos Aliados perderam a assombrosa quantidade de 7,8 milhões de toneladas, das quais quase 6,3 milhões foram afundadas por submarinos. A impressionante fabricação em massa dos estaleiros americanos não parava de crescer, porém mesmo sua produção em 1942 (cerca de 7 milhões de toneladas) significava que o volume total da capacidade marítima dos Aliados havia decrescido em termos absolutos, e agora tinha que dar conta das exigências ainda maiores impostas pela Guerra do Pacífico. No início de 1943, portanto, as importações britânicas ficaram um terço abaixo daquelas de 1939, e os caminhões do exército americano e aeronaves que transportavam cargas agora tinham que competir com gêneros alimentícios, minério e petróleo por espaço nas ameaçadas embarcações mercantes. Na estratégia de guerra europeia, esse fato colocava *tudo* em risco. Era uma ameaça ao esforço de guerra britânico; se a situação se agravasse, os habitantes da ilha estariam ameaçados de subnutrição. Com as grandes baixas sofridas pelos petroleiros, restavam apenas dois ou três meses de combustível nos tanques de armazenamento britânicos, mas como o país poderia lutar, ou viver, sem combustível? Essa crise era também uma ameaça para que os comboios do Ártico pudessem ajudar a Rússia, e para o abastecimento de Malta e do Egito pelos comboios do Mediterrâneo. Em consequência disso, toda a campanha do Egito também estava ameaçada, uma vez que a Grã-Bretanha dificilmente enviaria reforços militares via Serra Leoa e do cabo da Boa Esperança até Suez se suas próprias rotas de sobrevivência estavam sendo destruídas. Havia até mesmo ameaças de agitação em partes da África oriental e da Índia que haviam passado a depender da importação de alimentos por via marítima. E a ameaça atingia um grau máximo no que dizia respeito às premissas da Operação Bolero (nome mais tarde mudado para Overlord), que exigia uma ampliação rápida e maciça do exército e das forças aéreas americanas nas ilhas britânicas numa preparação para um segundo front na Europa; teria sido irônico se os Estados Unidos enviassem 2 mil aviões de bombardeio e milhões de soldados à Inglaterra apenas para descobrir que não haveria combustível para eles. Mais tarde, em suas memórias, Churchill declarou que, de todas as batalhas marítimas, aquela que mais lhe preocupou foi a Batalha do Atlântico; se ela fosse perdida, o plano britânico de lutar em 1940 poderia estar igualmente perdido.

Além disso, embora o Almirantado não soubesse o total exato de submarinos inimigos, parecia que esse número era ainda bem mais elevado. Ao longo de 1942 os navios de guerra e os aviões de combate aliados haviam destruído 87 submarinos alemães e 22 pertencentes aos italianos. Mas o Terceiro Reich também estava intensificando sua produção de guerra e, ao longo daquele ano, já havia acrescentado dezessete novos submarinos *por mês*. No final de 1942, portanto, Karl Dönitz tinha sob seu comando um total de 212 submarinos em situação operacional (de um total de 393, uma vez que muitos deles se encontravam em atividade no treinamento de novas tripulações, ou então recebendo equipamentos novos), significativamente mais do que as 91 embarcações (de um total de 249) com que ele contara no início daquele ano.[2] Embora a vitória na Segunda Guerra Mundial dependesse muito da tecnologia, da organização e da inventividade de cada lado, e não apenas de números, a dura realidade era que os números *tinham* importância. E durante a Conferência de Casablanca, os alemães pareciam estar se saindo melhor em naufragar navios mercantes dos Aliados do que as forças anglo-americanas em suas tentativas de destruir os submarinos inimigos. Para piorar ainda mais a situação, cada vez mais submarinos estavam entrando na briga.

Nos meses que seguiram, portanto, o pesadelo do primeiro-ministro parecia estar se tornando realidade. Com a chegada de março e abril de 1943 e o tráfego naval em direção às ilhas britânicas voltando a crescer, cresciam também as perdas de embarcações. O total de baixas em fevereiro foi o dobro daquele registrado no mês anterior, e em março os Aliados perderam 108 navios, num total de 627 mil toneladas, o terceiro pior mês em perdas durante a guerra. Além disso, quase dois terços desses navios naufragaram em comboio; já não era mais o caso de um navio mercante isolado afundado por submarinos alemães longe das praias americanas no começo de 1942, ou de simples ataques às rotas marítimas do Atlântico Sul. O fato realmente alarmante era que as perdas haviam ocorrido na mais importante de todas as rotas de comboio, situada entre Nova York, Halifax e os portos de chegada de Glasgow e Liverpool. No maior confronto em toda a Batalha do Atlântico, entre 16 e 20 de março, Dönitz usou nada menos que quarenta submarinos contra dois comboios que se dirigiam ao leste, o HX 229 e o SC 122. Essa batalha épica será analisada de maneira detalhada mais adiante, mas o resultado foi desastroso para os Aliados: 21 navios mercantes totalizando 141 mil toneladas afundadas, contra a perda de apenas um submarino. Segundo o relato posterior do Almirantado, "os alemães nunca estiveram tão perto de cortar as comunicações entre o Novo e o Velho Mundo como nos vinte primeiros dias de março de 1943".[3] Entre outras coisas, as crescentes perdas sugeriam que o princípio de que todo comboio era a melhor maneira de proteger o comércio marítimo tornou-se algo duvidoso.

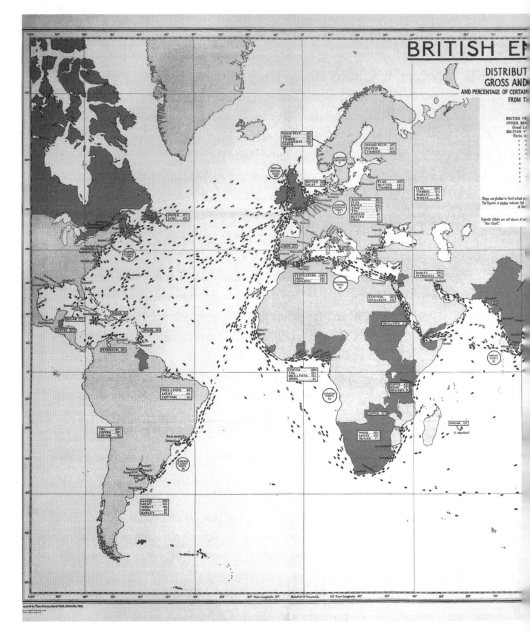

LOCALIZAÇÃO DOS NAVIOS MERCANTES DO IMPÉRIO BRITÂNICO, NOVEMBRO DE 1937
O mapa detalhado mostra a grandeza e também a vulnerabilidade do comércio naval britânico ao redor de todo o globo — veja a importância da rota do Mediterrâneo, a ampla circulação entre o Caribe e a América do Sul e o significado estratégico de Freetown, Serra Leoa e Gibraltar. Esse sistema não era capaz de resistir aos ataques constantes por meio de submarinos e aviões.

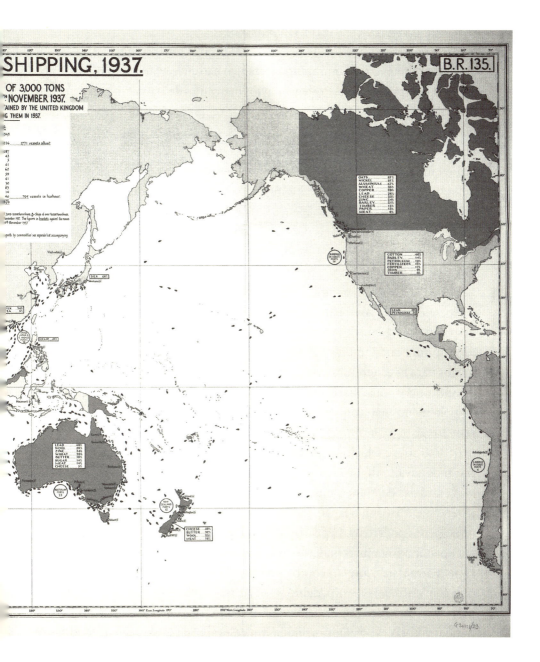

O CONTEXTO ESTRATÉGICO E OPERACIONAL

Os problemas do Almirantado britânico não chegavam a ser novidade nos anais da guerra marítima. Proteger navios mercantes de ataques hostis é um dos mais antigos problemas na história da guerra e da paz. Mesmo durante o auge do Império Romano, mercadores e cônsules queixavam-se das depredações de piratas contra o comércio de grãos, vinho e azeite na Sicília e no norte da África. Mil e quinhentos anos depois, comandantes espanhóis esbravejavam com a pilhagem de piratas holandeses e ingleses em seus galeões que transportavam prata e especiarias preciosas; apenas uma ou duas gerações depois os holandeses veriam seu tradicional comércio marítimo com as Índias Orientais sob ataque de franceses e ingleses. A era da expansão europeia, e em seguida a Revolução Comercial (séculos XVI a XVIII), colocariam porções cada vez maiores de riquezas nacionais em rotas marítimas precárias. Nos tempos de Carlos Magno, a dependência de governantes e dos povos quanto ao comando dos mares era desprezível. Digamos que apenas na Guerra dos Sete Anos (1756-63) isso se tornou uma questão crucial tanto no oceano Atlântico como no Índico, ao menos para as economias avançadas. Se uma nação do oeste europeu perdesse o controle das rotas marítimas, era bem provável que perdesse igualmente — ou pelo menos não conseguisse vencer — a própria guerra. Essa era a mensagem do clássico *The Influence of Sea Power upon History* [A influência do poder marítimo sobre a história], escrito em 1890 pelo americano, especialista em assuntos navais, Alfred Thayer Mahan.

As ideias de Mahan influenciaram os almirantados de nações como Grã-Bretanha, Alemanha, Japão, Estados Unidos e de outras possuidoras de marinhas menos poderosas. O princípio básico para assegurar o controle marítimo era possuir a frota mais poderosa sobre as águas, capaz de esmagar a de nações rivais. Formas inferiores de combate naval, como incursões comerciais ou operações com cruzadores e torpedeiros — *la guerre de course* —, não eram muito significativas, pois com elas não era possível vencer uma guerra. É verdade que, durante as guerras napoleônicas, piratas franceses apossaram-se das mercadorias de muitos comerciantes britânicos independentes, porém depois que estes se organizaram em comboios e passaram a contar com a proteção de navios de combate, as rotas marítimas tornaram-se seguras graças às frotas organizadas pelo almirante Horatio Nelson. O mesmo fato voltou a ocorrer, embora a um custo muito elevado, durante a Primeira Guerra Mundial. Por três anos, mesmo a Grande Frota tendo o domínio dos mares, cada vez mais navios mercantes aliados, navegando por conta própria, eram afundados por submarinos alemães. Em 1917, depois que o Almirantado britânico foi forçado pelo gabinete ministerial a voltar ao antigo sistema de comboio, as perdas para os submarinos inimigos diminuíram drasticamente. Além disso, pouco tempo depois, os navios de guerra aliados estariam equipados com sonar, e pela primeira vez estavam em condições de detectar a presença de um objeto sólido debaixo da água. Acreditava-se que, desde que se tivesse o domínio do mar na superfície, o controle sob as águas também seria garantido. Dessa maneira, seria possível reconhecer um submarino do mesmo modo como se reconhecia uma fragata francesa 150 anos antes. Essa era a opinião dominante entre as equipes navais nos anos que se seguiram ao Tratado de Versalhes, em 1919. Os comboios, mais o sonar, funcionavam.[4]

Antes de examinarmos como e por que tal certeza foi desafiada pela renovada frota de submarinos alemães na primeira metade da Segunda Guerra Mundial, é necessário levar em conta também duas concepções estratégicas e operacionais que, embora conflitantes, são de grande importância. A primeira, raramente articulada, é que, na verdade, não era necessário afundar navios mercantes ou submarinos para vencer a guerra no mar. Enquanto a Marinha Real escoltava, sem perdas, um grupo de cinquenta navios de Halifax a Liverpool, ela estava vencendo. A principal estratégia dos Aliados era manter a Grã-Bretanha na disputa e em seguida fazer disso o trampolim para a invasão maciça da Europa ocidental. Assim, se todo comboio transatlântico (também da América do Sul, de Serra Leoa e da África do Sul) chegasse com segurança a seu destino, a guerra estaria sendo vencida, navio por navio, carga por carga. Mesmo que os navios da escolta tivessem que enfrentar um ataque pesado de submarinos, se eles fossem capazes de evitar os agressores, tudo estaria bem. A missão do pastor era proteger o rebanho, e não matar os lobos.

O argumento oposto era que matar os lobos deveria ser a essência da estratégia aliada para os mares. Havia uma lógica própria nisso: se a ameaça às rotas marítimas fosse removida pela força, a situação estaria de todo sob controle, e um dos objetivos da Conferência de Casablanca poderia enfim ser colocado em prática. Na linguagem de hoje, as autoridades não devem aguardar que terroristas ataquem o sistema internacional, mas são obrigadas a tomar a iniciativa, antecipando o extermínio de terroristas. Em linguagem marítima, portanto, um navio encarregado de proteger seus navios mercantes deveria sair à caça de submarinos inimigos ou, numa tática ainda mais audaciosa, guiar seus comboios por águas infestadas de submarinos, forçando-os a combater — e, sem dúvida, sendo mortos.

A primeira dessas estratégias de comboio era claramente defensiva; a segunda (saindo à caça de submarinos ou forçando a passagem dos comboios) era por sua vez claramente ofensiva. Vale a pena notar que ambas as posturas envolviam um relacionamento triplo e arriscado entre os navios mercantes, os submarinos e as escoltas navais e aéreas, não muito diferentes da brincadeira "joquempô". Se os comboios pudessem evitar um confronto ou fossem capazes de escapar dos submarinos, ótimo para eles; se os submarinos atingissem os comboios sem que a escolta os destruísse, ótimo para eles; e se as escoltas conseguissem destruir um número suficiente de submarinos, ótimo também para elas.

No mundo cruel do Atlântico Norte entre 1939 e 1943, contudo, nem uma estratégia operacional aliada defensiva nem uma postura francamente ofensiva tinha a possibilidade de ser adotada. Para ir adiante, era necessária uma combinação das duas opções, dependendo dos altos e baixos daquela que viria a ser a mais demorada campanha de toda a Segunda Guerra Mundial. E do ponto de vista geopolítico, essa era a viagem marítima mais importante do mundo. É claro que outras rotas comerciais dos Aliados eram essenciais e todas enfrentavam as mesmas dificuldades de natureza operacional e logística, ou às vezes (como no caso dos comboios do Ártico) dificuldades até maiores. Mas, nas águas do Atlântico, a segurança marítima constituía a pedra fundamental de toda a estratégia anglo-americana no teatro de guerra europeu. Com um olhar já um pouco adiante nos capítulos seguintes deste livro, será útil expor novamente as diversas interconexões. Nessa Batalha do Atlântico, a vitória permitiu que a Grã-Bretanha preservasse toda sua ampla base industrial-militar. A Grã-Bretanha foi também a base aérea indestrutível, garantindo as campanhas de bombardeio estratégico dos Aliados, bem como o trampolim para a subsequente invasão da Europa ocidental. Ela foi o ponto de partida para a maioria dos comboios destinados ao norte da Rússia e ao Mediterrâneo; foi a fonte para muitos dos comboios de tropas que Churchill despachou, pelo Cabo, a Montgomery no Egito e no Oriente Médio. O controle do Atlântico foi a âncora protetora dos planos aliados para derrotar a Itália e a Alemanha.

A rigorosa cadeia lógica de cima para baixo da estratégia aliada adquire aqui uma clareza incomum, um belo exemplo do conceito de Allan R. Millett e Williamson Murray sobre a natureza multinivelada da "efetividade militar".[5] O objetivo *político* era a derrota incondicional do inimigo e o retorno a um mundo de paz e ordem. A *estratégia* para atingir aquele propósito era levar a guerra ao inimigo por todos os meios disponíveis: aéreos, terrestres, navais, econômicos e diplomáticos. Isso requereria êxitos decisivos no nível *operacional* e em todas as áreas tratadas neste livro. Seria tolice discutir qual dessas áreas operacionais era mais importante (mesmo se os chefes de Estado o fizessem enquanto debatiam sobre a destinação de recursos); todas elas integravam a grande estratégia aliada. Indiscutível, porém, é que se britânicos, americanos e seus aliados menos poderosos pretendiam resgatar a Europa do fascismo, eles precisariam ter o domínio das águas do Atlântico antes de qualquer outra coisa.

Contudo, o controle daquela rota vital era definido, em última análise, por uma série de fatores de natureza técnica e tática. Em outras palavras, nesta história há também um exemplo claro de cadeia lógica de baixo para cima. Cada navio mercante que fosse preservado, bem como cada submarino destruído pelas escoltas aliadas, contribuía para a taxa de êxito relativa do comboio. O sucesso tático de cada comboio contribuía para a quantidade mensal de toneladas transportadas, e essa medida era o barômetro que iria medir a vitória ou a derrota na Batalha do Atlântico. Aquela batalha operacional, como vimos, era a chave para a vitória na Europa ocidental e no Mediterrâneo. E a vitória no oeste era parte do triplo objetivo estratégico — vitória no oeste, vitória no leste (front oriental) e vitória no Pacífico/Extremo Oriente.

A Batalha do Atlântico foi uma disputa operacional e tática decorrente de muitos fatores. O primeiro deles, do qual todos os outros derivavam, era a posse de uma organização eficiente e dotada de autoridade. Esse é um aspecto tão básico que muitas vezes nem chega a ser levado em conta, no entanto basta uma rápida reflexão para ficar claro como são importantes as estruturas de comando, as linhas de informação e a integração dos sistemas de combate. Naturalmente, os dois lados se beneficiaram bastante com as experiências da épica campanha do Atlântico durante a Primeira Guerra Mundial, além das lições pós-1919 dela extraídas. Em termos de simplicidade de comando, Dönitz tinha a tarefa facilitada, uma vez que a área dos submarinos estava isolada da Marinha alemã de superfície. As coisas tornaram-se ainda mais fáceis para ele depois que, nos últimos dias de 1942, o fracasso de uma esquadra de navios pesados em destruir um comboio aliado no Ártico provocou uma explosão de fúria em Hitler, levando-o a substituir o Grande Almirante Erich Raeder, que era o comandante em chefe de toda a Marinha. O próprio Dönitz foi quem assumiu o cargo ao final de janeiro de 1943. Dönitz decidiu continuar como comandante da frota de submarinos, para manter o controle de todas as operações da área; e é evidente que para ele foi muito mais fácil do que para seu predecessor obter o apoio do Führer. O que não significa que ele não tivesse também que travar suas batalhas em termos de organização. Havia disputas constantes para obtenção da parte necessária de materiais de guerra (aço, rolamentos, peças elétricas, armamentos antiaéreos) contra as enormes exigências da Wehrmacht e da Luftwaffe. E, como veremos, Dönitz enfrentou grande resistência em conseguir apoio aéreo para seus submarinos. Mesmo assim, era uma vantagem enorme ter uma única e experiente autoridade encarregada de dirigir toda a campanha dos submarinos.

Da parte dos Aliados, a questão organizacional era bem menos definida. Na verdade, tudo havia sido mais simples durante os anos em que os Estados Unidos permaneciam neutros. Tradicionalmente, assegurar o domínio dos mares era responsabilidade do Almirantado em Whitehall, que naquela época delegava a defesa dos comboios atlânticos a uma autoridade específica, o Comando dos Western Approaches, cuja base ficava em Liverpool. Na época em que começa nossa análise, seu chefe era o temível almirante Sir Max Horton, que, como Dönitz, era um comandante de submarinos com uma vasta experiência de 25 anos. A Real Marinha Canadense, de dimensões muito menores, atuando em portos como St. John e Halifax, podia funcionar sob o que era basicamente uma estrutura de comando do Império Britânico. Com certeza esse não era o caso da Marinha americana quando ela entrou no conflito em dezembro de 1941. O almirante Ernest King era conhecido por seus melindres em relação aos britânicos, e embora fosse possível imaginar que, diante da grande responsabilidade que os Estados Unidos teriam na Guerra do Pacífico, os americanos até deixariam alguns de seus navios atuarem no Atlântico sob uma estrutura de comando anglo-canadense, isso não ocorreu facilmente. De todo modo, ao longo de 1942 o maior desafio imposto pelos submarinos ocorreu em águas americanas, na Costa Leste, e mais ao sul, nas rotas do Caribe; tornava-se claro que a Marinha americana deveria ter uma participação central nessa área. Assim, depois de todas as palestras no Colégio de Guerra Naval sobre a conveniência de um "comando do mar" integrado, os Aliados resolveram definir três zonas de atuação em que ocorreria uma atribuição do comando.

A situação melhorou bastante em março de 1943, em seguida à Conferência dos Comboios do Atlântico em Washington. O que poderia ter se transformado numa séria crise entre os Aliados — pois King pretendia retirar *todos* os navios de guerra americanos do Atlântico Norte para atuarem por algum tempo na proteção das rotas destinadas ao suprimento das forças americanas na Tunísia — acabou se resolvendo com um entendimento amistoso entre as partes. A Marinha americana assumiria a responsabilidade principal em relação aos comboios destinados a Gibraltar e norte da África, protegendo ainda todos os comboios caribenhos, enquanto os navios britânicos e canadenses ficariam responsáveis pelas rotas principais endereçadas ao Reino Unido. Mais importante ainda foi que Ernest King concordou em emprestar algumas forças navais (entre elas um novo porta-aviões de escolta) para as operações do Atlântico Norte, sem se opor a aumentar o número de esquadrões de aeronaves B-24 de longo alcance ao Comando Costeiro da RAF e à Força Aérea Real Canadense (Royal Canadian Air Force, RCAF), em rápida expansão, mas já sobrecarregada. Os últimos acréscimos, como veremos, chegaram na hora certa.

Os fatores de inteligência e contrainteligência encaixaram-se bem nessas estruturas mais amplas de comando, para as quais eles eram de indiscutível necessidade. Antigas formas de obter informação sobre forças e possíveis intenções inimigas ainda estavam em funcionamento nesse conflito. Os britânicos em especial empregavam o reconhecimento aéreo, relatórios de seus agentes e de movimentos antigermânicos de resistência, além da análise técnica de sistemas de armas inimigas capturadas, formando um volume de dados que se somava à sua miscelânea de conhecimento adquirido. Os dois lados também desenvolveram serviços extremamente sofisticados de pesquisa operacional, cujos analistas estudavam grandes massas de informação com o objetivo de descobrir a melhor maneira de aproveitar seus próprios recursos, bem como de confundir o inimigo ao máximo. Mas foi nas batalhas de 1939-45 que a inteligência de sinais, ou a "sigint", passou à frente da inteligência humana, ou a "humint", na grande disputa por informações sobre o inimigo. Em nenhum lugar isso pareceu mais importante do que na Batalha do Atlântico. Era fundamental para os submarinos saber onde os comboios estavam, ou, para a Marinha dos Aliados, colher dados sobre a posição dos submarinos. Assim, não é de surpreender que, em Bletchley Park, os decifradores de código incluíssem uma importante seção da inteligência naval que se reportava diretamente ao Almirantado, ou que Dönitz dependesse tanto de seu serviço de decifração de códigos, o B-Dienst.

Mesmo assim, conseguir se desviar do ataque de um submarino e destruir os atacantes eram tarefas que precisavam ser realizadas por meio da tecnologia, ou seja, por plataformas defensivas e ofensivas. Naturalmente, essa sempre foi uma verdade aplicável a todas as áreas de confronto, mas é impressionante como as exigências da guerra moderna e a importância fundamental, para os dois lados, de vencer a Batalha do Atlântico, levaram a um aumento extraordinário de técnicas para detectar o inimigo e desenvolver novas armas para matá-lo. Esse conflito era, mais do que qualquer outra batalha pelos mares, uma guerra de cientistas.

Mas a aquisição das mais recentes tecnologias para localizar e vencer, ou para perseguir e destruir, exigia por sua vez uma aplicação com a maior eficiência possível — tornavam-se necessários, assim, aperfeiçoamentos significativos tanto nas táticas como no treinamento, seja no caso de submarinos, escoltas de superfície e aeronaves operando de forma isolada ou (em especial) atuando em conjunto. Nesse aspecto, os submarinos tinham uma vantagem: tripulações formadas inteiramente por voluntários, com muitos comandantes jovens, mas de grande capacidade, que se consideravam um grupo de elite. Eles estavam incumbidos de uma única tarefa operacional — afundar, e seguir afundando, navios mercantes aliados, e em seguida evitar que fossem também atacados. Durante muito tempo, aproveitaram a alteração tática imaginada por Dönitz de passar a efetuar ataques noturnos. Eles dispunham ainda de um sistema de comunicação sem fio extremamente robusto e, assim, se um submarino detectasse a presença de um comboio, os demais membros de seu grupo de ataque seriam informados sem demora e imediatamente procederiam a uma mudança de posição. Por fim, os alvos em questão eram em geral muito lentos, oferecendo assim repetidas oportunidades de ataque; portanto, mesmo que os submarinos tivessem que esperar até que os comboios estivessem fora da área protegida pela aviação aliada, ainda assim haveria tempo de sobra para agir.

Os Aliados tinham poucos trunfos contra quesitos tão fortes. O número limitado de porta-aviões de que a Marinha Real dispunha (muitas vezes eram apenas três ou quatro) tinha que ser destacado para a cobertura aérea das frotas de guerra e dos comboios do Mediterrâneo. Essas tarefas consumiam também as energias dos velozes destróieres. Com isso, os comboios ficavam sob os cuidados de um pequeno número de embarcações menores e mais lentas, muitas das quais obsoletas, desprovidas tanto de proteção aérea nas distâncias intermediárias como de equipamento de detecção, e, ainda por cima, equipadas com o que basicamente não passava de armamentos da Primeira Guerra Mundial. A verdade é que um submarino alemão era capaz de superar em velocidade a maioria das escoltas aliadas, ao menos na superfície, se seu comandante estivesse disposto a correr o risco de ser localizado — embora, como é natural, nem caça nem caçador pudesse desenvolver velocidade máxima em meio às enormes tempestades do Atlântico. Havia a promessa de equipamentos extremamente aperfeiçoados, alguns já quase a ponto de ser entregues, mas será que eles chegariam a Liverpool, a Halifax e aos esquadrões aéreos em tempo hábil?

Dois outros fatores de inestimável importância em batalhas com esse tipo de desgaste emocional, como os confrontos que ocorriam durante os comboios, eram a liderança e o moral. Como veremos mais adiante, depois de meados de 1943, o elemento do moral desempenharia papel significativo a favor de um dos lados na campanha do Atlântico, mas, no cálculo geral, ambos os lados encontravam-se em situação de relativo equilíbrio. Karl Dönitz e Max Kennedy Horton eram adversários de mérito, e o último receberia ainda ajuda substancial quando o marechal do ar Sir John Slessor assumiu o posto de comandante em chefe do Comando Costeiro da RAF em fevereiro de 1943: Slessor estava empenhado em derrotar os submarinos e era um defensor ardoroso da colaboração entre mar e ar, mesmo que isso envolvesse conflitos frequentes com Arthur Harris, do Comando de Bombardeiros, acerca da alocação de aviões. Dönitz contava com um vice de alta competência, o contra-almirante Eberhard Godt, encarregado da supervisão diária dos submarinos, mesmo que seu pessoal de médio escalão não fosse muito numeroso. Assim, a responsabilidade que caía diretamente sobre os ombros dos comandantes dos submarinos era enorme, tanto que muitos deles se tornaram figuras lendárias, de maneira semelhante ao que ocorrera com os ases da aviação da Primeira Guerra Mundial. Eram militares dotados de um instinto especial para matar e para sobreviver, apesar de uma elevada taxa de mortes — isso até que a tensão emocional ficasse forte demais. Como veremos, havia pouquíssimas indicações de que o moral entre os Aliados, tanto no que diz respeito aos comandantes como em relação às tripulações, em embarcações de combate ou em navios mercantes, mostrasse sinais de declínio, mesmo nas piores condições do combate. Além disso, os Aliados dispunham de oficiais bem mais treinados nos níveis de capitão e de comandante, sem mencionar os oficiais da reserva que poderiam entrar em ação a qualquer momento.

Dessa maneira, o fator remanescente teria de ser a tenacidade e a resistência de cada lado. Não se tratava apenas de medir o vigor físico e mental da tripulação durante um combate com duas semanas de duração; era também uma questão de dar sustentação a cada lado do conflito por meio de prontos reforços, pela agilidade em enviar bons combatentes para o combate como substitutos das inevitáveis baixas e pela prontidão de manter o espírito de luta sempre elevado. Essa era uma guerra completa, em escala altamente industrial, que podia ser avaliada de maneira bem nítida pela mobilização constante de novos submarinos contra as embarcações aliadas e os navios mercantes, pela remessa que não parava de renovar suas tripulações revigoradas às forças do mar e do ar. Aqui, mais uma vez, seria possível concluir que o panorama do conflito no início de 1943 estava se inclinando em favor de Dönitz; o aumento do número de submarinos sem dúvida era uma indicação nesse sentido. Além disso, enquanto a produção naval da Alemanha podia concentrar-se cada vez mais em submarinos e embarcações de ataque mais leve (os E-boats, torpedeiros), os estaleiros britânicos eram, cada vez mais, levados a produzir, para futuras operações no Extremo Oriente, novas classes de cruzadores e destróieres, equipamento para desembarque e os submarinos da própria Marinha Real. Não fosse a extraordinária ampliação das indústrias americanas de guerra na passagem de 1942 para 1943, essa poderia ter sido uma batalha com um único participante. Seja como for, por ocasião da Conferência de Casablanca, ninguém do lado dos Aliados estava muito otimista sobre quais eram as perspectivas do ponto de vista naval para a Batalha do Atlântico.

A BATALHA NO MAR E O TRIUNFO DOS SUBMARINOS

Com o ataque de Hitler à Polônia em setembro de 1939 levando às declarações de guerra por parte da França e da Inglaterra, a situação estratégica na bacia do Atlântico e ao longo da Europa ocidental era bem semelhante àquela de um quarto de século antes, quando a Entente Cordiale e seus impérios entraram em guerra como resposta à invasão da Bélgica pela Alemanha. Uma pequena Força Expedicionária Britânica (British Expeditionary Force, BEF) mais uma vez cruzou o canal da Mancha para ficar ao lado dos exércitos franceses. Os demais países da Europa mantiveram-se neutros, assim como os Estados Unidos, devido a uma decisão do Congresso americano. A maioria dos domínios britânicos (ou seja, Austrália, Canadá, Newfoundland, Nova Zelândia e África do Sul; menos o Eire irlandês de Éamon de Valera, infelizmente) uniram-se à luta, além das partes dependentes dos Impérios Anglo-Franceses. A Marinha Real reuniu suas frotas de superfície em Scapa Flow e Dover, fechando as duas saídas do mar do Norte, com a exceção de um pequeno número de navios mercantes alemães que já estavam em mar aberto. A ampla sensação de que a história estava de fato se repetindo tornou-se bem clara, simbólica e fisicamente, com o retorno de Churchill ao reverenciado posto de Primeiro Lorde do Almirantado, posição que havia ocupado em 1914. "Winston voltou!", foi a mensagem que chegou à frota britânica.

No mar, a posição estratégica não poderia ter sido pior para a Marinha alemã, comandada por Erich Raeder. Na verdade, esta tinha planos (o famoso Plano Z) para uma maciça esquadra de batalha transoceânica, com gigantescos couraçados, porta-aviões e tudo o mais, mas até mesmo a excelente capacidade de produção da Alemanha não estava em condições de criar tal frota — nem a quarta parte disso — em 1939. Seria preciso aguardar no mínimo quatro ou cinco anos, e Raeder acreditava que o Führer iria se manter afastado de uma guerra de tamanha envergadura por um bom tempo. Ele, assim como muitos generais da Wehrmacht, estava profundamente enganado. A Marinha alemã, portanto, entrou na guerra com uma capacidade de luta inteiramente inadequada para enfrentar as forças navais aliadas, com um material humano enfraquecido diante dos contingentes destinados ao Exército e à Luftwaffe. Até mesmo seu dispositivo de submarinos era fraco, pequeno em número e forçado a fazer toda a volta pelo norte da Escócia para poder atingir o Atlântico Norte. As perspectivas pareciam sombrias.

Mas a vantagem mudou, da maneira mais dramática possível, durante maio e junho de 1940. O colapso da França e da Bélgica e a fuga da derrotada Força Expedicionária Britânica de Dunquerque significavam em termos práticos que não havia mais um front ocidental. Para piorar a situação, agora a

Luftwaffe podia enfrentar a Inglaterra a partir de bases avançadas em Pas-de-
-Calais, enquanto a Marinha germânica dispunha de toda a liberdade para entrar e sair de Brest e do Gironda. A tudo isso somava-se a conquista extremamente rápida, por parte da Alemanha, dos Países Baixos, da Dinamarca e da Noruega, com todas as inevitáveis implicações de naturezas geopolítica e estratégica decorrentes. Agora, todas as águas além do canal da Mancha e do mar do Norte estavam abertas para os navios e submarinos alemães. A situação agravou-se ainda mais para os Aliados quando o oportunista Mussolini, cautelosamente neutro em setembro de 1939, declarou guerra ao Império Britânico e a uma França em queda em 10 de junho de 1940. Uma força naval renovada, incluindo uma das maiores frotas de submarinos de todo o mundo, entrava na guerra ao lado de Berlim, no momento em que a maioria dos navios de guerra franceses estava abandonando as hostilidades, ancorando nos portos de Toulon e do norte da África.

O resultado foi que — após a Batalha da Grã-Bretanha e da sobrevivência da própria nação em 1940 — a Batalha do Atlântico tornou-se o centro do conflito no Ocidente. Assim que a ameaça de uma iminente invasão alemã diminuiu, os diversos movimentos de reação dos ingleses — como a ajuda marítima a Gibraltar, a Malta e ao Cairo, a preservação das rotas do Cabo para o leste, o incremento de ações militares (incluindo forças governamentais e do próprio Império) no Egito, no Iraque e na Índia, além da ampliação dos bombardeios ofensivos estratégicos contra o Terceiro Reich —, por mais importantes que fossem, não podiam ser mantidos, a não ser que um fluxo constante de fornecimento de gêneros alimentícios, combustível e munições chegasse às ilhas pelo mar e também que novas divisões e novos armamentos britânicos fossem levados até a África e a Índia. Esse simples dado estratégico básico não se alterou quando a Alemanha atacou a União Soviética em junho de 1941, nem com o ataque japonês a Pearl Harbor em dezembro de 1941, ou quando a precipitada declaração de guerra de Hitler aos Estados Unidos transformou uma guerra europeia num conflito mundial. Na verdade, a decisão anglo-americana de preparar um exército com milhões de combatentes para a futura invasão da Europa ocidental apenas reforçou a importância de vencer a Batalha do Atlântico.

Assim, a luta para defender as rotas marítimas apenas para preservar as ilhas britânicas tornava-se agora uma batalha gigantesca pelas forças navais dos Aliados como o primeiro passo para se certificar de que Alemanha e Itália haveriam de se submeter a uma rendição incondicional. Para sorte dos britânicos, a ameaça de superfície dos alemães nunca poderia atingir o grau máximo (exatamente como Raeder havia advertido). Quando o gigantesco couraçado alemão *Bismarck* foi afundado em maio de 1941, a maior ameaça individual aos Aliados foi eliminada, e com os desdobramentos da "Corrida do canal",* de fevereiro de 1942, mesmo que ela tenha causado certo embaraço ao orgulho da Marinha Real britânica, foi possível conter navios pesados do inimigo em águas da Alemanha. Ao saírem de lá, eles estariam sob a vigilância da frota inglesa metropolitana (a Home Fleet) na baía de Scapa Flow, correndo ainda o risco de bombardeamento constante por parte da Força Aérea britânica. Investidas alemãs um tanto fúteis e sem grande ímpeto contra os comboios do Ártico não chegavam a ameaçar o comando do mar pelos Aliados. Isso era algo que apenas os submarinos poderiam fazer.

O problema é que faziam isso muito bem. À medida que aumentava a quantidade de submarinos à disposição de Dönitz ao longo de 1942, suas tripulações também ganhavam experiência, os equipamentos de detecção tornavam-se mais confiáveis, ampliava-se seu poder de alcance com a introdução das chamadas "vacas leiteiras" — submarinos menores encarregados do reabastecimento de combustível —, tudo isso sob a magistral coordenação de Dönitz. A entrada dos Estados Unidos no conflito deu-lhes grandes oportunidades contra um novo inimigo e sua frota mercante, quase inteiramente despreparada para aquele tipo de combate, ao longo de toda a iluminada costa oriental dos Estados Unidos. Submarinos dotados de maior capacidade de alcance foram enviados para atingir alvos ricos nas proximidades de Serra Leoa, no Caribe oriental, nas proximidades de Buenos Aires, e do Cabo. Mas Dönitz nunca deixou de insistir nas rotas de importância crucial do Atlântico Norte.

O total das perdas de remessas dos Aliados, que tinha subido de 750 mil toneladas em 1939 para a assustadora quantidade de 3,9 milhões de toneladas em 1940, subiu para 4,3 milhões em 1941 e depois voltou a subir em 1942, como vimos, ao número colossal de 7,8 milhões de toneladas. Naturalmente, houve perdas pesadas em outras regiões — em Dunquerque, no Atlântico Sul,

---

* Denominação dada pelos ingleses à Operação Cerberus da Marinha alemã, que retirou dos portos franceses os cruzadores de batalha *Scharnhorst* e *Gneisenau*, e o cruzador pesado *Prinz Eugen*, levando-os de volta à Alemanha pelo canal da Mancha. (N. R. T.)

no Mediterrâneo, e em 1941-2 no Extremo Oriente — mas as perdas mais significativas (por exemplo, o total de 1942 foi de 5,4 milhões de toneladas) ocorreram no Atlântico Norte. Em comparação, as perdas dos submarinos de Dönitz foram moderadas nesses anos: por volta de doze em 1939 e cerca de 35 em 1941, subindo para 87 em 1942. Essas baixas, tratando-se de uma guerra, chegavam a ser toleráveis; já com as perdas de navios mercantes — bem como de suas tripulações — não ocorreu o mesmo.[6]

Assim, não é de surpreender que as perdas de carregamento em março de 1943 tenham assustado Churchill e o Almirantado. Se os ataques de Dönitz podiam causar tantos danos em tempos tão invernais e tempestuosos — os principais ataques cessaram apenas depois de 20 de março, quando as águas que já estavam agitadas tiveram ainda o acréscimo de um forte furacão atlântico —, os planejadores ficaram compreensivelmente preocupados com o que poderia acontecer com os comboios aliados em tempos mais amenos, com a lua brilhando sobre as águas. Será que as perdas voltariam a ficar duas vezes maiores em maio e junho? E quanto aos submarinos, será que estaria ficando cada vez mais difícil localizá-los e afundá-los? Sem dúvida, era isso o que suas tripulações e seu determinado almirante deviam estar esperando.

No entanto, esses resultados favoráveis a apenas um lado das batalhas de março nunca voltaram a se repetir. Na verdade, eles constituíram o ponto alto da ofensiva dos submarinos contra as remessas dos Aliados, um pico momentâneo que em seguida caiu de maneira tão pronunciada que os dois lados ficaram espantados com a transformação. É difícil pensar em qualquer outra mudança no destino da guerra que tenha sido tão rápida e tão decisiva em suas consequências de longo prazo.[7]

E por ter sido assim, não se pode deixar de examinar mais de perto as épicas batalhas travadas em torno dos comboios de março a maio de 1943, quando a vantagem mudou de forma tão rápida de um triunfo dos submarinos alemães para um desastre completo. Felizmente, as fontes para essa história são excelentes, com detalhes da movimentação diária de quase todos os submarinos, assim como de cada comboio.[8]

O mês de março começou mal para os Aliados. Enquanto as autoridades navais americanas, britânicas e canadenses reuniam-se em sua Conferência dos Comboios do Atlântico, tomando decisões sobre as zonas de controle, reforços e demais aspectos, Dönitz, muito seguro de si, enviava cada vez mais submarinos para unirem-se às quatro grandes "alcateias" que estabelecera no Atlântico central, geralmente com dois U-boats no centro, um no flanco norte e outro no sul. Além disso, naquela fase do duelo entre os serviços de inteligência e de decodificação, os alemães encontravam-se em nítida vantagem; antes mesmo de deixarem o porto, a B-Dienst abastecia mais de uma vez seu comandante com descrições completas sobre a situação, a velocidade e o rumo dos comboios aliados. Por outro lado, os encarregados da decifração dos códigos alemães em Bletchley Park e no Almirantado enfrentavam dificuldades em decodificar as mensagens do inimigo dias após elas terem sido enviadas. Em suma, os "pastores", apesar da nobreza de sua missão, estavam em dificuldades maiores que as habituais, numa posição fraca em relação ao adversário, tateando no escuro. Os lobos estavam prontos para dar o bote.

Daí resultou o abate do comboio SC 121, que zarpou de Nova York em direção a diversos portos britânicos em 5 de março de 1943. Embora o tempo estivesse particularmente agitado, o que impediu que alguns submarinos captassem sinais do comboio, e que alguns reforços aliados chegassem posteriormente, as probabilidades estavam todas a favor de Dönitz. O grande especialista nesses confrontos de março, Jürgen Rohwer, fornece-nos uma ordem meticulosa da batalha:

> O SC 121 [...] consistia originalmente em 59 navios e [...] estava sendo protegido pelo Grupo de Escolta A 3 sob o comando do capitão Heinemann, da Marinha americana, com o cúter da guarda costeira *Spencer*, o destróier americano *Greer*, as corvetas canadenses *Rosthern* e *Trillium*, e a britânica *Dianthus*. O comandante dos submarinos [Dönitz] enviou contra esse comboio o grupo Westmark, compreendendo os U 405, U 409, U 591, U 230, U 228, U 566, U 616, U 448, U 526, U 634, U 527, U 659, U 523, U 709, U359, U 332, e U 432. Ao mesmo tempo ele deu a ordem para que os U 229, U 665, U 641, U 447, U 190, U 439, U 530, U 618 e U 642 [...] formassem outra linha, Ostmark, para enfrentar outra rota suspeita do comboio.[9]

Havia portanto 59 navios mercantes, lentos e vulneráveis, de início sob a proteção de apenas cinco escoltas, contra 26 submarinos alemães, sem cobertura aérea para o comboio até o terceiro dia da travessia — e de qualquer maneira, qual seria a utilidade de proteção aérea se os submarinos atacavam sobretudo à noite? O resultado foi uma verdadeira agonia de 7 a 10 de março, quando Dönitz chamou seus submarinos de volta. Treze navios mercantes foram afundados, num total de 62 mil toneladas, sem a perda de um único submarino. É provável que essa tenha sido a batalha mais desproporcional de toda a guerra, o que deixou Hitler, a quem Dönitz se reportava com regularidade, extremamente satisfeito.

Houve, entretanto, dois outros comboios pelo Atlântico no início de março que também chamavam a atenção. O comboio ON 170, por exemplo, foi habilmente mantido longe de todos esses campos de batalha fatais do Atlântico, tendo sido capaz de atravessar as águas do norte sem sofrer uma só perda e tampouco sem que encontrasse (pelo menos até onde se sabe) um único submarino. Foi um caso típico em que pastores e ovelhas foram capazes de atravessar os Alpes sem ser ameaçados pelos lobos que se espalhavam pelos vales. Muitos comboios aliados, na verdade, sobreviveram à travessia incólumes, por terem sido conduzidos segundo rotas muito bem escolhidas ou apenas pelo fato de Dönitz ter direcionado todos seus submarinos à caça de outros comboios.

Bem mais complicada é a história do comboio HX 228, no Atlântico, entre 7 e 14 de março, em meio a tanta loucura e confusão que poderia levar os historiadores navais a se recordarem das escaramuças do almirante Nelson com os franceses na Batalha do Nilo (1798). A certa altura dessa batalha, o destróier HMS *Harvester*, tendo se chocado com o U 444, teve seu eixo propulsor preso ao leme deste último, e só conseguiu se livrar com a intervenção da fragata francesa *Aconit*, que arremeteu contra o submarino, fazendo com que ele afundasse. O *Harvester* foi atacado no dia seguinte, mas a *Aconit* afundou de pronto o submarino que o torpedeara e, assim, deu adeus ao U 432. Quando tudo acabou, o HX 228 perdera apenas quatro navios mercantes além do destróier, enquanto a escolta, à qual se uniu, um tanto claudicante, a primeira unidade da equipe de proteção — o USS *Bogue*, um precursor do que estava por vir —, saiu da batalha com um saldo positivo. As tripulações dos submarinos eram formadas por homens corajosos e de primeira linha, mas os marinheiros britânicos, americanos e canadenses — um grupo um tanto reduzido de veteranos, com um amplo contingente de novos oficiais e tripulantes às suas marinhas de guerra e suas frotas mercantes — foram igualmente capazes de provar sua capacidade ao longo desse episódio.

Apesar de estarem sugerindo uma possível recuperação por parte dos Aliados nos combates marítimos, esses sinais foram varridos pelos feitos dos submarinos contra o comboio HX 229 e SC 122 entre 16 e 20 de março. Esse foi o momento mais assustador, e não apenas pelo destino daqueles dois grupos de navios mercantes, mas também em relação a toda a estratégia dos comboios.

De maneira diferente do que em geral ocorre numa clássica batalha terrestre (entre gregos e espartanos, ou entre Wellington e Napoleão), em que os adversários são semelhantes em sua composição, as forças nos dois lados dessa luta no Atlântico eram bem diferentes. Os U-boats de Dönitz eram, de um modo geral, basicamente os mesmos; capitão e tripulação de um submarino mais antigo, o do Tipo VII, sentiam, sem dúvida, certa inveja dos colegas instalados em submarinos maiores, mais velozes e mais bem equipados, do Tipo IX — sem necessidade, como mais tarde se veria —, mas todos eles eram capazes de se deslocar rapidamente no Atlântico, todos podiam disparar seus torpedos mortíferos e mergulhar com rapidez para evitar os contra-ataques.[10] Em contrapartida, os comboios aliados consistiam numa reunião variada de antigos navios a vapor, transportadores de minérios, embarcações dos correios e de passageiros e navios refrigerados.* As cargas que transportavam também eram heterogêneas — grãos, linhaça, carne, mantimentos para o Exército, combustível para aviões, açúcar, bauxita (para o alumínio), aço, tabaco, "produtos africanos" (provavelmente óleo vegetal e madeira dura) e tudo o mais que fosse necessário para manter uma nação com 40 milhões de habitantes em estado de guerra. Os navios mercantes britânicos e americanos tinham o reforço de embarcações com as bandeiras do Panamá, da Noruega, da Grécia, da Polônia e da Holanda. Uma das consequências não intencionais das agressões de Hitler foi que os recursos bélicos limitados da ilha foram sendo consideravelmente reforçados pelos navios mercantes e suas respectivas tripulações, pelos combatentes, pilotos e mais soldados de infantaria de uma grande variedade de países — e a Inglaterra ficou mais feliz ainda em dar boas-vindas a todos eles.

* As tropas americanas e canadenses rumo à Grã-Bretanha, cada vez mais numerosas, eram transportadas por um método totalmente diferente — os grandes navios regulares de linha da Cunard, que, quando reduzidos apenas ao essencial, eram capazes de transportar até 15 mil soldados numa velocidade que nem mesmo um destróier de frota conseguiria acompanhar, muito menos um submarino. Porém, repetindo uma pergunta anterior, de que serviriam 2 milhões a 3 milhões de soldados descansados no Reino Unido se eles não tivessem alimentos, combustível e munições? (N. A.)

O episódio dos comboios HX 229 e SC 122 serviu para confirmar que a Marinha Real enfrentava um dos maiores desafios logísticos de toda a história militar. A qualquer momento havia milhares de navios mercantes dos Aliados em alto-mar — é provável que até vinte comboios mais centenas de embarcações viajando de forma independente. De Trinidad a Nova Jersey, e de Adelaide ao Cabo, as linhas se expandiam, a maioria dos produtos transportados tendo como destino a passagem crítica do Atlântico Norte. Com o desenvolvimento da guerra no mar, os comboios tornavam-se obrigatoriamente maiores, o que não significava algo ruim. Durante as discussões na Conferência de Casablanca sobre a crise no transporte marítimo, Patrick M. Stuart Blackett, chefe de pesquisa operacional do Almirantado, impressionou os ouvintes com uma análise demonstrando que um comboio com sessenta ou até noventa navios era um modo mais eficiente de transportar produtos pelo Atlântico do que outro de apenas trinta; o número de navios de escolta permanecia quase o mesmo, limitado mais pela construção de outros navios e obrigações (Operação Torch) do que por qualquer outro fator, e os submarinos dispunham apenas de um número limitado de dias para atacar e também de uma quantidade limitada de torpedos. Essa análise matemática reforçava a concepção do planejador de que o sistema de comboios era o melhor a ser adotado, deixando mesmo assim um problema prático: como seria possível conduzir uma quantidade tão grande e heterogênea de embarcações mercantes de um lado a outro do oceano, sobretudo quando os navios de guerra aliados, por sua vez, constituíam também um conjunto misturado de destróieres, fragatas, corvetas, cúteres, traineiras e outros?

Uma resposta, que recuou quase ao princípio da guerra, seria estabelecer uma separação simples entre "comboios rápidos" e "comboios lentos". Isso trouxe muitas consequências, incluindo a nomenclatura diferente ("SC" designava um comboio lento e "HX" um comboio mais rápido, este último em geral saía do grande porto de Halifax, mas também de Nova York). Esses comboios podiam partir de diferentes portos, sendo planejados para chegar ao Reino Unido (ou, na viagem de volta, a portos da costa leste) em dias diferentes. Escoltas mais lentas como chalupas, corvetas e traineiras armadas eram com frequência destacadas para os comboios lentos. As agendas das escoltas aéreas seriam marcadas de acordo com os horários dos comboios. Embarcações de guerra dos Aliados destacadas para unir-se a um comboio em alto-mar poderiam ser instruídas para ajudar umas às outras no caso de algum ataque mais pesado. É também verdade que todos os comboios, velozes ou lentos, tinham seus retardatários, o que sem dúvida enfurecia os comandantes das escoltas — e como poderia ser de outra forma, com quarenta, cinquenta ou sessenta navios reunidos de forma praticamente aleatória num único grupo? Em termos gerais, o fato de despachar grandes comboios em agrupamentos velozes e lentos fazia bastante sentido. Contudo, o que poderia ocorrer se o número de submarinos fosse alto demais?

Já em 13 de março de 1943, o B-Dienst, o serviço de decodificação da Marinha alemã, tinha informações de que o comboio lento SC 122 (51 embarcações, com quatro ou cinco escoltas) partira de Nova York. Ele seria seguido poucos dias depois pelo veloz comboio HX 229 (41 navios, com quatro escoltas), saindo do mesmo porto. Essa última informação não ficou clara para os alemães no primeiro momento, mas o serviço de inteligência deu tempo suficiente para que Dönitz ordenasse a seu grupo de patrulha ocidental que ficasse de prontidão para atacar, determinando simultaneamente que um grupo adicional de submarinos se dirigisse para oeste, em direção à zona-chave situada no meio do oceano. Um exame das rotas de navegação, das baixas e dos relatórios dos comboios (houve ainda mais um comboio rápido de 25 navios, o HX 229A, dirigindo-se ao norte e saindo da Groenlândia nesse horário), e em especial da reconstrução feita por Rohwer das manobras de cada submarino, nos dá a noção não apenas da complexidade dessa operação como também de suas enormes dimensões. A análise do historiador inglês Correlli Barnett é precisa: "Pode-se dizer que pela primeira vez um episódio de guerra envolvendo submarinos atingiu as proporções e o caráter decisivo das grandes batalhas navais do passado".[11] De fato, provavelmente seria necessário voltar aos terríveis combates com mais de um dia de duração de meados do século XVII entre as Marinhas britânica e holandesa para encontrar um bom equivalente histórico.

O ataque alemão a esses dois comboios pareceu desdobrar-se como um trabalho de relojoaria, embora o acaso também tenha desempenhado seu papel. Devido a problemas com os motores, o U 653 dirigia-se lentamente rumo ao oeste quando percebeu que o comboio HX 229 aproximava-se no horizonte, em direção a portos britânicos. Seu comandante, o tenente Paul Feiler, um tanto confuso, porém capaz de muitas iniciativas, permaneceu mergulhado por algum tempo, enquanto o comboio passava por cima. Quando voltou à tona, o oceano estava livre; o comboio havia prosseguido seu percurso e o U 653 pôde transmitir a importante mensagem ao quartel-general de Dönitz, que tomou medidas imediatas. Vinte e um submarinos responderam ao chamado, numa demonstração inequívoca do modo como a comunicação eletrônica estava modificando a arte da guerra.[12]

O mar estava terrivelmente agitado, mas a alcateia, ao perceber que se tratava de uma grande oportunidade, preparou-se para o ataque. A noite clara, iluminada pelo luar de 16 para 17 de março, era, sem sombra de dúvida, uma noite para caçadores, pela qual os navios mercantes iriam pagar um preço bem caro. Naquela mesma noite os atacantes ainda tiveram a vantagem adicional de que os comandantes da escolta do HX 229 decidiram diminuir a velocidade do comboio para acolher os retardatários e, ao fazer isso, sem querer colidiram com o primeiro grupo de submarinos. Se a decisão de diminuir a velocidade não tivesse sido tomada, os submarinos "sem dúvida teriam passado pela popa".[13] Mas assim que o comboio foi detectado, não havia muito que o comandante de sua escolta, o tenente Luther, no destróier HMS *Volunteer*, pudesse fazer no sentido de conduzir seu rebanho à segurança. Seu localizador de direção registrara a presença de dois submarinos a cerca de 35 quilômetros de distância aproximando-se; então, ele despachou outra escolta para afastá-los. No entanto, se um grupo dos U-boats havia deixado passar seu alvo, os outros não deixariam a presa escapar. A essa altura, ambos os almirantados, o americano e o britânico, estavam captando sinais de submarinos em toda a área ao redor do comboio, ou seja, qualquer mudança de rota para evitar determinado grupo de atacantes apenas levaria o HX 229 para as proximidades de outro grupo.

Assim, por volta das dez horas daquela noite enluarada de 16 de março, o comandante do U 603 teve diante de si a visão de um comboio aliado deslizando vagarosamente sobre as águas, além do mais com suas quatro naves de escolta restantes bem afastadas umas das outras. A essa altura Dönitz já dispunha de seus submarinos para o ataque, equipados com os torpedos mortíferos FAT, que percorriam trinta nós em determinada direção, ziguezagueando em seguida para compensar as ações evasivas do inimigo. Como o horizonte estava repleto de alvos e o U 603 podia aproximar-se até uma distância de 3 mil metros, era provável que o recurso do zigue-zague fosse desnecessário na ocasião. O submarino disparou três torpedos frontais, em seguida um torpedo traseiro, e teve a satisfação de escutar o som de uma grande explosão antes de mergulhar de novo para baixo das ondas; o cargueiro *Elin K.* afundou dentro de quatro minutos. A essa altura, com as escoltas do comboio ocupadas no recolhimento dos sobreviventes do cargueiro e preocupadas com a proximidade do U 603, o flanco norte do comboio estava praticamente desprotegido. Isso deu ao comandante do U 758, o tenente Mansek, liberdade para disparar torpedos como um caubói num filme de faroeste. "Às 23h23 o comandante Mansek disparou um torpedo FAT sobre um cargueiro de 6 mil toneladas a estibordo, um minuto depois, um torpedo G7e num cargueiro de 7 mil toneladas, às 23h25, um torpedo FAT na traseira de um navio-tanque de 8 mil toneladas e às 23h32, um G7 num cargueiro de 4 mil toneladas": quatro disparos de torpedos em nove minutos.[14] O cargueiro holandês *Zaaland* e seu vizinho americano *James Oglethorpe* foram atingidos; o primeiro naufragou e o segundo, controlando um fogo a bordo, sustentou-se por algum tempo (sendo liquidado naquela mesma noite pelo U 91).

Com efeito, os navios mercantes aliados passavam por uma espécie de corredor polonês em alto-mar, e mesmo aqueles que estavam bem no centro corriam o risco de ser atingidos por um torpedo que passasse entre as fileiras externas. O que isso de fato significava? Havia os dois navios mercantes que já estavam perdidos, naturalmente, e portanto dois a menos na contagem limitada de cascos que poderiam fazer o percurso de ida e volta pelo Atlântico. E havia também as tripulações, embora muitos de seus integrantes tivessem sido recolhidos pelo destróier HMS *Beverly* e pela corveta HMS *Pennywort* — a certa altura daquela noite de caos, aliás, por um bom tempo havia apenas um navio escoltando o comboio principal. Mas talvez o aspecto mais digno de nota era que o *Zaaland* levava uma carga de trigo congelado, tecidos e zinco, e o *James Oglethorpe* transportava aço, algodão e alimentos em seu casco, enquanto no convés havia aviões, tratores e caminhões para o Exército americano.

Fica difícil, e provavelmente impossível, 65 anos depois, saber o que pensavam os comandantes dessas quatro escoltas navais, que carregavam tão grande responsabilidade (naquele dia, as quatro escoltas deveriam ter ainda a companhia de uma quinta, o HMS *Mansfield*). Tais pensamentos não ocupavam a cabeça, digamos, de Alanbrooke, que experimentava as diversas preocupações e frustrações que figuram em seus diários de Casablanca e daqueles últimos e desesperados meses.[15] Tampouco ocupavam a cabeça do soldado comum, do marinheiro ou do piloto, quase todos arrancados da vida civil para uma nova existência de perigo, sacrifícios e terror, numa guerra que parecia não ter fim.

Os comandantes da escolta do comboio operavam no nível intermediário — tal qual os comandantes dos submarinos alemães — e tinham muitas obrigações a cumprir, eventuais fracassos com os quais lidar e perdas para engolir.* No entanto, era desses homens que a guerra dependia naquele momento.

Meia hora após a meia-noite de 17 de março, o U 435 torpedeou o cargueiro americano *William Eustis*, que parou de imediato e começou a adernar. O comandante, tenente Luther, que acabara de retornar ao centro do comboio, e ciente de que seus colegas de escolta estavam recolhendo sobreviventes muitos quilômetros para trás, virou seu destróier, o HMS Volunteer, para a retaguarda. Lá ele encontrou o destroçado *William Eustis*, com seus salva-vidas já lançados, mas com muitos tripulantes nadando em diferentes direções, gritando por socorro. Foi uma daquelas ocasiões em que não existem soluções boas e óbvias — apenas soluções ruins e outras ainda piores. Rejeitando os pedidos do mestre e do engenheiro-chefe do navio mercante (que haviam conseguido subir a bordo do destróier) para que se fizesse uma tentativa de salvamento na madrugada, Luther recolheu todos os sobreviventes que conseguiu localizar e, em seguida, receando que alguns infiltrados pudessem subir a bordo dos navios atacados para se apossar de documentos e códigos confidenciais, lançou cargas de profundidade para pôr a pique o *William Eustis* e acelerou para voltar a acompanhar o comboio.

Ainda eram 2h50 da madrugada, e o destróier tinha acabado de se juntar ao comboio quando foi possível ver o clarão de outro cargueiro sendo afundado ao longe. Duas horas mais tarde, o comandante Zurmuehlen do submarino U 600 realizou um dos mais bem-sucedidos torpedeamentos da Segunda Guerra Mundial, desferindo uma salva de quatro torpedos FAT da proa e, em seguida, outro traseiro contra o flanco do comboio desprotegido por completo a estibordo. Poucos minutos depois o cargueiro britânico *Irena* e o baleeiro *Southern Princess* foram atingidos por um torpedo cada um, e o cargueiro americano

---

* Vale a pena recordar aquele clássico filme em preto e branco, *O mar cruel* (baseado num livro do grande romancista Nicholas Monsarrat, com roteiro do autor americano de histórias policiais Eric Ambler), em que o ator Jack Hawkins interpreta um comandante de comboio, em sua pequena corveta da classe Fowler, sofrendo um ataque atrás do outro pelo Atlântico, vendo tantos navios mercantes sendo destruídos, com suas tripulações lançadas ao mar e não podendo fazer praticamente nada para ajudá-las. Durante a guerra, Monsarrat serviu como oficial, comandando escoltas. (N. A.)

Irene du Pont por dois. O HMS *Mansfield* recolheu os sobreviventes. Quando amanheceu, tudo que efetivamente podia ser feito era dar um fim aos navios mercantes inutilizados. A corveta HMS *Anenome* fez metade desse serviço, enquanto o submarino U 91, que chegou ao local uma ou duas horas mais tarde, completaria o trabalho desagradável. Os navios de escolta ingleses estavam agora abarrotados com as tripulações sobreviventes.

Mais ao leste, o comboio SC 122 também começava a ser atacado. As 51 embarcações tinham a proteção de sete escoltas, incluindo o destróier americano USS *Upshur* e um navio de resgate especialmente equipado, o *Zamalek*. Cerca de duas horas após a meia-noite, naquela mesma madrugada terrível, o submarino U 338 dirigia-se em alta velocidade rumo ao oeste para se unir ao ataque contra o HX 229 quando seu comandante, o capitão-tenente Kinzel, viu no horizonte uma massa de navios a cerca de vinte quilômetros de distância. Com certeza, aquela era uma noite de luar ideal para caçadores. Os dois torpedos iniciais de Kinzel feriram mortalmente os cargueiros britânicos *Kingsbury* e *King Gruffydd*. A segunda salva (também com dois torpedos) atingiu em cheio o cargueiro holandês de quatro mastros *Alderamin* e rasgou-o em três partes; em dois minutos ele já tinha desaparecido. Afastando-se desse cenário de destruição, o submarino U 338 disparou seu torpedo implacável contra outro navio. Ao errar o alvo, o torpedo poupou sua vítima, porém acabou atingindo mais adiante o centro do comboio, abrindo um buraco enorme no navio mercante britânico *Fort Cedar Lake*. Cinco torpedos, quatro navios.

Na manhã seguinte, as autoridades navais dos Aliados tomaram conhecimento de que enfrentavam um desastre duplo: o fato de que dois de seus principais comboios de abastecimento estavam sendo literalmente dilacerados, somado à constatação de que Dönitz não parava de despachar cada vez mais submarinos para o campo de batalha — no caso, as águas do Atlântico. Os dois comboios ainda não haviam se unido e não o fariam até a noite da passagem de 17 para 18 de março, mas o traçado geral da imagem já era evidente. Um grande comboio de navios mercantes aliados, setenta, oitenta, ou até mais, juntamente com suas cargas, estava no meio do oceano Atlântico, protegido por um número nitidamente insuficiente de navios de escolta, com os submarinos inimigos preparando-se para desferir seu ataque mortal.

Mas, com o nascer do sol veio a luz e, junto dela, a Força Aérea chegou. E não havia nada, absolutamente nada, que aterrorizasse tanto um comandante de submarino do que a visão, ou até mesmo o som, de um avião aliado se aproximando. Com efeito, era o tradicional joquempô da vida real. Navios mercantes eram presas indefesas, inteiramente vulneráveis, dos submarinos e seus torpedos, porém esses mesmos submarinos, mesmo aqueles que decidiam permanecer na superfície e partir para a luta, viam-se numa situação de completa inferioridade diante da Força Aérea. Em diversas ocasiões, era raro que os submarinos tivessem mais do que um ou dois minutos para disparar, porque os aviões vinham tão depressa, que a única coisa que o comandante do submarino podia fazer era mergulhar, mergulhar, mergulhar... e esperar pelas cargas de profundidade. Os aviões Catalina, Liberator, Sunderland e Wellington eram para eles os motivos de maior terror do sistema de armas dos Aliados, os espectros dos céus. Esse, afinal, era o motivo pelo qual os submarinos esperaram para atacar os navios mercantes aliados na "lacuna do Atlântico Norte".*

Em 17 de março de 1943 aquela lacuna começou a ser solucionada. Por causa das injunções do Comando dos Western Approaches, os primeiros, poucos, aviões B-24 Liberator de longo alcance deixaram sua base nas proximidades de Londonderry, na Irlanda do Norte. Por uma série de razões, todos os esquadrões do Comando Costeiro da RAF (no norte da Irlanda, na Islândia, nas ilhas Hébridas e na Escócia) encontravam-se extremamente debilitados, mas os Liberator podiam ao menos alcançar o comboio mais próximo, o SC 122. Ao longo do dia essas aeronaves avistaram submarinos em diversas posições e lançaram seis ataques contra eles antes de retornarem à base. Nenhum submarino foi destruído, nem sequer danificado, mas foram forçados a submergir diversas vezes. Na verdade, ao longo de todo o dia, o único navio do comboio afundado (de novo, pelo comandante Kinzel, no U 338) foi o cargueiro panamenho *Granville*, que transportava suprimentos para o Exército americano.

Em contrapartida, o comboio HX 229 não estava dentro da área de proteção aérea, e as poucas escoltas junto ao corpo principal do comboio, que não tentavam alcançá-lo depois de recolherem sobreviventes ou que seguiam um rastro do sonar, encontravam-se extenuadas por completo. Isso permitiu que os atacantes destruíssem o navio holandês *Terkoelei* e o britânico *Coracero*. Quan-

---

* Região central do Atlântico Norte na qual os U-boats podiam operar sem o risco de serem atacados e afundados pelos aviões aliados baseados em terra, que não dispunham de autonomia para sobrevoar aquela área. (N. T.)

do anoiteceu, e com a pouca visibilidade, os submarinos mais uma vez atacaram o comboio. Mas então apareceu um B-24 Liberator que rapidamente avistou uma dupla de submarinos e, em seguida, um trio e lançou contra eles cargas de profundidade, até que, quando estas se esgotaram, atacou um sexto com rajadas de metralhadora. Nenhum dos submarinos ficou danificado, porém os ataques deixaram seus comandantes perturbados. O avião permanecera dezoito horas no ar, duas horas além do tempo recomendado. Contudo, não houve tranquilidade para o SC 122, que perdeu ainda dois valiosos navios, o *Zouave* (alvejado pelo U 305) e o *Port Auckland* (destruído pelo mesmo submarino, mas provavelmente liquidado de vez por Kinzel).

O naufrágio de mais dois navios mercantes levou o HMS Volunteer às pressas para estibordo do comboio, mas seus sensores de direção apresentavam defeito, e os outros poucos navios de escolta ainda estavam recolhendo sobreviventes. Acredita-se que Luther tinha muita coragem e obstinação, mas foi apenas quando o *Terkoelei* e o *Coracero* afundaram que o comandante do comboio "achou que havia chegado o momento de pedir ajuda". (Uma das vantagens de poder ler as mensagens desses comandantes de comboios, ou do comandante de um único navio, é a oportunidade de se deleitar com a atração que eles mantinham pela subavaliação ou pelas meias-palavras.) Foi a essa altura que um dos mais velozes navios mercantes americanos, o *Mathew Luckenbach*, resolveu separar-se do comboio e seguir adiante, apesar das insistentes mensagens dos navios de escolta e do comodoro; dois dias depois, o *Mathew* foi afundado, com poucos sobreviventes.

Mesmo antes do pedido de socorro feito por Luther, ambos os almirantados decidiram destinar mais recursos à batalha. Isso foi bem mais fácil para Dönitz, uma vez que ele já dispunha de novos submarinos no Atlântico. Para os planejadores britânicos, a tarefa era muito mais difícil pelo simples fato de que naquele momento havia diversos comboios valiosos no Atlântico Norte. Os dois comboios de Gibraltar, o KMS 11 (62 mercantes, com nove escoltas) e o KMF 11 (nove navios de transporte, com duas escoltas mais destróieres retirados de outras missões), provavelmente teriam que enfrentar ataques no golfo da Biscaia, onde poderiam ainda não apenas ser ameaçados por novos submarinos, como também por bombardeiros alemães de longo alcance; não seria possível liberar nenhuma de suas escoltas. O comboio ON 172 (dezessete navios mercantes, com seis escoltas), ao sul do cabo Farewell, além de distante, estava situado numa área na qual também estava se formando um novo agrupamento de submarinos. E o comboio ON 173 (39 navios, com seis escoltas), que se dirigia para o norte da batalha, era muito fraco. Corvetas de reforço enviadas de St. John não tinham velocidade suficiente para se unir ao comboio a não ser bem mais tarde, e os dois destróieres americanos que haviam sido solicitados da Islândia sofreram avarias provocadas por tempestades marinhas em 17 e 18 de março.

O mesmo podia ser dito dos aviões aliados, de importância crucial e no entanto em números tão reduzidos. Além disso, dispondo àquela altura de um sistema de comunicação navio-avião extremamente precário, os Liberator, Sunderland e demais aeronaves não conseguiram contato com os comboios. Resultado: novas perdas aliadas ocorreram em 18 de março. Num lance de ironia brutal, um deles foi o do *Walter Q. Gresham*, um dos primeiros navios americanos da classe Liberty Ship, cuja produção em massa acabaria resolvendo o problema da escassez de embarcações de guerra; o segundo foi outro navio moderno, o *Star* canadense. Quando a corveta HMS Anemone, já muito sobrecarregada, recolheu os sobreviventes desses dois navios, que se somaram aos resgates anteriores, ela tinha a bordo 163 civis exaustos, entre os quais seis mulheres e duas crianças. Em seguida a corveta voltou à sua posição e passou toda a noite seguinte empenhada em evitar ataques de submarinos ao HX 229. Às vezes o sonar funcionava, outras vezes não; as granadas Hedgehog falharam duas vezes; e, mesmo com as cargas de profundidade sendo acionadas, no momento em que elas atingiam o alvo programado, os submarinos já haviam se afastado. Uma enorme quantidade de sobreviventes dormiu no Anemone naquela noite; o comboio SC 122 teve mais sorte, uma vez que contava com um navio de resgate mais adequado.

Em 19 de março, o mapa de planejamento que cobria toda uma parede da sala de controle do Almirantado apresentava uma cena extraordinária. Sinais de submarinos inimigos estavam sendo captados de quase todos os quadrantes do oceano. Os comboios de Gibraltar estavam sofrendo fortes ataques de submarinos e aviões quando passavam pelo noroeste da costa espanhola. Mais ao norte, o HX 229A conseguira evitar os U-boats, porém colidiu com um mar de icebergs. Um navio baleeiro holandês de enormes dimensões (o *Svend Foyn*), transportando passageiros civis, encalhou nas águas geladas, não muito longe do local onde o *Titanic* afundara. O único consolo é que os comboios HX 229 e

SC 122 haviam atingido ao menos o limite de 965 quilômetros de uma base aérea aliada na Irlanda do Norte e na Islândia, e as extenuadas tripulações dos navios mercantes e de suas escoltas podiam ver os Liberator, os Fortress, os Sunderland e os Catalina guiando os navios de combate até os submarinos para unirem-se ao ataque. Alguns comandantes de submarinos, contudo, ainda persistiam, entre eles Kinzel, que só decidiu voltar à sua base após ter sido seriamente danificado por cargas aéreas de profundidade. A cerca de 321 quilômetros atrás, o comandante do submarino U 384, menos experiente, fora apanhado na superfície por um Sunderland voando a baixa altitude e transformado em pedaços em 20 de março. Ao longo de toda a batalha, esse foi o único submarino perdido. No final da tarde, Dönitz tinha chamado suas patrulhas de volta.

No dia seguinte, os comandantes dos comboios começavam a enviar alguns dos navios de escolta a portos seguros. Os primeiros, de maneira bem apropriada, eram navios de guerra como os Anemone, Pennywort e Volunteer, todos transportando suas centenas de sobreviventes civis. Todos a bordo haviam passado pelo máximo de privações que um ser humano pode tolerar. Quarenta e dois dos sessenta navios do SC 122 chegaram ao seu destino, assim como 27 das quarenta embarcações do HX 122. O comodoro, chefe do navio mercante do comboio mais lento informou laconicamente que havia sido uma viagem normal pelo Atlântico, "a não ser" pelos submarinos.

Mesmo assim, embora o heroísmo e a disposição das tripulações aliadas tivessem sido os maiores possíveis o tempo todo, permanecia o fato de que suas marinhas haviam sofrido uma enorme derrota. A Batalha do Atlântico estava sendo perdida.

AS MUITAS FRAQUEZAS DOS ALIADOS

Por que a batalha dos comboios e suas escoltas contra os submarinos correu tão mal para os Aliados durante aquelas semanas? Ficará claro para o leitor que esse campo de guerra era de tal complexidade que nenhum fator isolado poderia ser decisivo. Na verdade, alguns historiadores, entre os quais um personagem com participação tão central nas batalhas dos comboios como Sir Peter Gretton, sentem-se pouco à vontade em sugerir que qualquer fator, por si só, poderia ser considerado o motivo principal para o desfecho.[16]

Para este autor, no entanto, certas causas claramente merecem maior ênfase do que outras.

Para começar, havia o acentuado desequilíbrio em números no início de 1943. Sem dúvida, no decorrer daquelas semanas, as Marinhas britânica, canadense e americana enfrentavam diversas demandas urgentes para seus recursos navais já muito solicitados, mas se aquela era de fato a mais importante área de confronto dos Aliados ocidentais em 1943, reservar uma escolta de apenas quatro ou cinco navios de guerra para um comboio do Atlântico Norte composto por cinquenta navios mercantes de velocidade reduzida, ainda mais sabendo que um número cada vez maior de submarinos entrava em operação, era o mesmo que assumir um grande risco. Quando se examinam as cartas de navegação com a posição dos navios durante as horas e os dias de ataques aos comboios, fica evidente que um comandante de escolta como o comodoro Luther tinha uma tarefa impossível pela frente — como seu navio poderia afastar submarinos que se agrupavam num flanco do comboio, recolher sobreviventes de navios mercantes afundados ou a ponto de afundar nas águas em refluxo e ainda proteger o restante de sua tripulação? No joquempô, os três componentes têm a mesma força. Mas não era esse o caso da batalha entre submarino, comboio e escolta como o HX 229 e o SC 122. Os números eram decisivos. Havia poucas escoltas, e o socorro que posteriormente viria do suporte aéreo e de superfície chegaria tarde demais.

Além disso, havia o desequilíbrio entre os serviços de inteligência, pois aquele era provavelmente o momento *exato* em que o serviço de decifração de códigos da Marinha alemã, o B-Dienst, encontrava-se em seu auge, lendo mensagens do Almirantado inimigo numa velocidade impressionante. Naturalmente, um submarino talvez pudesse perder mensagens que lhe eram endereçadas, dirigindo-se para a direção errada, embora às vezes esse desvio de rota acabasse por permitir o afundamento inesperado de uma embarcação inimiga. No conjunto, porém, os U-boats alemães eram coordenados por Dönitz de maneira rigorosa e exigente — não era como se ele estivesse encarregado de uma orquestra apenas, pois na verdade ele estava dirigindo, estimulando, energizando *quatro* orquestras, quatro grupos diferentes de submarinos, às vezes a mais de 1609 quilômetros de distância um do outro. Por outro lado, nesse momento específico, os serviços de inteligência aliados sobre as intenções dos alemães pareciam lamentavelmente atrasados. Mesmo quando o Comando dos Western Approaches teve acesso às decodificações da Enigma, elas em geral chegavam tarde demais — e esses atrasos custavam muito caro no Atlântico Norte.

Outro elemento importante, como foi visto acima, foi o da cobertura aérea, ou melhor, a ausência dela. Se havia algo que confirmava a importância geopolítica da "lacuna do Atlântico Norte" era a quantidade de perdas de navios mercantes aliados naqueles meses terríveis em que 1942 transformou-se em 1943. Por certo, submarinos alemães atacavam navios mercantes aliados nas proximidades de Trinidad, Buenos Aires e do Cabo; a rota para Gibraltar, por estar tão próxima das bases aéreas e navais alemãs no oeste da França, vivia sob ataque constante. Mas no que diz respeito à linha vital de comunicações entre a América do Norte e a Grã-Bretanha, a evidência torna-se impressionante. A narrativa oficial do capitão Roskill fornece-nos um mapa dos naufrágios: todos eles aconteceram nas áreas onde houve a "lacuna aérea".[17]

Esse foi o cenário no qual se disputou o jogo de três adversários, entre o comboio, as escoltas de superfície e os submarinos. Até mesmo um comboio com pouca escolta e com alguma cobertura aérea à luz do dia, como o SC 122, tinha uma chance melhor do que outro com pouca escolta e nenhuma proteção aérea, como o HX 229. Mas e se a Batalha do Atlântico se tornasse um jogo de quatro participantes — navios mercantes, escoltas navais, submarinos *e* aviação — durante toda a viagem? E se, taticamente, a aviação aliada, atuando dia e noite, tornasse os ataques de superfície realizados por submarinos perigosos demais?

Um quarto fator era a qualidade dos respectivos sistemas bélicos. O modelo de submarino utilizado nessa época, o Tipo VIIC, consistia numa embarcação estreita, apertada e muito básica, pesando apenas oitocentas toneladas e com 67 metros de comprimento, com capacidade para 44 tripulantes amontoados em condições inacreditáveis. Era fácil de operar, muito confiável e capaz de mergulhar com rapidez se aparecesse algum problema no horizonte. Uma outra série, com o Tipo IX, tinha dimensões maiores, capacidade de resistência muito superior e poder de fogo bem mais intenso, mas mostrava-se uma embarcação volumosa e desajeitada se uma escolta britânica ou canadense o ameaçasse. Para sorte de Dönitz, ele dispunha de muitos submarinos do modelo mais antigo no Atlântico Norte, permitindo-lhe desviar os modelos maiores para estações distantes, onde seria possível tirar melhor proveito de suas características mais pesadas.

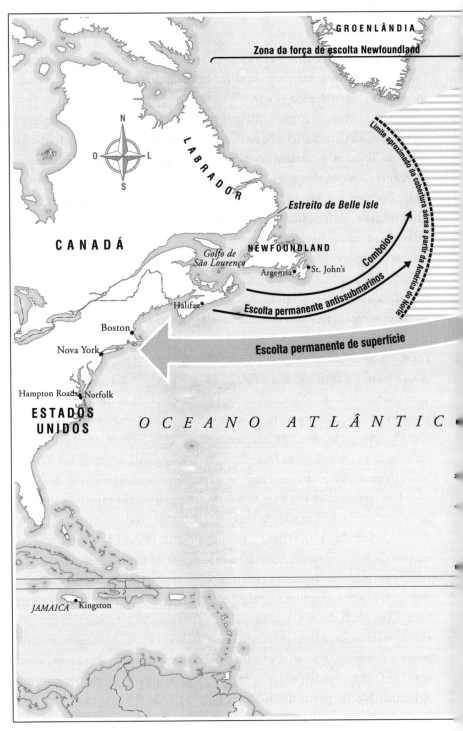

A LACUNA AÉREA DO ATLÂNTICO NORTE E OS COMBOIOS

Durante a primeira metade da guerra, quase todos os navios mercantes aliados, em comboio ou não, foram afundados por submarinos nessa "lacuna no Meio-Atlântico"; o problema seri[a] superado somente com a chegada dos aviões de alcance muito longo, em meados de 1943.

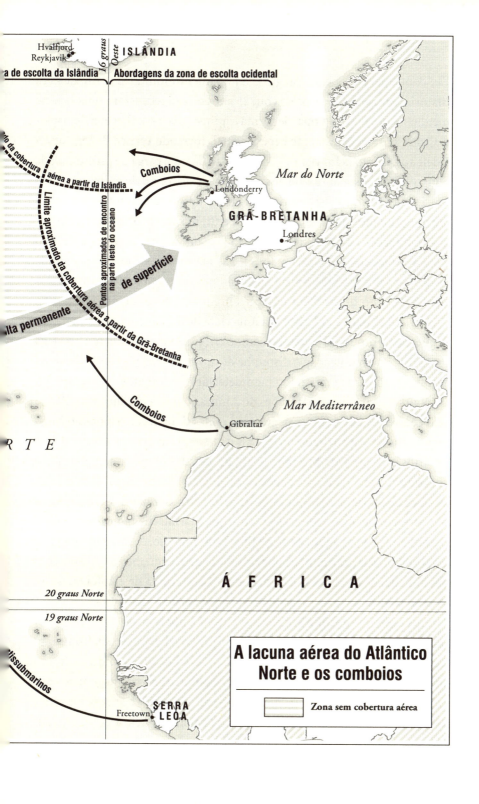

Em contrapartida, nesse estágio o equipamento militar dos Aliados era insatisfatório. Antigas embarcações com 25 anos de uso receberam uma espécie de remendo na proa ou na popa, de forma improvisada até a chegada de navios novos. Quase tudo era altamente experimental, correndo o risco de logo apresentar defeitos. Como já foi visto, após o disparo de uma carga de profundidade ou de um torpedo, o sonar dos navios de escolta ficava cerca de quinze minutos sem funcionar. Outro aspecto importante era o fato de que muitos dos novos armamentos, dotados de grande potencial, enfrentavam problemas operacionais, e as tripulações da Marinha Real não lhes davam muito valor e tinham restrições a utilizá-los. Corvetas mais antigas não tinham a proa mais ampla como a dos modelos recentes, e assim quase afundavam com ondas de 45 metros do Atlântico. O fato de também não possuírem detectores de direção de alta frequência (HF-DF) mais modernos era uma clara desvantagem para muitos navios de guerra. Contudo, ao escoltar o comboio HX 229 pelo Atlântico, a pequena tripulação do HMS Volunteer, que dispunha de um bom aparelho de rádio, tinha que decidir se utilizaria o aparelho para detectar movimentos do inimigo ou para responder às ansiosas indagações do Almirantado — era impossível fazer ambas as coisas. E quase todas as pequenas escoltas tinham sua tripulação constituída por pessoal improvisado ou oficiais da reserva (reserva da Marinha Real e voluntários da reserva da Marinha Real), muitos dos quais tinham deixado a vida civil ou a universidade havia apenas um ano ou menos ainda — os oficiais profissionais da Marinha, claro, eram reservados para as frotas de destróieres, os cruzadores, e a tradicional Home Fleet, a frota da Marinha britânica responsável pelo patrulhamento das águas metropolitanas do Império. A Grã-Bretanha não estava apostando suas cartas mais poderosas no jogo, enquanto o Canadá, com grandes dificuldades, tentava criar uma poderosa Marinha de escolta quase do zero. A hora certa haveria de chegar, porém não na primavera de 1943.

Outros aspectos mostram-se menos centrais à nossa história. O clima, por exemplo, parece ter sido de uma neutralidade incrível. Um especialista canadense em batalhas dos comboios, Marc Milner, acredita que quando o inverno deu lugar à primavera e ao verão, os Aliados passaram a levar vantagem no confronto, com o tempo mais ameno, mares mais calmos e mais horas de luz todos os dias.[18] Mas os registros sugerem que se uma batalha fosse travada num mar muitíssimo tempestuoso ou em águas geladas, então todos os participantes — submarinos, escoltas, aviões — ficariam tão extenuados pelas tempestades que naturalmente disporiam de menos tempo e energia para se dedicar à localização e à destruição do inimigo. Sem dúvida, águas mais calmas e mais horas de luz forneciam aos navios de guerra e, em especial, à aviação aliada, maiores oportunidades para detectar submarinos na superfície, mas também concedia aos U-boats condições mais vantajosas para localizar a fumaça reveladora da proximidade de um navio mercante. Ou seja, condições climáticas mais favoráveis contemplavam ambos os lados com os elementos operacionais — visibilidade, detecção, capacidade de manobra, poder de fogo — que poderiam auxiliá-los no confronto.

As desvantagens sob as quais os comboios aliados eram forçados a atuar no começo de março de 1943 eram, portanto, decisivas: proteção naval inadequada, serviços de inteligência precários, cobertura aérea inexistente ou mínima durante o dia e nenhuma à noite, ao lado de uma porção de equipamentos de baixa qualidade, defeituosos e defasados. Nessas circunstâncias, é de surpreender que as perdas nos comboios não tenham sido ainda maiores. Afinal, ao navegarem dentro da lacuna aérea do Atlântico, era pouco provável que o HX 229 e o SC 122 estivessem em situação mais favorável que o trágico e tristemente célebre comboio do Ártico PQ 17, que, ao ser forçado a se dispersar quando ainda estava na metade da travessia até a Rússia em julho de 1942, perdeu 23 navios para os submarinos e aeronaves alemãs.[19]

A turbulência incomum do oceano naquele início de primavera de 1943 — um velho transportador de minérios partiu-se ao meio durante as tempestades — forçara uma breve paralisação no combate. Dönitz aproveitou a oportunidade para dar um descanso a seus navios, trazendo-os de volta a suas bases na França, enquanto enviava outras embarcações ao Atlântico Sul. Os britânicos empregaram a pausa para analisar a situação e realizar um reagrupamento, enquanto o Almirantado tentava garantir proteção para comboios ainda mais distantes, como aqueles que transportavam tropas e suprimentos pelo oceano Índico.

No início de abril, porém, quando diminuíram as calotas polares, a batalha pelo controle do Atlântico estava atingindo seu clímax. A essa altura, Dönitz dispunha de uma quantidade assombrosa de submarinos em condições de plena operação (cerca de 240, com 185 outros em estágio de treinamento ou sendo reabastecidos), estando portanto em condições de enviar quarenta ou mais U-boats contra qualquer comboio em particular. As marinhas e forças aéreas dos Aliados também haviam reconstruído seu poder de combate, mas provavelmente a mudança mais notável havia sido na política operacional, pela adoção de uma postura mais agressiva, de acordo com a proposta do líder do Comando dos Western Approaches, Max Horton, que com rapidez conseguiu o apoio de seus superiores no Almirantado. A conclusão extraída da triste experiência com os comboios SC 122 e HX 229 sendo atacados por todos os lados, como o Primeiro Lorde dos Mares, Sir Dudley Pound, declarou no final de março ao comitê do gabinete sobre ação contra os submarinos, era de que: "Não podemos mais depender de escapar dos ataques de grupos de submarinos e, portanto, teremos que atacá-los a partir dos comboios".[20] Num retrospecto, essa pode ter sido a declaração mais importante feita sobre a Batalha do Atlântico. Talvez mesmo sem o próprio Primeiro Lorde dos Mares ter se dado conta, a decisão de que os comboios deveriam ser defendidos de maneira muito mais vigorosa, numa autêntica disputa de vida ou morte pelo controle das rotas marítimas, deu aos Aliados um foco muito mais claro de que até então.*

NOVOS ELEMENTOS ENTRAM NA LUTA

A declaração do almirante Pound foi mais do que um desses apelos românticos e arcaicos à coragem em tempos difíceis. Sem dúvida haveria momentos de coragem nos meses seguintes, mas agora os comboios estariam protegidos por forças de defesa equipadas com instrumentos de guerra aperfeiçoados, e numa quantidade muito maior do que haviam possuído anteriormente. Esses novos recursos atuaram a favor dos Aliados, atrapalhando a estratégia de Dönitz, mesmo com o considerável aumento de submarinos à sua disposição. A narrativa deste capítulo portanto é bem diferente daquela a respeito da luta pelo domínio aéreo sobre a Alemanha (segundo capítulo), no qual a introdução de um sistema simples de armamentos foi claramente visto como responsável

---

* Isso não quer dizer que os comboios (de forma oposta aos grupos independentes de caçar e matar) iriam procurar deliberadamente as alcateias. Se as rotas indicadas pelo Almirantado lhes propiciavam um percurso livre de ataques, nada poderia ser melhor. Porém se os submarinos se dirigissem em direção a um comboio, eles sofreriam um forte contra-ataque, realizado com armamento novo e aperfeiçoado. (N. A.)

pela mudança nos rumos, ou da outra narrativa, sobre a guerra no Pacífico (quinto capítulo), em que uma notável sucessão de avanços — ação anfíbia do Corpo de Fuzileiros da Marinha americana, equipes de construção dos Seabees e bombardeios B-29 — pôs a América em vantagem. Na Batalha do Atlântico, embora a mudança de rumos entre as Marinhas dos Aliados e dos adversários tenha ocorrido muito mais cedo na guerra do que a mudança nessas campanhas, a história do Atlântico é muito mais embaralhada. Os aprimoramentos não ocorreram em decorrência de um grande plano de expansão por parte de Max Horton; eles entraram no episódio do conjunto de ferramentas da Marinha Real de maneira episódica, e alguns desses novos sistemas demoraram meses até se encaixar de forma adequada ao conjunto. Contudo, qualquer submarino que fosse enviado ao sul no final de março de 1943 para causar danos em Freetown ficaria desconcertado por completo com o que viu ao voltar à sua base de Brest, em julho.

Esse submarino teria sido informado de uma grande e crescente lista de melhorias por parte dos Aliados. Apoio aéreo da RAF e esquadrões de Comando da Costa da RCAF desenvolviam-se com rapidez, mesmo que de forma desigual, à medida que chegavam novos esquadrões. Novos navios de escolta estavam surgindo, acrescentando-se a alguns deles grupos de corvetas e fragatas formados havia pouco tempo. Além disso, alguns grupos de apoio formados por destróieres de grande velocidade haviam sido liberados da Home Fleet em consequência da completa inatividade dos pesados navios alemães atracados na Noruega. Novos ou altamente aperfeiçoados equipamentos de detecção e de *extermínio* tornavam-se acessíveis aos navios de escolta. Mais e mais antenas de rádio apareciam até mesmo em pequenas embarcações de escolta, e um fabuloso radar de dez centímetros também acabara de chegar. Bombardeiros dos modelos Wellington e Catalina equipados com os poderosos refletores conhecidos como as Leigh Light tornaram o golfo da Biscaia perigoso para submarinos que se arriscassem ir até a superfície. As granadas Hedgehog, somadas às poderosas cargas de profundidade com maior grau de precisão, além de torpedos aéreos capazes de ir diretamente ao alvo, tudo isso estava entrando em cena. E a batalha entre os serviços de inteligência do B-Dienst e dos decifradores de código de Bletchley Park apontava a vitória para o lado dos Aliados. Enfim, enquanto o comandante do submarino e sua tripulação atacavam comboios no sul, as coisas mudavam por completo de figura no Atlântico Norte.

Um dado interessante é que o tempo ruim no norte encobriu por um momento os inúmeros progressos conseguidos pelos Aliados. As tempestades intensas do começo de 1943 continuaram quase sem pausa, e assim os comboios que partiram no final de março sofreram enormes danos físicos; contudo os dois principais, o HX 230 e o SC 123, fizeram a travessia tendo perdido apenas uma embarcação para os submarinos. O mesmo ocorreu com os primeiros comboios de abril, o HX 233 e os ONS 3 e 4. O único comboio que havia enfrentado um verdadeiro ataque a essa altura era o HX 231, cujas escoltas lutaram contra um grupo inteiro de submarinos em 5 e 6 de abril, causando muitos danos e levando toda a carga de volta ao porto de origem. Nada menos que 22 das 61 embarcações eram petroleiros, enquanto muitos dos demais transportavam o que pode ser chamado de "suprimentos pré-Dia D" — caminhões, tanques, aviões, barcos de desembarque e vastas quantidades de munição.[21] Isso, naturalmente, era decisivo. O simples fato de ter conseguido levar imensa quantidade de navios-tanque à Grã-Bretanha acabou com a crise de energia do início de 1943 pela qual a ilha vinha passando.

E ainda haveria mais boas notícias adiante. Os fortes ventos e as altas ondas do Atlântico Norte não cessavam, mas o som do conflito diminuiu bastante. De maneira surpreendente, entre junho e setembro de 1943 apenas quinze navios mercantes foram perdidos no Atlântico e somente um deles fazia parte de um comboio. Enquanto os Aliados se preparavam para novos avanços no Mediterrâneo e para a formação de um contingente maciço de homens e munições na Inglaterra com vistas à futura invasão da França, e as exigências das campanhas do Pacífico e do sudeste da Ásia cresciam cada vez mais, suas crises no sistema de remessas intensificavam-se. Mas agora tratava-se sobretudo de uma crise de fornecimento e demanda, posteriormente solucionada pelo fantástico aumento de produção da indústria americana, e não mais do intenso fluxo de navios das rotas de comboio entre Nova York-Halifax e Clyde-Merseyside. Para a numerosa tripulação dos navios mercantes que pela primeira vez atravessava aqueles mares tempestuosos sem sofrer um único ataque, tudo parecia incrível, inexplicável, até mesmo um pouco estranho. O número de submarinos postos fora de combate superava o de navios mercantes afundados.

Um gráfico mostra essa impressionante mudança nas fortunas da Batalha do Atlântico durante os meses de 1943.

Antes de compreendermos a mais rápida das mudanças nas cinco maiores campanhas da Segunda Guerra Mundial, convém investigar as principais bata-

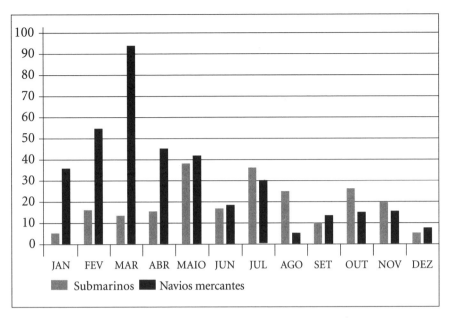

PERDAS DE SUBMARINOS VS. PERDAS DE NAVIOS MERCANTES NO ATLÂNTICO NORTE, 1943
O impressionante aumento nas perdas de submarinos e o declínio nas perdas dos navios mercantes durante os meses críticos de 1943 estão bem demonstrados aqui.

lhas dos comboios em maio de 1943, em especial a primeira, por ter sido a mais importante de todas. De maneira incomum, ela pôs em destaque a viagem de um comboio lento, o ONS 5, que partiu das proximidades do rio Clyde rumo ao *oeste*, para portos americanos entre 23 de abril e 11 de maio. Essa foi a reprise da saga dos SC 122 e HX 229. Dessa vez os Aliados venceram — foi uma vitória difícil, porém decisiva. O mapa adiante ilustra a situação geral.

Quarenta e três navios mercantes, saindo de cinco diferentes portos britânicos, reuniram-se com suas escoltas nas proximidades do cabo de Kintyre no final de abril e de lá partiram numa grande rota curva rumo ao Novo Mundo. Eles não levavam muita carga, mas a questão era que se não voltassem aos portos orientais da América, no futuro haveria cada vez menos navios aliados para transportar petróleo, minérios, caminhões, grãos e peças de avião até as ilhas britânicas. E tratava-se, da maneira mais enfática possível, de um comboio *aliado*: além das 28 embarcações exibindo a Red Duster, havia cinco navios dos Estados Unidos, três da Noruega, dois dos Países Baixos, dois da Grécia, um da Iugoslávia, um do Panamá e um da Dinamarca. O Grupo de Escolta B7 consistia de

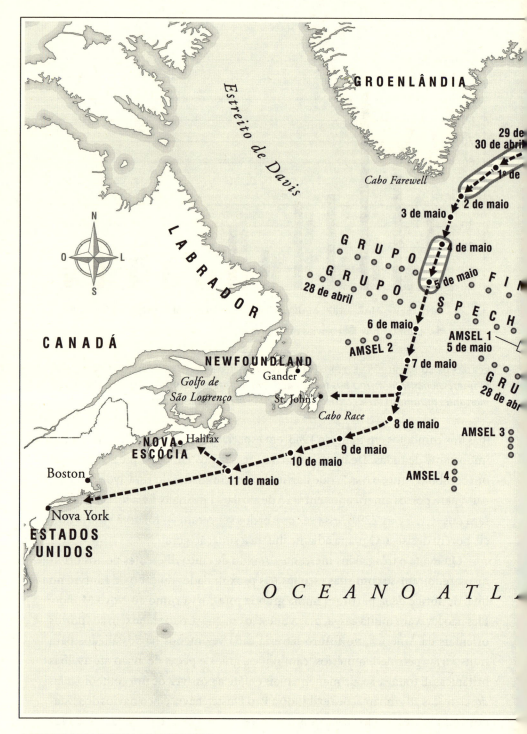

A MAIS FEROZ BATALHA DE COMBOIOS?
Um gráfico de como os comboios aliados foram enviados a uma grande rota curva e mesmo assim cruzaram as linhas de patrulha das matilhas de Dönitz. Este é o ONS 5, que saiu do Reino Unido em 21 de abril de 1943 e teve que enfrentar sucessivas linhas de submarinos alemães até chegar a portos canadenses e americanos quase três semanas depois.

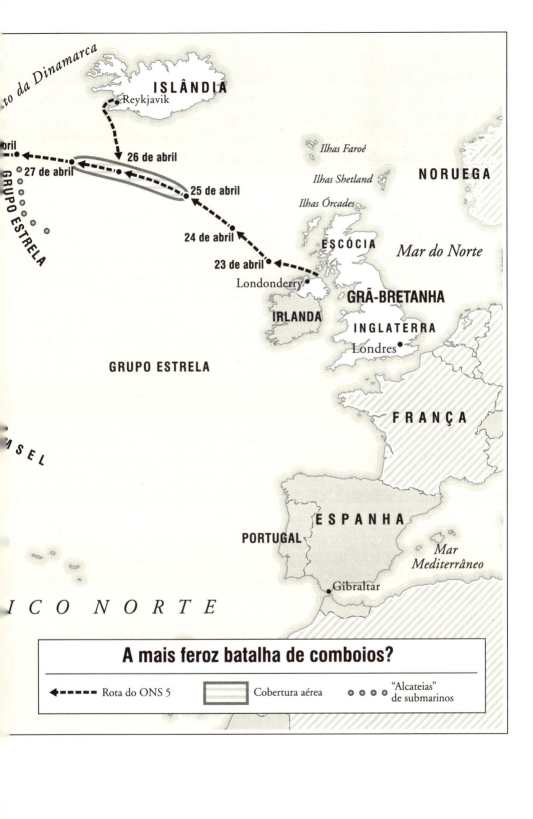

dois destróieres e uma fragata, duas traineiras de resgate e quatro corvetas com nomes como *Sunflower, Snowflake, Pink* e *Loosestrife* (Girassol, Floco de Neve, Cor-de-Rosa e Flores Amarelas). O encarregado da escolta era o comodoro Peter Gretton, cuja grande paixão era o ataque a submarinos; ele estava retornando recentemente do Mediterrâneo, onde recebera a Ordem de Serviços Distintos (Distinguished Service Order, DSO) por ter atacado e destruído um submarino italiano. Gretton havia navegado e combatido nos primeiros comboios do mar do Norte, na Segunda Batalha de Narvik, no Atlântico e no Mediterrâneo, além dos desembarques no norte da África. Acabava de recuperar o fôlego depois de lutar ao longo do comboio HX 231, e logo estaria se preparando para combater em outros. Os capitães de fragata comandada pelo almirante Nelson haveriam de reconhecê-lo de imediato como um dos seus.

O comboio dirigia-se a noroeste em direção ao seu "casulo" da cobertura aérea aliada vindo da Islândia, que deveria chegar entre 25 e 27 de abril. Em seguida, depois de desviar do grupo de submarinos *Star* para o norte em direção ao cabo Farewell, e passar um período sob a cobertura aérea com base na Groenlândia, o comboio enfrentou um terrível mau tempo. Até aquele momento, não havia sinal de submarinos inimigos, e a única baixa — sem contar os estragos que o péssimo tempo provocou em muitos navios — foi a retirada de alguns dos destróieres, incluindo o de Gretton, devido a falta de combustível (o reabastecimento no mar durante essas tempestades era impossível). Um sinal das péssimas condições do tempo é que todo o comboio foi forçado a mudar de curso por certo tempo e que os cinco destróieres do terceiro grupo de apoio, que veio em reforço, levaram mais de um dia até localizá-lo. Mais à frente, as alcateias de Dönitz haviam sido instruídas a permanecer à espera do comboio. Na madrugada de 4 para 5 de maio, duas grandes fileiras (21 submarinos, nos grupos comandados por Fink e Specht) estavam esperando enquanto o comboio, em sua sofrida lentidão, dirigia-se em direção a Newfoundland. Um dos submarinos havia sido atacado e afundado por hidroaviões da RCAF durante o dia, mas, quando chegou a noite, veio também a vez dos U-boats.

Seguiram-se duas noites e um dia de um extraordinário combate em alto-mar. Os submarinos deram início a vários ataques contra a rede de proteção da escolta agora enfraquecida; acossados por tantos predadores, os destróieres, as fragatas e as corvetas nada podiam fazer a não ser se deslocar em boa velocidade em direção a um submarino, afastá-lo, lançar algumas cargas de profundidade, voltando rapidamente para o comboio. Naquela noite, quatro embarcações do comboio e um navio que ficara para trás foram afundados. Vinte e seis navios mercantes ficaram em sua formação e quando amanheceu eles já estavam de novo no espaço aéreo desprotegido entre a Groenlândia e Newfoundland. Outros quatro navios mercantes foram afundados naquele dia. O segundo e ainda maior grupo de submarinos estava aguardando sua vez. A única oportunidade de defesa seria a pequena corveta HMS *Pink* e seu corajoso tenente, Robert Atkinson, que tinha acabado de voltar à ativa depois de ter passado oito meses em tratamento devido a um caso grave de enjoos. Encarregado pelo comandante da escolta de resgatar os navios mercantes retardatários, Atkinson logo viu-se tendo de cuidar de um minicomboio, um grupo misto formado por três embarcações britânicas, uma norueguesa, uma grega e outra americana.[22] Com pouco combustível, *Pink* navegou com apenas uma caldeira, desligou um dínamo e passou a racionar água — até que o grupo de Atkinson passou a ser atacado repetidas vezes pelo submarino U 192, comandado por um oficial igualmente determinado, o tenente Happe. As duas embarcações combateram durante horas, perdendo e recuperando contato diversas vezes. Atkinson já tinha esgotado quase todas suas cargas de profundidade e suas novas granadas Hedgehog não funcionavam. Depois de desferir sua última carga de profundidade, Atkinson decidiu que deveria unir-se outra vez aos retardatários, a essa altura já a uma distância de dezesseis e quilômetros. Quando a corveta fez a volta, a tripulação ouviu uma enorme explosão nas águas logo abaixo: o submarino U 192 havia explodido. Era o primeiro comando de Happe no Atlântico e seria também o derradeiro.

Enquanto a corveta *Pink* juntava-se ao seu minicomboio, o navio mercante americano *West Madaket* foi fatalmente atingido por um torpedo e começou a se romper. Longe do perigo de novos ataques de submarinos, a próxima tarefa da corveta seria recolher sobreviventes — nesse momento a corveta já tinha 61 pessoas além de sua lotação normal a bordo. A essa altura o Comando dos Western Approaches já havia reconhecido o grupo de Atkinson como um subcomboio separado, enviando como reforço o HMS *Sennen*, um valioso cúter que pertencera à Guarda Costeira Americana, que afastou a possibilidade de novas sondagens por submarinos até que os navios aliados ficassem protegidos por um espesso nevoeiro. No dia 9 de maio, a corveta *Pink* por fim escoltou os navios a seus cuidados até o porto de St. John, em Newfoundland, e Atkinson sentou-se para redigir seu relatório.

Da noite de 5 de maio até o dia 6, a maior parte do comboio ONS 5 participou de uma batalha épica, sofrendo nada menos que 24 ataques de submarinos, sempre defendidos pelas naves de escolta. O HMS *Loosestrife* passou a noite protegendo-se das tocaias dos submarinos a estibordo do comboio. Às 2h30 da madrugada o navio encontrou o submarino U 638, que a uma distância de apenas 450 metros desferiu torpedos em sua direção antes de submergir. Seguindo a trilha do submarino, o *Loosestrife* disparou contra ele uma salva de dez cargas de profundidade. Seguiu-se um ruído de explosão tão próximo e tão intenso que os homens na casa de máquinas da corveta pensaram que a popa de sua embarcação havia explodido. Estavam enganados. Os maiores gritos de comemoração vieram dos 71 marinheiros mercantes a bordo do *Loosestrife*, resgatados pouco antes, quando suas embarcações afundaram. Como Ronald Seth comenta com certa malícia: "Para as vítimas dos submarinos, a perseguição e a destruição de um de seus inimigos tinha um sabor especial [...] e se o incentivo de ordem moral teve alguma importância no afundamento do U 638, os marinheiros mercantes a bordo do *Loosestrife* podem dizer que deram sua contribuição".[23]

Um dia e meio antes, Horton havia revelado seu trunfo seguinte, ordenando o primeiro grupo de escolta a unir-se ao comboio. Sua principal arma na guerra, a corveta HMS *Pelican*, logo investiu contra o submarino U 638, mas antes disso o destróier HMS *Oribi*, um dos últimos do terceiro grupo de escolta, já atacara e afundara o U 531. Quase ao mesmo tempo, o destróier HMS *Vidette* atacou o U 125 com suas granadas Hedgehog; dessa vez as granadas funcionaram muito bem e o submarino afundou, o que deixou a tripulação da escolta extremamente satisfeita; como a corveta *Pink* e o *Loosestrife*, o *Vidette* operava de um lado a outro do Atlântico como escolta próxima do comboio, sofrendo a tensão e atravessando todos os perigos e tempestades — e, agora, participando também das vitórias. Depois daquela noite dramática, os dias seguintes viram o céu tomado pelas patrulhas aéreas, enquanto chegavam as patrulhas canadenses locais, os submarinos se afastavam e os navios de guerra, extenuados e avariados, recolhiam-se ao porto. O *Oribi* chegou a St. John cambaleante, com sua proa castigada pelos golpes desferidos, e a indomável *Pink* havia navegado com apenas dezoito toneladas de combustível em seus tanques. Esses foram os vencedores nessa batalha de comboios.

Na contagem final, 39 submarinos tinham conseguido localizar e atacar o ONS 5, e em conjunto afundaram doze navios mercantes. Mas os Aliados afundaram sete U-boats, dois outros foram perdidos devido a uma colisão na neblina e mais cinco sofreram profundas avarias durante a operação. Além disso, os submarinos não naufragaram em batalhas travadas na proximidade das escoltas (o U 638 tinha poucas chances quando se encontrava a apenas 450 metros do HMS *Loosestrife*, que o atacava), mas foram apanhados na superfície por patrulhas aéreas americanas, britânicas e canadenses a cerca de oitenta quilômetros do comboio. Essa competição caótica e dolorosa marcou a mudança na maré, embora o clima de tensão reinante àquela altura no comboio tornasse difícil perceber o fato com clareza.

De todo modo, se Dönitz ficou perturbado com essas baixas, fez questão de não manifestar sua reação. Em meados de maio, com o reforço de novos submarinos, suas embarcações estavam outra vez a postos no Atlântico Norte. Infelizmente para os alemães, os submarinos foram repelidos pela fileira de navios de guerra e aviões que escoltavam o comboio SC 129. Então, mudando sua estratégia de ataque, os U-boats tentaram destruir o SC 130, mas seus oponentes eram bem mais poderosos. O comboio (37 mercantes, com oito escoltas nas proximidades e um grupo de apoio não muito afastado) deixou Halifax rumo a Clyde sob o comando de Peter Gretton, que estava furioso consigo mesmo por ter sido forçado a desviar para reabastecimento durante o auge das batalhas do ONS 5. Convém notar que fazia parte da escolta não apenas seu próprio destróier, o HMS *Duncan*, mas também o cúter *Sennen*, que viera juntar-se ao minicomboio do *Pink*, o destróier *Vidette* e as corvetas *Sunflower*, *Snowflake*, *Pink* e *Loosestrife* — que no Atlântico Norte vinha a ser o equivalente aos Sete Magníficos.[24] E dessa vez havia apoio aéreo diário contínuo.

Assim, praticamente qualquer um dos 33 submarinos que viesse à superfície seria logo atacado pelos bombardeiros Liberator e *Hudson*, que afundaram três deles, entre os quais o U 954 — de cuja tripulação fazia parte o próprio filho de Dönitz, Peter. O HMS *Duncan* ajudou a destruir um quarto atacante, e *Sennen* e o HMS *Jed* deram cabo do quinto. De maneira surpreendente, nenhum navio mercante foi afundado; suas tripulações podiam ouvir ruídos distantes e observar grandes explosões no horizonte, mas os U-boats não conseguiram chegar mais perto que isso. Apesar desse golpe terrível, Dönitz encorajou suas alcateias a se reagruparem a tempo para o ataque ao próximo grande comboio de *Halifax*, o HX 239, mas suas instruções incluíam a seguinte sentença, logo traduzida em Bletchley Park, que a essa altura havia recuperado a capacidade de decifrar os códigos Shark: "Se existe alguém supondo que não é mais possível combater os comboios, esse alguém é um fraco, e não um verdadeiro comandante de submarino".[25]

Foi a essa altura que Horton, no Comando dos Western Approaches, e os oficiais superiores no Almirantado britânico começaram a se perguntar se as tripulações dos submarinos alemães não estariam com os nervos abalados e perdendo sua determinação. Isso é possível (a questão logo será discutida aqui), mas é o caso de indagar o que um comandante determinado de submarino poderia fazer nesse estágio dos combates. Pois, além das patrulhas *aéreas* mais distantes do Comando Costeiro, o comboio HX 239 estava sendo acompanhado ao longo de todo o trajeto por dois dos novos porta-aviões de escolta, o USS *Bogue* e o HMS *Archer*, responsáveis pelo naufrágio de dois dos três submarinos que seriam liquidados na travessia. O comboio chegou ao Reino Unido em 25 de maio, no mesmo dia que o SC 130, um comboio lento que recebera proteção aérea dia e noite. Os aviões, de longo alcance e dispondo de grande autonomia de voo, avistaram 28 submarinos, atacaram dez deles e afundaram dois. Os navios mercantes concluíram a travessia sem sofrer um arranhão. Essa foi uma reviravolta extraordinária nos combates, desde os ataques ao HX 229 e ao SC 122.

No final de maio de 1943, Dönitz, realista e ponderado como sempre, procedeu a uma avaliação dos resultados do mês — um total catastrófico de 41 submarinos fora perdido ao longo daquelas quatro semanas —, concluindo que o Atlântico Norte havia se transformado num ambiente excessivamente hostil para suas embarcações. Em consequência, os U-boats seriam remanejados para as rotas entre os Estados Unidos e Gibraltar e para mais adiante ainda, nas costas do Brasil e da África ocidental ou no Caribe. Ao deixar suas bases em território francês, concentrariam sua ação no litoral norte da Espanha, evitando os Western Approaches aliados. O grande almirante não estava derrotado, porém precisava de tempo para pensar e para entregar a seus comandantes submarinos mais novos, dotados de melhor equipamento. Embora ele ainda não soubesse como aquilo fora conseguido, ele podia ver que os Aliados tinham feito enormes progressos na arte de detecção das forças inimigas e em sua capacidade de destruí-las.

O QUE PROVOCOU TAL REVIRAVOLTA?

Quase mais doze meses se passariam até que muitos desses aviões e escoltas navais aliados patrulhassem as praias da Normandia; portanto, ainda havia muita coisa pela frente. Mas este aqui é um bom momento para começar uma análise mais detalhada da firme ascendência aliada no Atlântico. O primeiro fator, e provavelmente o mais importante, foi a aviação. Foi na Segunda Guerra Mundial que, pela primeira vez em toda a história das guerras, o poder aéreo afetou decisivamente todo o poder marítimo. Sem o primeiro, nação alguma poderia ter a supremacia do segundo.

O melhor depoimento quanto a esse fato vem de Dönitz. Se no plano pessoal ele era um nazista devotado e detestável, as anotações no seu diário de guerra eram de grande franqueza, e imperava nelas a análise sóbria, qualquer que fosse o rumo tomado pela Batalha do Atlântico. Seus relatórios confidenciais a Hitler sobre as crescentes dificuldades enfrentadas pelos submarinos alemães eram contundentes e honestos. Portanto, apesar da mensagem enviada a seus comandantes (mencionada acima), ele já redigia uma avaliação imparcial da reviravolta, no momento em que os comboios HX 239 e SC 130 estavam entrando em águas americanas. Em sua anotação de 24 de maio de 1943, ele observa que "a Força Aérea inimiga teve, portanto, um papel decisivo [...] Isso pode ser atribuído à crescente utilização de aviões com bases terrestres e porta-aviões, combinada com a vantagem da localização por meio do radar".[26] E, anos depois da guerra, Dönitz escreveu em suas memórias que o principal problema havia sido o fato de que "a Alemanha estava travando uma guerra marítima sem um braço aéreo".[27] Isso seria como um pugilista lutar usando apenas um punho.

O aumento do poderio aéreo aliado no Atlântico apresentou dois aspectos. O primeiro foi o advento dos aviões de longa autonomia (Very Long Range, VLR), que operavam de bases litorâneas, em especial os aviões de bombardeio B-24 Liberator construídos nos Estados Unidos, extremamente robustos, mas também os B-17 Flying Fortress, os elegantes hidroaviões Catalina e os robustos Wellington e Sunderland construídos pelos britânicos. Mas, com uma longa autonomia de voo, foram os Liberator que primeiro fizeram a diferença. O segundo aspecto foi o aparecimento de porta-aviões menores, construídos com o objetivo específico de ser mais velozes, ainda que com o poder de combate reduzido se comparado aos porta-aviões de Esquadra, como os das classes Essex e

Illustrious (ver capítulo 5), porém adequados para acompanhar um comboio pelo Atlântico: os aviões que os porta-aviões menores transportavam poderiam patrulhar os mares por uma área de quilômetros e, como os bombardeiros VLR, transportavam um vasto arsenal de armamentos projetados especialmente para a destruição de submarinos. Reabastecidos e rearmados da noite para o dia, eles estariam em condições de alçar voo durante a madrugada, afastando a ameaça de submarinos inimigos, e seria possível até mesmo afundá-los. Esses porta-aviões funcionaram como escolta em comboios de Halifax a Liverpool.

O fenômeno do "poder aéreo no mar" ganhou proporções tão amplas durante a Segunda Guerra Mundial que existe até uma tendência a vê-lo como algo que surgiu de maneira automática, mas na verdade ele constituiu um dos aspectos mais inovadores de todo o conflito. Dönitz devia estar informado sobre ele desde o início, e fica difícil não sentir certa empatia pelo almirante diante das reduzidas opções que lhe foram dadas quando se tornou comandante-chefe da Marinha alemã no começo de 1943: ele possuía alguns dos mais poderosos e caros navios de guerra (porém não possuía porta-aviões), todos severamente limitados pela geografia, e uma força de submarinos (carente de assistência por parte da Luftwaffe, a não ser quando já era tarde demais) que não apenas devia combater os navios de guerra inimigos, como também enfrentar os rápidos e mortíferos aviões.

É impossível medir a importância que isso adquiriu na batalha pelo Atlântico Norte. As tripulações dos submarinos de Dönitz viram-se confrontadas por uma enorme variedade de contramedidas aliadas naquelas semanas em que a primavera de 1943 foi dando lugar ao verão e ao outono; o inimigo possuía sistemas aperfeiçoados de detecção e destruição contra os quais mesmo os submarinos mais modernos tinham cada vez menos chances de vencer. Acima de tudo, porém, havia o fator da permanente cobertura aérea dos comboios, que aumentava o risco de um submarino ser atacado mesmo em trânsito, na superfície, a centenas de quilômetros de distância. Os aviões sempre tiveram a vantagem da velocidade e do inesperado sobre embarcações na superfície do oceano. Agora, a essa vantagem somavam-se a precisão e a capacidade mortal das armas mais recentes. Além disso, os Aliados dispunham de uma autonomia de voo muito maior. Em meados de 1943, um VLR Liberator podia dar cobertura a um comboio a quase 2 mil quilômetros de sua base, um aperfeiçoamento fenomenal. Mesmo bem antes, no final de maio de 1941, os danos causados pelos torpedos de um avião ao couraçado alemão *Bismarck* e seu naufrágio quatro dias depois confirmaram os preconceitos de Dönitz contra navios de superfície muito pesados, mas a lição mais importante de 1941 foi a seguinte: sem Força Aérea, o controle dos mares sempre seria algo precário, na verdade impossível, mesmo para os submarinos.*

Nenhum comandante do primeiro escalão parece ter se dado conta disso antes do início da Segunda Guerra Mundial. Tanto a Marinha britânica como a alemã ressentiam-se com a existência de serviços aéreos independentes que haviam sido concebidos unicamente para serviços entre a terra e o ar: a Luftwaffe com seu foco no apoio tático aéreo para o exército, nos bombardeios de médio alcance e (cada vez mais) na defesa aérea do Terceiro Reich; e a RAF, que era dominada pelo Comando de Bombardeiros para destruir a base industrial da Alemanha e minar a autoestima da população inimiga, de tal maneira que apenas depois de 1935 o Comando de Caças passou a receber mais recursos para a defesa das fronteiras nacionais. O critério do Terceiro Reich na destinação de recursos à aviação ao menos era compreensível, se admitirmos (como o fizeram os generais e almirantes da Alemanha) que as conquistas de Hitler ocorreriam em terra e que a diplomacia alemã conseguiria que o Império Britânico permanecesse neutro. As prioridades da RAF eram desastrosas para uma nação insular que para sobreviver dependia sobretudo do comércio de longas distâncias pelo oceano. Em 1939, a frota aérea britânica estava tão limitada que não tinha condições de providenciar aviões adequados para serem transportados, diferentemente do que ocorria com o Japão e os Estados Unidos. Além dessa deficiência, o Comando Costeiro da RAF, encarregado de patrulhar as rotas marítimas a partir de bases terrestres, fora tratado como algo sem importância alguma se comparado aos abundantes recursos aéreos de outros países.

Em contrapartida, no nível intermediário, ao menos quanto ao lado britânico, havia iniciativas extraordinárias à medida que a importância da Força Aérea nos mares crescia lentamente. O brilhante e agressivo Peter Gretton escreve em suas memórias sobre oficiais do Comando Costeiro participando de exercícios navais, até mesmo uma travessia oceânica completa de Clyde até Newfoundland, e sobre capitães da Marinha Real levados para voar — ele alega ter voado em

---

* Em 1941 o poder aéreo estava em toda parte — na caça ao *Bismarck*, em Creta, nos comboios de Malta, em Pearl Harbor, no naufrágio do *Prince of Wales* e do *Repulse*. (N. A.)

todos os tipos de avião de patrulha entre 1940 e 1943. Mas, na prática, de que serviriam tantas experiências valiosas se não havia esquadrões aéreos para serem utilizados? Para Arthur Harris, o marechal do ar, nomeado para ser o comandante-chefe do Comando de Bombardeiros em junho de 1942 com a tarefa específica de ampliar a campanha aérea contra a indústria bélica alemã, desviando seus preciosos esquadrões de bombardeio de longo alcance para o Comando Costeiro (ou seja, para a Batalha do Atlântico), era, como ele disse várias vezes, "cutucar o poder inimigo com vara curta [...] como procurar agulhas num palheiro".[28] Somente uma pressão imensa por parte dos chefes do Estado foi capaz de forçar a redistribuição dos recursos; nesse sentido, o general George Marshall e o próprio Ernest King mostraram-se mais compreensivos do que Harris quanto à necessidade de colocar os aviões de longa autonomia de voo no Atlântico durante a primavera de 1943. Dönitz não teve a mesma sorte, ao menos até que o Führer determinasse mais tarde um apoio maior da Luftwaffe nas batalhas do golfo da Biscaia naquele ano.

O reparo da lacuna aérea não ocorreu porque algum figurão decretou que ela deveria ser corrigida. A equipe composta sobretudo por engenheiros aeronáuticos canadenses entrou em ação: no início de 1943, a partir da retirada de um compartimento de bombas de um B-24 Liberator, substituído por tanques extras de combustível, criaram um avião que poderia alcançar os comboios desprotegidos do meio do Atlântico. Cientistas projetaram fusíveis muito mais eficientes para as cargas de profundidade dos Aliados, dotando-as de um grau de precisão bem maior. Houve a combinação harmoniosa entre cientistas americanos e fabricantes de armamentos que produziram o torpedo acústico — que recebeu o apelido de "Fido" —, construído especialmente para localizar e destruir submarinos inimigos submersos.[29] Engenheiros projetaram os porta-aviões da classe *Bogue*, de aspecto desajeitado porém muito eficientes, e os gerentes de produção nos estaleiros de Tacoma, em Washington, conseguiram colocá-los em funcionamento num momento crítico. Por fim, equipes das fantásticas escolas de treinamento na Escócia, na Irlanda do Norte e em Newfoundland transformaram milhares de civis inexperientes em tripulantes profissionais de aviões de combate, assumindo duras responsabilidades em meio às batalhas do Atlântico.

Nos estágios iniciais da guerra, era muito raro que um avião com base terrestre conseguisse afundar um submarino, e não havia porta-aviões disponíveis. A partir de 1943, o número de naufrágios de submarinos alemães e italianos realizados por aviões cresceu de maneira surpreendente e aos poucos superou os naufrágios efetuados pelos navios de guerra aliados. Entre junho e agosto de 1943, quando os U-boats deixaram o Atlântico Norte e foram atrás de novas presas no litoral de Zanzibar e Montevidéu, foram perseguidos pelos Liberator e Catalina. Setenta e nove submarinos foram afundados por ação inimiga em águas distantes no final de 1943, 58 dos quais por aviões aliados. Mesmo no meio do oceano Índico não havia como escapar. Ao longo de 1943, afundaram-se ao todo 199 submarinos, 140 deles por aviões aliados, uma proporção crescente que se manteve durante todo o restante da guerra.[30]

Isso nos levará ao aspecto da destruição. Do ponto de vista dos alemães, apenas um sistema de armas tinha importância — o torpedo. Essa era e talvez ainda seja até hoje a mais onipresente de todas as armas navais, bem como aquela dotada do maior poder de destruição. Os torpedos podiam ser desferidos por todos os tipos de aviões. Durante a épica caça ao *Bismarck*, o couraçado sofreu graves avarias por um torpedo lançado de um biplano *Swordfish*, além de ser atacado ao longo de toda a noite por destróieres que lançaram mais torpedos, e finalmente liquidado pelos torpedos do cruzador HMS *Dorsetshire*. Acima de tudo, essa foi a arma do submarino. Em geral, todo torpedo moderno tinha poder suficiente para abrir um buraco ao lado de um navio inimigo, e a velocidade do projétil era tão grande que não permitia que ele fosse desviado ou detido em seu percurso. Depois que um submarino chegasse perto o bastante para que o torpedo fosse lançado com segurança, seu potencial destrutivo — como vimos — era enorme. Portanto, em primeiro lugar, o objetivo principal para os comboios de escolta, aéreos ou de superfície, era impedir que os submarinos inimigos desferissem seus torpedos contra o grupo de navios mercantes. Mais tarde, a introdução de torpedos acústicos ou ainda dos submarinos muito mais sofisticados, perto do fim da guerra, não chegou a alterar esse fato.

A principal arma de destruição dos Aliados, a carga de profundidade, era um instrumento de guerra menos confiável, ao menos em seus estágios iniciais. Para começar, não era uma arma explosiva de contato. A teoria, bastante plausível, era que se esses mecanismos em formato de tambor pudessem ser lançados nas proximidades de uma área onde um U-boat estava, sua força explosiva (aumentada pelo fato de estar submerso) iria rasgar as juntas do submarino. Tratava-se de uma arma atraente, pois um arremessador de cargas de profundidade podia ser montado até mesmo no convés traseiro de embarcações pequenas, como corvetas, cúteres e chalupas, assim como em grandes destróieres e fragatas. Naturalmente, era também a principal arma de todas as patrulhas aéreas antissubmarinos (até depois, nos combates, quando passaram a ser capazes também de arremessar torpedos acústicos). Suas principais desvantagens logo foram identificadas com o desenvolvimento do conflito: um navio de guerra teria que se dirigir sobre a área onde havia sido detectado um submarino, o que poderia dar tempo ao comandante do U-boat de mergulhar a uma profundidade maior (e o Almirantado levou bastante tempo até descobrir a que profundidade um submarino podia submergir e a velocidade com que ele seria capaz de fazê-lo); as espoletas de aproximação teriam que ser ajustadas no momento final, de acordo com a estimativa de profundidade do submarino; e as explosões abaixo da superfície afetariam o funcionamento do sonar. Apesar de todos esses problemas, para todos os comandantes de submarinos, a carga de profundidade era a mais temível das armas; a expectativa do ruído da próxima explosão — a caçada poderia estender-se por dias seguidos — tornava-se uma experiência terrivelmente desgastante. Medidos todos os prós e contras, e apesar do fato de que eram necessárias em média centenas de cargas de profundidade para afundar um U-boat submerso, essa arma constituiu-se no principal exterminador de submarinos, tendo sido utilizada durante toda a guerra, por aviões e por navios, além de ter sido aperfeiçoada ao longo do tempo.[31]

O sistema Hedgehog era algo inovador,* de um conceito tão simples que surpreende o fato de não ter sido produzido na época da Primeira Guerra Mundial ou mais cedo durante a Segunda Guerra. Tratava-se de um morteiro múltiplo de granadas de curta distância; em geral a torreta frontal, de canhões de cem milímetros, era retirada e em seu lugar instalava-se esse tipo de armamento. Esse sistema apresentava diversas vantagens em relação à carga de profundidade, e os comandantes aliados das escoltas ficaram entusiasmados com sua ampla utilização em 1943, mesmo que de início houvesse muitos problemas. Com efeito, esse dispositivo diminuía o tempo do disparo contra o inimigo. Diferentemente das cargas de profundidade, o morteiro explodia ao contato — ou o

---

* Hedgehog (porco-espinho) foi a denominação dada a um morteiro antissubmarino constituído por diversas camadas de disparadores dispostos em forma circular que explodiam no contato com o alvo. (N. T.)

projétil atingia o submarino ou não — e, com uma fuzilaria de 24 granadas sobre um submarino, a chance de alcance aumentava. Além disso, o morteiro não afetava o funcionamento do sonar. Depois de disparado o projétil, a tripulação podia observar, orgulhosa, as fileiras de granadas vazias, que lembravam muito os espinhos eriçados do porco-espinho.[32]

Nesse caso, o responsável pela inovação foi um pequeno setor do Almirantado, o Departamento para o Desenvolvimento de Armas Diversas (Department of Miscellaneous Weapons Development, DMWD), carinhosamente chamado de "inventores malucos". Esse departamento, composto sobretudo por cientistas, oficiais navais e militares da reserva, era um grupo um tanto excêntrico, porém dotado de uma seriedade de propósitos. No verão de 1940, a posição estratégica da Grã-Bretanha era bastante delicada: havia poucos recursos e suas Forças Armadas estavam desorganizadas. Sob a inspiração de Churchill, a nação decidiu entrar na luta por todos os meios que fossem possíveis. Não é de surpreender que uma sociedade que produziu romances como os de H. G. Wells, as revistas *Boys' Own* e *Amateur Mechanics* e que lia com avidez as histórias de Júlio Verne fosse agora produzir um grande número de invenções empenhadas em contribuir para a derrota de Hitler. Muitas eram de fato farsescas. Algumas delas, contudo, a partir de seu conceito e com modificações de natureza prática, poderiam mostrar-se bastante úteis. Examinar todas essas propostas bizarras, acrescentando a elas suas próprias ideias, era a tarefa do Departamento para o Desenvolvimento de Armas Diversas. Tais esforços foram introduzidos na máquina de guerra britânica porque existia um sistema científico-tecnológico destinado a transformar novas ideias em realidade.[33]

Entre os componentes do departamento estava o tenente-coronel Stewart Blacker, que tinha 55 anos em 1942, mas que, desde garoto, quando estudava em Bedford, já gostava de explodir coisas. O primeiro sucesso de Blacker, ainda no começo da adolescência, foi a tentativa de copiar numa escala modesta os morteiros que o Exército japonês usava contra as defesas russas durante a guerra de 1904 a 1906. Com uma fileira de granadas e um pouco de pólvora, ele foi capaz de arremessar seu projétil — uma bola de críquete — no meio da sala do diretor de sua escola, a mais de 250 metros de distância. Esse foi, então, o começo de sua carreira. Experiências posteriores no DMWD transformaram a arma num conjunto de diversos morteiros. A partir daí surgiu todo tipo de obstáculo de ordem burocrática, além da criação, em outra parte, de uma arma rival, porém bem menos eficiente. Num lance de sorte, o próprio Churchill assistiu a um dos primeiros testes, ao visitar uma base de armas experimentais perto de sua casa de campo, em Chertwell, e deu vida à ideia.* Adiamentos atrapalharam o desenvolvimento do projeto, assim como a falta de um treinamento adequado a essa arma moderna e inovadora; em 1943, as tripulações assustadas foram enviadas de volta a Tobermory ou a Loch Fyne para "novos treinamentos". Portanto, foi apenas em meados de 1943 que o "morteiro de Blacker" tornou-se uma realidade.

Até o fim da guerra, os Hedgehog tinham destruído cerca de cinquenta submarinos inimigos; o que sem dúvida era muito valioso. Seus substitutos mais sofisticados, os morteiros *Squid* e *Limbo* (sistemas de armas cujos projéteis podiam ir a profundidades maiores), adicionaram uma dúzia ou mais baixas a esse total. Não deve causar surpresa, portanto, que os Squid, em versão bastante aperfeiçoada, continuem sendo usados nas Marinhas de hoje.

O terceiro aperfeiçoamento dos Aliados diz respeito à detecção do inimigo, em especial pelo radar. Do modo mais simples, a detecção significava um submarino localizando um comboio em aproximação (ou as fumaças de seus navios), ou um avião ou navio captando os sinais de um U-boat situado a uma grande distância. Porém, depois de ser localizado, o submarino poderia submergir e sumir de vista. E, por meio de equipamentos acústicos mais modernos, um U-boat era capaz de ouvir o ruído dos propulsores de um comboio se aproximando, ou o som bem mais perigoso de uma rápida corveta. Para os adversários do submarino, por outro lado, o sonar continuava sendo o instrumento acústico mais importante para localizar qualquer objeto humano debaixo das águas. No entanto, a temperatura da água poderia variar muito de um lugar para outro, criando barreiras acústicas, além da proximidade de icebergs ameaçadores que constituíam um pesadelo para os engenheiros responsáveis pela detecção. Acima de tudo, o fato de Dönitz saber — a partir de sua experiência com submarinos na Primeira Guerra Mundial — que os U-boats poderiam neutralizar o sonar dos Aliados com ataques pela superfície era uma grande

---

* Pelo menos essa é a história. Ou talvez não tenha sido bem assim — há um boato de que os dois tenentes da Marinha Real ligados à experiência eram muito bonitos e convenceram a filha mais nova de Churchill, Sarah, que estava presente, a fazer com que seu pai ficasse mais tempo no local para ver o Hedgehog em ação. (N. A.)

vantagem. Um grupo de oito, dez ou vinte submarinos reunindo-se na superfície à luz do luar em direção a um comboio, apanhando cargueiros americanos navegando pelo litoral da Flórida, conseguia enganar todos os sistemas de detecção por baixo da água. O sonar podia fazer um excelente trabalho, porém apenas nas condições adequadas.

A estratégia modificada de Dönitz significava que os submarinos teriam de ser identificados na superfície e antes de realizarem o ataque. As escoltas dos comboios precisavam saber onde os atacantes estavam, a que distância eles se encontravam, quantos deles havia e qual era sua linha de ataque. De posse dessas informações, as medidas de defesa dos navios mercantes poderiam ser tomadas. Seria possível então enfrentar os submarinos e, com o equipamento adequado, afastá-los e talvez afundá-los.

Na verdade, foi apenas em 1943 que as Marinhas dos Aliados passaram a dispor de sistemas mais eficientes de detecção do inimigo em superfície, o primeiro dos quais foi o mecanismo de identificação por ondas de rádio HF-DF, já mencionado; mas havia também o sistema muitíssimo valioso de rastreamento a longa distância do Almirantado, permitindo que as mensagens de Dönitz (se decodificadas a tempo) fossem lidas. Esse tipo de instrumento havia sido instalado no início da guerra, na costa leste da Inglaterra, para localizar alemães enviando mensagens de rádio do outro lado do mar do Norte. Não foi muito difícil diminuir o tamanho do aparelho para instalá-lo em navios em meados de 1943. "Huff-Duff", como os marinheiros aliados se referiam a ele, era um sistema relativamente simples e confiável, e funcionava bem a distância. O aparelho era capaz de captar os sinais de rádio de um submarino nas proximidades, trazendo assim a nave de escolta para o flanco sob ameaça, deixando-a pronta para um contra-ataque, mas conseguia também apanhar as transmissões de rádio do submarino inimigo até pouco mais de 25 quilômetros de distância, o que tornava possível a mudança de rumo do comboio e/ou a solicitação de suporte naval e aéreo adicional ao Almirantado, que também recebia as mensagens de longa distância do inimigo. Mesmo atualmente, é espantoso que Dönitz permitisse que seus comandantes conversassem tanto, embora ele mesmo cometesse esse pecado. Mesmo que o conteúdo da mensagem não pudesse ser compreendido pelos Aliados, até que os especialistas de Bletchley Park a decodificassem, a localização do submarino que a transmitia era descoberta com facilidade. Quando a equipe de planejamento do Almirantado recebia informações de seus comandantes de escolta de que, digamos, oito submarinos estavam se unindo, enviava um alerta às forças britânicas naquela área. Rohwer, refletindo sobre a consequência das batalhas de comboios tão críticas de março de 1943, definiu o sistema HF-DF como "decisivo".[34]

O radar com precisão centimétrica foi um progresso maior ainda, possivelmente o maior de todos. O HF-DF podia apanhar as transmissões de rádio de um submarino situado a mais de trinta quilômetros do comboio, mas a corveta ou o avião enviado naquela direção teria ainda que localizar um alvo pequeno como uma torre de orientação, talvez no escuro ou sob a neblina. As gigantescas torres de rádio construídas ao longo da costa sudeste da Inglaterra para servir de alerta durante os ataques aéreos da Luftwaffe na Batalha da Grã-Bretanha jamais poderiam ser reproduzidas no meio do Atlântico, pelo simples fato de que as estruturas eram grandes demais. Seria necessária uma versão miniaturizada, porém sua criação desafiara todas as tentativas britânicas e americanas por motivos de natureza física e técnica: aparentemente não existia um dispositivo com capacidade suficiente para gerar pulsações de micro-ondas necessárias para a localização de objetos menores do que, por exemplo, um esquadrão de bombardeiros Junkers passando pelo canal da Mancha, e ainda com dimensões bastante reduzidas para que pudesse ser instalado numa pequena embarcação de escolta ou na frente de um avião capaz de voar grandes distâncias. Houve equipamentos aéreos de detecção de embarcações de superfície (Air to Surface Vessel, ASV) instalados nas aeronaves aliadas, porém, em 1942, os detectores Metox alemães conseguiram meios de fazer com que os submarinos fossem avisados quando existisse tal ameaça. Era necessário outro avanço tecnológico, e, ao final da primavera de 1943, o problema estava solucionado com a introdução do radar de dez centímetros (mais tarde de 9,1 centímetros) nos aviões de reconhecimento dos Aliados e até mesmo nas modestas corvetas da classe *Flower*; equipadas com esse dispositivo, elas identificavam a torre de um submarino a quilômetros de distância, de dia ou de noite. Em águas calmas, o equipamento do radar era capaz de detectar até mesmo um periscópio. Da perspectiva dos Aliados, o toque de requinte estava no fato de que nenhum dos instrumentos dos alemães era capaz de detectar esses dispositivos que atuavam contra eles com a precisão de centímetros.[35]

De onde teria vindo esse radar com tanta precisão? De acordo com muitos relatos da guerra, é o tipo de inovação que "aparece de repente"; Liddell Hart afirmou: "O radar, no novo comprimento de onda de dez centímetros que os submarinos não conseguiam interceptar, certamente era um fator novo e importante".[36] Até aqui, todos os esforços dos cientistas no sentido de criar um radar miniaturizado com poder suficiente haviam fracassado, e os conselheiros de Dönitz acreditavam que isso seria impossível, o que explica por que os navios de guerra alemães estavam limitados à utilização de um modelo de radar de artilharia primitivo, que não chegava a ser um sistema de detecção propriamente. O grande avanço ocorreu na primavera de 1940 na Universidade de Birmingham, nos laboratórios de Mark Oliphant (que havia sido aluno do grande físico Ernest Rutherford), quando os jovens cientistas John Randall e Harry Boot enfim conseguiram produzir o magnétron.

O objeto, em forma de um pires, era capaz de detectar pequenos objetos de metal, como a torre de orientação de um submarino, e, para isso, precisava apenas de uma curta antena. O aspecto mais importante do dispositivo é que ele não mais se rompia nem derretia diante da grande carga de energia liberada. Mais tarde, naquele mesmo ano, foram feitos testes no Departamento de Pesquisas em Telecomunicações em Dorset, no litoral. No meio do verão, o radar captou o eco de um homem andando de bicicleta perto do penhasco, e em novembro seguiu a pista da torre de um submarino da Marinha Real navegando nas proximidades da praia. Ironicamente, a equipe de Oliphant encontrara sua primeira pista em textos publicados sessenta anos antes pelo grande físico e engenheiro alemão Adolf Herz, que estabelecera a teoria original para uma armação de metal, com resistência suficiente para manter presa uma máquina enviando pulsos de energia fortíssimos. Randall havia estudado radioeletricidade na Alemanha na década de 1930 e lera na época os artigos de Herz. De volta a Birmingham, ele e outro jovem estudante conseguiram peças avulsas com um vendedor de sucata e montaram o dispositivo.

De maneira quase inevitável, o desenvolvimento dessa novidade enfrentou alguns problemas: baixo orçamento, instalações inadequadas para pesquisas e uma compreensível concentração da maioria dos esforços britânicos na área de ciências em encontrar os melhores métodos de detectar os ataques alemães às ilhas britânicas. Mas em setembro de 1940 (no auge da Batalha da Grã-Bretanha, e bem antes que os Estados Unidos entrassem formalmente na guerra), a Missão Tizard chegou aos Estados Unidos para discutir planos de cooperação científica. O pessoal da missão levou consigo, entre outros equipamentos, um protótipo do magnétron e o mostraram aos americanos, que logo perceberam a supremacia do dispositivo diante de todas as pesquisas que vinham realizando sobre radares miniaturizados. A produção e o período de testes iniciaram-se com a maior intensidade possível, na Bell Labs e no recém-criado Laboratório de Radiação do MIT. Mesmo assim, houve todo tipo de atrasos — em que parte do avião seriam colocados o equipamento e o encarregado de operá-lo? Onde seria possível instalar a antena? —, de modo que foi apenas durante os meses críticos de março e abril de 1943 que os esquadrões aéreos equipados por completo começaram a unir-se às forças aliadas na Batalha do Atlântico.

Logo todo mundo estava clamando pelo radar centimétrico — para as escoltas, para os porta-aviões, para o controle da artilharia nos navios de combate. A destruição do cruzador de batalha alemão *Scharnhorst* nas proximidades do Cabo Norte em 26 de dezembro de 1943, quando foi de início acompanhado pelo radar centimétrico dos navios britânicos e depois afundado pela artilharia do HMS *Duke of York*, controlada pelo radar, foi uma eficiente demonstração do valor de um aparelho que havia sido montado num galpão de Birmingham. Com a aproximação do fim da guerra, a indústria americana já havia produzido mais de 1 milhão de magnétrons, e em seu livro *Scientists Against Time* [Cientistas contra o tempo], de 1946, James Baxter, referindo-se ao equipamento, escreveu que se tratava da "carga mais valiosa que já foi trazida às nossas praias" e "o item mais importante nas trocas realizadas entre nossas nações".[37] Como uma espécie de pequeno bônus, porém extremamente simpático, os navios que usavam o equipamento podiam lançar balsas e barcos salva-vidas mesmo na noite mais escura e ou sob a mais forte neblina. Muitos marinheiros, alemães e aliados, seriam resgatados graças a ele.

Pode-se acrescentar a essa lista de instrumentos de detecção de fundamental importância a invenção de Humphrey de Verd Leigh, um ex-piloto da Primeira Guerra que concebeu uma aeronave de patrulha equipada com poderosos holofotes (em sua homenagem, nomeados de Leigh Light), que, com seu efeito ofuscante, paralisavam os submarinos que recarregavam suas baterias à noite. Leigh inventou e testou o equipamento, arcando com todos os custos de sua produção e resolvendo seus problemas técnicos (o que incluiu voar com os protótipos). Em seguida, porém, teve grandes dificuldades para conseguir o apoio do Ministério da Aeronáutica, o que adiou por um ano, pelo menos, a utilização dos holofotes pelos aviões aliados. Sem dúvida, os comandantes de

U-boats que atravessavam o golfo da Biscaia à noite devem ter desejado que o adiamento tivesse sido para sempre.[38]

Embora tenham sido inventados de forma separada, quando foram reunidos, as Leigh Light, as variantes cada vez mais aperfeiçoadas do sistema de rádio HF-DF, o magnétron e o torpedo acústico com rumo determinado tornaram-se peças integradas que atuavam de maneira conjunta numa única plataforma, como nos aviões Sunderland, por exemplo. Isso diminuiu muito a possibilidade de que os submarinos inimigos escapassem da detecção, do ataque e da destruição.

Em comparação, a disputa entre os decodificadores de Bletchley Park e seus arquirrivais no B-Dienst parece ter exercido um fator menos decisivo na Batalha do Atlântico depois que se efetuou uma análise detalhada dos principais confrontos de comboios de 1943. Sem dúvida, essa competição foi bem menos importante do que sugere a maioria da literatura popular sobre os decifradores de códigos. A partir das revelações iniciais, realizadas por volta de 1970 até hoje, o público leitor ficou fascinado com a ideia de que antes da guerra as Forças Armadas alemãs possuíam um mecanismo superinteligente capaz de transformar qualquer mensagem ou relatório numa mistura indecifrável de símbolos que só poderiam ser compreendidos por quem dispusesse de um equipamento semelhante, habilitado a decodificar tais documentos. O fascínio tornou-se ainda maior quando se soube que, num local altamente secreto, os britânicos, ajudados de início pelos poloneses e mais tarde por um grupo de americanos, tinham máquinas capazes de ler essas mensagens — até que os alemães dificultaram ainda mais as transmissões, frustrando os peritos de Bletchley durante meses até que eles conseguiram decifrar o novo sistema. Empolgante da mesma forma foi o fato de que o B-Dienst de Dönitz fazia exatamente a mesma coisa: decifrar os códigos do Almirantado. E no Pacífico, os especialistas americanos em decifração estavam lendo as mensagens militares e diplomáticas dos japoneses graças a suas máquinas criptográficas apelidadas de "Magic and Purple" [Mágica e púrpura]. Aqui, com certeza, estava um novo modo de compreender o resultado da guerra, a explicação definitiva do motivo pelo qual os Aliados foram os vencedores.

Só que não é bem assim. Não devemos subestimar o papel importantíssimo da guerra entre os serviços de inteligência dos Aliados e do Eixo e a Grande Aliança, mas é preciso reconhecer que, do ponto de vista operacional, o sistema criptográfico Ultra, por mais eficiente que fosse, tinha suas limitações e, portanto, não devemos também valorizá-lo além da conta. Dependendo da habilidade de cada um dos lados em disfarçar suas mensagens e ler aquelas do inimigo, a decifração de códigos fornecia informações vitais, permitindo o posicionamento prévio de forças para uma batalha iminente. Alemães e Aliados beneficiaram-se muito pelo fato de conseguirem ler as mensagens uns dos outros. Mesmo com imperfeição, um caolho tem uma enorme vantagem se o seu adversário é cego. Em 1942, é verdade, os britânicos tinham perdido a capacidade de ler as mensagens de Dönitz (ou pelo menos estavam levando muito mais tempo para decifrá-las), ao passo que o B-Dienst fornecia ao almirante alemão informações quase imediatas sobre os comboios aliados; nos meses críticos do final de 1942 e início de 1943, isso era muito significativo.

Mas e se os comboios estivessem com uma proteção melhor *e além disso* os britânicos pudessem ver tão bem como os alemães? Nesse caso, as coisas teriam sido muito diferentes. Basta pensar, por exemplo, na situação entre meados de maio de 1943, em que cada lado estava lendo com muita eficiência as mensagens sobre a movimentação do inimigo e passando a nova informação às suas forças no mar. Por ocasião das grandes batalhas (7 a 14 de maio) em torno dos comboios HX 237 e SC 129, a guerra entre os serviços de inteligência atingira um notável nível de sofisticação, de ponto e contraponto, de tal modo que nenhum lado conseguia permanecer em vantagem por muito tempo. O mesmo aconteceria uma semana mais tarde em relação aos combates em torno do comboio HX 239, vindo de Halifax para o Clyde. De início, o B-Dienst detectou a localização e o percurso desse grande grupo de navios mercantes. Pouco depois, os criptógrafos britânicos leram as instruções de Dönitz pelo sistema criptográfico alemão Shark para uma emboscada, portanto o Comando dos Western Approaches ordenou que os comboios alterassem a rota. Mas o serviço B-Dienst também leu essas ordens e redirigiu o percurso dos submarinos — que eram nada menos que 22 — para posições de ataque. Porém, para azar dos U-boats, naquele ponto eles se defrontaram com as forças conjuntas aéreas e navais dos Aliados no Atlântico. O novo porta-aviões USS *Bogue* destruiu o U 569, enquanto o HMS *Archer*, agora equipado com foguetes, afundou o U 752. Não se perdeu nenhum navio mercante.[39] A verdade é que o sistema Ultra prestou assistência, mas nunca poderia vencer as pesadíssimas batalhas dos comboios. A partir do momento em que os ingleses decidiram atuar na batalha dos comboios partindo para o ataque aos submarinos, a vitória pendeu para o lado com os armamentos mais eficientes e poderosos, não para o que tivesse os decodificadores mais competentes.

Agora podemos compreender como esses grandes avanços de detecção e destruição nos sistemas aliados interagiram com os outros dois fatores mencionados: números e moral. Em meados de março de 1943, quando o HMS Volunteer era o único navio de escolta com o comboio HX 229 equipado com o sistema HF-DF, e quando seus operadores de rádio tinham tempo para a detecção de U-boats ou para receber mensagens do Almirantado — porém não para as duas coisas —, seu potencial era limitado. Seis meses mais tarde, quando todas as embarcações de escolta dispunham de HF-DF, os Aliados passaram a ter uma grande vantagem, como ocorreria também com o advento da comunicação em ondas curtas entre navios de guerra. De modo análogo, quando havia poucos aviões de longa autonomia de voo, operando durante poucas horas cada um, no meio do Atlântico, os submarinos tinham uma grande vantagem. A partir do momento em que esquadrões inteiros de aviões de longo alcance passaram a operar a partir de bases nas ilhas Shetlands, na Irlanda do Norte, Islândia, Groenlândia e Newfoundland (e, depois de meados de 1943, nos Açores) e que o golfo da Biscaia passou a ser patrulhado durante toda a noite por aviões equipados com o radar centimétrico, com as Leigh Light, cargas de profundidade, torpedos acústicos e até mesmo foguetes, os submarinos de Dönitz não tiveram mais descanso. Um único navio de escolta como o HMS *Archer* era sempre uma visão agradável para um comboio, mas não chegava a fazer muita diferença no confronto tático. Com uma dúzia de escoltas no mar, no final de 1943, a situação dos Aliados mudou.

Não é de admirar, portanto, que o sistema Ultra de decodificação tenha constatado um acentuado declínio no moral das tripulações de submarinos após as batalhas de maio de 1943; não é de admirar, tampouco, que as demandas de Dönitz parecessem cada vez mais desesperadas. Mesmo possuindo àquela altura mais submarinos do que em qualquer momento anterior, agora eram poucos os que conseguiam efetuar ataques consequentes e era cada vez maior o número de U-boats danificados e forçados a retornar às suas bases. Enquanto suas embarcações afundavam lentamente em meio às ondas, muitos de seus tripulantes tornaram-se prisioneiros dos Aliados. O capitão Herbert Werner, comandante de submarinos durante essa longa guerra, escreveu mais tarde um comovente livro de memórias; seu título, *Iron Coffins* [Caixões de ferro].[40]

ALGUNS ÚLTIMOS GOLPES

A importância decisiva do poder aéreo receberia ainda confirmações adicionais durante as duas fases seguintes dessa história: as ofensivas aéreas dos Aliados no golfo da Biscaia, e os ataques frustrados dos U-boats alemães aos comboios aliados que se dirigiam ao norte da África. Esses dois campos de batalha estavam geograficamente separados, mas os confrontos travaram-se de forma próxima nos mesmos meses de 1943 e em muitos aspectos foram da mesma geração, pois se os submarinos que se dirigiam rumo ao oeste, depois de passar pelo norte da Espanha, pudessem ser destruídos em sua rota, sobraria uma quantidade menor deles para atacar os comboios dos Estados Unidos a Gibraltar ou para ir mais adiante. E se as escoltas americanas na rota do norte da África pudessem castigar os submarinos de Dönitz de maneira tão selvagem como haviam feito antes as frotas — sobretudo britânicas e canadenses no Atlântico Norte —, em qualquer das hipóteses haveria menos submarinos de volta às bases francesas.

Os U-boats podiam atravessar o golfo da Biscaia tanto pela superfície como submersos, de dia ou de noite, e essa era a causa de seu problema de ordem tática e técnica. Se fizessem o percurso submersos, sua velocidade era muito menor, suas baterias gastavam-se mais depressa (o que em nada contribuía para o moral da tripulação) e além disso poderiam ser detectados pelo sonar de um navio inimigo. Por outro lado, se viajassem na superfície, poderiam alcançar as águas do Atlântico mais cedo, embora com uma possibilidade bem maior de detecção pelo radar inimigo, ficando então sob sério risco de ataque aéreo. Além disso, na segunda metade de 1943 os especialistas de Bletchley Park já conseguiam decifrar com sucesso os códigos navais alemães, realizando esse trabalho de forma mais rápida do que o B-Dienst em sua tentativa de ajustar-se ao novo sistema de cifras aperfeiçoado pelos Aliados.

Tantos problemas ainda ficavam agravados pelo fato de que os aviões aliados e suas escoltas de superfície, graças às muitas inovações tecnológicas descritas, tinham se tornado terríveis máquinas de extermínio de submarinos. E não apenas porque a essa altura os Aliados aproveitavam o recente apoio dos poderosos grupos de corvetas, contratorpedeiros e os porta-aviões construídos especialmente para essa finalidade. Mas também pelo fato de que os tradicionais e já um tanto superados cavalos de batalha no arsenal aliado, como as corvetas do tipo Flower e os aviões de alcance médio como os Wellington, os Hudson e os Sunderland, estavam sendo sempre aperfeiçoados. Na passagem de 1940 para 1941, as corvetas estavam mal equipadas, dispunham de armamentos deficientes, além de marinheiros despreparados para enfrentar as gigantescas ondas do Atlântico Norte (um observador americano declarou que essas tripulações deveriam receber o salário de quem trabalha em submarinos, porque suas embarcações pareciam passar a maior parte do tempo debaixo d'água). Depois de 1943 esses navios, além dos tipos mais recentes de corvetas e fragatas projetadas para o Atlântico que de forma gradual os substituíram, já eram dotados de potência muito maior, tinham equipamentos bem superiores de detecção e destruição, proa mais levantada e muito mais espaço para as atribuições do comandante. Nas embarcações de maior porte, uma das armas frontais havia sido substituída por um morteiro Hedgehog; as cargas de profundidade eram muito mais poderosas e dispunham de equipamentos de tempo aperfeiçoados; e a superestrutura exibia todos os tipos de antenas, não apenas aquela do rádio tradicional, mas também os equipamentos mais modernos de HF-DF e de dez centímetros.

A mesma metamorfose ocorreu com o Wellington, um robusto bombardeiro bimotor projetado originalmente por Barnes Wallis para ataques nas partes ocidentais da Alemanha. Em 1943, sob o Comando Costeiro da RAF, ele tornou-se uma fantástica máquina acústica, com antenas ao longo da envergadura, das laterais e da proa. Seu armamento podia incluir um canhão de disparo frontal, foguetes, cargas de profundidade mais eficientes e até mesmo os recentes torpedos acústicos. À noite, quando o radar o colocava bastante próximo de um U-boat na superfície, seus poderosos holofotes entrariam em ação, e seria o começo do ataque fulminante contra o submarino.

Dönitz era acima de tudo um combatente, e, em 1943, os estaleiros alemães estavam produzindo cada vez mais submarinos, capazes ainda de alcançar o Atlântico por meio de desvios através de passagens pela Groenlândia, Islândia e pelas Ilhas Feroe. Ciente de que o poderio aéreo dos Aliados havia se tornado um elemento-chave no conflito, no outono de 1943 ele convenceu Berlim a fornecer muito mais apoio do que antes a seus U-boats no golfo da Biscaia. De fato, os ataques aéreos alemães aos esquadrões antissubmarinos do Comando Costeiro tornaram-se tão intensos que a RAF foi obrigada a destacar os aviões de caça Beaufighter e Mosquito para sua proteção. Além disso, vários U-boats receberam equipamento de artilharia antiaérea bem mais pesado, incluindo armas com quatro tambores, porque Dönitz também incentivava seus comandantes a combaterem na superfície, se isso fosse possível. Por fim, a Luftwaffe passou a equipar seus aviões com torpedos acústicos, fazendo o mesmo com os novos submarinos; no final de agosto a Força Aérea alemã desferiu seu primeiro ataque com bombas planadoras a dois grupos de escolta das embarcações aliadas.[41]

Assim, deixando de lado a diminuição dos ataques no Atlântico Norte depois de junho de 1943, os confrontos em torno dos comboios não estavam nem um pouco atenuados, e os submarinos continuavam perigosos como sempre. Um Sunderland, voando de volta à base sobre o golfo da Biscaia, foi atacado por nada menos que oito Junkers Ju 88, derrubou três deles e aterrissou sobre os seixos da praia de Chesil, com três motores funcionando; os alemães deram ao Sunderland o apelido de "porco-espinho voador". Um pouco mais tarde, travou-se uma furiosa batalha da superfície contra o ar entre cinco U-boats que navegavam juntos sobre as águas e quatro Mosquitos pilotados por poloneses. Nessa fase da guerra, havia esquadrões formados por pilotos ingleses, americanos, australianos, poloneses, canadenses e tchecos.[42] Alguns dos aviões caíram sobre os submarinos, pois a troca de disparos entre adversários tão determinados aumentava bastante a possibilidade de que isso acontecesse. Às vezes os sobreviventes de qualquer combinação de navios mercantes, naves de escolta, aviões e U-boats poderiam estar em seus botes salva-vidas e suas balsas nas mesmas águas, sendo resgatados pela mesma embarcação. Esse tipo de colisão, efetuada de forma deliberada, era comum, e para alguns comandantes de destróieres parece ter sido a forma de ataque preferida — eles certificavam-se de que iriam inutilizar o navio inimigo, e provavelmente ainda desfrutariam de três semanas de folga para reparos.

A rapidez e a ferocidade desses episódios, no entanto, não podiam disfarçar o fato de que "os navios e as forças aéreas dos Aliados [...] por fim dispunham de capacidade bélica adequada em suas embarcações, além de seus aviões e seus homens estarem treinados para combater com o máximo de eficiência, equipados com um vasto arsenal para localizar e destruir U-boats".[43] Os níveis de treinamento eram aprimorados a todo momento, e em muitos casos as equipes navais e aéreas dos Aliados tinham bastante experiência, o que fazia com que a situação sempre lhes fosse favorável. Em meados de outubro, quando se travou uma grande batalha em torno dos comboios ON 206 e ONS 20, os navios mercantes e as escoltas mais próximas receberam ajuda de nada menos que três esquadrões de Liberator de extrema competência (números 59, 86 e 120) e ainda de um grupo de apoio comandado por Gretton, incluindo, mais uma vez, o quinteto *Duncan, Vidette, Sunflower, Pink* e *Loosestrife*. Perdeu-se um navio mercante e cinco submarinos acabaram no fundo do mar.

Em suas ações afastadas de qualquer escolta ou apoio de outros navios, o capitão Johnny Walker e seu segundo grupo de escolta parecem ter recebido carta branca para realizar sua grande paixão: afundar submarinos, os quais muitas vezes eles perseguiam durante vários dias. A essa altura, Walker havia aperfeiçoado sua tática de "ataque rastejante", em que apenas um integrante de seu grupo deixava ligado seu sonar de transmissão e recepção, colocando-se então a uma distância razoável de um U-boat submerso, cujo comandante, sem saber que outras embarcações, com seus aparelhos de sonar desligados, orientados via rádio pelo navio de controle, posicionavam-se em silêncio bem acima de seu submarino. Em outras ocasiões, Walker fazia com que suas corvetas — HMS *Starling, Wild Goose, Cygnet, Wren, Woodpecker* e *Kite* — avançassem lado a lado e despejassem suas cargas ao mesmo tempo, como uma barragem de artilharia em terra. Entre as duas linhas de pensamento estratégico sobre ações bélicas em torno de comboios, a opção de Walker definitivamente *não era* aquela que rezava "trate apenas de fazer com que o comboio chegue a salvo ao seu destino". Suas instruções ao segundo grupo de escolta, preservadas depois da guerra pela Associação dos Veteranos do Capitão Walker em sua base de Liverpool, eram estas: "Nosso objetivo é matar, e todos os oficiais devem desenvolver ao máximo um espírito ofensivo fanático. Por maior que seja o número de comboios que pudermos escoltar com segurança, teremos fracassado a não ser que massacremos submarinos".[44] As ações de Walker correspondiam plenamente às suas palavras. A partir de 1943, sua pequena equipe afundou nada menos que vinte U-boats, e ele recebeu quatro medalhas Ordem de Serviços Distintos (Distinguished Service Order, DSO), antes de sua morte prematura em 1944, causada por exaustão.

As táticas de perseguição de Walker faziam parte de um plano maior do Almirantado. Durante as batalhas dos comboios do princípio de 1943, navios de escolta como *Vidette* e *Pink* foram forçados a abandonar a perseguição a um submarino pela necessidade premente de voltar para proteger seus grupos. Nos meses críticos de março a junho de 1943, o Departamento de Pesquisas Operacionais do Almirantado efetuou uma minuciosa análise estatística de todos os confrontos entre U-boats e escoltas aliadas nos dois anos precedentes.[45] Descobriu-se que se um navio fosse perseguir um submarino capaz de submergir com rapidez apenas para realizar poucos ataques, havia boas chances de que o inimigo escapasse. Se o navio de superfície pudesse prosseguir na perseguição, talvez perdendo o contato pelo sonar mas recuperando-o uma hora ou pouco mais depois, e sobretudo se ele permanecesse bastante próximo para arremessar cargas de profundidade em seis ou mais ataques durante mais de noventa minutos, as chances do submarino diminuíam sensivelmente. Essa era, portanto, a argumentação de natureza estatística em favor da criação dos grupos de apoio, pelo menos se eles permanecessem nas proximidades dos comboios e não saíssem numa caçada como quem procura uma agulha no palheiro. Horton sempre reconheceu isso, e foi a escassez de embarcações de superfície que impediu que grupos como o de Walker tivessem sido formados muito mais cedo. Esses dados das pesquisas operacionais, contudo, deixavam bem claro o dilema enfrentado por Dönitz. Suas embarcações só poderiam suspender a remessa de suprimentos dos Aliados à Europa se estivessem dispostas a permanecer próximas dos comboios, mas, ao fazer isso depois de julho de 1943, haveria o perigo de serem detectadas por grupos de apoio aéreo ou de superfície, sendo perseguidas até o fim.

Se para os U-boats era difícil, quase impossível, ter que enfrentar Walker, era bem menos perigoso ir contra os grupos de escolta americanos nas rotas de Gibraltar e do norte da África. Embora a Marinha americana tivesse chegado à fase de combater os U-boats num estado lamentável de preparação, seu aprendizado foi rápido (mesmo levando em conta os recursos e a atenção muito maiores provocados pela guerra no Pacífico). Em 1943, uma série de novos, pequenos, porém poderosos navios de escolta saía dos estaleiros de Tacoma, em Washington, e suas tripulações, navais e aéreas, submetiam-se a um treinamento extensivo; partiam do canal do Panamá, depois formavam um núcleo de escoltas para a enorme quantidade de tropas, munições e outros suprimentos enviados a áreas de confronto no Mediterrâneo, enquanto ocorriam as invasões da Sicília e da Itália. O primeiro trio de porta-aviões da classe *Bogue* — o próprio USS *Bogue*, o USS *Core* e o USS *Card* — contava com equipes altamente agressivas e competentes; num esquema que era uma espécie de variante da técnica de "ataque rastejante" de Walker, dois de seus aviões iriam cercar e atormentar um U-boat na superfície, ocultando o fato de que uma terceira aeronave aproximava-se com bombas ou torpedos acústicos. A história naval de Roskill registra que o USS *Bogue* afundou seis submarinos nessas missões de 1943 em Gibraltar, e o total de destruições efetuadas pelo USS *Card* e escoltas próximas foi ainda mais elevado: com certeza pelo menos dez U-boats, talvez onze.[46]

No final das contas, durante a guerra, esses navios de escolta destruíram menos submarinos inimigos que os aviões com base em terra, contudo, sua atuação afastando os U-boats dos comboios do Atlântico Norte durante os meses críticos da primavera e do início do verão de 1943 foi muito importante, e a proteção que forneceram ao trânsito de tropas e suprimentos dos Estados Unidos ao norte da África e ao Mediterrâneo foi com certeza inestimável. Mais tarde em 1943, alguns porta-aviões foram destacados para fazer emboscadas a submarinos que se reuniam em pontos de reabastecimento no Meio-Atlântico. Embora os serviços de inteligência da Marinha britânica tivessem medo de que sua fonte Ultra fosse descoberta — como seriam possíveis tantas coincidências assim, aviões americanos chegando ao meio do oceano no momento exato em que um U-boat está sendo reabastecido? —, os ataques destruíram uma quantidade bem elevada de submarinos em reabastecimento, deixando os demais navios com nível perigosamente baixo de suprimentos, sendo forçados a retornar mais cedo a suas bases.

A frota de submarinos alemães não conseguiu recuperar-se dessas péssimas experiências. Mesmo tendo retomado seus ataques aos comboios aliados nos cinco primeiros meses de 1944, inclusive com uma série de assaltos às rotas do Atlântico Norte enfrentando as circunstâncias desfavoráveis, os alemães jamais conseguiram repetir o índice de sucessos dos gloriosos anos de 1942 e início de 1943. Seu fracasso tornou-se evidente, de maneira espetacular, no próprio Dia D. Naquela ocasião, como veremos no capítulo 4, a comparação entre as forças — no ar, no mar e até mesmo em algumas das praias do conflito — era inteiramente desproporcional. Não apenas os poucos esquadrões aéreos da Luftwaffe foram logo destruídos, mas o mesmo ocorreu com os "caixões de ferro" da sua marinha de guerra, a Kriegsmarine; Werner relembra como ele e um grupo de comandantes de U-boats de grande experiência, surpreendidos pelo fato de terem sido rechaçados no começo de junho, receberam a ordem de proceder ao ataque das forças de desembarque no Dia D, inclusive tendo que se lançar contra um navio inimigo como um kamikaze. Nada poderia estar mais distante da autêntica vocação de um submarino. Cinco dos oito U-boats que receberam essa ordem foram destruídos nesses inúteis ataques; os outros três foram escorraçados, danificados e humilhados.[47] O domínio aéreo e das águas pelos Aliados era total, e entre junho e agosto de 1944 os submarinos de Dönitz conseguiram afundar apenas cinco navios inimigos durante a maior invasão anfíbia de todos os tempos (um dos afundados, lamentavelmente, foi o HMS *Pink*).

No entanto, o fracasso dos U-boats em destruir ou sequer danificar as embarcações inimigas na Operação Overlord não indicou apenas o desequilíbrio de forças no nível local e tático. Essa foi a comprovação de que, apesar de todos os êxitos obtidos antes, os submarinos alemães foram incapazes de deter a fantástica avalanche de tropas, munições, combustível, alimentos e todos os demais suprimentos levados do Novo para o Velho Mundo. Os U-boats haviam feito o melhor que podiam — seus "ases", como Kinzel, eram combatentes notáveis —, mas foram derrotados por um contra-ataque bem organizado e bastante armado em meados de 1943. Devido às novas forças dos Aliados, os comboios estavam conseguindo chegar, cada vez em maior número, incólumes a seu destino; pelo fato de chegarem ilesos, a ilha-fortaleza da Grã-Bretanha transformou-se numa imensa plataforma para a invasão da Europa; e porque a invasão realizou-se sem danos severos (ou mesmo grandes) e os exércitos aliados puderam avançar pelo Terceiro Reich adentro, os U-boats estavam com seus dias contados. Suas bases, seja no oeste da França seja no norte da Alemanha, seriam capturadas pelo lado da terra.

É verdade que em 1944 e no início de 1945 o complexo militar-industrial alemão continuava produzindo dúzias e dúzias de U-boats novos e maiores. Além disso, os cientistas alemães estavam trabalhando em tipos extraordinariamente avançados de submarinos (os brilhantes projetos de Hellmuth Walter e os modelos XXI "elektro-booten"), motivo de grande atenção por parte do Almirantado durante todo o ano final da guerra na Europa. A frota de submarinos de Dönitz continuou recebendo e enviando novas unidades para o combate até abril de 1945, apesar do intenso bombardeio que os Aliados efetuavam em seus pátios de construção e rotas de suprimento ferroviárias. Os U-boats alemães lutaram até o fim, demonstrando uma ferocidade impressionante. No entanto, como na prática todo esse empenho causava pouco resultado sobre o fluxo incessante de soldados e munições pelo Atlântico — e a partir do outono de 1944 as novas divisões americanas já podiam desembarcar diretamente na França —, sua atuação acaba caindo na obscuridade na maioria dos relatos sobre a Segunda Guerra Mundial. Contudo, o período de janeiro a abril de 1945 foi testemunha de alguns dos mais intensos confrontos entre submarinos alemães e seus inimigos permanentes, o Comando Costeiro da RAF, a Marinha Real e seus equivalentes canadenses.

Mas esses duelos já não eram mais travados pelo controle das rotas do Atlântico; tratava-se de disputas que ocorriam sobretudo ao longo do mar do Norte e das águas litorâneas britânicas e canadenses. Não eram disputas fáceis, porque àquela altura ficara complicadíssimo detectar os U-boats quando eles se encontravam próximos da terra; eles estavam equipados com armamentos bem mais sofisticados, e chegavam a navegar na superfície em pequenos grupos para se proteger. Houve um momento em que esquadrões da RAF compostos por modelos *Typhoon* destruidores de tanques, que atuavam em apoio às campanhas militares nos Países Baixos e noroeste da Alemanha, tiveram de ser remanejados para dar suporte aos aviões do Comando Costeiro em sua luta contra U-boats, perto dos bancos de areia de Dogger Bank e da península de Jutlândia. Mas esse tipo de confronto não se compara às batalhas de comboios, e assim, nos últimos cinco meses da guerra, apenas 46 navios mercantes aliados foram perdidos em todo o mundo (um sétimo das perdas ocorridas em 1942); como sempre, a maioria dessas perdas ocorreu com navios que viajavam de maneira independente, e não em comboios. Por outro lado, mais 151 submarinos foram destruídos. Ao longo de toda a guerra, a taxa de perdas de submarinos chegou a espantosos 63%, que sobem para 76% se forem incluídos os marinheiros capturados. Nenhum outro grande setor envolvido no conflito chegou a índices tão graves de perdas.[48]

O aspecto mais importante a ser ressaltado não se refere ao detalhe de que os submarinos alemães estavam em número tão reduzido, mas sim ao fato de que eles reapareceram tarde demais para vencer a batalha crítica do Meio-Atlântico. A agressividade de seus inimigos não parava de crescer e, acossados naqueles derradeiros meses pelo leste e pelo oeste, os U-boats, assim como o próprio Terceiro Reich, não tinham mais para onde ir. O ato final para essa importante Força Armada era a rendição. Quando as tropas britânicas chegaram às bases de submarinos, como Flensburg, em maio de 1945, encontraram fileiras e fileiras deles amarrados junto ao cais ou parcialmente fora d'água, afundados pelas bombas aliadas ou por suas próprias tripulações. Em muitos casos, em vez de obedecer à ordem para que se rendessem, os tripulantes inutilizavam seus U-boats longe da costa de forma deliberada. Era comum, nos diversos oceanos, que embarcações alemãs chegassem a portos aliados com a bandeira preta de rendição hasteada, ou então a águas neutras para serem enterradas. É irônico que a ordem final de obedecer à exigência de abandonar a luta, rendendo-se sem lutar, imposta pelo Almirantado britânico em 8 de maio de 1945, tenha vindo do homem nomeado por Hitler como seu sucessor: o Grande Almirante Karl Dönitz.

CONSIDERAÇÕES FINAIS

Será que a história da Batalha do Atlântico constitui mais um, e muito famoso, exemplo de vitória conseguida apenas pela força bruta? Muitos historiadores, quase hipnotizados pela incrível quantidade de navios mercantes fabricados pela indústria americana a partir de 1942 — ao todo, os estaleiros ingleses e americanos produziram 42,5 milhões de toneladas de embarcações entre 1939 e 1945 —, acreditam que sim.[49] Este relato procura fazer uma advertência quanto a essa hipótese.

Por certo, a partir do verão de 1943 as vantagens materiais estavam com os Aliados, mesmo que a capacidade dos submarinos de Dönitz em afundar navios mercantes se mantivesse ininterrupta; isso fazia com que Horton e Slessor imaginassem que jamais poderiam relaxar diante de um adversário tão formidável, mesmo quando a situação começava a se mostrar favorável para eles. Churchill tinha razão quando se referiu à "utilização *adequada* de uma força devastadora". Números, por si só, são importantes, mas a massa não pode transformar-se em vitória sem dois outros ingredientes essenciais: organização e qualidade. Sem esses fatores, as orientações estratégicas ditadas pelos homens de comando são o mesmo que nada. (Afinal, Mussolini emitia frequentemente grandes ordens estratégicas, porém qual foi o resultado?) Do mesmo modo, não se pode esperar que os homens na parte de baixo da cadeia de comando sejam capazes de sair vitoriosos de um único confronto com um submarino, isso para não falar de uma batalha de comboios com duração de uma semana, se não tiverem os instrumentos necessários de detecção e destruição, e também se não estiverem organizados de forma adequada para que esses instrumentos possam ser usados com plena eficiência.

Mais de uma vez, nessa história em particular, pudemos ver como a "aplicação adequada" de recursos conduziu a esforços que dariam os instrumentos necessários às forças na linha de frente, e como essas vitórias no Atlântico e em mares mais distantes serviram para fazer com que, de maneira decidida e constante, a balança da campanha pendesse em favor dos Aliados, culminando na grande estratégia de janeiro de 1943. Também, mais de uma vez é possível identificar onde as novas aplicações tornaram-se pontos de inflexão: o local e o momento em que determinada ideia transformou-se em realidade, quais as pessoas e/ou as organizações responsáveis, e de que maneira suas realizações tiveram influência direta no campo de batalha.

Entre esses muitos avanços, quatro foram descritos acima: o surgimento dos potentes bombardeiros de longa autonomia de voo, capazes de acompanhar os comboios durante todo o percurso; o radar centimétrico e os sucessivos papéis da equipe original da Universidade de Birmingham, a Missão Tizard, e em seguida a Bell Labs e o Laboratório de Radiação do MIT; o morteiro Hedgehog, criado a partir dos projetos de um garoto dotado de muita imaginação, e mais tarde através de um departamento de pesquisas nada convencional até sua utilização no mar pelas escoltas aliadas; e a criação dos possantes grupos de defesa e apoio dos comboios, que sob o comando de militares como Gretton e Walker souberam unir as novas armas com as táticas aperfeiçoadas de perseguição e ataque. Nem todos esses personagens eram engenheiros no sentido exato do termo, porém todos contribuíram de forma decisiva no trabalho de engenharia da vitória aliada.

Esse foi o primeiro objetivo operacional conquistado a partir das propostas da Conferência de Casablanca, embora ninguém nas equipes de planejamento do Ocidente estivesse contando com esses êxitos mesmo no final de 1943. A campanha aérea estratégica contra a Alemanha não dera certo ao longo de todo o ano. Planos para a invasão da França foram sendo adiados repetidas vezes à medida que a complexidade e as dificuldades para uma operação de tão grande porte se mostravam mais assustadoras, sobretudo para os comandantes britânicos. A campanha do Mediterrâneo caminhava de forma muito lenta. No meio do Pacífico, a campanha ainda estava em seu estágio inicial, e todas as operações no sudoeste do Pacífico e no sudeste da Ásia eram de uma lentidão dolorosa.

Apenas em meio à miserável Batalha de Kursk houve alguma indicação de que a maré estava se voltando contra a Alemanha. Nos amplos espaços do Atlântico e nos campos sem fim da Rússia ocidental e da Ucrânia surgiam os primeiros sinais da *Göetterdämmerung*, ou o Crepúsculo dos Deuses, o anúncio de que depois de muitos anos o conflito sangrento estava chegando ao fim, em favor da Grande Aliança.

2. Como conquistar o domínio aéreo

Pois pude ver o futuro, até onde o olho humano alcança,
Tive a visão do mundo, e as maravilhas todas que haverão de vir;
Navios com suas velas mágicas levando riquezas pelos céus,
Pilotos no crepúsculo cor de púrpura com preciosas encomendas;
Escutei o clamor dos céus e veio então a palidez do orvalho
De todas as nações eram as naves do espaço em combate sobre o céu azul.
Alfred Lord Tennyson, *Locksley Hall*

No começo da manhã de 14 de outubro de 1943, uma frota de 291 bombardeiros americanos B-17 (Flying Fortress) decolou das planícies da Inglaterra, iniciando sua longa viagem para atirar bombas nas cidades de Schweinfurt e Regensburg, onde se localizavam respectivamente as principais fábricas de material bélico alemão, rolamentos e caças Messerschmitt. Pessoas que presenciaram sua decolagem e subida aos céus foram testemunhas do que até então provavelmente havia sido a maior demonstração de poderio militar do século xx (quanto ao número de vidas destruídas, nem mesmo as bombas atômicas poderiam se comparar). Essas pessoas testemunharam também o que seria uma missão de fracasso e de muitos sacrifícios desnecessários. Não era a primeira vez que esses esquadrões atacavam Schweinfurt (um raide anterior ocorrera em 17 de agosto), mas por um bom tempo esse seria o último.

Eram quase 3 mil homens voando naquela missão e entre eles estava Elmer Bendiner, um ex-jornalista que se tornara navegador. Trinta e sete anos mais tarde, e após ter visitado um campo de papoulas na Inglaterra que havia ficado ao lado de sua base das Forças Aéreas do Exército dos Estados Unidos (United State Army Air Forces, USAAF), ele escreveu e publicou suas recordações daquele dia.[1]

Escritor profissional, Bendiner tinha o dom da palavra ("Uma cobertura de nuvens tinha parado bem perto da praia inglesa, e o canal cintilava. Espumas brancas enroscavam-se nas ondas azuis"), portanto o leitor precisa ficar atento para que, em meio à magia da linguagem, ele não se afaste da dureza da narrativa. As escoltas de P-47 Thunderbolt eram como "anjos brilhantes", porém depois de passarem por Aachen, sacudiram suas asas e voaram de volta para casa, porque seu tempo era limitado. Foi apenas a essa altura — naturalmente — que Adolf Galland, comandante da Arma da Caça alemã e, assim como Dönitz, um profissional acima de tudo, deu a ordem em meio às ondas e ondas dos aviões; assim que cada esquadrão dos Focke-Wulf e Messerschmitt completasse sua tarefa, devia buscar a base mais próxima e então, reabastecido e com mais munição, retornar ao combate. Mesmo que alguns aviões americanos (de maneira espantosa) tenham conseguido ultrapassar a barreira para bombardear os alvos pretendidos, o aspecto principal desses ataques de Schweinfurt-Regensburg deixou de ser o que teria acontecido à produção de rolamentos pelas fábricas alemãs para tornar-se uma questão de quantos B-17 poderiam ser derrubados.

No final do ataque, 29 bombardeiros foram perdidos naquele dia antes de atingirem os alvos e outros 31 durante a volta: sessenta aviões e seiscentos homens, mais de 20% de perdas em uma única missão. Por coincidência, o ataque anterior a Schweinfurt também levara à destruição de precisamente sessenta B-17. Os ataques do dia seguinte serviram apenas para aumentar as perdas. "Em seis dias de combate", observa Bendiner, "perdemos 1480 homens na Europa." Apenas três ou quatro de seu esquadrão de dezoito aviões retornaram a Kimbolton naquela noite; alguns outros, bastante avariados, chegaram no dia seguinte, e "seis de nossos aviões tornaram-se carcaças queimadas em algum lugar da Europa". Mais adiante ele acrescenta: "Nós, pilotos de 1943, sentimos na pele que uma formação de bombardeiros pesadamente armada, porém isolada e sem escolta, nunca seria capaz de derrotar qualquer quantidade de caças

[…] Agora pode-se indagar se na verdade teríamos feito justiça a Billy Mitchell" — um amargo comentário sobre o conhecido teórico americano do poderio aéreo.[2]

No outono de 1943, a Luftwaffe vencia o combate contra os ataques aéreos americanos; eram exatamente as mesmas derrotas sofridas na campanha de bombardeios paralela e ainda mais demorada que a RAF efetuava todas as noites na Europa ocidental.[3] Mesmo em data tão tardia como 30 de março de 1944 (menos de dez semanas antes do Dia D e catorze meses *depois* de Casablanca), 795 bombardeiros da RAF foram enviados para atacar Nuremberg. Enquanto os esquadrões britânicos perdiam o rumo e a coerência — alguns deles, ironicamente, bombardearam Schweinfurt, distante quase noventa quilômetros de seu alvo —, a contraofensiva dos caças noturnos alemães seguia numa orquestração magnífica, estraçalhando os Lancaster e os Halifax. O veterano comandante da ala de *Pathfinder*, Pat Daniels (em sua 77ª missão), recordou mais tarde: "Havia tantos aviões explodindo à nossa volta que orientei minha tripulação para não me informar mais sobre os que fossem derrubados e que usassem seu tempo procurando pelos caças".[4]

O resultado foi que um total de 95 bombardeiros da RAF jamais regressaram, doze outros viraram ferro-velho ao voltar à Inglaterra e 59 ficaram seriamente danificados. Mas a perda das máquinas foi muito menos importante que a morte de tripulações treinadas, um índice que superou as baixas entre os jovens oficiais britânicos durante a Batalha do Somme em 1916. De maneira semelhante, "um jovem americano teria maiores chances de sobrevivência se se alistasse como fuzileiro naval para lutar no Pacífico do que voando com a Oitava Força Aérea em 1943".[5] Como as narrativas oficiais de americanos e ingleses admitiriam mais tarde, no princípio de 1944, as coisas pareciam caminhar para trás. As narrativas não oficiais em sua maioria são muito mais contundentes. Possivelmente, o grande estratagema anglo-americano para alcançar a vitória na guerra havia sido um fracasso.[6]

TEORIA E ORIGENS DO BOMBARDEIO ESTRATÉGICO

Bem antes que os irmãos Wright surpreendessem o mundo com seus voos de 1903, a humanidade já especulava sobre o surgimento de máquinas extraordinárias que além de transportar seres humanos e comércio pelos ares seriam capazes também de infligir destruições terríveis e espalhar o pânico nas populações inimigas. Tennyson não foi o primeiro a antecipar as batalhas aéreas — Leonardo da Vinci interessou-se por máquinas mais pesadas que o ar em seus esboços militares —, e os enormes avanços tecnológicos do século XIX apenas serviram de estímulo ainda maior para essas especulações futuristas.[7] Alfred Gollin recorda que poucos anos depois dos voos históricos em Kitty Hawk, os ministros da Guerra da Europa e dos Estados Unidos já planejavam a criação de forças aéreas, por isso foram bater na porta dos irmãos Wright. E durante um debate público em abril de 1904 sobre o destino estratégico global da Grã-Bretanha, o imperialista Leo Amery, um homem capaz de visualizar novos tempos, afirmou que num futuro não muito distante o poder aéreo iria se unir (ou até superar) as forças terrestres e navais como instrumento de política nacional.[8]

É importante compreender que, mesmo no começo do século XX, o poder aéreo apresentava muitas faces e podia ser objeto das mais diversas conjeturas.[9] O período de 1880 a 1914 testemunhou uma quantidade espantosa de novos inventos ou grandes aperfeiçoamentos em protótipos anteriores, excêntricos — o rádio, o torpedo, o submarino, os destróieres, a metralhadora, os explosivos, as máquinas de calcular, o automóvel e o próprio avião. Portanto, é compreensível que alguns comentaristas considerem o aeroplano apenas mais um elemento a ser acrescentado em meio ao arsenal de mecanismos para combater os soldados e marinheiros inimigos (assim como, talvez de maneira apócrifa, o presidente Truman acreditou que o engenho atômico era apenas mais uma bomba poderosa). Dentro dessa concepção, os aviões serviriam como uma espécie de cavalaria aérea, utilizada principalmente no reconhecimento de terreno e na localização de armas do inimigo — as Marinhas pré-1914, às voltas com os problemas do controle moderno de fogo, estavam bastante interessadas nesse aspecto. Os pilotos talvez pudessem metralhar as tropas do inimigo ou arremessar algumas granadas em suas cabeças, mas aqueles pequenos aviões não seriam capazes de transportar armamento pesado. Essas opiniões mudavam à medida que os aviões se tornavam mais fortes e seus motores muito mais possantes, e conforme suas vulnerabilidades eram reveladas; mas a questão básica permanecia a mesma: esses novos instrumentos seriam usados principalmente para observação ou para o ataque direto às forças do inimigo?

Assim mesmo, ainda havia a possibilidade de que, como os aviões poderiam voar sobre as linhas inimigas, eles também seriam capazes de desferir ataques na retaguarda, contra linhas de suprimento, trens, vias férreas, ou até mesmo o quartel-general do Exército. Numa época em que os exércitos em combate usavam, dia após dia, munições e suprimentos em quantidades nunca vistas, destruir uma estrada ou um depósito situados a uns trinta quilômetros além das linhas inimigas poderia realmente ter uma influência decisiva no conflito, e com muita rapidez. Talvez não fosse possível conseguir um alto grau de precisão nesses ataques, mas eles com certeza provocariam muitos danos, afastando tropas e carroças das estradas, obrigando que as marchas fossem realizadas apenas durante a noite. É claro que tudo isso faria com que o outro lado também passasse a usar aviões para derrubar aqueles que haviam atacado antes. Essas diversas opções logo estariam sendo descritas como guerra aérea *tática*, criando a necessidade de novos sistemas de defesa e de ataque. Na verdade, qualquer caça poderia se aproximar do solo para metralhar uma coluna de soldados inimigos em marcha, mas sua função principal seria derrubar aviões adversários; se um dos lados desejasse um instrumento poderoso para ataques na superfície, o melhor seria construir aeronaves com maior poder de fogo e também dotadas de uma blindagem robusta, equipadas com foguetes e bombas, que voassem baixo atrás das linhas inimigas, numa campanha de destruição e pânico.

Em 1918, tudo isso não passava de pura teoria, que dificilmente poderia se transformar em algo prático no começo da década seguinte; mas com o advento da Segunda Guerra Mundial essas teorias passaram a se tornar uma realidade, e se manifestariam com os bombardeiros de mergulho Junkers 87 Stuka da Luftwaffe, os Typhoon da RAF e os Thunderbolt da USAAF. No entanto, uma vez que o alcance de uma aeronave seria, teoricamente, ilimitado (dependendo do seu armazenamento de combustível), os primeiros entusiastas da aviação logo pensaram em utilizar os aviões em distâncias muito maiores e com objetivos bem diferentes, contra as fontes da capacidade de luta do inimigo: suas instalações industriais e estaleiros, centenas de quilômetros atrás da linha de fogo, fornecedoras de armas, munição, caminhões, rolamentos, chapas de aço, navios de guerra e assim por diante. Esses seriam ataques aéreos no território inimigo, possivelmente a grandes distâncias dos campos de batalha ou dos confrontos navais, e exigiriam tipos diferentes de aeronaves, que precisariam ser maiores, mais pesadas, com vários motores e capazes de transportar bombas a longas distâncias. Como esses bombardeiros seriam mais lentos que os aviões mais leves, seria necessário que levassem, além de um navegador e de um responsável pelo lançamento das bombas, diversos atiradores para dar cabo dos ataques aéreos — tudo isso aumentaria a demanda por tripulações aéreas.

Nesse momento, as implicações de natureza militar eram revolucionárias. Para os teóricos dos combates aéreos, os novos bombardeiros de longo alcance não deveriam mais exercer apenas um papel de coadjuvante nos futuros fronts ocidentais ou no apoio a frotas no mar do Norte. Eles formariam uma terceira força independente, e é nesse sentido que teriam de ser organizados. Sua missão deixaria de ser apenas tática e de curto prazo; seria *estratégica*, porque estaria golpeando de maneira independente a capacidade de luta do inimigo e poderia levar a guerra ao front doméstico. Aí residia a parte revolucionária, o apelo revolucionário: bombardeios com aviões de longo alcance cortariam as artérias do inimigo, privariam seus exércitos de suprimentos, encurtando assim a guerra. Isso seria, insistiam os partidários dessa nova forma de combate, um investimento muito melhor do que a demorada carnificina das trincheiras ou os extenuantes bloqueios marítimos; os aviões, alegavam eles, impediriam milhares de mortes nas campanhas em terra. Não se tratava mais de um novo instrumento ofensivo, mas sim de um poder militar que um dia haveria de relegar exércitos e marinhas a um papel secundário — o que explicaria a resistência dos generais e almirantes tradicionais às forças aéreas independentes a partir do início da década de 1920, e a profunda desconfiança que sentiam por aqueles que as defendiam.

Havia ainda um salto adicional, que seria o mais controvertido de todos: por que não usar a Força Aérea para destruir o moral de toda a população do inimigo, ou seja, eliminar deliberadamente sua disposição em apoiar a guerra, deixando claro que, assim como ocorria com seus combatentes, ela também iria sofrer na pele por aprovar o confronto? Era um passo natural. Depois de superar a necessidade do combate em superfície, por que não ir atrás de quem produzia as armas do inimigo, atacando em seguida a população civil que dava apoio a esses trabalhadores? Nessa linha de raciocínio, bombardear uma padaria teria a mesma lógica que bombardear uma usina, assim como destruir uma usina teria a mesma lógica que bombardear uma linha férrea que conduzisse ao front. A ideia de bombardear grandes áreas, no entanto, não foi algo que simplesmente emergiu da fornalha da guerra por volta de 1940 ou 1942. A ideia de monstruosos ataques aéreos que provocariam pânico em massa e perdas de vidas era um tema comum a toda a literatura futurista de guerra do século anterior — o exemplo mais célebre é o best-seller de H. G. Wells, *A guerra nos ares*, com sua descrição lúgubre de Nova York consumida em chamas. E não foi o próprio Napoleão que já havia declarado que o componente moral numa guerra era muito mais importante do que o fator físico?

Como veremos, esses dois objetivos estratégicos — usar bombas para destruir o dispositivo militar do inimigo e usar bombas para destruir seu moral — tenderiam a se fundir à medida que a Segunda Guerra Mundial se desenrolava, por uma série de razões bem diferentes. Em primeiro lugar, como os estaleiros, fundições, fábricas de munições e entroncamentos ferroviários do inimigo quase sempre estavam localizados em cidades grandes, tradicionalmente, os trabalhadores e suas famílias haveriam de morar nas proximidades.* Isso constituía o que mais tarde, no jargão militar, seria eufemisticamente chamado de "danos colaterais" a alvos não militares. Em segundo lugar, havia o fato desagradável de que o bombardeio preciso de um alvo militar definido como uma fábrica de tanques não era, e jamais seria, "preciso", exceto em casos muito raros, como o ataque aéreo de baixa altitude, digamos, de um esquadrão especial de Mosquito a determinado ponto. A precisão de ataques aéreos realizados em alturas elevadas e com um grande número de bombas sobre os estaleiros de Brest ou as fundições de Duisburg foi afetada de forma extrema pela cobertura quase constante das nuvens e pelos fortes ventos na maior parte do ano, o que prejudicava a visão dos alvos. A fábrica dos inimigos deveria estar em algum lugar lá embaixo, mas a artilharia antiaérea ficava cada vez mais forte e os caças inimigos se aproximavam, o que levou as tripulações a arremessar as bombas, voltando o quanto antes à base. Durante a campanha de bombardeio estratégico, diversos relatos de pilotos americanos e ingleses admitem que o que eles queriam

---

* As casas com terraços na vizinhança da grande fábrica de material de guerra Swan Hunter em Wallsend-on-Tyne, onde cresci, eram tão perto do pátio que as mais próximas chegavam a ficar cobertas pelas sombras de encouraçados gigantescos como o HMS *Nelson* e o HMS *Anson* quando estavam sendo montados. Como seria possível que essas casas não fossem atingidas num ataque aéreo ao pátio da fábrica? (N. A.)

era apenas se livrar daquelas bombas que pesavam quase 2 mil toneladas e voltar logo para casa.

Esses fatos, porém, dizem respeito à falta de precisão dos bombardeios estratégicos, e não às suas intenções. Um ataque aéreo a alvos militares específicos do inimigo, mesmo que não tenha sido especialmente bem-sucedido, não deixa de ser um ataque à capacidade de luta do oponente; é algo que sem dúvida se situa dentro do que já se encontra tradicionalmente estabelecido como "regras da guerra". Mas uma campanha aérea destinada a enfraquecer a disposição do inimigo por meio de uma destruição sistemática de suas cidades principais é algo muito diferente. É uma prática que contraria de maneira frontal os princípios de proporcionalidade estabelecidos há muito tempo pela cultura do Ocidente. Agora, o objetivo deste capítulo não é analisar a ética das campanhas de bombardeamento estratégico da Segunda Guerra Mundial, mas sim sua eficácia e, sobretudo, por que as bombas arremessadas por ingleses e americanos deixaram de atender aos objetivos almejados até 1944, quando elas enfim levaram os Aliados a conquistar o domínio aéreo sobre a Europa ocidental. De todo modo, à medida que a história se desenvolve será importante ter em mente este tipo de distinção: os combates aéreos de natureza tática eram muito diferentes dos bombardeamentos estratégicos. Mas a natureza e o significado da guerra aérea discriminada versus guerra aérea sem qualquer tipo de discriminação irá trazer uma distinção ainda mais nítida aos olhos da maioria das pessoas. Esse é o motivo pelo qual tantos livros a respeito do assunto foram escritos com tanta paixão.[10]

Existe ainda um último ponto, intrigante, sobre a teoria do poder aéreo: faltava a ele a experiência da história. Quando o general prussiano Clausewitz escreveu *On War* [Sobre a guerra], ele destilou as lições de centenas de anos de combates em terras europeias que culminaram nos terríveis confrontos da guerra napoleônica. E quando Mahan escreveu *The Influence of Sea Power upon History* [A influência do poder marítimo sobre a história], a base de sua argumentação teórica era seguida por uma narrativa detalhada de batalhas navais de um período específico que fazia parte também do próprio título do livro: de 1660 a 1783. Os teóricos do poder aéreo olhavam apenas para a frente: para eles, não existia passado, apenas vislumbres dos efeitos potencialmente revolucionários que a capacidade de voar recém-descoberta teria sobre a guerra. Suas visões, assim como as de Tennyson, não passavam de conjecturas. Eram hipóteses, nada mais. E, de acordo com a opinião dos teóricos, elas precisariam ser testadas.

DE FOLKSTONE (1917) A DUNQUERQUE (1940)

O bombardeio estratégico foi forjado na fornalha da Primeira Guerra Mundial. Por volta de 1914, as principais potências possuíam certa capacidade aérea, dividida sobretudo entre aviões do Exército e aviões da Marinha, embora todos obedecessem à mesma concepção primitiva. Os primeiros aviões de guerra eram usados principalmente para reconhecimento e localização dos pontos onde se situava a artilharia pesada do inimigo, e levou um bom tempo até que os esquadrões rivais começassem a entrar em confronto ao redor das trincheiras. A industrialização da guerra logo provocou um impacto na nascente indústria aeronáutica, passando a produzir aviões mais modernos, dotados de equipamento mais possantes e capazes de permanecer mais tempo no ar. Os primeiros ataques contra território inimigo foram efetuados pincipalmente pelos Zeppelins alemães contra a Inglaterra, numa campanha que se desenrolou entre janeiro de 1915 e novembro de 1916 e que ceifou dúzias de vidas e causou muitos danos, porém mais indicativo do futuro foi o ataque a Folkstone em 25 de maio de 1917. Nesse ataque à luz do dia, 21 bombardeiros bimotores *Gotha* atingiram a cidade litorânea, matando 165 pessoas e causando ferimentos graves em outros 432 civis. Era o começo de uma nova era.

O ataque de Folkstone e os bombardeios de Londres que logo se seguiram causaram pânico e tumultos, levando o governo de Lloyd George não apenas a providenciar balões de barragem, armas de longo alcance e outras medidas de defesa contra ataques aéreos, mas também a tomar medidas institucionais de impacto, como a criação de um Ministério da Aeronáutica, incorporando as forças até então separadas do Corpo Aéreo Real do Exército e o Serviço Aéreo da Marinha Real. No relatório de Jan Smuts de agosto de 1917, o talentoso general sul-africano, que naquela altura ocupava um cargo importante no Gabinete de Guerra Imperial, sintetizou num único parágrafo a questão do poderio aéreo estratégico:

> Diferentemente da artilharia, uma frota aérea pode realizar operações amplas a distância, e de maneira independente, tanto do Exército como da Marinha. *Até onde é possível prever na presente situação*, não existe limite algum à proporção de sua utilização futura e independente no campo da guerra. E talvez não esteja longe o dia em que operações aéreas, com a devastação que irão causar nas terras do

inimigo e a destruição em grande escala de centros industriais e habitacionais, poderão se tornar as principais ações de guerra, relegando as formas mais antigas de operações militares e navais a um papel secundário e a elas subordinadas.[11]

Convencido pela prosa elegante de Smut e pelo alarme de alcance nacional, o governo não apenas implantou a RAF em abril de 1918, mas autorizou fundos para a construção de bombardeiros, como o bimotor *Vickers Vimy* e o *Handley-Page*, com quatro motores, ambos de longo alcance, que levariam a luta até o centro de Berlim.

Do modo como as coisas se desenrolaram, a guerra acabou antes que esses bombardeios estratégicos pudessem começar, mas não havia dúvida de que os ataques aéreos de 1917 e 1918 instauraram uma nova dimensão de conflito humano. A Grã-Bretanha foi mais longe que qualquer outra nação na criação de uma arma aérea independente, em parte porque queria impedir qualquer novo ataque à integridade de sua ilha, ameaçando infligir danos ainda maiores ao inimigo; em parte por desejar estabelecer seu próprio potencial de ataques aéreos estratégicos como o prolongamento aéreo natural do bloqueio naval que enfraquecera a Alemanha; e, por fim, por ser um substituto relativamente fácil à necessidade de enviar grandes exércitos de volta às trincheiras ensanguentadas da Europa, caso fosse necessário. A obsessão da França, também compreensível, era com a segurança por terra, e dessa maneira suas forças aéreas continuaram fazendo parte do Exército — a denominação oficial da Força Aérea era "L'Armée de l'Air" [O Exército do ar]. Inicialmente, a Rússia estava imersa na guerra civil, depois preocupada com o início da reconstrução bolchevique, e em seguida envolvida de maneira quase exclusiva com a defesa nacional. No Japão, a hostilidade mútua entre suas forças terrestres e navais era tanta que foram criadas duas Forças Aéreas paralelas, cada uma delas destinada a proteger as operações de seu serviço de origem, nenhuma das quais envolvida com a necessidade de construir bombardeiros grandes e de alto custo. Essa mesma bipolaridade ocorria nos Estados Unidos, o que não impediu que as Forças Aéreas do Exército americano desenvolvessem teorias e projetos importantes para operações de bombardeio estratégico a grande distância durante o entreguerras. Somente na Itália de Mussolini desenvolveu-se uma Força Aérea separada para equiparar-se às estruturas britânicas, embora nesse caso composta apenas por uma mistura de caças e bombardeiros de média distância.

Embora o conceito de Smut de uma arma superior, formada com o propósito de ser a força destinada a assumir o papel decisivo nas guerras, não tivesse se desenvolvido nos anos seguintes a 1919 devido a disputas nas divisões das Forças Armadas e porque os serviços aéreos recém-criados sofriam com as reduções orçamentárias, isso não impediu que a *teoria* das capacidades especiais do poder aéreo, bem como de seu potencial, ainda maior, se tornasse cada vez mais forte. Isso se devia, em grande parte, a três brilhantes profetas e entusiastas: o notável general Billy Mitchell nos Estados Unidos; o primeiro comandante da RAF, o marechal do ar Sir Hugh Trenchard; e o piloto e escritor italiano Giulio Douhet.[12] Todos eles haviam iniciado suas carreiras como oficiais do Exército e testemunharam os custos da guerra moderna de superfície antes de serem transferidos para as recém-criadas forças aéreas de seus países. Todos estavam atraídos pelas possibilidades de combate que aquela nova dimensão de conflito oferecia. Enfrentavam críticas vindas de diversos lados e, como consequência, tendiam a levar as reivindicações sobre a Força Aérea a níveis muito acima daqueles que seriam viáveis na época: eles faziam pedidos tendo em vista o futuro, e quanto mais avançados eram os pedidos, maior era a determinação dos tradicionalistas em recusá-los. Tanto assim que, em 1925, Mitchell subiu para o posto de coronel e pouco depois foi levado à corte marcial por suas críticas públicas à liderança do Exército e da Marinha.

Nenhum dos três chegava a ser simplista — ou imoral — como poderiam sugerir suas propostas posteriores de bombardear o centro da nação inimiga. Trenchard, por exemplo, em seu primeiro pronunciamento mais detalhado sobre os postulados da guerra aérea (1927), estabeleceu uma distinção entre assustar a população inimiga, mantendo-a afastada dos seus locais de trabalho, e "o bombardeio indiscriminado de uma cidade com o único objetivo de aterrorizar os civis", o que seria "ir contra os princípios da humanidade".

Apesar dessa advertência, a alegação de Trenchard de que a melhor maneira de derrotar qualquer futuro inimigo seria atacar seu coração industrial provocou reações vigorosas e indignadas das figuras mais influentes do Exército britânico e da Marinha Real, as quais ressaltaram não apenas a duvidosa exatidão — e em consequência a imoralidade — de jogar bombas sobre alvos civis-industriais, como também a ausência de uma comprovação empírica de que tal estratégia colocaria o inimigo de joelhos.[13]

Se algum grupo foi responsável por desenhar o macabro panorama de cidades e civis devastados por futuros ataques aéreos, foi o dos políticos profissionais do entreguerras, ao lado dos jornais populares. A declaração mais conhecida e mais citada de todas veio de Stanley Baldwin, líder do Tory, o Partido Conservador britânico, em novembro de 1932:

> Considero importante que os homens nas ruas compreendam que não existe poder sobre a Terra que possa impedir que ele seja bombardeado. Seja o que for que as pessoas lhe digam, o bombardeiro nunca será detido [...]. [A] única defesa reside no ataque, o que significa que será preciso que matemos mais mulheres e crianças mais depressa que o inimigo se quisermos nos salvar.

Palavras sombrias, e o fato de que Baldwin era considerado um homem moderado e de natureza apaziguadora tornou sua opinião mais polêmica. "O medo das bombas" não parou de crescer, e à medida que a década de 1930 avançava, notícias sobre os combates na China, na Espanha e na Etiópia — especialmente os relatos sobre bombardeios com gás venenoso — serviram apenas para aumentar o sentimento de terror.[14]

Contudo, a verdade é que o emprego intenso, independente e de longo alcance das forças aéreas só chegou com o início da Segunda Guerra Mundial. Devido aos motivos de natureza política e geopolítica mencionados, nem as Forças Armadas francesas, soviéticas e japonesas atribuíam muito valor ou prioridade à campanha estratégica pelo ar — as ameaças estavam muito mais próximas de casa. Já a Luftwaffe estava mais interessada em sua política aérea bem como em seu arsenal específico, e em 1939 dispunha de grandes quantidades de bombardeiros de médio alcance, mas a construção de uma autêntica força estratégica (como também, por exemplo, os porta-aviões alemães) havia sido adiada porque Hitler estava obcecado com a conquista dos países vizinhos. A Força Aérea italiana continuava simpática à ousadia estratégica de Douhet, pelo menos em teoria, mas sua posição como o mais fraco dos poderes em termos industriais e tecnológicos significava que havia uma enorme distância entre retórica e realidade.

Desse modo, em 1939, as únicas forças do ar que chegavam razoavelmente perto de um poder aéreo autônomo eram o Comando de Bombardeiros da RAF e seu equivalente americano. Para atingir esse objetivo, ambos haviam formado estruturas independentes a despeito de uma postura cética ou até mesmo hostil das lideranças militares e navais (os entusiastas americanos da política de bombardeamento estratégico trabalharam de maneira disfarçada no Corpo Aéreo americano, então chamado Academia Tática na Base da Força Aérea Maxwell, até que o Congresso por fim se alarmou com a ascensão do poderio aéreo de alemães e japoneses). Ambos igualmente herdaram o Mahanian, ponto de vista da Marinha segundo o qual a pressão econômica sobre o inimigo, agora aplicada não apenas no mar como também no ar, causaria sua desarticulação a partir do interior, adotando ainda o princípio de que os Aliados dispunham de maior pujança financeira que os Estados fascistas para levar essa política adiante, sobretudo depois que os Estados Unidos aderiram ao conflito, em dezembro de 1941. Os dois países, além disso, contavam com uma espécie de enorme "fosso" — uma quantidade de água que manteria seus inimigos afastados —, curiosamente, no entanto, ingleses e americanos julgavam que bombardeiros (em vez de caças de alcance mais curto) eram o instrumento mais adequado para realizar um ataque surpresa pelos ares. Nesse ponto os dois países adotavam posturas inteiramente opostas aos poderes da Europa continental. Como seria possível à Alemanha, cercada de todos os lados, não valorizar a primazia do poder terrestre e, com o advento da aviação, deixar de dar ênfase aos aviões que eram o suporte de seus exércitos? Somente a ingleses e americanos estava reservado o privilégio da escolha.

Por ironia, contudo, os defensores das forças aéreas americanas e inglesas não tinham a capacidade de colocar em prática as medidas exigidas por suas teorias de combate estratégico. Eles tinham protótipos de aviões "pesados" com quatro motores em seus campos de teste ou ainda nas pranchetas, mas as equipes do setor viviam sob uma pressão cada vez mais intensa de dar prioridade a aeronaves antissubmarino, aviões de transporte e caças para defesa do território nacional. No final dos anos 1930, assustados com a ascensão da Luftwaffe, o governo britânico e o público desejavam acima de qualquer outra coisa a proteção fornecida pelos caças nos céus domésticos. Assim, durante aquela época os programas voltados aos bombardeiros não desfrutavam de nenhum monopólio na produção, como também não desfrutavam quando explodiu a guerra.

Além disso, os estágios iniciais da guerra nos ares levaram os bombardeios estratégicos a um plano ainda mais secundário. Nos Estados Unidos, pelos próximos 25 meses, os militares ficariam praticamente de braços cruzados, vendo o conflito espalhar-se pela Europa enquanto faziam planos para suas futuras grandes demonstrações de poder aéreo, porém (era evidente) sem a menor experiência direta do que era conduzir dia após dia uma política ofensiva nos ares. Por outro lado, era algo com o que o Comando de Bombardeiros da RAF estava muito envolvido, mesmo que enfrentando sérias restrições. Os franceses não autorizavam que os aviões ingleses decolassem a partir de suas bases por receio de represálias, e o ministro da Aeronáutica inicialmente achou que, em vez de explosivos, seus bombardeiros deveriam arremessar folhetos de propaganda no norte da Alemanha. Até mesmo em ataques com explosivos, os aviões daquela época eram bem lentos, incapazes de voar a grandes altitudes, transportavam uma quantidade reduzida de bombas e dispunham de poucas defesas contra a Luftwaffe em confrontos realizados durante o dia. Em consequência, em abril de 1940, o Comando de Bombardeiros havia se limitado a operações noturnas. Se é verdade que com isso se reduziam as perdas, é certo que também a precisão dos ataques diminuiu.

O fato é que todos os olhares estavam concentrados nas vitórias da Lutfwaffe em 1939-40. Trabalhando com as divisões de infantaria relativamente reduzidas porém de enorme eficiência, a Força Aérea alemã varreu a Polônia, não apenas exterminando o Exército polonês, bem menos modernizado, mas também efetuando bombardeios terríveis e indiscriminados sobre Varsóvia e outras cidades. Todos aqueles pesadelos sobre extermínio de populações civis, destruição de edifícios e multidões em pânico descritos de maneira tão assustadora na literatura do entreguerras estavam agora sendo realizados nos ataques dos barulhentos e temíveis Stuka ou nos bombardeios aéreos constantes dos Dornier e Heinkel. Após sete meses de "guerra de faz de conta", o mesmo acontecia nos Países Baixos, na Bélgica e na Noruega no final da primavera de 1940. Como seria possível deter os abutres dos céus, principalmente quando eles eram seguidos por paraquedistas, colunas de tanques e forças de assalto? Como a cidade de Rotterdam poderia evitar a devastação que atingiu Varsóvia? Nada seria suficiente — ou, pelo menos, nada nos frágeis arsenais dos países polonês e holandês em 1939-40. Para todos os observadores, portanto, parecia que os maciços investimentos realizados por Hitler na Luftwaffe haviam dado à Alemanha um poder imbatível. A espantosa derrota da França em maio e junho de 1940, o eclipse do que havia sido uma das maiores potências militares da Europa nos três últimos séculos, era a confirmação mais completa dessa impressão. Os princípios militares tradicionais tinham se tornado obsoletos.

E tinham mesmo? Por mais espetaculares que tivessem sido os êxitos dos nazistas em 1939-40, a realidade é que a Luftwaffe havia operado dentro de circunstâncias específicas e extremamente favoráveis, que poderiam não se repetir em outras partes, e sem dúvida não se repetiriam se enfrentasse um oponente à altura. Em todas aquelas bem-sucedidas campanhas, a Força Aérea alemã gozara da imensa vantagem de operar dentro de distâncias favoráveis. As distâncias entre os aeroportos da Prússia ou da própria Alemanha e o território da Polônia eram reduzidas; das bases do Reno à Holanda era pouco mais que um pulo. As posições militares francesas em Champagne e na Lorena poderiam ser atacadas por três lados diferentes em questão de vinte minutos. Além disso, a Luftwaffe não chegou a encontrar nenhuma oposição séria no ar. Não havia adversário à altura. A maior parte da Força Aérea francesa no começo da década de 1930 encontrava-se tristemente negligenciada e dilapidada após um período de crise econômica.

Com isso, o fato é que a ampla frota aérea de Hermann Göring *não estava* equipada para enfrentar a única outra potência europeia que fizera investimentos sérios em sua Força Aérea no final dos anos 1930. Talvez os alemães tenham se deixado enganar pelos esforços reduzidos e fragmentados durante as batalhas da França em abril e maio de 1940, quando os contingentes terrestres e aéreos dos ingleses foram destroçados pelos métodos da Blitzkrieg alemã — mesmo que os *Hurricane* da RAF tenham infligido muitos danos à Luftwaffe quando cobriram a retirada das tropas de terra aliadas em Dunquerque. No entanto, o núcleo do Comando de Caças da RAF não fora quebrado pela queda da França; seu comandante, o altamente respeitado marechal do ar, Sir Hugh Dowding, apesar da intensa pressão política, recusou-se a liberar mais esquadrões de caças das bases aéreas britânicas, ciente do desafio que se aproximava. Assim, em abril de 1940 ele e seu Comando de Caças dispunham no sul e no leste da Inglaterra de uma Força Aérea moderna em condições de enfrentar a Luftwaffe. Ao menos em termos de equipamento aéreo e serviços de apoio, a luta estava equilibrada. Além disso, pela primeira vez desde o início da guerra, os aviões alemães não tinham o alcance necessário para atingir o coração do inimigo.

A BATALHA DA GRÃ-BRETANHA: LIÇÕES APRENDIDAS E LIÇÕES QUE NÃO FORAM APRENDIDAS

A primeira oportunidade real de testar a teoria e todas as possibilidades dos bombardeios estratégicos ocorreu durante a Batalha da Grã-Bretanha, que se desenrolou durante o verão e o outono de 1940, e também — embora de forma menos dramática — durante os anos seguintes de bombardeios noturnos nas cidades e fábricas das ilhas britânicas realizados pelos alemães. Como foi sugerido, não havia conflito aéreo anterior com o qual esse episódio pudesse ser comparado. Os confrontos aéreos da Primeira Guerra Mundial haviam sido escaramuças sobre as trincheiras, além de poucas tentativas de bombardeamento com ataques aéreos realizados em distâncias maiores. Os impiedosos ataques aéreos da Itália às tribos da Tripolitânia e da Etiópia, a devastação de cidades como Guernica durante a Guerra Civil Espanhola pela Legião Condor, as investidas aéreas japonesas sobre diversas cidades chinesas nos anos 1930 — tudo isso não passou de ataques unilaterais por parte de um poder aéreo estabelecido, de nações industrializadas contra populações mais pobres, geralmente indefesas, e o massacre da Luftwaffe à Polônia em setembro de 1939 não foi muito diferente. As espetaculares proezas dos nazistas ao conquistar os Países Baixos, Dinamarca, Noruega e até mesmo a própria França de abril a junho de 1940 foram manifestações de poderio aéreo *tático*, precisamente a tarefa para a qual a estrutura da Luftwaffe havia sido criada e treinada.

Somente por ocasião da Batalha da Grã-Bretanha é que iria ocorrer aquela visão de Tennyson de frotas navais aéreas lutando pelo domínio dos céus, dia após dia, mês após mês.[15] Durante o longo e quente verão de 1940, sobre os campos de trigo e os jardins de Kent e Sussex, as especulações teóricas dos estrategistas encontraram a lógica e a organização da realidade. Não eram apenas as imagens carregadas de emoção — rastros de fumaça dos aviões enredando-se sobre o azul do céu, a catedral de Saint Paul erguendo-se acima das chamas, Churchill vendo as casas bombardeadas dos londrinos —, não era apenas isso que se via. O que se via era também a decisão do povo britânico de ir à luta, com um efeito extraordinário sobre a opinião do resto do mundo, sobretudo na América com sua neutralidade. Estrategicamente, era também a primeira vez que a fúria destruidora exibia suas garras com plenitude. A Grã-Bretanha e seu império iam partir para o combate, devolvendo o calor da guerra a Hitler, no ar e nos mares, em ataques de comandos em apoio ao embrião da Resistência europeia, no Mediterrâneo contra a Itália de Mussolini, que, imprudente, mal caiu a França, logo estava se unindo ao agressor. O próprio Hitler, antecipando a campanha oriental no final de 1940 e confiante em seu destino, podia ignorar a disposição dos britânicos. Mas os enviados especiais americanos e os peritos militares enviados à Grã-Bretanha no verão de 1940 voltariam a uma Washington ansiosa com a garantia de que a nação insular não iria se render, uma mensagem reforçada pelos grandiosos discursos de Churchill no rádio e as muitas cartas pessoais que enviou a Roosevelt.

No entanto, nem a dimensão humana da Batalha da Grã-Bretanha nem suas implicações mais amplas de ordem estratégica aqui nos interessam tanto como as indicações de ordem operacional e tática. São elas que nos permitem compreender o confronto bem-sucedido de guerra aérea moderna quando os adversários possuem amplos recursos e estão bem organizados. Isso nos oferece também uma contribuição de muitas nuances e em diversos níveis ao debate eterno e mais amplo sobre ataque e defesa na guerra. O objetivo estratégico da Alemanha estava claro. Hitler desejava que a Grã-Bretanha saísse da guerra, e se não fosse possível conseguir isso por meio da intimidação ou de algum acordo semelhante ao tratado de Vichy — algo certamente improvável depois que Neville Chamberlain deixou o cargo de primeiro-ministro —, seria conquistado por meio de uma invasão. Para isso, era necessário ter o controle ao menos de parte das águas do canal da Mancha, por onde se daria a entrada das tropas alemãs. Esse objetivo, no entanto, dependia de conseguir o controle também do ar, não apenas pela destruição da RAF, mas também impedindo a ação das poderosas forças navais britânicas. Para o recém-formado governo de Churchill, a lógica de tal estratégia era bem clara: ao negar o controle aéreo ao invasor, o controle das águas próximas à área onde se planejava a invasão também estaria negado, e assim o desembarque seria impossível. Essa seria a situação que a Alemanha teria que enfrentar, quando os Aliados passaram da defensiva para a ofensiva. Antes de iniciar uma invasão pelo mar, torna-se necessário dominar os céus.

Em termos de organização institucional, os alemães eram excelentes. A Batalha da Grã-Bretanha não era algo que eles tivessem de fato planejado, tanto no que diz respeito aos princípios da Força Aérea, do treinamento dos pilotos, da estrutura de investimento em aeroportos, de tanques de combustível e tudo o mais; por certo, a Luftwaffe herdara diversas bases aéreas no norte da França, mas elas eram de utilidade mista — os Bf 109, com seus delicados trens de aterrissagem, eram frequentemente obrigados a decolar de campos de terra esburacados. Existiam ainda muitos outros problemas — o radar alemão estava bem atrasado em relação ao equipamento do Comando de Caças britânico, seu serviço de inteligência era inferior, e havia muita interferência (sobre escolha de alvos ou táticas de escolta próxima) de Göring e, de maneira mais distante, de Hitler. Este último apenas havia ordenado preparações para a Operação Seelöwe [Leão-Marinho], que previa a invasão da Grã-Bretanha pelo mar, em 16 de julho, e foi somente em 6 de agosto que os comandantes encarregados da operação, Albert Kesselring e Hugo Sperrle, receberam instruções detalhadas para o ataque. Assim, um observador sem preconceitos não pode deixar de se surpreender (e não seria a primeira nem a última vez) com o caráter impressionante da organização alemã, mesmo quando é preciso passar de um desafio operacional para outro bem diferente. Não era uma tarefa simples levar centenas de caças e bombardeiros pelo canal da Mancha — em 7 de setembro eram quase mil aviões — dia após dia, uma semana após a outra. E contudo foi exatamente isso que eles fizeram.[16]

A preparação britânica, porém, mostrou-se ainda melhor — em sua cadeia de comando e nos sistemas integrados de defesa, com radar, estações de observação, alerta diante de ataques aéreos, postos de comando setorial e controladores de tráfego aéreo, tudo descentralizado e, no entanto, atuando de forma conjunta, com as informações sendo enviadas ao quartel-general do Comando de Caças liderado por Hugh Dowding. Na verdade, esses serviços *deveriam* estar muito bem organizados, uma vez que era o desafio que os governos britânicos enfrentavam durante toda a década de 1930 (nem mesmo Neville Chamberlain fez economias com relação a investimentos em defesa aérea). Diante das grandes obrigações do Império Britânico e de seus recursos limitados no período entreguerras, é importante ressaltar que uma porção relativamente generosa de seu capital financeiro e industrial fora destinada à defesa muito cuidadosa e sofisticadíssima do próprio Reino Unido.[17] Dessa maneira, embora a Inglaterra enfrentasse diversos dissabores nos primeiros anos da guerra, ela sem dúvida estava preparada para ataques aéreos inimigos.

Nesse confronto épico e complexo entre organizações rivais e sofisticadas na arte da guerra, três aspectos se destacam sobre todos os outros na explicação de como a campanha se desenvolveu: a geografia, a escolha dos alvos, os homens e suas armas — os pilotos e seus aviões.

Por geografia queremos dizer os fatores críticos de distância e espaço. A máquina de voar liberou o homem das limitações naturais da terra e do mar — o homem agora, alegavam os escritores, podia ser "livre como um pássaro".[18] Havia, porém, uma grande restrição: os aviões mais pesados que o ar tinham

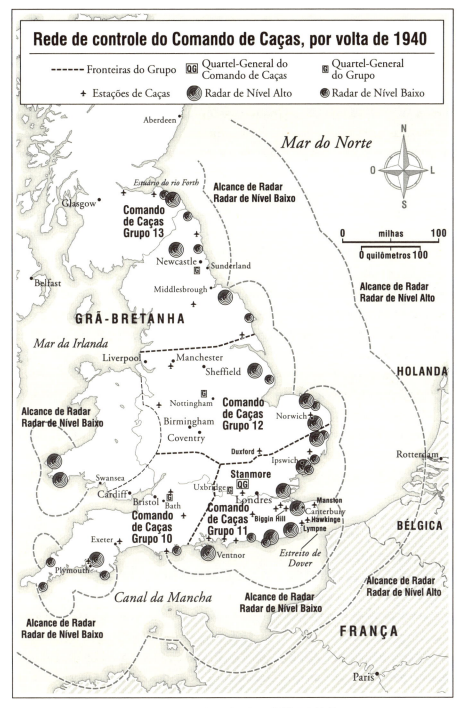

REDE DE CONTROLE DO COMANDO DE CAÇAS, POR VOLTA DE 1940

A essa altura, a Inglaterra possuía o sistema de defesa aérea mais integrado do mundo: nem mesmo este minucioso mapa das estações de radar e das instalações do Comando de Caças da RAF seria capaz de incluir a densa rede de postos de observação aérea (conectados por meio de linhas telefônicas subterrâneas), de baterias antiaéreas e balões de barragem.

alcance muito limitado, principalmente quando transportavam centenas de quilos de bombas. Antes, uma fragata corria sérios riscos pelo mar, no entanto poderia (se dispusesse dos mantimentos necessários) ficar longe da terra por meses, até mesmo por anos. Quando explodiu a Segunda Guerra Mundial, o tempo de um avião nos céus era drasticamente limitado pelo tamanho de seus tanques de combustível e pelo fato nem um pouco desprezível de que ele também precisava voar de volta à base. Muito tempo depois de encerrada a guerra, Liddell Hart observou que o soberbo monomotor Messerschmitt Bf 109, cuja base ficava em Pas-de-Calais, era capaz de voar apenas até os arredores de Londres e em seguida era obrigado a retornar. Se ele ainda tivesse que enfrentar os esquadrões de Hurricane e Spitfire sobre as bases de Kent, disporia de algo como 75 minutos de autonomia de voo e, naturalmente, já não conseguiria mais proteger os bombardeiros alemães.[19] Os esquadrões de Dowding, que saíam daquelas mesmas bases com os tanques cheios, dispunham de tempo de combate muito maior. E se um avião da RAF sofresse alguma avaria, teria boas chances de planar até um aeroporto ou um milharal nas proximidades, e de que seu piloto sobrevivesse; um avião alemão forçado a descer em território britânico era um avião perdido e uma tripulação capturada.

É precisamente aqui, no aspecto de valorizar a autonomia de voo e a precisão no contra-ataque de seus Comandos de Caça, que o notável sistema de radar desenvolvido por Sir Robert Watson-Watt e seus colaboradores na década de 1930 deu sua maior contribuição.* Era um valor impossível de ser medido. Aqueles postes altos, com a aparência de trífides, com máquinas pulsantes, instalados numa cadeia ao longo das costas leste e sul da Inglaterra, conseguiam detectar objetos no céu a mais de 150 quilômetros de distância e transmitir essa informação a uma rede de defesa nacional; naquela época, não havia nada que pudesse se comparar a isso.[20] Para os esquadrões sob constante pressão de Dowding, o radar prestava dois serviços inestimáveis. Em primeiro lugar, fornecia aos controladores de tráfego a direção e o tamanho das frotas aéreas bem antes que elas chegassem às costas da Inglaterra, permitindo assim que o Comando de Caças se preparasse. Aqui, talvez o melhor exemplo não venha das lutas no sudeste, mas sim de um ataque a Newcastle pelo flanco em 14 de agosto realiza-

---

* Por uma feliz coincidência, Watson-Watt era descendente de um escocês mais famoso ainda, James Watt, que criou o primeiro sistema prático de máquina a vapor do mundo. (N. A.)

do pela Terceira Frota da Luftwaffe (vinda da Noruega), que foi prontamente interceptado e custou aos alemães quinze bombardeiros sem uma única perda por parte da RAF; sem o radar, essa interceptação não teria sido possível.

O segundo serviço prestado, do tempo, foi igualmente precioso. Se aquelas torres altas e esquisitas instaladas ao longo do litoral eram capazes de captar, digamos, sessenta pontos sobre suas bases em Abbeville, então os esquadrões da RAF já não precisariam de mais do que uns poucos aviões de patrulha no ar (com economia de combustível) ao mesmo tempo. A maior parte de seus esquadrões e de suas tripulações e mecânicos, sobrecarregados de trabalho, poderia permanecer em terra até ser dada a ordem de entrar em ação. O que aquelas conhecidas fotos de jovens louros, de cabelos despenteados, relaxando na pista de decolagem e fumando seu último cigarro antes de levantar voo nos dizem é que os pilotos britânicos tinham a grande vantagem de só ter que decolar depois que os aviões inimigos já haviam gasto 30% ou 40% de seu combustível. Além disso, um avião da RAF podia descer em qualquer pista e ser reabastecido com rapidez. Já o piloto de um bombardeiro Junker ou de um caça Messerschmitt precisaria cruzar de novo o canal da Mancha, aterrissar numa base talvez a quase cinquenta quilômetros da costa e depois decolar outra vez — o que, evidentemente, era muito mais cansativo (como os próprios registros da Luftwaffe indicam), sem ter o direito a um merecido descanso, que Göring recusava-se a lhes conceder. Assim, não surpreende que muitas das baixas dos pilotos alemães ocorressem ao final de um dia longo e cansativo.

Em seguida, havia a questão dos objetivos. Tratava-se de uma questão bem simples, mas a Luftwaffe não pensava nela o bastante (e, como veremos, ela não era a única a incorrer nesse erro). Como diversos historiadores já observaram, nesse caso os alemães, ironicamente, esqueceram os ensinamentos do general Clausewitz — ou seja, a necessidade de identificar o objetivo principal da campanha e as melhores maneiras de atingir esse objetivo. O propósito básico, como observou-se acima, era aquele conceito um tanto evasivo, de "o domínio dos ares". Contudo, no princípio de setembro, a Luftwaffe falhara nesse propósito e já havia perdido mais de oitocentos aviões, com muitos outros danificados. Ficava claro, portanto, que a RAF também, mesmo perdendo centenas de aviões durante aquelas semanas, tinha uma capacidade bem maior de competir pelo domínio aéreo do que os comandantes alemães haviam imaginado originalmente. O fracasso repetido de eliminar os caças britânicos e seus aeroportos significava, simplesmente, que a batalha estaria perdida. Tudo resumia-se a isso. O Comando de Caças teria que ser destruído.

Para as ambições de Hitler, infelizmente, Göring e seus comandantes do ar tomaram algumas decisões desastrosas numa reunião decisiva realizada em 3 de setembro de 1940 (por ironia, em Haia, cidade das conferências de paz internacional). Devido à insistência de Sperrle, os bombardeiros da Terceira Frota da Luftwaffe (conhecida por Luftflotte 3), que sempre precisaram voar distâncias maiores para ir de suas bases na Normandia para batalhas em Kent, haviam sido liberados para ataques noturnos aos muitos portos da costa sul da Grã-Bretanha — Southampton, Portsmouth, Devonport, Cardiff e os demais. Mais importante ainda foi que a Luftflotte 2, cuja base ficava em Pas-de-Calais e que mais uma vez fora extremamente reforçada, iniciaria uma implacável campanha de bombardeios dia e noite sobre Londres. O resultado seria submeter a capital, e sobretudo a classe operária do East End, a um suplício por meio do fogo. O primeiro ataque maciço em 7 de setembro matou mais de trezentos civis e provocou ferimentos graves em 1300 outros; as chamas que se espalharam pela região das docas e ao redor da catedral de Saint Paul eram visíveis a mais de oitenta quilômetros de distância e tornaram-se um alvo ideal para os bombardeios noturnos de Göring. Os massacres continuaram pelas semanas seguintes, à medida que as forças aéreas dos dois lados colocavam mais e mais aviões no confronto. Em algumas ocasiões, a Luftwaffe encontrava um meio de devastar Londres; em outros dias chegava a vez dos contra-ataques do Comando de Caças — sessenta bombardeiros foram derrubados em 15 de setembro, com a morte de 26 pilotos da RAF (alguns conseguiram salvar-se graças a seus paraquedas). Foi uma luta inédita e titânica, à qual o resto do mundo assistiu espantado.

A blitz de Londres escondeu o fato fundamental: o de que a decisão da Luftwaffe de mudar os alvos do ataque salvou o Comando de Caças. Levando-se em conta a vigorosa postura defensiva dos britânicos, a lógica operacional indicava quais deveriam ser os alvos prioritários para a ofensiva alemã: (1) as estações-chave de radar ao longo da costa; (2) os aeroportos do Comando de Caças no sudeste da Inglaterra; e (3) números e moral dos pilotos aliados. De maneira espantosa — e mais ainda pelo fato de que as torres de detecção vinham sendo erguidas no topo de montes ao longo da costa desde 1938 —, a área de inteligência dos serviços aéreos alemães não levou em conta a importância fundamental do radar para todo o serviço britânico de defesa, nem mesmo depois de, diversas vezes, os esquadrões da RAF darem a impressão de estar a postos, à espera dos atacantes, no mesmo lugar. A utilidade de alguns ataques anteriores às estações havia sido questionada por Göring em 15 de agosto, e a partir daí esses ataques cessaram. No entanto, sem a ajuda do radar, os responsáveis pela defesa britânica teriam de contar apenas com o Corpo de Observadores e as patrulhas aéreas muitíssimo custosas sobre o canal da Mancha. Em 3 de setembro, a decisão tomada por Göring de proceder a uma mudança nos alvos também diminuiu a pressão sobre os aeroportos mais avançados do Comando de Caças, que vinham sofrendo ataques seguidos e pesados durante o mês de agosto — a base de Manston da RAF, em Kent, teve que ser abandonada — e especialmente sobre bases situadas em setores importantes como Biggin Hill e Northolt, que controlavam grupos completos de combate. A ausência de bombardeios e ataques a esses aeroportos deu a suas extenuadas equipes um pouco mais de tempo para descansar, bem como aos engenheiros o tempo para repararem os aviões e cuidarem de seu reabastecimento sem sofrer qualquer tipo de interrupção. De todo modo, o fato de os alemães não terem atacado as vulneráveis estações de radar deixou os ingleses perplexos.

Em vez de concentrar-se sobre os pontos mais críticos do sistema de defesa aéreo britânico, Göring, pressionado por Hitler, decidiu atacar o maior e mais espalhado alvo residencial do mundo. Os danos infligidos à cidade, assim como aos portos do sul e do oeste da Inglaterra, foram enormes e brutais. Mas é discutível que a Luftwaffe tivesse sido capaz de destruir Londres mesmo com uma quantidade duas vezes maior de bombardeiros — e ainda que o tivesse feito, isso não iria garantir um meio de resolver o problema crescente de invasão da ilha enquanto o verão de 1940 dava lugar ao outono. Não é de surpreender que os céticos comandantes do Exército e da Marinha alemã tenham ficado de braços cruzados, satisfeitos em deixar que Göring provasse estar certo ou então que falhasse. Por fim, atacar Londres a partir das bases aéreas francesas iria exigir um tempo muito maior sobre a Inglaterra, dando assim à RAF uma segunda oportunidade de atacar os esgotados bombardeiros alemães em sua viagem de volta; isso fornecia também a Dowding a oportunidade de recorrer a esquadrões descansados da Ânglia oriental e da Inglaterra central para contra-ataques no período da tarde. "Mal pude acreditar que os alemães fossem cometer um engano tão grande", Dowding escreveria mais tarde.[21]

"Esquadrões descansados" significava a reunião de dois elementos, aviões e pilotos. Cada um dos lados dispunha de uma pequena variedade de tipos de aeronaves, os esquadrões da RAF voando com os Defiant, mais lentos (e que logo seriam substituídos), sobretudo os Hawker Hurricane e um pequeno mas crescente número de Spitfire, enquanto a Luftwaffe contava com seu temido bombardeiro de mergulho Junker Ju 87 Stuka, uma combinação de bimotores caças-bombardeiros e bombardeiros médios como o Bf 110, o Dornier 17 e o Heinkel 111, além do maior e mais lento Junker Ju 52, ao lado do suporte principal dos aviões de combate, o monomotor monocoque Messerschmitt Bf 109. Durante todo um ano, esses famosos — ou famigerados — aviões haviam aterrorizado a Europa (estações ferroviárias britânicas, agências de correios e escolas, todos esses locais tinham quadros nas paredes mostrando suas silhuetas assustadoras); agora estavam sendo derrubados dos céus, e não havia bombardeiros novos, com longa autonomia de voo na linha de produção. Como foi dito, o trabalho da Luftwaffe na área de bombardeiros pesados havia sido deixado de lado na década de 1930, de modo que os alemães não tinham um equivalente às enormes aeronaves das forças estratégicas anglo-americanas utilizadas nos ataques que seriam feitos mais tarde ao Terceiro Reich. Aviões Dornier que bombardearam as docas de Londres constituíam, nessa fase da guerra, o equivalente mais próximo de poder aéreo estratégico, e com sua limitada capacidade para transportar bombas eram obviamente inadequados para essa tarefa.

A campanha aérea contra Londres e as regiões do sul tinham se tornado outra disputa no joquempô. Se os bombardeiros alemães atingissem os alvos planejados — e muitos deles o faziam, como ficava claro com os ataques sobre o East End londrino —, poderiam causar danos terríveis à população britânica, às suas casas, fábricas e portos. Se os *Hurricane* e os Spitfire chegassem antes aos bombardeiros, esses sofreriam perdas pesadas; até mesmo os robustos Bf 110 tinham dificuldade em enfrentar um *Hurricane*, e dificuldade ainda maior diante de um Spitfire. Sem dúvida, foi extremamente satisfatório aos integrantes dos regimentos anglo-franceses que tanto haviam sofrido em Dunquerque, e aos civis que conseguiram escapar dos cruéis bombardeios alemães no norte da França, descobrir que os Stuka eram presa fácil aos caças muito mais rápidos da RAF e tiveram que ser retirados do combate. Por outro lado, se os Bf 109 enfrentassem os esquadrões britânicos antes que esses chegassem aos bombardeiros alemães, a história seria bem diferente, com as forças bem mais equilibradas.

Quando, no final de agosto, Göring se alarmou com as perdas em seus bombardeiros ao ordenar que os Bf 109 ficassem próximos aos Bf 110, perdeu-se uma enorme quantidade de flexibilidade tática. Tendo se tornado objeto de críticas cada vez maiores por sua incapacidade de proteger os aviões de ataques, os caças Messerschmitt faziam até três voos diários à Inglaterra, algo insustentável. Assim, embora ambos os lados sofressem muitas perdas de aviões da linha de frente, essa era a menor preocupação. Tanto os alemães como os britânicos estavam a caminho da "produção total" de guerra, recebendo aviões novos todo mês, com a produção das fábricas do Reino Unido em nível surpreendentemente mais alto. A grande preocupação nos dois lados era o elevado número de mortes de pilotos experimentados, muito mais difíceis de substituir do que meros aviões monomotor. Como revela a minuciosa análise de Williamson Murray, ambas as forças aéreas estavam sofrendo enormes perdas de pilotos de caça na passagem de agosto a setembro de 1940. A RAF trocou pilotos do Comando de Bombardeiros, emprestou outros da Aviação Naval Britânica, reduziu à metade o tempo de treinamento de novos pilotos e — o que foi uma verdadeira bênção — permitiu o ingresso de todos os poloneses, franceses, tchecos, noruegueses e americanos que soubessem voar, sem mencionar o fluxo de pilotos vindos do Canadá, da Austrália, Nova Zelândia, África do Sul e Rodésia.* (A Luftwaffe, em contrapartida, recebeu apenas uma pequena e malsucedida leva de pilotos italianos durante a Batalha da Grã-Bretanha.) A estatística mais abrangente é fornecida também por Murray: no início de maio de 1940, Göring comandava mais de mil pilotos de Bf 109, "operacionalmente disponíveis", e sua taxa de perdas naquele mês foi de apenas 6,8%; no começo de setembro haviam sobrado somente 735 pilotos, e ao longo do mês perderam-se outros 23,1%.[22] O grande contra-ataque da RAF do final do domingo, 15 de setembro, no qual sessenta caças do Grupo 12 da Inglaterra Central irromperam rumo ao sul pelas formações alemãs, deixou os comandantes da Luftwaffe chocados com essa demonstração da grande capacidade das defesas aéreas britânicas.

---

* Dois esquadrões poloneses, o 302 e o 303, voaram na Batalha da Grã-Bretanha, e com resultados impressionantes. O 303 (de Varsóvia) conseguiu os melhores resultados de todos os esquadrões da RAF na batalha, derrubando entre 10 de julho e o fim de outubro nada menos de 110 aviões alemães — uma vingança pequena porém significativa pela terrível destruição de Varsóvia. Até o final da guerra os dados da RAF incluíam quinze esquadrões poloneses, com 19400 integrantes. (N. A.)

Por toda parte, a lição estratégica a ser extraída da Batalha da Grã-Bretanha era muito clara: contra um sistema de defesa bem organizado e bem protegido, uma força de bombardeiros nem sempre poderia "atravessar", no sentido que Stanley Baldwin deu ao termo; alguns dos bombardeiros talvez conseguisse passar, mas a maioria iria sofrer, se estivessem voando de forma isolada ou contando apenas com proteção parcial de aviões de escolta. Conseguir proteção para metade da travessia era como não conseguir proteção alguma, pois o inimigo simplesmente recuaria suas linhas de defesa, ficaria esperando e depois partiria para o ataque. Para ser bem-sucedida, uma campanha de bombardeamento estratégico dependeria de qual dos caças de um dos lados tivesse varrido os céus de seus oponentes diretos. Nada mais funcionaria.

É por esse motivo que gastamos tantas páginas e fomos tão detalhistas ao descrever uma campanha que se desenrolou quase dois anos e meio antes de Casablanca. Além de numerosas, são enormes as diferenças entre os (essencialmente) quatro meses da Batalha da Grã-Bretanha e os duros e implacáveis cinquenta meses (se formos contar a partir de janeiro de 1941) das campanhas de bombardeamento estratégico à Alemanha realizadas por britânicos e americanos. Mas os princípios operacionais básicos do combate aéreo — ou seja, uma análise correta da geografia, dos objetivos, dos homens e dos aviões — permaneceram os mesmos.

É portanto notável como os comandantes americanos e britânicos, de maneira tão rápida e completa, abandonaram a ideia de que haveria uma grande lição a ser extraída com a vitória do Comando de Caças sobre as forças numericamente maiores da Luftwaffe naqueles meses épicos de 1940. Os observadores americanos concluíram que os bombardeiros alemães voavam com equipamento inadequado, a altitudes muito baixas, e que tinham formação disciplinar deficiente; eram problemas que não iriam ocorrer com eles. Como os americanos pretendiam utilizar "um grande número de aviões de alta velocidade, bom poder defensivo e voando a altitudes elevadas", a Força Aérea americana evitaria todos os problemas de Göring e Kesselring. De fato, os B-17 e os B-24 Liberator eram muito superiores, digamos, aos Heinkel 111, porém o raciocínio dos americanos partia do princípio de que a capacidade de luta da Luftwaffe permaneceria a mesma e que voar a 7 mil metros de altura, e não a 3500 metros, iria diminuir as perdas. Mas e se os novos caças alemães voassem a uma altura de 9 mil metros? As conclusões dos comandantes da RAF (embora fosse provável que não as do próprio

Dowding) eram ainda mais precárias. A elevada fibra moral e o espírito de luta que as populações civis de Londres, Portsmouth e Coventry demonstraram depois de sofrer ataques pesadíssimos não permitiam a menor dúvida sobre doutrinas de Força Aérea quando se trata de bombardear o coração do país inimigo. Em vez de uma conclusão semelhante, o comandante em chefe, Sir Charles Portal, e outros assumiram que o povo alemão não seria tão valente quanto os britânicos — exatamente o reflexo invertido da conclusão a que os planejadores da Luftwaffe antes da guerra haviam chegado ao comparar a determinação mais fraca das democracias ocidentais — segundo eles — à férrea disposição e à unidade nacional estabelecidas pelo movimento nazista.[23] Se a premissa operacional era que o adversário seria o primeiro a entregar os pontos — conclusão lamentavelmente semelhante à de Douglas Haig, Erich Ludendorff e dos militares nas trincheiras durante a Primeira Guerra Mundial —, então não é de surpreender que pouca atenção tenha sido dedicada a questões de fato importantes como distâncias, objetivos e detecção.

A OFENSIVA DE BOMBARDEIOS DOS ALIADOS E SEU COLAPSO, DO FINAL DE 1940 AO FIM DE 1943

Em 12 de outubro de 1940 Hitler adiou a Operação Seelöwe até a primavera seguinte, no máximo. Em janeiro, com seu pensamento a essa altura voltado para o próximo ataque à União Soviética, o Führer deu uma ordem para que a maioria das preparações para a invasão da Grã-Bretanha fosse interrompida. Göring, por sua vez, determinou que a Luftflotte 3, sob o comando de Sperrle, se concentrasse apenas em ataques noturnos a alvos industriais. Não haveria mais duelos aéreos épicos sobre as macieiras de Kent.

E de fato raramente alguém veria caças alemães voando de novo sobre a Inglaterra. A força de Sperrle havia aumentado com a transferência de alguns esquadrões de bombardeiros da Luftflotte 2, tornando-se o único comando para a continuação da guerra aérea à Grã-Bretanha. Ele dispunha portanto de uma frota considerável de 750 bombardeiros (embora consertos, manutenção e treinamento fizessem com que o número de aviões disponíveis fosse bem menor). Não houve pausa para os habitantes de Londres e de outras cidades britânicas durante os ataques noturnos do restante do ano — mesmo depois de

Hitler ter adiado a Operação Seelöwe, Londres foi bombardeada por 57 noites sucessivas até que a Luftwaffe trocasse esses ataques por um raide assustador que arrasou grande parte do centro histórico da cidade de Coventry. Essas blitze aéreas prosseguiram até o fim de dezembro, quando foram suspensas devido ao constante mau tempo, voltando porém na primavera de 1941. Até 10 de maio Londres foi castigada por pesados e seguidos ataques noturnos. Depois disso, embora os ataques alemães continuassem ao longo de toda a guerra (até serem substituídos pelas bombas-V), a campanha de bombardeios da Luftwaffe jamais voltaria a ser tão intensa. Em meados de maio de 1941 a maioria dos bombardeiros e caças de Göring estava dirigindo-se ao front oriental ou sendo remanejados para áreas de confronto dos Bálcãs e do Mediterrâneo. Mais tarde, isso teria uma consequência extremamente significativa porém imprevista: pelo fato de que os aviões alemães não estavam mais voando sobre a Inglaterra durante o dia, não havia levantamento fotográfico da imensa concentração de forças aliadas preparando-se para o Dia D. A fraqueza aérea significava que a Alemanha estava cega.

Enquanto as ofensivas noturnas de bombardeio da Luftwaffe eram bem menos intensas que o grande duelo aéreo travado de agosto a setembro de 1940, havia muito que aprender sobre isso, desde que um observador atento se interessasse em fazê-lo. A diminuição dos ataques deixava claro como era difícil levar adiante as permanentes ofensivas aéreas, independente de qual fosse a Força Aérea que atacasse, uma vez que o único obstáculo a enfrentar era a tarefa de encontrar o caminho no escuro. Depois que os esquadrões alemães ultrapassaram as estações de radar situadas na costa, localizá-los e derrubá-los tornava-se um jogo de esconde-esconde, e portanto todas as baixas infligidas ao inimigo do ponto de vista militar eram de importância reduzida, nunca de caráter decisivo. Ao longo dos anos seguintes tal situação levou os britânicos a organizar um sistema de defesa extremamente sofisticado contra ataques aéreos noturnos — uma combinação de esquadrões de Spitfire e Mosquito com treinamento especializado, uma faixa bem mais ampla de estações de detecção HF--DF, e interceptações de mensagens da Luftwaffe pelo sistema Enigma (embora, como já ocorrera durante as batalhas do Atlântico, nem sempre a captação e a decodificação das mensagens levavam à destruição do inimigo).

A tarefa da Lutfwaffe, porém, era muito mais árdua. Para começar, havia as dificuldades habituais de alcance e resistência, especialmente para os bombardeiros médios bimotores; se os Blenheim e Wellington na RAF não conseguiam avançar muito no interior da França e da Alemanha, tampouco os Dornier e os Heinkel eram capazes de penetrar longas distâncias em território britânico — ou permanecer no ar por muito tempo depois de terem chegado lá.* Além do alvo gigantesco que era Londres e de certos alvos especiais como Harwich e Portsmouth, a maior parte da indústria britânica estava bem mais afastada, ao norte e no oeste. Os principais estaleiros estavam todos instalados lá, assim como muitas das maiores jazidas de carvão. Além de seus navios mais leves situados no sul, a Marinha Real deixava seus navios de guerra mais pesados e seus esquadrões de escolta no norte da Irlanda, em Liverpool, na base naval de Clyde e nas ilhas Orkney. E apesar de as Midlands (o centro da Inglaterra) possuírem muitas fábricas, a estrutura vitoriana dos manufaturados britânicos significava que eles estavam espalhados por uma área bem grande. Mesmo numa rara noite de luar (o que também deixava os aviões alemães mais vulneráveis aos ataques dos caças ingleses), as normas rígidas do blecaute tornavam difícil aos pilotos alemães descobrir onde estavam os alvos que procuravam; em noites com muitas nuvens, a tentação natural era despejar as bombas em qualquer lugar nas proximidades da área e voar o mais depressa possível de volta às bases. A maioria dessas bombas acabava caindo sem causar danos em campos, mesmo que algumas delas atingissem uma escola, um hospital ou um quarteirão de casas de operários.

Finalmente, embora o serviço de inteligência das Forças Aéreas alemãs dispusesse, desde antes do início da guerra, de um amplo levantamento dos alvos industriais e de infraestrutura britânicos, a campanha de bombardeios noturnos da Luftwaffe parecia não obedecer a nenhum padrão definido. Os ataques aéreos a Londres atenuaram a pressão não apenas sobre as bases da RAF, mas também sobre as regiões manufatureiras; no entanto, pouco tempo depois, os ataques a Birmingham, Coventry, Bristol, Exeter, Newcastle upon Tyne, Plymouth e Gales do Sul, mesmo causando danos, foram espalhados e esporádicos demais para causar algum impacto estratégico. Durante a primavera de 1942 ocorreu outro caso de lapso mútuo por parte de ambos os comandos aéreos. No final de março, os planejadores da RAF decidiram atacar inexplicavelmente a

---

* Bombardeiros alemães de médio alcance voavam dentro de um arco que se estendia de Coventry a Exeter, os da RAF iam de Bremen a Lille ou St. Nazaire; Colônia e Ruhr raramente eram alvos em 1940. (N. A.)

antiga cidade hanseática de Lubeck, com suas construções de madeira, enfurecendo Hitler a tal ponto que ele, em retaliação, ordenou ataques a cidades com catedrais e universidades, como York e Norwich, e em 3 de maio de 1942 o coração medieval do centro da cidade de Exeter foi arrasado por bombas. Nenhum dos ataques tinha qualquer objetivo estratégico. Foram nada mais que um desperdício de bombas (e tripulações) que provocaram ódio. Num retrospecto, como veremos no restante deste capítulo, os alvos industriais mais importantes, de longe, eram as fábricas de motores Rolls-Royce em Derby e as linhas de montagem dos Spitfire e Lancaster ("fábricas disfarçadas" em geral eram construídas em locais mais afastados ainda, no norte do País de Gales ou noroeste da Inglaterra). Um inútil ataque com bombas, puramente com o propósito de retaliação, contra cidades com catedrais, além de não obedecer a nenhum objetivo estratégico, desviava o foco da necessidade de enfraquecer a produção de aviões da Grã-Bretanha, que se encontrava em ascensão. Os números da produção dizem tudo: em 1940 foram construídos 15 mil aviões, em 1941 o número subiu para 20 mil e em 1942 para 23 mil.[24]

O ataque às cidades britânicas teve duas outras consequências: deixou as pessoas preparadas para a possibilidade de bombardeios aéreos indiscriminados e alimentou o desejo de vingança, lançando bombas contra a população da Alemanha. Nessa época, os discursos mais populares de Churchill foram aqueles em que ele advertia os alemães que se eles continuassem seguindo a odiosa liderança nazista (haveria outra opção para eles?), sofreriam tudo que fora feito em Varsóvia, Rotterdam, Londres e Coventry. Recentemente parece ter entrado na moda denunciar a ofensiva aérea estratégica anglo-americana contra a Alemanha como uma forma especial de holocausto — e de fato há muitas críticas que podem ser feitas a esses ataques, como será discutido mais adiante. Contudo, é bem adequado recordar que os "bombardeios do terror" começaram quando japoneses, italianos e sobretudo alemães despejaram suas bombas sobre os civis que viviam lá embaixo.

A ofensiva aérea do Comando de Bombardeiros da RAF contra alvos alemães passou por muitos dos mesmos problemas que a Luftwaffe enfrentara. Os meses iniciais da guerra não haviam sido nem um pouco auspiciosos para um serviço que passou mais de duas décadas ressaltando os benefícios que seriam trazidos pelos bombardeios estratégicos independentes. De início, os ingleses realizaram poucos ataques aéreos a partes ocidentais do território alemão, sendo forçados pelas perdas a abandonar os raides à luz do dia, e em seguida descobriram que bombardear a Alemanha à noite apresentava muitas dificuldades; as nuvens espessas ocultavam os aviões dos caças alemães mas também escondiam os alvos inimigos; e os equipamentos de detecção, se existiam, eram primários. Depois de maio de 1940, a entrada da Itália na guerra fez com que um número crescente de esquadrões da RAF, incluindo esquadrões médios de bombardeio, tivesse que ser desviado para o Mediterrâneo. E todos os serviços — o Comando Costeiro, a Aviação Naval, o Comando de Caças, os comandos táticos no Oriente Médio e na Índia — imploravam por mais pilotos e tripulantes treinados.

Contudo, no final de 1940, e por mais dois anos ainda, o Comando de Bombardeiros tinha um lugar especial na grande estratégia britânica. Com a queda da França e de grande parte do que restara da Europa ocidental, a Grã-Bretanha e seu império estavam isolados contra o Eixo; os Estados Unidos e a União Soviética permaneciam apenas como observadores. Em quase todos os aspectos sua postura teria que ser defensiva: para proteger os comboios de ataques submarinos, para impedir incursões de superfície pelos alemães, proteger-se dos bombardeios noturnos em cidades e fábricas britânicas, conter as forças italianas bem maiores na África e no Mediterrâneo e (se possível) enviar alguns reforços à Índia e ao Extremo Oriente em resposta às agressões esporádicas do Japão. Em contrapartida, repetidos e ainda maiores ataques aéreos à Alemanha comprovavam que os britânicos eram capazes de ferir o inimigo e estavam decididos a vencer. Isso era muito importante para o relacionamento de Churchill com Roosevelt e Stálin, e de enorme ajuda na manutenção da postura moral dos britânicos. E não apenas isso: uma campanha de bombardeamentos bem-sucedida iria enfraquecer a capacidade de combate da Alemanha, talvez sem chegar às extremas consequências nas quais acreditavam os mais ferrenhos defensores do poder aéreo (ou seja, provocando o colapso do inimigo apenas pelas bombas), mas com certeza suficiente para tornar a reconquista da Europa — assim que ela acontecesse — um tanto mais fácil. Mesmo os almirantes e generais britânicos céticos, diante das alegações do Comando de Bombardeiros, concordavam que destruir os estaleiros alemães, atingir as fábricas de aviões e afetar a produção de munições seria sem dúvida algo formidável.

Mas seria possível realizar uma campanha de bombardeamentos bem-sucedida? Em 1941 a resposta foi não e voltou a ser não no ano seguinte. As incursões do Comando de Bombardeiros ocorriam todas as noites, algumas vezes desviavam do objetivo e atacavam os cruzadores de batalha alemães em Brest ou bases de submarinos, mas sempre retornando à ofensiva contra o coração do inimigo. Porém a coragem extraordinária das tripulações em sua disposição de encarar essas missões assustadoras, perdendo muitos amigos e colegas durante a noite e voltando a fazer a mesma coisa no dia seguinte, não era capaz de assegurar a vitória se as ferramentas adequadas não estivessem disponíveis para concretizar a estratégia. Se os aviões da RAF, com alcance limitado (e mesmo quando tinham alcance maior) não conseguiam ver os alvos, não dispunham de equipamento adequado para a navegação e para o ajuste dos alvos, então a possibilidade de causar danos à pujança industrial do inimigo era reduzida, mesmo que esse não tivesse caças noturnos e artilharia antiaérea disponíveis para reagir ao ataque. Com o número crescente de barragens contra aviões obrigando os pilotos a voar a altitudes cada vez mais elevadas, o nível de precisão nos ataques ainda caía. Na primavera de 1941 os cálculos do comando aéreo assumiam teoricamente um erro médio de cerca de novecentos metros, o que já era bem alto. Contudo, no Relatório Butt de agosto de 1941, rigorosíssimo e dirigido ao público interno, baseado no moderno trabalho de reconhecimento aéreo feito no dia seguinte ao bombardeamento, verificou-se que numa série de ataques ao Ruhr apenas um décimo dos pilotos chegara, no máximo, a cerca de nove quilômetros dos alvos designados. Esses números abalaram a confiança que Churchill depositava nos bombardeios. Embora continuasse enaltecendo a eficiência dos ataques aéreos publicamente, Churchill foi irônico em sua resposta ao pedido da Força Aérea de um contingente de 4 mil bombardeiros pesados, destinado a vencer a guerra, afirmando que o simples fato de *aumentar a precisão* tornaria a capacidade da RAF em causar danos à Alemanha quatro vezes maior. Também, pela primeira vez, admitiu, em âmbito privado, que: "Tudo que aprendemos desde o início da guerra indica que os efeitos dos bombardeios, tanto físicos como morais, vêm sendo exagerados".[25]

A resposta da RAF admitia que "o único alvo em que os ataques noturnos poderiam causar danos efetivos seria uma cidade alemã inteira", o que indicava com clareza uma mudança de postura rumo ao bombardeamento indiscriminado.[26] Foi a partir desse ponto que a ênfase em enfraquecer o moral do inimigo aumentou, independente do que isso significasse. Além disso, os meios de destruição em massa não paravam de crescer. Quais seriam os danos que centenas dos novos e poderosos Lancasters poderiam causar se fossem liberados para ataques aéreos ao Terceiro Reich? A comunidade científica britânica também estava começando, com verbas da RAF, a desenvolver uma série de equipamentos direcionais altamente secretos para navegação e identificação de alvos — com os nomes de código de Gee, Oboe e H2S — com uma capacidade crescente de fazer com que as bombas chegassem mais perto do alvo. Tarefa que teria a ajuda dos novos esquadrões de *Pathfinder* da RAF, destinados a voar à frente das forças principais de combate, identificando o alvo com sinais luminosos e explosivos. As autoridades britânicas decidiram ainda, um pouco mais tarde, autorizar a utilização de lançar estranhas tiras de alumínio (chamadas de "janelas", "flocos de neve" ou "tralha") que confundiam o radar do inimigo. E em meio a tantos aperfeiçoamentos, em 22 de fevereiro de 1942, o marechal do ar, Sir Arthur Harris, tornou-se o comandante em chefe do Comando de Bombardeiros, e o serviço recebeu seu adepto mais radical do emprego do bombardeamento geral e contínuo da Alemanha.

Nada disso resolveu o dilema operacional básico: como conseguir o controle do espaço aéreo sobre a Alemanha de modo a eliminar a máquina industrial nazista. A ideia de que tal objetivo talvez *não fosse* possível era algo que simplesmente não passava pelo pensamento do Comando de Bombardeiros. Naquele momento tudo que era necessário era a aplicação sistemática de mais força, sobretudo pela atuação da própria RAF, embora a vinda à Grã-Bretanha da Força Aérea americana em 1943, igualmente convencida da importância fundamental dos bombardeios estratégicos, chegasse em boa hora. Se os generais do ar Henry "Hap" Arnold, Carl Spaatz e Ira Eaker precisavam do apoio das forças aéreas britânicas para sua estratégia europeia, a RAF sem dúvida necessitava dos experientes pilotos americanos para manter a pressão pela campanha de bombardeios estratégicos. Em Casablanca, os comandantes anglo-americanos mantiveram-se firmemente unidos.

Harris era uma figura notável, tão amado quanto odiado; ele tinha um temperamento forte e egoísta como MacArthur ou George Patton, dotado da mesma agressividade. Como aqueles dois, ele sabia como era importante uma boa dose de publicidade, o que fez surgir em 1942 o plano extremamente aclamado dos "Raides dos Mil Bombardeiros". Ao colocar lado a lado, com dificuldade, esquadrões de treinamento e unidades de segunda linha, ele conseguiu enviar 1046 bombardeiros contra Colônia na noite de 30 de maio — um ataque acima de tudo simbólico, embora a cidade também possuísse indústrias leves e ocupasse um ponto importante no Baixo Reno. Cerca de 2,5 quilômetros quadrados daquela antiga cidade foram arrasados, com a perda de quarenta aviões (3,8%). Seguiram-se ataques semelhantes às cidades de Essen e depois Bremen, embora o céu constantemente carregado e as elevadas perdas ocorridas nos esquadrões de treinamento forçassem Harris a deixar esses espetáculos de lado por algum tempo. Assim mesmo, seus objetivos ficaram bem claros: ele dispunha de um mecanismo independente para matar alemães e ferir o Terceiro Reich. Isso lhe abriu espaço para as três grandes campanhas da RAF de 1943-4: a Batalha do Ruhr, a Batalha de Hamburgo e a Batalha de Berlim.

Os resultados dessas três batalhas, analisados em conjunto, mostram como era difícil (e ainda é) apresentar uma avaliação equilibrada da campanha estratégica de bombardeios da Grã-Bretanha e por que o Comando de Bombardeiros teve autorização de fazer o que fazia havia tanto tempo. A Batalha do Ruhr consistia em nada menos de 43 grandes ataques entre março e julho de 1943 e causaram danos enormes e indiscriminados a Essen, Aachen, Duisburg, Dortmund, Bochum, Düsseldorf e Barmen-Wuppertal (90% desta última foi arrasada num único ataque em maio). Com a ajuda do sistema direcional Oboe e dos *Pathfinder*, a precisão do Comando de Bombardeiros havia melhorado; seus aviões chegavam às cidades-alvo, conseguiam permanecer mais tempo no ar e espalhar suas bombas incendiárias, agora maiores (a essa altura alguns dos *Lancaster* mais novos conseguiam transportar mais de 3600 quilos de explosivos de alta potência). E as perdas de aviões e tripulações da RAF, mesmo em constante crescimento, eram compensadas por contínuos reforços.

Talvez tivesse sido melhor se Harris parasse por aqui, em vez de enviar seus pilotos de bombardeio em missões a locais cada vez mais distantes. Havia dois bons motivos para insistir dessa maneira em sua campanha, o primeiro dos quais, claro, era geográfico. Enquanto as principais siderúrgicas da Grã-Bretanha (Sheffield, Doncaster) situavam-se bem ao norte, a maior parte da indústria pesada da Alemanha estava concentrada no oeste do país. Assim, os esquadrões do Comando de Bombardeiros teriam que enfrentar uma quantidade relativamente pequena de artilharia antiaérea e de caças noturnos da Luftwaffe.

Em segundo lugar, como o historiador Adam Tooze observou recentemente, os bombardeios sobre o Ruhr estavam de fato afetando aquela parte da economia de guerra da Alemanha, e num grau bem maior do que mais tarde iriam admitir os críticos da estratégia ofensiva de ataques aéreos.[27] Mesmo que fábricas específicas não tenham sido atingidas por bombardeios de alta precisão, a RAF lançava uma imensa quantidade de bombas sobre grandes concentrações de indústrias de natureza estratégica. Quando ouviu visitantes americanos criticarem os limitados esforços de guerra britânicos em 1943, Carl Andrew Spaatz não perdeu tempo em responder que o Comando de Bombardeiros era a única força do lado ocidental que estava atingindo diretamente a Alemanha.

Harris, no entanto, pretendia ir ainda mais adiante. Para sua satisfação, a Batalha de Hamburgo representou uma dose de publicidade ainda maior para os bombardeios em massa. Entre julho e novembro de 1943 um impressionante número de 17 mil ataques aéreos foram desferidos contra aquela grande cidade portuária e outras na parte ocidental da Alemanha, sob a denominação de Operação Gomorrah. O ataque inicial, em 24 de julho, foi aterrador: 791 bombardeiros da RAF, incluindo 374 *Lancaster*, escondidos do radar pelas "janelas" de alumínio, orientados pelo Oboe, na trilha dos *Pathfinder* e ajudados pelo bom tempo, arrasaram o centro daquela histórica cidade hanseática — e, tradicionalmente, bastante anglófila. Hamburgo não teria descanso ao longo das semanas seguintes, desde que as Forças Aéreas americanas uniram-se aos ataques, assim como os bombardeiros Mosquito, que haviam sido modificados para transportar bombas pesando mais de 1800 quilos. Em seguida, à medida que o verão avançava, o corpo principal do Comando de Bombardeiros voltou a atacar e continuou atacando os alvos alemães. No dia 17 de agosto Harris enviou 597 *Lancaster* para atacar a estação experimental de bombas voadoras do Reich em Peenemünde.

Essa foi, com certeza, a apoteose da doutrina de Trenchard (o velho homem estava bem vivo, mantendo-se bem informado e dando seus grunhidos de aprovação). Cerca de 260 fábricas na área de Hamburgo foram arrasadas assim como 40 mil casas e 275 mil apartamentos, 2600 estabelecimentos comerciais, 277 escolas, 24 hospitais e 58 igrejas; morreram quase 46 mil civis. A destruição de Hamburgo causou um choque profundo na liderança alemã. Speer advertiu o Führer que seis outros ataques como esse acabariam com o Terceiro Reich, conclusão com a qual Hitler não concordou. Joseph Goebbels, entretanto, em conversas privadas, considerou o bombardeamento de Hamburgo "uma catástrofe".[28]

Contudo, o sucesso conseguido com a exterminação de Hamburgo logo resultaria na queda do Comando de Bombardeiros, ou algo bem próximo a isso. Tais ataques noturnos tiveram um efeito tão devastador e provocaram tamanho pânico entre a população civil da Alemanha que as lideranças do Reich já não podiam mais considerá-los mera ação marginal. Os danos infligidos a Hamburgo, seguindo-se como aconteceu a Stalingrado, Kursk, El Alamein, norte da África e Sicília, constituíram um trio de advertências ao Terceiro Reich no sentido de que os dias relativamente fáceis do início da guerra tinham acabado. A partir de agora, não haveria mais a complacência de se oferecer munição e manteiga ao povo alemão. Speer, que cuidava de sua parte, assim como a Luftwaffe cuidava da sua — a essa altura Göring não passava de um fanfarrão incompetente —, tinha o talento e a disposição para fazer exatamente isso.

Assim que terminou a campanha de Hamburgo, Harris elevou de imediato o nível das apostas, passando para a Batalha de Berlim, que envolveria dezesseis grandes ataques entre novembro de 1943 e março de 1944 (além de investidas secundárias contra Frankfurt, Stuttgart e Leipzig — num total de 20 mil incursões). Durante o mesmo período, no entanto, e com grande alarido, o sistema de defesa aérea da Alemanha passara por enormes aperfeiçoamentos e fora muito reforçado. Um gigantesco exército composto por batalhões de pesada artilharia antiaérea espalhava-se pela Alemanha. Formaram-se esquadrões especiais de caças noturnos armados com foguetes. A Luftwaffe também descobriu como evitar a desorientação do radar provocado pelas "janelas". Por fim, naturalmente, permaneciam dois obstáculos a qualquer campanha de bombardeios estratégicos: o tempo climático, que naqueles meses de inverno era muito ruim, e a distância, porque o número de horas que levava para atacar Berlim era bem maior do que o que se gastava em ataques contra Hamburgo ou Colônia. Os caças noturnos alemães com base nas proximidades de Hanôver podiam atacar os bombardeiros uma primeira vez, reabastecer-se, e mais tarde atacá-los de novo assim que eles retornassem.

Por todos esses motivos, os danos infligidos a Berlim — uma cidade enorme, que se espalhava por todos os lados, como Londres — eram bem menores que aqueles conseguidos contra cidades pequenas da Alemanha, como Essen. Em contrapartida, as perdas em aviões e tripulações sofridas pelo Comando de Bombardeiros tiveram grande elevação na passagem de 1943 para 1944. A taxa de perdas para cada ataque estava em torno de 5,2% e o moral entre aquelas tripulações de grande coragem estava caindo. No total, o Comando de Bombardeiros perdeu 1047 aviões de grande porte e teve mais 1682 avariados durante a campanha de Berlim. Pouco depois, as perdas catastróficas que Pat Daniels, o piloto dos *Pathfinder*, testemunhou durante o ataque a Nuremberg de 30 de março de 1944 levaram a campanha de bombardeios estratégicos, movida pela RAF, a uma paralisação. Perder 95 aviões num total de 795 que haviam partido constituía uma taxa inaceitável de mais de 11%. A essa altura, até mesmo o Comando Aéreo em White Hall (o marechal do ar Charles Portal e os planejadores) já tinha desistido de Harris, e provavelmente devem ter ficado satisfeitos com o fato de que o presidente Eisenhower ordenara que tanto a Força Aérea americana como a RAF concentrassem seus esforços apenas nos objetivos relacionados com os iminentes desembarques do Dia D — ou seja, alvos como as pontes sobre ferrovias francesas, no lugar de operações estratégicas. Em abril de 1944, o próprio Harris admitiu ao Ministério da Aeronáutica que "as taxas de perdas [...] a longo prazo não poderiam ser aceitas". Com inovações recentes como as "janelas" e os *Pathfinder* já tendo perdido boa parte de sua eficiência, tornava-se necessária uma ação de resultado imediato, incluindo talvez escoltas noturnas de caças da RAF para os bombardeiros. De acordo com as conclusões a que os historiadores britânicos chegaram duas décadas depois, a Batalha de Berlim foi mais do que uma operação que não deu certo — "foi uma derrota".[29]

O terceiro novo elemento entre o final de 1940 e 1943 — isto é, a entrada do Exército americano na campanha aérea contra a capacidade da Alemanha em levar a guerra adiante — foi o mais importante de todos. Essa história também pode ser reduzida a suas partes fundamentais. Para começar, ela foi importante do ponto de vista estratégico porque a entrada de uma nova força estratégica na Europa representou uma pressão crescente sobre o Terceiro Reich, bem como o aumento da pressão vinda do Ocidente, o que, logicamente, haveria de provocar uma diminuição da capacidade da Luftwaffe (menos aviões, menos recursos industriais, um número menor de pessoal bem treinado) em distribuir verbas para as extenuantes batalhas no Leste. Tudo isso sem falar na expansão dos combates no Mediterrâneo e no norte da África, que por sua vez exigiam também uma quantidade maior de esquadrões alemães para enfrentar as forças americanas e do Império Britânico, que não paravam de crescer. Foi por essa época (1942-3) que ficou possível detectar o movimento constante de ida e volta das forças aéreas da Luftwaffe entre o front oriental, o norte da África,

França e Itália, e a defesa do próprio Reich. Hap Arnold, embora sempre se queixasse da escassez de aviões e tripulações para a Força Aérea americana, ainda conseguiu enviar esquadrões poupados de combate para a Grã-Bretanha, o norte da África e o Pacífico. Já Göring não tinha mais essa opção. No final de 1943, toda semana novos aeroportos entravam em operação nos terrenos planos da topografia bastante conveniente da Ânglia oriental para receber o fluxo constante de novíssimos bombardeiros e caças vindos dos Estados Unidos.

A chegada dos esquadrões americanos foi muito valiosa não apenas pelo fato de que vinha se somar à luta contra o Eixo na Europa, ou por trazer um grande impulso ao moral britânico, mas também porque introduzia na disputa dois elementos operacionais de importância fundamental. O primeiro foi a insistência das Forças Armadas americanas em fazer seus bombardeios apenas durante o dia; essa era sua filosofia de ataque havia muitos anos porque aproveitava ao máximo o poder destrutivo dos B-17 e B-24 pesadamente armados, capazes de voar a altitudes elevadas, equipados com uma capacidade de visualização dos alvos supostamente de alta precisão, desenvolvida pela Norden Company na década de 1930. Durante algum tempo Harris e outros oficiais do alto escalão da RAF, entre os quais se incluía o próprio Churchill, insistiram com os americanos para que aderissem à campanha dos bombardeios noturnos, uma noção operacional sem o menor sentido, à qual seus aliados americanos, com toda razão, por sorte se opuseram. O aspecto mais atraente do plano americano é que ele tornava possível que a Alemanha fosse bombardeada 24 horas por dia. Os londrinos pelo menos tinham as horas do dia para cuidar dos estragos causados pela Luftwaffe na noite anterior e para ter um pouco de descanso. Mas os bombardeios ininterruptos dos americanos durante o dia e as bombas que a RAF iria lançar à noite prometiam, pelo menos em teoria, uma pressão implacável sobre as defesas antiaéreas da Alemanha, sobre seus sistemas de controle aéreo, os serviços de socorro e de reparo de danos, assim como sobre os próprios trabalhadores alemães.

A segunda consequência é que os americanos também insistiam no outro aspecto crítico de sua doutrina aérea de antes da guerra, o "bombardeio com precisão" de alvos militares e industriais possíveis de ser identificados. Como poderemos ver, tratava-se de algo mais fácil de proclamar do que de executar, o que com frequência seria constatado nos momentos críticos por tripulações confusas e assustadas. No entanto, a insistência dos americanos em atacar alvos como uma fábrica da Messerschmitt ou o pátio de manobras de uma ferrovia tinha sua razão de ser porque complementava a ideia de bombardeios mais generalizados da RAF em seus ataques noturnos e tornava mais complicada a ação dos responsáveis pelo planejamento de defesa aérea da Alemanha — o que seria mais conveniente, concentrar seus batalhões antiaéreos em volta de Colônia ou ao redor de uma importante fábrica de tanques situada a uns cinquenta quilômetros de distância? Depois da guerra, assessores aliados fizeram uma comparação entre essas duas doutrinas tão diferentes. Nas polêmicas controvérsias do pós-guerra quanto ao bombardeio em massa de populações civis do inimigo, as Forças Armadas americanas podiam alegar que haviam se preocupado em seguir uma política mais de acordo com os princípios morais da civilização ocidental — pelo menos em sua campanha europeia. Em termos práticos, porém, a destruição da infraestrutura da Alemanha, suas fábricas e estradas, fez com que a diferença nos resultados não fosse tão grande assim.

Todas essas vantagens aparentes faziam bem para a autoimagem dos Aliados. O único problema estava no fato de que as intenções de ordem operacional quanto à capacidade de efetuar bombardeios de alta precisão sobre qualquer alvo inimigo *realmente* não deram certo quando foram colocadas em execução entre 1942 e o início de 1944. Com isso, na prática, o histórico de combates americanos não ficava muito diferente do histórico do Comando de Bombardeiros britânico. E encontrar uma solução para esse tipo especial de disputa estava se tornando, claramente, uma tarefa mais demorada do que conquistar o controle sobre as rotas marítimas do Atlântico.

Com toda aquela capacidade de fazer julgamentos sobre o passado, algo típico dos estrategistas de gabinete e dos historiadores, não fica difícil perceber onde estavam os obstáculos. A primeira razão deve estar no fato de que os ataques com bombas da Oitava Força Aérea (unidade organizacional da USAAF) efetuados contra a Alemanha, sobretudo em 1942 e no princípio de 1943, foram avaliados como "muito poucos", e feitos "*cedo demais*". Do ponto de vista político e institucional, os líderes da Força Aérea americana (Arnold, Spaatz e Eaker), bem como suas equipes, receavam que a existência de seu serviço como uma terceira arma independente decorresse da comprovação rápida de sua importância. Por motivos óbvios de ordem geográfica, e possivelmente devido às recordações de 1917-8, tanto o Exército como a Força Aérea e Armada americanas sempre consideraram as áreas europeias de confronto como sendo muito mais importantes que o Pacífico e o Extremo Oriente. Para o Exército, as distâncias ao longo do oceano Pacífico eram muito grandes para que lá fosse assumido o papel de protagonista — aqueles grupos de ilhas eram pequenos demais para permitir o deslocamento de 25 ou cinquenta divisões dentro da tradição do "modo americano de fazer a guerra", ou seja, enviar homens e munições para derrotar um inimigo, como havia acontecido na Guerra Civil e acontecera outra vez em 1917-8 na França.[30] No Pacífico não havia o menor espaço para tanques e pouco espaço para a artilharia; naquelas áreas de confronto, nada havia para ser feito pelo Exército que uma unidade reforçada dos fuzileiros navais não fosse capaz de fazer com a mesma competência, ou talvez até melhor.

Esse era também o problema da Força Aérea. Do ponto de vista estratégico, não havia o que *bombardear* no Pacífico, a não ser que se chegasse bem perto do Japão, provavelmente depois de muitos anos de luta. A Alemanha não era apenas o principal inimigo quanto ao aspecto industrial e tecnológico, mas suas fábricas e ferrovias estavam logo ali, pouco depois do mar do Norte, vindo de Suffolk — assim como as praias da Normandia ficavam só um pouco depois do canal da Mancha, vindo de Sussex. O que Henry Arnold receava era que os preciosos novos esquadrões de bombardeiros, sem o foco na Alemanha, ficariam divididos e se dispersariam de Newfoundland (trabalho contra submarinos) ao norte da África (em apoio às forças terrestres de Eisenhower e Patton) e à Nova Guiné (dando assistência às extenuantes campanhas de MacArthur).

Arnold tinha todo o direito de estar receoso durante o voo para a Conferência de Casablanca. Os ataques japoneses a Pearl Harbor e às Filipinas forneceram aos almirantes Ernest King e William Leahy argumentos fortíssimos em favor de uma política de privilegiar antes o Pacífico, ideia que contava com grande apoio da opinião pública, mas que certamente daria o papel central à Marinha americana. Ao mesmo tempo, a crescente relutância britânica em se comprometer com uma data definida para a invasão aliada na Europa enfraquecia o precário entendimento de 1941 segundo o qual a grande prioridade seria a derrota da Alemanha nazista. E ainda havia a enorme pressão de Stálin sobre Londres e Washington para que as duas nações fizessem mais do que estavam fazendo, além do fato de que nem mesmo a extraordinária capacidade produtiva americana era capaz de atender às exigências vindas de todos os serviços por armas e soldados. Ao longo de todo o ano de 1942 ocorreram muitos conflitos entre os serviços no que se referia às prioridades, levando a Força Aérea dos Estados Unidos a temer por seus programas de bombardeiros à medida que se faziam cortes às exigências anteriores de todas as áreas — e portanto a necessidade de provar que os pilotos americanos estavam atacando e ferindo a Alemanha ganhou proporções gigantescas.[31] Ainda que os responsáveis pela Força Aérea americana não gostassem, o fato é que os bombardeiros tinham que partir para suas missões, mesmo sendo poucos e não estando suficientemente preparados, como haviam feito seus colegas britânicos em 1939.

Arnold e seus colegas voltaram da Conferência de Casablanca bastante aliviados pela declaração de que, em se tratando de prioridades, "a progressiva destruição e desarticulação do sistema militar, industrial e econômico da Alemanha" ficava em segundo lugar apenas porque a meta principal era vencer a Batalha do Atlântico. Eles haviam discutido com a Marinha até a véspera da conferência e depois travaram disputas enormes com Churchill e os comandantes ingleses (que normalmente eram seus aliados no argumento de "a Alemanha em primeiro lugar") quanto à aplicação de recursos no Mediterrâneo. Eles haviam passado o ano de 1942 usando todos os argumentos possíveis em defesa de sua tese — por exemplo, vangloriando-se do ataque de 9 de outubro a Lille (com suas reações mistas, quando não francamente desfavoráveis, como veremos mais adiante) para provar o que bombardeiros fortemente armados e sem escolta são capazes de fazer. E qualquer dos relatórios da RAF daquele ano sobre a eficiência do *seu* bombardeio estratégico era recebido com entusiasmo e imediatamente enviado às mais altas autoridades. Assim, em janeiro de 1943, a Força Aérea americana supunha que finalmente provara sua eficiência, preservando seus objetivos estratégicos. Anos depois de encerrada a guerra, Albert Speer perguntou a Eaker por que ele havia comprometido seus esquadrões tão cedo, em números relativamente pequenos, e sem o apoio de caças de escolta dotados de grande autonomia de voo. Eaker respondeu que isso fora necessário, em termos políticos. Não é surpresa, portanto, que Elmer Bendiner tenha ficado tão furioso quando foi informado da resposta, trinta anos após o evento.[32]

Houve outras razões para que os dois primeiros anos da campanha americana de bombardeios à Alemanha tenham sido decepcionantes. Os comandantes americanos estavam criando a maior Força Aérea da história (em 1945 o número de bombardeiros americanos na Europa, incluindo os grupos novos e independentes do Mediterrâneo, seria o dobro da quantidade daqueles com que o Comando de Bombardeiros contava) e esperavam concluir seu trabalho num tempo excepcionalmente curto. Onde estavam os milhares de pilotos que seriam necessários e quem haveria de treiná-los? De onde viriam as dezenas de milhares de homens que iriam compor as tripulações, de que parte surgiriam as indispensáveis equipes de terra e dos reparos às aeronaves? Os assessores, o pessoal dos serviços de inteligência, as equipes responsáveis pelo centro de operações? E os aeroportos, as torres de controle, os hangares, os refeitórios? E quanto aos aviões e as bombas? Arnold sabia ainda que se não enviasse um bom número de bombardeiros de longo alcance ao sudoeste do Pacífico, os Estados Unidos correriam o risco de perder a árdua Batalha de Guadalcanal, que se estendeu de agosto de 1942 a janeiro de 1943, e sabia também que não podia se esquecer das áreas de confronto fora da Europa; diante de tudo isso, o fornecimento de homens e aviões à Inglaterra seria limitado. Nessas circunstâncias, não foi uma surpresa que a Oitava e a Nona Forças Armadas do Exército, pequenas quando de sua formação, tivessem um mau começo em seus primeiros voos sobre o canal da Mancha, porque tinham novos comandantes, novas tripulações, novos aviões, novas bases — e também um inimigo novo e sofisticado.

Havia ainda, como é inevitável, o conjunto habitual de problemas de ordem prática: clima desfavorável, missões abortadas, decepção com os resultados das visualizações, limites quanto à autonomia de voo, as contraofensivas da Luftwaffe, a falta de escoltas. Tantos empecilhos já iriam prejudicar o desempenho até mesmo de uma força de bombardeiros devidamente treinada e preparada. Nada havia que pudesse ser feito quanto às nuvens que, quase sem interrupção, cobriam o noroeste da Europa durante a maioria dos meses do ano, como haviam dito os ingleses. Acertar "uma bomba num barril de picles" utilizando o visor de bombardeio Norden talvez fosse possível durante os testes realizados no Texas, mas era algo fora de cogitação quando nuvens escuras deixavam o céu encoberto o tempo todo. Naquela época, não havia um equipamento direcional sofisticado capaz de colocar os B-17 diretamente sobre seus alvos, e os comandantes dos esquadrões com frequência eram obrigados a ordenar o retorno à base, sem que a missão tivesse sido cumprida. O fato é que poucos pilotos gostavam de aterrissar carregando uma porção de bombas. Mesmo quando o céu estava limpo, havia ventos fortes que podiam atrapalhar a visualização do alvo; e se o piloto voasse a altitudes maiores para escapar da artilharia antiaérea, a margem de erro aumentava.

Além disso, havia a vulnerabilidade da Força Aérea americana aos caças inimigos. Como foi visto, em 1942-3 o alto-comando alemão tinha se dado conta, ao menos em parte, da ameaça que ataques de mil bombardeiros do Comando de Bombardeios representava para as indústrias do Reich, e tentava reagir com a maior rapidez possível. Isso significava que, exatamente quando os americanos faziam sua primeira tentativa de ataques aéreos durante o dia, o sistema de defesa dos alemães tornava-se muito mais eficiente. Por fim, a Luftwaffe agora desfrutava da vantagem de voar sobre o próprio território durante os combates diurnos, que haviam sido tão prejudiciais ao Comando de Caças durante a Batalha da Grã-Bretanha; quanto mais distantes estivessem os alvos definidos por Spaatz e Eaker, maiores seriam as oportunidades para os pilotos alemães reabastecerem seus aviões e voltar a atacar enquanto os bombardeiros não contavam com a proteção dos caças Spitfire de curto alcance ou dos Thunderbolt de alcance médio. (Não surpreende o fato de que a essa altura Speer estava instalando suas novas fábricas de aviões e de munição à maior distância possível do canal da Mancha, dentro da Polônia e da Tchecoslováquia.) Agora, como havia acontecido com os comboios do Atlântico, os bombardeiros americanos estavam num espaço desprovido de escolta.

Levando em conta tantos empecilhos, era natural que os primeiros ataques aéreos realizados durante o dia fossem quase experimentais, além de limitados a alvos próximos de suas bases; nessa fase inicial, as operações iriam ocorrer no noroeste da França e nos Países Baixos, dependendo ainda de apoio por parte de aviões de caça. Durante agosto de 1942 o tempo esteve bom, a Luftwaffe notabilizou-se pela ausência e os bombardeamentos foram bastante precisos. Isso continuou em setembro, e mesmo quando os Fw 190 entraram em ação, envolveram-se sobretudo com os Spitfire. Tudo isso mudou quando 108 bombardeiros americanos atacaram as indústrias pesadas de Lille em 9 de outubro de 1942. Evitando nada menos que 156 escoltas aliadas, os caças alemães concentraram-se nos bombardeiros B-17 e nos B-24 Liberator, todos pesadamente carregados com bombas. Naquela fase da guerra a Luftwaffe ainda não descobrira as táticas de ataque mais eficazes a bombardeiros em tais condições e voando a uma altitude de 7500 metros, e assim as perdas dos americanos se resumiram em quatro aviões derrubados, quatro seriamente danificados e outros 42 necessitando de reparos. A carnificina tinha começado. Mais significativo foi o fato de que o constante ataque dos caças levou a uma queda catastrófica nos níveis de precisão — somente nove das 588 bombas de alto teor explosivo chegaram, no máximo, a 450 metros dos alvos, e muitos bombardeiros abortaram sua carga sem que tivessem ao menos chegado perto dos alvos. Em confrontos desse tipo, não é de surpreender que os atacantes façam uma avaliação exagerada da quantidade de caças alemães abatidos (a alegação foi de 56 aviões certamente derrubados, com 24 casos prováveis). Tais estimativas foram de grande ajuda para Arnold e Spaatz nas campanhas que a Força Aérea fazia em Washington, embora também evidenciassem o nervosismo e a inexperiência das novas tripulações, bem como a precariedade das análises realizadas após a missão. (Estudos posteriores revelaram que a Luftwaffe havia registrado apenas uma perda certa naquele dia, sendo possível que tivesse havido uma segunda.)

Mesmo entre aqueles que consideravam boa a campanha realizada pela Força Aérea americana, nos últimos meses de 1942 e nos primeiros de 1943 ficou evidente que suas atividades tinham diminuído. Um número cada vez maior de bombardeiros e caças estava sendo enviado para apoiar a Operação Torch e as subsequentes campanhas no norte da África. As condições atmosféricas do inverno tornavam quase impossíveis as tentativas de bombardear com precisão durante o dia qualquer alvo situado no noroeste da Europa. (As mesmas tempestades impedindo que os submarinos alemães atacassem os navios mercantes dos Aliados também não permitiram que os aviões americanos localizassem seus alvos na França.) O noticiário sobre as mortes de civis franceses em consequência desses ataques aéreos foi sombrio, sobretudo porque grande parte dessas mortes ocorreu em lugares relativamente afastados dos alvos pretendidos. Por algum tempo, portanto, o foco dos bombardeios americanos esteve em alvos situados no litoral, como as docas para os submarinos alemães. Essas medidas desagradaram aos responsáveis pelo Comando de Bombardeiros da RAF, que ansiavam por um rápido reforço de seu combate (mutuamente) punitivo contra a Luftwaffe sobre a Alemanha. Ainda mais importante foi o fato de que elas deram tempo ao alto-comando alemão para aprimorar seus sistemas de defesa antiaérea bem como para um aumento na produção de caças.

A Oitava Força Aérea efetuou seus primeiros ataques a alvos alemães no final de janeiro de 1943, mas eles foram praticamente inofensivos, muito prejudicados pelo mau tempo. Esse período lúgubre e improdutivo estendeu-se por meses, para grande frustração de Arnold. Somente com a chegada do verão, melhores condições atmosféricas e mais esquadrões (em fevereiro a Oitava Força teve uma média diária de apenas 74 aviões operando com tripulação) foi possível aos americanos dar novo impulso à ofensiva. Contudo, essas condições operacionais aperfeiçoadas também fariam com que os americanos conhecessem o aprimoramento da capacidade defensiva da Luftwaffe. Num ataque a Kiel em 14 de maio, forma perdidos oito bombardeiros e 36 sofreram danos, num total de 126 aviões enviados; num ataque duplo sobre Bremen e Kiel em 13 de junho, de 182 aviões 26 foram perdidos e 54 ficaram danificados; do ataque sobre Oschersleben realizado em 28 de julho, apenas um terço dos 120 bombardeiros enviados à missão retornaram sem danos, pois dezesseis foram derrubados e 64 voltaram à base necessitando de reparos.[33] E essas foram operações em que os bombardeiros puderam contar com os caças de escolta durante a maior parte da missão. Apesar desses péssimos sinais, crescia o movimento por um número maior de ataques a serem efetuados contra alvos mais afastados.

Então vieram os terríveis ataques de Schweinfurt e as perdas que deram início a este capítulo. Além dos sessenta bombardeiros perdidos naquele 14 de outubro de 1943, outros 138 ficaram danificados, o que significou que apenas 14% dos 229 aviões que de fato participaram da ofensiva — muitos abortaram a missão — retornaram ilesos à base. Tais números parecem fantásticos até que se leia a análise detalhada no relatório oficial da Força Aérea americana sobre o desempenho da Luftwaffe, que, como observam seus autores, não teve precedentes em sua amplitude, no planejamento inteligente e no rigor da execução:

> Ondas seguidas de caças vieram ao ataque. Em geral um grupo de caças monomotores chegaria voando pela frente, disparando com canhões normais de vinte milímetros e metralhadoras, até ficarem bem próximos da formação. Seguindo de perto esses monomotores, formações de caças bimotores apareciam em ondas, cada um deles lançando um grande número de foguetes de disparadores instalados abaixo das asas [...]. Enquanto isso, os aviões monomotores eram reabastecidos e atacavam em todas as direções. Eles logo foram seguidos por grupos outra vez formados de bimotores transportando foguetes. Depois de usar todos seus foguetes, esses caças bimotores frequentemente atacavam com canhões e metralhadoras. A artilharia inimiga concentrava-se em uma formação de cada vez, dispersando-a com o lançamento de foguetes [...] e em seguida liquidando os aviões danificados com tiros de canhão. Uma linha de combate da Primeira Divi-

são de Bombardeiros, que ficou com a responsabilidade da contraofensiva, foi quase arrasada por completo com essas táticas.[34]

Nesse período, apesar dessas perdas, os ataques da Força Aérea americana à indústria aeronáutica alemã *causaram* um impacto considerável; a estratégia de selecionar os alvos, como os ataques noturnos da RAF ao Ruhr, assustaram Speer a tal ponto que ele destinou de imediato verbas ainda maiores dos vastos recursos do Reich para a campanha contra a ofensiva de bombardeios anglo-americana. A intensidade do combate só iria aumentar. Mesmo assim, para os comandantes das forças aéreas dos Aliados, aquele nível de perdas era inadmissível, provavelmente mais alto que o de qualquer outra campanha aérea na guerra, e não havia outro caminho que não o de encerrar a ofensiva, limitando por um período os bombardeios a alvos de curta distância. O inverno justificava essa decisão, dando tempo ainda para reconstruir o moral abalado, que podia ser medido negativamente pelo número cada vez maior de missões abortadas ou pelos aviões avariados enquanto voavam sobre territórios neutros como a Suécia e a Suíça.*

Não é possível chegar a uma conclusão melhor quanto à versão oficial da Força Aérea se analisarmos esse capítulo melancólico do conflito:

> Em meados de outubro de 1943 a campanha de bombardeios durante o dia chegara a uma crise. Seu custo tinha se elevado a níveis alarmantes enquanto seus êxitos continuavam duvidosos. As possíveis explicações para isso exigiam, portanto, uma reconsideração [...]. A verdade é que naquela altura a Força Aérea inglesa havia perdido sua superioridade sobre a Alemanha. E era evidente que a superioridade só poderia ser reconquistada quando escoltas com grande autonomia de voo estivessem disponíveis [...]. Naturalmente, também, a autonomia dos caças teria que aumentar.[35]

Para sorte das combalidas tripulações dos bombardeiros Aliados, as soluções estavam próximas.

---

* O clássico filme do pós-guerra sobre a questão é *Twelve O'Clock High* [Almas em chamas], de 1949, em que um comandante da Força Aérea extremamente rígido, interpretado por Gregory Peck, consegue restaurar o moral e a eficiência de um esquadrão atormentado pela sucessão de maus resultados. Os fatos reais foram bem mais complicados. (N. A.)

O MERLIN E O *MUSTANG*

A decisão americana de suspender seus bombardeios às indústrias do inimigo durante o dia ocorreu cerca de 26 anos depois do Relatório Smuts, fato que não é levado em consideração nos relatos mais teleológicos sobre a ascensão do poder aéreo moderno. Isso oferece ao estudioso de guerra um exemplo magnífico — talvez o melhor que exista — de como uma nova doutrina estratégica foi promulgada em teoria bem antes que pudesse ser colocada em prática. Em nenhum outro capítulo deste livro existe uma necessidade tão grande de explicar em detalhes como e por que os Aliados levaram tanto tempo para preencher esse vazio fundamental entre a conceituação de uma estratégia e sua concretização. Isso aconteceu porque as outras formas de guerra discutidas aqui (como comboios, decolagens, pousos anfíbios e batalhas terrestres em grande escala) já existiam havia muitos séculos. No entanto, uma nova e detalhada abordagem dessa história também se justifica, naturalmente, pelas enormes alegações sobre a eficácia do poder aéreo apresentadas por seus defensores tanto antes como depois da Segunda Guerra Mundial.

Na verdade, a "solução" para o problema da vulnerabilidade dos bombardeiros, quando surgiu, foi desenvolvida bem depressa, embora, como veremos, ela pudesse ter chegado muito antes aos céus da Europa. Era necessário encontrar um avanço tecnológico para o problema militar descrito de maneira sucinta pelos historiadores oficiais dos Estados Unidos: um caça aliado com longa autonomia de voo, capaz de impedir ataques aéreos aos vulneráveis grupos de bombardeiros. Quanto ao aspecto mecânico, isso poderia ser definido por um conjunto de especificações operacionais e de engenharia para uma nova máquina de voar. Teria de ser um caça monomotor que fosse mais veloz e dotado de maior capacidade de manobra que tudo que a Luftwaffe possuísse ou viesse a conseguir por um ou dois anos, e capaz ainda de manter seu desempenho em qualquer altitude de 1500 a 12 mil metros. Segundo os peritos seria impossível conseguir tantas especificações do ponto de vista aerodinâmico se levássemos em conta o estágio em que se encontravam as pesquisas sobre projetos aeronáuticos. O aspecto mais importante — e igualmente impossível — era que esse avião deveria dispor de combustível que lhe permitisse acompanhar os bombardeiros das Forças Armadas americanas desde a Ânglia oriental até além de Berlim, e fazer ainda a viagem de volta, protegendo seus "comboios" a uma distância de até 950 quilômetros longe de suas bases. Esse conjunto de exigências parecia desafiar as leis da física: como um caça teria capacidade para combustível que lhe permitisse voar até, digamos, Praga, tendo ainda velocidade e agilidade suficientes para derrubar um Fw 190 cuja base estivesse nas proximidades? Pois, apesar de tudo isso, o avião foi construído. Sir Henry Royce (1863- -1933) foi um dos grandes inventores e engenheiros do Ocidente desde Mac-Adam, Brunel, Stephenson, Bell e Edison. Royce teve apenas um ano de educação formal, e sobreviveu durante a juventude vendendo jornais. Fascinado por máquinas, sobretudo pela novidade do automóvel, começou a construí-los por conta própria antes mesmo da Primeira Guerra Mundial; quando se uniu a seu parceiro nos negócios Charles Rolls e a empresa cresceu, continuou insistindo num alto controle de qualidade. O homem era obcecado pela exatidão. Mais tarde, esse criador dos melhores e mais confiáveis automóveis voltou sua atenção para um novo campo, porém relacionado, o dos motores de avião. Era um movimento lógico: carros e aviões dependem do poder inanimado da gasolina para colocar em marcha suas pesadas estruturas e seus passageiros, ao longo de estradas ou pelo céu. Ambos os veículos consistem numa armação sólida contendo centenas de partes que se movem, muitas das quais precisam girar, alterar seu movimento, iniciar o processo de ignição de maneira precisa a toda hora, dia após dia. Uma razão para a "ascensão do Ocidente" depois de 1700 foi o desenvolvimento das ciências exatas, ou seja, avanços tecnológicos e na área dos produtos manufaturados, pacíficos e militares, que não estavam ocorrendo em outras partes do mundo.[36] O Rolls-Royce foi a apoteose de uma espantosa realização humana: o maior triunfo de todos os tempos sobre os obstáculos de tempo, velocidade e espaço que sempre existiram num mundo em que a energia era obtida por meio da força — humana ou animal — e do vento.

O final da década de 1920 e o início dos anos 1930 foram tempos excitantes para todos aqueles dedicados ao desenvolvimento de novos e melhores aeroplanos e, também, de novos e melhores motores para eles. O motor Curtiss V-12, um projeto americano, estava muito adiante de seus concorrentes na época, e Royce e sua equipe não viram o menor problema em comprar um nos Estados Unidos e enviá-lo para a Inglaterra. Eles o desmontaram completamente para analisá-lo, e em seguida o reconstruíram, em diferentes versões, como os Rolls-Royce Kestrel, Griffon e Merlin. Em 1933, Malcolm Campbell estabeleceu um recorde de velocidade em terra, atingindo 480 quilômetros por hora num carro equipado com motor Rolls-Royce nas salinas de Bonneville. A fábrica inglesa Supermarine Aviation usou esses motores para se tornar a possuidora definitiva do famoso *Schneider Trophy* (de hidroaviões), depois de três vitórias consecutivas; em 1931, último ano da competição, um hidroavião da Supermarine chegou a uma velocidade espantosa naquela época, superior a 640 quilômetros por hora.

Em meio a tudo isso, Royce começou a planejar para a RAF a colocação de um de seus motores num novo tipo de caça de alta velocidade. Numa ocasião memorável em 1931, nas proximidades de sua casa de campo em West Wittering, Sussex, caminhando pelos bancos de areia com seus engenheiros-chefes, traçou um esboço do projeto sobre o granizo. Àquela altura os aviões biplanos da Primeira Guerra Mundial cobertos de lona foram substituídos por monoplanos de linhas mais suaves, cobertura de alumínio, com um único piloto; nas pranchetas havia também velozes bombardeiros bimotores (e até mesmo alguns com quatro motores) capazes de voar a distâncias bem maiores. Todos esses modelos exigiam uma propulsão muito mais poderosa do que aquela disponível na época.

Isso significava que se tornava necessária a criação de uma máquina que estivesse de acordo com os padrões mais exigentes e precisos da engenharia, convertendo combustível em propulsão com a maior eficácia possível, e era exatamente naquilo que a Rolls-Royce tinha se especializado. Por certo, eles não eram os únicos com essa paixão. Nos Estados Unidos, Alemanha, Itália, Japão e na França havia empresas com a mesma motivação, todas procurando extrair mais e mais força propulsora de um intricado projeto de pistões, cilindros, velas de ignição, fiação e câmaras de aço.*[37]

A companhia Rolls-Royce tinha o hábito de batizar seus motores aéreos com o nome de velozes aves de rapina, como gaviões, falcões e águias. No caso da máquina em questão, o nome escolhido foi Merlin, uma referência não ao lendário mago, mas ao esmerilhão, que designa o menor dos falcões, agressiva criatura alada que sabe atacar e não se deixa ser atacada.

---

* Perto do fim da guerra, surgiriam armas realmente transformadoras como o caça a jato, o foguete V-2 e, é claro, a bomba atômica. No entanto, em todas as narrativas sobre o período da guerra que estamos abordando aqui, o que está em questão é mais um relato sobre mudanças no desenvolvimento em tecnologia, organização e combate — e as diferenças que essas mudanças foram causando de forma cumulativa. (N. A.)

É preciso destacar o fato de que em sua evolução, os motores cada vez mais possantes de Royce podiam ser instalados num amplo conjunto de aeronaves; a história oficial da Rolls-Royce sobre o Merlin, por exemplo, aparece em cerca de quarenta aviões diferentes, evoluindo de um a quatro motores.[38] Variantes do motor também foram colocadas em lanchas, carros de corrida e, é claro, no Rolls e no Bentley. Não é verdade, porém, que o Merlin fora projetado para o Spitfire, e nem o contrário, embora essas noções façam parte das lendas criadas em torno dos dois nomes famosos. Mesmo que o Spitfire nunca tivesse sido criado, o Merlin teria garantido seu lugar na história da aviação. No entanto, não é de surpreender que, exatamente quando a Rolls-Royce estava criando esse motor de tão grande potência, um dos engenhos a recebê-lo foi um novo avião monomotor e monocoque, baseado no elegante traçado que o grande projetista de aviões J. R. Mitchell fizera para a Supermarine. E, apesar de sofrer por falta de verbas e de todas as compreensíveis restrições e dificuldades, o Ministério da Aeronáutica convenceu Vickers (que havia comprado a Supermarine) a produzir um elegante e veloz caça, propulsado pelo motor PV 12. O Merlin e o Spitfire estavam por fim unidos. Mas foi por muito pouco. Royce morrera em 1933, enquanto ainda trabalhava no projeto do mais novo motor; ele nem chegou a ver o protótipo do Spitfire, embora tenha deixado uma equipe de engenheiros de alta competência. Mitchell, lutando contra o câncer, morreu em 1937, com 42 anos, também trabalhando até o fim. Ele, pelo menos, viu os primeiros modelos do avião.

O papel do Spitfire na Segunda Guerra Mundial é lendário. Desde os momentos finais da Batalha da Grã-Bretanha aos combates aéreos sobre Malta, dos grandes ataques diurnos sobre a França às patrulhas sobre as praias do Dia D (os esquadrões Spitfire poloneses receberam essa honra), o Spitfire tornou-se o mais importante caça monomotor da RAF. Suas linhas elegantes e as asas pontiagudas em forma de elipse conquistaram milhares de admiradores, inclusive no lado oposto: quando Göring perguntou a Galland por volta de 1942 do que ele mais sentia falta, este respondeu: "Um esquadrão de Spitfire".[39] Sua evolução, de hidroavião da Supermarine a um acréscimo do qual a RAF tinha necessidade urgente, foi tema de filmes, livros e documentários.[40]

O papel do Spitfire com motor Merlin nesta história, porém, é o de um instrumento bélico de caráter intermediário. No final de 1940 ele já havia demonstrado ser o melhor e mais rápido caça da RAF, superior até ao Bf 109. Mas a Luftwaffe estava constantemente aprimorando a potência, a blindagem e os armamentos de seus caças, e colocando ainda novos aviões no combate, e assim tanto o próprio Spitfire como o motor Merlin necessitavam de um aperfeiçoamento. Antes de tudo, os engenheiros de desenvolvimento da Rolls-Royce tinham que criar versões cada vez mais poderosas do avião para que os caças britânicos pudessem acompanhar o aprimoramento fantástico que ocorria com os Fw 190. Em 1942 eles já haviam conseguido isso, com a versão bem-sucedida Merlin 61, cujo motor tinha mais que o dobro da potência do original.[41]

Não é de surpreender que todos quisessem o motor aperfeiçoado — o Comando de Bombardeiros para seus novos e pesados Lancaster com quatro motores, o Comando de Caças para os Spitfire, e os esquadrões de reconhecimento e de Pathfinder para seus Mosquito que voavam a altitudes extremamente elevadas. Dez mil motores não seriam suficientes. Mesmo as fábricas americanas da Packard (trazidas para triplicar a produção), com sua enorme produtividade, não eram capazes de atender à demanda. Ter em mãos um lote de motores Merlin 61 era como conseguir um navio repleto de especiarias do Extremo Oriente na Amsterdam do século XVII.

O principal responsável pela distribuição dessas escassas riquezas foi o marechal do ar Sir Wilfrid Freeman, então — e ainda hoje — um personagem pouco conhecido do público, mas talvez a figura mais influente no Ministério da Aeronáutica; Churchill, por exemplo, tinha o maior respeito por ele.[42] Como ministro das Forças Aéreas encarregado da distribuição de verbas no fim da década de 1930, Freeman fora responsável pelo impulso dado ao desenvolvimento de quase todos os novos aviões da RAF — dos Hurricane, Spitfire, Wellington, aos pesados Lancaster e Halifax, bem como do Mosquito. Freeman foi quem percebeu que o fraquíssimo desempenho dos bombardeios Avro Manchester do final dos anos 1930 poderia ser melhorado, dando a eles motores Rolls-Royce (Merlin), transformando-os no poderoso Lancaster. Durante os mesmos anos, foi ele quem insistiu também no desenvolvimento do bimotor Mosquito quando todos julgavam o projeto absurdo: a troco de quê alguém iria investir recursos que escasseavam num avião revestido com madeira compensada, que iria voar sem nenhuma arma, esperando que ele conseguisse voar sobre a Alemanha e voltar sem sofrer danos? Os críticos do projeto referiam-se a ele como "a loucura de Freeman". Pois essa loucura iria revelar o avião mais versátil da Segunda Guerra Mundial — ele sofreria modificações (seria armado) para se transformar num caça noturno, um destruidor de submarinos, avião de reconhecimento de alto nível (numa versão que voava a uma altitude que os caças alemães não conseguiam alcançar) e até bombardeiro (depois de passar por algumas modificações, ele ficou com a capacidade de transportar uma quantidade de bombas maior que a de um B-17). Em 1942, Freeman gozava de enorme respeito por parte dos fabricantes de estruturas e motores de avião, seu relacionamento com os colegas americanos era excelente e tinha acesso direto a Churchill. Quando lhe ocorria uma nova ideia que parecesse boa, ele dava um jeito de torná-la realidade. Foi exatamente isso que aconteceu na primavera daquele ano.

A essa altura entra em cena outro personagem-chave nessa história notável, embora se trate de uma figura ainda menos conhecida. No final de abril de 1942, Ronnie Harker, o piloto de testes da RAF — na época trabalhando para as indústrias da Rolls-Royce em Derbyshire — e que era o homem de ligação entre a empresa e a Força Aérea, recebeu um telefonema da Unidade de Desenvolvimento na Área de Combates da RAF, perguntando se ele poderia ir ao aeroporto de Duxford para testar um avião americano problemático, denominado Pursuit Fighter 51 (P-51). Essa tarefa não era novidade para Harker, que já voara muito para a RAF antes de assumir o emprego na fábrica de carros; ele sempre testava os novos aviões, incluindo variações de Messerschmitt e Focke-Wulf capturados, para apresentar uma análise de seu desempenho. O avião que lhe pediram para testar naquele dia era um caça monomotor fabricado pela North American Company — um entre as dúzias de aeronaves encomendadas com urgência pelas Forças Aéreas dos Estados Unidos, da França e da Grã-Bretanha depois de 1938, quando a superioridade numérica da Luftwaffe havia se tornado assustadora. O problema estava no fato de que o P-51 com motor Allison não tinha um grande desempenho. De acordo com as especificações originais, o objetivo era o projeto de um avião interceptador voando a baixa altitude, e nesse aspecto até que ele tinha um bom desempenho. No entanto, o que as Forças Aéreas americanas desejavam (o que era bem compreensível) era algo que se aproximasse dos caças P-38 Lightning e P-47 Thunderbolt, muito mais poderosos, e que estariam em condições de competir com o Zero japonês ou os Bf 109 alemães, enquanto o que os britânicos tinham em mente eram Spitfire aperfeiçoados, Typhoon e Beaufighter. Portanto, quando no princípio de 1942 os responsáveis pelo Comando de Caças da RAF receberam sua primeira remessa de P-51, ficaram sem saber exatamente o que fazer com eles e logo já estavam pensando em cancelar a encomenda.

Harker pilotou o P-51 pela primeira vez em 30 de abril de 1942 (os arquivos da Rolls-Royce, felizmente, têm uma foto do avião depois que ele o trouxe de volta à base). O piloto ficou intrigado com o aparelho. Era um avião que efetuava bem todas as manobras, fácil de manejar, o motor não rateava, e ótimo para voar a altitudes médias. Sua aerodinâmica era excelente, isto é, sua força de arrasto era muito baixa, embora na época nem ele nem qualquer outra pessoa soubesse a razão disso.* O relatório de Harker concluía com uma frase que, embora lacônica, chamou a atenção de todos que a leram: "O aspecto que mais me impressiona é que com um motor bom e possante como o Merlin 61, o desempenho do avião deverá ser fantástico, já que sua velocidade supera a do Spitfire 5 em 56 quilômetros por hora usando quase a mesma potência".[43] Alguns dias depois, uma equipe de mecânicos da Rolls-Royce retirou o motor do Allison e cuidadosamente colocou um Merlin 61 em frente ao P-51. Com seu olho aguçado, Harker logo notou que a distância entre a frente da cabine do piloto e o nariz do chassi do P-51 era igual à do mais recente Spitfire, o que tornaria o encaixe perfeito.

Ao mesmo tempo, o notável matemático da Rolls-Royce que se tornou engenheiro de desempenho, Witold Challier, comparando os detalhes aerodinâmicos de ambos os aviões, apresentou um gráfico segundo o qual um P-51 com motor Merlin seria capaz de superar o desempenho do Spitfire em todos os níveis até a altura de 12 190 metros, alcançando a espantosa velocidade de 690 quilômetros por hora. (Verificou-se que todos os cálculos de Challier estavam inteiramente corretos.) Os dois homens, com o apoio do dinâmico gerente geral da Rolls-Royce, E. W. Hives, começaram o mais cedo possível a se empenhar na produção da nova versão híbrida.

Assim que essa informação chegou aos ouvidos do incansável Freeman, ele logo entrou em ação. Embora o Comando de Caças e o Comando de Bombardeiros quisessem todos os motores Merlin para seus projetos, Freeman deu ordens para a troca de motores em cinco outros P-51, determinando que dois deles fossem enviados o mais cedo possível a Spaatz, nos Estados Unidos, para serem testados pela Força Aérea americana. Quando Hives pouco depois pro-

---

* Estudos aeronáuticos posteriores, baseados em experiências realizadas em correntes de vento, indicam que a explicação está na leve curvatura para dentro das laterais do chassi do P-51. Harker recebeu aumento de uma libra em seu salário semanal como recompensa pelo trabalho. (N. A.)

pôs que a conversão fosse feita em 250 aviões, Freeman aumentou o número para quinhentos. E logo entrou em contato com os diretores da Packard (que haviam colocado um de seus Merlins num P-51, que a essa altura já tinha recebido o nome com o qual ficou conhecido, Mustang), com o influente embaixador dos Estados Unidos na Grã-Bretanha, John Winant, e com o adido adjunto para questões aeronáuticas Thomas Hitchcock, homem com ótimas conexões, ex-piloto da Esquadrilha Lafayette e grande entusiasta da Rolls-Royce que tinha vínculos familiares com a Casa Branca. Freeman começou também a pressionar Churchill, pedindo que ele escrevesse a Roosevelt, uma vez que no Reino Unido todos estavam cientes de que se esse híbrido anglo-americano tivesse que ser produzido rapidamente e em número suficiente para alterar o equilíbrio aéreo, a produção deveria ser feita nas fábricas americanas. Parecia uma reprise da história do magnétron. A Grã-Bretanha tinha chegado ao limite de sua produção industrial, mas os Estados Unidos ainda dispunham de recursos enormes para fabricar aviões e motores.

Então, de maneira inexplicável para Freeman, o projeto ameaçou naufragar. Por puro obstrucionismo no lado americano, a produção em massa do Mustang com motor Merlin começou a avançar a passos lentos. Nos Estados Unidos havia todo tipo de alegações e disputas sobre recursos, e tornava-se difícil defender a tese de que o resultado final de um avião inteiramente americano, com produção já em andamento, pudesse ser interrompido em favor de um intruso desconhecido e além disso estrangeiro. Ninguém parecia entender o ponto de vista de Harker e Challier de que o P-51 era bom em *todas* as altitudes, e alguns comandantes de área insistiam que o avião deveria ser usado obedecendo às especificações originais: como um caça com objetivos táticos específicos, feito para voar a baixas altitudes — características nas quais ele era apenas mais um entre muitos. Havia ainda líderes da Força Aérea americana que não aceitavam as alegações sobre a superioridade do Mustang por serem adeptos do P-38 Lightning e dos P-47 Thunderbolt, ambos com um excelente histórico em combates. Os departamentos de aquisições da usaaf e fabricantes rivais também faziam objeções poderosas. Freeman, que acompanhava dados da produção americana com o mesmo interesse dedicado aos de seu país, ficou sabendo em setembro de 1942 por meio do assessor especial de Roosevelt, Harry Hopkins, extremamente anglófilo, que a Força Aérea americana encomendara nada menos que 2500 P-40 Kittyhawk, 8800 P-39 Airacobra e 11 mil P-63 Kingcobra, nenhum deles capaz de enfrentar o formidável caça Focke-Wulf 190 que estava começando a dominar os céus da Europa. Apesar do desempenho insatisfatório, no entanto, todos aqueles aviões contavam com o apoio de figuras muito influentes.[44] Além disso, o Mustang certamente precisaria de mais testes e aperfeiçoamentos.

Mesmo sendo compreensível, tudo isso era lamentável. Bem menos compreensível era a decidida e implacável postura antibritânica de altos membros da Junta de Produção da Aeronáutica dirigida pelo arrogante major-general Oliver Echols. Hopkins estava brincando apenas em parte quando disse a Freeman que muitos americanos acreditavam ser pilotos naturalmente superiores aos britânicos, seguros de que sempre haviam construído aviões muito melhores que eles. Desde a primeira encomenda dos P-51 feita pela RAF, o processo não havia passado pelos canais costumeiros de avaliação técnica dos americanos, e muitos oficiais transmitiram a Echols informações depreciativas quando examinaram os modelos iniciais. No fundo, a postura era de que a atitude "não foi inventada aqui".[45] O adido em Londres, Hitchcock, ficou profundamente aborrecido com o episódio: "Gerado por pai inglês e mãe americana, o Mustang não conta com quem o proteja nem na Força Aérea nem em Wright Field, que reconheça suas qualidades e lute por elas [...]. Nos dois lados do Atlântico parece haver gente mais interessada em afirmar se um produto é 100% nacional do que em desenvolver um caça que seja superior a tudo que os alemães possuem". Os historiadores oficiais mais moderados escreveram apenas que "a história do P-51 ficou bem perto de representar o maior erro cometido pela Força Aérea americana na Segunda Guerra Mundial".[46]

A essa altura, havia muito pouco que Freeman ou seus aliados no empreendimento na Packard e na North American pudessem fazer. O próprio Churchill também não tinha muito o que fazer, embora mais uma vez ele usasse todos os seus "suspeitos habituais" (o embaixador Winant, o enviado especial Averell Harriman, mais tarde um membro da família de Churchill, e Hopkins, além de suas mensagens em caráter privado a Roosevelt) para que a produção do Mustang recebesse prioridade. O empurrão decisivo teria que vir das próprias Forças Armadas americanas. Enfim, a Força Aérea deu o ar de sua presença, por dois motivos. O primeiro foi a catástrofe de Schweinfurt-Regensburg de outubro de 1943. Embora a USAAF dissesse à imprensa que o equívoco nos bombardeios à Alemanha era devido somente ao mau tempo do inverno, bem como de alteração do plano de bombardear o Reich a partir de aeroportos recentemente adquiridos da Itália, tanto Arnold como Spaatz agora reconheciam que suas premissas operacionais básicas estavam erradas: os bombardeiros não poderiam realizar a missão sem proteção de caças, e os caças disponíveis no momento não estavam em condições de dar a cobertura necessária. Já Arnold, então, sabia que até mesmo membros do Congresso estavam inquietos. Em sua assim chamada mensagem de Natal (transmitida em 27 de dezembro de 1943) aos comandantes da Força Aérea na Grã--Bretanha e na Itália, Arnold mandou um duro recado: "AS OPERAÇÕES OVERLORD e ANVIL (este último consistia no plano de desembarque no sul da França) só serão possíveis se a Força Aérea alemã for destruída. Portanto minha mensagem pessoal a vocês — atenção, trata-se de uma tarefa obrigatória — é 'destruam a Força Aérea inimiga em todo lugar que a encontrarem, no ar, na terra e nas fábricas'".[47] Porém somente um caça muito ágil, veloz e de longo alcance, de um projeto aprovado por Harker dezenove meses antes, poderia fazer isso.

O segundo motivo foi a constante pressão exercida por um pequeno e influente grupo de pessoas situadas no escalão médio do esforço aliado. Entre eles um personagem irrepreensível como Tommy Hitchcock, que tinha o perfil de um playboy da Ivy League [conjunto de universidades americanas de alto nível, como Harvard e Princeton] — considerado o melhor jogador de polo antes da guerra — e que, além do mais, possuía um excelente currículo de piloto, um texto de qualidade e contatos em todos os lugares certos. Hitchcock era uma das poucas pessoas que não receava encarar Echols e a Junta de Produção Aérea, nem de recorrer à sua vizinha, Eleanor Roosevelt, sobre o problema. Havia também o secretário assistente da Aeronáutica, Robert A. Lovett, que voara na lendária Primeira Unidade de Yale em 1917-8 e no Serviço Aéreo da Marinha Real, e iria concluir a carreira pública como secretário da Defesa no começo dos anos 1950. Lovett vinha de uma tradicional família da Nova Inglaterra, trabalhava sem salário e era muito respeitado por Arnold. Como Hitchcock, ele tampouco receava a Junta de Produção Aérea, e já em 1940 havia considerado o P-51 com motor Allison "um fiasco". Lovett realizara em 1943 uma ampla análise sobre a campanha de bombardeios da Força Aérea americana por ocasião de uma viagem pela Inglaterra e em seu relatório a Arnold apresentou uma série de recomendações das quais as duas mais importantes foram: (1) a absoluta necessidade de aumentar a produção de tanques descartáveis auxiliares o mais depressa possível, ampliando a capacidade de voo de todos os aviões britânicos e (2) dar com urgência o máximo de prioridade ao desenvolvimento de caças de escolta com ampla autonomia de voo, objetivo para o qual tudo indicava que o modelo mais promissor era o Mustang equipado com motor Merlin. Essas eram as chaves para abrir o ferrolho aéreo em que os Aliados estavam presos. Quando Lovett voltou a seu gabinete em Washington, que não por coincidência ficava ao lado de onde Arnold despachava, os obstáculos começaram a cair. Quatro dias depois de ter lido o relatório, Arnold redigiu um memorando enfatizando "a necessidade premente de construir um caça que pudesse fazer o percurso de ida e volta com os bombardeiros".[48]

Surgiu também uma forte pressão por parte dos oficiais da Força Aérea baseados na Inglaterra, incluindo outro personagem irrepreensível, o major Donald Blakeslee, um americano que lutara na Batalha da Grã-Bretanha com um esquadrão da Força Aérea Real canadense e que depois, como não queria ser designado para o posto de oficial de treinamento, conseguiu transferência para o esquadrão American Eagles, de voluntários. Blakeslee voara com Spitfire e os apreciava muito, mas estava ciente de seu alcance limitado. Quando ele pilotou os primeiros Mustang da RAF, começou a batalhar o tempo todo para que grupos de caças da Oitava Força Aérea do Exército (baseada no leste da Inglaterra) fossem equipados com os mesmos aviões. Assim que o obstinado tenente-general Jimmy Doolittle voltou do Mediterrâneo e assumiu o comando da Oitava Força, insistiu imediatamente para a formação de esquadrões de Mustang, e Arnold e Spaatz, agora convencidos de suas qualidades, trataram de encontrá-los. Por sua vez Portal determinou que quatro esquadrões de Mustang da RAF voassem com os americanos. Todos os esquadrões da Nona Força foram transferidos para o norte e colocados sob as ordens do chefe de Blakeslee, o major-general William Kepner, o rigoroso comandante dos grupos de caças. Na verdade, todos os pilotos da Força Aérea americana que já tinham *alguma* experiência com o Mustang foram transferidos para a Oitava Força. O bloqueio fora enfim rompido, mesmo que tivesse sido em cima da hora.

ENFIM, A SUPREMACIA AÉREA

É claro que a guerra na Europa não foi resolvida por uma única "arma miraculosa". Antes, os desenvolvimentos cruciais ocorreram como consequência de um conjunto de ações complementares de ordem tática, técnica e operacional que, ao se unirem, permitiram que um pequeno grupo de britânicos e americanos resolvesse um problema que havia muitos anos atormentava toda a estratégia dos bombardeamentos: como concretizar as antigas ideias de enfraquecer a capacidade de luta do inimigo pela aplicação sistemática do poder aéreo moderno.

O grande obstáculo estava nos nós que confluem de forma nem sempre harmoniosa intenções e objetivos de grupos diversos, com dificuldade de comunicação entre si: o impacto de uma vitória ou um fracasso operacional sobre outro, por exemplo, ou as mudanças que uma nova arma pode causar no nível tático, que por sua vez irá influir no resultado das batalhas.[49] Um desses casos já foi mencionado antes, ou seja, o fato de que a RAF e a Força Aérea americana bombardearam a Alemanha de maneira ininterrupta, não permitindo portanto que o inimigo tivesse um momento de descanso. Muito mais ainda poderia ter sido feito nesse sentido, e os chefes de Estado-Maior insistiram repetidas vezes numa integração maior na escolha de alvos, mas o simples fato de que os bombardeiros britânicos voavam sobre a Alemanha todas as noites, enquanto os americanos faziam isso durante o dia, provocava um enorme desgaste nas defesas do Reich. Nenhuma das duas forças aéreas poderia se vangloriar de estar obtendo esses resultados sozinha.

O outro grande fator complementar foi o emprego — talvez *colocação* seja um termo mais adequado — do Mustang como uma escolta diária de longo alcance. Ele *não* tornou os Spitfire, Thunderbolt e Lightning obsoletos, mas ampliou seu trabalho, especialmente no caso de voos a distâncias muito maiores. Os testes realizados pela Rolls-Royce mostraram que se o P-51 era bem mais pesado que o Spitfire, ele requeria menos revoluções por minuto para alcançar a mesma altitude e velocidade (esse era o quebra-cabeça aerodinâmico); ele chegava aonde precisava ir com muito menos esforço. Mas havia outro aspecto no avião que deixara Freeman intrigado: a capacidade fantástica de armazenar combustível, a qual, combinada com suas linhas aerodinâmicas que lhe garantiam grande economia de consumo, produzia resultados milagrosos. "Em termos de galões americanos, seus tanques internos normais de combustível continham 183 galões [692 litros aproximadamente] (mais um tanque traseiro cheio, com 1022 litros aproximadamente), enquanto o Spitfire tinha apenas 99, e consumia uma média de 64 galões por hora em comparação com os 144 do P-38 e os 140 do P-47. Com os tanques internos cheios, incluindo um tanque de 86 galões na parte traseira da fuselagem, seu raio de combate era de 1200 quilômetros".[50] Esses números deviam representar mais do que o dobro do alcance de um Spitfire.

Os tanques descartáveis — o segundo aperfeiçoamento considerado indispensável por Lovett em seu relatório, e que muitas Forças Aéreas não levavam a sério no meio da guerra — constituíam outro aspecto importante da questão, pois se eram o fator que mais contribuía para aumentar o alcance do P-51, também davam a *todos* os caças britânicos e americanos uma autonomia de voo muito maior. Depois que o potencial dos tanques descartáveis em ampliar o alcance de um avião foi reconhecido, não apenas os esquadrões de caças queriam, mas todos passaram a desejá-los. Os britânicos estavam tão ansiosos por eles que fabricaram um tanque de combustível de 108 galões, feito com papelão endurecido; ele era mais leve e tinha capacidade maior que os tanques de metal feitos posteriormente pelos Estados Unidos, ganhando a preferência de muitos pilotos americanos, que os procuravam em enorme quantidade. O material também impedia que o inimigo o reutilizasse, como acontecia com o alumínio descartado.[51] Com os tanques adicionais, todos os caças aliados — Spitfire, Lightning, Thunderbolt, Mustang — podiam voar a distâncias muito maiores e permanecer por mais tempo no ar.

Com esse novo equipamento, a campanha de bombardeios estratégicos dos Aliados (chamada Operação Pointblank) reiniciou-se com uma vingança no começo de 1944, colocando em prática, finalmente, seu objetivo declarado de "progressiva destruição e desarticulação" da capacidade de resistência do inimigo. Esse avanço foi consequência da retomada dos ataques que a Força Aérea americana realizava durante o dia a grandes indústrias do Terceiro Reich, agora com a escolta cada vez mais frequente dos caças de grande alcance. Naturalmente, isso não aconteceu de um momento para o outro. O primeiro esquadrão de Mustang (baseado em Blakeslee) uniu-se à Oitava Força no final de 1943, mas nos ataques iniciais nunca havia um número suficiente deles, além de terem ainda muitas imperfeições. Porém agora a máquina de guerra americana estava funcionando a todo vapor, e centenas de Thunderbolt e Mustang chegavam toda semana ao Reino Unido — transportados nos conveses dos navios de escolta não mais necessários para tal tarefa devido ao recuo dos submarinos — para se unir às centenas de novas B-17 e bombardeiros Liberator enviados incessantemente pelas tripulações masculinas e femininas do Comando de Transporte dos Aliados.

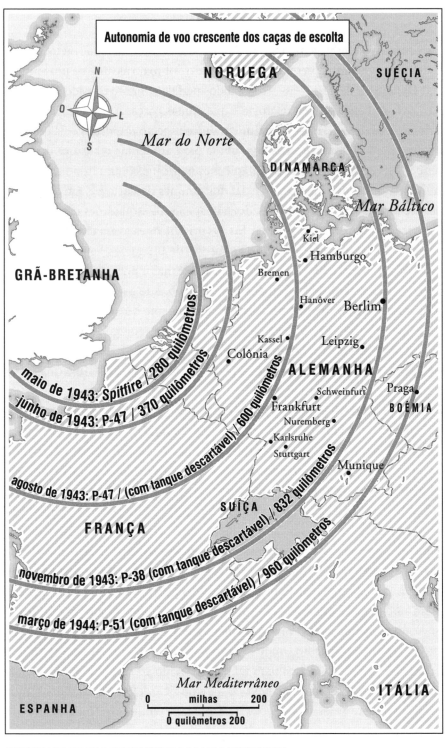

AUTONOMIA DE VOO CRESCENTE DOS CAÇAS DE ESCOLTA
O fornecimento de caças de escolta de longo alcance para os pesados bombardeiros americanos foi o componente decisivo para conquistar a supremacia aérea entre 1943 e 1944.

Esse avanço representou o extermínio dos esquadrões de caça alemães e funcionou da seguinte maneira. Spaatz seguiu à risca certos objetivos estratégicos: os serviços de inteligência aliados identificaram nos níveis cada vez mais baixos da produção de combustível da Alemanha a grande fraqueza do inimigo e, pouco depois, Eisenhower ordenou bombardeios concentrados sobre as ferrovias e pontes da maioria dos países da Europa ocidental como preparação para os desembarques do Dia D. Os pátios de construção dos submarinos também estavam incluídos na lista. De acordo com a conclusão dos americanos, esses alvos *tinham que ser* defendidos pela Luftwaffe. Mas a essa altura os novos caças de longo alcance dos Aliados tinham como neutralizar a política até então bem-sucedida de Galland de esperar até o momento em que os bombardeiros aliados estivessem sem a proteção das escoltas. Se a intenção dos esquadrões da Luftwaffe era deter os bombardeiros antes que eles chegassem ao Reno (uma atitude muito lógica), eles teriam que enfrentar os modelos aperfeiçoados dos Spitfire e os possantes Thunderbolt; se resolvessem esperar até que os aviões estivessem a ponto de atacar as indústrias-chave do interior da Alemanha, a rede de comunicações e as refinarias iriam descobrir que os Mustang estariam sobre suas cabeças, surgindo de um momento para o outro como num passe de mágica. Além disso, Doolittle tomou a decisão audaciosa de liberar os esquadrões de Mustang da tarefa de permanecer o tempo todo próximos aos bombardeiros para perseguir os caças alemães por toda parte, se necessário obrigando-os a baixar de altitude, onde a fantástica superioridade aerodinâmica do novo avião iria prevalecer.

Os americanos tiveram muitas baixas nas batalhas daquela primavera de 1944, e muitos de seus melhores bombardeadores e pilotos de caça morreram, ficaram aleijados ou foram presos pela Resistência alemã. Mas eles sempre contavam com esquadrões de reserva, enquanto a Luftwaffe havia sofrido uma catástrofe da qual nunca se recuperaria. Para salvar o Reich, os alemães tiveram que retirar um grande número de aeronaves e tripulações do front oriental, o que inevitavelmente daria à Força Aérea soviética uma enorme vantagem em sua investida contra a Alemanha, que também teve que retirar muitos dos esquadrões que lhe restavam do Mediterrâneo. No entanto, tudo isso de nada serviu a Göring: ao ver os Mustang voando à luz do dia sobre Berlim em meados de 1944, consta que ele disse: "Perdemos a guerra", talvez uma das poucas vezes em que uma frase sua correspondia rigorosamente à verdade. Em março daquele ano os Mustang derrubavam aviões alemães numa proporção que era de três a cinco vezes maior que a dos Thunderbolt, mesmo levando em conta os pesados danos que esses últimos infligiam ao inimigo.[52] Para completar o serviço, os gigantescos bombardeiros britânicos continuavam vindo durante a noite, aumentando ainda mais a pressão sobre os sistemas de defesa aérea da Alemanha.

A essa altura, no fim da primavera de 1944, a Luftwaffe estava liquidada; extenuados, seus pilotos de caça não aguentavam mais. "Baixas mensais, que incluíam a maioria dos pilotos de caça alemães mais experientes, chegaram a 450 nos cinco primeiros meses de 1944; no final de maio de 1944, 2262 já tinham sido mortos. Em 24 de maio de 1944, somente 240 dos caças monomotores que combatiam durante o dia continuavam em ação."[53] Na verdade, havia aviões na linha de montagem, mas seu acabamento estava prejudicado pela dificuldade de comunicação, atrasos na produção de rolamentos e um fornecimento de combustível muito abaixo do necessário. Para piorar, havia baixas de pilotos e de tripulações. Os homens treinados havia pouco tempo tinham muito menos horas de voo que seus equivalentes americanos e britânicos, e sofriam com isso. Os pilotos de Mustang que perseguiam suas presas para perto do solo relatavam que muitos aviões alemães não conseguiam evitar a colisão com um poste, uma árvore ou um edifício alto. Mesmo os ases da aviação alemã, um pouco fora de forma por enfrentarem adversários mais fracos no front oriental, davam-se mal, tanto que nomes famosos e respeitados acabavam explodindo no céu. Em março de 1944 a Luftwaffe perdeu mais de uma dúzia de veteranos da guerra aérea, incluindo dois comandantes de grupo, um deles ostentando no currículo a morte de 102 inimigos, o outro com 161. Eles eram insubstituíveis. Conforme a história oficial dos Estados Unidos reconhece de forma diplomática, a Luftwaffe sofreu mais com esses combates aéreos do que com os mais implacáveis e custosos bombardeios aplicados dia e noite sobre as fábricas de armamentos.[54]

Nessa campanha, como em diversas outras descritas neste livro, o fator decisivo foi a quantidade de tripulações *bem treinadas*. Haviam sobrado bons pilotos em quantidade suficiente para pilotar os *Hurricane* e Spitfire do Comando de Caças em 1940? Sim, o suficiente. Havia um número suficiente de comandantes de submarino e engenheiros-chefes para efetuar a retomada de ofensiva ordenada por Dönitz depois do outono de 1943? Não. O Império Bri-

QUANTIDADE DE BAIXAS DE PILOTOS ALEMÃES NO OESTE E NO REICH

ÁS	VITÓRIAS	DIA DA MORTE (1944)
Egon Mayer	102	2 de março
Anton Hackyl	192	março
Hugo Frey	32	6 de março
Gerhard Loos	92	6 de março
Rudolf Ehrenberger	49	8 de março
Egmont Prinz zur Lippe-Weissenfeld	51	12 de março
Emil Bitsch	108	15 de março
Heinrich Wohlers	29	15 de março
Johann-Hermann Meier	77	15 de março
Stefan Litjens	28	23 de março
Wold-Dietrich Wilcke	162	23 de março
Detler Rohwer	38	29 de março
Hans Remmer	26	2 de abril
Karl Willius	50	8 de abril
Josef Zwernemann	126	8 de abril
Otto Wessling	83	19 de abril
Franz Schwaiger	67	24 de abril
Emil Omert	70	24 de abril
Kurt Ubben	110	27 de abril
Leopold Moenster	95	8 de maio
Walter Oesau	123	11 de maio
Gerhard Sommer	20	12 de maio
Ernst Boerngen	45	19 de maio
Hans-Heinrich Koenig	24	24 de maio
Reinhold Hoffman	66	24 de maio
Horst Carganico	60	27 de maio
Friedrich-Karl Müller	140	29 de maio
Karl-Wolfgang Redlich	43	29 de maio

Fonte: Comando Aéreo, por McFarland e Newton, baseados em Obermaier.

7. BAIXAS DE PILOTOS DE CAÇA ASES DA AVIAÇÃO DA LUFTWAFFE, DE MARÇO A MAIO DE 1944
Pilotos da Luftwaffe com um número enorme de "inimigos abatidos" no front oriental não repetiram o desempenho na ofensiva aérea da Europa ocidental no começo de 1944. Sem esses ases, a produção de aviões da Alemanha seria inútil.

tânico contava com oficiais do escalão intermediário experimentados no Oitavo Exército para enfrentar as táticas explosivas de combate terrestre em 1941-2? Não. Os japoneses ainda dispunham de um número suficiente de pilotos de caça depois da Batalha do Mar das Filipinas de junho de 1944? Não. Após os expurgos do final da década de 1930 e dos anos iniciais da Operação Barbarossa havia sobrado uma quantidade suficiente de majores-generais no Exército de Stálin? Poucos, mas havia.

Com certeza, não existiam mais tripulações aéreas alemãs em quantidade suficiente para enfrentar as ondas crescentes de Spitfire, Thunderbolt e Mustang sobre a Europa ocidental depois do final de 1943 e a partir do início de 1944, embora àquela altura mais de 80% dos pilotos de caça estivessem sendo empregados contra os bombardeiros aliados. Um desses ases da aviação, Heinz Knoke, anotou em seu diário no começo de 1944 o "espetáculo assustador" de enfrentar mil bombardeiros pesadamente armados e escoltados por caças americanos. Depois de ter voado em duas missões no mesmo dia, ele viu seu avião Bf 109 ser atacado e destruído durante o reabastecimento numa base provisória; poucos meses depois, ao comandar um grupo de apenas cinco aviões patrulhando a fronteira ocidental do Reich, ele foi atacado e derrubado por quarenta Mustang e Thunderbolt.[55] A essa altura Hitler e a liderança da Wehrmacht criticavam a "covardia" dos pilotos da Luftwaffe por permitirem que o inimigo avançasse. Nada poderia estar mais longe da verdade, mas a verdade era um artigo em falta em Berlim. Os pilotos alemães eram tão corajosos como os Don Blakeslee, Elmer Bendiner, Pat Daniels e Guy Gibson que os enfrentavam um mês após o outro, porém o fato era que, como na campanha dos comboios do Atlântico, os Aliados simplesmente tinham encontrado um modo melhor de realizar as coisas.

Essa implacável baixa de pilotos da Luftwaffe, somada ao desmantelamento da indústria aérea alemã, de seu sistema de abastecimento e, cada vez mais, da capacidade de combustível para reabastecimento dos aviões, provocou uma reação favorável que acabou favorecendo a própria campanha do Comando de Bombardeiros. A essa altura o Comando também já estava enviando caças noturnos para escoltar os bombardeiros, mas quase sempre eles eram um tanto lentos (Beaufighter), e mesmo quando caças noturnos mais sofisticados passaram a ser empregados, não alcançaram uma quantidade significativa de aviões inimigos eliminados. No entanto, a força dos caças noturnos alemães já estava em declínio quando, no final da primavera de 1944, Eisenhower, com o apoio do Conselho dos Chefes de Estado-Maior, exigiu que o Comando de Bombardeiros redirecionasse sua enorme capacidade de bombardeamento para se unir às Forças Aéreas americanas na paralisação de todo o sistema ferroviário e de rodovias, dirigindo-se rumo ao oeste até o canal da Mancha. Atacar os pátios das ferrovias francesas era muito menos perigoso do que efetuar missões de ida e volta para bombardear Berlim, mas de qualquer forma a pressão sobre o Comando Aéreo estava diminuindo. Como um dos historiadores britânicos oficiais (que havia sido um piloto de currículo destacado) escreveu mais tarde em suas reflexões sobre toda a campanha de bombardeamentos, quanto maior o sucesso dos caças de longo alcance americanos durante o dia, maiores eram as chances de êxito do Comando de Bombardeiros à noite. Devastada pela estratégia do inimigo em procurar e destruir seus aviões por meio de voos a baixa e elevada altitude, e pela destruição de ferrovias e pontes necessárias para garantir o abastecimento, a Luftwaffe dispunha cada vez de menos aeronaves para operações noturnas.[56] Além disso, nas semanas que precederam o Dia D, o Comando de Bombardeiros começou a efetuar ataques durante o dia pela primeira vez desde 1939-40, constatando que a taxa de perdas diminuíra consideravelmente e que a precisão dos *Lancaster* (apesar dos prognósticos sombrios de Harris) era arrasadora. Em setembro de 1944, a tática de ataques ininterruptos da RAF e da Força Aérea americana estava de volta contra um Terceiro Reich enfraquecido, que agora já não contava mais com a vantagem de seus serviços de radar na França e nos Países Baixos. A essa altura, também, os P-51 de Blakeslee com seus tanques de combustível descartáveis tinham condições de acompanhar os B-17 em toda a viagem até a Rússia ocidental, uma distância de cerca de 1600 quilômetros. Depois os mesmos Mustang escoltariam de volta os bombardeiros desde a Rússia até as bases italianas, dando em seguida um pulo sobre os Alpes até a base final, na Ânglia oriental. Apenas por meio dessa operação aérea triangular é possível perceber que o Terceiro Reich estava encurralado.

Ao longo de todo esse período de fevereiro a setembro de 1944, os comandantes aliados discutiam entre si e através das fronteiras nacionais. Harris opunha-se a todo tipo de estratégia seletiva que priorizasse como alvos o combustível do inimigo, transportes e redes de eletricidade (que se opunham à sua filosofia um tanto bizarra de arrasar cidades), mas foi voto vencido. Spaatz não gostava de ficar sob as ordens do Exército, insistindo em ataques constantes à indústria petrolífera alemã. O comandante em chefe da Aeronáutica, Sir Arthur Tedder, e seu guru Solly Zuckerman uniram-se a Trafford Leigh-Mallory, que assumira recentemente o posto de marechal do ar da RAF, em batalhar pelo plano de transportes, ou seja, a interdição de todas as rodovias e linhas ferroviárias em direção da França ocidental, embora Churchill receasse que isso causaria a morte de muitos civis franceses (e ele tinha razão). Por fim, Eisenhower insistiu que a RAF e a Força Aérea americana concentrassem suas ações para impedir que as divisões do Exército alemão reforçassem suas posições de vanguarda na Normandia e destruíssem todos os pátios de manobra, as pontes sobre o Sena, ferrovias e tudo o que fosse capaz de colocar trens em funcionamento (embora concordasse em liberar os bombardeios em qualquer outra área depois que as rodovias e linhas ferroviárias estivessem destruídas).

A decisão de Eisenhower de destruir todos os caminhos que pudessem contribuir para o funcionamento da Wehrmacht foi uma das medidas mais importantes de toda a guerra. Com o objetivo de não fornecer a menor pista sobre a invasão da Normandia, as duas forças aéreas bombardearam o sistema de transportes da França em toda sua extensão e sua largura. Em 6 de junho de 1944 o tráfego ferroviário francês estava reduzido a apenas 30% do que havia sido em janeiro, e no princípio de julho já não passava de 10%. A Wehrmacht não podia enviar reforços ao oeste da França nem tinha como tirar de lá duas divisões avançadas.[57]

É impressionante que ao longo desses intensos debates — Eisenhower em certo momento até ameaçou o Conselho dos Chefes de Estado-Maior de *renunciar* caso os marechais do ar não obedecessem às suas ordens — poucos de seus protagonistas, deixando de lado Tedder, pareceram voltar atrás e admitir que agora o assunto em discussão era a escolha de alvos. Já não estavam mais preocupados em saber se iriam vencer a guerra: eles estavam por cima. Agora o que precisavam resolver era qual seria a maneira mais rápida, em termos de combate aéreo, de acabar com o Terceiro Reich. Já não se tratava mais de romper as barreiras inimigas com os bombardeiros, mas de decidir quais seriam os alvos a bombardear. Talvez não deva causar surpresa o fato de que comandantes de Exércitos e das Forças Aéreas que haviam perdido dúzias de combatentes todo mês levassem algum tempo para se dar conta dessa nova situação, mas os chefes de Estado-Maior tinham obrigação de estar cientes disso. A batalha pela superioridade aérea sobre a Alemanha e a Europa estava basicamente vencida, mesmo que o Reich continuasse lutando com uma tenacidade espantosa até o último ano da guerra.

Uma só testemunha é capaz de salientar esse aspecto melhor que qualquer estatística. Bem cedo, na manhã de 6 de junho de 1944, o tenente da aviação britânica Owen, do 97º Esquadrão, anotou em seu diário um ataque realizado tarde da noite anterior contra uma pequena bateria inimiga na costa da Normandia. Seu esquadrão recebera a ordem pouco habitual de não voar abaixo de 1900 metros, de não utilizar os transmissores de identificação amigo/inimigo e de não lançar nenhuma bomba sobre o canal. O que significava tudo isso? Seu *Lancaster* despejou as bombas no alvo às cinco horas em ponto e voltou para a base; então, espantados, ele e sua tripulação olharam para baixo e testemunharam todo o desembarque do Dia D, "vendo de um local privilegiado o espetáculo dos americanos correndo pela praia".[58] Ao voar de volta à sua base em Lincolnshire, as tripulações britânicas ficaram impressionadas com a quantidade de B-17 e B-24 americanos voando em direção ao continente. Os Aliados estavam finalmente invadindo a França e suas tropas, a salvo de ataques da Luftwaffe, tinham no alto a proteção de uma gigantesca armada aérea. Eisenhower havia dito às suas tropas: "Se vocês virem aviões sobre suas cabeças, serão nossos aviões" — uma diferença e tanto do que acontecera em Dunquerque, até mesmo em Dieppe. E no mar os invasores estavam protegidos de qualquer ataque por parte dos submarinos. Todo o conjunto — mar, ar e terra — chegara ao mesmo tempo.

Naquele dia, americanos, britânicos, canadenses e Forças Aéreas de outros países aliados colocaram nos céus a quantidade impressionante de 11 590 aviões. Nunca ocorrera nada semelhante na história mundial, nem voltou a ocorrer desde então. Um total de 3700 caças, incluindo os Spitfire pilotados por poloneses, que cobriram as praias da invasão, patrulhando o caminho em direção ao mar do Norte e ao oeste para a invasão. Nada havia que as forças já diminuídas da Luftwaffe pudessem fazer a não ser perder mais e mais aviões e pilotos de qualquer ponto que decolassem. Os alemães logo receberiam novos aviões, que no entanto teriam pouco impacto, pois estavam perdendo bases a todo momento, combustível e tripulações. (Os novos pilotos estavam tão despreparados que sua experiência foi considerada, de maneira sombria, como *Kindermord*, o que em alemão significa "infanticídio"; apenas entre junho e outubro de 1944 perderam-se 13 mil pilotos e tripulantes alemães.) Seus comandantes haviam sido varridos dos céus, principalmente pelos Mustang, no momento mais crítico da guerra aérea, e não conseguiram se recuperar desse golpe. Para os Aliados, assumir o controle dos céus da Europa ocidental apenas dois ou três meses antes do Dia D foi, como disse o duque de Wellington sobre a Batalha de Waterloo, "uma maldição, que aconteceu bem em cima da hora". Mas é assim que as grandes batalhas costumam ser. A derrota da Luftwaffe entre fevereiro e março de 1944 foi em cima da hora, mas também uma das campanhas mais decisivas da história.

DEPOIS DA NORMANDIA

Uma análise detalhada da estratégia aliada está fora dos objetivos deste livro. Alguns aspectos, mesmo assim, são dignos de nota. Em primeiro lugar, a retomada por parte de Harris de ataques "estratégicos" às cidades alemãs depois de junho de 1944 não contribuiu muito para reduzir a produção de aviões do Reich — o número na verdade atingiu seu maior nível (39 800 aviões) naquele ano. A enorme capacidade industrial da Alemanha, espalhada entre os diversos países que conquistou, era grande demais para ser reduzida com uma campanha de bombardeamento geral, não específica, mesmo com muito menos resistência por parte dos caças da Luftwaffe; numa ocasião tão tardia como janeiro de 1945, Arnold manifestou seu espanto pela capacidade de resistência demonstrada pela economia alemã. Na primavera de 1945, o império de Hitler estava sendo esmagado dia e noite por milhares de *Lancaster*, Liberator e B-17. Quatro quintos de toda a tonelagem de bombas lançadas por ingleses e americanos (um volume colossal de 1,4 milhão de toneladas) ocorreram no último ano de guerra. Mas a RAF e a Força Aérea americana só foram capazes de infligir tantos danos porque outras coisas mais importantes haviam sido feitas.

Em segundo lugar, a ofensiva estratégica aérea não quebrou o moral do povo alemão, pelo menos não a ponto de abandonar a luta ou de voltar seus habitantes tão castigados contra o regime. Há inúmeros relatos sobre os cidadãos de Darmstadt, Hamburgo, Dresden e outras cidades sem conseguir acreditar na intensidade da destruição ao seu redor, ansiosos por alívio e pelo fim de tudo aquilo. Mas nada indica que esse desespero tenha encerrado a guerra pelo modo que o encontro de soldados americanos e soviéticos no Elba acabou provocando. Antes, o prosseguimento dos bombardeios da área (ou de "tapete", "cobertor", ou bombardeio "indiscriminado", ou ainda, "geral"), além de ter ficado ruim para a imagem dos Aliados, acabou dando origem a uma reação de ordem moral equivalente àquela causada pelas bombas da Luftwaffe sobre Varsóvia, Rotterdam e Coventry.

Em terceiro lugar, as forças aéreas aliadas empregaram algumas campanhas inteligentes de bombardeamento depois da campanha na Normandia, especialmente em seus ataques a refinarias, pontos de congestionamento e redes de eletricidade. Aqui, mais uma vez, estamos falando sobre *opções*. Não há o menor sentido em embarcar num complicado debate de ordem técnica para saber se as maciças frotas de bombardeiros deveriam, naquele momento, concentrar mais ou menos explosivos para destruir pátios de fábricas ou refinarias, ou, de um modo mais geral, para arrasar cidades da Alemanha. O fato é que no conjunto de suas ações, elas estavam colocando o inimigo de joelhos e conseguiam isso por meio de instrumentos de orientação, *Pathfinder* e uma capacidade de precisão no lançamento de bombas que não existia nos anos anteriores. Por mais que as minas alemães produzissem imensas quantidades de carvão, se as linhas ferroviárias fossem destruídas, aquele aumento no carvão disponível de nada adiantaria. Se submarinos modernos, fantásticos, estivessem na linha de montagem em Kiel e Bremen, mas as máquinas a diesel não pudessem sair do vale do Ruhr, eles seriam inúteis. Na Batalha das Ardenas, no inverno de 1944, as divisões Panzer alemãs ficaram sem combustível. Se Speer e seus gerentes de produção conseguissem aumentar a produção de caças em fábricas escondidas nas montanhas mas esses aviões não dispusessem de combustível, eles também não teriam o menor significado — ou melhor, isso significaria que os bombardeiros aliados encontravam uma resistência por parte dos alemães, menor a cada dia. Se a fantástica criatividade alemã foi capaz de produzir o primeiro caça a jato, o Messerschmitt Me 262 — no final de 1944 pilotos de Mustang faziam relatos sobre alguns aviões extraordinários que pareciam voar sem motor, ultrapassando-os a uma velocidade impossível de alcançar —, ali estava mais um exemplo de "arma miraculosa" nazista (como o schnorkel e os submarinos Tipo XXI "elektroboot" e o foguete V-2) que não teve influência sobre o resultado da guerra porque os alemães já não dispunham mais de tempo.[59] A maior de todas as armas miraculosas, a bomba atômica, naturalmente era desconhecida por todos os comandantes na Europa, que precisavam ir à luta com as armas disponíveis no momento. Aquelas armas disponíveis, no entanto, foram suficientes para garantir a vitória aos Aliados.

A batalha épica teria que ser travada, e foi, travada e vencida, entre 1943 e 1944; era praticamente impossível que a Alemanha mudasse o rumo dos acontecimentos nos doze meses que se seguiram a junho de 1944. Os números cada vez mais modestos da produção de combustível da Alemanha depois que o país perdeu a supremacia aérea dizem tudo: em março de 1944, a produção atingira seu nível máximo (185 mil toneladas), mas depois dos ataques de maio os números caíram depressa, para 56 mil toneladas em junho, 17 mil em setembro e apenas mil toneladas em fevereiro de 1945.[60] Quando os paraquedistas britânicos desceram em Arnhem (uma triste história), alguns esquadrões da Luftwaffe nem puderam decolar para participar do combate. A Alemanha estava sem combustível, como ficou confirmado pela decifração das desesperadas mensagens de seu alto-comando. De todo modo, no início de 1945 os generais aliados já não se preocupavam tanto com os bombardeios estratégicos. Em terra, seus exércitos estavam cada vez mais perto do Terceiro Reich, de suas fábricas, pátios ferroviários, plataformas para lançamento de mísseis e ancoradouros de submarinos. O poder aéreo que os generais queriam para chegar ao bunker do Führer em Berlim a essa altura era uma questão tática, e não mais estratégica. Transformar as cidades da Alemanha num amontoado de entulho e destruir todas as pontes serviu para retardar ainda mais o avanço das forças aliadas.

Os dois grandes avanços na ofensiva estratégica contra a Alemanha, pelo menos é o que sustenta Hastings, devem-se aos Estados Unidos: a introdução do Mustang de longo alcance para enfraquecer a Luftwaffe e depois, perto do fim, a campanha contra a produção e distribuição de combustível do inimigo.[61] Isso é verdade, mas é apenas uma explicação parcial, como postular o papel decisivo do radar na guerra, representado pelo Laboratório de Radiação do MIT, sem mencionar o trabalho de Birmingham na invenção do magnétron em primeiro lugar. Como os relatos acima procuraram mostrar, o maior e mais bem-sucedido dos caças de longo alcance jamais teria sido produzido sem a Rolls-Royce, o motor Merlin, o chassi do P-51, o tanque descartável e um pequeno e dedicado grupo de indivíduos, inicialmente britânicos e depois americanos, que ajudaram a levar esse projeto adiante. Argumentos de contestação, como "sem o Mustang de longo alcance por quanto tempo mais a guerra iria continuar?", são sempre de utilidade limitada, mas por certo é inegável que somente a destruição dos caças alemães de defesa, no início de 1944, tornou possível colocar em prática aquela diretriz da Conferência de Casablanca de programar a invasão da Europa ocidental para pouco tempo depois.

O significado da campanha aérea estratégica dos Aliados foi muito discutido bem depois do final da Segunda Guerra Mundial. Como era de esperar, Harris e seu Comando de Bombardeiros apressaram-se em alegar que a ofensiva aérea havia sido o fator decisivo para a derrota do Terceiro Reich.[62] Num retrospecto, podemos ver que isso não é verdade. Já segundo uma análise inteiramente oposta, tem havido uma tendência a considerá-la como uma utilização equivocada e excessiva de recursos escassos (sobretudo da Grã-Bretanha), opinião reforçada pela grande quantidade de livros e filmes sobre os horrores dos bombardeios indiscriminados. De acordo com esse ponto de vista, o bombardeamento estratégico foi ao mesmo tempo algo perverso *e também* um desperdício desnecessário.

Tal crítica contém dois aspectos conflitantes. Na medida em que todo bombardeio de alvos não militares tinha a intenção de aterrorizar a população lá embaixo — "destruir de forma deliberada o moral do inimigo" em vez de impedir que as pessoas voltem a seus pátios de montagem ou a suas fábricas de rolamentos —, não há dúvida de que se trata de uma forma de ação bélica moralmente condenável. Seja qual for o lugar em que esse tipo de ação ocorra, na China, no Japão, ou contra cidades como Varsóvia, Londres ou Dresden, ela contradiz os códigos de proporcionalidade e discriminação universais; ofende a doutrina da "guerra justa". Segundo a mesma doutrina, porém, se uma bomba lançada com a intenção de atingir fábricas de Tyneside ou Bremen errasse o alvo e atingisse um conjunto de casas vizinhas, esse ato não deveria receber a mesma condenação moral. O verdadeiro problema, como vimos acima, é que *na maioria das vezes* os bombardeios estratégicos realizados pelos esquadrões britânicos e americanos erravam o alvo devido às más condições do tempo, à altitude, à velocidade do vento e aos instrumentos de navegação deficientes. Esses obstáculos, aos quais se acrescentava o aumento dos contra-ataques inimigos (artilharia antiaérea, caças), levaram os planejadores aliados a realizar bombardeios de caráter mais geral, fazendo com que, sob pressão, os pilotos ejetassem suas bombas. Mas não é justo classificar esse último tipo de procedimento como bombardeamento indiscriminado. Já o ato de bombardear "uma cidade alemã inteira", como fez a RAF de acordo com o Relatório Butt (comportamento análogo ao que foi adotado pela Força Aérea americana contra o Japão em 1945), foi ultrapassar um divisor de águas moral.

A partir de uma perspectiva militar e estratégica, traçar um gráfico sobre os efeitos das campanhas aliadas de bombardeamento fornece conclusões valiosas, abordadas com competência nos melhores estudos.[63] A campanha de bombardeamentos aliada teve uma eficiência extraordinária tanto ao infligir danos diretos sobre o Terceiro Reich (e também sobre a Itália e o Japão) como em seus múltiplos efeitos indiretos — forçou os alemães a abrir mão do controle aéreo no front oriental, transferindo grandes números de armas e material humano para as tarefas de artilharia antiaérea, tendo que colocar milhões de trabalhadores no trabalho de reconstruir os sistemas de comunicação danificados, procedendo à instalação em outras áreas de fábricas destruídas, sem falar que tudo isso atrasou o trabalho de construção de U-boats e o treinamento de pessoal especializado. No currículo de Harris, consta a campanha de lançar minas explosivas no mar Báltico. O Comando de Bombardeiros, seduzido pela doutrina de que sua missão constituía um serviço "independente", exagerou a quantidade de trabalho que poderia fazer por conta própria antes da guerra, e depois de encerrado o conflito exagerou o trabalho que havia feito. No entanto, o melhor trabalho que os esquadrões do Comando realizaram foi sempre *em conjunto* com as campanhas terrestres e marítimas — na ajuda para garantir o controle aéreo sobre as praias do Dia D, ao forçar a retirada da Luftwaffe do front oriental, conseguindo paralisar todas as tentativas de contra-ataque alemãs na Normandia, retardando a montagem dos submarinos e esgotando os estoques de combustível do Reich. Foi uma tarefa e tanto.

Fica difícil concluir se os serviços de inteligência desempenharam um papel significativo, a não ser pelo fato de que a informação que os alemães possuíam sobre as defesas aéreas dos Aliados — ou sobre suas ofensivas — era precária. Os agentes secretos não tiveram a menor importância para Harris enquanto ele fazia sua campanha sistemática de bombardear as cidades alemãs. A decifração de códigos podia ajudar se por meio dela o Ministério da Aeronáutica ficasse sabendo que essa ou aquela divisão da Luftflotte estava sendo transferida da Calábria para o front russo. Mas a fonte de informação mais valiosa de todas era o reconhecimento aéreo, por ser consistente, técnico e objetivo. As fontes dos serviços de Bletchley Park, por seu caráter episódico, não tinham como avaliar qual teria sido o choque da liderança alemã com o bombardeio de Hamburgo — ou então de fornecer alguma informação sobre o desenvolvimento secreto dos caças a jato da Luftwaffe.

Os Aliados receberam uma ajuda valiosa com os erros cometidos no lado alemão, especialmente aqueles de Göring e do próprio Führer. Hitler ignorou as lições da Batalha da Grã-Bretanha sobre a importância de ter um sistema de defesa bem estruturado e calibrado. Entre 1940 e 1943 a Alemanha não deu a prioridade adequada à produção de aviões, bem como prestou pouca atenção ao aumento da produção de caças. Hitler detestava as alegações de que era necessário um número maior de plataformas com armas de defesa, e ainda em 1943-4 continuava exigindo de seus oficiais que voltassem a bombardear a Inglaterra. Durante os poucos meses do fim da guerra ele insistia que o Me 262 fosse utilizado como um *bombardeiro* a jato, com uma carga de 110 ou 230 quilos, que desequilibrariam totalmente o avião, deixando-o vulnerável aos Spitfire e Mustang. O aumento na produção de caças que Erhard Milch e Speer conseguiram realizar foi obtido, apesar de Hitler. O foguete V-2, sem dúvida, era impressionante, mas uma arma daquele porte consumia uma quantidade fabulosa de recursos cada vez mais escassos — de acordo com uma estimativa, o custo seria equivalente ao que os Estados Unidos investiram no Projeto Manhattan (os americanos podiam se dar ao luxo de arcar com as despesas de sua superarma, mas a Alemanha não estava em condições de fazer o mesmo), e segundo outra avaliação o investimento no foguete iria desviar a mão de obra e o material que seriam mais bem empregados na construção de 24 mil caças.[64] De todo modo, o foguete teria pouca utilidade; assim como o caça a jato, pois colocá-lo na batalha em números reduzidos enquanto os Aliados avançavam cada vez mais depressa em direção ao Reno e ao Vístula faria pouca diferença. Armas desse tipo haviam sido necessárias durante o ano crítico de 1943, ou no máximo nos primeiros meses de 1944, e foi essa altura que a Alemanha perdeu a guerra.

DE OLHO NO LESTE

A primeira metade de junho de 1944 foi também um importante ponto de inflexão na campanha de bombardeamento estratégico no Pacífico, como será examinado com mais detalhes no capítulo 5. Em 15 de junho, a primeira leva de fuzileiros navais americanos desembarcou em Saipan, nas ilhas Marianas, e os

Estados Unidos penetraram diretamente no perímetro vital do Japão. A captura das ilhas Marianas foi de vital importância porque era a partir das bases aéreas lá construídas que as Forças Aéreas americanas poderiam atacar o centro do Japão. No final de novembro de 1944, dois anos depois da invasão do norte da África e das posteriores resoluções da Conferência de Casablanca, o poderio aéreo americano, na forma das maciças B-29 Superfortress capazes de voar a grandes altitudes, podia enfim atacar o Japão da maneira que seus pesados esquadrões na Europa, assim como o Comando de Bombardeiros da RAF vinha fazendo com o Terceiro Reich nos meses anteriores.

A história da ofensiva de bombardeios estratégicos sobre o Japão está fora dos objetivos de nossa narrativa.[65] Ela contém, por certo, um aspecto habitual da narrativa de Trenchard, aquele de devastar por meio de ataques aéreos as indústrias, cidades, sistemas de comunicação e a população inimiga. No entanto, em consequência do desequilíbrio do poder, faltou a ela o tom do combate prolongado e desesperado contra a Luftwaffe. Em todos os aspectos, a Alemanha foi um oponente muito mais árduo, acima de tudo no duelo pela superioridade aérea. No momento em que os B-29 iniciaram seus ataques, tanto a Marinha como as Forças Aéreas japonesas — em especial, mais uma vez, seus pilotos — estavam em número muito reduzido. Os aviões Mustang de longo alcance, quando entraram em serviço no Extremo Oriente, tinham que enfrentar poucos combates. E de qualquer maneira, os B-29 podiam voar tão alto que era muito difícil que os aviões japoneses os alcançassem. Na primavera de 1945, seu combativo comandante, Curtis LeMay, fez com que muitos de seus atiradores desmontassem suas torres de tiro, ordenando que lançassem suas bombas à noite (entre outros objetivos, para confundir o equipamento de defesa dos japoneses) e a uma altitude de apenas 2400 metros, atirando um grande número de pequenas bombas incendiárias sobre os edifícios revestidos de madeira. As consequências dos ataques incendiários a Tóquio e outros locais foram terríveis, com um número de mortes muito acima do que a experiência de guerra dos anglo-americanos seria capaz de imaginar, pelo menos no caso de guerra contra populações civis, algo bem diferente do combate travado nas trincheiras, contra adversários militares. Todos os ataques aéreos sobre Londres mataram cerca de 43 mil pessoas, deixando 1 milhão de feridos.[66] O extermínio de 150 mil habitantes de Tóquio nesses ataques incendiários não foi o fim da história. Assim que os B-29 providenciaram mais bombas — eles tinham esgotado o estoque no final de março — chegou a vez de outras cidades japonesas, aldeias e portos serem totalmente arrasados. Depois vieram as duas bombas atômicas, que mataram pelo menos 200 mil pessoas. Teoria e prática da guerra aérea estratégica haviam chegado à sua apoteose. E começava uma nova e ameaçadora era de bombardear populações civis.

Os anos depois da guerra trouxeram uma combinação de boas e más notícias aos personagens descritos. O glamoroso, despojado e muito influente Tommy Hitchcock, que não cabia em si de contentamento pelo fato de que os Mustang estavam vindo para a Inglaterra, morreu em 1944, pouco antes do Dia D, quando um avião que testava caiu misteriosamente. Jimmy Doolitte "aposentou-se" numa vida cheia de ocupações, que combinava uma carreira do mundo dos negócios com trabalho para o governo, pelo qual receberia merecidamente um amplo reconhecimento; em 1985 o presidente Ronald Reagan acrescentou uma quarta estrela aos seus galardões, o que fez dele um autêntico general em todos os sentidos. Lovett, depois da guerra, teve uma carreira ainda mais destacada, assumindo o cargo de subsecretário de Estado de George Marshall de 1946 a 1949, tornando-se em seguida secretário da Defesa durante boa parte da guerra da Coreia (de 1951 a 1953). Don Blakeslee continuou na Força Aérea, servindo na Coreia e no Vietnã até ser reformado, quando passou a viver na Flórida. Elmer Bendiner, assim como a maioria dos pilotos, voltou à vida civil; 35 anos depois, começou a escrever seu relato sobre os ataques de Schweinfurt.

Sir Wilfrid Freeman, reformado como marechal do ar, assumiu um cargo importante na Courtaulds, uma companhia britânica; morreu em 1953, segundo um relato, por "excesso de trabalho", o que parece plausível. Ele tinha motivos de sobra para estar muito satisfeito com o fato de que todos os aviões cuja fabricação autorizou, defendeu e fez com que entrassem em ação a partir do final dos anos 1930, tenham conseguido um desempenho tão expressivo. Porém Arthur "Bomber" Harris não tinha razões para se sentir um homem realizado. Já nos meses finais da guerra, o governo britânico não se mostrava muito satisfeito com as crescentes críticas à política de "chocar e aterrorizar" a área empregada pelo Comando de Bombardeiros. Harris foi o único comandante em chefe britânico que ficou sem receber um título de nobreza no final da guerra. Em 1948, deixou o serviço, desapontado, para assumir um emprego civil na África do Sul, embora mais tarde tenha voltado à Grã-Bretanha, onde levou uma vida sossegada no vale do Tâmisa, até sua morte, em 1984. Oito anos depois sua estátua foi descerrada pela rainha-mãe ao lado da igreja da RAF, em St. Clement Danes porém até mesmo essa cerimônia provocou protestos, e por algum tempo a estátua precisou ser protegida. Lamentavelmente, esse clima de desconforto, do ponto de vista político bem como quanto ao aspecto moral, acabou por ferir a reputação do próprio Comando de Bombardeiros, o único serviço que ficou sem receber uma condecoração pela campanha — uma vergonha de caráter duradouro, por confundir as circunstâncias de uma política que errou na escolha dos alvos com as corajosas equipes que a executaram, entre elas dezenas de milhares de combatentes que perderam suas vidas.

Muito tempo depois da guerra, Ronnie Harker mudou-se para a Nova Zelândia, onde se dedicou a seus dois passatempos favoritos: a pesca e voar cada vez mais alto com um Mustang. As forças aéreas da Austrália e da Nova Zelândia haviam comprado um grande número de P-51, que tiveram desempenho notável na Guerra da Coreia antes de gozar de uma longa aposentadoria no clima dos antípodas. Havia ainda um bom número deles em atividade à medida que a segunda metade do século XX chegava ao fim, e um estava sempre disponível para Harker. Em 1997, decolou pela última vez com um Mustang, seu derradeiro voo solo. Naquela manhã de 30 de abril de 1942, não se sabe se ele forçou a máquina de maneira tão intensa como fizera com o P-51, com motor Alison. Mas isso não vem ao caso: ele estava de volta numa máquina que ajudara a transformar de um patinho feio no mais formidável caça de longo alcance da Segunda Guerra Mundial. Ele e os outros personagens citados aqui, não tinham criado apenas uma arma que ajudou a vencer uma guerra; fizeram muito mais que isso: criaram um sistema capaz de vencer guerras. As pessoas ficam conjecturando se Harker, então com 88 anos, pensou em tudo isso quando devolveu sua máscara de oxigênio pela última vez. Dois anos depois, ele próprio seguiria para o azul profundo.[67]

O historiador de importantes fatos políticos e da força que as mudanças econômicas provocaram na evolução da humanidade não pode deixar de lado o papel das circunstâncias favoráveis, da sorte e do acaso nessa história do Mustang, que escapou por pouco do ferro-velho para se transformar num mito da aviação. E se Ronnie Harker não tivesse sido convidado pelo Centro de Testes de

Duxford para pilotar o P-51 em abril de 1942? E se um outro piloto de provas não fosse tão perspicaz ou não estivesse informado sobre o novo motor Merlin 61? E se o administrador da Rolls-Royce não tivesse uma amizade tão próxima com Sir Wilfrid Freeman? E se Lovett não tivesse feito sua tão importante visita em 1943 às bases aéreas da Grã-Bretanha?

Tantas conjeturas, tantas hipóteses. Talvez surgissem outras soluções capazes de resolver o impasse do final de 1943, impedindo que os bombardeios estratégicos dos Aliados fossem colocados em prática. Mesmo assim, sem os avanços descritos acima, fica difícil imaginar como a Operação Overlord poderia ter ocorrido em junho de 1944, com a desintegração do Terceiro Reich menos de um ano depois. O acaso tem sua importância.

3. Como deter uma Blitzkrieg

> *Os êxitos alemães entre 1939 e 1942 deveram-se em grande parte ao fato de que as Forças Armadas alemãs tinham uma melhor compreensão do equilíbrio entre o poder de fogo ofensivo e defensivo existente na ocasião do que a qualquer outra consideração de ordem material. Tendo que enfrentar um número de inimigos com recursos militares limitados e uma doutrina inferior, a Wehrmacht conseguiu derrotar adversários sem uma defesa adequada contra tanques e ataques aéreos e — o que foi fundamental — sem o espaço e o tempo para absorver o choque de um ataque em forma de Blitzkrieg [...] contudo, em 1943 o Exército soviético já sobrevivera a duas Blitzkrieg e ao longo do processo tinha aprendido como reagir a essa forma de operação militar.*
>
> H. P. Willmott, *The Great Crusade: A New Complete History of the Second World War*

Àquela altura [El Alamein, outubro de 1942], a superioridade britânica em forças [...] era muito maior do que já fora [...]. O número de combatentes do Oitavo Exército era de 230 mil, enquanto Rommel contava com menos de 80 mil, dos quais apenas 27 mil eram alemães. Além disso, o Oitavo Exército dispunha de sete brigadas com equipamento de

> *blindagem e um total de 23 regimentos blindados, em comparação com os quatro alemães e sete batalhões italianos de tanques de Rommel [...].*
> *No ar, a superioridade britânica também nunca havia sido tão grande.*
> B. H. Liddell Hart, *History of the Second World War*

Em 20 de fevereiro de 1943, pouco mais de um mês depois da Conferência de Casablanca, unidades do Exército americano a alguns quilômetros de distância tiveram seu primeiro confronto sério com a Wehrmacht. As sangrentas batalhas que se seguiram ocorreram em torno de um caminho pedregoso, situado em local estratégico no sul da Tunísia, conhecido como Passo de Kasserine. Se há algum evento que possa ser considerado o batismo de fogo do Exército americano na zona de confronto do Mediterrâneo e da Europa, sem dúvida foi esse. O Segundo Corpo do Exército americano teve a infelicidade de se defrontar com o general dos Panzer mais agressivo da Wehrmacht, o marechal de campo Erwin Rommel, homem que adotava o seguinte princípio tático: quando o inimigo dispõe de forças maiores, a única reação sensata é fazer um pequeno recuo, reagrupar-se e então contra-atacar de maneira implacável, confiando no alto profissionalismo de seus homens, na superioridade de sua vivência para intimidar e derrotar tropas mais numerosas, porém (era o que ele podia concluir àquela altura) com pouca experiência no campo de batalha. Diversos outros generais alemães teriam concordado, e essa era, havia muito tempo, a atitude operacional que seguiam: lutar com todas as forças, recuar se a posição ficar insustentável ou, se houver o perigo de ser atacado pelos flancos, reorganizar-se combinando unidades esgotadas e então voltar ao ataque, exatamente na pausa de descanso do inimigo. Com uma audácia impressionante em suas Blitzkrieg entre 1939 e 1942, os alemães provaram também ser os melhores combatentes no emprego de manobras defensivas nos três últimos meses da guerra.*

---

* O termo "Blitzkrieg" é empregado, muitas vezes de forma descuidada, para descrever uma porção de coisas diferentes, ainda que relacionadas. Seu significado literal é "guerra-relâmpago". Nesse sentido, ele pode ser aplicado a inúmeras campanhas (a de Frederico, o Grande, a campanha de Israel de 1967), embora a palavra tenha passado popularmente a se referir ao modo de fazer guerra da Alemanha em 1939-41 — movimentação rápida no campo de batalha por unidades de infantaria blindadas e motorizadas para apanhar o inimigo desprevenido, às vezes seguida de um recuo para reagrupar-se e voltar a atacar. As táticas aéreas alemãs (bombardeiro de mergulho, aviões de bombardeio de alcance médio) deram ao termo um toque novo. Não tem nada em

As tropas americanas, recrutadas havia pouco, nunca tinham enfrentado esse tipo de combate, nem muitos de seus comandantes — e estavam sofrendo o ataque de apenas seis batalhões. O relato conciso porém brilhante do historiador Rick Atkinson consegue descrever muito bem essa derrota. Não sabemos se o tenente que resmungou "E então os seiscentos soldados marcharam para o vale da morte" sobreviveu ao massacre que se seguiu, mas o subalterno tirou a conclusão certa, e seus superiores, a errada. Os soldados, juntamente com um desafortunado batalhão do Regimento de Leicester nas proximidades, foram os sacrificados.[1] A partir do enorme número de análises realizadas logo após a batalha e das inúmeras histórias posteriores, fica claro que havia muita coisa errada com os exércitos anglo-americanos na Tunísia. No topo da cadeia de comando havia muita confusão, generais do escalão médio exibiam um otimismo absurdo num dia, mas no dia seguinte perdiam o controle e culpavam seus subordinados, e todo o sistema de comunicação apresentava enormes deficiências. Na parte inferior da cadeia havia muitos soldados inexperientes, que se colocaram em posições erradas, ficaram assustados com o ruído impressionante dos canhões inimigos e, quando viram uma de suas unidades em retirada, juntaram-se a ela, abandonando suas armas mais pesadas e locomovendo-se com dificuldade sobre pedras e espinheiros. Foi uma derrota e tanto.

No final da semana, as tropas aliadas, apesar do constante assédio, conseguiram repelir a ofensiva de Rommel. Um total de 30 mil soldados havia participado da Batalha de Kasserine, dos quais perderam-se 6 mil, a maioria sendo capturada, tendo que ficar até o fim da guerra como prisioneiros dos alemães. O general Lloyd Fredendall, comandante do Segundo Corpo do Exército americano, perdeu 183 tanques, 104 veículos militares, mais de duzentas armas e quinhentos jipes e caminhões. Do lado alemão, morreram 201 soldados.

Mas esse episódio não foi nada parecido com a queda da França. Eisenhower mandou buscar novas unidades e comandantes mais competentes da Argélia, o Oitavo Exército de Montgomery estava vindo do leste, e as forças de Rommel simplesmente ficaram sem munição e sem combustível. Mas, de qualquer modo, foi um choque, e para os americanos, uma amostra da garra com que esse inimigo iria lutar. Lloyd Fredendall logo foi substituído por George Patton, bem mais agressivo e muito ambicioso.

---

comum com a blitz sobre Londres de 1940-1 (mesmo que, uma vez mais, a Luftwaffe estivesse na dianteira), que foi, como vimos, um prolongado bombardeio aéreo contra a capital. (N. A.)

Deixando de lado a derrota calamitosa de MacArthur nas Filipinas no início de 1942, o episódio de Kasserine foi provavelmente o soco na cara mais humilhante que o Exército americano recebeu durante a Segunda Guerra Mundial. E no entanto, em muitos aspectos, não chegou a ser uma surpresa. Homem por homem, as tropas alemãs tinham muito mais experiência, o que também provou ser verdadeiro quando enfrentaram tropas britânicas, bem mais calejadas em combates. Pouco antes da luta pelo Passo de Kasserine, uma força considerável de dois regimentos britânicos de infantaria, o West Kent e os Argyll Highlanders, tinha sido enviada a um vale em Jefna, também na Tunísia, apenas para encontrar o 21º Batalhão Paraquedista de Engenharia, sob pesada camuflagem e comandado do major Rudolf Witzig nas montanhas acima. As tropas britânicas, sem conseguir ver a posição vantajosa em que se encontrava o inimigo, foram derrotadas por um contingente alemão que tinha um décimo de seu tamanho. Witzig já havia combatido com grande distinção na França, em Creta e na Rússia, e liderara o famoso salto de paraquedas que, em maio de 1940, conseguiu tomar a fortaleza belga de Eben-Emael considerada impenetrável. Foi essa operação que permitiu o avanço das tropas Panzer.*[2] Em comparação com Stalingrado, lutar no norte da África era fácil. Nos exércitos ocidentais não havia militares com a experiência de combate que pudesse ser comparada à de Witzig.

As unidades do general Fredendall constituíam a quinta — ou seria a sétima ou a décima? — força do Exército nacional a passar pela mais desconfortável situação militar da Segunda Guerra Mundial — sofrer o ataque de contingentes da Wehrmacht que inicialmente agrediam com força total, e se fosse necessário voltavam a agredir num contra-ataque posterior para atordoar o inimigo, afetar seu sistema de comunicações, enfraquecer seu moral e deixar seu alto-comando paralisado. Na maioria dos casos, o primeiro, rápido e avassalador ataque era suficiente. Se a resistência terrestre começava a crescer, as unidades alemãs recuavam — mas apenas como preparação para uma nova ofensiva. Essa, pelo menos, era a história dos ataques alemães de 1939 até o fim de 1942.

---

* Witzig e Otto Skorzeny (cujo audacioso ataque resgatou Mussolini, tirando-o do cativeiro) disputaram entre si para decidir qual deles inspirou o personagem de Michael Caine (um coronel paraquedista que lutou nos Países Baixos, em Creta e na Rússia) no aclamado romance, e filme, *The Eagle Has Landed*. (N. A.)

Mesmo estando bastante informado sobre a derrota final e completa do Terceiro Reich, o historiador que for escrever sobre esses acontecimentos setenta anos mais tarde tem dificuldade em entender o que Williamson Murray denominou em seu livro "a eficiência militar alemã".[3] Em setembro de 1939, a Wehrmacht dizimou um amplo, elegante, mas extremamente desorganizado Exército polonês num período de duas semanas. Há várias razões para não levar em consideração o significado dessa luta desequilibrada, *exceto* que todos os componentes de uma nova forma de combate foram empregados: a Luftwaffe assumiu pleno controle do ar, destruiu as bases aéreas polonesas e dispersou as colunas do Exército, partindo em seguida para devastar Varsóvia; as catorze divisões mecanizadas arrasaram a infantaria polonesa, que estavam distribuídas de forma equivocada, sem tomar conhecimento da cavalaria e, sem perder tempo, dirigiram-se a todos os alvos importantes — Lodz, Cracóvia, Lviv. Enquanto massas de soldados poloneses, de forma consistente, eram encurraladas em círculos cada vez mais estreitos, logo uma das divisões blindadas do Décimo Exército de Walter von Reichenau estava se dirigindo com velocidade para as cercanias de Varsóvia em apenas uma semana. Pouco tempo depois estava tudo acabado.

Após passar algum tempo durante a assim chamada Guerra de Mentira (Phony War) calculando como poderiam se sair ainda melhor nas próximas batalhas, infantaria, Força Aérea e divisões Panzer alemãs dirigiram-se ao oeste e ao noroeste na primavera de 1940. Os pequenos exércitos da Dinamarca, da Bélgica e da Holanda foram logo liquidados, o que é compreensível, mas a rapidez com que os nazistas conquistaram a Noruega — no pátio de entrada da Marinha Real — foi espantosa. Mais espantoso ainda, numa das batalhas épicas da extensa história militar da Europa ocidental, o poderoso Exército francês foi esmagado e uma Força Expedicionária Britânica, treinada somente em parte, foi enxotada do continente apenas um mês ou pouco depois. Tornou-se evidente que a vitória tão rápida da Wehrmacht sobre a Polônia não havia sido um golpe de sorte. Afinal, a França tinha forças terrestres maiores que a Alemanha (65 divisões francesas em atividade, enquanto os alemães dispunham de 52) e mais tanques, incluindo alguns dos tipos mais pesados.* A França estava se

---

* Ao longo deste capítulo, ficará claro que as unidades-padrão empregadas para definir as dimensões militares — grupos de exército, divisões, brigadas, regimentos, batalhões etc. — nos dão

preparando havia duas décadas para reagir a um ataque alemão pelo oeste e teriam o reforço da Força Expedicionária Britânica e de um exército belga, mesmo que este último não tenha entrado na guerra com muita disposição. A Força Aérea francesa, porém, era fraca e estava superada, tendo portanto sido fácil para a Luftwaffe garantir o domínio do ar. O avanço nem um pouco ortodoxo das divisões Panzer alemãs pelas Ardenas deixou desorientado o alto-comando francês, que não tinha como acompanhar o ritmo e a ousadia da ofensiva de Heinz Guderian rumo ao canal da Mancha — até mesmo seus superiores na Wehrmacht e o próprio Hitler ficaram apreensivos ao terem notícias dessa vitória inesperadamente rápida, receando que as divisões Panzer tivessem avançado além da conta e acabassem encurraladas.

Em junho de 1940 a França estava liquidada e a Grã-Bretanha ficou sozinha. Toda a estrutura militar e geopolítica da guerra tinha se alterado. Stálin estava impressionado e ansioso por saber que suas Forças Armadas, enfraquecidas depois de tantos expurgos, não estavam de modo algum preparadas para a guerra. O governo americano não sabia o que fazer. Mussolini apressou-se a ficar ao lado de Hitler. Os japoneses passaram a reavaliar suas opções. A guerra na Europa nem havia completado dez meses, e o mundo já estava de ponta-cabeça. Não é de espantar, portanto, que a expressão "guerra-relâmpago" parecesse tão adequada.

Para a Grã-Bretanha e seus parceiros, 1941 não foi nem um pouco melhor. Naquela primavera, a tendência política da Iugoslávia de se colocar contra o Eixo fora punida com uma gigantesca e rápida invasão que acabou apanhando também o sul das regiões balcânicas, subjugando a Grécia e em seguida capturando Creta num ousado ataque com paraquedistas. Será que de fato houve

---

apenas uma ajuda limitada quanto à compreensão do poder efetivo de um protagonista em relação ao outro durante uma campanha. As divisões americanas eram imensas; as divisões soviéticas tinham a metade desse tamanho. Em 1944, as divisões alemãs no front oriental tinham sido reduzidas a um quarto de seu tamanho original, mas Hitler continuava teimando em considerá-las divisões. A quantidade de tanques prestava-se a confusões semelhantes; se eram necessários quatro ou cinco T-34 para destruir um Panther na Batalha de Kursk de 1943, que importância tinham os números? O mesmo poderia ser dito em relação ao balanço das forças navais, só que agora com os sinais trocados — os cruzadores e os contratorpedeiros britânicos eram muito mais equilibrados para o Atlântico Norte que seus equivalentes alemães, maciços, pesadíssimos, que balançavam tanto que suas tripulações acabavam sofrendo de enjoo. (N. A.)

determinado regimento britânico que tivesse sido escorraçado da Noruega, em seguida da França, para ser enfim escorraçado também de Creta em 1940, um destino magnificamente imaginado por Evelyn Waugh em sua grande trilogia sobre a guerra?[4] Nesse caso, aquele regimento poderia ter sido levado de volta ao Egito, onde logo teria pela frente as ofensivas rápidas e a incessante movimentação dos Afrika Korps de Rommel. Como era de esperar, àquela altura a Operação Barbarossa, muito maior, já teria começado, e as divisões Panzer alemãs estariam devastando a Ucrânia, deixando milhões de soldados russos entregues ao seu destino. Na verdade, os soldados americanos esmagados na Batalha de Kasserine não tinham muito do que se desculpar; era a vez de serem derrotados.

O que se segue no resto deste capítulo são duas perguntas relacionadas entre si. A primeira é por que os alemães eram tão bons do ponto de vista tático e operacional e, se eram tão bons assim, como foi possível que alguém os derrotasse? A segunda tem um caráter mais amplo: uma postura bélica ofensiva tem maiores probabilidades de chegar à vitória do que qualquer tipo de postura defensiva? Partindo do princípio de que o Exército atacante conta com uma liderança audaciosa e dispõe de tropas bem treinadas, esse tipo de guerra--relâmpago terá sucesso quase sempre — ou existem outros fatores críticos que influem no resultado, tais como tempo, espaço e número de combatentes? Faz sentido abordar inicialmente a segunda pergunta, com seu caráter mais abrangente, antes de procurar as razões para o desempenho da Wehrmacht na Segunda Guerra Mundial; agindo assim podemos chegar a uma compreensão melhor de por que as batalhas terrestres na Europa ocidental, na Rússia e no Mediterrâneo tiveram o desenvolvimento que tiveram. A história das guerras está repleta de exemplos de campanhas velozes e espetacularmente bem-sucedidas — nos tempos modernos talvez nada se iguale às conquistas de Alexandre, o Grande, e Gengis Khan com a rápida derrubada dos inimigos e a conquista de diversos territórios. Sem dúvida, os amplos espaços abertos que foram os principais cenários de suas batalhas constituem grande parte da explicação; com um líder decidido e forças de ataque dotadas de grande mobilidade, em apenas uma semana um exército era capaz de percorrer grandes distâncias. Por outro lado, isso também pode explicar por que a topografia da Europa, com suas inúmeras montanhas, florestas densas, muitos rios e pântanos, torna bem mais difícil que um exército assuma o controle total das operações.[5] Conhecedores dessas limitações, os romanos mantiveram-se dentro de seus limites, ao passo que mais tarde o Sacro Império Romano-Germânico de Carlos Magno e dos Habsburgo alcançariam um amplo poder regional. As guerras da Idade Média foram sobretudo de golpes rápidos e violentos, e o advento depois de 1500 de novos sistemas de fortificação colocaria a ênfase no cerco demorado ao inimigo.

Mesmo na Europa houve exceções históricas: campanhas rápidas e surpreendentes que desequilibravam o inimigo, porque o exército atacante estava tão bem treinado e motivado que os obstáculos geográficos pareciam encolher. A impressionante marcha do duque de Marlborough às margens do Reno dos Países Baixos até a Alta Bavária (a Batalha de Blenheim, em 1704) é um bom exemplo. Meio século depois, Frederico, o Grande, com frequência deixava os inimigos atordoados pela rapidez com que transferia seus exércitos de um front para outro, algumas vezes dividindo suas forças de tal modo que enquanto uma parte disputava o campo de batalha, a outra efetuava um ataque pelos flancos, quase sem ser vista graças ao terreno montanhoso. Tornou-se lendária a capacidade de Napoleão em deslocar exércitos — tropas numerosas e em alta velocidade —, e em 1866 e 1870 Helmuth von Moltke, o Velho, atacou austríacos e franceses tão depressa e de maneira tão decisiva que aquelas guerras tiveram um final muito rápido.[6]

Esses sucessos obtidos por meio de ataques-relâmpago, porém, constituem casos excepcionais. A maioria das outras batalhas de Marlborough (Ramillies, Malplaquet) foram grandes e estáticos banhos de sangue nos Países Baixos. Em inúmeras ocasiões, cercado de inimigos por todos os lados no momento crítico da Guerra dos Sete Anos, Frederico, o Grande, não tinha outra opção que não permanecer onde estava e lutar. Por mais que se esforçassem, os grandes marechais e os exércitos calejados de Napoleão jamais conseguiram obter uma vitória decisiva na Espanha: o terreno era muito irregular e áspero, o que favorecia os diversos grupos espanhóis de guerrilha com sua tática nada ortodoxa de combate, dando vantagem também à coalizão liderada pelos britânicos de Wellington. A demonstração mais espetacular das fraquezas do método empregado por Napoleão em suas campanhas vem, é claro, da derrota catastrófica da França na guerra de 1812, na qual o tempo, as distâncias e a disposição dos russos em recuar centenas e centenas de quilômetros desfez inteiramente a ideia de uma vitória rápida e decisiva. Moltke concluiu que aproximadamente uma década depois de sua vitória de 1871 sobre a França, no futuro a promoção de campanhas rápidas contra países industrializados da Europa ocidental com seus Exércitos prussianos seria impossível: havia muitas novas áreas urbanas, muitos canais, muitas estruturas para sustentação de vias férreas.

Mas o velho marechal de campo estava praticamente sozinho nessa conclusão. Seus sucessores, Alfred von Schlieffen e Moltke, o Jovem, estavam hipnotizados com o advento das estradas de ferro e do telégrafo, assim como os generais dos países vizinhos, à medida que 1941 se aproximava. A chegada de novas tecnologias bélicas, como a aviação e o tanque nos anos anteriores à Segunda Guerra Mundial, viram ressurgir mais uma vez a crença em vitórias militares rápidas.

Se estamos tentando encontrar as condições, do ponto de vista lógico e logístico, em que a guerra-relâmpago não funciona, a primeira resposta decorre da topografia. Não é possível obter uma vitória decisiva se o combate for travado através de extensas cadeias de montanhas, como a Wehrmacht descobriu ao tentar esmagar os partisans da Iugoslávia e da Grécia depois de 1941, bem como, ao longo dos séculos, sucessivas invasões descobriram o mesmo nos elevados picos do Afeganistão. Selvas densas, como aquelas existentes nas províncias do sudoeste da China e em todo o sudeste da Ásia, confirmam essa evidente tese militar: circunstâncias físicas difíceis tendem a igualar o confronto, mesmo que um dos lados disponha de um poder de luta muito superior ao do oponente (como ficou claramente demonstrado no Vietnã). E amplos desertos, com centenas de quilômetros de areias movidas pelo vento, sem dúvida limitam as ações de comandantes ousados como Rommel, dando vantagem a militares cautelosos como Montgomery. Grandes rios, com quilômetros de distância de uma margem a outra, retardam as ofensivas; mesmo que o exército invasor disponha de pontões e outros equipamentos que facilitem a construção de pontes, esse material, de peso considerável, tem que ser conduzido por grandes distâncias até atingir a beira do rio. A topografia não elimina a capacidade de ação humana, mas os planejadores de estratégia que sabem qual a melhor maneira de aproveitá-la representam uma enorme ajuda a seus comandantes.

Duas outras razões, igualmente óbvias, completam esse quadro. Um modo de guerrear baseado em rigidez e grande mobilidade, levando a vitórias rápidas e decisivas no campo, não irá ocorrer se os exércitos defensores forem eles próprios muito fortes, bem entrincheirados e bastante numerosos para impedir sua utilização. Essa é uma verdade que se aplica a qualquer extensão geográfica da zona de combate. No entanto, também é verdade que formas de operação rápidas e agressivas provavelmente irão vacilar e em seguida fracassar se os atacantes se espalharem por faixas de terra cada vez maiores, com as forças de vanguarda também afastadas umas das outras, das bases e de suas linhas de abastecimento.

Tudo isso pode ser dito sobre os fundamentos históricos e teóricos da Blitzkrieg e das táticas de guerra rápidas, agressivas e de impacto imediato, conduzidas por forças que em geral são também muito eficientes no contra-ataque. Mas o que isso tudo significa no que diz respeito ao desempenho operacional da Wehrmacht durante a Segunda Guerra Mundial? No contexto da guerra moderna, industrializada, a máquina de combustão interna, veículos armados e blindados, ferrovias e aeronaves combinaram-se numa forma de combate que para os contemporâneos pareceu inteiramente nova, transcendendo as diversas limitações geográficas de épocas anteriores. Se for necessário apresentar alguma prova disso, basta observar a ação dos tanques alemães irrompendo pelas florestas das Ardenas em maio de 1940.

E por que todo mundo ficou tão surpreso com essas campanhas tão curtas? Porque para quase todas as pessoas a imagem da guerra travada no solo ainda era aquela formada pela tradição dos combates renhidos, estáticos, quase corpo a corpo da Primeira Guerra Mundial, em especial as campanhas do front ocidental e no norte da Itália. Em Somme, Verdun, em Passchendaele e ao longo do Isonzo, centenas de milhares de soldados foram mortos para conquistar apenas alguns quilômetros de terreno. Algumas vezes os atacantes, depois de meses de assaltos infrutíferos, acabavam exatamente no lugar em que estavam no início da ofensiva. *Essa* era a realidade da guerra moderna, industrializada, como está confirmado e registrado nas histórias, memórias e textos literários das décadas de 1920 e 1930.

O que quase toda essa ampla literatura não percebeu foi que nos últimos anos da guerra algumas lideranças militares, em caráter privado, tinham concebido um modo de romper o ferrolho da guerra estática de trincheiras. As primeiras mudanças vieram, o que não deve surpreender, da Europa oriental, onde as frentes de combate eram bem mais extensas e portanto mantidas com menor densidade do que no front ocidental. A Ofensiva de Brusilov no verão de 1916, quando o Exército russo derrotou os fracos contingentes austro-húngaros, deu certo porque os atacantes não usaram bombardeamentos maciços no estilo do general Haig (eles tinham pouca munição); pelo contrário, eles recorreram ao elemento surpresa, atacando em vários locais pouco depois de terem começado a abrir fogo. No ano seguinte, uma ofensiva alemã nas proximidades de Riga empregou os mesmos princípios de choque, velocidade e superação de obstáculos. Também em 1917, a Itália sofreu sua maior derrota em Caporetto, quando unidades alemãs muito rápidas (nas quais estava incluído um jovem Erwin Rommel), enviadas em reforço dos exércitos austro-húngaros, realizaram uma investida espetacular obrigando o alto-comando italiano a pedir ajuda aos Aliados. Em tudo isso, talvez o aspecto mais importante, como argumenta Timothy Lupfer, foi que o Estado-Maior prussiano permitiu que oficiais de médio escalão divulgassem impressões, ideias e experiências de seus respectivos fronts, para estimular a iniciativa.[7] Se ataques-surpresa realizados por forças de infantaria bem treinadas tinham dado certo no Báltico, por que não tentar também na Itália, ou até mesmo no oeste?

De maneira lenta e árdua o Exército alemão foi tropeçando diante de novas táticas e, o que tem a mesma importância, diante de novos tipos de tropas: tropas de choque, mais bem treinadas, equipadas com um novo conjunto de armas (metralhadoras, granadas, cortadores de arame), e estimuladas a avançar rapidamente em direção aos pontos fortes do inimigo. Enquanto isso, no front ocidental, o Exército britânico enfim começava a descobrir sua maneira de romper o ferrolho da guerra de trincheiras, uma maneira mecânica, na forma dos primeiros tanques; apesar de muitos problemas iniciais, eles teriam um grande efeito nas ofensivas de agosto de 1918. Na tradição do confronto militar entre forças ofensivas e defensivas, semelhante à antiga lenda do duelo entre maré alta e maré baixa, a ofensiva mais uma vez saiu vencedora.[8] Aqui, mediante golpes e incursões de grande rapidez, estava o futuro da guerra, e os altos sacerdotes intelectuais dessa mais recente "revolução militar", como Liddell Hart e o general John F. C. Fuller, que gastariam todas suas energias depois de 1919 pregando o novo Evangelho. A tecnologia triunfara sobre a topografia, novos tipos de armas poderiam ir a qualquer lugar, e se a vanguarda não fosse detida, o sistema nervoso do inimigo ficaria paralisado. No entanto, nenhum dos entusiastas da guerra mecanizada e blindada levou em conta que a maior tentativa de obter uma vitória rápida e decisiva — a ofensiva maciça de Ludendorff no oeste, na primavera de 1918 — conseguira ter progressos significativos, e ao final foi incapaz de chegar às defesas do inimigo porque o poder de fogo dos

Aliados era muito grande enquanto o espaço para manobras era extremamente reduzido.

As lições que os peritos militares puderam tirar da Primeira Guerra Mundial quanto ao potencial bélico das ofensivas mecanizadas foram, portanto, bem contraditórias. O alto-comando francês, numa atitude conservadora porém bastante lógica, tirou de 1918 a conclusão de que apenas o emprego profundo da força conseguira salvar a República e que, se no futuro viessem a ser atacados pela Alemanha, a melhor estratégia a utilizar seria defensiva. Isso levou os franceses a criar uma barreira física ainda maior contra invasões na forma da Linha Maginot. Na Grã-Bretanha, os entusiastas da guerra blindada, talvez Fuller em especial, postulavam o emprego de forças baseadas acima de tudo em tanques, que se expandiriam a partir dos pontos de penetração, paralisando os sistemas nervosos do inimigo; Liddell Hart defendia a utilização de uma postura indireta para a vitória no campo de batalha, que envolvia também a utilização de ataques com alta mobilidade, porém mediante ofensivas pelos flancos ou desembarques pelo mar. O emprego em grande escala de manobras com tanques em Salisbury Plain no final da década de 1920 mostrou que esse tipo de operação militar tinha um futuro. Assim, apesar da oposição dos regimentos de cavalaria, o Exército britânico foi pioneiro na mecanização até os problemas econômicos dos anos 1930. Os americanos, que embora relutando haviam chegado à Europa em 1918 para esmagar o inimigo baseados na enorme superioridade material (como ocorrera na Guerra Civil entre o norte e o sul), não estavam interessados em nenhum tipo de planejamento visando a uma nova grande guerra no Velho Continente; eles voltaram para casa e desmobilizaram seus soldados. O recém-formado Exército Vermelho sob comando de Trótski, depois de maneira mais profissional por Tukhachevski, estudou esse debate, discutindo o que seria chamado de táticas de "batalhas profundas", até que os expurgos alucinados de Stálin no final da década de 1930 paralisaram tudo isso. E as planejadas áreas de expansão japonesas — principalmente rios, deltas e selvas na Ásia — não eram adequadas para o uso de tanques, a não ser alguns muito leves, capazes de se locomover por estradas estreitas e pontes de madeira.

Com isso, ficou faltando o Exército alemão, que em consequência do Tratado de Versalhes sofrera maciça redução em suas tropas e sistemas de armas; abaladas também pela economia em declínio de Weimar e, além disso, marginalizadas pelas corrosivas políticas partidárias do momento, as lideranças militares tentavam conceber uma forma de recuperar seu antigo poder. Com o advento do Terceiro Reich em 1933, os generais começaram a ver uma constante e em seguida expressiva afluência de recursos para a reconstrução do poderio bélico. Grande parte dos oficiais do alto escalão eram prussianos conservadores de origens tradicionais; suas opiniões eram no sentido de que quanto maior o número de divisões de infantaria e artilharia de que pudessem dispor, tanto melhor. Mas havia também, embora em menor número, uma quantidade significativa de oficiais de mentalidade mais radical — Guderian, Manstein, Hasso von Manteuffel, Rommel — empenhados em conseguir material bélico de mobilidade bem maior. A Wehrmacht, que iniciou a Segunda Guerra Mundial com o impiedoso ataque à Polônia, refletia esse equilíbrio instável entre o velho e o novo com um número reduzido de unidades Panzer e de equipamento motorizado e o predomínio de divisões muito mais lentas, algumas até mesmo com a utilização de cavalos. Mesmo assim, as unidades mais rápidas, agora já contando com a ajuda da nova Força Aérea, estavam dotadas de uma agressividade com a qual as outras nem de longe poderiam se comparar, além do potencial para colocar em prática aquela tão desejada, quase mística, operação no campo de batalha, a *Kesselschlacht*.* Essa nova tendência agora tinha ainda um Führer que queria resultados rápidos.

Como resposta, a Wehrmacht e a Luftwaffe produziram para seu líder uma combinação de sistemas de armas agressivos — infantaria, unidades Panzer, ataques aéreos — que as Forças Armadas dos outros países jamais tinham visto. Assim, alguém poderia se surpreender pelo fato de que as nações vizinhas da Alemanha nazista foram sendo arrasadas, uma depois da outra? Essas nações tinham pela frente a força coordenada dos três responsáveis mencionados acima: (1) unidades de infantaria de grande mobilidade, altamente treinadas, sempre que possível transportadas por caminhões ou via férrea com o objetivo de ganhar tempo, trabalhando como força de apoio para batalhões Panzer independentes; (2) a doutrina tática/operacional de ataques rápidos, anticonven-

---

* É difícil extrair de maneira precisa essa palavra do idioma alemão: seu significado literal é "caldeirão de batalha", embora na prática ela fosse utilizada para representar um ataque pelos flancos, uma incursão, um ato de cercar o inimigo e, em seu sentido mais amplo, um envolvimento efetuado pela utilização de tenazes por dois lados, tirando toda possibilidade de movimentação inimiga, forçando-os à rendição. Os fantasmas da antiga Batalha de Canas, e do recente Plano Schlieffen, estão presentes nesse sonho operacional. (N. A.)

cionais, destinados a abrir uma brecha nas defesas do inimigo e em áreas afastadas de suas bases; mais (3) o emprego de aviões, que em grande parte havia sido organizado especificamente para uma tática de bombardeamentos de baixa altitude e próximos das bases inimigas, para destruir suas forças aéreas, abalar seus sistemas de comunicações e desmoralizar as tropas defensivas, que não estavam preparadas para o som terrível dos Junkers Ju 87 mergulhando dos céus em sua direção.

Então, como seria possível deter a Blitzkrieg nazista? Sobretudo por um adversário capaz de recorrer a forças mais poderosas, mais duras no combate e mais bem equipadas (com Panzer, bazucas, minas, aviões obedecendo a uma preparação tática mais moderna) para enfrentar a ousadia operacional dos alemães e, em contrapartida, desferir um pesado contra-ataque. O problema é que isso não poderia ser feito por nações pequenas ou de médio porte. O estilo agressivo de combate desenvolvido pela Wehrmacht e pela Luftwaffe só poderia ser derrotado por forças de outro grande poder, ou talvez até mesmo de dois deles. Na prática, isso reduzia as possibilidades ao Império Britânico, à União Soviética e aos Estados Unidos. Durante a primeira metade da guerra nenhum desses três países estava preparado para a forma de combates em grande escala, porém todos possuíam uma grande força inerente representada pela população, recursos em matéria-prima e especialização tecnológica. E os três ainda tinham a vantagem de uma distância geográfica suficiente do Terceiro Reich — sobretudo os Estados Unidos, mas também a Grã-Bretanha (graças à RAF e ao canal da Mancha) e até a União Soviética (devido ao imenso território, por onde sua produção militar poderia eventualmente ser deslocada) — para desenvolver seu potencial, permitindo que os inventores, engenheiros de produção e planejadores estratégicos fornecessem os instrumentos necessários a enfrentar a máquina de guerra nazista com força total.

Em segundo lugar, as duas grandes potências afetadas mais de perto pelos recentes sucessos alemães — ou seja, a Grã-Bretanha e a União Soviética — poderiam vencer a estratégia da "guerra-relâmpago" da Wehrmacht desenvolvendo uma estratégia em sentido oposto que tirasse proveito de suas vantagens geográficas. A contraestratégia britânica, estabelecida em detalhes pelo Estado-Maior Conjunto, dirigido por Churchill e pelo Gabinete de Guerra, era defender o país da Luftwaffe por meio da Força Aérea e desenvolver uma ofensiva ampla de bombardeios para proteger as rotas marítimas e avançar com lentidão no Egito e no Mediterrâneo, onde as unidades alemãs estavam sobrecarregadas e não poderiam resistir por muito tempo aos crescentes recursos militares do Império Britânico. Do lado russo, a contraestratégia, que Stálin e o Stavka (o alto-comando do Estado-Maior) foram forçados a adotar devido ao sucesso das investidas alemãs, era ganhar tempo até que a Alemanha estivesse tão envolvida em sua série de batalhas que o contra-ataque, ajudado pela enorme produção de material bélico vinda a salvo dos ataques da Luftwaffe, pudesse enfim começar. É provável que não tenha sido uma coincidência o fato de que, como Grã-Bretanha e União Soviética precisassem de tempo para ganhar forças, suas ofensivas só tenham se iniciado no final de 1942 ou início de 1943.

A Blitzkrieg nazista foi detida, acometida e depois convertida num desastre para os atacantes em dois lugares: no solo árido e pedregoso do norte da África, com a ajuda dos ventos que espalhavam areia por toda parte, e nas imensas planícies do oeste da Rússia. A primeira dessas duas reações ao expansionismo germânico, se usarmos como critério de medida o tamanho dos exércitos e o número de baixas em combate, mostrou-se muito, mas muito menor que a segunda, já que foi a guerra no front leste que provou constituir, de longe, o maior desafio ao autoproclamado "Reich dos mil anos". Contudo a história de como a Wehrmacht foi derrotada pelos Exércitos anglo-americanos no norte da África tem importância de sobra para também ser incluída aqui — nem que seja apenas para efeito de comparação e de um controle — nesta análise do que ocorreu quando campanhas ofensivas rápidas tinham pela frente grandes poderes contando com as vantagens da geografia, da produção, de armamentos cada vez mais aperfeiçoados e do planejamento de Estados-Maiores de nível superior. Antes de examinarmos as batalhas muito maiores travadas no front leste, Stalingrado, Kursk e na Operação Bagration, é bastante útil começar com o Egito e a pequena cidade litorânea de El Alamein.

BLITZKRIEG NO DESERTO

O primeiro local em que essa forma tipicamente alemã de guerra móvel sofreu uma interrupção forçada ocorreu a cerca de 80 quilômetros a oeste do Cairo, entre as montanhas e ravinas que, a partir de El Alamein, se estendem rumo ao sul, até atingir as traiçoeiras dunas da depressão de Qattara.[9] Ao contrário dos imensos campos de trigo nas planícies da Ucrânia, o que havia lá era um corredor com apenas oitenta quilômetros de largura, entre o Mediterrâneo e a Qattara. Com a exceção das unidades especialmente equipadas do Grupo de Longo Alcance do Deserto (Long Range Desert Group, LRDG), nenhuma outra formação militar poderia atuar em meio às intermináveis areias do sul; os tanques, caminhões e a artilharia de Rommel seriam engolidos pela areia e pelo vento, assim como acontecera com as carruagens e a infantaria pesada do monarca persa que se aventurou a marchar sobre aquelas mesmas areias seis séculos antes do nascimento de Cristo. Assim, se o Afrika Korps, de acordo com as ordens de Hitler, tinha a missão de dominar Alexandria e em seguida o Cairo, para atingir esse objetivo teria que abrir caminho a força por aquele gargalo situado ao sul de El Alamein. Ninguém estava mais ciente desse problema do que o próprio Rommel — e o novo comandante do Oitavo Exército britânico, o general Bernard Montgomery, que assumira o posto em meados de agosto de 1942. Era o caso típico de um duelo entre o espírito agressivo e a mobilidade de um lado, enquanto no lado oposto prevaleciam a cautela e a frieza. Mas esse era um caso em que a geografia dava vantagem ao lado da cautela, desde que as defesas britânicas fossem bastante fortes.

Nos dois anos anteriores ao conflito ao longo do extenso litoral africano, que começara em setembro de 1940, os britânicos não dispunham dessa força. Os grandes exércitos de Mussolini na Cirenaica já haviam feito um avanço anterior, porém lento, pelo Egito — com certeza, não foi um caso de Blitzkrieg. Por outro lado, a contraofensiva realizada pelo Oitavo exército em dezembro, usando suas rápidas unidades blindadas contra um exército italiano bem maior porém mais lento, parecia dar razão às doutrinas de Fuller — em seguida, Liddell Hart, porém, ao esgotar suas forças, mostrou-se desapontado à medida que se afastava do ponto de partida. Mais tarde ocorreram ainda muitas ofensivas e recuos militares nessa zona de conflito específica — o domínio de certas cidades litorâneas, como Sidi Barrani, passou de um lado para o outro meia dúzia de vezes —, o que indica que naquele estágio nenhum dos oponentes era capaz de manter uma ofensiva prolongada. Nessas circunstâncias, nada ocorreu de decisivo até a chegada do Afrika Korps de Rommel no início de 1941 para dar apoio às posições italianas. A presença de Rommel deu um novo ritmo aos repetidos avanços e recuos. O jovem, promissor e agressivo oficial de Caporetto em 1917, o brilhante líder da Sétima Divisão Panzer na derrota da França em 1940, não estava interessado em ver suas tropas estacionadas. É claro que ele e o comandante de unidades da Luftwaffe precisavam de tempo para estabelecer suas bases e receber tanques, caminhões e aviões, mas logo estariam prontos para entrar em ação.

Enquanto isso, o conflito prosseguia, afetado por inúmeras considerações, como o desejo de Churchill em 1941 de deslocar boa parte do Oitavo Exército para as lutas na Grécia e em Creta e em seguida sua dolorosa chamada de volta. Outro fator que influía no conflito dependia de qual dos oponentes recebia mais reforços nas áreas de infantaria, tanques, caminhões (cada vez mais importantes), artilharia e aviões.[10] Acima de tudo, o que iria determinar o desfecho do confronto dependia do valor que os dois grandes líderes da guerra atribuíam a essa campanha. Por certo, para Hitler a campanha era importante como um meio de manter a Itália na guerra e de prender a Grã-Bretanha no Oriente Médio, mas não era algo que pudesse se comparar às dimensões da luta colossal empreendida contra a União Soviética; para Churchill, naquele estágio do conflito, era o único cenário de guerra terrestre/aéreo em que as castigadas forças da comunidade britânica poderiam se reerguer, levar a luta adiante e reconquistar seu orgulho.

No verão de 1942, em seguida a essas considerações, cada lado havia arriscado mais e mais fichas na mesa de apostas do norte da África. Levando-se em conta o panorama global da guerra àquela altura, é surpreendente que o alto-comando alemão continuasse fornecendo a Rommel *qualquer ajuda* adicional no que diz respeito a tropas e unidades blindadas, assim como é impressionante também que alguns dos melhores regimentos e divisões da Itália, incluindo os Ariete, Bersaglieri e Folgore, estivessem se preparando e combatendo de acordo com os elevados padrões da Wehrmacht.[11] Mas naquele momento Churchill apostava tudo numa vitória no norte da África, mesmo que isso significasse que seriam enviados apenas reforços limitados ao sudeste da Ásia, deixando assim a situação bélica da Birmânia praticamente em ponto morto. Quando os comboios aliados aproximaram-se do cabo da Boa Esperança e avançaram pelo oceano Índico, os navios, tanto os mercantes como aqueles transportando tropas, carregados de tanques, aviões de caça, caminhões, jipes e tudo o mais, pareciam mais inclinados a dirigir-se ao mar Vermelho do que à baía de Bengala.

A batalha decisiva pelo Egito não começou sob o luar iluminado da noite de 23 de outubro de 1942, quando a artilharia do Oitavo Exército abriu fogo contra toda a linha das divisões alemãs e italianas situadas apenas a alguns quilômetros a oeste. O combate que garantiu seu lugar de honra nas lendas do Império Britânico e na memória coletiva foi o terceiro ato de um demorado encontro iniciado quando Rommel, pressionado por Hitler, avançou no meio do verão com a missão de derrubar o controle que os britânicos tinham sobre o Cairo e, potencialmente, sobre o restante do Oriente Médio. Um século e meio antes, Napoleão havia tentado a mesma coisa, mas seu projeto era vulnerável demais pelo mar, assim como para a frota de Nelson. Dessa vez os invasores do Egito vinham por terra. Mas eles também estavam vulneráveis.

O confronto inicial, a Primeira Batalha de El Alamein, estendeu-se até julho de 1942 e foi um confronto notável em vários aspectos. As divisões Panzer e a infantaria da Alemanha tinham toda a supremacia em terra, até mesmo quando as circunstâncias lhes pareciam adversas. Um pouco antes, o Afrika Korps infligira uma pesada derrota a tropas britânicas muito superiores em tamanho, nas proximidades de Tobruk, levadas de volta rumo ao oeste para dominar a cidade (o que deixaria Churchill irritado e frustrado), empurrando para o deserto o Oitavo Exército que tentava uma contraofensiva, em seguida prosseguindo em seu avanço ininterrupto rumo ao leste, com um número reduzido de tanques. Isso era o melhor exemplo de guerra no estilo Blitzkrieg, talvez tão impressionante como as investidas de Heinz Guderian na França em maio de 1940, e é notável que os aviões alemães ainda desempenhassem um papel perturbador, ajudando a paralisar o sistema nervoso do inimigo e confundindo seus mecanismos de defesa. As tropas ofensivas de Rommel chegaram a atingir algumas tropas britânicas a leste do Cairo antes que muitos dos batalhões exaustos da África do Sul, Nova Zelândia e da própria Grã-Bretanha tivessem tempo de se arrastar para reunir-se ao Oitavo Exército. Mas as tropas alemãs também estavam exaustas, e o cauteloso general britânico Claude Auchinleck contentou-se em manter as posições conquistadas, aguardando a chegada de novas forças. Na passagem de 3 para 4 de julho de 1942, quando seu dinâmico (embora naquele momento bem doente) líder encorajou suas forças a retomarem a ofensiva, o Afrika Korps tinha apenas 26 tanques em condições de entrar em ação. Naquela noite (4 de julho), em uma de suas cartas mais reveladoras à mulher, o marechal de campo escreveu: "As coisas infelizmente não estão indo como queríamos. A resistência é muito grande e nossas energias estão esgotadas".[12] Como sempre, o combustível era muito escasso, limitando cada vez mais a mobilidade de suas divisões Panzer. Para piorar a situação, os esquadrões da Luftwaffe estavam sendo transferidos para o front leste, um belo exemplo da loucura de tentar enfrentar inimigos em três teatros de guerra ao mesmo tempo.

"A resistência é muito grande e nossas energias estão esgotadas." Aqui está a chave da história. Todas as guerras-relâmpago investem com rapidez suas energias nos mares, nos céus e nas imensas áreas terrestres, e em seguida começam a perder a concentração, a densidade, a força; é tudo apenas uma questão de física. O fato é que as unidades do Afrika Korps, que já tinham chegado aos limites da resistência, começavam a enfrentar um número crescente de adversários: chegavam cada vez mais brigadas da própria Grã-Bretanha, da Austrália e da Nova Zelândia, da divisão da Índia, da África do Sul e de todos os lugares; havia cada vez mais aviões aliados; cada vez mais as indispensáveis armas médias e pesadas, os obuses da Real Artilharia, que enfim executava plenamente suas capacidades.[13] Bem poucas, talvez nenhuma dessas novas unidades blindadas da infantaria aliada tinham a grande mobilidade e o potencial explosivo até mesmo de um dos batalhões alemães de dimensões reduzidas, mas elas eram em grande número e estavam muito bem equipadas, portanto seria muito difícil liquidá-las. As divisões da Comunidade Britânica iriam sofrer diversas derrotas, com um grande número de perdas, em quantidades que hoje seriam muito embaraçosas. Mas elas não seriam destruídas — e é por esse motivo que a segunda batalha desta trilogia torna-se ainda mais interessante e a mais sugestiva.

Ela ocorreu em volta de uma longa cadeia de montanhas chamada Alam Halfa, ao sul e ao leste de El Alamein. A região litorânea estava tão reforçada, coberta por minas, armadilhas para tanques e com tropas bem escondidas, que Rommel concluiu que só poderia atacar através da parte sul das defesas aliadas. Ele de fato atacou, mas inicialmente a ofensiva ficou quase paralisada pelas minas, que, muito bem escondidas, se distribuíam pelo terreno — um comandante demorava para perceber que aquilo com a aparência de um território aberto e desimpedido tinha na verdade minas por toda parte — e depois pelo inesperado tamanho da resistência. Montgomery, que assumira havia pouco o comando britânico, teve a satisfação de colocar mais brigadas nas linhas de Alam Halfa, enquanto Rommel via suas forças, em número bem menor, já quase sem combustível, problema frequente a muitos exércitos alemães e japoneses (ironicamente, antes da guerra os dois países tinham a mesma frustração, de que para serem grandes potências independentes faltava-lhes combustível, e essa frustração estava sendo confirmada em suas campanhas).* Enfim, no começo de setembro ele recuou para o oeste. Numa atitude deliberada e para surpresa de alguns generais alemães, os britânicos não o perseguiram. Como notou Liddell Hart, essa foi uma batalha que "não apenas foi vencida por quem estava sendo atacado, mas foi vencida por meio de uma postura defensiva, sem que houvesse o menor contra-ataque — nem mesmo um esboço de tentativa de efetuar um contra-ataque".[14] Mas esse momento haveria de chegar.

Do ponto de vista técnico e militar, existe aqui um aspecto importante que merece reflexão, em especial quando se leva em conta o destino das táticas ofensivas alemãs com blindados durante o resto da guerra. Todas as evidências sugerem que os penetrantes ataques com tanques realizados pelo Afrika Korps foram derrotados não tanto pelos tanques britânicos (Matilda, Grant, Sherman) ou pela infantaria tradicional, mas sim por dois instrumentos de guerra bem menos românticos: acres e mais acres de campos minados e batalhões especializados no combate a tanques, empregando grandes quantidades de artilharia e de bazucas. A mina escondida no terreno — atualmente considerada uma das mais perversas armas de guerra —, em relação às suas dimensões reduzidas, tinha uma capacidade extraordinária para paralisar uma ofensiva blindada do inimigo, ou pelo menos a obrigar o responsável pelo ataque a fazer uma avaliação melhor da tática a ser utilizada:[15] ou o atacante tentava limpar o terreno no qual as minas podiam estar enterradas a uma profundidade de até oito quilômetros ou então teria que se desviar seguindo caminhos livres de minas, mas nos quais batalhões antitanques talvez estivessem entrincheirados, não apenas em frente à ofensiva dos Panzer, mas — o que é ainda mais perigoso — de ambos os lados, o que inutilizaria os pneus dos tratores.

Muito baratas e sem nada de glamouroso, as minas terrestres tornaram-se, assim, um fator importante para determinar os contornos e o destino das divisões blindadas de grande mobilidade na Segunda Batalha de El Alamein. A ex-

---

* Frustrado com o excesso de cautela de Auchinleck mesmo depois de ter recebido tantos reforços, Churchill o enviou à Índia. Seu sucessor, Gott, morreu inesperadamente num desastre aéreo, e Montgomery foi então colocado no comando do Oitavo Exército. Ele era quase tão cauteloso quanto Auchinleck, e sua principal realização até aquele momento havia sido a maneira cuidadosa como organizou a entrada de sua divisão em 1940 em direção e passando por Dunquerque. Depois de El Alamein, contudo, Montgomery tornou-se o símbolo popular da glória recuperada dos generais britânicos. (N. A.)

tensão das áreas minadas não apenas restringia a liberdade de manobra de ambos os exércitos, como também ao fazer com que seus especialistas sapadores espalhassem centenas de milhares de minas bem adiante de suas posições de defesa, por exemplo, Auchinleck e Montgomery, podiam diminuir ainda mais o espaço vazio operacional entre a depressão de Qattara e o litoral do Mediterrâneo. Enquanto as forças alemãs descobriam uma passagem entre as minas — na verdade, era *necessário* descobrir uma passagem entre elas —, os defensores dispunham de bastante tempo para fortalecer as seções ameaçadas do front. Contudo, quando passou à ofensiva, o Oitavo Exército enfrentaria o mesmo problema pelo qual passara o Afrika Korps, pois Rommel soube apreciar o valor das minas (como voltaremos a ver em sua supervisão da Muralha do Atlântico em 1944), e também enterrou uma grande quantidade delas sob as areias do norte da África.*

Em comparação com as grandes batalhas travadas no Pacífico, no noroeste da Europa e no front leste, esses confrontos entre as forças alemãs e do Império Britânico ao longo do litoral do norte da África tiveram dimensões reduzidas. Mas elas foram um teste e tanto para os inovadores do Ocidente experimentarem novos meios de enfraquecer o poder militar da Alemanha em terra. Por exemplo, os dois aparelhos que costumam estar mais associados com as ações aliadas para remoção das minas — o tanque Flail, uma das muitas engenhocas no repertório de invenções do general Percy Hobart (ver capítulo 4), e o detector manual de minas, ambos concebidos pelo notável polonês Józef Kosacki e entregues de graça ao Exército britânico, tiveram sua origem nesse campo de batalha em particular.[16] Mais tarde, pareceria absurdo um exército que não contasse em seu arsenal com um detector de minas; assim, seria considerado ridículo combater sem aparelhos avançados de radar ou máquinas de decodificação. Como muitas das outras inovações bélicas dos Aliados examinadas neste livro, essa também começou como uma pequena experiência. Antes da guerra, Kosacki trabalhava como engenheiro e, depois de encerrado o conflito, ele se tornou professor de tecnologia e engenharia. Em 1942, porém, era tenente e

---

* Esse foi o motivo dos constantes apelos feitos pela Líbia e pelo Egito aos governos britânico, alemão e italiano para que agissem no sentido de destruir aquelas milhões de minas que continuavam provocando a morte de civis e de seus animais, tornando perigosa a exploração de petróleo e sendo capaz ainda de afetar o turismo. (N. A.)

especialista na área técnica no Exército britânico-polonês, e estava ansioso em manifestar seu agradecimento à Grã-Bretanha. No momento certo, todas as coisas se ajustaram da melhor maneira possível, e o detector de minas chegou bem a tempo de ser utilizado pelos sapadores de Montgomery quando o Oitavo Exército enfim passou à ofensiva.

Diante dos maciços reforços de tanques, caminhões, artilharia e aviões que os Aliados estavam agora enviando às zonas de confronto do Oriente Médio, El Alamein era talvez a última chance de Rommel (e de Hitler) para derrotar as forças lideradas pelos britânicos, a última chance de tomar o Cairo e o canal de Suez, ambos de grande importância do ponto de vista estratégico e simbólico. O recuo da frota do Mediterrâneo mais para o leste em setembro de 1942 e a incineração de arquivos confidenciais nas proximidades do quartel-general do Oriente Médio no Cairo (com toques do Quai d'Orsay em maio de 1940) nos lembram que as autoridades britânicas estavam considerando a possibilidade de uma investida alemã. Porém, mesmo que não ocorresse uma completa vitória alemã, um golpe vigoroso talvez abalasse as forças de Montgomery a tal ponto que Rommel poderia controlar o espaço entre El Alamein e a depressão de Qattara, tornando-o inexpugnável por décadas. Essa luta era também a melhor oportunidade de Montgomery (e de Churchill) provar que as forças da comunidade britânica podiam derrotar os Panzer e a infantaria alemãs no campo de batalha, não por meio de uma postura defensiva como em Alam Halfa, mas sim a partir de uma ação contínua, obrigando-os a recuar sem descanso, assediando sem parar o inimigo e varrendo todas suas tentativas de criar pontos de bloqueio; enfim, capturar cada vez mais prisioneiros, empurrando alemães e italianos em direção aos exércitos de Eisenhower na outra extremidade das praias do norte da África.

Foi uma ocasião, enfim, em que o terreno ao redor de El Alamein era favorável aos cautelosos exércitos britânicos. De fato, ao estudar a história dos combates terrestres entre 1940 e meados de 1942, um analista militar poderia argumentar que a disposição topográfica desse episódio constituiu a única vez que os Exércitos da comunidade britânica tiveram uma boa oportunidade de derrotar seus adversários alemães, mais experientes. O outro trunfo nas mãos de Montgomery era a clara superioridade numérica — não apenas nas forças da linha de frente, mas também quanto ao combustível, bem como outros suprimentos e no controle quase total da situação aérea. A essa altura, o poderio da

Luftwaffe estava muito reduzido, enquanto os esquadrões aéreos táticos britânicos e americanos aterrissavam a todo momento nas bases egípcias. Os 96 esquadrões disponíveis no Oriente Médio para o comandante em chefe das Forças Aéreas, Sir Arthur Tedder (cerca de 1500 aviões), além de constituir uma frota bem mais moderna e numerosa que os escassos 350 aviões italianos e alemães que a eles se contrapunham, transportavam agora um potencial de destruição muito maior. Bombardeiros de tamanho médio com base nas proximidades do Cairo uniram-se aos aviões que tinham base em Malta na tarefa de reduzir ao máximo a remessa de suprimentos ao Eixo pela rota do Mediterrâneo; os famosos submarinos classe U da Marinha Real britânica (cuja base também ficava nas enormes grutas dos portos de Malta) também contribuíram para aumentar o caos entre as forças alemãs. Os navios mercantes italianos que conseguiram passar por esse bloqueio quando chegavam ao porto ficavam vulneráveis às investidas de aviões aliados voando a baixas altitudes. As linhas de suprimento do Eixo ao longo da estreita via litorânea passaram a sofrer ataques frequentes — caminhões e carros de oficiais eram os alvos favoritos —, enquanto Rommel manifestava um espantoso desinteresse por questões de logística militar e pelos problemas do abastecimento.

Como resultado do deficiente sistema de comunicação por rádio de ondas curtas, as unidades do Oitavo Exército agora entravam em contato com os esquadrões de bombardeiros para ataques diretos aos Panzer inimigos, às suas divisões motorizadas e agrupamento de tropas. Se o número de aviões abatidos pela artilharia antiaérea dos alemães ameaçava crescer, os Aliados não demorariam a repor as perdas. Acima de tudo, o poderio tático aéreo da RAF, tão fraco ou até mesmo inexistente nos três anos iniciais da guerra, a certa altura tinha se consolidado. O vice-marechal do ar G. G. Dawson procedia a uma transformação completa nos serviços de manutenção e reparos dos aviões, retirando-os da lamentável situação em que se encontravam; mais importante ainda foi o desenvolvimento pelo marechal do ar Arthur Coningham, comandante da Força Aérea do deserto ocidental, de um conjunto de doutrinas de táticas aéreas funcionando de maneira rigorosamente coordenada — isto é, o comando central estava em comunicação direta e instantânea, pelo rádio e pelo radar, com o quartel-general do Exército e com os esquadrões de ataque. O sistema provou-se tão eficiente que se tornou uma prática rotineira para as posteriores ações militares na Sicília e na Normandia.[17]

Sob a proteção desse guarda-chuva aéreo, sabendo que toda semana chegariam mais reforços ao canal de Suez, e tendo resistido às exigências de Churchill para entrar em ação o quanto antes, Montgomery enfim liberou uma ofensiva colossal em 23 de outubro de 1942, com uma barragem de artilharia de mais de mil armas. Se, de acordo com a opinião da maioria dos peritos em questões bélicas, a artilharia foi a rainha dos campos de batalha durante as lutas renhidas que caracterizaram a última metade da Segunda Guerra Mundial, então a vantagem dos Aliados em números e poder de fogo era tão grande quanto sua superioridade aérea (2300 peças britânicas de artilharia contra 1350 do Eixo, das quais 850 eram italianas, com poder de fogo bem inferior). Além disso, agora os artilheiros do Oitavo Exército já não estavam mais dispersos pelo front, e sim concentrados em grupos de grande força. O exército de Montgomery, reforçado e diversificado (com divisões ou brigadas britânicas, australianas, sul-africanas, neozelandesas, indianas, polonesas e da França Livre), dispunha de três vezes mais soldados que as tropas italianas e alemãs de Rommel e a força de tanques dos Aliados, com mais de 1200 veículos, incluindo quinhentos dos mais poderosos Sherman e Grant, deixava muito para trás os regimentos ítalo-alemães em poder de fogo, alcance e blindagem. Entretanto, a profundidade dos campos minados alemães retardava o avanço dos Aliados, e o demorado trabalho do Oitavo Exército para limpar o terreno deu boas pistas para Rommel decidir onde colocar seus pelotões antitanques equipados com canhões de 88 milímetros, que, mesmo em número reduzido, eram muito poderosos.

Dessa vez a forte pressão exercida por Montgomery provou que a capacidade de resistência da linha de frente do Eixo já estava se esgotando; embora um grande número de tanques britânicos estivesse sendo destruído pelas minas, bazucas e canhões alemães de 88 milímetros, numa proporção de quatro por um, os Aliados constantemente recebiam mais reforços e assim tinham como suportar essas perdas. Os tanques italianos voavam pelos ares, os tanques alemães, mais leves, eram destruídos com rapidez, a barragem de artilharia não dava descanso ao inimigo, os ataques aéreos diários tornavam-se cada vez mais frequentes. Ao final das épicas batalhas de 2 de novembro, durante as quais os britânicos tiveram quase duzentos de seus tanques destruídos ou avariados, ainda lhes sobravam seiscentos daqueles veículos; Rommel tinha apenas trinta. Foi quando a retirada alemã começou, com frequência deixando para trás um grande número de forças italianas, de menor mobilidade. Ao longo dos dias seguintes, é impossível não admirar a disciplina do Afrika Korps, colocando na retaguarda soldados muito bem treinados e duros no combate, enquanto o volume maior de suas unidades de transporte efetuava a retirada, mas a grande realidade era que os alemães haviam sido derrotados na batalha mais decisiva pelo norte da África.[18]

Durante a noite de 7 de novembro, enquanto Rommel aproveitava as fortes chuvas para cobrir sua retirada rumo ao oeste da posição litorânea de Mersa Matruh, forças aliadas de invasão chegavam em quantidades maciças às costas do Marrocos e da Argélia para efetuar a Operação Torch. Numa visão bem ampla, as tropas italianas e alemãs estavam sendo encurraladas pelas garras de um gigantesco alicate; as forças de Eisenhower empurravam as defesas inimigas para o leste, enquanto as divisões de Montgomery as forçavam rumo ao oeste até que no começo de 1943, cercadas na Tunísia, elas não tinham mais para onde ir. Foi assim que terminou a Blitzkrieg alemã, pelo menos no cenário de guerra do Mediterrâneo.

A Wehrmacht, porém, continuava lutando. Um dos motivos pelos quais o Oitavo Exército britânico apenas seguiu com cuidado — em vez de perseguir de maneira impetuosa — a retirada do Afrika Korps ao longo daquele roteiro bem familiar de Sidi Barrani a Tobruk-Bengasi foi que, mesmo em número cada vez mais reduzido, as tropas de Rommel a qualquer momento poderiam voltar e atacar, ou então, ocupando posições estratégicas, a partir das quais poderiam causar grandes perdas às forças da Comunidade Britânica. Então Rommel recuaria mais um pouco, exatamente quando os comandantes aliados estivessem preparando um grande ataque, com aviões e forças blindadas, contra um inimigo que a essa altura já não estaria mais lá. Talvez os comandantes britânicos e americanos (ou a maioria deles) respeitassem demais os alemães, porém os registros indicam que havia bons motivos para que fizessem isso.

É possível que os alemães conseguissem adiar de maneira significativa o que posteriormente seria chamado de "limpeza da África" se Hitler tivesse fornecido a Rommel as divisões que, tarde demais, lhe enviou à Tunísia ao saber do desembarque das tropas aliadas na Operação Torch, ou ainda se os superiores de Rommel o livrassem dos contratempos que ele precisou enfrentar pelo fato de estar formalmente sob comando italiano — e ainda por cima sendo alvo, nos meses finais, da rivalidade de seu colega Hans-Jürgen von Arnin.[19] Feitas todas as contas, o que de fato tornou inevitável o desfecho dos combates no norte da

África foi a ampla superioridade aliada no ar, na terra e no mar; porém se a derrota alemã tivesse acontecido bem mais tarde, é possível que ocorressem efeitos graves sobre as planejadas invasões aliadas da Sicília e da Itália, além de novos desentendimentos entre ingleses e americanos sobre quando deveria ser iniciada a segunda ofensiva no território francês. A essa altura, as intervenções irregulares do Führer (tolerando a rivalidade entre Arnin e Rommel, demorando para enviar reforços, despachando unidades para proteger a Grécia de uma suposta invasão aliada) acabavam por fornecer benefícios inesperados ao inimigo.

Enquanto os exércitos aliados avançavam pelo sul da Europa, o desempenho alemão em terra continuava expressivo (ver capítulo 4). Os comandantes alemães julgaram mais conveniente não reagir aos maciços desembarques aliados no sul da Sicília, firmando posição nas montanhas ao nordeste daquela ilha contra as repetidas ofensivas das tropas de Patton. Quando julgaram que tinha chegado o momento de partir, deram um jeito de escapar pelos desfiladeiros de Messina, mas optando também por não ficar na vulnerável ponta do pé da "bota" italiana, onde seria fácil para os inimigos atacá-los pelos flancos; em vez disso, eles decidiram ir mais ao norte, onde lhes seria mais fácil resistir. E o habilidoso Kesselring (depois de convencer o inseguro Hitler de que essa estratégia era viável) começou a preparar sucessivas linhas de defesa entre os litorais do Mediterrâneo e do Adriático, ao longo de todo o percurso da extensa, rochosa e difícil península italiana. Quando os exércitos anglo-americanos tentaram abreviar essa campanha desembarcando por trás do front, a reação alemã (Salerno, Anzio) foi feroz. Esse conjunto de contraofensivas da Wehrmacht só pôde ser contido pela esmagadora supremacia das forças aliadas: controle aéreo total, utilização intensa de bombardeios feitos por cruzadores e outros navios de guerra, bem como pela chegada ininterrupta de mais e mais divisões do Exército. Os Aliados sofreram mais baixas nas batalhas em território italiano do que em qualquer outra campanha no front ocidental.[20]

Prejudicado por escassas linhas de suprimento, serviços de inteligência medíocres, falta de apoio aéreo e os seguidos danos provocados pelas obsessões e interferências atabalhoadas de Hitler, as divisões da Wehrmacht na Itália e, mais tarde, nos fronts do noroeste da Europa exibiram uma notável capacidade de resistência até o fim do conflito. Ao longo de toda a Segunda Guerra Mundial, nada houve que pudesse ser comparado à tenacidade e à eficiência operacional de um regimento ou divisão bem preparado do Exército alemão. Para

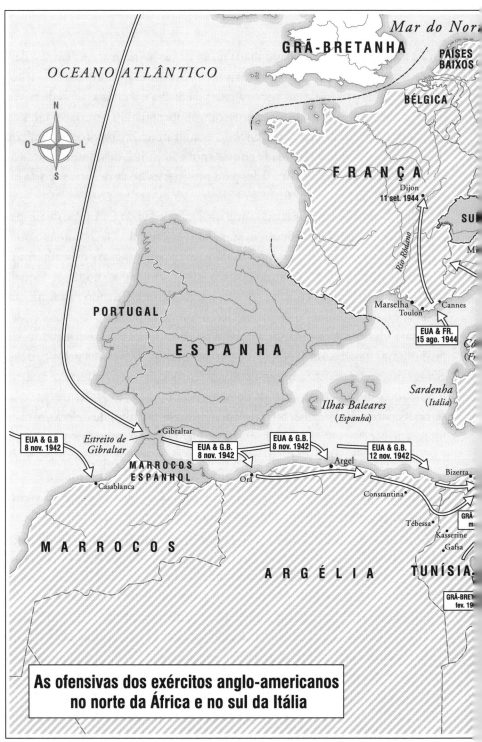

AS OFENSIVAS DOS EXÉRCITOS ANGLO-AMERICANOS NO NORTE DA ÁFRICA E NO SUL DA ITÁLI*
As forças terrestres do Império Britânico e dos Estados Unidos começaram a tornar inevitável o re
cuo da Wehrmacht por meio de ofensivas iniciadas dos dois lados do extenso litoral do norte d
África. Após essas vitórias, elas passaram à Sicília e depois a toda a extensão da Itália.

derrotar os alemães, só mesmo contando com uma grande superioridade numérica. Há alguns anos o perito americano em questões militares Trevor Dupuy empreendeu um estudo sistemático dos principais confrontos nos campos de batalha envolvendo os exércitos alemães, britânicos e americanos durante as campanhas no norte da África, na Itália e no noroeste da Europa. Feitas as contas, analisando divisão por divisão, e com poucas exceções, ele concluiu que as unidades alemãs tinham uma superioridade em combate de 20% a 30% (embora até esse cálculo possa ser bastante generoso em relação aos exércitos aliados).[21]

O argumento da "superioridade numérica", porém, não é suficiente. No final de 1943, os britânicos estavam introduzindo nos combates do norte da África uma quantidade expressiva de aperfeiçoamentos: melhores radares e sistemas de decodificação, uma orquestração muito melhor das táticas aéreas, coordenação entre os exércitos de terra e a RAF em nível muito mais aprimorado, unidades de forças especiais constituídas e atuando de forma anticonvencional (recursos que alemães e italianos não tinham), aviões mais poderosos e mais versáteis, tanques antiminas bem como detectores acústicos capazes de localizá-las e, acima de tudo, um sistema de comando e controle que funcionava de maneira bem mais integrada do que por ocasião dos desastres de Creta e Tobruk. Esse amplo conjunto de equipamentos e serviços por fim estava funcionando, e Montgomery — bem como sua equipe de publicidade — podia receber assim os benefícios de tanto trabalho braçal e intelectual. Mesmo antes das batalhas travadas nas planícies devastadas da Rússia, parecia que a Blitzkrieg alemã talvez pudesse ser derrotada por uma quantidade superior de combatentes, colocados de maneira estratégica; mas esse número de soldados necessitava também de armamentos mais modernos e de uma organização superior. Conseguir tudo isso exigiu bastante tempo do Exército britânico e da RAF, e o alívio de Churchill com os resultados foi enorme.

O CHOQUE DE TITÃS

A guerra de 1941-5 que se espalhou furiosamente pelas amplas regiões ocidentais da União Soviética — a Grande Guerra Patriótica ou o Ostfeldzug [Campo de Batalha Oriental] — foi, segundo o verbete da mais lida das enciclopédias — "o maior cenário de guerra da história". A disputa caracterizou-se por uma ferocidade sem precedentes, destruição em escala gigantesca e quantidades imensas de mortes provocadas pelos combates, pela fome, exposição a péssimas condições atmosféricas, doenças e massacres. O front oriental, como espaço de quase todos os campos de extermínio, das marchas para a morte, dos guetos e da maioria dos assassinatos em massa, constituiu o principal cenário do Holocausto. Do número de 70 milhões de mortos atribuídos à Segunda Guerra Mundial, cerca de 30 milhões, muitos deles civis, morreram no front oriental. Isso foi decisivo para determinar o desfecho da Segunda Guerra Mundial, tornando-se enfim a principal razão para a derrota da Alemanha.[22]

Diante dessa imagem de um confronto colossal e do gigantesco esforço militar envolvido, o leitor pode muito bem perguntar que papel haveria para ser exercido aqui pelos solucionadores de problemas, os cientistas, engenheiros e organizadores, os homens nas posições intermediárias. Os papéis desempenhados por eles foram de fato fundamentais quando começam a ser removidas as camadas de explicação para entender como a União Soviética foi capaz de derrotar a poderosa máquina de guerra nazista, e a segunda metade deste capítulo tentará deixar claro como isso foi possível. No entanto, é inegável que foi na Guerra Russo-Alemã de 1941-5 que a força bruta foi levada às últimas consequências, oferecendo uma explicação fácil para os motivos da derrota da Wehrmacht.

Essa luta foi única em sua grande combinação do poder destrutivo mecanizado com o modo de guerrear de hordas no estilo asiático. A disputa existencial entre teutônicos e eslavos agora entrelaçava-se com uma competição tecnológica cada vez mais complicada e que também se modificava a todo momento. Já não se tratava mais de um conflito entre técnicas militares mais ou menos equivalentes, como cavalaria, lanceiros e arqueiros, todos nos mesmos estágios de desenvolvimento: o Ostfeldzug era um confronto entre dois sistemas de uma complexidade muito maior. Os dois adversários aprofundaram-se no estudo de seus sofisticados recursos tecnológicos e produtivos em busca de equipamentos bélicos — novos ou aperfeiçoados — que, assim esperavam, seriam capazes de eliminar o inimigo. E à medida que cada um deles levava seus novos armamentos ao front, levava também mais alguns milhões de soldados para utilizá-los.

Vamos examinar os números envolvidos no início da campanha da Operação Barbarossa enquanto ela se desenvolveu de junho de 1941 até a primavera e o verão do ano seguinte. Sem incluir o acréscimo significativo de unidades

A RÁPIDA EXPANSÃO DA ALEMANHA NO LESTE,
DE JULHO A DEZEMBRO DE 1941
Mas será que os alemães avançaram além da conta?

militares formadas por voluntários ou vindas de países satélites como Hungria, Romênia, Itália e Finlândia, o alto-comando da Wehrmacht (Oberkommando der Wehrmacht, OKW) enviou ao leste 110 divisões, incluindo catorze divisões Panzer de alta mobilidade, na maior invasão de todos os tempos; divisões adicionais ficaram de prontidão, aguardando o momento de entrar na luta. As sucessivas operações de cercar o inimigo em círculos cada vez mais fechados mostraram que a Blitzkrieg poderia funcionar até mesmo em campos de batalha mais amplos: as Forças Aéreas defensivas foram abatidas, as linhas de frente iam encolhendo sob os pesados ataques da artilharia e da infantaria e em seguida as divisões Panzer avançavam a partir de dois pontos bem afastados, aproximando-se uma da outra, e assim fechava-se o círculo. Quando Smolensk caiu no início de agosto, 310 mil soldados soviéticos foram capturados; a tomada de Kiev em meados de setembro rendeu aos alemães mais 600 mil prisioneiros, 2500 tanques e mil armas; e em meados de outubro chegou a vez do assim chamado Bolsão de Vyazma, a oeste de Moscou, quando 670 mil soldados russos se renderam, capturando-se mil tanques e 4 mil armas.[23]

O que poderia interromper essa sequência de ataques, massacres e rendições?

Em primeiro lugar, o clima. Nos meses do verão de 1941 a ofensiva alemã realizou-se segundo suas características habituais: a Luftwaffe liquidou os esquadrões despreparados da Força Aérea Vermelha e depois ajudou as divisões Panzer bombardeando as tropas inimigas; colunas blindadas abriam brechas nas defesas perplexas do inimigo, avançando para a formação do cerco (e da rendição), em seguida, reforçadas com combustível e munições, avançavam ainda mais em direção ao leste. Em outubro e novembro, porém, a ofensiva já tinha perdido o ímpeto. A Blitzkrieg nazista nada podia fazer contra a lama do outono, à qual logo se seguiria a chegada prematura de muito gelo e neve — num lance de ironia, foi o inverno mais frio desde a invasão napoleônica de 1812, e com as tropas alemãs envergando ainda uniformes de verão. No final de outubro, o Grupo de Exércitos do Sul praticamente não tinha mais combustível, os motores a diesel não davam partida, a artilharia estava congelada e os soldados estavam aleijados em consequência das úlceras provocadas pela baixíssima temperatura. Com a chegada da primavera, as situações do terreno ainda pioraram, devido à célebre condição climática russa denominada *rasputitsa* — a neve superficial havia derretido, mas a água não tinha como escoar, porque o solo continuava congelado. Sessenta centímetros de terreno descongelado logo se transformavam num lamaçal em que ambos os exércitos, o alemão e o soviético, ficavam atolados ao longo daquele grande conflito. A cerca de oitocentos quilômetros do ponto de partida, com linhas de comunicação difíceis de manter mesmo nas melhores condições atmosféricas, a Wehrmacht estava, literalmente, "atolada na lama".

A segunda razão pela qual a Operação Barbarossa não deu certo deve-se ao simples motivo de que o Exército Vermelho reagiu — não foi uma reação de grande competência, insuficiente para deter o massacre, mas conseguiu-se diminuir o impacto da ofensiva. Os russos queimaram seus próprios celeiros e pontes, destruíram ou envenenaram os poços artesianos e afastaram seu gado e seus cavalos, assim como tinham feito com suas fábricas; não deixariam nada para o inimigo. Em terceiro lugar, logo iriam colocar mais soldados na luta, ou as novas divisões formadas às pressas ou as tropas experientes recrutadas do Extremo Oriente, agora que tinha ficado claro que os japoneses iriam atacar em direção ao sul e não contra as províncias russas mais afastadas ao leste. Provavelmente nada poderia haver de mais assustador para um soldado alemão em dezembro de 1941 do que, além de exausto e morrendo de frio, ficar numa trincheira ao oeste de Moscou e depois enxergar regimentos de assombrações cobertas de branco, como as tropas calejadas do front mongol, avançando em meio às tempestades de neve.

Em outras palavras, enquanto as conquistas da Wehrmacht eram enormes — em dezembro seu avanço chegara a mil quilômetros —, elas não tinham conseguido produzir um avanço significativo. Desde a primeira até a última batalha, os alemães, tão superiores nas questões táticas e operacionais, davam a impressão de terem subestimado a força da oposição o tempo todo. A atuação de seus serviços de inteligência, nesse caso, só pode ser definida como tendo sido catastrófica, algo que talvez deva acontecer quando um exército considera seu adversário primitivo — mesmo enfrentando um general como Gueorgui Jukov, que dois anos antes havia infligido uma pesada derrota ao Exército japonês de Kwantung nas batalhas de fronteira entre soviéticos e japoneses. Mas a verdade é que os serviços de inteligência não poderiam mesmo ter ajudado muito, pois os soviéticos limitavam ao máximo suas comunicações sem fio, e não havia espiões para informá-los das inúmeras novas divisões, formadas e treinadas bem atrás de Moscou. Assim, por maiores que fossem os danos causados pela Wehrmacht às forças de defesa naqueles meses iniciais, nunca se chegava ao ponto final, não ocorria o grande desfecho vitorioso, nada que pudesse ser comparado à capitulação da França. Uma anotação datada de meados de agosto de 1941 no diário de Franz Halder, chefe do Estado-Maior do Exército, registra com bastante precisão esse dilema: "Subestimamos a Rússia; pensávamos em duzentas divisões, mas agora sabemos que são mais de 360".[24] Mesmo que as divisões soviéticas naquele momento fossem menores que as divisões correspondentes da Wehrmacht, os números eram de tirar o fôlego.

Foi assim que correram as coisas ao longo de 1942 e em 1943: os alemães intensificavam seus esforços para cercar e depois destruir os exércitos soviéticos em expansão, só que sem sucesso. Todo o jargão militar alemão sobre penetração (*Durchbruch*) ou cerco completo (*Einkreisung*) sugere que as forças inimigas estavam contidas numa área limitada ou poderiam ser atacadas pelos flancos. Mas uma posição defensiva com mais de 1700 quilômetros de extensão e mais de trezentos quilômetros de largura, abarrotada de pontes destruídas, poços envenenados, armadilhas e colheitas arruinadas — além do calor do verão, da lama do outono, da neve do inverno e, depois de tudo isso, o lodaçal da primavera —, estava longe de ser apenas um muro frágil. O precário sistema de comunicação da Rússia e a capacidade de resistência de seus habitantes, acostumados havia muito tempo às dificuldades de sua existência cotidiana, tudo isso trabalhava contra os invasores.

Como já havia acontecido no Mediterrâneo, as dificuldades da Wehrmacht ainda eram agravadas pelas repetidas e desastrosas alterações que Hitler fazia em relação aos alvos dos ataques depois do fracasso anterior no domínio de Moscou. Calculando que o cerco a Leningrado (a partir de setembro de 1941) ao norte iria continuar, mesmo que constantemente interrompido pela fanática resistência da cidade, a principal escolha estratégica para o alto-comando alemão ficava entre uma ofensiva reforçada contra Moscou e uma nova ofensiva ao longo do front ao sul, em direção aos campos petrolíferos do Cáucaso. Hoje, o debate entre os historiadores sobre o mérito de um ataque alemão à capital contra um golpe maior e mais ousado através do Don e do Volga é tão intenso como os desentendimentos entre os generais alemães em 1942; o que não se discute é que a decisão subsequente de Hitler de que deveriam ser realizadas uma ofensiva a Stalingrado *e também* um ataque maciço em direção a Baku — ou seja, duas ofensivas no sul — seria sobrecarregar as forças de maneira colossal e insensata. Entre outras coisas, como seria feito o transporte constante de munições entre a fábrica em Leipzig e uma cidade tão distante no Cáucaso como Grózni? De que maneira providenciar cobertura aérea ao longo de toda aquela distância quando a Luftwaffe estava começando a perder sua batalha crucial contra a RAF tanto no oeste da Europa como no norte da África e no Mediterrâneo? Além disso, agora a Alemanha teria pela frente uma Stavka e seu generalíssimo, outra vez em plena forma e que passava a campanha para o comando de generais profissionais — muitos deles bem mais jovens que os oficiais alemães no mesmo escalão.

As seguidas e críticas campanhas que formam o núcleo da Guerra Russo-Alemã encontram-se basicamente entre novembro de 1942 e julho de 1944: Stalingrado, Carcóvia, Kursk e o avanço maciço da Operação Bagration. A primeira foi um banho de sangue, uma batalha de exaustão ainda maior do que fora a luta por Moscou. Stalingrado foi um duelo escolhido de forma deliberada entre dois boxeadores de grande agressividade; os golpes e a dor seriam enormes. Assim eram também as chances de se conseguir uma vitória grandiosa. Embora diversas comparações possam ser feitas sobre as batalhas contemporâneas de Stalingrado e El Alamein, a diferença mais interessante talvez não esteja tanto no tamanho das forças de cada lado, mas sim nas oportunidades operacionais. O confronto de El Alamein, como vimos, foi disputado num espaço bastante limitado, no qual nenhum dos adversários tinha condições de efetuar um ataque pelos flancos. Em contrapartida, a opção feita pelos dois exércitos de lutar com todas as forças e de todas as maneiras em Stalingrado no final de 1942 não foi diferente da escolha realizada por franceses e alemães para um combate grande, sangrento e demorado, como o que travaram em Verdun em 1917. A luta, realmente, não teria que ser disputada lá, uma vez que a qualquer momento poderia ser feita uma nova investida por um dos flancos — mas o empenho absoluto demonstrado por ambos os lados para vencer o confronto não permitiria esse tipo de manobra. Portanto esse duelo épico realizou-se em volta, acima, através e abaixo de Stalingrado.

Não deixa de ser irônico o fato de que Stalingrado pode representar o maior exemplo de um *Kesselschlacht* (bolsão de tropas cercadas) em toda a história, só que, no caso, o derrotado foi o Exército alemão. Enquanto as unidades de vanguarda da Wehrmacht lutavam para ocupar as fábricas e ruas destruídas do lado oeste da cidade, gigantescos exércitos soviéticos chegavam para atacar pelo norte e pelo sul, tirando todo o espaço do Sexto Exército do general Paulus e de quase tudo o mais à sua volta. Foi também uma enorme batalha de vontades. Hitler dirigia suas tropas em direção à cidade simbólica; Stálin conteve esse ataque; em seguida preparou o cerco. O Sexto Exército era composto inicialmente por cerca de 300 mil homens; em 31 de janeiro de 1943, provocando um acesso de fúria em Hitler e desobedecendo às suas ordens explícitas, os 90 mil que haviam sobrado renderam-se. A partir daí os soviéticos avançaram vagarosamente por Kursk e Carcóvia, permitindo que a Wehrmacht retirasse suas forças do Cáucaso e as reagrupasse. Por outro lado, o Stavka passara a efetuar uma avaliação bem mais sofisticada de como confundir uma posição inimiga, efetuando em seguida um ataque oblíquo contra o verdadeiro alvo. Liddell Hart tem bons motivos para apreciar esse tipo de manobra, que confirma sua teoria da "ofensiva indireta".[25]

Até hoje é espantoso perceber que, no começo de 1943, o Exército alemão foi ainda capaz de iniciar uma nova investida ao leste, aproveitando a necessidade dos russos de se reagruparem depois de uma grande batalha ofensiva e enquanto aguardavam os recém-chegados caminhões doados pelos Estados Unidos trazendo combustível, munições, alimentos enlatados e peças avulsas, que haviam saído de posições de retaguarda sitiadas a centenas de quilômetros. Por um certo tempo, a Alemanha aproveitou a vantagem de uma redução nas linhas de frente, o que significa dizer que de uma superextensão extrema, estavam agora apenas seriamente muito estendida. E os comandantes no front leste, Manstein em especial, iriam se beneficiar com o novo impulso dado à economia alemã por Speer, bem como com a chegada dos tanques Tiger e em seguida os Panther — os números nem de longe se comparavam com os Sherman e os T-34 sendo produzidos pelos Aliados, mas eram suficientes para causar um sério impacto no campo de batalha se fossem empregados em formações fortes, como de fato foram. Em fevereiro de 1943 as divisões blindadas Leibstandarte, Totenkopf e Das Reich, cada uma com várias dúzias de novos tanques Tiger, foram liberadas da reserva central e enviadas ao leste, juntamente com divisões descansadas de infantaria vindas da França. Tudo isso e o terreno gelado, porém firme, que permitia aos Panzer um avanço de trinta quilômetros diários, permitiram que Manstein enviasse suas forças mais rápidas sobre a cidade já bastante castigada de Kharkov, que caiu em 14 de março, com os Panzercorps da SS eliminando 32 mil soldados soviéticos. O Exército Vermelho foi empurrado de volta à bacia de Donets até que o degelo prematuro da primavera paralisou todas as campanhas. Os dois lados, então, trataram de ganhar fôlego para o próximo round. Oito dos vinte corpos de tanques soviéticos ficaram seriamente danificados. Manstein tornou-se o comandante favorito de Hitler e aquele no qual ele depositava maior confiança — ao menos por algum tempo.[26]

No quarto ano de uma guerra, esse não foi um mau desempenho para o Exército alemão. Porém, como observa Robert Forczyk, se os corpos de tanques russos tinham sido avariados, eles não estavam destruídos, e o próprio Manstein ficara muito impressionado com a determinação e o grau de sofisticação das defesas do Exército Vermelho. O que ambos os lados precisavam era de uma pausa de três a quatro meses de descanso para a reconstrução do material avariado e a reorganização das tropas, esperando que as estepes ficassem livres do frio e da lama. As discussões em Berlim e Moscou sobre como conduzir o iminente confronto de verão eram sérias e contenciosas, com os dois ditadores dando muita atenção a seus respectivos comandantes. A ofensiva mais provável do Exército Vermelho seria a tentadora saliência de Orel ao norte, enquanto se supunha que a Wehrmacht iria a uma área também convidativa para um ataque, Kursk, mais ao sul. Russos e alemães estudavam quais deveriam ser os locais para colocar seus pesados tanques, o equipamento para a armação de pontes e de minas terrestres, e de que maneira extrair o melhor proveito das limitadas Forças Aéreas que tinham disponíveis. De certo modo, era como um gigantesco jogo de xadrez.

Os alemães atacaram antes, em 5 de julho de 1943, contra Kursk, com as forças mais pesadas de Manstein (que incluíam divisões Panzer e Panzer com granadeiros), atacando pelo sul, enquanto Hans von Kluge buscava uma manobra de pinça vinda do norte. Essa é talvez a batalha mais marcante das muitas campanhas de Blitzkrieg efetuadas pela Wehrmacht durante a guerra, bem como a que deixou mais evidentes seus pontos fracos. Os atacantes alemães viram-se diante de enormes forças defensivas, uma vez que os serviços de inteligência militar soviéticos estavam preparados para esse tipo de ataque e o Stavka havia previamente colocado tropas adicionais para os contra-ataques. A luta foi encarniçada, tendo como ponto alto um confronto que durou um dia inteiro, 12 de julho, entre o Quinto Exército de Tanques de Guarda soviético e o Segundo Panzercorps da SS ao redor da aldeia de Prokhorovka; mais tarde o conflito seria descrito pela propaganda russa e em seguida por autores ocidentais como a maior batalha de tanques de todos os tempos. Talvez tenha sido mesmo, porque os números relativos apenas ao confronto desse dia, sobretudo do lado soviético (cerca de oitocentos), são enormes. A certeza torna-se maior em dois aspectos: em primeiro lugar, as perdas por parte dos blindados russos foram muito, mas muito mais numerosas; e, em segundo lugar, a Wehrmacht foi forçada a abandonar o campo de batalha pelo simples fato de que não conseguiu furar o bloqueio soviético. A "era Manstein" no front leste chegara ao fim. Embora o número de mortos, como costuma acontecer nessa campanha, seja muito vago e carente de detalhes, de acordo com os melhores cálculos ao longo de toda a campanha de Kursk, Hitler perdeu mais de 50 mil soldados e 1600 tanques. Dúzias de divisões do Exército alemão foram destruídas ou então reduzidas a escombros.[27]

Dois dias antes da batalha de tanques de Prokhorovka, os Aliados ocidentais desembarcaram na Sicília, o que fez Hitler desviar sua atenção — e enviar diversas unidades militares — ao front italiano. E no dia 12 de julho, o Exército Vermelho atacou a saliência de Orel no norte. A partir daí, é possível perceber a sensação de fadiga tomando conta da Wehrmacht: estruturas desabando, fronts sendo abandonados (muitas vezes a despeito das ordens frenéticas de Hitler de resistir a todo custo), unidades calejadas nos combates, porém extenuadas, saindo do campo de batalha claudicantes, às vezes deixando atrás de si apenas um quarto do equipamento intacto. E assim, apesar das esperanças de Manstein de que o impressionante confronto de Kursk tivesse afetado a capacidade ofensiva dos russos, eles continuavam vindo, agora do norte, do sul e do ponto mais crítico, o front central. Aos poucos as numerosas unidades da Wehrmacht saíam das áreas de Leningrado, da Crimeia, Smolensk, Kiev. A grande Operação Bagration de junho de 1944 ainda não estava à vista, mas a tendência mais ampla já se fazia sentir: avanço soviético, resistência alemã, depois retirada alemã, em seguida novo avanço soviético.

Quando, então, a maré virou no Ostfeldzug? Um autor afirmou que o fracasso alemão na tomada de Moscou durante as brutais lutas de inverno de 1941-2 constituiu "a maior batalha da guerra".[28] Essa conclusão por certo haveria de surpreender Stálin e o Stavka, que sem dúvida foram muito afetados pelo impacto da ofensiva nazista rumo ao Cáucaso, a parte mais baixa da bacia do Donets, e à própria Stalingrado no segundo semestre de 1942, bem depois do ataque a Moscou. Hoje muitos historiadores consideram a estrondosa derrota dos exércitos alemães em Stalingrado como o começo do fim, a virada da maré:

o estudo clássico em dois volumes de John Erickson sobre esse confronto épico foi deliberadamente dividido em *The Road to Stalingrad* e *The Road to Berlin*. Lá, entre os armazéns destroçados às margens do Volga e as fábricas e linhas de montagem da cidade outrora imponente de Stalingrado, a maré nazista começou a baixar. O importante artigo "The Death of the Wehrmacht", de R. M. Citino, nos assegura que os últimos meses de 1942 — El Alamein, as terríveis batalhas do Cáucaso, Stalingrado — indicam o fim definitivo do furacão militar da Alemanha.[29]

E apesar de tudo isso, como vimos, os revigorados exércitos de Manstein voltaram na primavera de 1943 para esmagar as divisões soviéticas de vanguarda, capturando toda a região de Carcóvia. É possível que isso tenha sido um sinal para persuadir Stálin a concordar com alguma forma de paz negociada na área do Centro ao Leste da Europa, mas embora o episódio sem dúvida tenha sido marcante do ponto de vista militar, não chegou a provocar nenhuma resposta política. Assim, em julho de 1943 a gigantesca máquina militar de Hitler desferiu uma ofensiva ainda maior ao leste, a Operação Zitadelle, na tentativa de exterminar os atrevidos Exércitos russos instalados na saliência de Kursk. É significativo que Erickson, apesar da divisão cronológica definida em seus dois livros, tenha dado ao capítulo sobre a Batalha de Kursk o título de "Breaking the Equilibrium" [Rompendo o equilíbrio] e ao capítulo sobre a Operação Bagration o título de "Breaking the Back of the Wehrmacht" [Acabando para sempre com a Wehrmacht]. Com isso ele parece sugerir que a maré só virou definitivamente bem mais tarde do que sustentam os títulos de seus dois volumes e diversos outros relatos.

Há alguns anos, o grande especialista alemão nessa campanha, Bernd Wegner, levantou a seguinte questão: afinal, será que há algum sentido em procurar por um ponto decisivo de mudança? Ao longo desses anos intermediários ocorreu de fato algum divisor de águas — Moscou, Stalingrado, Kursk? Ou seja, houve alguma batalha na qual e depois da qual o curso da guerra pendeu de maneira inexorável em favor dos eventuais vitoriosos?[30] Talvez desde o início a tentativa já estivesse destinada ao fracasso. Por maior que tenha sido o empenho do regime de exceção nazista em mobilizar toda a sua economia, bem como o saque que efetuou sobre as nações europeias que conquistara, é possível que o Reich jamais conseguisse competir com os recursos combinados do Império Britânico e da União Soviética. Acrescente-se a isso a declaração de guerra da Alemanha aos Estados Unidos diante das notícias sobre a eclosão da guerra no Pacífico e torna-se claro que as possibilidades de sucesso dos nazistas ficam ainda muito mais escassas.

É evidente que grande parte dos mais destacados generais alemães aos poucos tenha chegado a essa mesma conclusão, embora também seja verdade que poucos deles pretendessem deixar de combater ou dessem a impressão de que estivessem se opondo ao Führer. A simples ideia de cogitar uma retirada quase sempre se arriscava a provocar um acesso de fúria em Hitler. Em novembro e dezembro de 1941, depois das grandes ofensivas em território russo e na Ucrânia, quando Gerd von Rundstedt sugeriu que, com a proximidade do inverno e a chegada de um número desconhecido de divisões do Exército Vermelho vindas do Extremo Oriente, talvez fosse aconselhável recuar, reduzir as linhas de frente, fixando-se apenas em consolidar as posições, ele foi demitido. Seu nome foi o primeiro de uma lista de generais alemães — lista que, desde o início da guerra, nunca deixou de crescer — sumariamente demitidos por seu chefe.*

No que lhes dizia respeito, os comandantes de divisão sentiam-se cada vez mais preocupados com as crescentes deficiências nos serviços de transporte e suprimentos. De que adiantava ter colunas Panzer avançando pela Ucrânia se lhes faltavam combustível e munições, ou se as esteiras de um tanque se quebrassem (o que acontecia com frequência) se isso ocorresse a centenas de quilômetros da oficina onde o equipamento pudesse ser consertado? Os caminhões da Wehrmacht tinham que se locomover por estradas mal pavimentadas, e as inúmeras carroças puxadas por cavalos eram de uma lentidão dolorosa nas estradas lamacentas que constituíam a maioria da estrutura rodoviária do país. Os generais alemães mais atentos também ficavam entre a ironia e a perplexidade pelas atitudes absurdas que Hitler e o okw adotavam, aumentando o número de divisões no front leste apenas pelo artifício de reduzir seu tamanho original, criando em seguida novas divisões com a mesma quantidade de soldados. Assim, no intervalo entre a queda da França e a Operação Barbarossa, as dez divisões Panzer originais foram numericamente multiplicadas por dois, mas cada uma delas foi dividida em duas partes iguais, o mesmo truque aritmético sendo empregado com as divisões motorizadas da infantaria, que de três regimentos cada uma fora

---

* Ironicamente, Von Rundstedt estaria de volta, como comandante em chefe do oeste, durante as batalhas da Normandia. (N. A.)

reduzida a apenas duas.[31] Talvez isso dotasse as unidades de maior mobilidade no campo de batalha, dando mais flexibilidade aos comandantes de grupos do Exército, mas a desagradável realidade é que o Führer criava novas divisões a partir do nada, enquanto o aumento numérico das forças do Exército Vermelho era autêntico. (Ao longo de toda a guerra, o Exército russo alistou 30 milhões de homens, com um número ainda maior de soldados feridos.)

Por fim, nenhum dos generais da Wehrmacht lutando na Ostfeldzug podia ignorar o fato de que em 1942 o Terceiro Reich estava envolvido numa guerra global: a todo momento eles viam seus colegas da escola militar sendo enviados para a Grécia, os Bálcãs, o norte da África, França, Noruega... Ou seja, a Alemanha estava combatendo em três fronts, quanto a União Soviética lutava em apenas um. Paul Carell observa com bastante clareza que a invasão aliada no norte da África, seguida pela decisão de Hitler de ocupar a França no mês crítico de novembro de 1942, ocorreu precisamente no momento em que o Stavka ordenaria a contraofensiva soviética em Stalingrado; contudo, a notícia do ataque aliado no norte da África e no Mediterrâneo levou o OKW a manter, por algum tempo, algumas de suas divisões de combate mais eficientes afastadas da Batalha de Stalingrado.[32] A Alemanha não era capaz de ser poderosa em toda parte e a Grande Guerra Patriótica não pode ser analisada como um fenômeno isolado, por mais que os autores soviéticos assim o pretendam. Quando os Aliados ocidentais invadiram o norte da África, isso afetou as batalhas de Stalingrado; quando invadiram a Sicília, isso afetou Kursk. Portanto, uma divisão como a alemã Leibstandarte, juntamente com diversas frotas aéreas da Luftwaffe, vivia sendo transferida de um front para outro. Essas transferências constantes não podiam se enquadrar na teoria da guerra-relâmpago — não podiam e de fato não se enquadravam. E quando o Ostfeldzug é colocado dentro do contexto de uma luta global pelo poder, percebemos como pode ser enganoso falar de uma batalha em particular, como a de Moscou ou a de Stalingrado, como tendo sido o fator decisivo para a mudança nos rumos da guerra.[33] É muito possível argumentar que a guerra no front leste foi decisiva sem ter que apontar uma batalha em particular como sendo a responsável pelo desfecho de todo o conflito.

Isso nos leva ao enigma final sobre a conduta alemã no Ostfeldzug e, no fundo, ao paradoxo do "modo alemão de fazer a guerra" depois de 1941. O aspecto central da teoria e da prática da guerra-relâmpago foi precisamente evitar os combates estáticos e os banhos de sangue da Primeira Guerra Mundial. Essa nova modalidade de guerra seria diferente porque forças motorizadas muito rápidas surpreenderiam a linha de frente do inimigo e, depois de atravessá-la, cortariam suas linhas de comunicação da retaguarda, forçando assim a rendição. Mas esse conceito de uma campanha veloz, cirúrgica e econômica estava em total contradição com a crença fanática de Hitler de que o ataque à União Soviética deveria ser uma *Vernichtungskrieg* (uma guerra de extermínio), seguida pela ocupação permanente de gigantescas faixas de terra cultivável. Ele também contradizia o sinistro e fatídico hábito nazista de fazer seus prisioneiros de guerra passarem fome, disparando, saqueando e esquadrinhando até mesmo as menores aldeias em busca de membros do Partido Comunista e de judeus; de maneira estúpida, os soldados alemães maltrataram os milhões de ucranianos que foram lhes dar as boas-vindas, tratando os nazistas como se fossem seus libertadores. (Qual seria o resultado da guerra se 40 milhões de ucranianos ficassem do lado do Eixo?) A proposta da Blitzkrieg era realizar um tipo de guerra inteligente, e nas campanhas de 1939 na Polônia e de 1940 na França ela de fato foi assim. Da maneira como foi conduzida no front leste, porém, ela na verdade foi o exemplo perfeito de uma ação militar estúpida. Como observou um estudioso, nessa guerra "os meios e os fins estavam em conflito desde o princípio".[34]

Tudo isso parece sugerir que a guerra no front leste teve um desfecho que já estava previsto de antemão. De todos os principais episódios da guerra de 1939--45, a campanha do front oriental foi sem dúvida *aquela* em que a força bruta mais esteve em evidência; o número de combatentes, mais o clima e as distâncias, são os fatores determinantes.[35] Porém os solucionadores de problemas desempenham aqui um papel fundamental. Alguns comandantes de operações no front, planejadores de campanha, cientistas e engenheiros responderam às pressões dessa guerra de massas com atitudes mais inteligentes, das quais daremos exemplos nas próximas páginas. E os organizadores do Exército Vermelho, ao enfrentar a maior Blitzkrieg de todos os tempos, foram capazes de perceber as coisas de maneira mais lúcida que seus adversários, que haviam optado por aquele tipo especial de ação militar. A União Soviética não venceu esse confronto épico apenas pelo fato de ter colocado mais seres humanos no campo de batalha que seu inimigo. Ela foi a vencedora porque aos poucos desenvolveu meios de neutralizar os ataques alemães blindados, reduzindo o núcleo de suas forças a frangalhos e em seguida avançando para recuperar as terras que lhes haviam sido tomadas. A União Soviética — de maneira semelhante à ação dos americanos no Pacífico — venceu essa campanha crucial porque a partir de uma reunião de armas, táticas e estruturas de comando soube montar um amplo mecanismo de combate que não tinha como ser rompido. Compreender como a forma de guerra-relâmpago da Alemanha foi detida nas margens do Volga e nos campos de trigo de Kursk exige, portanto, uma análise mais demorada.

O CURIOSO CASO DO TANQUE T-34

As armas, organizações e técnicas que ajudaram o Exército Vermelho a virar a maré no front leste foram muitas, mas numa ordem de importância bem diferente das noções que em geral temos sobre quais foram os mecanismos capazes de derrotar a Blitzkrieg. Este autor, assim como diversos historiadores militares, supôs que o tanque T-34 e suas versões aperfeiçoadas posteriores, como o T-34-85, foram, de longe, as armas mais eficazes empregadas no contra-ataque soviético. Trata-se de uma hipótese compreensível. Os louvores a esse monstro blindado parecem não ter fim. "O maior tanque de todos os tempos", "o tanque mais versátil da Segunda Guerra Mundial" e "a arma que deixou os alemães chocados" estão entre as mais frequentes descrições. Já em julho de 1941 o comandante do OKW, Alfred Jodl, anotou em seu diário de guerra como ficou surpreso com esse novo e então desconhecido Wunder-armamento arremessado contra as divisões de assalto alemãs.[36] Paul Carell, em sua obra posterior ao conflito *Hitler's War on Russia*, recorda com admiração o confronto entre um solitário T-34 e um grupo avançado de Panzer e da infantaria da Wehrmacht na batalha ao redor da cidade russa de Senno em 8 de julho de 1941:

> T-34! Agora era o momento de o front central experimentar aquela maravilha de arma [...]. "Direto ao Alvo!", exclamou o sargento Sarge. Mas o russo parece nem ter sentido o morteiro. Ele simplesmente continuou avançando. Dois, três e depois quatro tanques ficavam trançando em volta do russo a uma distância de uns setecentos a novecentos metros, atirando. Nada acontecia. De repente ele parou. Sua torre girou [...]. O alvo agora eram as armas antitanque. Os artilheiros dispararam com fúria. Agora ele estava em cima deles.

Quando três daqueles mastodontes ficaram inesperadamente presos num pântano e abandonados por seus soldados, o próprio Guderian foi examiná-los. Segundo alguns relatos, ele se afastou em silêncio, com uma expressão pensativa e desapontada.[37] Até que os tanques alemães bem mais pesados entrassem na guerra, os Mark III e Mark IV da Wehrmacht estavam em profunda desvantagem — ao menos num combate de um contra um.

Essa impressão, e a consequente lenda, do T-34 como um impressionante conquistador dos campos de batalha foi reforçada pelos depoimentos feitos depois da guerra por generais alemães derrotados. Líderes de divisões Panzer como Friedrich von Mellenthin disseram: "Não tínhamos nada parecido", e Ewald von Kleist disse que era "o melhor tanque do mundo". Guderian fez um comentário sombrio: "Até este momento tínhamos a superioridade com nossos Panzer, mas agora a situação se inverteu [...]. É muito preocupante". E o autor do estudo que registrou essas declarações acrescenta: "Quem poderiam ser os juízes mais adequados?". Essa opinião foi também reforçada com muita segurança (e talvez de maneira mais convincente) pelos testemunhos dos próprios soldados do Exército Vermelho que operavam os tanques. Enfim, e com evidentes propósitos de propaganda, a União Soviética apontaria mais tarde o sucesso do T-34 como um símbolo da engenhosidade socialista e da força industrial da nação. O poder elogiado do tanque convenceu um grande número de historiadores ocidentais, isso sem mencionar uma longa lista de ministros de Defesa estrangeiros que continuaram comprando muitos T-34 bem depois do fim da Segunda Guerra Mundial — ainda em 1996 encontravam-se variantes do tanque em serviço em pelo menos 27 nações.[38]

É compreensível que generais alemães feitos prisioneiros, prezando suas reputações, tivessem bons motivos para elogiar uma arma que nunca chegaram a possuir, e que a propaganda soviética depois de 1945 tivesse mais motivos ainda para exaltar o grande instrumento de guerra do Exército Vermelho. Mesmo sem dar um crédito absoluto a essas fontes, porém, é inegável que tropas de T-34 enfrentaram os poderosos grupos Panzer da Wehrmacht em Kursk no ano de 1943, e no final foram os alemães que levaram a pior. E é também verdade que as vigorosas investidas do Exército Vermelho a partir do verão de 1944, culminando com o cerco de Berlim, tiveram na vanguarda essas rápidas e imensas colunas blindadas da União Soviética. No entanto, nada nessa história posterior quer dizer que o T-34 fosse uma arma miraculosa, algo inteiramente fora de série quando surgiu nos campos de batalha em julho de 1941. A verdade é que os primeiros T-34 apresentavam inúmeros defeitos em seu projeto, não eram muito confiáveis no combate e sofriam da política indefinida de Stálin e do Stavka quanto à construção de grandes tanques de guerra no final da década de 1930. Portanto, o desenvolvimento dessa imperfeita — porém com um potencial enorme — máquina de combate apresenta muitos paralelos com a história dos bombardeiros B-29 e os caças P-51 Mustang (ver os capítulos 5 e 2, respectivamente).

Mas o caso do T-34 era ainda muito pior, levando-se em conta o tempo empregado no desenvolvimento do tanque. Por exemplo, mesmo os mais entusiastas de seus admiradores ocidentais reconhecem o projeto deficiente de sua torre de combate e dos rádios.[39] Além disso, quando começou a Operação Barbarossa, o Exército Vermelho possuía apenas mil desses novos tanques, suas tripulações não estavam treinadas para manobrá-los de maneira adequada e até quando foram enviados para o combate, eles se dispersavam pelo front, e portanto não tinham a agressividade necessária para enfrentar uma coluna de Panzer alemães. Os tanques também não operavam em conjunto com a infantaria soviética, ficando assim sem cobertura pelos flancos, e sua reserva de combustível era limitada.[40] Finalmente, todo o esquema de produção e de aperfeiçoamento foi prejudicado pela invasão alemã e pela urgência de transportar fábricas inteiras de Leningrado e Carcóvia até os distantes Urais (a fábrica de tanques número 174 de Voroshilov, por exemplo, precisou ir de Leningrado a Omsk, a mais de 1500 quilômetros de distância). Em setembro de 1942, até mesmo as famosas linhas de produção na Fábrica de Tratores de Stalingrado foram forçadas a interromper a produção com a aproximação das divisões alemãs. Talvez fossem apenas problemas iniciais, solucionados com as lutas de Stalingrado em 1942 ou no máximo com as batalhas de Kursk em 1943. Mas a lista dos defeitos do T-34 era muito maior — e mais duradoura — e por isso seu desempenho nos anos intermediários da guerra foi irregular. Assim, é preciso analisar bem o tempo que foi necessário investir até que o T-34 se tornasse um sucesso como a grande arma do campo de batalha.

As origens do T-34 são um tanto obscuras. Muitos planejadores militares dos anos situados entre as duas grandes guerras estudaram como os britânicos usaram os tanques no front ocidental em 1917-8 e em seguida tentaram acompanhar tanto as conquistas técnicas como a literatura futurista sobre esse tipo de arma. Propuseram-se diversos aperfeiçoamentos, apesar da crise econômica generalizada e das fortes discordâncias entre militares sobre qual deveria ser exatamente o papel do tanque em conflitos futuros. Foi em meio a esse período confuso que o lendário inventor e industrial J. Walter Christie apresentou seu novo projeto, o M1928. Como o Exército americano tinha outras especificações em mente e o anticonvencional Christie recusava-se a fazer alterações, ele procurou clientes estrangeiros, como a Polônia, a Grã-Bretanha e a União Soviética. Foi assim que dois de seus novos tanques (sem as torres e descritos oficialmente como "tratores para a agricultura") foram vendidos para o Exército Vermelho ainda em processo de desenvolvimento. Isso não é tão incomum como parece, pois os russos também compravam tanques da empresa britânica Vickers, e os próprios britânicos adquiriram um projeto de Christie e o transformaram no tanque Cruiser Mk III.[41]

Diversos aspectos da invenção de Christie deixaram intrigados os técnicos do Exército Vermelho. O Cruiser Mk III era o primeiro tanque a utilizar uma blindagem em declive (uma inclinação de 40%) na frente do veículo, o que aumentava bastante sua resistência aos disparos do inimigo. Além disso, Christie foi um gênio no projeto de sistemas de suspensão mais sofisticados — essenciais para operações em terrenos irregulares — e deu a seus veículos M1928/M1931 uma suspensão variável ou de molas helicoidais. Apesar dos atrasos provocados pelos expurgos de Stálin e desentendimentos entre generais do Exército Vermelho sobre qual deveria ser o objetivo dos tanques, os técnicos soviéticos passaram a combinar as ideias de Christie com os projetos da Vickers, formulando modelos híbridos, o A-20, o A-32 e em seguida o T-34.

No final dos anos 1930, a principal equipe de projetistas foi instalada na fábrica de locomotivas Komintern (KhPZ), sob a liderança do engenheiro Mikhail Koshkin, um inventor e administrador de talento incomum a quem Stálin dava ouvidos nas disputas internas do Exército Vermelho sobre tanques leves "de cavalaria" contra tanques de batalha mais pesados. Apesar de todas essas disputas, foram feitas modificações no nascente T-34. O motor a gasolina foi substituído por um novo diesel V-12; se o diesel era de fato menos inflamável que o motor a gasolina e assim menos perigoso, no caso de o tanque ser atingido, é uma questão que não foi resolvida, mas segundo testemunhos do pós-guerra eles com certeza deixaram as equipes do Exército Vermelho mais confiantes. Em segundo lugar, a blindagem em declive foi instalada ao redor de todo o tanque, e num retrospecto pode-se ver o formato do moderno tanque de batalha começando a aparecer. Por fim, o canhão principal tornou-se maior (76 milímetros). Demorados testes do protótipo do T-34 realizados no inverno de 1939-40 (durante o qual Koshkin contraiu pneumonia, morrendo logo depois) convenceram o Stavka a aumentar a produção.[42]

Durante os dois anos iniciais da guerra essa decisão não deu ao Exército Vermelho nada que se assemelhasse a um arma miraculosa. O número de tanques T-34 era ainda muito limitado e eles estavam sendo mal aproveitados (espalhados, em vez de concentrados). A maioria das equipes destacadas para os tanques era formada por novatos, tirados de fábricas e fazendas, submetidos a um rápido treinamento militar e logo em seguida colocados dentro de um instrumento esquisito e complicado de manobrar. Com frequência eles recebiam ordens de atacar alvos difíceis, e viviam caindo em armadilhas preparadas de todos os lados. Assim, não surpreende o fato de que nessas circunstâncias as vantagens do T-34 sobre os tanques alemães da mesma época (tinham blindagem superior, eram mais fáceis de manobrar na neve e na lama) ficassem neutralizadas. Contudo, naquela fase inicial da guerra, quase todos os outros departamentos militares do mundo também enfrentavam problemas de desenvolvimento com seus tanques, seus torpedos, seus bombardeiros de grandes altitudes e seus caças de longo alcance. Na Segunda Guerra Mundial a tarefa dos homens que faziam o "meio de campo" era precisamente solucionar esses inúmeros problemas.

Consertar os defeitos técnicos do T-34 levou muito tempo. É possível imaginar que o problema estivesse resolvido em meados de 1943, o momento dos confrontos em Kursk e oito meses depois de Stalingrado, mas não estava. Se as coisas estivessem correndo bem, por que o comissário do povo para a indústria dos tanques, V. A. Malyshev, teria feito uma visita à fábrica de tanques número 112 pouco tempo *depois* da Batalha de Kursk para reclamar do fraco desempenho dos T-34 diante dos blindados alemães, lamentando a perda desproporcional de tanques russos e de suas equipes todas as vezes que tinham que enfrentar um único Tiger ou Panther?[43] Estava claro, pelo menos para ele, que os T-34, mesmo aqueles vindos das fábricas em meados de 1943, ainda não eram bastante bons.

O problema estava com o projeto do tanque e suas deficiências operacionais, questões que por motivos óbvios na época foram mantidas em sigilo. Recentemente o historiador russo Alexay Isaev resumiu em inglês uma série de recordações do pós-guerra e entrevistas com antigos condutores de tanques, comandantes e outras equipes do T-34.[44] Ficou bem claro que todo esse pessoal gostava muito do veículo blindado, mas todos eles foram igualmente sinceros quanto aos seus defeitos: comandos duros, uma tendência a vazar água, o espaço apertado. Seus testemunhos são confirmados por uma fonte bem diferente: um resumo soviético de detalhado relatório feito pelos projetistas, engenheiros e mecânicos do famoso Campo de Provas do Exército americano em Aberdeen, Maryland. Os russos haviam entregado ao laboratório de Aberdeen um T-34 bem no final de 1942, ao que se presume, para conhecer a opinião dos especialistas americanos. A equipe que o analisou era formada apenas por engenheiros, e seu relato é claro, objetivo e equilibrado. O Departamento Central dos Serviços de Inteligência do Exército Vermelho, que traduziu e resumiu as conclusões dos americanos para o Stavka, não podia perder tempo — eles estavam, afinal, em meio à Batalha de Stalingrado e necessitavam de toda a informação que pudessem conseguir.*[45] Os engenheiros elogiaram os contornos inclinados do T-34 (seria interessante saber se eles estavam informados de que seus antecessores haviam recusado a proposta de Christie catorze anos antes), que consideraram "melhor que os de qualquer tanque americano". Eles gostaram muito do motor a diesel "eficiente e leve" e lamentaram que a Marinha americana tivesse o monopólio de acesso às fábricas de diesel nos Estados Unidos. Os equipamentos de disparo do T-34 eram simples, confiáveis, de fácil manejo, e o dispositivo de mirar o alvo e de mira traseira era "o melhor do mundo". O tanque era capaz de subir num plano inclinado muito mais depressa do que os modelos britânicos e americanos, graças às esteiras mais largas. Mas em seguida vem o resumo feito pelo Serviço Central de Inteligência, que vê uma lista de defeitos muito maior do que aqueles observados pelos analistas de Aberdeen.

Os filtros de ar eram lamentáveis, o que fazia uma enorme porção de poeira entrar no motor, que ficava superaquecido, causando danos aos pistões. A blindagem basicamente era de aço doce e poderia ser aperfeiçoada com ligas

---

* É provável que tenha sido o general responsável pelos tanques do Exército, Khlopov, quem assinou o relatório, embora a assinatura esteja incompleta. Ao ler o relatório, fica a impressão de que seu gabinete ficou muito satisfeito ao ver uma análise "neutra" dos Estados Unidos colocando a culpa por todas aquelas deficiências nos responsáveis pelo projeto e pela fabricação. (N. A.)

que incluíssem zinco. Devido à soldagem deficiente, havia penetração de água por ocasião de chuvas fortes ou quando o tanque encontrava água no caminho, o que podia provocar pane no sistema elétrico e até mesmo na munição. Nas oficinas de reparos, os técnicos que examinaram o tanque também apontaram fraqueza nas esteiras (juntas e pinos com pouca espessura) e o desempenho dos filtros de ar do motor deixava a desejar — provocando mais obstruções, talvez porque os tubos de exaustão iam diretamente para baixo, criando enormes nuvens de poeira para os tanques que estivessem atrás. A transmissão era péssima, e é bem provável que causasse mais danos ao tanque do que o próprio inimigo. Os rádios funcionavam muito mal, até que foi instalado um equipamento copiado de um projeto britânico, e não havia comunicação entre os membros da tripulação — o comandante precisava cutucar o ombro do condutor com o pé. Enfim, o espaço reservado para o comandante era uma desgraça, porque no meio de uma batalha ele teria que executar muitas tarefas numa cabine apertada demais e com pedais e alavancas tão duros que às vezes para movimentá-los seria preciso um martelo bem pesado.[46]

A lista foi levada muito a sério, porque o resumo dos russos encerrava-se com nove recomendações, todas seguindo as avaliações feitas pelos americanos. O problema era que para fazer essas modificações seria necessário paralisar a produção nas principais fábricas de tanques num ponto crítico da Grande Guerra Patriótica. As novas versões talvez também viessem a apresentar problemas, e de todo modo as equipes com a missão de operar os tanques precisariam passar por um novo treinamento. Qual seria então a melhor decisão? Interromper naquele momento a produção de novos tanques para ganhar mais tarde uma grande vantagem no campo de batalha, ou simplesmente ir em frente com esse equipamento, apesar das deficiências apontadas, uma vez que, no atual estágio do conflito, todo e qualquer tipo de arma era necessária? Entre o começo de 1942 e o fim de 1943, o Exército Vermelho concluiu que não podia se dar ao luxo de fazer uma opção. Só havia um caminho: continuar enviando o T-34 ao front, mesmo sabendo que ele causaria um número excessivo de perdas, para deter o avanço nazista e causar os maiores danos possíveis às divisões Panzer do inimigo. Os aperfeiçoamentos no projeto teriam que aguardar até que a lama da primavera e do outono reduzisse a intensidade dos combates. Assim, não surpreende que os tanques soviéticos continuassem sendo derrotados em Kursk e que Malyshev lamentasse o nível das baixas — mas o que poderiam fazer os responsáveis pela produção das fábricas se eles não tinham sido autorizados a dar início às alterações no projeto logo após Stalingrado? E as batalhas de Kursk ainda revelariam um problema adicional: mesmo os novos canhões de 76 milímetros do T-34 eram inadequados para enfrentar os Tiger e Panther. Era necessário providenciar uma torre de combate para três homens, além de um sistema de suspensão baseado em barras de torção para terrenos mais pesados. De um ponto de vista realista, porém, tudo que as fábricas responsáveis pelo T-34 podiam fazer durante o inverno de 1943-4 era continuar produzindo os tanques, mesmo conhecendo suas deficiências.

O verdadeiro sucesso do T-34 só ocorreu realmente em meados de 1944 — num curioso paralelo com a chegada dos P-51 Mustang na guerra aérea travada sobre a Europa ocidental. Os novos modelos dos tanques russos tinham uma construção bem melhor, na qual tudo estava perfeitamente ajustado: havia um canhão de 85 milímetros dotado de potência muito maior; a torre de combate acomodava três pessoas e já vinha com rádio; os filtros e a circulação de ar haviam sido aprimorados, assim como o periscópio, permitindo uma visão em 360 graus, e as esteiras tinham ficado muito mais largas e mais fortes. Além disso, os sistemas de suporte, a eficiência aprimorada das equipes de manutenção, bem como o sistema bem mais rápido de transporte por caminhão de suprimento de combustível, tudo isso contribuía para a eficiência do Exército Vermelho. Aqui, mais uma vez, como já ocorrera com a introdução de novos sistemas de armamentos nessa fase intermediária da Segunda Guerra Mundial, as mudanças ocorreram sempre de forma gradual e somente se tornaram possíveis quando as circunstâncias permitiam e depois que as duras lições das fases anteriores dos conflitos haviam sido assimiladas. Nesse caso, os aperfeiçoamentos desejados poderiam ser feitos nas fábricas e oficinas de reparos depois que a Alemanha retirou-se de Kursk. A produção e o fornecimento dos modelos anteriores do T-34 diminuíram no outono de 1943, mas não foram paralisadas por completo, enquanto as fábricas rapidamente passavam a produzir os novos e mais eficientes modelos de veículos blindados, em preparação para os grandes avanços do ano seguinte.

O segundo grande aperfeiçoamento entre 1943 e 1944 não foi técnico, e sim tático. Os tanques T-34 não haviam sido utilizados de maneira adequada contra grupos de defesa alemães bem motivados. Mesmo as versões mais poderosas do T-34-85 provavelmente seriam derrotadas numa batalha do tipo "um contra um" contra os Tiger e os Panther, e apesar da esmagadora superioridade soviética em termos de números, não era nem um pouco agradável para os comandantes ou para suas equipes verem quatro de seus tanques serem destruídos por um único inimigo. Além disso, ao se encerrar o ano de 1943, a Wehrmacht já dispunha das temíveis *Panzerfausts* (bazucas), que eram mais eficazes que qualquer arma soviética portátil antitanque. E sempre havia as minas. Penetrar numa cidade alemã, sobretudo quando as linhas nazistas estavam recuando, reduzia bastante a mobilidade de um T-34. Então, por que não liberá-lo para avançar, ou pelo menos organizar algumas brigadas que circulassem ao redor do inimigo, atacando em pontos inesperados? Por que não aproveitar um dos princípios dos ensinamentos de Guderian, deixando que os novos e mais rápidos T-34 ganhassem liberdade de ação? Um dos tanques poderia abrir uma brecha na parte mais fraca das defesas do inimigo, dando campo assim para que se desenvolvesse a "batalha profunda" — termo com um significado todo especial no Exército Vermelho. Durante o último ano dos combates no front leste, enquanto as divisões blindadas avançavam pela Bessarábia, Romênia, sul da Polônia, Hungria e em direção à Áustria, era isso o que iria acontecer.

Quando os modelos aprimorados começaram a chegar aos exércitos de tanques soviéticos, calejados pelos combates, no começo de 1944, e o Stavka, a essa altura bem mais experimentada e confiante, orquestrou o grande avanço sobre Berlim, o T-34-85 já tinha todo o direito de ser considerado o mais completo tanque de combate da Segunda Guerra Mundial. Ele ainda não conseguia derrotar um Tiger num combate de um contra um, mas combinava bem melhor os recursos de alcance, facilidade de manobra e poder de fogo. Em 1944, na verdade, os tanques de todos os países envolvidos — americanos, alemães e russos — haviam se tornado muito mais destrutivos do que eram apenas dois anos antes. A essa altura, porém, o mesmo acontecia com a aviação desses países.

Assim, o historiador em busca de explicações para a eficiência cada vez maior do Exército Vermelho contra a Blitzkrieg nazista entre 1942 e 1944 precisará procurá-las em outra parte, *sem rejeitar* o papel importante desempenhado pelos tanques T-34, mas reconhecendo que esse veículo extremamente aperfeiçoado foi apenas um de um conjunto de sistemas de armamentos soviéticos nesse campo de combate crítico e infernal.

OS EXTERMINADORES DE TANQUES: PAKS E MINAS

Quando Montgomery e Jukov se encontraram em Berlim em 1945, em meio às suas comemorações e mútuas entregas de prêmios, não é nenhum exagero imaginar que eles devam ter conversado bastante sobre as respectivas campanhas contra o inimigo nazista. As campanhas conduzidas pelos dois marechais de campo tiveram muito em comum, em primeiro lugar no modo como conseguiram conter os ferozes ataques por terra dos alemães, e depois, quando chegou o momento certo, na maneira como partiram para a ofensiva. Ambos deram grande importância a um tipo de combate capaz de se adaptar às diferentes situações, o que significava empregar o arsenal segundo o modelo "guerra reduzida" de mísseis antitanques, campos minados, valas e outros obstáculos, dispostos ao longo do campo de batalha para impedir o avanço das divisões Panzer, e somente então partir para a ofensiva.* El Alamein e Kursk eram diferentes no que dizia respeito ao tempo, espaço e números, mas não eram tão diferentes assim nas questões essenciais. Em ambos os casos, quem estava se defendendo deteve e causou danos irreparáveis aos atacantes alemães antes de iniciar uma ofensiva decidida, constante e que nunca seria revertida.

A atenção com a qual Jukov se empenhava em grandes investimentos na colocação de minas igualava e talvez até superasse a atenção que Rommel e Montgomery dedicavam a esse tipo de recurso (nenhum general americano, salvo engano, preocupava-se com a utilização de minas). As minas eram baratas e fáceis de produzir em grandes quantidades, fáceis de transportar até o campo de batalha, podiam ser escondidas no terreno e em seguida cobertas, e eram dispostas no solo nos mais diferentes tipos de formação. Não era imprescindível que elas tivessem potência suficiente para destruir um tanque ou um jipe; causar danos a uma roda ou quebrar uma esteira já era o bastante. E havia ainda as minas antissoldados, com poder de explosão mais leve, mesmo assim capazes de matar ou ferir os membros da infantaria que corriam junto aos tanques. Enfim, como ficou demonstrado nas batalhas ao redor de El Alamein, campos minados

---

* Estou empregando aqui a expressão "guerra reduzida" (*Kleinkrieg*), no sentido que lhe dá a Marinha alemã para indicar armamentos menores que podem danificar ou afundar embarcações de maior porte. Nos combates navais isso inclui torpedos, submarinos e minas, todos capazes de afundar couraçados. (N. A.)

— ou melhor, a tentativa dos atacantes de se desviar delas — davam às forças defensivas um tempo valioso de preparação para suas manobras.

Isso ficou provado mais uma vez e de maneira bem mais ampla na Batalha de Kursk, travada num terreno que pode ser considerado o maior campo minado da guerra. Como fizera Montgomery oito meses antes, Jukov, com o apoio do Stavka, encontrava-se bem preparado. A disposição das linhas de batalha do front oriental em junho de 1943 indicava que uma ofensiva renovada e maciça da Wehrmacht estava a caminho, tentaria envolver a saliência de Kursk, oferecendo mais um exemplo de um *Kesselschlacht* alemão. A tarefa das ferozes e bem treinadas divisões da Wehrmacht era efetuar o movimento do alicate. A missão do calejado Exército Vermelho era frustrar essa manobra. E nada era mais frustrante para as rápidas ofensivas Panzer do que campos com minas enterradas a grandes profundidades.

Durante os meses de primavera, recorda Mark Healy, o Exército Vermelho colocara dezenas de milhares de minas ao longo de toda a saliência, as quais logo estariam escondidas pelo trigo que cresceria no verão. "A densidade dos campos de minas, em especial entre os pontos mais fortes, era extremamente elevada, tendo cerca de 3800 minas antitanques e 4300 minas antipessoal por quilômetro." As redes de minas das defesas soviéticas, escondidas com cuidado pelas inestimáveis equipes de sapadores, observa um estudioso, estavam entre 25 e quarenta quilômetros de profundidade. Dessa maneira, elas impediam a possibilidade de que as divisões blindadas efetuassem ataques-relâmpago.[47]

Quando e onde as minas não conseguiam interromper as ofensivas Panzer, o armamento antitanques do Exército Vermelho encarregava-se da tarefa. Os russos, assim como os britânicos, tinham a tradição de depender bastante da fuzilaria de campo, dos "artilheiros", isto é, uma combinação de morteiros/obuses, armas de pesado calibre e as barulhentas Katyushas (cargas múltiplas de foguetes transportadas e lançadas de caminhões do Exército Vermelho) para repelir ataques inimigos, investir sobre seus fronts e destroçar o adversário antes mesmo que os tanques e a infantaria começassem a avançar. Em Kursk, o Exército Vermelho usou mais de 20 mil armas e morteiros, um número muito superior às quantidades que a Wehrmacht tinha naquela fase do conflito. Os canhões de 85 milímetros de dupla função tinham enorme eficiência, porque o Exército Vermelho enfim aprendera a reuni-los em grandes grupos, dispondo os armamentos em trincheiras, em edifícios de concreto e em milhares de caixotes de concreto pré-fabricados e até mesmo portáteis. Quase todo esse arsenal, tanto o ofensivo como o defensivo, já estava disponível em 1941, porém apenas em forma embrionária. Mas, assim como havia ocorrido com os primeiros tanques T-34, eles sempre ficavam espalhados — "em gotas", para usar a expressão favorita de John Erickson — e nunca eram suficientes para estabilizar aquele grande front à beira do colapso.

Somando-se a tudo isso, no entanto, havia duas armas projetadas especificamente para tornar os tanques inimigos inoperantes. A primeira era um rifle antitanque primitivo mas muito eficiente (o Degtyaryov PTRD-41), que um simples pelotão de infantaria podia usar para explodir as esteiras de um tanque ou qualquer uma de suas partes expostas, incluindo o condutor. Mesmo sendo uma arma rudimentar se comparada com as posteriores bazucas americanas e as *Panzerfausts* alemãs, era bem eficiente porque os soviéticos a utilizavam com uma frequência muito maior que qualquer outro exército, e seus pelotões esperavam até chegar bem perto dos tanques alemães para abrir fogo. O Exército Vermelho com frequência venceu batalhas da Ostfeldzug usando recursos primitivos de diversas maneiras (por esse motivo os primeiros T-34, mesmo sendo derrotados por tanques alemães dotados de blindagem superior, eram "canibalizados" para o aproveitamento de peças avulsas) e também porque se dispunham, mais que qualquer outro Exército, a sacrificar um grande número de suas tropas. Para o Stavka, compensava perder metade de um pelotão para inutilizar dois Panzer.[48]

A segunda arma, muito mais poderosa, era um canhão antitanque, de início uma arma de 45 milímetros de cano longo com um histórico moderado de sucessos — colunas velozes de Panzer acabaram com um grande número delas — sucedida pela ZiS-2 de 57 milímetros, muito mais poderosa. A produção desta última, que foi projetada por V. G. Grabin e construída na ampla Fábrica de Artilharia Número 92 em Gorki, começou em 1941, inexplicavelmente foi interrompida ao longo de 1942, depois reiniciada às pressas quando o Exército Vermelho constatou a extraordinária capacidade defensiva dos novos tanques Panther e Tiger, concluindo que seus canhões de 45 milímetros não eram dotados de poderio suficiente. Os canhões de 57 milímetros começaram a deixar a linha de montagem a partir de junho de 1943, pouco antes que se iniciasse a ofensiva alemã de 5 de julho contra Kursk. Mais uma vez, é surpreendente como a maré demorou para mudar nessa e em outras campanhas, à medida que os armamentos aperfeiçoados chegavam ao front de batalha. A propósito desse conflito em especial, John Keegan sugere que "Kursk pode ser considerada a primeira batalha em que o canhão antitanque [...] realizou de fato a tarefa para a qual ele foi concebido — afastar e se possível destruir o ataque de tanques inimigos sem ter que recorrer a equipamentos blindados".[49]

É impossível descrever melhor do que Kathy Barbier a maneira como o Exército Vermelho conseguiu se recuperar antes da investida em Kursk. Em julho de 1943, ela explica,

> os soviéticos tinham criado uma série de pontos fortes com grandes concentrações de armas em áreas que deveriam ser os alvos mais prováveis de ataques do inimigo. Em seguida eles combinaram esses pontos individuais extremamente fortificados com áreas antitanques. Em qualquer área dessas havia pelo menos três pontos fortes de uma companhia. Cada um dispunha de quatro a seis canhões antitanques, quinze a vinte rifles antitanques, diversos tanques e armamentos de autopropulsão e um pelotão de especialistas encarregados de atacar com minas e granadas. Nas defesas antitanques, os soviéticos usavam todo tipo de artilharia, incluindo canhões antiaéreos, com um alcance de trinta a 35 quilômetros.[50]

O objetivo, uma vez mais, era que nem os rifles antitanques nem as bazucas PaK — nem mesmo, nesse caso, as silenciosas minas — precisariam fazer qualquer coisa além de colocar um tanque fora de combate. Se sua esteira fosse danificada, o paquiderme mecânico estava imobilizado, o tanque não tinha mais a menor capacidade de atacar. Além disso, como já observamos, a Wehrmacht não era muito eficiente na locomoção de suas equipes de reparos, e nem mesmo nessa etapa do conflito dava a impressão de ter percebido a importância do trabalho de logística para vencer.

O polêmico estrategista Fuller, apesar de todo seu entusiasmo por ofensivas militares rápidas e de longa extensão, observou várias vezes que enquanto o objetivo das divisões Panzer era antes de tudo ofensivo, o papel da infantaria era basicamente defensivo. O problema de Fuller e de todos que pensavam como ele era assumir que um rápido ataque com blindados sempre funcionaria, e assim a ofensiva seria vencedora. Mas isso não poderia ocorrer nas oito sucessivas linhas de ataque em volta de Kursk, tampouco nas diversas linhas ao redor de El Alamein, quando Rommel desferiu sua investida. E por trás dessas linhas havia grupos de tanques inimigos esperando iniciar um contra-ataque depois que os Panzer do assalto tivessem perdido a metade ou ainda mais do vigor inicial.

Assim, os registros sugerem que os problemas práticos enfrentados pela Wehrmacht nesse estágio da guerra no front oriental incluíam (1) ficar sem munição e combustível, (2) os traiçoeiros campos minados e (3) os eficientes pelotões antiataque do Exército Vermelho. O problema geográfico era que não havia mais pontos fracos que permitissem manobras ofensivas no estilo de Guderian. Portanto não deve causar surpresa que os diários oficiais dos exércitos alemães responsáveis pelos ataques pelo norte e pelo sul da saliência de Kursk em julho de 1943 relatassem o tempo todo que estavam procurando uma nova direção ou uma mudança para outro flanco, na esperança de encontrar um ponto fraco. Esse ponto fraco não existia.

Enfim, a partir de meados de 1943, todos esses sistemas de armamentos dos russos já estavam desfrutando de mais uma vantagem: a mobilidade trazida pelo fluxo contínuo de caminhões Studebaker e pelos onipresentes jipes. Mais tarde, o mútuo chauvinismo da Guerra Fria deu origem a um debate tolo sobre quanto ou sobre quão pouco o sistema americano de empréstimo-aluguel "ajudou" de fato a União Soviética durante a guerra, e é bem verdade que a maioria dos veículos soviéticos (58% de seus 665 mil caminhões no fim da guerra) tinha sido produzida no próprio país. Mas é verdade também que os caminhões e jipes americanos eram muito mais robustos e confiáveis, que os comandantes soviéticos das linhas de frente preferiam usá-los, e que eram utilizados apenas para levar armas e munições às unidades de combate, enquanto os caminhões russos eram usados no transporte de suprimentos adicionais e para levar de volta soldados feridos. (Aqui é possível notar uma simbiose interessante: caminhões americanos, trazidos por comboios britânicos, ajudaram na mobilidade das linhas de frente de Jukov.) Ironicamente, em 1944 já era provável que um regimento antitanque produzido na Rússia fosse o mais rápido de todos. Uma proeza de que nenhum outro exército era capaz.[51]

A bem-sucedida defesa de Kursk feita pelo Exército Vermelho e em seguida seu avanço progressivo rumo ao oeste no ano seguinte tiveram a ajuda de três outras vantagens que os soviéticos tinham sobre a Wehrmacht: a capacidade de construir pontes, táticas de dissimulação e a assistência de uma vasta rede de partisans. As duas primeiras oferecem ótimos modelos de organizações situadas no nível intermediário fornecendo soluções para sérios problemas militares. Como fazer, por exemplo, para que três, quatro ou cinco tropas soviéticas e seu equipamento pesado atravessassem grandes rios durante todo o processo de reconquista da Eurásia depois do verão de 1943? O próximo capítulo irá examinar a história dos esforços anglo-americanos, no início quase sempre malsucedidos, para atravessar grandes quantidades de água e terra numa praia dominada pelo inimigo. Mas esse foi também um enorme desafio logístico para qualquer grupo soviético (constituído como era por tanques, canhões dotados de autopropulsão, lançadores de foguetes Katyusha, caminhões, equipamento do quartel-general e tudo o mais) devido aos obstáculos físicos colocados pelos rios muito largos, com as margens repletas de juncos, tão comuns na história da Rússia — o Volga, o Don, o Dniepre, o Dniestre, o Vístula.

Era um problema logístico que os russos, devido à sua geografia e sua história, já enfrentavam por muitos séculos — em 1799, por exemplo, o grande general Alexander Suvorov levou um exército inteiro através dos Alpes, naturalmente tendo que cruzar um grande número de rios durante o trajeto. Enquanto a utilização de pontões não ocupava um lugar destacado na documentação sobre os planos de rearmamento soviético nos anos 1930, em 1º de janeiro de 1942, quando a batalha pela posse de Moscou aproximava-se do fim, o Exército Vermelho já tinha 82 batalhões de engenharia e mais 46 batalhões avulsos especializados na utilização de pontões, que três anos depois se mostrariam de grande importância na investida contra Berlim. Em janeiro de 1944, o Exército Vermelho tinha nada menos que 184 batalhões de engenharia e 68 batalhões especialistas em pontões.[52] Tem-se a impressão de que o sistema soviético atribuía muito mais importância aos serviços de engenharia em geral do que o alto-comando alemão.

O problema logístico era abordado pelos departamentos de projetos do Comissariado de Defesa do Povo (NKO) — embora ainda nos faltem muitos detalhes sobre quem eram os responsáveis por esses projetos, devido ao fato de que os arquivos não se encontram disponíveis — na situação de emergência criada pelo início da Operação Barbarossa. No começo eles não podiam fazer muita coisa, uma vez que era difícil projetar e construir pontões enquanto os invasores estavam às portas de Minsk, Kiev, Smolensk e depois em Moscou. Na primavera de 1942, porém, o NKO já estava enviando suas primeiras encomendas, inicialmente pequenos barcos de madeira (jangadas, na verdade), que podiam transportar tropas e equipamentos leves através dos rios, e com resistência suficiente para formar a base de sustentação de pontes improvisadas e feitas às pressas, e que em seguida eram desmontadas e utilizadas em outros lugares. Esses "pontões improvisados" eram feitos com material simples porém resistente, produzidos em massa, e por esse motivo as fábricas nunca geravam algo equivalente aos LCT dos americanos (embarcações leves de desembarque, também para tanques). Contudo, em setembro de 1942 o primeiro dos novos pontões TMP chegava ao front, bem a tempo para Stalingrado. Suas equipes de montagem precisavam apenas de três a cinco horas para montar sobre o Volga — que em alguns pontos tinha 1,5 quilômetro de largura — uma ponte com capacidade total de oitenta toneladas. Uma tarefa notável.[53]

Ao mesmo tempo, outra equipe de projetistas e fabricantes do NKO trabalhava em equipamentos especializados que seriam utilizados numa das táticas mais apreciadas pelo Exército Vermelho — *maskirovka*, ou planos de dissimulação. A ideia era tão antiga como a própria guerra — Cipião, Frederico, Napoleão e Sherman, todos empregaram técnicas de dissimulação, e os Aliados ocidentais iriam fazer o mesmo, de maneira muito bem-sucedida, antes e durante os desembarques do Dia D. O Stavka considerava a dissimulação uma parte essencial na ofensiva russa rumo ao oeste, por dois motivos óbvios: em primeiro lugar, eles compartilhavam do respeito universal pela capacidade do Exército alemão de reagir com rapidez e ferocidade imediatas a todo assalto em qualquer front, e em segundo lugar, efetuar um ataque através de um rio largo e de águas agitadas era quase tão arriscado como tentar um desembarque sobre recifes de coral, porque significaria se expor ao fogo inimigo vindo da praia. Era importante atacar onde o inimigo não estivesse, ou onde ele se encontrasse apenas defendendo uma linha fraca. Assim, o NKO dedicou-se à produção de um repertório de dispositivos, desde redes de camuflagem e materiais para mascaramento do terreno até réplicas de tanques e peças de artilharia e outras armas de grande porte. Construíram-se também trincheiras falsas, falsas pistas de aterrissagem e áreas de estacionamento de aspecto convidativo que na verdade eram armadilhas. Tudo isso era trabalhado por equipes especiais de *maskirovka* destacadas para cada front do Exército Vermelho com o objetivo duplo de esconder as áreas em que as tropas estavam fortes, indicando de maneira enganadora locais a partir de onde não seria feito um ataque.[54]

A utilização bem-sucedida dessas novas técnicas recebeu uma enorme assistência graças ao rápido crescimento dos grupos de partisans soviéticos nos territórios ocupados pelos alemães a partir de meados de 1942. Nesse aspecto, a maneira cruel como os nazistas trataram os ucranianos e outros grupos étnicos submetidos ao detestado regime de Stálin tornou-se um grave problema para o alto-comando alemão. Quanto mais violenta era a repressão nazista às ações dos partisans (fuzilamentos em massa, enforcamentos, incêndio de igrejas), maior se tornava a adesão popular ao movimento de resistência. Ao que tudo indica, as dificuldades enfrentadas pelos alemães causadas por suas atitudes de repressão em Creta, na Grécia e na Iugoslávia nada ensinaram à Wehrmacht. Assim, da Grã-Bretanha a Bielorrússia, da Noruega a Rhodes, as Forças Armadas alemãs tiveram que enfrentar a tarefa dupla de lidar com a ofensiva da Grande Aliança e responder aos ataques esporádicos vindos dos territórios que haviam conquistado. Os coordenadores de operações especiais dos soviéticos, assim como seus equivalentes britânicos, trabalhavam sem parar fornecendo aos partisans armas de pequeno porte, rádios, dinamite e peritos em explosivos. Mal começou a Batalha de Kursk, um número calculado de 100 mil guerrilheiros passou a efetuar sabotagens e a armar emboscadas para os alemães. Em junho de 1943 grupos de partisans destruíram 298 locomotivas, 1222 vagões de trem e 44 pontes exatamente atrás do Grupo de Exércitos Centro — o que causou sérias preocupações a Manstein e outros generais enquanto preparavam o ataque a Kursk. Um ano depois, pouco antes da nova grande ofensiva do Exército Vermelho (a Operação Bagration, a ser descrita mais tarde), guerrilhas da Bielorrússia estavam detonando dezenas de milhares de cargas em linhas férreas e pontes alemãs, e aguardando ordens para atacar pelotões inimigos que haviam se atrasado depois que esses grandes golpes foram desferidos. Mesmo assim, embora os partisans pudessem auxiliar o Exército Vermelho, eles não eram capazes de mudar o rumo dos combates no front oriental. Como observou um estudioso do assunto, seu maior impacto ocorreu quando os exércitos soviéticos já estavam se dirigindo a Berlim.[55]

    Os partisans ainda forneciam muitas informações sobre a movimentação das tropas alemãs. Mas era complicado conseguir que esse amplo volume de informações fizesse sentido, pois os relatos de 1943-4 vinham de dúzias, às vezes centenas de grupos de guerrilha. O Stavka enfrentava um problema muito parecido com aquele pelo qual passaram os planejadores americanos antes de Pearl Harbor — excesso de "ruído". O desafio do alto-comando dos serviços de inteligência dos soviéticos é que eles precisavam de fatos específicos: o tempo exato, os números envolvidos, o ponto preciso onde ocorreria o ataque inicial, a rota definida do movimento do *Kesselschlacht* e assim por diante. Quase todo mundo — o núcleo de espionagem Lucy na Suíça, os decodificadores ingleses do Enigma, o grupo Die Rote Kapelle [A capela vermelha], membros dos Cambridge Five, prisioneiros capturados — relatava em caráter de urgência que em junho ou julho de 1943 iria ocorrer uma grande ofensiva alemã, mas o que isso informava a Jukov que ele já não soubesse? Só no mês de maio a Stavka já havia passado três alertas separados sobre o assunto. No início de julho, o suspense no front tinha se tornado quase intolerável. Então, às duas horas da madrugada de 5 de julho, um pelotão russo avançado prendeu um engenheiro alemão limpando campos minados. Jukov e Konstantin Rokossovki imediatamente decidiram iniciar um fogo de barragem (o contraste com a inatividade forçada de 21 e 22 de junho de 1941 é enorme). A batalha pela proeminência tinha começado. Mas qual foi o papel desempenhado pelos serviços de inteligência ainda não parece claro, e o debate entre estudiosos sobre Kursk e a inteligência russa continua até hoje.[56]

Outra importante fonte de informação que chegava à Stavka eram os frequentes relatórios do serviço aéreo de inteligência, que havia sido muito aprimorado desde a Batalha de Stalingrado. Visualizações aéreas de posições inimigas no solo e de unidades em movimento e, melhor ainda, fotografias aéreas eram de enorme valia por motivos óbvios e variados: eram quase imediatas e podiam ser estudadas de maneira bem mais eficiente que uma mensagem via rádio das florestas da Bielorrússia. Dessa maneira elas davam aos comandantes russos uma oportunidade bastante avançada de alterar a distribuição das próprias forças, permitindo ainda que o Stavka manejasse seus exércitos de reserva. Enfim, elas eram úteis à Força Aérea russa para escolher os alvos de suas operações táticas.

PODER AÉREO SOVIÉTICO?

Como já acontecera com os outros elementos acima mencionados, a Força Aérea Vermelha também havia crescido muito em números e capacidade após 1942. Avaliar sua real eficiência, no entanto, já é uma outra questão. Qual foi a importância do poder aéreo soviético nas campanhas do front oriental durante a guerra? Para responder a isso, o historiador precisa retirar muitas camadas de propaganda contemporânea e dos tempos da Guerra Fria que encobrem os fatos reais. Além disso, muitos dos arquivos do lado russo continuam inacessíveis, enquanto a literatura composta pelos livros e relatos de memórias não merece muita confiança. O que acaba nos levando a uma dependência muito grande das fontes alemãs. Algumas coisas, no entanto, são claras.

A primeira é que o papel desempenhado pela Força Aérea Vermelha foi muito mais específico do que as numerosas tarefas realizadas pelos serviços correspondentes americanos e britânicos. Não havia, é óbvio, guerra aérea sobre os mares, não havendo portanto aeronaves de porta-aviões, e nem os porta-aviões e suas escoltas. O Comando Costeiro não era obrigado a realizar grandes deslocamentos, o que dispensava o uso não apenas de aviões, como também de tripulações, pessoal em terra, bases aéreas, serviços de inteligência e de treinamento, linhas de produção, combustível e fornecimento de munições — tudo que seria necessário para se desincumbir da enorme e árdua luta contra submarinos. Tampouco havia um esforço real de guerra aérea estratégica, na utilização de dispendiosos bombardeiros quadrimotores, esse vasto conjunto de elementos indispensáveis à ampla estratégia americana e britânica. A contribuição aérea dos soviéticos limitava-se a dois elementos: caças de combate, para defender a nação dos ataques da Luftwaffe e o controle aéreo sobre os campos de batalha, e forças aéreas táticas, para bombardear, metralhar e, de qualquer forma, interditar os esforços da Wehrmacht em terra durante o avanço das forças russas.

Mesmo tendo em vista as áreas mais limitadas de ação, continua sendo difícil determinar a eficácia da Força Aérea Vermelha por duas razões. A primeira é que não dispomos de termos de comparação efetivamente comprováveis que permitam estabelecer comparações detalhadas sobre suas capacidades de combate. É fácil admitir que o desempenho de todos os aviões russos teve um aprimoramento constante, em especial a partir de 1943, mas isso foi o que aconteceu em toda parte. Bem mais difíceis de verificar são as alegações feitas pouco antes e logo após o fim da guerra, de que, por exemplo, o Yakovlev 3 (Yak-3) era tão bom quanto os Spitfire de última geração, pelo simples fato de que esses dois aviões nunca haviam entrado em combate um contra o outro, muito menos estiveram envolvidos num prolongado conflito aéreo como a batalha da Grã-Bretanha no verão de 1940, ou as maciças operações dos caças aliados na Europa ocidental para destruir os esquadrões da Luftwaffe de fevereiro a abril de 1944. Onde se davam batalhas como a do mar das Filipinas (ver capítulo 5), onde a superioridade dos Hellcat sobre os Zero foi completa? Se o que ficamos sabendo sobre o T-34 serve como orientação, então simples dados sobre velocidade e potência de motor dos caças soviéticos não são suficientes. O Yak-3 seria superior ao inimigo num autêntico combate aéreo? Isso é algo que nunca saberemos.

Bem maior ainda para os especialistas é a segunda dificuldade: como é possível avaliar a ascendência gradual da União Soviética no ar durante os dezoito últimos meses da Grande Guerra Patriótica, quando a maioria dos grupos de caça da Luftwaffe e os seus melhores ases tinham sido enviados para os combates na Europa ocidental? Depois de iniciada a Operação Barbarossa, a Força Aérea alemã passou a lutar em três fronts (oriental, ocidental e no sul), contudo até o fim de 1942, 50% de suas forças aéreas estavam nas campanhas do leste. Depois vieram os bombardeios britânicos e americanos das cidades do Terceiro Reich, em especial a devastação de Hamburgo pela RAF em julho e agosto de 1943, que parece ter abalado profundamente Speer, Göring, Milch, Galland e muitos outros. Em consequência dos bombardeios, todos concluíram que seria necessário destinar mais recursos para a defesa do coração industrial da Alemanha, mesmo que eles tivessem que ser retirados de outras partes. Como foi descrito em detalhes no capítulo 2, os bombardeios feitos por britânicos e americanos sobre a Alemanha não tiveram o efeito desejado, embora em parte isso tenha ocorrido devido à transferência de esquadrões da Luftwaffe que se encontravam no front oriental.

Essa transferência intensificou-se com a maciça campanha de bombardeios aliados sobre a Europa ocidental no princípio de 1943. Por certo, o impacto sobre a Ostfeldzug foi bem grande. Em abril de 1944, a Força Aérea alemã praticamente abandonara o front oriental, deixando apenas quinhentos aviões de todos os tipos para enfrentar mais de 13 mil aviões soviéticos.[57] Ao mesmo tempo, é claro, a Alemanha teve que concentrar o grande número de suas baterias com propósito duplo, antiaéreas/antitanques (mais de 10 mil canhões e meio milhão de homens) na defesa de suas próprias cidades, em vez de tentar expulsar os soviéticos do ar, forçando assim a paralisação dos avanços em terra de Jukov. Stálin com frequência se queixava a Churchill de que o Ocidente não estava fazendo tudo que era necessário para acabar com a Alemanha. Ele nunca admitiu que a guerra aérea sobre a Rússia poderia ter sido vencida, mesmo que indiretamente, pelo conflito em torno do Ruhr.

Portanto, será que as realizações da Força Aérea soviética, a vvs, foram mesmo um trabalho de primeira classe, ou será que na verdade ela apenas enfrentava uma Força Aérea alemã cada vez mais debilitada por estar usando pilotos inexperientes? É possível que a vvs só tenha mesmo aumentado sua produção quando a guerra já estava praticamente vencida. De maneira mais detalhada, é difícil encontrar uma ocasião (melhor dizendo, repetidas ocasiões) em que um esquadrão de dezoito Fw 190 enfrentou um esquadrão de dezoito Yak-3 e este último tenha conseguido uma vitória decisiva. O conceituado piloto de caças soviético Kozhemyako recorda em suas memórias uma ocasião em que seus Yaks localizaram quatro caças Fw 190, mas os aviões alemães aumentaram a velocidade e desapareceram (eles não poderiam ter escapado de um Spitfire ou de um Mustang). Na verdade, seria interessante saber quantos Fw 190 continuavam no front oriental no final de 1944, deixando de lado aqueles esquadrões convertidos com relutância à função de caças-bombardeiros para substituir os debilitados Stuka e participar dos combates terrestres. No caso da Operação Bagration, a relação entre a Força Aérea Vermelha e a Luftwaffe, no que diz respeito aos aviões de caça, pode ter ficado num nível tão desequilibrado como 58 para um, o que, se for verdade, torna sem sentido qualquer comparação. Quando o mitológico "Red Phoenix" tornou-se famoso, será que isso ocorreu por não haver mais oposição e os grupos remanescentes da Luftwaffe estarem fazendo serviços de fornecimento a guarnições do Exército e bombardeando pontes em construção, em vez de lutarem pelo domínio dos céus?[58]

Esse aspecto particular dos conflitos aéreos na Segunda Guerra Mundial permanece portanto à espera de esclarecimento definitivo, apesar de algumas expressivas análises de diversos especialistas.[59] No início da guerra, não há dúvida de que a atuação da Força Aérea Vermelha foi nula. Já no primeiro dia da Operação Barbarossa, os russos perderam cerca de 1200 aviões (a maioria, talvez, sendo destruída ainda em terra), enquanto os alemães perderam apenas 35. Depois, aos poucos, começou a ocorrer a grande virada russa. Nos estágios finais da Batalha de Stalingrado (quando os combates nas ruas eram tão intensos que os Stuka nem podiam ser utilizados em operações de curta distância), os soldados do Exército Vermelho podiam ver lá no alto alguns aviões com uma estrela vermelha. Ao mesmo tempo, as pressões das hostes aliadas faziam sua parte. A essa altura a Luftwaffe enfrentava um front no norte da África e no Mediterrâneo à beira do colapso, além da chegada dos bombardeiros americanos à Inglaterra, e ainda por cima Harris estava arrasando cidades como Colônia. Tudo isso obrigou o alto-comando a levar os melhores pilotos e os caças mais rápidos de volta ao Reich. E a vvs enfim estava recebendo aviões melhores, o caça Yak-9 e o Ilyushin Sturmovik, muito aprimorado, um avião de extrema robustez, mesmo sendo lento, capaz de voar a baixas altitudes e possuidor de um excepcional destruidor de tanques, projetado para apoiar a ofensiva do Exército Vermelho rumo ao oeste.[60] Em 1944 o Yak-3 estava também em ação, fazendo grandes estragos nos transportes aéreos alemães, em seus bombardeiros mais leves e nas estranhas adaptações feitas com os Focke-Wulf 190. A Força Aérea Vermelha estava também adquirindo seus próprios ases da aviação (incluindo pilotos do sexo feminino), embora ainda na Operação Bagration continuasse perdendo mais aviões do que a Luftwaffe. No cálculo geral, embora o verdadeiro significado do poderio aéreo soviético durante a Grande Guerra Patriótica continuasse sendo um mistério, é provável que na mudança dos rumos da guerra, ocorrida no front oriental, o papel da Força Aérea Vermelha tenha sido menos importante do que alegam seus propagandistas.

O PRINCÍPIO DO FIM: DE BAGRATION A BERLIM

Em 22 de junho de 1944, enquanto os Aliados estavam avançando a passos lentos para além das praias da Normandia e as tropas americanas travavam uma árdua luta disputando cada metro de terreno através de Saipan, o Exército Vermelho lançava a Operação Bagration, um ataque maciço ao front central em poder dos alemães com a participação de um número de soldados muitas vezes maior que a soma de todos aqueles envolvidos nas ofensivas das ilhas Marianas e no próprio desembarque do Dia D. No front oriental, nada era pequeno em escala, mas a quantidade de homens empregada pelo Exército Vermelho soviético e por sua Força Aérea superava tudo o que fora feito antes, incluindo Moscou, Stalingrado e Kursk. De maneira bem adequada, Stálin deu à operação o nome do mais agressivo de todos os generais russos, Pyotr Bagration, que morreu enquanto bloqueava Napoleão na grande Batalha de Borodino. Não deve ter sido uma coincidência que Bagration, assim como Stálin, vinha da Geórgia, nem que a operação que recebeu seu nome tenha começado exatamente três anos depois da Operação Barbarossa. Foi o grande golpe de volta da União Soviética.[61]

Os números de tropas, tanques e armamentos envolvidos nessa enorme explosão soviética, da Ucrânia à Polônia, são difíceis de compreender a partir da perspectiva das limitadas guerras após 1945, e impossíveis de medir com precisão. Devemos incluir no cálculo todas as forças soviéticas enfrentando os alemães do norte ao sul, ou apenas aquelas envolvidas na ofensiva rumo ao centro? Devemos incluir as inúmeras divisões mantidas na reserva, que avançaram mais tarde, ou unicamente as que atuaram na ofensiva inicial? Talvez isso não faça diferença; embora os números, conflitantes entre si, sejam desconcertantes para nossa compreensão, todos indicam um total avassalador. De acordo com um relato — "No começo da ofensiva, o Stavka havia engajado cerca de 1,7 milhão de soldados para o combate e em grupos de apoio, quase 24 mil peças de artilharia e morteiros, 4080 tanques e canhões de assalto e 6334 aeronaves. No início, as forças alemãs eram compostas por 800 mil homens, incluindo combatentes e grupos de apoio, 9500 peças de artilharia, mas apenas 553 tanques e canhões de assalto e 839 aviões".[62] Na Segunda Batalha de El Alamein, Rommel contava com apenas 27 mil soldados alemães, e as comparativamente bem maiores forças do Império Britânico, de 230 mil homens, eram muito menores que as de qualquer um dos cinco exércitos de frente dos russos (isto é, grupos de exércitos completos) dirigindo-se ao oeste em junho de 1944.

Mas a Operação Bagration foi mais do que uma simples questão de força bruta. Enfim, o Exército Vermelho tinha chegado a seu pleno potencial. Sentiam-se ainda os efeitos dos expurgos de Stálin na década de 1930, quando os alemães atacaram, e houve perdas desproporcionais nas primeiras batalhas. Todo o serviço apresentava inúmeras falhas, e de alto a baixo Stálin demorou muito para extrair lições importantes de suas humilhações e até mesmo de suas árduas vitórias. Mas, ao partir para o campo de batalha que se tornaria cenário da mais impressionante recuperação de toda a guerra, o alto-comando enfim juntou todas as peças, formando o quadro completo. Por ocasião de Bagration, Stálin estava inclinado a encarregar dois membros do Stavka, Aleksandr Vasilevsky e Jukov, com a coordenação das seções centrais daqueles cinco gigantescos fronts que se estendiam do Báltico à Ucrânia — desde, é claro, que Jukov fornecesse a seu chefe, sempre desconfiado, informes diários.

Nessa imensa batalha, o Exército Vermelho enfrentou um problema oposto ao da "onda em expansão": as linhas de defesa encolhiam e tornavam-se mais concentradas na proporção de número de combatentes por área de terreno.

AVANÇOS DO EXÉRCITO VERMELHO DURANTE A OPERAÇÃO BAGRATION, DE JUNHO A AGOSTO DE 1944

Embora menos conhecida que as batalhas de Stalingrado e Kursk, essa vitória soviétic sobre a Wehrmacht foi a maior durante toda a campanha no front oriental. O detalhe mapa ilustra as dimensões dessa ofensiva, que envolveu 1,7 milhão de soldados soviétic Ela coincidiu com a campanha da Normandia, a conquista de Roma e a tomada das ilh Marianas.

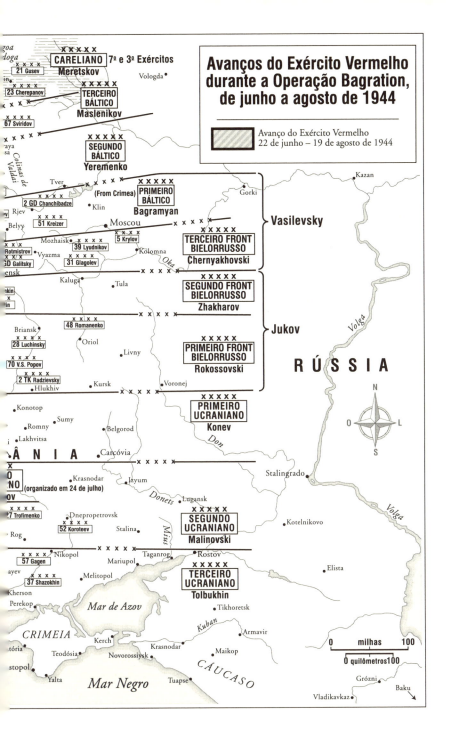

Contudo, mesmo em junho de 1944 a extensão do front do Exército alemão continuava sendo enorme e o espaço de terreno ocupado pelas tropas soviéticas era gigantesco. O irônico é que quanto mais a Wehrmacht recuava, apesar das furiosas ordens de Hitler, mais a Ostfeldzug ficava parecida com o front ocidental de 1914-8. Só que dessa vez os atacantes tinham uma vantagem numérica aproximada de três ou quatro contra apenas um; em alguns confrontos individuais, a proporção chegava a ser de dez contra um.

Cada peça do elaborado mecanismo necessário para uma grande operação terrestre como essa trabalhava a favor do Exército Vermelho. A *maskirovka* (dissimulação militar) foi esplêndida. Enquanto o OKW esperava uma ofensiva ainda maior durante os meses de verão, os alemães não tinham ideia de onde viria o ataque principal — eles suspeitavam que ele deveria partir do sul ou talvez do front báltico. O OKW avaliava mal o tamanho das forças que seriam empregadas contra Minsk no centro. O T-34-85, agora em grandes números e com seus muitos defeitos sanados, era praticamente impossível de ser detido. Num duelo de um contra um, apenas um tanque Tiger ou Panther continuava sendo mais poderoso, mas naquele estágio do conflito as táticas de blindagem dos soviéticos tinham sido muito aprimoradas, e o T-34, mais veloz e mais ágil, circulava à vontade em volta dos tanques nazistas, muito mais pesados, ou então os atraía para uma armadilha antitanque. A essa altura, os batalhões especializados na construção de pontes trabalhavam com força total, muito ajudados pela Inteligência dos partisans situados do outro lado sobre onde seria mais ou menos conveniente atravessar o Berezina e o Dniepre.

Além disso, dispondo agora de caminhões e serviços de suprimento muito melhores, a capacidade do Exército Vermelho para preparar táticas de exploração e de penetração profunda já havia se tornado pelo menos algo viável. (Propostas para operações desse tipo vinham sendo feitas de maneira insistente desde 1935, mas seriam descartadas durante os expurgos.) Outro aspecto curioso foi o fato de que, enquanto os exércitos russos estavam trocando a anterior e contraproducente rigidez stalinista por mais flexibilidade, as forças terrestres alemãs abandonavam sua tradicional *Bewegungskrieg* (combate mais fluido) para abrigar-se no primeiro reduto que aparecesse, porque o Führer tinha ordenado que ninguém se retirasse — o que facilitava muito os cercos pelos soviéticos.[63] A essa altura, também, os esquadrões de ataque da Força Aérea Vermelha já controlavam o espaço acima da área de luta. A infantaria russa —

na verdade, o soldado comum e seu sargento — já tinha adquirido uma grande experiência de combate, casa por casa, rua por rua, cerca viva por cerca viva. Assim como o Exército Vermelho dispunha de uma quantidade maior de divisões mais experientes e mais duras no combate, os alemães tinham números cada vez menores.

Enquanto o Stavka se certificava de que todos os cinco fronts não parassem de examinar toda a área de combate, para deixar o inimigo em permanente estado de insegurança, ordenava-se então o prosseguimento dos ataques, em ocasiões e horários sempre diferentes (a ofensiva de Polatsk em 1º de julho, o ataque a Vilnius em 7 de julho etc.), com o golpe principal ocorrendo no centro, para capturar Minsk e em seguida seguir rumo a oeste até a fronteira com a Polônia. Desde Stalingrado que não ocorriam combates tão ferozes, com o resultado sendo sempre o mesmo — uma tropa alemã inteira capturada e outra quase totalmente destruída. Nos doze dias entre 22 de junho e 4 de julho de 1944, o Grupo de Exércitos Centro perdeu 25 divisões e 300 mil homens, episódio que Zaloga considera "a derrota mais calamitosa de todas as Forças Armadas alemãs na Segunda Guerra Mundial". O total de perdas alemãs na Operação Bagration atingiu o número impressionante de 670 mil mortos, feridos ou capturados, e mesmo assim as perdas soviéticas foram ainda mais altas (178 mil mortos e 587 mil feridos). De fato, o caminho de Moscou a Berlim ficou coberto de sangue. A diferença era que a União Soviética ainda dispunha de milhões de homens disponíveis, e os russos tinham um único objetivo estratégico. Eles lutavam sozinhos, uma vez que finalmente os exércitos ingleses, americanos e canadenses haviam se engajado de corpo e alma no conflito. Quando a campanha da Normandia chegou ao fim, em agosto de 1944, a Wehrmacht tinha perdido mais 450 mil homens. Assim, não surpreende o fato de que os soldados alemães capturados no último ano da guerra ou eram homens, em sua maioria, bem mais velhos ou então membros da Juventude Hitlerista, recrutados em desespero de causa para substituir os soldados que tinham sido mortos ou ficado inválidos.

O círculo agora estava se fechando. No princípio da Bagration, os exércitos soviéticos estavam a 1200 quilômetros de Berlim. Ao mesmo tempo, na Normandia, os exércitos de Patton encontravam-se a cerca de 1040 quilômetros da capital alemã. Dois meses depois, Paris era libertada, e as unidades do Exército Vermelho, que tinham percorrido uma distância muito maior, olhavam agora para Varsóvia do outro lado do Vístula. Enquanto isso, os exércitos aliados na

Itália lutavam contra a Linha Gótica, bem ao norte de Roma. Todos estavam cansados, com movimentos vagarosos, precisando ser substituídos pelos reforços descansados que vinham das linhas de retaguarda. Mas sentiam-se também aliviados por saber que em junho de 1944 o Terceiro Reich sofrera derrotas colossais e irreversíveis no campo de batalha. Agora, de acordo com o título que um historiador deu a seu livro, "a Blitzkrieg acabou".[64] A verdade é que a campanha alemã já deixara de ser uma guerra-relâmpago havia um bom tempo, mas dessa vez ela tinha realmente acabado.

Assim, quando a Bagration chegou ao fim em agosto de 1944, com as forças de vanguarda do Exército Vermelho que tanto haviam lutado exaustas e, mais uma vez, com suprimentos de combustível, munição e peças de reposição ainda distantes, todos sabiam quem havia vencido essa campanha. Os finlandeses conseguiram se livrar da servidão imposta pelos nazistas e assinaram um tratado de paz com Moscou em setembro, enquanto, ao sul, Romênia e Iugoslávia também se desvincularam do Reich de Mil Anos. Agora tinha chegado a vez de Berlim, a história da impressionante resistência alemã diante das mais difíceis circunstâncias.[65] Por certo, era uma resistência sem a menor esperança, como havia sido aquela no oeste, mas nesse caso ainda alimentada por paixões ideológicas que dominavam as unidades da Wehrmacht, assim como os soldados da Waffen-ss, além do medo patológico da rendição, semelhante àquela que os alemães haviam infligido aos inimigos derrotados no front oriental nos anos anteriores. Esse conjunto de emoções envolvia também uma revolta crescente, que chegava ao desejo de cometer atrocidades contra os inimigos internos do Reich, que já estava condenado.[66]

O significado mais impressionante dessa campanha monumental é bastante claro. Se não fosse possível derrotar o Exército alemão nos campos da Rússia, nem enfraquecê-lo no norte da África, na Itália e na França, então a guerra não poderia ser vencida. Vitórias no mar e no ar, por mais importantes e necessárias que fossem, não bastavam. Uma delas protegia as linhas aliadas pelos oceanos. A segunda dava proteção aérea para os vitais pontos de contra-ataque da Grã-Bretanha e do norte da África, permitindo a construção de milhares de bombardeiros aliados que causariam danos enormes às indústrias e à infraestrutura do Terceiro Reich. Contudo, se Hitler recusasse a rendição, algum dos exércitos envolvidos precisaria esmagar as formidáveis forças terrestres da Alemanha, invadir o bunker de Hitler e pôr um fim à guerra. No fundo, foi o

Exército Vermelho que fez isso. Em consequência, 85% de todas as perdas da Wehrmacht ocorreram no front oriental.

Era evidente que os alemães nunca haviam imaginado que os soldados russos seriam tão duros, nem que os projetistas e engenheiros soviéticos forneceriam a esses soldados um arsenal cada vez mais eficiente. E, deixando de lado umas poucas exceções que serão mencionadas, eles também ignoraram a loucura geográfica em que estavam se metendo. Uma dessas exceções foi Halder. Antes de ser demitido do posto de chefe do Estado-Maior, ele manifestou diversas vezes sua preocupação sobre a extensão geográfica da campanha. Em seu célebre diário há uma entrada (ver página 218) de ter calculado a existência de cerca de duzentas divisões russas no início da guerra, e agora ele calculava que já havia pelo menos 360. Em seguida a essa anotação ele faz um lamento: "O tempo [...] está a favor deles, pois estão próximos de seus recursos, enquanto estamos nos afastando cada vez mais dos nossos. E assim nossas tropas, espalhadas por um front imenso, sem proteção pelos lados, estão sujeitas aos constantes ataques do inimigo. Algumas vezes eles são bem-sucedidos, porque nesses espaços enormes sempre ficam abertas muitas brechas". Um mês depois, Halder foi afastado, Von Rundstedt dispensado por ter sugerido um recuo durante o inverno, e as ofensivas fatais contra Stalingrado e Cáucaso já tinham começado. Em 1943 e 1944 diversos outros generais concluíram que haviam ocupado espaço em demasia, mas se comentassem isso ou ordenassem um recuo em seus fronts, eles também seriam dispensados.

O substituto de Halder como chefe do Estado-Maior de 1942 até 1944 foi Kurt Zeitzler. Bem depois de encerrada a guerra, Zeitzler escreveu alguns cálculos geográficos num ensaio intrigante chamado "Men and Space in War". No início da Barbarossa, o front leste tinha cerca de setecentos quilômetros de extensão. No Natal de 1941 a Wehrmacht tinha avançado mil quilômetros e, com seus aliados, mantinha um front de aproximadamente 1800 quilômetros, com um total de homens bem menor. No verão de 1942 eles avançaram mais 2 mil quilômetros, e a essa altura Zeitzler implorava que Hitler abrisse mão de algum espaço — em vão. No fim de 1942 o front oriental tinha uma extensão aproximada de 2800 quilômetros, enquanto ao mesmo tempo as tropas alemãs tinham que proteger a Muralha do Atlântico, que alcançava 2 mil quilômetros, enquanto o litoral da Dinamarca e da Noruega estendia-se por cerca de 2400 quilômetros. Com tudo isso, ainda faltavam as fronteiras do norte da África, o litoral dos Bálcãs, Creta, Rhodes e outras ilhas. (Talvez não seja coincidência que Zeitzler, homem de uma energia extraordinária, tenha sofrido um colapso nervoso em julho de 1944, só lhe tendo sido possível escrever sobre essa ampliação fatal dos fronts de combate muito mais tarde.) Em teoria, todos os fronts do Império Nazista podiam ser defendidos, desde que a Wehrmacht tivesse sobre seus inimigos a mesma superioridade tática e tecnológica que os romanos, por várias gerações, possuíram sobre os bárbaros situados além de suas fronteiras. Mas durante a Segunda Guerra Mundial isso nunca aconteceu com a Alemanha, nem no ar nem no mar, e em 1943-4 a superioridade logística e operacional em terra estava claramente passando para o lado dos Aliados.[67]

O FRONT ORIENTAL E O ATLÂNTICO NORTE

Por mais estranha que a comparação possa parecer à primeira vista, a Ostfeldzug assemelhou-se a outra campanha épica e longa da Segunda Guerra Mundial: a Batalha do Atlântico. Ambas se desenrolaram quase nas mesmas latitudes, a primeira nos limites ocidentais do envolvimento militar alemão, a outra nas extremidades orientais. Os inimigos de Hitler aqui, a Grã-Bretanha e a União Soviética — e seus respectivos senhores da guerra, Churchill e Stálin —, consideravam essas lutas como existenciais. Ao prosseguirem combatendo apesar dos desastres iniciais, cada um deles drenou recursos alemães (aço, rolamentos, pessoal treinado, cobertura aérea) no oeste ou no leste. Depois, o bombardeio de cidades e fábricas alemãs feito pela RAF tornou mais agudo o dilema do Terceiro Reich quanto à utilização de seus recursos, antes mesmo que os americanos entrassem na guerra. O esforço da União Soviética na campanha terrestre sempre esteve ligado, de maneira distante porém efetiva, às operações navais e aéreas da Grã-Bretanha, porque cada uma dessas ações forçava a Alemanha a tomar decisões envolvendo destinação de recursos.

Tanto a Batalha do Atlântico como a grande luta no front oriental foram conflitos com muitas reviravoltas, arrastando-se ano após ano, com avanços, retrocessos e muitas perdas, cada lado levando mais e mais reforços para os confrontos, introduzindo novas armas, com um crescente apelo aos serviços de inteligência, combatendo nas extremidades do norte e do sul, mas o tempo todo precisando ter o controle da área central. No início de 1941 e de 1942, as grandes batalhas navais e militares pela Europa desenvolveram-se com um número extraordinário de mortes — nunca suficientes, porém, para fazer que qualquer um dos lados desistisse de prosseguir lutando, como acontecera antes a países como Polônia, França, Noruega e outros. Os recursos mais amplos das grandes potências tornaram a guerra maior e mais longa. Apenas de meados para os últimos meses de 1943, contudo, a conclusão ficou clara: os submarinos de Dönitz não podiam vencer no Atlântico, o mesmo acontecendo com os Panzer de Manstein na Rússia. As forças alemãs derrotadas, terrestres, aéreas e navais, continuariam perigosas e ainda eram capazes de lutar muito bem, mas seus dias de avanço tinham chegado ao fim. Encerradas, também, estavam as possibilidades de negociar algum tipo de acordo de paz, no estilo de 1918. A "rendição incondicional" exigida em Casablanca significava exatamente isso.

Em segundo lugar, nem no Atlântico nem na campanha do front oriental surgiu algum tipo de arma miraculosa capaz de transformar o rumo do conflito. A Batalha do Atlântico não foi vencida *particularmente* pelo Enigma, nem pelo morteiro Hedgehog ou pelo torpedo guiado, nem pelo radar, pelos aviões com grande autonomia de voo e os porta-aviões de escolta, pelas pesquisas operacionais, pela grande produção de navios como o Liberty, pelos grupos que caçavam e matavam os inimigos, pelas Leigh Light, ou pelo bombardeio dos ancoradouros dos U-boats e dos estaleiros, por nada disso. Mas em meados daquele ano decisivo, 1943, todos esses fatores se uniram, ajudando a mudar a situação; e o historiador que colocar ênfase excessiva em qualquer um desses aspectos estará distorcendo o relato mais amplo, o relato holístico. De maneira muito parecida, a Grande Guerra Patriótica não foi vencida majoritariamente nem pela superioridade dos serviços de inteligência do Exército Vermelho, nem pela crescente supremacia aérea, ou pelos tanques T-34-85, pelas unidades PaK ou pelos campos minados e pelos batalhões de travessia dos rios, nem por melhor apoio logístico e tampouco por maior determinação nos combates. A vitória exigiu a participação de todos esses elementos juntos, e eles precisavam estar organizados. Mas foi necessário tempo para reunir os diversos componentes, assim como leva tempo reunir todos os músicos de uma orquestra e treiná-los para apresentar um belo espetáculo.

Em 1943, o Almirantado britânico, em especial seu Comando dos Western Approaches, tinha enfim alcançado esse nível satisfatório. Mais ou menos nesse momento, talvez um pouco mais tarde, o Stavka e os grupos da vanguarda do

Exército operando sob o comando de Jukov e Vasilevsky tinham feito o mesmo. Diante do enorme número de exércitos, divisões, regimentos, grupos aéreos, células de partisans, batalhões de engenharia, equipes de ferrovias e de pontes e, por trás deles, administradores de sistemas de transporte, planejadores de produção e líderes de fábricas, a façanha de organizar tudo isso num Estado que sofrera tanto como o russo foi extraordinária, e mesmo hoje ainda não é plenamente reconhecida no Ocidente. Em contrapartida, enquanto os alemães lutaram de maneira formidável em todas as zonas de confronto, adicionando uma ferocidade especial nos combates no front oriental, produzindo algumas armas de primeira classe para aquela campanha sombria, a orquestração completa e eficiente de todas as peças na Ostfeldzug do Terceiro Reich nunca ocorreu. Muito melhor que os prussianos com toda sua fama de eficiência e os fanáticos *Supermenschen* nazistas, aqueles bolcheviques desprezados, com sangue judeu, camponeses eslavos e retrógrados, frágeis servos do incompetente regime comunista, conseguiram pavimentar o caminho para a vitória.

Um pensamento final: pode levar ainda muitos anos até que os historiadores tenham autorização para examinar os arquivos que irão revelar a história completa dos "homens do meio de campo" e das organizações que contribuíram para mudar a maré na Grande Guerra Patriótica. Sabemos como as grandes batalhas terrestres no leste se desenrolaram, e temos bons detalhes biográficos sobre uma figura capaz de chamar tanta atenção como Jukov.[68] E atualmente temos também uma noção melhor de como Stálin e o Stavka conduziram o espetáculo. Mas e quanto aos personagens menos conhecidos que contribuíram para a vitória soviética? Quem foram os solucionadores de problemas naquela parte da história, correspondentes aos inúmeros atores no lado anglo-americano cujas realizações podem ser acessadas com tanta facilidade? Por certo eles existiram e deram enormes contribuições nos três anos entre a Barbarossa e a Bagration, criando canais de comunicação cada vez mais livres e suaves entre o topo e os escalões inferiores da máquina de guerra soviética, produzindo, por fim, e depois de inúmeros contratempos, os mecanismos para a esmagadora vitória do Exército Vermelho. Suas realizações são evidentes, mas suas próprias trajetórias ainda não são conhecidas pelo mundo.

4. Como avançar numa praia dominada pelo inimigo

Favorável era o vento rumo à França
Quando avançamos nossos velames,
O momento de provar nossa fortuna
Já não irá mais demorar.
Michael Drayton (1563-1631), *Agincourt*

O conde de Chatham, sua espada em punho,
Ficou à espera de Sir Richard Strachan;
Sir Richard, ansioso pelo embate,
Ficou à espera do conde de Chatham.
Versos populares sobre o fracasso da expedição de Walcheren, 1809

A principal característica dos anfíbios é que eles podem — e assim o fazem — habitar dois mundos: o mar e a terra. Em geral, sentem-se melhor e mais seguros no elemento aquoso, e animais como tartarugas e focas avançam costa adentro, com crescente vulnerabilidade, embora ninguém vá considerar um crocodilo do Nilo uma presa fácil. A própria passagem do mar para a terra é cheia de riscos — a não ser, claro, que esse movimento não encontre obstáculos e seja feito em condições climáticas e topográficas favoráveis. Em épocas de conflito armado, tais circunstâncias nem sempre estão disponíveis.

Este capítulo trata da evolução do combate de veículos anfíbios durante a Segunda Guerra Mundial até a grande invasão da Normandia, em junho de 1944. Por sua própria natureza, não versa sobre os desembarques pacíficos e incontestáveis de soldados, dos barcos à costa, como foi a travessia de William III na direção do sul da Inglaterra, em 1688, que deu fim ao reinado dos Stuarts. O foco aqui recai sobre operações militares contra uma faixa costeira dominada por defensores determinados a frustrar qualquer invasão pretendida. Descreve tentativas fracassadas vindas do mar, mas é essencialmente um estudo de como certas organizações encontraram soluções para um dos desafios mais difíceis para qualquer exército: como desembarcar, sob fogo cerrado, em terreno inimigo.

Nesse sentido, como os outros capítulos deste livro, a questão central reside em como levar vantagem sobre o inimigo e dessa forma contribuir para a vitória final do conflito. Assim, este capítulo está intimamente ligado a três dos outros quatro. A Guerra do Pacífico de 1941-5 (capítulo 5) aborda batalhas numa área onde o desembarque numa costa distante e quase sempre hostil era o que determinaria o sucesso ou o fracasso estratégico. Dessa forma, embora dedicado às operações anfíbias dos Aliados na Europa, este capítulo não pode ser separado das campanhas quase simultâneas abertas em Guadalcanal, nas ilhas Gilbert e Marianas, devido a tantas similaridades. Porém tampouco pode ser separado daqueles dois primeiros capítulos. Na saga da vitória do Ocidente sobre a hegemonia nazista na Europa, três etapas sucessivas se encaixariam como um triângulo firmemente amarrado. O primeiro consistia no controle dos mares do Atlântico e na derrota dos U-boats, com forte apoio aéreo; o segundo era o domínio dos céus, sendo as Forças Aéreas aliadas no Reino Unido e no norte da África dependentes, de forma contínua, de munições, combustível e peças; a terceira etapa era a invasão do terreno inimigo, protegendo os exércitos vulneráveis por mar e ar. A colossal operação da Normandia resultou, assim, da fusão espetacular de poder marítimo, aéreo e terrestre, uma apoteose de armas combinadas.

DESEMBARQUES NA HISTÓRIA

A história das operações militares anfíbias remonta a muito antes do próprio termo moderno. O maciço desembarque dos persas em Maratona, a fracassada expedição de Atenas na Sicília em 415 a.C., a invasão de César na Grã-Bretanha em 55 a.C. e algumas Cruzadas são bons exemplos de terrenos ocupados partindo do mar.[1]

Um olhar retrospectivo sobre essas aventuras primitivas ajuda a esclarecer as duradouras características históricas dessa forma especial de guerra. Não se trata de ataques em cima de terreno inimigo, como foi o caso de Sir Francis Drake em Cádis e outros portos espanhóis nos anos 1580. Aquelas foram investidas pelo mar, mas a ideia básica não era se estabelecer numa cabeça de ponte e avançar terra adentro. Operações como a conquista de Cádiz tinham um objetivo menor, mais específico, como, por exemplo, desestruturar o inimigo (a conquista de Drake foi um desequilíbrio preemptivo da Marinha espanhola) ou afetar seriamente suas capacidades ofensivas (como o ataque de Zeebrugge em abril de 1918, no qual os britânicos planejaram bloquear a saída de U-boats do porto ocupado pelos alemães, ou ataques em menor escala, porém persistentes, com o intuito de enfraquecer os defensores. Unidades da Marinha Real conduziram vários desses ataques durante a Segunda Grande Guerra, forçando Hitler a ordenar o estacionamento de grande volume de tropas ao longo das costas ocidentais — do nordeste da Noruega até a fronteira da França com a Espanha. No final de dezembro de 1941, por exemplo, um ataque destruiu a usina de força alemã, fábricas e outras instalações em Vaagso, a meio caminho acima da costa norueguesa, e em fevereiro de 1942 outro ataque famoso capturou equipamentos vitais de radar da estação Bruneval, perto de Le Havre.

Mas essas investidas não eram invasões; em Bruneval, os comandos surgiram de paraquedas, recolheram a maquinaria e *saíram* pelo mar.[2] Algumas dessas mobilizações tinham uma utilidade específica, como a aquisição de equipamento de radar, ou, mais tarde, ataques com minissubmarinos contra navios mercantes inimigos na Gironda (tema do filme *Os sobreviventes*). Às vezes, talvez, os méritos eram psicológicos; e com certeza eram de Churchill, que, quase imediatamente depois da queda da França — e bem antes da Batalha da Grã-Bretanha —, ordenou aos chefes de Estado-Maior que propusessem "medidas para uma ofensiva vigorosa, audaz e incessante contra toda a faixa costeira ocupada pelos alemães".[3] Por fim, até mesmo o menor raide, tendo sido um sucesso como Vaagso ou um fracasso como Guernsey (em julho de 1940), produziu lições sobre treinamento, comando e controle, comunicações de terra e mar, armas e barcos usados, dados de inteligência acurados etc.

O que deve chamar a atenção aqui são as lições de operações anfíbias maiores e mais intencionais. A primeira delas foi constatar a necessidade de tropas e equipamentos especializados para uma invasão bem-sucedida contra determinado inimigo baseado em terra. Às vezes, talvez, uma unidade montada às pressas, porém dotada do elemento surpresa, podia gerar um milagre operacional, mas diante de um inimigo bem preparado em sua defesa poderia acabar num desastre. Não surpreende, portanto, que historiadores às vezes nos lembrem de duas inovações do Exército de Filipe II, já que aquele serviço foi uma das forças propulsoras por trás da "revolução militar" dos séculos XVI e XVII. A primeira foi a criação de tropas especialmente treinadas de Madri, designadas às Marinhas espanhola e portuguesa e experientes no transporte dos barcos em direção à terra; a Infantaria da Marinha Real espanhola nasceu nas operações de 1560 para retomar Malta, e outros poderes vieram em seguida montando suas próprias unidades. A segunda foi o estabelecimento de plataformas específicas de armamentos e a implementação de táticas adequadas para batalhas bem-sucedidas. Assim, em maio de 1583, na operação espanhola para recuperar os Açores de uma guarnição anglo-franco-portuguesa, foram providenciadas barcaças especiais para desembarcar cavalos e setecentas peças de artilharia na praia; barcos a remo, também especiais, foram equipados com pequenos canhões, em apoio ao desembarque; suprimentos estavam prontos para uso imediato da força de 11 mil homens.[4] Os atacantes também praticaram a dissimulação, como um desembarque parcial numa praia distante, distraindo dessa forma o inimigo enquanto duas ondas de fuzileiros ocupavam o ponto principal da praia.

A terceira lição, também da maior importância, é que quem ordenasse uma operação anfíbia — fosse o rei da Espanha na década de 1580, fossem Churchill, Roosevelt e o comando combinado em 1942-3 — teria que eliminar rivalidades internas e criar alguma forma de comando integrado. Rivalidades entre Aliados é uma coisa (Wellington costumava dizer que ter inimigos não é tão ruim quanto ter aliados), porém rivalidade nas Forças Armadas de uma nação é algo mais sério. Em muitos casos, uma falha operacional se devia à falta de reconhecimento do que podia ou não fazer o adversário, ou até mesmo como este pensava. Os versos populares na abertura deste capítulo sobre o Conde de Chatham e Sir Richard Strachan não foram escolhidos apenas como um mero exemplo da sátira travessa da regência britânica. A invasão de Walcheren em 1809 foi um desastre. O lugar, mal escolhido, era uma pequena ilha infestada de malária; não houve preparativos efetivos (ferramentas, barcaças, inteligência) para avançar da ilha ao interior da Holanda; Chatham pouco fez com suas tropas de 44 mil homens, e Strachan manteve seus navios longe da costa. Nenhuma equipe de planejamento, nenhuma estrutura de comando integrado. Foi um fiasco total — mas não o primeiro nem o último do gênero.

A lição final foi a mais antiga de todas: não importava o nível de sofisticação ou o grau de integração das tropas envolvidas num desembarque, elas estariam sempre sujeitas às limitações de distância, topografia, acessibilidade e às condições atmosféricas do momento. O motor de combustão interna consumia muito tempo e espaço. Diante da força de uma ventania perdia grande parte de sua energia (como vimos nas dificuldades físicas que teve Churchill para chegar a Casablanca). Dado que as marés mudavam diariamente — no Atlântico eram grandes subidas e descidas verticais — e que uma tempestade podia irromper rapidamente, havia um grande mal-estar em relação ao desembarque num litoral aberto, ou até mesmo num terreno mais bem protegido.

Assim, sempre que possível, os planejadores de invasões, pensando também no controle de tropas e suprimentos, queriam um ancoradouro funcional e seguro no qual seus barcos pudessem descansar e receber reforços ali mesmo. O problema, claro, é que um porto digno de boa reputação seria ferozmente defendido com canhões, baluartes, morteiros, armadilhas e possivelmente minas e obstáculos escondidos, enquanto as tropas invasoras e seus transportes estariam ao largo, se debatendo com enjoos coletivos e o sobe e desce das marés antes do ataque sangrento. A história da guerra anfíbia está repleta de exemplos de assaltos repelidos — em 1741, os britânicos lançaram mão de 24 mil homens, 2 mil armas e 186 barcos num ataque a Cartagena das Índias (Colômbia), porém foram rechaçados por uma guarnição espanhola muito menor, à frente de uma fortaleza maciça. A tentativa de capturar um porto inimigo provocava uma enorme reação defensiva, sendo provavelmente fatal; o desembarque nas praias, próximas ou distantes, expunha as tropas aos elementos aquosos, além de forçá-las a carregar os seus próprios sistemas de comunicação (equipamento de apoio, unidades de consertos, peças), até atingir as estradas inimigas. Contudo, desistir de um ataque anfíbio e continuar com uma campanha em terra (como fizeram os Aliados entre 1943 e 1945, fora o caso de Anzio) na prática significava não aproveitar as oportunidades da flexibilidade marítima, forçando-se a combater em terreno pesado. Uma dessas opções poderia ser a vencedora, mas era impossível saber com antecedência qual seria.

Em resumo, ataques feitos a partir do mar eram uma aventura perigosa; talvez somente investidas aéreas fossem mais arriscadas. Não se tratava apenas de barcos despejando soldados e equipamentos e depois se afastando do local; era um combate integrado, combinado, diante de fogo inimigo e, com frequência, em circunstâncias físicas muito difíceis. Nessas condições, era quase impossível montar uma junta de Estado-Maior, um comando único que funcionasse bem, com todos conhecendo seus postos e funções, graças a um treinamento prévio à invasão. Era preciso ter um sistema de comunicações de altíssimo nível, a salvo das ameaças do inimigo, além de armamento adequado. Isso logrado, talvez o plano desse certo.

Ao dispormos hoje de todas essas lições da história (e algumas campanhas antigas já eram estudadas em colégios militares do século XIX), pensaríamos que as Forças Armadas anteriores a 1914 estariam mais bem preparadas para ataques marítimos bem planejados, flexíveis, quando a Grande Guerra por fim eclodisse. Assim certamente pensavam os políticos e os estrategistas veteranos em Londres, criados no "sistema britânico de guerra".[5] Muito menos atenção deram esses estrategistas às lições extraídas da campanha da Crimeia (inepta, mas na verdade bem-sucedida ao forçar os russos a entrar em acordo) do que aos golpes de floretes do Exército prussiano contra a Dinamarca, depois a Áustria, em seguida a França, na década de 1860. Se as futuras guerras europeias seriam decididas no primeiro verão e outono, em campanhas nos principais campos de batalha, com que objetivo então fazer ataques periféricos? Essa era uma questão considerada difícil de responder pelos defensores da guerra anfíbia. Havia outra razão para a prática escassa do combate anfíbio durante a Primeira Guerra Mundial: a situação estratégica vista num contexto mais amplo. Tratava-se, de forma esmagadora, de um conflito europeu *terrestre*, portanto era uma guerra de generais. Os exércitos dos Impérios Centrais disputavam terreno com os exércitos da França, Grã-Bretanha e (mais tarde) Estados Unidos a oeste, Rússia ao leste e Itália ao sul. Levando em conta que, entre 1917 e 1918, as tropas anglo-americanas já estavam bem dentro da França, não era necessário um maciço desembarque anfíbio no litoral francês. Minas, torpedos e artilharia ao redor da costa impediam qualquer avanço dos Aliados no Báltico; as operações marítimas que aconteciam ali eram ataques de forças russas e alemãs numa zona secundária. As nações mais importantes do Mediterrâneo ou pertenciam aos Aliados (França, Itália e suas colônias, além do Egito) ou eram neutras (Espanha, Grécia), situação que deixava só a Turquia e o Levante como possíveis alvos. O Japão, aliado dos britânicos, controlava o Extremo Oriente e dominava facilmente as vulneráveis colônias alemãs.

Assim, apesar da pregação divulgada pouco antes de 1914 pelo almirante Jacky Fisher e outros, proclamando que as tropas terrestres eram como um "projétil" disparado à terra pela Marinha, não ficava claro para onde o tal míssil poderia ser despachado, mesmo que os generais britânicos concordassem com a iniciativa (uma vez estabelecidos na França, eles já não concordavam). Ocupar as colônias alemãs na África e no Pacífico Sul foi algo que passou relativamente incontestado, exceto por uma desastrosa operação anfíbia em novembro de 1914, por parte de forças britânicas e indianas contra o porto de Tanga, em Tanganica. Episódio esse que deveria ter sido um ensinamento de como treinamento, comunicação, equipamento e liderança insuficientes podem resultar em um fiasco.[6] Contudo, lições são saudáveis apenas quando aprendidas.

Infelizmente, os exemplos de Tanga não foram absorvidos, como logo ficou demonstrado no maior modelo do século XX de uma invasão anfíbia fracassada: a campanha de Gallipoli, em 1915-6, conflito tão notável quanto o ataque de Atenas à Sicília, e igualmente desastroso. Ainda nos dias de hoje, Gallipoli é alvo de muita atenção, não apenas por causa de suas ressonâncias históricas (como se observa nas comemorações do Dia ANZAC na Austrália e na Nova Zelândia, ou na celebração dos turcos em torno de Mustapha Kemal, mais tarde conhecido como Atatürk), como também pelo fascínio diante da enorme brecha entre o objetivo estratégico e sua desastrosa execução. Talvez nenhuma outra operação ilustre melhor o desencontro — nesse caso tão desfavorável — entre o que acontece em terra e no mar, e como o curso geral da guerra pode ser afetado por percalços táticos.[7] Decidido a mover uma tropa através do Dardanelos, o principal defensor do plano, Churchill, afirmava que a Rússia, cambaleante, teria suas rotas marítimas rumo ao oeste restauradas, e assim continuaria na guerra; por outro lado, o supostamente frágil poder turco (aliado à Alemanha em novembro de 1914) poderia ser forçado a um colapso, e os Estados balcânicos — Grécia, Bulgária e Romênia — talvez abandonassem sua neutralidade.

Embora o raciocínio estratégico fosse atraente, a operação foi uma catástrofe. Começou com uma pura tentativa naval, em março de 1915, de avançar sobre os estreitos; a frota aliada escapou do minado campo turco, mas no fim perdeu quatro navios importantes (três ingleses, um francês), além de três outros seriamente danificados — um resultado pior do que as perdas da Marinha Real em Jutlândia, um ano mais tarde. Depois disso, formaram-se unidades de infantaria, vindas de várias fontes — regimentos franceses do Mediterrâneo, unidades inglesas do Egito, Índia e, do centro do Império, divisões australianas e neozelandesas novas em folha, a caminho do front ocidental. No final de abril de 1915, enquanto os turcos tiveram tempo para criar mais reforços, a infantaria começou a desembarcar nas colinas escarpadas, espinhosas e cobertas de ravinas da península de Dardanelos. Por mais que tentassem, as forças aliadas nunca poderiam controlar o terreno mais alto, sofrendo perdas espantosas. Os dois lados mandaram inúmeras divisões a campo, mas a situação não mudou. Em dezembro e janeiro, em velozes movimentos noturnos que surpreenderam os turcos, os Aliados se retiraram das praias, admitindo a derrota, e navegaram de volta para casa. Perderam 44 mil homens, outros 97 mil feridos (mais do que todas as baixas americanas na Guerra da Coreia). Maiores foram as perdas turcas, mas eles venceram.[8]

Assim, as nações ocidentais se mostravam muito mais hábeis em sair de uma praia de Dardanelos do que nela desembarcar, e muito menos hábeis de trocar os alojamentos iniciais por seu destino principal em terra. Em retrospecto, as razões para essa derrota ficaram claras. O tempo nos estreitos era sempre instável, indo do mais intenso calor dos meses de verão (sem suprimento adequado de água, um exército murcha como um arbusto, e as doenças se propagam), até as mais intensas tempestades e nevascas geradas no Bósforo, à medida que o inverno avançava. Sua topografia é intimidante, com declives íngremes, súbitas fissuras e arbustos espinhosos por toda parte. As áreas de desembarque, sobretudo onde as unidades australianas e neozelandesas chegavam à praia, eram inóspitas e quase impossíveis para o movimento de tropas. A inteligência aliada mal podia prever o que vinha pela frente, pois as tropas não haviam sido treinadas para esse tipo de operação, e o apoio de fogo dado pelos barcos ao largo era incompleto, em parte porque era difícil ver onde estavam os turcos, em parte porque os esquadrões de bombardeio eram quase sempre afastados pelas minas do inimigo e pelos submarinos (três navios de capital importância seriam afundados no mês seguinte). O navio de desembarque que trouxe os homens à praia, deixando de lado alguns protótipos, não era de modo algum uma embarcação de desembarque. Por fim, tanto os armamentos como as táticas das inexperientes unidades com ordem de avançar sobre o terreno áspero e pedregoso eram totalmente inadequados. Na supervisão desse fiasco previsível estava uma estrutura de comando que fazia lembrar Sir Richard Strachan e o conde Chatham — com a diferença que agora as perdas e a imensidão do fracasso eram muito, mas muito maiores. O resultado é que não se podia abrir a passagem para a Rússia, a Turquia iria continuar na guerra, combatendo até o fim, a Bulgária ficaria do lado dos Impérios Centrais e as demais nações balcânicas permaneceriam neutras. Pouco mais de um ano depois, começaria o colapso da Rússia imperial.

Após Gallipoli, o interesse britânico em operações anfíbias foi declinando, o que era compreensível. Tornavam-se necessários mais e mais recursos para os confrontos colossais no front ocidental e, em consequência, ofensivas iniciadas no mar com desembarques malfeitos e difíceis passaram a ser desprezadas. Pressionado pelos franceses, mais tarde, em 1915, um exército aliado estabeleceu uma cabeça de ponte em Salônica, mas nos três anos seguintes tal posição nunca chegou a se afastar muito da praia — de maneira bem adequada, os batalhões que estavam lá passaram a ser conhecidos como os "Jardineiros de Salônica". Na primavera seguinte os franceses estavam lutando pela sobrevivência em Champagne e em Flandres e por esse motivo opunham-se a todas as aventuras no Oriente. Se a Grã-Bretanha estivesse mais interessada em fazer alguma campanha visando os territórios do Império Otomano depois de 1915-6, para isso seriam feitas ofensivas *por terra*, em grande escala, indo para o leste a partir do Egito, para o norte a partir de Basra. A liderança do Exército não tinha o menor interesse em fazer com que suas divisões fossem largadas em litorais hostis; a Marinha estava concentrada em dominar a Frota de Alto-Mar no mar do Norte e fazer o possível para não perder a batalha dos comboios do Atlântico travada contra os submarinos. O ataque de Zeebrugge de 1918, por melhor que tenha sido sua execução, foi apenas algo isolado, nada mais que isso. A entrada dos americanos na guerra tampouco provocou alguma mudança nas posturas; milhões de soldados embarcaram em segurança para Le Havre e caminharam para o front de combate. Nos anos de 1917 e 1918 o Corpo de Fuzileiros Navais dos Estados Unidos estabeleceu-se bem no interior do território francês, lutando ao longo dos rios Aisne e Mosa.

Enfim, a Primeira Guerra Mundial colocou em descrédito a noção de guerra anfíbia. E depois de assentada a poeira da guerra e quando o panorama da nova estratégia global começou a definir seus contornos — o que ocorreu por volta de 1923 —, havia razões evidentes para que aquele novo tipo de operação militar tivesse poucos adeptos. Na verdade, numa Alemanha que, além de uma pesada derrota, havia sofrido perdas territoriais, numa França e numa Itália que alcançaram uma magra vitória e também sofreram muito, e numa União Soviética ainda na infância, pensava-se muito sobre guerras, mas em nenhum momento cogitava-se a ideia do combate pelos oceanos. O Japão passava por uma fase liberal, e as forças militares ainda não haviam testado a extensão de sua capacidade — quando entraram em ação para conquistar a Manchúria em 1931, foi uma operação militar acima de tudo terrestre, que nada teve a ver com invasões pelo litoral nem com a conquista de portos. No final da década de 1930, a situação havia mudado, com grandes navios mercantes japoneses transportando material de desembarque e veículos durante seu ataque ao baixo Yangtzé. Ao longo desse período pós-1919, portanto, apenas duas das sete grandes potências deram alguma importância à guerra anfíbia.

Uma dessas duas potências era a Grã-Bretanha, embora a crise econômica e o constrangimento com Gallipoli (episódio que estaria presente em diversas memórias de guerra) acabassem levando operações mistas a um beco escuro e sem saída; o resultado foi o exercício de treinamento ocasional e em pequena escala, um manual de treinamento apenas teórico e três protótipos de embarcações motorizadas de desembarque. Somente com a invasão da China pelos japoneses em 1937 e, no ano seguinte, a crise em torno da Tchecoslováquia iriam forçar uma retomada do planejamento e da organização. No papel as coisas começaram a melhorar. O Centro de Treinamento e Desenvolvimento entre Serviços (Inter-Service Training and Development Centre, ISTCD), criado pelos comandantes do Estado-Maior britânico, passou a funcionar e a projetar navios maiores, sobretudo para operações de desembarque, e o manual para ataques anfíbios foi atualizado. Mas tudo isso era *teoria*. Os oficiais do escalão intermediário trabalhavam bem em conjunto e tinham ideias ótimas e avançadas, porém ainda lhes faltavam as ferramentas. Um exercício em grande escala em

Slapton Sands, Devon, em julho de 1938, foi gravemente prejudicado pelas péssimas condições atmosféricas e seu resultado foi um caos. Isso levou o ISTCD a levar o planejamento mais a sério e deve ser creditado ao Centro o fato de que seus chefes anteciparam quase todas as dificuldades de ordem prática que as operações anfíbias enfrentariam durante a Segunda Guerra Mundial. No início daquele conflito, porém, é surpreendente que a unidade, que de fato conduzia muito bem operações entre diversos serviços militares, tenha sido dissolvida. O exército foi enviado à França, a Força Aérea estava bombardeando a Alemanha e a Marinha aguardava batalhas em alto-mar com a Kriegsmarine, a frota naval alemã — sendo assim, em que lugar poderiam ser realizadas as operações conjuntas? E quem estava interessado nelas? Com a exceção de um, todos os oficiais do ISTCD voltaram às suas unidades de combate em setembro de 1939.[9]

O outro país interessado na guerra anfíbia eram os Estados Unidos, por causa de seu litoral extenso, dos inúmeros portos e praias planas; também por causa das boas lembranças da guerra de 1812; e porque desde a fundação da república os Estados Unidos já tinham seu Corpo de Fuzileiros Navais, com memórias muito especiais de combate ("Dos palácios de Montezuma às praias de Trípoli"). De todo modo, a história do Corpo de Fuzileiros Navais dos Estados Unidos antes e durante a guerra de 1941 a 1945 no Pacífico será vista de maneira mais adequada no próximo capítulo, onde tanto as semelhanças como as diferenças com as guerras anfíbias na Europa ficarão aparentes. O presente capítulo dará destaque apenas às zonas de conflito europeias.

OPERAÇÕES ANFÍBIAS DE 1940 A 1942

O aspecto mais importante das batalhas anfíbias durante os três primeiros anos da Segunda Guerra Mundial *não foi* a implementação pelo Ocidente de seus planos no intervalo entre os dois grandes conflitos, mas sim o sucesso extraordinário e o choque provocado pelas vitórias do Eixo em tão amplos territórios, com frequência em ofensivas vindas pelo mar.[10] Assim, por exemplo, segundo todas as avaliações de ordem física e técnica, a bem-sucedida conquista da Noruega pela Wehrmacht em 1940, em questão de apenas dois meses, enfrentando uma oposição anglo-francesa potencialmente muito superior, foi (e continua sendo) um dos maiores ataques-surpresa da história militar. Uma simples olhada no mapa — onde os portos e campos de pouso de toda a costa leste da Escócia, de Rosyth a Scapa Flow, estavam preparados havia décadas para bloquear uma investida da Alemanha para o norte — faz pensar em como os Aliados falharam em sua reação ao ataque de Hitler contra esse alvo estratégico tão importante. É verdade que nas batalhas navais em alto-mar e no fiorde de Narvik, a frota do almirante Raeder sofreu golpes dos quais talvez nunca tenha se recuperado, mas a Marinha Real não tinha condições de resistir aos ataques da Luftwaffe mais ao sul, e as unidades militares anglo-francesas que desembarcavam quase sempre eram obrigadas a enfrentar tropas alpinas em melhores posições e mais bem treinadas.

Acima de tudo, portanto, pela primeira vez soldados do mar tinham contra si as forças aéreas do inimigo. Isso não foi bem compreendido por Churchill, dominado basicamente pelos fatos históricos. Suas constantes pressões para uma ação militar na Noruega eram seguidas por uma espantosa incapacidade de acompanhar a confusão em terra e o efeito intimidador dos bombardeiros médios alemães e dos bombardeiros de mergulho.[11] Talvez a única consequência proveitosa do fiasco norueguês foi a decisão do Parlamento britânico de votar contra a atuação de Chamberlain como primeiro-ministro e sua substituição pelo próprio Churchill nos dias turbulentos de maio de 1940. Poucos meses depois o novo líder das ações de guerra do Império Britânico, muito atuante e cheio de imaginação, veria que o fracasso de Hitler em obter o domínio aéreo sobre o canal da Mancha tornava igualmente impossível a ambiciosa Operação Leão-Marinho dos alemães. No entanto, Churchill não foi capaz de perceber que a mesma restrição também se aplicava à própria Marinha Real britânica. Sem contar com um vigoroso apoio aéreo, mesmo os mais poderosos navios de guerra não poderiam conduzir operação militar alguma nas proximidades de uma praia sob domínio inimigo. Agora, o que os campos minados turcos haviam feito em Gallipoli, os bombardeiros de mergulho nazistas poderiam fazer ao longo de todas as águas litorâneas da Europa ocidental.

Essa lição foi repetida com vigor em 1941 e 1942, anos em que o Império sofreu uma derrota depois da outra. As tentativas britânicas em grande escala de ajudar na defesa da Grécia e mais tarde para conservar Creta tiveram resultados desastrosos. Talvez nenhum exército do mundo pudesse deter a horda de divisões mecanizadas e blindadas que Hitler, enfurecido, enviou contra os países balcânicos em abril e maio de 1941, abrindo caminho através da Iugoslávia até o sul da Grécia com espantosa rapidez. Mas os britânicos, tendo antes intimidado completamente a frota italiana, dominavam o mar, e Creta era uma ilha. Sem poder aéreo, contudo, isso tinha pouca importância. Os 3 mil paraquedistas alemães que saltaram nas proximidades de Maleme em 20 de maio confundiram os batalhões de defesa, e a Luftwaffe castigou severamente as tentativas da Marinha Real de reforçar as guarnições e, duas semanas depois, proceder à retirada das tropas exaustas. Dessa vez não havia nenhum Hurricane ou Spitfire presente, como ocorrera nos céus de Dunquerque, e portanto nenhuma das exortações de Churchill para resistir impediu que uma bomba de 113 quilos atravessasse o convés do destróier HMS *Kashmir*, que afundou em dois minutos (cinco outros destróieres e três cruzadores tiveram o mesmo fim). A Marinha Real não dispunha de pontos concentrados de defesa nem de navios de guerra que atuassem como pontas de lança de uma ofensiva, recurso que a Marinha americana utilizaria em Okinawa para bloquear os ataques kamikaze dos japoneses no verão de 1945. Apenas seis meses mais tarde (9 de dezembro de 1941) bombardeiros da 22ª Flotilha Aérea, de elite da Aviação Naval japonesa, destroçaram o novo couraçado britânico HMS *Prince of Wales* e o cruzador de batalha HMS *Repulse* na costa da Malásia em menos de três horas. O novo navio, projetado para contradizer as alegações no estilo de Billy Mitchell, segundo as quais aviões eram capazes de afundar couraçados, dispunha de 175 peças de artilharia antiaérea capazes de disparar 60 mil tiros por minuto.[12] Mesmo assim ele não se mostrou eficiente para conter um ataque aéreo bem executado.

O que funcionou foi o controle aéreo sobre as margens da praia e sobre as águas. Na Segunda Guerra Mundial o poder aéreo criou vencedores e perdedores; era uma luta em que não existia meio-termo. Para a operação da Noruega a Luftwaffe enviou oitocentos aviões de combate e 250 de transporte, ao passo que os britânicos tinham um número bem menor em ambas as categorias e os franceses não tinham avião algum. Para a invasão de Creta, a Força Aérea alemã tinha quinhentos aviões de transporte (e cem planadores), 280 bombardeiros, 150 bombardeiros de mergulho, 180 caças e quarenta aviões de reconhecimento. Todas essas aeronaves criaram um pesadelo logístico nos congestionados aeroportos gregos. Sem dúvida, esse era o tipo de problema que os britânicos gostariam de ter.[13] Os japoneses enviaram 34 bombardeiros de grande altitude e 51 aerotorpedeiros num único ataque ao HMS *Prince of Wales* e ao HMS *Repulse*; a RAF não dispunha de uma linha de defesa por terra e o porta-aviões que a

Marinha Real pretendia utilizar, o HMS *Indomitable*, fora danificado numa aterrissagem durante testes. Exatamente quando os navios britânicos eram afundados, aviões japoneses vindos de Formosa derrubaram quase todos os modernos aviões dos Estados Unidos em Luzon, permitindo dessa maneira um ataque anfíbio quase ininterrupto nas Filipinas e mais adiante.

Depois do início de 1942, porém, algo ficou claro para os planejadores americanos e britânicos envolvidos no contra-ataque ocidental: nenhuma ofensiva partindo do mar poderia ocorrer sem que o atacante tivesse controle absoluto do espaço aéreo, e não apenas sobre as praias de desembarque. Era obrigatório estabelecer também a supremacia aérea no espaço situado sobre as equipes navais que se aproximavam do local da invasão, contra as forças inimigas aéreas, terrestres e de submarinos, bem como toda operação contraofensiva baseada no ar ou em terra que pudesse ser efetuada sobre a cabeça de ponte.

Mesmo tendo o domínio do espaço aéreo, e ainda que não encontrassem unidades alemãs veteranas, era necessário também estudar como fazer o desembarque na praia. O primeiro ataque anfíbio dos Aliados contra uma forte posição inimiga recebeu ironicamente o nome de Operação Ameaça (Menace), empreendida pela Marinha Real e pelos fuzileiros navais britânicos em setembro de 1940, em apoio às forças do general Charles de Gaulle para retomar a colônia do Senegal, em poder da França de Vichy, com seu porto situado numa posição estratégica e com a base naval de Dakar. Os resultados mostraram-se muito ruins em quase todos os aspectos, e depois de poucos dias as forças britânicas e da França livre tinham sido obrigadas a desistir da operação sem que tivessem ao menos chegado à praia. O comando e o controle da operação foram lamentáveis. O comandante britânico, general Noel Irwin, estabelecera seu quartel-general no cruzador HMS *Devonshire*, que a certa altura teve que se dirigir às pressas em direção ao norte, para afastar alguns destróieres da França; em seguida foi transferido, com sua equipe, para um porta-aviões e depois disso para o couraçado HMS *Barham*, que se envolveu num pesado confronto com canhões situados em dois pontos, na fortaleza de Dakar e no novo e formidável couraçado HMS *Richelieu*. Os navios que estavam longe da praia foram os que se saíram pior, e o único submarino francês presente causou grandes danos ao segundo couraçado britânico, o HMS *Resolution*. Os raros ataques desferidos pelo porta-aviões HMS *Ark Royal* tiveram pouco efeito. Talvez tenha sido bom que a luta nem chegasse à terra, como ocorre no romance *Men at Arms* [Homens em armas], em que

Evelyn Waugh faz uma sátira mordaz dessa operação. Deve ter sido muito difícil para Irwin, extremamente frustrado, usar uma linguagem moderada no relatório final, redigida no retorno a Gibraltar, mas ele conseguiu salientar dois pontos importantes: (1) sem um navio que funcionasse como quartel-general para comandar toda a operação, esse tipo de ofensiva nunca daria certo; (2) navios partindo para um confronto de tiros contra um forte seriam sempre derrotados — uma verdade que Churchill continuou contestando.[14] Com frequência, Nelson, o mais audacioso dos comandantes navais, declarava que utilizar navios de guerra numa ofensiva contra portos bem defendidos não era uma boa tática. Um século e meio depois tal declaração continuava sendo verdadeira.

Os britânicos fizeram nova tentativa em abril e maio de 1942 com a Operação Ironclad, contra uma importante possessão da França de Vichy, a ilha de Madagascar, ou pelo menos contra o estratégico porto da baía de Diego Suarez, situado ao norte, como prevenção a algum ataque japonês. Dessa vez as coisas correram melhor. A Resistência francesa no alvo central e ao seu redor foi pequena e estava disposta a se render assim que foi cercada por algumas unidades do Exército e do Corpo de Fuzileiros (as guarnições do sul resistiram um pouco mais nas selvas). As forças terrestres incluíam o empréstimo e a utilização de uma divisão completa do Exército britânico que estava a caminho da zona de confronto da Índia-Birmânia. As defesas aéreas francesas eram mínimas, enquanto o apoio fornecido pelos esquadrões de caça dos dois porta-aviões de frota britânicos foi bem amplo. E havia, enfim, um navio que funcionava como quartel-general da operação, adaptado de um navio de passageiros, e separado do grupo de ataque (que precisava manter o fogo durante apenas dez minutos), das forças de assalto e da cobertura distante da frota oriental.[15] Em consequência, tratava-se de uma operação muito mais fácil do que a embaraçosa aventura de Dakar, e no quartel-general dos Comandos Combinados o entusiasmo era grande porque alguma coisa enfim estava dando certo.

Havia ainda mais um aspecto positivo na Operação Ironclad que merece uma atenção maior do que ela costuma receber: a força de desembarque saíra do rio Clyde (Glasgow e seus portos situados mais abaixo), o que significava que a Marinha britânica estava enviando unidades militares a uma espantosa distância de 14 mil quilômetros até o extremo norte de Madagascar. É verdade que, nesse estágio da guerra, o Exército britânico, em franca expansão, enviava regularmente comboios de soldados com pesada cobertura militar do porto de

Clyde, passando pelo Cabo, até o Oriente Médio e a Índia, o que tornava toda a logística da operação mais habitual aos planejadores do Almirantado; era necessário apenas utilizar uma dessas divisões em trânsito (neste caso, a Quinta Divisão de Infantaria) em terra para dar um apoio considerável aos comandos, e para acrescentar uma quantidade bem maior do que a habitual de navios de guerra para proteger a Força H e a Home Fleet. Assim mesmo, o planejamento envolvera a orquestração de diversos agrupamentos de tropas e escoltas movimentando-se em velocidades e portos diferentes com o objetivo de efetuar um ataque marítimo a partir de uma distância muito longa, o que exigia considerável proeza logística. (O simples fato de planejar refeições para 40 mil homens em alto-mar já constituía, por si só, um exercício imenso.)

O Comando de Operações Conjuntas (COC) fora organizado obedecendo às ordens de Churchill em junho de 1940 para efetuar raides aéreos ao longo do litoral da Europa ocupada. Talvez seja uma ironia o fato de que a queda da França tenha criado uma oportunidade para a retomada de operações conjuntas entre as forças militares. Com o encorajamento do primeiro-ministro, o alcance dos alvos tornou-se mais ambicioso e os chefes do Estado-Maior, habitualmente moderados, tiveram que se acostumar com a tendência. Dakar foi o primeiro teste de fogo, com os resultados descritos acima, e alguns críticos julgaram que suas dúvidas tinham razão de ser. Contudo, pressionados pela impaciência de Churchill, cada vez mais cientes de que seus novos aliados americanos insistiriam em grandes operações anfíbias na Europa, e impressionados pela chegada em outubro de 1941 do jovem, vigoroso e recém-promovido a vice-almirante, Lord Louis Mountbatten (que chefiaria o COC e integraria seu comitê), os chefes do Estado-Maior britânico foram forçados a engolir o fato de que recursos mais amplos deveriam ser destinados a operações anfíbias.

E assim fizeram, embora a decisão impusesse exigências enormes na indústria de construção de navios da Grã-Bretanha, que já se encontrava submetida a um esforço gigantesco. Grandes e velozes navios de passageiros foram convertidos em amplas embarcações de desembarque para a infantaria (LS-I), uma dupla de balsas holandesas foi adaptada para transporte de tropas, e centenas de navios de desembarque menores, em especial nos Estados Unidos, foram reaproveitados também para operações de transporte. Colocaram-se em testes os primeiros navios de desembarque para tanques, de grande importância. O recrutamento de pessoal foi aumentado, tanto para a Marinha como para

DESEMBARQUES BRITÂNICOS EM MADAGASCAR, MAIO DE 1942
Embora a Operação Ironclad seja relativamente desconhecida, ela demonstrou a crescente capacidade aliada para operações anfíbias de porte. Foi o primeiro grande contra-ataque britânico ao Eixo e seus satélites.

outras unidades militares. As operações conjuntas deixavam de ser um beco sem saída; seria possível citar alguma outra função com a mesma importância como o "mestre de praia" no desembarque em um terreno hostil, orientando a chegada das tropas e dos suprimentos, movimentando-as para dentro do território e eliminando os gargalos pelo caminho? No ano seguinte o número de campos e praias de treinamento aumentou, a maioria ao longo das águas geladas da Escócia, bem afastadas dos voos de reconhecimento da Luftwaffe (se alguém quisesse treinar desembarques em águas agitadas, aquele era o lugar ideal). Os primeiros navios projetados especialmente para servir de quartel--general às operações conjuntas estavam sendo construídos e logo estariam disponíveis. A energia de Mountbatten era quase doentia, mas de fato era muito importante que essa operação de Madagascar fosse um sucesso.*[16]

Portanto foi um enorme desapontamento verificar que todos esses sinais promissores logo seriam sucedidos por mais uma operação anfíbia fracassada, em Dieppe. Felizmente, apenas três meses depois ela foi seguida pela maior — e mais bem-sucedida — operação anfíbia que os Aliados haviam tentado até então, no norte da África.

DIEPPE E O NORTE DA ÁFRICA: ADVERTÊNCIA E ENCORAJAMENTO

Por que dar tanta atenção ao ataque de apenas um dia (de 18 a 19 de agosto de 1942) a um porto francês no qual os atacantes foram expulsos de volta ao mar? De acordo com todos os critérios de tamanho e intenções, o ataque a Dieppe de modo algum teve a mesma importância que Walcheren, Gallipoli ou Creta no histórico das guerras anfíbias; ainda que tivesse sido um sucesso, era o tipo de ação militar que não levaria a lugar algum. No entanto, mesmo sendo malsucedido, ele indicou para muitos uma lição que os planejadores do Império Britânico ainda teriam que aprender. Foi uma operação preparada de maneira deficiente que trouxe um número desproporcional de perdas, principalmente canadenses. É uma triste ironia perceber que sua importância se deve a esse fracasso: aqui prevalece a mesma perversa utilidade das perdas nos com-

---

* A operação começou no mesmo dia que a Batalha do Mar de Coral: um retorno aliado a dois oceanos. (N. A.)

boios HX 229 e SC 122 em março de 1943 e as pavorosas perdas dos bombardeiros da Força Aérea americana durante os raides de Schweinfurt-Regensburg, em outubro de 1943. Todos esses golpes infligidos pelos alemães no nível tático-operacional — escolha de comboios, estratégia aérea e desembarque anfíbio — obrigaram os Aliados ocidentais a repensar com maior seriedade seus prévios postulados e a procurar com maior empenho novas armas, táticas, técnicas de treinamento e organização.

Mas Dieppe teve características bem particulares em comparação com os comboios e os ataques aéreos, que antes de tudo foram operações basicamente estratégicas. O episódio sempre foi considerado um *teste*, algo como um ataque experimental contra a Muralha do Atlântico, que a Wehrmacht vinha construindo desde a decisão de abandonar a Operação Leão-Marinho no fim de 1940. O objetivo da operação era que dela fosse possível extrair lições capazes de ajudar na preparação de outras ações, de maior envergadura. Diversos historiadores têm recorrido a esse argumento utilitário — "as lições de Dieppe" — como sua grande justificativa, ao passo que os canadenses se sentiram ultrajados com a ideia de que a primeira remessa de seus soldados ao front europeu teria sido uma espécie de experimento, ainda por cima com um resultado tão desastroso.[17]

O planejamento e a execução do ataque couberam às operações conjuntas de Mountbatten. Durante pouco tempo, elas iriam dominar e defender um porto importante do inimigo, levantar informações, obtendo uma chance de medir qual seria a reação dos alemães. Do ponto de vista militar tudo isso fazia sentido e refletia realidades políticas: tanto Stálin como Roosevelt estavam pressionando a abertura de um segundo front na França; o público britânico estava apreensivo com os fracassos no norte da África e no Extremo Oriente; e o público canadense estava ansioso para saber se suas tropas seriam finalmente enviadas para o combate. A operação original, que tinha como nome secreto Rutter, fora planejada para o começo de julho, embora, de maneira preocupante, ela tenha sido atrapalhada por um ataque noturno da Luftwaffe aos navios que se reuniam no porto. Rebatizada de Operação Jubilee, foi enviada cinco semanas mais tarde pelo canal da Mancha, como a maior operação conjunta até aquele momento na região. Cerca de 6100 soldados estavam envolvidos, a maioria deles em duas brigadas canadenses de infantaria. Faziam parte da operação grande parte dos elementos necessários a um ataque anfíbio. Haveria cobertura aérea, bombardeios navais e dois ataques pelos flancos, além da ofensiva principal. Os navios de desembarque também estariam transportando tanques. O comboio de 250 navios seria precedido por varredores de minas e escoltado por destróieres. Equipes especializadas como os comandos (além de cinquenta Rangers do Exército americano, os primeiros soldados dos Estados Unidos que iriam lutar na Europa e os primeiros a morrer) iriam unir-se a eles, e as forças centrais chegariam às praias logo antes da madrugada. No papel tudo parecia ótimo. Os ventos estavam assoprando a favor da França.

No meio da noite, o grupo do flanco norte defrontou-se com um pequeno comboio alemão que navegava ao longo da costa e foi torpedeado por embarcações inimigas, levando a pior; isso colocou em estado de prontidão as forças defensivas terrestres alemãs. Apenas um pequeno grupo do Comando nº 3 conseguiu desembarcar, escalar os penhascos e disparar contra as baterias da praia. No sul, o Comando nº 2 teve um trabalho bem fácil e realizou suas demolições. O grupo central, depois do desembarque, não conseguiu sair das praias, uma vez que o terreno pedregoso era um obstáculo tão grande quanto as barreiras de ferro e concreto; os tanques tinham que parar por causa do cascalho na praia.

Os destróieres, afastados do litoral, não chegaram a perturbar as defesas alemãs e não eram capazes de se comunicar com as tropas em terra. O grande número de esquadrões Spitfire operava no limite de seu alcance — o oposto do que ocorrera nas condições da Batalha da Grã-Bretanha — e, embora parte do plano fosse causar muitos danos à Luftwaffe, na verdade o que ocorreu foi exatamente o contrário: a RAF perdeu 119 aviões e a Força Aérea alemã, apenas 46. As bombas alemãs afundaram um contratorpedeiro e 33 embarcações de desembarque. Os canadenses sofreram muito enquanto lutavam para tentar voltar ao mar. Dos 6100 homens enviados para a operação, mais de mil morreram e 2300 foram capturados; muitos dos sobreviventes voltaram seriamente feridos. Cerca de mil soldados nem sequer tiveram a chance de chegar à praia. No meio da manhã estava tudo acabado.

A literatura sobre o ataque a Dieppe ficou dividida em duas categorias bem diferentes. A primeira traz inúmeras manifestações da indignação canadense (não apenas em livros, mas também em filmes, canções e poemas) contra a incompetência militar britânica — bem semelhante às críticas da ANZAC sobre Gallipoli, mesmo que as mortes em Dieppe tenham sido em número menor. A segunda defende os benefícios das análises tático-operacionais sobre os pontos fracos do plano de ataque e assim os benefícios a longo prazo de continuar a testá-lo. Por certo, Churchill acreditava que tinha valido a pena quando explicou essa operação em sua história da Segunda Guerra Mundial. Bernard Fergusson, da Operação Black Watch e da unidade Chindits, um bucaneiro incapaz de algum sinal de arrependimento cuja derradeira operação anfíbia seria o desastre de Suez em 1956, conclui seu relato com estas palavras: "Do fogo, da fumaça e da carnificina das praias de Dieppe nasceram princípios pelos quais muitas vidas poderão ser salvas, e a vitória será conquistada".[18] Um crítico pode observar que mesmo sem Dieppe muito poderia ser aprendido de outras operações anfíbias que ajudariam os planejadores do Dia D — afinal, os desembarques no norte da África aconteceriam apenas três meses mais tarde.

Mesmo assim, muitas lições *foram* aprendidas com o fracasso em Dieppe. As preparações do serviço de inteligência eram inadequadas, e parece que Mountbatten e sua equipe levaram adiante suas intenções sem que o Comitê Unido da Inteligência tivesse sido informado sobre eles. Como os planejadores poderiam ignorar que um comboio alemão litorâneo estaria nas mesmas águas naquela noite, ou que as forças alemãs ao longo do litoral encontravam-se em situação de alerta, com batalhões extras de metralhadoras trazidos recentemente para a defesa de Dieppe? A extensão e o potencial das defesas alemãs tinham sido avaliados de forma equivocada, não se sabiam sequer informações sobre a natureza do terreno — de que maneira seria possível conduzir um pesado tanque Churchill para cima por uma praia escarpada coberta de seixos; e mesmo se os veículos conseguissem superar esses obstáculos, como seria possível fazer com que eles ultrapassassem as sólidas muralhas antitanque sem equipamento especial? A movimentação de um navio para a praia era sempre trabalhosa e eram poucos — se é que havia algum — os comandantes canadenses com experiência em combate anfíbio. Desembarques costumavam ser demorados e algumas vezes ocorriam no lugar errado. Não havia controle fora da praia, pela inexistência de um navio de comando. Como a RAF não dispunha de domínio total do ar, o apoio aéreo diário era inadequado. Tampouco houvera alguma operação de bombardeiros pesados pelo Comando de Bombardeiros, nem uma previsão de ataques aéreos táticos. A potência do bombardeamento naval era inteiramente inadequada; se canhões de 38 centímetros de couraçados não conseguiram causar muito impacto em Gallipoli, como esperar que os canhões dos destróieres, de apenas dez centímetros, obtivessem algum resultado em Dieppe?

Acima de tudo, houve o grande equívoco: realizar o principal ataque contra um porto vigorosamente defendido em vez de escolher uma parte menos blindada do litoral. Se os planejadores aliados pretendiam testar as possibilidades de tomar um porto bem protegido, Dieppe lhes forneceu a resposta.

Mas havia um outro aspecto sobre o valor da experiência de Dieppe que era maior e bem mais sutil, algo bem perto de uma lição de psicologia. O segundo front, qualquer que fosse seu ponto de partida, certamente deveria ocorrer ao longo das águas da costa francesa do Atlântico *e também* contra tropas bem treinadas alemãs. Essa era uma combinação de desafios que de todo modo deveria ser testada. Se os resultados do teste confirmassem todos os receios de Alanbrooke — fornecendo a ele e a Churchill os argumentos de que precisavam para adiar a Batalha da Normandia para mais tarde, em 1943 e 1944, eles também dariam aos planejadores anglo-americanos um ponto de referência novo e bem mais ambicioso. No dia em que eles chegassem às costas da França para uma invasão completa, seria necessário que fossem muito, mas muito bons.

Por certo, isso acontecia por um outro motivo preocupante. Embora bem situada, a guarnição militar em Dieppe e ao seu redor não era muito grande. A 571ª Divisão de Infantaria alemã tinha cerca de 1500 homens na área, mas desses, apenas 150 deveriam abrir fogo em direção às praias principais; contudo, com os demais trabalhos de defesa, esse número foi suficiente (uma vez mais, vem à mente o episódio de Cartagena das Índias em 1741). A Muralha do Atlântico não voltaria a ter uma proteção tão fraca, e nos dois anos seguintes mais e mais divisões alemãs seriam levadas para aquele front, instalando-se uma quantidade cada vez maior de obstáculos, blocos de concreto antitanques e campos minados. Em suma, ambos os lados podiam aprender muito com aquilo que, no fundo, fora apenas uma operação em pequena escala em Dieppe.

Por certo, esse termo não poderia descrever o que foram os desembarques da Operação Torch no norte da África em novembro de 1942, embora a proximidade cronológica das duas operações seja útil para ressaltar as diferenças entre ambas. A Operação Torch foi uma invasão anfíbia, não um raide, e foi muito ampla. Embora o planejamento inicial dos Aliados previsse operações ainda mais extensas, os soldados que desembarcaram com o objetivo de capturar Casablanca, Orã e Argel chegavam a quase 75 mil na etapa inicial, com a previsão de um número muito maior. Tratava-se também de uma incursão anglo-americana, e a primeira desse tipo na guerra. Não era apenas conjunta (como no caso de uma cooperação de três Forças Armadas), mas de ampla articulação (como quando dois exércitos aliados colaboram). Eis outra razão pela qual a operação tinha que dar certo: seria possível a duas culturas militares bem diferentes, no calor da batalha, impedirem os inevitáveis atritos de alianças políticas e distintos sistemas de organização e treinamento, com diferenças também quanto às armas utilizadas e aos sistemas de controle?

Se isso tudo deu certo foi porque Churchill, Roosevelt e a Junta de Chefes de Estado-Maior vinham martelando os princípios da cooperação entre os Aliados pelo menos desde seu encontro em agosto de 1941 na baía de Argentia, em Newfoundland, e a visita feita às pressas pelo primeiro-ministro a Washington, no Natal daquele ano. Alguns generais e almirantes aceitaram a eliminação das diferenças e o compartilhamento das funções melhor que os outros — Eisenhower e Tedder eram fantásticos nesse aspecto, ambos dotados de doses heroicas de paciência —, mas a necessidade mútua acabou por resolver qualquer problema. Comandantes dos dois lados concluíam que em locais onde estivessem fazendo uma campanha conjunta (sudeste da Ásia, Mediterrâneo, noroeste da Europa), eram obrigados a aceitar o princípio de que o comandante em chefe teria que ser de um lado e o vice-comandante de operações, do outro. Assim, uma vez que a imensa maioria das tropas invasoras da Operação Torch seria composta por americanos (em parte porque o Exército britânico estava concluindo a Batalha de El Alamein na outra extremidade do norte da África, em parte para evitar o antagonismo das forças da França de Vichy, ressentidas com os ataques britânicos anteriores), o comando geral ficou com Eisenhower; o almirante Andrew Cunningham assumiu o posto de vice-comandante de operações, sendo ainda nomeado comandante geral naval dos Aliados. Nesse caso, a união entre as forças navais e aéreas era quase uma formalidade, porque as unidades americanas atuavam ao longo das áreas de desembarque do Atlântico e as britânicas, no Mediterrâneo. Para Eisenhower, o quartel-general, de maneira bem adequada, era Gibraltar, que já vinha desempenhando essa função estratégica decisiva por mais de duzentos anos.[19]

Outra grande diferença com Dieppe estava nas enormes distâncias que as forças aliadas de invasão teriam que percorrer. As forças americanas para o desembarque no Marrocos saíam de diversos portos da costa leste, passando diretamente pelo Atlântico central a tempo dos desembarques coordenados para 8 de novembro. As tropas britânicas e americanas rumo a Orã e Argel zarparam poucos dias depois de Clyde.* O possante esquadrão de cobertura Força H, cuja missão consistia em neutralizar todos os ataques por parte das frotas da França de Vichy ou da Itália, saíra mais cedo de Scapa Flow, para garantir uma presença maciça no oeste do Mediterrâneo. Esquadrões rápidos, lentos, de reabastecimento, todos precisariam estar no lugar certo na hora certa. Não é de se admirar que Eisenhower estivesse nervoso.

Havia muito mais a ser realizado de acordo com a logística de uma ampla operação anfíbia do que o simples fato de enviar quinhentos navios pelo mar, porém o aspecto mais importante a ser observado é que, para o desembarque planejado, esses exércitos modernos de invasão necessitavam não apenas do apoio de navios de guerra e mercantes, mas também do fornecimento constante de suprimentos vindos do mar, em contínua expansão, à medida que as campanhas terrestres se desenvolviam. Diante da crise nas remessas navais britânicas no começo de 1943, quanto mais as forças anglo-americanas avançavam no norte da África — e quanto mais se intensificava a obstinada defesa alemã comandada por Rommel e Von Arnin —, maior se tornava a necessidade de transferir para o Mediterrâneo navios mercantes dos grandes comboios do Atlântico que se dirigiam às ilhas britânicas, tornando mais demorada a preparação para a invasão da França, sem falar da complicada tarefa de alimentar a população britânica.[20] Durante os anos intermediários da guerra, é bem provável que a escassez nos serviços de transporte e de navios de desembarque tenha sido o fator determinante para o andamento das campanhas anfíbias dos Aliados.

Por causa da importância de realizar a Operação Torch da maneira certa, os Aliados atribuíram tanto ao bombardeamento naval como ao domínio do espaço aéreo uma importância fundamental. Havia a pequena possibilidade de que a Marinha italiana se lançasse ao mar, a partir de portos situados ao sul, como Salerno e Taranto, e uma chance um pouco maior de que a frota de guerra da França, em Toulon, também entrasse na luta, o que fez com que a Força H

* Além de receber mantimentos vindos do mar e milhares de soldados dos Estados Unidos, e de ser ponto de partida de inúmeras rotas marítimas saindo da Grã-Bretanha para o resto do mundo, o porto de Clyde (Glasgow) e o de Mersey (Liverpool) desempenharam um papel de enorme importância estratégica ao longo da Segunda Guerra Mundial. Ambos se encontravam bem distantes das bases de bombardeios alemães na França, ambos dispunham de amplas infraestruturas portuárias (ancoradouros, docas, diques secos, armazéns, pátios, conexões com um vasto sistema ferroviário) e permitiam ainda fácil acesso ao Atlântico e para mais longe. (N. A.)

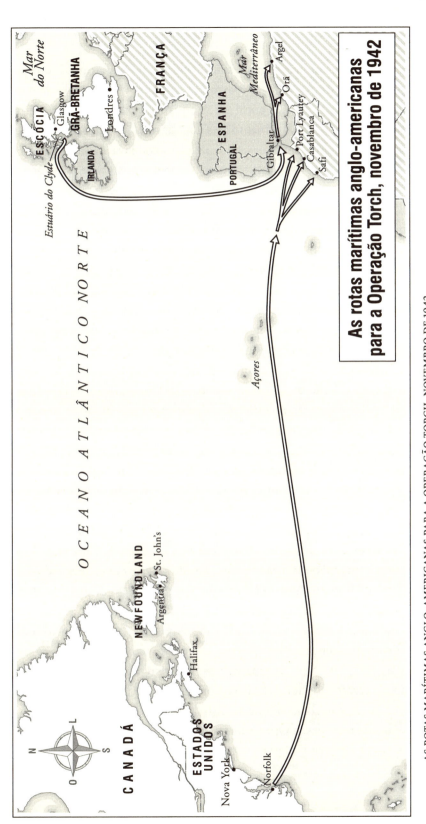

AS ROTAS MARÍTIMAS ANGLO-AMERICANAS PARA A OPERAÇÃO TORCH, NOVEMBRO DE 1942
Uma vez mais, como na p. 275, as enormes distâncias que o comando aliado teria que transpor no mar ficam claramente visíveis aqui.

ficasse de prontidão nas proximidades dos locais de desembarque. As tropas americanas com destino à costa do Marrocos contavam com o apoio de nada menos que três couraçados, um porta-aviões, quatro comboios, quatro cruzadores e 38 destróieres. O envolvimento total da Marinha Real no Mediterrâneo era maior ainda. Afastados das praias, seus submarinos atuavam como guias para as forças da ofensiva terrestre e como um instrumento de distante proteção em meio ao Mediterrâneo. No total, quatro porta-aviões grandes e cinco menores foram utilizados para frotas e cinco menores, o que significa que os Aliados poderiam dominar o espaço aéreo até que os primeiros aeroportos fossem capturados e as esquadrilhas de Spitfire e de Hurricane chegassem de Gibraltar.

Quanto aos desembarques em si, eles podem ser resumidos de maneira bem simples. Ao longo da costa do Atlântico (Marrocos), apesar do transtorno provocado pela forte arrebentação, das confusões na cabeça de ponte e da relativa resistência dos franceses, a ofensiva rumo a Casablanca e, em seguida, a conquista da própria cidade já estavam asseguradas em 12 de novembro de 1942. A maior ameaça veio dos ataques de destróieres franceses às forças de desembarque, mas eles foram superados pelos cruzadores americanos enquanto, mais afastados da costa, os couraçados americanos abriam fogo contra as baterias da costa. Os ataques a Orã e Argel foram mais difíceis, em primeiro lugar porque havia uma resistência ainda maior em terra, no ar e no mar e depois porque os britânicos tentaram penetrar diretamente nos portos com seus couraçados, na expectativa de uma vitória rápida; duas embarcações da Marinha Real foram enviadas para cada porto e em pouco tempo estavam destroçadas. As ofensivas anfíbias às perigosas praias de cada lado de Argel acabaram em grande confusão, com unidades se atropelando umas às outras em meio às enormes ondas ou então indo para o lugar errado — erros que, de acordo com o comentário de Barnett, "teriam sido impiedosamente punidos se esse litoral estivesse sendo defendido por alemães".[21] Depois destróieres franceses entraram na luta mas foram rechaçados pelos rápidos cruzadores britânicos com canhões de quinze centímetros. Baterias costeiras dispararam contra o HMS *Rodney*, e os caças *Dewoitine* combatiam os Spitfire que estavam aterrissando nos primeiros aeroportos que os Aliados dominaram. Por trás desse movimento de Resistência as negociações de armistício foram concluídas com êxito e assim, depois de três dias, a Operação Torch havia atingido seu objetivo — a partir daí, novos reforços poderiam ser enviados a Casablanca, Argel e Orã.

Algumas das lições aprendidas com tudo isso situavam-se nos escalões inferiores, com frequência os mais problemáticos do combate: por exemplo, morteiros disparados de grandes distâncias pelos couraçados não obtinham muito resultado, mas ataques contra as baterias da costa podiam ser devastadores; ficou claro também que ocupar um aeroporto o mais cedo possível produzia enormes ganhos para as forças invasoras. A necessidade absoluta de uma embarcação para centralizar o comando das operações ficou mais uma vez confirmada. A operação em Orã foi supervisionada de maneira segura e eficiente a partir do navio *Largs* por um comodoro da Marinha Real, Thomas Hope Troubridge, pelo chefe das forças do Exército americano, o major-general Lloyd Fredendall, e o comandante das Forças Aéreas conjuntas, Jimmy Doolittle, pertencente às Forças Aéreas americanas, um militar cuja conduta todos consideravam irrepreensível. Fora de Argel, no navio que servia de quartel-general, o moderníssimo *Bulolo*, o contra-almirante Harold M. Burrough, da Marinha Real, o major-general Charles W. Ryder, do Exército americano, e o comodoro do ar Vyvyan Evelegh, da RAF, supervisionavam suas respectivas forças. Aqui, em dois navios de tamanho médio, ocorreu uma bem-sucedida colaboração de forças não apenas entre os diferentes serviços como também entre as nações aliadas. Não foi o que aconteceu fora de Casablanca, onde as forças americanas não dispunham de um navio independente, o que a certa altura obrigou o general Patton e toda sua equipe militar a serem retirados da área de desembarque quando o cruzador *Aurora* (no qual eles se encontravam) foi enviado para neutralizar os ataques dos destróieres franceses.

Houve ainda duas lições maiores. A primeira foi mais uma vigorosa confirmação de que ataques vindos do mar efetuados a portos em poder do inimigo, numa era de armas de disparo muito rápido, minas e torpedos, não passavam de uma loucura. Por outro lado, os desembarques nas praias deixaram claras as dificuldades de posicionar uma grande quantidade de homens numa ampla faixa do litoral enfrentando marés violentas, ventos fortes, pouca visibilidade e obstáculos naturais, como bancos de areia. Portos inacessíveis ou terrenos pedregosos e recifes nos quais não é possível desembarcar? No entanto, se as águas e as praias de Orã já eram bastante difíceis, como seria então tentar uma operação muito mais ambiciosa no litoral do noroeste da França, onde as enormes ondas do Atlântico tinham quase 5 mil quilômetros de oceano para ganhar impulso e canalizá-lo com força total pelo canal da Mancha? A segunda grande lição — que vivia atormentando os planejadores aliados — era que aquela vitória específica não significava que as forças alemãs haviam sido derrotadas. Algumas unidades de Vichy tinham lutado com valentia, mas ficou claro que a maioria das tropas sentiu grande alívio quando o almirante François Darlan optou por um cessar-fogo e em seguida pela rendição. A resposta de Hitler a essa atitude derrotista de Darlan foi ordenar a ocupação da França de Vichy e em seguida despachar divisões alemãs (e algumas italianas) à Tunísia, a partir de onde, de novembro até maio de 1943, Rommel e os generais que o sucederam souberam conter exércitos aliados muito maiores que os pressionavam do leste e do oeste por meio de uma espantosa demonstração de táticas de guerra tanto defensivas como contraofensivas (ver capítulo 3). Apesar dessa vigorosa resistência alemã, a Operação Torch havia sido relativamente fácil para os Aliados, bem como um grande alívio.

DEPOIS DA TORCH

Tanto o pequeno ataque a Dieppe como as grandes invasões do norte da África apresentaram o mesmo conjunto de aspectos práticos que se sobrepunham: a extensão das áreas de desembarque e a que distância elas deveriam estar entre si; a sincronização e o tempo que deveriam durar os bombardeios navais; a supervisão do momento em que ocorresse efetivamente o assalto às praias; a preparação para os obstáculos topográficos e aqueles armados pelo inimigo. Era uma série de problemas que parecia não ter fim. Quando deveria cessar o controle da Marinha para ser assumido pelos comandantes do Exército? De que maneira cuidar do segundo estágio da operação enquanto ainda fosse necessário completar aspectos do primeiro estágio, como conduzir mais forças às praias e ter que levar de volta aos navios soldados feridos e caminhões sem combustível? Como neutralizar as contraofensivas aéreas? Todos esses problemas eram sérios e precisavam ser enfrentados.

As experiências retiradas dessas duas operações eram também as únicas recentes com as quais os estrategistas militares e outros oficiais poderiam trabalhar do teatro de guerra da Europa e do Mediterrâneo quando Churchill e Roosevelt encontraram-se em Casablanca, exigindo o resultado de operações anfíbias para o ano seguinte. Um planejador atento poderia ter apresentado esses problemas aos dois grande líderes e aos chefes conjuntos do Estado-Maior da seguinte maneira:

> Meus senhores, temos noção dos problemas que estão adiante a partir de um ataque em pequena escala na costa da França que foi derrotado pelas defesas alemãs. Dispomos ainda de conclusões adicionais retiradas de nossa operação muito mais ampla e bem-sucedida no norte da África e dos desafios de levar um grande número de exércitos até as praias, apesar das distâncias, das marés, das tempestades e dos inúmeros problemas logísticos e de comunicações envolvidos. Não temos ideia do que irá ocorrer quando combinarmos esses dois fatores: (1) desembarcamos um grande número de tropas numa praia hostil, sejam quais forem as condições atmosféricas, e (2) a praia é ocupada e facilmente receberá o reforço de divisões alemãs de imenso poderio. Não serão italianos, nem franceses de Vichy, mas sim alemães, que têm uma capacidade excepcional de combate na defesa de suas posições. Não há como calcular o que irá acontecer então.

Não existe o menor registro de que naquele momento alguma coisa nesse sentido tenha sido dita em voz alta. E mesmo se tivesse sido dita, por certo não impediria as lideranças políticas de emitir as diretrizes de Casablanca. Com toda certeza, não teria detido Roosevelt, tão enigmático e vago quanto a métodos específicos e políticas a serem adotadas, porém sempre confiante na capacidade dos Estados Unidos de vencer qualquer conflito que se apresentasse; ao que parece, para ele todos os problemas se resumiam a questões de tempo e espaço, a aguardar que recursos maciços viessem das fábricas americanas, sem jamais ter dúvida sobre a vitória final. E embora Churchill adotasse uma postura estratégica mais contida, preocupando-se com pontos fracos que Roosevelt parecia não levar em conta (os submarinos) e com seu amado império, o líder britânico também era capaz, em Casablanca, de conceber desembarques futuros para derrotar o Eixo. Esse era o momento pelo qual ele tanto esperara e sobre o qual desenvolvera tantas ideias: a virada da maré.

O desenvolvimento da ofensiva aliada durante os dezesseis meses seguintes parecia confirmar as predições cautelosas que o estrategista britânico estivesse imaginando. Depois de Dieppe, nenhuma ação militar importante ocorreu no litoral francês nem no resto da Europa ocidental. De que adiantaria? Até que algum país conseguisse o domínio dos mares e depois o domínio aéreo, e até que o Exército americano dispusesse de um número suficiente de divisões bem preparadas e de unidades de desembarque, os Aliados ocidentais simplesmente não estavam em condições de abrir o segundo front, por maiores que fossem as pressões feitas por Stálin e Roosevelt. Portanto, a menos que os americanos, movidos pela frustração, transferissem a maior parte de seus homens e de suas armas para o Pacífico (era a preferência do almirante King), a pressão sobre o Eixo deveria ser exercida no Mediterrâneo, como Churchill e os comandantes britânicos sempre haviam defendido. E àquela altura eles tinham uma quantidade apreciável de forças terrestres, marítimas e aéreas no norte da África que com certeza não iriam ficar um ano inteiro sem fazer nada. É importante levar em conta que Eisenhower também postulava a ideia de novas operações, talvez contra a Sardenha, talvez contra a Itália. Aqui não é o lugar para discutir a sabedoria ou a loucura de toda a estratégia do Mediterrâneo nem de ficar divagando sobre os motivos mais profundos que levaram Churchill a batalhar com tanta agressividade por essa zona de conflito.[22] O fato é que essa grande ofensiva foi realizada, ocorrendo por meio de três invasões anfíbias — do norte da África à Sicília (julho de 1943), em seguida a travessia do estreito de Messina acompanhada com os duplos desembarques em Salerno e Taranto (setembro de 1943) e enfim o derradeiro esforço de acelerar o avanço sobre Roma pelo ataque anfíbio a Anzio (janeiro de 1944).

Como essas três invasões anfíbias em grande escala nos seis meses entre julho de 1943 e janeiro de 1944 ajudaram os Aliados ocidentais a preparar-se para o maior ataque de todos, a Operação Overlord? Todos, até mesmo os mais cautelosos como Churchill e Alanbrooke, sabiam que uma ofensiva gigantesca sobre uma Europa dominada pelos alemães teria que ocorrer no máximo no início de 1944. Mas será que seus comandantes e soldados estariam suficientemente preparados nos níveis táticos e operacionais de modo a obter uma penetração estratégica, e não uma retirada humilhante de volta ao mar? Aqui estava o significado das operações do Mediterrâneo, porque seria a primeira tentativa aliada de invadir e capturar territórios situados em costas em poder dos alemães.

As operações Husky (Sicília), Avalanche (Salerno) e Shingle (Anzio) foram todas bem-sucedidas, mas nenhuma delas foi perfeita, longe disso — em determinado momento crítico, parecia que as forças em Salerno e em Anzio seriam obrigadas a bater em retirada, de tão forte a oposição. Todas elas forneceram aos Aliados novas oportunidades de aprender, repensar, reorganizar-se para altera-

O PLANEJAMENTO COMEÇA

Franklin D. Roosevelt e Winston Churchill sentados no jardim da casa onde ocorreu a Conferência de Casablanca, em janeiro de 1943. Atrás deles, os chefes de Estado-Maior da Inglaterra e dos Estados Unidos.

DERROTAS ALIADAS

Mesmo estando em comboio, um navio mercante inglês, protegido por um destróier aliado, afunda rapidamente após ser atingido por um torpedo no Atlântico Norte.

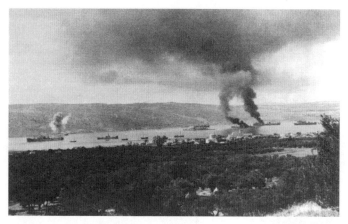

Uma mortalha de fumaça ergue-se sobre o porto na baía de Suda, onde dois navios da Marinha britânica, atingidos por bombardeiros alemães, se incendiaram em 25 de junho de 1941. Forças do Exército e da Marinha da Grã-Bretanha foram esmagadas pela Blitzkrieg alemã em Creta.

Panzers alemães avançam livremente na Ucrânia, em setembro de 1941.

Um Fortress B-17 americano é derrubado durante ataque aéreo diurno sobre a Alemanha — um exemplo do que estava reservado a muitos daqueles aviões em 1943 e 1944.

Soldados canadenses mortos e seus veículos destruídos após o ataque a Dieppe, em agosto de 1942.

A orla de Betio no atol de Tarawa, nas ilhas Gilbert, em 1947, deixa claro como as trincheiras instaladas no mar frustraram a ofensiva dos veículos anfíbios americanos.

A MARÉ COMEÇA A VIRAR

A Batalha de Midway, em junho de 1942, retratada segundo a visão de um artista.

Imagem expressiva do avanço da infantaria britânica entre a poeira e a fumaça da Batalha de El Alamein, setembro de 1942.

O navio-tanque americano *Ohio* entrando no Grande Porto de Valeta, em Malta, em 15 de agosto de 1942, após a Operação Pedestal; essa foi uma das batalhas de comboio mais disputadas de toda a guerra. Atingido por uma bomba do Eixo, o *Ohio* só pôde ser salvo por dois contratorpedeiros da Marinha Real britânica que, operando em conjunto, rebocaram-no vagarosamente até o fim da viagem. Os danos ao navio-tanque foram tão intensos que, depois de sua preciosa carga de petróleo ter sido levada com segurança a terra, o *Ohio* teve que ser afundado. Mas os estoques de petróleo de Malta estavam assegurados e nunca mais voltariam a sofrer tal ameaça.

Soldados americanos descansando após o bem-sucedido desembarque em Casablanca, no Marrocos, em novembro de 1942.

OS INSTRUMENTOS DA VITÓRIA

O magnétron: este radar miniaturizado deu uma grande vantagem às forças britânicas e americanas pelo fato de poder ser facilmente instalado em aviões e navios de combate menores.

Em meados de 1943, um avião como o bombardeiro Vickers Wellington havia sido transformado numa máquina que, graças a seus inovadores recursos acústicos, estava dotada de enorme capacidade para a destruição de submarinos.

A fragata britânica *Mermaid*, que em 1944 já havia sido equipada com todos os seus armamentos de longo alcance e de detecção.

O morteiro Hedgehog, arma com 24 cilindros explosivos, instalado na parte dianteira do navio de escolta britânico *Westcott*.

O navio americano *Bogue*: esta embarcação com reduzido custo de produção não apenas ofereceu proteção antiaérea adicional para as batalhas decisivas do Atlântico Norte de 1943 como teve papel importante na escolta do enorme fluxo de tropas americanas ao norte da África e ao Mediterrâneo. Diversos navios na classe do *Bogue* foram transferidos à Marinha Real britânica de acordo com as cláusulas do programa de empréstimo e arrendamento.

O capitão Johnny Walker, o mais bem-sucedido comandante antissubmarinos na Batalha do Atlântico, dirigindo um navio de guerra no ataque a um U-boat alemão.

As Leigh Light, utilizadas para a localização noturna de submarinos inimigos na superfície da água. Aqui o dispositivo está sendo instalado num avião do Comando Costeiro da RAF, a Força Aérea Real britânica.

Os aviões de patrulha americanos, britânicos e canadenses, dotados de grande autonomia de voo sobre as águas do Atlântico, tiveram importância fundamental para a vitória aliada na campanha ocidental. Na verdade, as forças aéreas dos Aliados conseguiram afundar uma quantidade maior de submarinos que os navios de guerra. Aqui, o hidroavião bimotor PBY Catalina retorna à base em Gibraltar, cruzando o *Europa Point* no litoral norte de Marrocos.

O DOMÍNIO DO MAR

Em abril de 1942, a Marinha americana emprestou seu porta-aviões *Wasp* para dar assistência à Grã-Bretanha no transporte de aviões Spitfire à ilha de Malta, àquela altura cercada pelo inimigo. No início de 1943 o Almirantado britânico, por sua vez, emprestou o novo e veloz porta-aviões *Victorious* à frota sudoeste do Pacífico, comandada pelo almirante Halsey, para operar ao lado do navio americano *Saratoga*. Naquela ocasião, o *Saratoga* era o único porta-aviões americano em atividade no Pacífico. A imagem mostra o *Victorious* unindo-se a seu parceiro americano na baía de Noumea, na Nova Caledônia, sudoeste do Pacífico, em maio de 1943.

Aviões Spitfire transportados pelo porta-aviões americano *Wasp*, no estuário de Clyde, em abril de 1942.

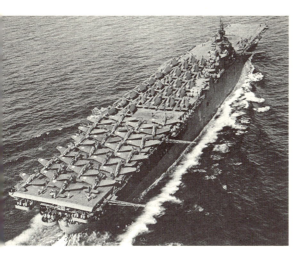

O navio americano *Essex* saindo de Norfolk, na Virgínia, transportando aviões para a guerra do Pacífico, em maio de 1943.

O *Anson*, outro navio de guerra britânico, saindo do porto para entrar na briga. Em 1943, apenas as Marinhas dos Estados Unidos e da Grã-Bretanha produziam novas embarcações de combate de grande porte.

O FRONT LESTE

O degelo da primavera dificultava o avanço para ambos os lados no front oriental — neste caso, para uma unidade alemã de motocicletas.

Os combates entre unidades blindadas durante o conflito foram os maiores e mais confusos de toda a guerra. Aqui, tanques Tiger alemães preparam-se para um ataque a Kursk. A Wehrmacht, porém, ainda dependia de um grande número de carroças puxadas a cavalo, enquanto se arrastavam pelos caminhos lamacentos e pelas estradas de terra do campo.

Os primeiros tanques T-34 dispunham de espaço extremamente limitado para sua tripulação de três homens. Além de ser obrigado a gritar para o condutor indicando as mudanças a serem feitas no percurso, de fazer a mira e de disparar os projéteis, o comandante do tanque ainda tinha que auxiliar no carregamento dos morteiros.

A versão avançada do tanque T-34-85 dispunha de uma torre de combate maior e de uma arma mais poderosa, que havia sofrido grandes alterações em relação ao do protótipo inicial.

O DESEQUILÍBRIO AÉREO ENTRE O EIXO E OS ALIADOS

Bombardeiro bimotor alemão: o Heinkel 111.

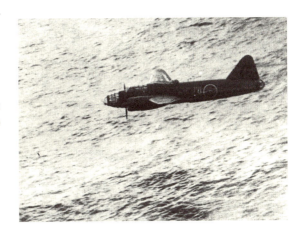

Bombardeiro bimotor japonês: o Mitsubishi G4M, conhecido como Betty.

O bombardeiro Lancaster da RAF: este possante bombardeiro quadrimotor, assim como seus equivalentes americanos, os B-17, B-24 e B-29, podia transportar uma quantidade de bombas bem superior à capacidade de oito a dez bombardeiros médios do Eixo.

Navio de guerra *Tirpitz*, anteriormente motivo de orgulho para a frota alemã, destruído em novembro de 1944. Em primeiro plano vê-se uma cratera deixada por uma das bombas Tallboy de seis toneladas lançadas por um Lancaster durante o mesmo ataque no estreito de Sanne.

Grupo de B-17 voando rumo à Alemanha, finalmente contando com a proteção de caças dotados de grande autonomia de voo.

Os aviões B-29 Superfortress em voo de esquadra em direção às cidades japonesas. Sua base principal no teatro de guerra do Pacífico era a ilha de Tinian, nas Marianas, capturada em junho-julho de 1944.

OS ENGENHEIROS DA VITÓRIA E SEUS PRODUTOS

Ronnie Harker.

Foi Harker, o piloto de testes britânico, quem sugeriu que o novo motor Packard Merlin da Rolls-Royce fosse colocado no caça americano P-51, aprimorando assim o alcance, a velocidade e o desempenho geral do avião. Aqui, um motor Merlin está sendo encaixado no lendário chassi do Mustang.

Capitão Pete Ellis.

Fuzileiros navais americanos descem de seus barcos iniciando ofensiva na praia de Guadalcanal, sob domínio dos japoneses, em 7 de setembro de 1942. Foi o capitão Ellis quem primeiro concebeu, ainda em 1919, a estratégia de ataques anfíbios a pequenas ilhas ao longo do Pacífico.

O major-general Sir Percy Hobart foi responsável por muitos dos veículos blindados com características especiais e outros inventos conhecidos como "a turminha" de tanques de Hobart (Hobart's Funnies), que seriam de grande utilidade no norte da África, na invasão da Normandia e em ações posteriores.

Um dos tanques Flail de Hobart em ação. Esses tanques tinham a função de "debulhadores" de terrenos minados. Nesta imagem, a posição da torre de combate foi temporariamente invertida; os tanques estão operando para a frente.

O almirante Ben Moreell (1892-1978) foi um brilhante engenheiro e destacado oficial da Marinha americana que persuadiu o presidente Franklin D. Roosevelt a criar um novo Batalhão de Construção (os CBs ou Seabees), pouco depois do ataque japonês a Pearl Harbor.

O porto Mulberry em Arromanches, com caminhões carregados de suprimentos, em junho de 1944. Os portos desmontáveis Mulberry foram construídos pelos Seabees no porto de Pembroke, rebocados em seções até as praias da Normandia e em seguida reagrupados para ajudar as tropas de invasão.

Na Alemanha também havia engenheiros brilhantes nos tempos de guerra. Na imagem acima vê-se o Messerschmitt Me 262, o primeiro caça a jato da guerra, de velocidade muito maior que os modelos mais avançados de Spitfire ou Mustang.

As bombas colocadas na parte de baixo da versão modificada, no entanto, prejudicavam muito a velocidade do avião e sua estabilidade durante o voo. Assim, a obsessão de Hitler por bombardeios acabou prevalecendo sobre a genialidade de Willy Messerschmitt como engenheiro.

A VITÓRIA

O marechal de campo Bernard Montgomery deixa o Portão de Brandemburgo depois da cerimônia destinada a condecorar generais soviéticos em Berlim, em 12 de julho de 1945. Com ele estão os seguintes marechais da União Soviética: Gueorgui Jukov (segundo à esq.), Vasily Sokolovski (à dir., atrás) e Konstantin Rokossovski (na frente, à dir.). Montgomery e Jukov talvez tenham sido os oficiais mais bem-sucedidos da guerra.

ções de ordem técnica e tática e para a adoção de novos e melhores armamentos. Com frequência tem sido alegado que os desembarques da Overlord foram as maiores e mais bem organizadas operações militares navais da história moderna. Se isso é mesmo verdade, deve ser dito também que nunca uma ação militar de tamanha envergadura foi tão ensaiada pelas operações que a precederam.

A invasão e a consequente tomada anglo-americano-canadense da Sicília (julho e agosto de 1943) constituíram igualmente a primeira entrada dos Aliados em território europeu, mais de três anos turbulentos desde Dunquerque, mais de dois anos depois que as forças do Império Britânico foram varridas da Grécia e de Creta, mais de dois anos após Hitler ter atacado a União Soviética. Foi um enorme golpe às forças do Eixo, que levaria à derrubada de Mussolini e à rendição da Itália. Foi também um importante campo de testes para as mais novas divisões aliadas, em especial as americanas, e mais um exercício tendo como objetivo o aperfeiçoamento de uma operação anfíbia de grande envergadura, envolvendo a atuação articulada de diversos serviços.[23]

No entanto, nem mesmo em 17 de agosto de 1943, quando as últimas tropas alemãs e italianas bateram em retirada pelo estreito de Messina até o solo italiano, a campanha da Sicília poderia ser considerada um sucesso extraordinário ou decisivo. O planejamento e as preparações dos Aliados para a invasão foram retardados pela espantosa determinação do Eixo em defender a Tunísia pelo menos até meados de maio. A guarnição siciliana era pequena — naturalmente: oito divisões alemãs haviam sido capturadas no norte da África e muitas outras foram transferidas por ordem de Hitler para evitar uma possível invasão aliada à Grécia, à Sardenha ou até mesmo ao sul da França. Trabalhos de decifração feitos pela equipe Ultra confirmaram que o Eixo teria apenas duas improvisadas (ou seja, reconstruídas) divisões alemãs e quatro italianas na Sicília, além de unidades mal equipadas de defesa costeira. Em contrapartida, os Aliados planejavam um enorme desembarque simultâneo de oito divisões — número bem maior do que seria utilizado em invasões posteriores da Normandia ou das ilhas Marianas, maior também que no caso das operações nas Filipinas, em Iwo Jima e Okinawa.* Só no primeiro dia cerca de 150 mil soldados desem-

---

* Enquanto as tropas aliadas envolvidas nos primeiros desembarques na Sicília eram maiores que aquelas que chegaram à terra em 6 de junho de 1944 nas praias da Normandia, esta última operação mobilizou milhões a mais de homens em sua sequência. (N. A.)

barcaram, num total de 478 mil em toda a operação, ao longo de uma praia com extensão de 64 quilômetros. Nas praias, os invasores quase não tiveram oposição, embora as primeiras unidades americanas enfrentassem algum fogo italiano. Os aviões aliados, mais de 4 mil, deveriam ter conseguido domínio total do espaço aéreo, mas a Luftwaffe conseguiu provocar alguns estragos nas forças de ataque. Vastas frotas de embarcações de desembarque e de navios de guerra estavam ao largo da costa, às vezes sendo atacados por aviões ou pelo fogo inimigo; o apoio naval foi maciço.

Não se tratou, portanto, de um verdadeiro teste. É provável que não mais que duas lições para o futuro pudessem ser extraídas da operação siciliana. A primeira, negativa, foi de que quando duas divisões da Wehrmacht entraram na briga, reforçadas por paraquedistas e depois por mais forças terrestres, os avanços britânicos e americanos ficaram mais lentos, mesmo com o reforço de unidades adicionais vindas da Tunísia. Além disso, enquanto as tropas alemãs deram passagem a Patton na parte oeste da ilha, elas perceberam que seria mais fácil manter suas posições nas montanhas, ao leste, mesmo quando estavam lutando apenas para retardar o avanço dos Aliados até que eles tivessem conseguido levar a maioria de seus caminhões, tanques, armas e suprimentos pelo estreito de Messina — o que conseguiram fazer quase sem interrupção. O marechal de campo Harold Alexander, ao reportar a Churchill que em 17 de agosto de 1943 "o último soldado alemão foi chutado para fora da Sicília", pode ter causado uma impressão errada aos planejadores aliados em Londres.[24] A segunda lição, de natureza muito mais encorajadora, foi que, apesar das ondas fortes e dos ventos que acabaram desviando as tropas aéreas britânicas e americanas para as regiões situadas ao sul da ilha, os dois comandos anfíbios tiveram outra excelente oportunidade de resolver muitos dos sucessivos problemas para superar os obstáculos do litoral, retirando rapidamente soldados e suprimentos das praias, atuando de maneira coordenada com as forças de apoio aéreas e navais, sem perder em momento algum a comunicação com os importantes navios do quartel-general e com os almirantes no comando da operação. Estes últimos, além disso, provaram ser os melhores almirantes para operações anfíbias no cenário europeu da guerra: Sir Bertram Ramsay, da Marinha Real, e H. Kent Hewitt, da Marinha dos Estados Unidos. Ramsay tinha uma vasta experiência, enquanto Hewitt era do tipo que aprendia muito depressa, e logo compreendeu que desembarques separados porém coordenados facilitavam muito a operação.

A próxima etapa seria a invasão da Itália propriamente dita. A decisão de fazer dessa operação a ação militar seguinte fora motivo de disputa entre os comandantes americanos e britânicos, embora a preocupação dos americanos sobre novos adiamentos da Overlord tivesse diminuído diante da evidente disposição do governo italiano de se render e permanecer protegido debaixo do guarda-chuva dos Aliados. O resultado desse importante debate entre os altos escalões foi a decisão de invadir o sul da Itália, mas a operação foi adiada até 3 de setembro, quando o Oitavo Exército de Montgomery atravessou o estreito de Messina, seguido nove dias depois por um ataque britânico de flanco a Taranto e outro, anglo-americano e bem maior, às praias de Salerno, sob o comando de Mark Clark. Os desembarques não enfrentaram oposição, não havia minas nem arame farpado, e os 3 mil soldados italianos que se renderam chegaram até a ajudar no descarregamento dos navios britânicos — tudo para se verem livres dos alemães. (De acordo com um relatório oficial, a única manifestação de resistência veio de um puma que havia fugido do zoológico.) As tropas britânicas e canadenses avançaram com cautela, sendo retardadas apenas pelas demolições efetuadas pelos alemães. A preocupação ficou ainda mais clara durante o "assalto" a Taranto, tarefa realizada às pressas, novamente sem oposição, por tropas da Primeira Divisão Aerotransportada britânica, temporariamente sem seu transporte aéreo e também sem contar com veículos terrestres ao desembarcar. Durante as duas semanas seguintes, foram ocupados os portos de Brindisi e Bari do mesmo modo, sem a menor oposição. Em seguida os integrantes do Quinto Corpo britânico nada mais fizeram além de aguardar novas instruções. Numa coincidência que se revelou bastante adequada, os planejadores aliados haviam dado à campanha de Taranto o nome de código de Operação Slapstick.

Os desembarques em Salerno foram bem diferentes. Ao que tudo indica, o ataque já era conhecido com antecedência em todas as barbearias de Malta e Trípoli, e por certo naturalmente também pelos alemães, que colocaram suas tropas em estado de prontidão horas antes do desembarque (embora Clark, para perplexidade de Hewitt, tenha proibido que os navios abrissem fogo de proteção ao desembarque, pelo menos para as divisões americanas sob seu comando). Mesmo não sendo tão grande como a campanha da Sicília, a Operação Avalanche foi um amplo empreendimento, envolvendo quatro divisões, além de unidades adicionais de comandos e Rangers — inicialmente com 55 mil homens, aos quais se uniriam outros 115 mil — transportados e contando com o apoio de cerca de setecentas embarcações de desembarque e navios de guerra. Com essa envergadura, mais a tática de despachar os equipamentos de desembarque nas praias, a cerca de treze quilômetros de distância, por volta das três da madrugada (de 9 de setembro), não é de estranhar que tenham ocorrido confusões e congestionamentos. Tampouco é surpreendente que os desembarques americanos perto de Pesto tenham sofrido fogo intenso da artilharia alemã até que os destróieres foram enfim liberados para se dirigirem à praia, acabando com a defesa inimiga.

Notável *mesmo* foi a capacidade da solitária 16ª Divisão Panzer, com metade do tamanho de uma divisão aliada e apenas oitenta tanques (em suas memórias Clark alega que havia provavelmente seiscentos) em resistir à ofensiva britânica, enviando depois unidades através do rio Sele para deter os americanos e em seguida voltar a enfrentar os britânicos. No segundo dia, a 45ª Divisão americana, descansada, avançou em terra cerca de dezesseis quilômetros, sendo depois forçada a recuar diante do contra-ataque alemão de um único batalhão motorizado de infantaria e oito tanques. Os aviões trazidos por navios também não conseguiram impedir os frequentes ataques da Luftwaffe às praias congestionadas. No fim do terceiro dia, em que esperavam já ter chegado a Nápoles, os Aliados ainda se encontravam em duas posições estreitas e separadas — e os reforços da Wehrmacht estavam a caminho.

Ainda hoje fica difícil julgar o quão perto os Aliados estiveram de um desastre nas dimensões de Gallipoli no quarto e quinto dias dessa invasão, em que os alemães ao mesmo tempo fecharam as passagens para as montanhas, colocaram uma força poderosa (a 29ª Divisão Panzer de Granadeiros) entre as duas cabeças de ponte e expulsaram os britânicos de Battipaglia e os americanos de Persano, fazendo estes últimos voltarem cambaleantes para o mar. A certa altura os alemães chegaram a cerca de oitocentos metros das praias e mais tarde, em 13 de setembro, Clark estava fazendo planos de reembarcar seu quartel-general do Quinto Exército e proceder à retirada do Sexto Corpo, talvez para a cabeça de ponte britânica.

O caos que essa medida provocaria assustou os próprios oficiais militares e navais de Clark, levando Eisenhower e Alexander a rejeitarem a possibilidade. Porém o choque causado pela mera ideia de uma retirada levou-os não apenas a demitir os comandantes de divisões, mas também a convocar todas as forças aliadas que se encontravam naquele teatro de operações. Um grande número de couraçados, cruzadores e destróieres foi enviado para atacar as posições alemãs — com o apoio de aviões de reconhecimento, os morteiros de 38 centímetros do navio britânico *Warspite* estavam sendo disparados contra alvos situados a dezesseis quilômetros de distância do mar. Todos os aviões aliados no Mediterrâneo, em posições estratégicas ou táticas, tornaram-se disponíveis: desviou-se para Salerno um comboio de navios transportando tanques que se dirigia à Índia, a 82ª Divisão Aerotransportada de Matthew Ridgway foi retirada às pressas da Tunísia apenas com equipamentos leves e conduzida ao setor americano, enquanto a Sétima Divisão Blindada (os Ratos do Deserto) foi reforçar a cabeça de ponte ao norte. De maneira bem mais lenta, unidades do Oitavo Exército de Montgomery estavam vindo do sul, desviando a atenção dos alemães e eventualmente participando das lutas.[25]

Depois que um último ataque ao setor britânico, em 16 de setembro, foi frustrado pela enorme quantidade de bombas aliadas, vindas de navios, aviões e de inúmeros tanques, Kesselring recuou suas reduzidas quatro divisões até uma nova linha de defesa ao sul de Nápoles. Como tiro de despedida, as novas bombas planadoras controladas por rádio causaram sérios danos ao *Warspite* e afundaram o couraçado italiano *Roma*, que navegava para se render; cruzadores americanos e britânicos, também gravemente danificados, navegaram com dificuldade ou foram rebocados de volta a Malta. Torna-se complicado, na verdade, classificar a Operação Avalanche como um sucesso, uma vez que o melhor desempenho coube aos defensores alemães, em número muito menor. Naquele mesmo mês de setembro de 1943, a Wehrmacht estava recuando centenas de quilômetros em todo o front oriental sob os ataques dos exércitos de Ivan Konev, Nikolai Fyodorovich Vatutin e Konstantin Rokossovski. O contraste era embaraçoso, aumentando a pressão moral sobre os Aliados ocidentais para lançar a invasão tantas vezes adiada da França mesmo que Alanbrooke e diversos outros planejadores experientes tivessem dúvidas quanto ao resultado.

Numa visão retrospectiva doze meses após Casablanca, portanto, dificilmente se poderia dizer que o histórico de americanos ou britânicos ao desembarcar tropas numa praia tendo que enfrentar resistência inimiga fosse expressivo; na verdade, o desempenho era muito ruim. Havia, porém, outra humilhação a caminho, ao longo das praias de Anzio em janeiro de 1944. Em alguns aspectos, a história das dificuldades dos Aliados em acabar com o controle alemão sobre a Itália central foi a mais embaraçosa de todas. Os dados estatísticos de cada lado — medidos em termos de divisões, equipamentos de blindagem, controle aéreo, forças especiais, apoio naval ou por qualquer outro elemento — pareciam oferecer a perspectiva de uma grande invasão aliada ocorrendo não muito longe de Roma, lutando dessa maneira contra a teimosia de Kesselring em defender a parte mais baixa da linha Gustav. Para azar de americanos e britânicos, mais uma vez eles tiveram pela frente as criaturas mais desagradáveis que se possa imaginar, ou seja, as divisões de combate alemãs. Muitas das mais experientes unidades dos Aliados — e dos melhores comandantes — haviam sido levadas de volta ao Reino Unido, antecipando a Operação Overlord. Mesmo assim, eles ainda dispunham de força suficiente para levar a cabo essa operação anfíbia pelos flancos, acelerando assim o avanço até então trabalhoso pela áspera península italiana. O que eles não tinham era a imaginação para antecipar e em seguida enfrentar a contraofensiva alemã. Nesse caso, a tradicional cautela britânica quanto a avançar depressa demais contra os alemães combinava-se com a falta de disposição do comandante das forças terrestres americanas, o major-general John Lucas, de fazer algo mais do que consolidar a posição na cabeça de ponte.[26] Em vez da "primavera da pantera", como Churchill afirmaria mais tarde, o que se viu foi a agitação de uma baleia encalhada na praia.

A rapidez da reação de Kesselring ao desembarque em Anzio (ele estava esperando que os Aliados invadissem o *norte* de Roma) foi espantosa. Dentro de uma semana, pressionado por Hitler, ele já havia reorganizado todo o sistema de comando do Exército alemão na Itália central, transferido tropas do norte e do sul para a área ameaçada, e colocado nada menos que oito divisões acostumadas ao combate ao redor de Anzio sob o comando direto do notável general Eberhard von Mackensen.* Quando Lucas ordenou a primeira ofensiva — mais de uma semana após os desembarques, que tinham ocorrido sem oposição em 22 de janeiro —, a Wehrmacht já estava completamente instalada. A

---

* O general Eberhard von Mackensen havia sido chefe do Estado-Geral de um dos exércitos que invadiu a Polônia em 1939 e de outro exército na invasão à França em 1940. No ano seguinte ele estava com o Grupo de Exércitos do Sul no front oriental. Em 1943 foi encarregado do Primeiro Exército Panzer na crítica Batalha de Carcóvia. Foi então transferido para comandar o 14º Exército alemão na Itália. Em outras palavras, ele provavelmente tinha mais experiência no campo de batalha que *todos* os comandantes de divisão Aliados em Anzio reunidos. (N. A.)

essa altura o comandante geral das forças terrestres aliadas na Itália, Mark Clark, ordenava ataques mais ao sul contra a muito bem defendida linha Gustav, para aliviar o cerco às forças — exatamente o contrário do plano original. Essas ações incluíram o bombardeamento estupidamente inacreditável ao maior mosteiro beneditino da Europa, Monte Cassino, habitado apenas por monges e refugiados. Enquanto isso, a artilharia alemã atormentava a cabeça de ponte de Anzio, a Luftwaffe bombardeava os navios fora da praia, e Kesselring fazia seus ataques em todos os fronts. De meados ao fim de fevereiro, havia um grande perigo de que os exércitos aliados fossem obrigados a bater em retirada voltando ao mar, numa reprise de Dieppe. Em vez disso, o que ocorreu foi uma reprise de Salerno. Com o reforço de unidades descansadas e sob novos comandantes terrestres, as unidades americanas e britânicas conseguiram manter suas posições de resistência, e quando os constantes ventos do inverno enfim foram embora, no começo de março os bombardeiros aliados e os aviões caça forçaram Mackensen a interromper seus ataques. No entanto, mesmo com apenas cinco divisões ele ainda conseguia impedir a movimentação das divisões anglo-americanas, mantendo-as a alguma distância de Roma, enquanto suas demais unidades descansavam.

Essas narrativas sugerem que as chances de uma invasão bem-sucedida dos Aliados na França ocidental em 1943-4, que Hitler e a Wehrmacht consideravam mais perigosa que a campanha para a tomada de Roma, eram bastante incertas, não apenas por causa das condições muito mais difíceis do Atlântico, mas também devido ao adversário que estaria lá para enfrentá-los. Se Kesselring conseguira colocar oito divisões na cabeça de ponte de Anzio em uma semana, quantas mais Rommel, igualmente audacioso, seria capaz de levar à Normandia ou Pas-de-Calais no mesmo espaço de tempo?

Vamos fazer aqui uma pausa para reflexão. O que as análises da campanha acima sugerem é que os argumentos em favor de uma invasão da França em 1943 estavam errados. Sem controle do Atlântico, com a campanha de bombardeamento dos Aliados sendo repelida, com tantas tropas compostas por novatos (e comandantes sem experiência) e sem testes anteriores de desembarques anfíbios em grande escala, um ataque à Normandia teria sido, digamos, uma tolice, para não dizer uma tragédia. É de importância fundamental recordar as muitas dúvidas que havia entre os planejadores aliados durante 1943 e 1944 sobre as chances de uma invasão bem-sucedida da França, marchando em seguida a Berlim. Se esta interpretação estiver correta, então ela contraria a "inevitabilidade" predominante em grande parte da literatura sobre a Segunda Guerra Mundial, capturada de maneira tão eloquente pelos volumes da história da guerra de Churchill: *A grande aliança* (volume 3), *A dobradiça do destino* (volume 4), *Fechando o cerco* (volume 5) e *Triunfo e tragédia* (volume 6).[27] Vale a pena recordar que, logo após ter dado a ordem final para iniciar toda a operação, um solitário Eisenhower sentou-se e redigiu uma das mais espantosas cartas já escritas por um comandante militar. No comunicado redigido dentro daquelas circunstâncias ele reconhecia que a invasão da Normandia era um fracasso, que ele havia ordenado a retirada das forças aliadas e que aceitava responsabilidade total e exclusiva pelo episódio.[28] É claro que essa carta era secreta; se algum fragmento do texto tivesse vazado nos dias seguintes, o choque que provocaria nas tropas aliadas teria sido devastador. Trata-se apenas de mais uma confirmação — talvez a maior de todas — do caráter de Ike, de sua generosidade de espírito, sua profunda convicção de que o ser humano não tem como saber o que o dia seguinte trará, e sua compreensão instintiva da advertência de Clausewitz de que, no exato momento em que a guerra começa, todos os grandiosos planejamentos anteriores já se encontram nas mãos dos deuses.

A carta é também um lembrete sóbrio, e vindo de fonte impecável, de que a luta entre o Eixo e a Grande Aliança não estava predeterminada para se encerrar dentro de um ano. Outro de seus lembretes é que a sequência dos desembarques anteriores dos Aliados no norte da África, Sicília, Salerno e Anzio ao mesmo tempo tinha e não tinha sido revelada à equipe de experimentados líderes militares e de seus planejadores. Todas aquelas experiências haviam lhes ensinado 1 milhão de lições sobre reconhecimento e apoio aéreo, bombardeios, equipamento especial de desembarque, navios de comando situados longe da praia, fluxo logístico e colaboração entre diversos setores militares. Tudo isso que estava sendo reconhecido agora precisava funcionar de forma correta e em conjunto. Em 5 de junho, portanto, os planejadores aliados estavam cientes de várias coisas, exatamente como a raposa no poema de Arquíloco.* No entanto, havia uma coisa muito importante que eles não sabiam e continuariam sem saber até o fim do dia seguinte: mesmo o Exército alemão, com uma quantidade muito maior de defesas litorâneas e muito mais divisões do que os Aliados ti-

---

* Ou no clásico ensaio de Isaiah Berlin, "O ouriço e a raposa" (1953). (N. A.)

nham enfrentado nos desembarques no Mediterrâneo, iria obrigá-los a se retirar de volta ao mar.

FAZENDO A COISA CERTA: AS PRAIAS DA NORMANDIA E A RUPTURA, JUNHO DE 1944

No começo, é claro, foram os detectores de minas que fizeram o serviço. Na véspera, ao anoitecer, dúzias deles partiram dos portos de Spithead e Solent para limpar as águas das linhas avançadas de explosivos marítimos armados por Rommel. Em seguida vinham 2700 navios (sem contar as 1900 embarcações de desembarque transportadas pelos navios-mãe), trazendo só nessa primeira leva 130 mil soldados, 2 mil tanques e mais 12 mil veículos. Como já havia se tornado costumeiro, submarinos da Marinha Real eram empregados para indicar rotas de voo para os aviões aliados e orientar os navios da ofensiva às praias. Praticamente sem ser interrompida por ataques marítimos ou aéreos alemães, essa imensa força chegou pelo mar com o nascer da madrugada de 6 de junho, e assim começou a reconquista da Europa ocidental. A Marinha Real, consciente de sua herança, deu à operação o nome secreto de Netuno, e não Overlord.[29]

Dos cinco desembarques anfíbios, quatro foram bem-sucedidos; o quinto, em Omaha, sofreu alguns tropeços, mas apenas por pouco tempo. No fim daquele dia histórico, todos os homens (mais as divisões aerotransportadas que os precederam) haviam desembarcado, e atrás deles muitos mais já estavam atravessando o canal da Mancha. Eles não haviam sido forçados de volta ao mar nem retidos nas praias por muito tempo — se é que chegaram a ser retidos. Como as águas de uma represa que se rompeu, os exércitos aliados chegaram à terra firme, enfrentando resistência em alguns pontos e desviando-se desses obstáculos em outros lugares. Com a proteção dos aviões, os tanques, a artilharia móvel e a infantaria motorizada irrompiam pelas brechas e áreas de menor resistência. No final de junho, as unidades americanas e britânicas haviam penetrado 32 quilômetros rumo ao sul, enquanto toda a península do Cotentin já havia sido libertada. Um mês depois, tropas americanas aproximavam-se do vale do Loire, seguindo rapidamente para o leste. Em 25 de agosto de 1944, tropas americanas e da França Livre entravam em Paris.

Como foi que elas conseguiram isso?

De todos os fatores que contribuíram para a vitória aliada na Normandia, o principal, com toda a certeza, residia no comando e no controle. Sem isso, tudo o mais, até mesmo o soberbo desempenho no nível tático, teria fracassado. A orquestração maciça e complexa da invasão anglo-americana-canadense da França ocidental necessitava de uma organização de controle dotada de talento excepcional. Felizmente para os invasores, eles dispunham de um Comando de Operações Conjuntas dos Aliados, subordinado ao almirante Bertram Ramsay, que, por meio de experiências anteriores, conseguira notáveis padrões de planejamento e coordenação. Não foi por uma coincidência que os comandantes que haviam provado ser os mais eficientes em operações conjuntas entre os diversos serviços militares na zona de conflito do Mediterrâneo — Eisenhower, Tedder, Ramsay — foram trazidos de volta a Londres no fim de 1943 para orquestrar toda a invasão, de maneira semelhante ao que ocorreu com comandantes terrestres como Montgomery, Miles Dempsey, Omar Bradley e Patton, que destacariam seu trabalho nos combates em terra. Em seu retorno, eles encontraram planos de invasão detalhados porém provisórios, que poderiam ser modificados e aprimorados, como ocorreu com a decisão de efetuar o desembarque em cinco praias, e não nas três originalmente previstas. Eles encontraram ainda os esboços iniciais de esquemas logísticos com os mais surpreendentes — porém necessários — detalhes, que também poderiam ser aperfeiçoados.*
Todo capitão de navio, todo comandante de divisão, receberia seu livro de instruções. Nenhum detalhe ficaria de lado.[30]

O gênio que concebeu e supervisionou tudo isso foi um oficial britânico um tanto humilde. Bertram Ramsay (1883-1945) ingressara na Marinha Real aos quinze anos, serviu na Patrulha de Dover durante a Primeira Guerra Mundial e depois da paz pediu sua reforma em 1938. Um ano mais tarde, Churchill praticamente o forçou a voltar ao serviço ativo. (Como, na verdade, Churchill foi capaz de reconhecer e promover gente desse calibre — Ramsay, Hobart, William Slim, Tedder e o próprio Alanbrooke?) O currículo militar de Ramsay é extraordinário. Nomeado comandante em chefe do Comando de Dover, o

---

* Os comandos militares aliados, por exemplo, estavam instalados em barracas montadas em 1108 campos espalhados pela Inglaterra e pelo País de Gales. Como fazer para levar essa gente toda de maneira ordenada aos portos de invasão situados no sul? (N. A.)

mais antigo de toda a Marinha Real, ele conduziu com grande eficiência a retirada de Dunquerque em junho de 1940, depois controlou os Narrow Seas até ser nomeado o planejador-chefe para a Torch e a Sicília. Em seguida, foi chamado de volta à Grã-Bretanha, aos 61 anos, para se tornar almirante e o comandante em chefe da Força Expedicionária Naval aliada para os desembarques na Normandia. Tragicamente, Ramsay morreu na França num desastre aéreo em janeiro de 1945, quando se dirigia a uma conferência com Montgomery sobre a continuação da guerra. Mas de diversas maneiras ele já havia feito seu trabalho, e muito do que se segue é a sua história.[31]

Houve ainda três outros pré-requisitos para o sucesso da Overlord: domínio aéreo, domínio do mar e serviços de inteligência e de contrainteligência bem conduzidos. Se retirarmos qualquer um desses elementos, a história poderia ter sido diferente. Houve também dois fatores negativos, do tipo "e se", que teriam sido decisivos para o fracasso da operação — as condições atmosféricas e a natureza do posicionamento militar e de sua reação.

O comando aéreo sobre a Europa ocidental exigia certo número de coisas. A primeira era um maior isolamento da França, especialmente em relação ao oeste de Paris, de modo a evitar o tipo de contraofensivas blindadas que Kesselring e Mackensen haviam conduzido com tanto sucesso na Itália; dessa vez a incrível capacidade da Wehrmacht em recuperar suas forças e realizar um contra-ataque rápido tinha que ser impedida. A segunda era a cobertura aérea direta das cabeças de ponte e das águas onde se realizaria o desembarque, para que as tropas soubessem com certeza que se houvesse aviões lá em cima, seriam aviões dos Aliados. A terceira era providenciar o apoio dos bombardeios táticos, tanto contra as imediatas defesas costeiras alemãs e, à medida que a ofensiva se desenvolvesse (se tudo corresse bem), contra posteriores oposições terrestres.

A destruição do sistema de comunicações dos alemães em direção ao litoral do Atlântico e a partir dele — a parte ocidental do assim chamado Plano de Transporte destinado a tornar inoperante a capacidade do atacado em pedir reforços — foi extremamente bem-sucedida. Durante alguns meses o plano todo havia sido motivo de controvérsias entre os comandantes aliados (ver capítulo 2), mas no fim do dia os bombardeiros chegaram e arremessaram suas bombas. Uma frota gigantesca de aviões aliados, tanto dos mais pesados como de tamanho médio, desviados por algum tempo de sua campanha de bombardear a Alemanha, estraçalhou ferrovias em poder do inimigo, estradas, pontes, pátios de manobra, paralisando quase todas as redes. Enquanto os aviões mais pesados atuavam em direção ao leste, destruindo depósitos de combustível e estações de trens, os bombardeiros menores realizavam ataques bem próximos aos alvos, com ótimo aproveitamento; no dia 7 de maio, por exemplo, oito P-47 Thunderbolt destruíram completamente a importante ponte ferroviária sobre o Sena em Vernon, o mesmo acontecendo com muitos viadutos e cruzamentos.[32] Para os comandantes de divisões Panzer, acostumados com a liberdade de movimentação pelas areias do norte da África ou pelas estepes russas, encontrar o noroeste da Europa tomado por rios de tamanho médio e pontes vulneráveis foi uma terrível restrição à sua crença na mobilidade dos tanques. Além disso, como eles logo iriam descobrir, se uma coluna blindada ficasse retida numa pista de grande extensão esperando para atravessar um rio em algum lugar da França, em pouco tempo a tropa estaria à mercê dos Typhoon da RAF disparando seus foguetes.

No próprio Dia D também não ocorreram os ataques mortais realizados pela Luftwaffe na Noruega, em Creta, Dieppe ou mesmo em Salerno. Os dados da equação bélica anterior haviam sido inteiramente modificados. No dia 6 de junho, perto de 12 mil aviões aliados estavam no ar, desde antes da madrugada até a noite. Em contrapartida, a Luftflotte 3 dispunha de apenas 170 aviões em condições de voar, tornando praticamente impossível que eles fossem até as praias da Normandia para enfrentar 5600 caças aliados. Tanto ataques em altitudes elevadas como em baixa altitude haviam sido antecipados no plano de defesa aérea. Um perito em aviação comentou que "a cobertura aérea das cabeças de ponte era composta por uma patrulha ininterrupta de Spitfire voando a baixa altitude, tendo por cima quatro esquadrilhas de P-47 Thunderbolt, mais uma esquadrilha de P-38 Lightning dando cobertura aos navios das cinco cabeças de ponte".[33]

Ao lado do controle aéreo veio também o domínio do mar. Aqui, novamente os Aliados mostraram uma força esmagadora; a invasão contou com o apoio de sete couraçados, 23 cruzadores, mais de cem destróieres e acima de mil outras embarcações de combate. Todos os couraçados americanos e britânicos eram modelos da Primeira Guerra Mundial e da época do Tratado de Washington (o americano *Nevada*, o britânico *Rodney* etc.); agora eles eram considerados incapazes de acompanhar modelos novos como as embarcações da classe do *Iowa* e do *King George V*, couraçados rápidos para alto-mar mas bastante adequados para a tarefa de bombardear as praias — e adaptavam-se muito bem a essa função. O britânico *Warspite* (com apenas uma torre e uma caldeira sem funcionar depois do ataque com bombas planadoras em Salerno), que efetuava seus disparos com muita eficiência em Le Havre, depois em Cherbourg e ainda em Walcheren, estava em sua última campanha de uma carreira na qual conquistara mais honrarias de combate que qualquer outro navio da Marinha Real. Navios costeiros já antiquados com canhões de 38 centímetros detonavam fortificações à vontade. Bem mais próximos das praias, nada menos que 57 destróieres aliados colocavam-se bem atrás das ondas de ataque, disparando contra as defesas em terra até o último minuto. A coreografia desses bombardeios, combinada com os enormes e complicados desembarques, era um espetáculo espantoso.

Diante de todas as dificuldades de desembarque em operações anfíbias, os Aliados esperavam reduzir o ímpeto dos contra-ataques alemães ao convencer seus inimigos que a invasão ocorreria em outro lugar, ou pelo menos deixando-os tão confusos que, sem saber como reagir, as forças defensivas acabariam se espalhando pelo amplo front. Especialmente para os britânicos, o recurso estratégico da dissimulação contra as formidáveis divisões alemãs era da maior importância. Sem disposição nem capacidade de enfrentar uma nova Batalha do Somme, os britânicos contavam com um estratagema que dependia em grande parte de dissimulação, confusão, ações diversificadas, ataques indiretos, recrutamento de colaboracionistas, uso da Força Aérea, vazamento deliberado de informações erradas e da procura constante por pontos fracos nas formidáveis defesas inimigas. Tratava-se de uma atitude lógica a ser adotada por uma nação que era uma ilha de pequenas dimensões e de uma política que estava sendo confirmada — apesar de algumas falhas — em suas bem-sucedidas técnicas de guerra baseadas na dissimulação adotadas no norte da África, na Sicília e também no Mediterrâneo. Os militares americanos, embora do ponto de vista psicológico estivessem muito mais inclinados a atacar a Wehrmacht diretamente, mostraram-se dispostos a participar dessa encenação de natureza bélica. Foi por esse motivo que se criaram a Fortaleza Norte e a Fortaleza Sul.

O plano denominado Fortaleza Norte refletia um sonho de Churchill e um pesadelo de Hitler: os Aliados atacariam a Alemanha vindos do norte, invadindo a Noruega, forçando passagem pela Dinamarca e estabelecendo uma conexão com os soviéticos. No mapa, esse roteiro parecia bem atraente. Já do ponto

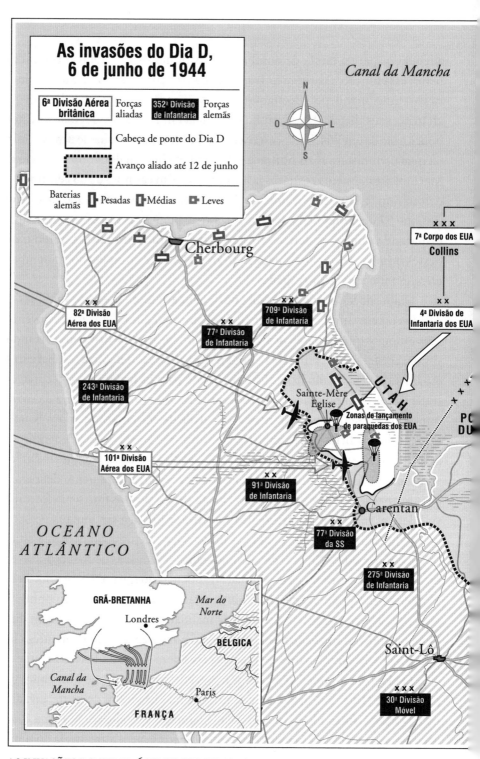

AS INVASÕES DO DIA D, 6 DE JUNHO DE 1944

Cinco grandes operações anfíbias simultâneas, orquestradas por uma única e brilhante estrutura de comando.

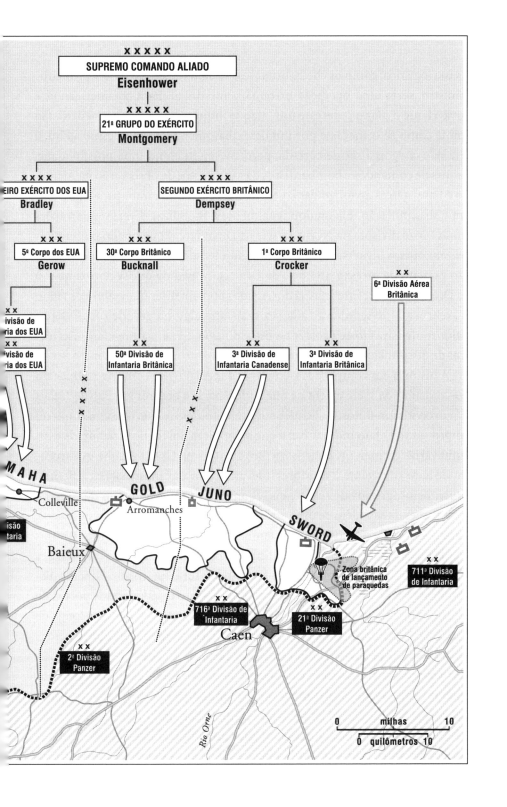

de vista logístico, como os chefes britânicos viviam repetindo para o primeiro-ministro, seria uma operação extremamente difícil. Para os americanos, é provável que o plano parecesse um "ataque indireto" a Berlim de maneira tão remota como se começasse por um desembarque na Grécia. Mesmo assim, a ideia não chegou a ser descartada, permanecendo como uma possibilidade. Ataques de comandos e bombardeiros da RAF a postos de observação na Alemanha e bases aéreas ao longo das costas da Dinamarca serviram para contribuir com a dissimulação. Ela ajudou igualmente a mobilizar diversas guarnições alemãs (doze divisões na Noruega, seis na Dinamarca) que poderiam ser mais úteis em outros lugares, portanto por algum tempo também foi útil criar um falso exército de invasão no norte da Escócia. À medida que se aproximava o Dia D, os serviços de inteligência dos Aliados podiam dizer que o alto-comando da Wehrmacht desconfiava cada vez mais que alguma grande ofensiva (ou qualquer ofensiva) fosse ocorrer na Escandinávia, e assim aumentaram as técnicas de dissimulação para a Fortaleza Sul.

A história das complicadas tentativas dos Aliados de convencer Hitler e o alto-comando da Wehrmacht de que a ofensiva iria ocorrer em Pas-de-Calais está envolvida em mitos, realidades e argumentos tensos que não têm como ser comprovados. O fato indiscutível é que a Fortaleza Sul foi bem elaborada e assumiu várias formas. Os poucos agentes alemães na Grã-Bretanha que trocaram de lado (os agentes "traidores") levaram valiosas informações a Berlim. Bombardeios, grupos de resistência, equipes de reconhecimento de praias e transmissões da BBC, além de um amplo repertório de truques, foram utilizados. Uniram-se a esse esforço de guerra também conhecedores de técnicas teatrais americanos e britânicos, peritos em disfarces e cenógrafos. Dezenas de milhares de tanques e caminhões infláveis em tamanho natural foram abertamente distribuídos de maneira ostensiva em campos, nas proximidades dos portos de Kentish, enquanto se estabelecia um blecaute total e muito eficiente ao longo de regiões como Hampshire, Dorset, Devon e mais a oeste, onde estavam os verdadeiros exércitos de invasão. Bloqueou-se o reconhecimento aéreo que os alemães realizavam em portos e campos do oeste. O general Patton, não muito contente com essa missão, levando consigo um equipamento de rádio reconhecível, foi enviado por certo tempo para assumir o comando desse falso exército. Os serviços de inteligência dos Aliados estavam sempre querendo saber o paradeiro de Rommel, portanto parecia lógico supor que os alemães gostariam de estar informados sobre o local em que um comandante tão agressivo como Patton estava baseado.

Mas qual foi o resultado prático que essas medidas de dissimulação tiveram para a vitória do Dia D, se comparadas com os diversos outros fatores mencionados aqui? Foi considerável. Ao superestimar o número de divisões aliadas estacionadas em Kent, a Wehrmacht manteve nada menos que dezenove de suas divisões na região de Pas-de-Calais (quatro somente por trás de Dunquerque); em contrapartida, havia apenas dezoito divisões entre o Sena e o Loire. Dias *depois* dos desembarques na Normandia, Von Rundstedt e muitos outros generais experientes ainda acreditavam que aquelas forças invasoras, mesmo em constante crescimento, não passavam de uma tentativa de despiste — o fato de terem ocorrido a oeste de Caen para eles era a *prova* de que o grande ataque seria na proximidade de Calais. Enquanto enviava algumas divisões alemãs para perto das praias, o alto-comando do Exército mantinha um número bem maior longe delas; as informações vindas de agentes duplos de que os desembarques eram apenas um disfarce levaram Hitler e Von Rundstedt a cancelar uma ordem anterior, despachando duas divisões de volta a Pas-de-Calais — isso em 10 de junho. Antes, durante e depois dos verdadeiros desembarques, aviões Lancaster da RAF voavam sobre o canal da Mancha entre Dover e Calais, arremessando tiras de alumínio, enquanto uma frota de pequenos navios avançava e recuava lá embaixo; o que *aquilo* poderia significar?

A dissimulação prosseguiu. Em ocasião tão tardia como 3 de julho, Jodl, comandante do alto-comando da Wehrmacht de Hitler, disse ao adido naval japonês em Berlim que o "Grupo de Exércitos Patton" estava para enviar dezoito divisões de infantaria, seis divisões blindadas e cinco divisões aéreas pelo canal da Mancha; isso era, de acordo com a opinião de Jodl, "obviamente" uma interpretação errada dos fatos. Quando o alto-comando enfim admitiu (no caso de alguns generais, isso só ocorreu em meados de julho) que nada iria acontecer nos Narrow Seas, já era impossível desviar aquelas importantes divisões em direção ao sul, em parte porque muitas delas eram divisões estáticas, mas sobretudo devido ao efeito paralisador dos bombardeios táticos dos Aliados sobre estradas, pontes e ferrovias.[34]

Mas são raros os casos em que a história dos serviços de inteligência apresenta-se de maneira tão direta. Em junho de 1944, por certo não se tratava do duelo entre o defensor cego e o invasor que tudo vê. A Wehrmacht conhecia em detalhes as técnicas de desembarque dos Aliados, a função dos especialistas em deixar as praias livres, a grande ênfase colocada nas forças aéreas, a transferência das esquadrilhas da RAF e da Força Aérea americana e o ruído assustador de mais e mais divisões vindas do Clyde rumo ao canal da Mancha. Além disso, tendo estudado cuidadosamente o padrão dos bombardeios navais realizados pelo inimigo e seus primeiros desembarques nas operações do Mediterrâneo, Rommel e sua equipe certificaram-se de que a maioria de seus bunkers fortificados e casamatas estavam instalados de forma oblíqua ao longo das praias. Assim, com certa proteção contra os bombardeios aliados, os alemães ainda poderiam cobrir uma grande extensão da praia enquanto os invasores estivessem saindo da água. Mas o que os alemães não conheciam era o detalhe da inteligência militar mais importante de todos: *onde* ocorreria o desembarque dos Aliados e *quando*? Eles dispunham de relatos sobre embarcações de desembarque sendo reunidas nos portos de Essex, mas também nos portos de Devon; eles detectavam novas divisões americanas montando acampamentos por trás de Portsmouth, mas também outras chegando (juntamente com as falsas unidades) nas proximidades de Folkestone. Embora os principais responsáveis pelos serviços de inteligência da Wehrmacht muitas vezes exagerassem o número das tropas aliadas, não é difícil compreender a angústia que sentiam quando repetidas vezes eles eram pressionados para responder à pergunta crucial: Pas-de--Calais ou Normandia? — especialmente quando se sabia que Rommel e Von Rundstedt tinham opiniões opostas.

 A posição da inteligência aliada sobre seus adversários alemães era a imagem espelhada da inteligência alemã sobre os Aliados. É verdade que Londres fazia questão de conhecer todos os detalhes relativos às defesas alemãs, a posição de suas unidades, os obstáculos especiais, quantidade de tanques e assim por diante. Levando-se em conta a completa superioridade dos Aliados no que diz respeito à fotografia aérea sobre território inimigo em climas mais amenos (uma vantagem que o Abwehr [serviço de informação alemão] e a Luftwaffe só podiam lamentar), o fluxo de informações vindas da Resistência francesa e o controle quase total das mensagens militares e navais dos alemães, graças ao trabalho de decodificação dos serviços Ultra, não era muito difícil obter informações sobre as defesas da Wehrmacht, a localização de suas unidades, os obstáculos especiais e assim por diante; como os Aliados eram capazes também de ler as mensagens navais e militares de Berlim a Tóquio, isso lhes fornecia uma confirmação de caráter geral sobre o pensamento alemão. Contudo, como os exércitos invasores logo iriam descobrir quando começassem as hostilidades, os alemães souberam criar bunkers falsos, transferir guarnições costeiras móveis de um penhasco a outro e fazer movimentações rápidas de tanques e caminhões durante a noite. Além de tudo isso, o simples fato de conhecer o poder de fogo do inimigo poderia responder à pergunta de fato importante: até que ponto as forças de defesa estariam dispostas a combater, mesmo quando as circunstâncias lhes fossem amplamente desfavoráveis?

A inteligência aliada contava ainda com outra enorme vantagem: sua capacidade de interceptar e decifrar rapidamente as comunicações feitas pelo rádio entre os comandantes alemães no campo de batalha e seus quartéis-generais. Assim como as equipes de Bletchley Park tiraram grande proveito ao ler as mensagens trocadas entre Dönitz e seus comandantes de submarinos quando a maré virou na campanha do Atlântico, os decodificadores obtiveram valiosas informações sobre a tensão surgida nas tropas da Wehrmacht depois que começaram os desembarques: quem estava relatando o que a quem, quais eram as ordens que eram transmitidas, que tipo de informação sobre o poder e a localização das forças aliadas que estava sendo transmitido ao Grupo de Exércitos Oeste, que indicações havia de que as técnicas de dissimulação tinham funcionado. Decifrar apenas um quarto dessas valiosas informações já faria uma grande diferença. Assim, era importante que o Exército alemão dependesse tanto das comunicações de emergência feitas pelo rádio.[35]

O fato de contar com a ajuda da rede de comunicação da Resistência francesa foi mais uma vantagem para os planejadores aliados. Além de ser uma fonte de informações importantes sobre as forças alemãs locais, os constantes atos de sabotagem que ela cometia obrigavam os alemães a enviar centenas de milhares de soldados para atividades militares secundárias, como proteger ferrovias, fazer inspeções nas casas etc. E como diferentes células da Resistência recebiam diferentes mensagens especiais de Londres durante as transmissões radiofônicas da BBC, os Aliados podiam contribuir para os atos de dissimulação aumentando a transmissão de dados pelos serviços sem fio até a área de Pas-de--Calais. Enfim, como é natural, quando os desembarques realmente ocorreram, essas pequenas unidades francesas — equipadas e treinadas pelos responsáveis por Operações Especiais — organizaram pesados ataques a pontes, estradas e, acima de tudo, a postes telegráficos e fios, obrigando os alemães a fazer um uso crescente da comunicação pelo rádio.[36] Os alemães não dispunham, é claro, de uma rede de colaboradores equivalente a essa dos Aliados para adotar o mesmo tipo de ação.

Os três aspectos positivos descritos contam créditos para o currículo dos invasores. Por outro lado, os planejadores de Ramsay não podiam pleitear o menor crédito pelo imponderável: as condições atmosféricas. As fortes marés, as tempestades vindas do Atlântico, mas também os momentos pouco habituais de bom tempo que tanto afetaram as invasões de Júlio César, Guilherme, o Conquistador, Henrique v, a Armada espanhola e William de Orange não causaram mudanças em seus planos; conduzir um grande número de soldados e equipamentos por aquelas águas imprevisíveis e desembarcar com sucesso do outro lado eram operações que sempre envolviam riscos.

Assim foi no princípio de junho de 1944. Houve alguns belos dias no final de maio, mas em 3 e 4 de junho ondas ameaçadoras começaram a se manifestar no Atlântico. Os meteorologistas previram nuvens baixas e um mar tumultuado, que provocaria caos nas praias. No dia 5, como por milagre, a tempestade pareceu diminuir, cessaram as chuvas, e Eisenhower, tomado por forte emoção, deu a ordem de iniciar a operação (antes de se retirar para escrever sua carta). Naquela noite a gigantesca armada partiu para a França. De maneira afortunada porém compreensível, as péssimas condições atmosféricas haviam levado os alemães a concluir que a invasão não teria como ser realizada nos próximos dias; Rommel voltou à Alemanha para o aniversário de sua mulher (6 de junho), e o quartel-general de Von Rundstedt em Paris considerou avisos transmitidos em mensagens codificadas da BBC à Resistência francesa como "bobagens".[37] As seis divisões do Grupo de Exércitos B, situadas logo atrás da área de desembarque, não receberam nenhum sinal de alerta.

Assim as imprevisíveis condições atmosféricas acabaram fornecendo às forças de Eisenhower uma fantástica janela de oportunidades: em 9 de junho os portos artificiais Mulberry (que serão abordados aqui rapidamente) estavam bem preparados, recebendo uma enorme quantidade de tropas descansadas, tanques e caminhões. Oito dias depois, porém (a manhã do 19º, seguindo-se a um dia calmo como foi o 18º), toda a região do canal da Mancha foi de repente atingida por uma das maiores tempestades do século XX, interrompendo todo o tráfego, paralisando ataques aéreos e as patrulhas, arremessando às praias oitocentas pequenas embarcações e até fazendo em pedaços o imenso porto americano Mulberry em St. Laurent. Isso provocou um atraso colossal no cronograma dos Aliados, aumentando por outro lado as chances de Rommel efetuar um vigoroso contra-ataque até que a tempestade passasse. Então as águas se acalmaram, restaurou-se a cobertura aérea dos Aliados, e o maciço tráfego pelo canal voltou a funcionar. Mas foi uma experiência desgastante. Se a tempestade continuasse, digamos, até 10 de junho, a Operação Netuno da Marinha Real teria sido um desastre total, as forças aliadas ficariam como caranguejos atolados na praia.

O tempo é uma força da natureza impossível de ser controlada pelo homem. O outro aspecto que permitiu o sucesso da Operação Overlord deve ser creditado a uma decisão humana — ou, no caso, à indecisão das forças de defesa. O fracasso dos alemães em expulsar os Aliados das praias por ocasião de seu primeiro desembarque não foi consequência apenas das engenhosas táticas de dissimulação adotadas pelos invasores ou ao seu poderio tático nas operações aéreas, embora esses dois fatores tenham sido importantes. Ela decorreu também de uma rara indecisão por parte do alto-comando da Wehrmacht para reagir de maneira adequada a uma inevitável abertura de um segundo front de ataque por parte dos Aliados. Alguns dos mais experientes generais alemães, entre eles vários que já haviam enfrentado invasões aliadas, defendiam claramente ações opostas, todas baseadas em razões militares bastante justificáveis. No caso, havia ainda um "complicador" a mais, representado pela capacidade de Hitler de desmanchar ações militares de caráter racional, ou pelo preconceito contra atitudes de retirada ou, à medida que a guerra se desenvolvia, como consequência de sua crescente rotina diária, de alguém cujo poder de decisão estava afetado pelas drogas. O amargo comentário do general Günther Blumentritt de que a Alemanha iria perder a guerra *"weil der Führer schläft"* (enquanto o Führer estiver dormindo) — uma alusão ao fato de Hitler não querer ser perturbado em 6 de junho para liberar a importante divisão Panzer de reserva — não conta a história completa.[38] Quando e em que medida a Wehrmacht deveria dar sua resposta ao ataque anfíbio, qualquer que fosse o lugar em que ele ocorresse, ao longo do extenso e complicado litoral atlântico da França?

Em todo o território da França e dos Países Baixos, a Wehrmacht, no verão de 1944, dispunha de 58 divisões, um aumento significativo em relação aos números do ano anterior. Mas na maioria dos casos, tratava-se de divisões estáticas, colocadas em áreas que elas poderiam (e de fato iriam) defender muito bem, mas sem caminhões ou até mesmo cavalos que lhes permitissem transferir-se em pouco tempo para outras posições. Os elementos fundamentais, portanto, eram os doze, um pouco mais, um pouco menos, de divisões Panzer ou de granadeiros dos Panzer, cada um deles com experiência de combate suficiente para destruir qualquer unidade equivalente do lado dos Aliados. Rommel, nomeado por Hitler em janeiro de 1944 para defender aquele front, era favorável a uma ação nesse sentido. Empenhado em concentrar suas imensas energias em ampliar a fortificação da Muralha do Atlântico, ele pretendia, como consequência lógica dessa atitude, que suas divisões blindadas esmagassem os invasores assim que eles estivessem saindo de suas cabeças de ponte. Para ele, os três primeiros dias seriam essenciais: ele julgava ser muito arriscado, à distância, depender de uma resposta posterior, mais elaborada, já que o poder aéreo dos Aliados poderia interromper todos os ataques naquela direção. Num confronto exército contra exército, Rommel tinha certeza, os alemães sairiam vencedores. Já no caso de forças terrestres enfrentando forças terrestres *mais* um maciço poder aéreo, eles seriam derrotados.

Grande parte do restante do alto-comando estava em desacordo com Rommel e sua abordagem do tipo "crosta exterior" (incluindo alguns que, por ironia, o haviam considerado excessivamente ousado e impiedoso em campanhas anteriores, e agora o viam como cauteloso demais). Esses oficiais — entre eles não apenas Von Rundstedt mas também comandantes de tanques como Guderian e Geyr von Schweppenburg — confiavam mais na tradição da Wehrmacht em desferir contraofensivas maciças e devastadoras assim que a operação do inimigo começasse a perder o fôlego; aqui, pode-se supor que o episódio de Anzio contribuiu para estimular essa noção. Eles tampouco gostavam da ideia de fazer com que as divisões Panzer ficassem espalhadas ao longo do litoral, tornando-se assim alvos de morteiros de 38 centímetros disparados por navios de guerra e a um grande número de ataques com bombas de 220 quilos desferidos por Marauder, B-17 e Lancaster. Julgavam que seria melhor esperar a entrada dos invasores, e então forçá-los a recuar às praias repletas de armadilhas. Ambas as hipóteses baseavam-se na ameaça do poder de fogo aéreo dos Aliados: o que seria pior, sofrer ataques nas praias vindos de couraçados, ou em terra, desferidos por uma ofensiva aérea?

O compromisso de Hitler com seus generais foi do pior tipo possível: algumas divisões móveis deveriam ser enviadas isoladamente ao litoral, quatro delas devendo situar-se bem na retaguarda (e liberadas para avançar apenas por ordem do alto-comando da Wehrmacht — ou seja, por sua ordem direta), e quatro outras enviadas ao sul da França. Fracas em toda parte, fortes em nenhuma — o exato oposto do que seu herói, Frederico, o Grande, sempre havia recomendado. Se as quatro divisões blindadas de Von Schweppenburg tivessem sido dispostas ao redor de St. Lô em 6 de junho, logo ao sul das praias da Normandia, é possível que elas tivessem afastado os invasores americanos enviando até mesmo os britânicos e os canadenses mais para o leste, de volta aos mares, coberto por nuvens escuras.

Os invasores anglo-americano-canadenses, tiveram, por certo, muita sorte. Mas eles foram também muito inteligentes. Foram bem orientados, dominavam os ares e o mar e valeram-se ao máximo da dissimulação, da astúcia e dos serviços de inteligência. Além disso, tiveram a seu favor tanto as condições atmosféricas como a própria indecisão do inimigo. Mas eles precisavam também ser muito competentes do ponto de vista operacional, bem mais do que haviam sido nas operações anfíbias anteriores. E aqui, na história dos ataques ao litoral da Normandia, está a segunda parte do desafio: colocar até 1 milhão de homens e 100 mil veículos dentro e *fora* das zonas de desembarque e em seguida levá-los rumo a Berlim.

Responder ao problema de desembarcar 1 milhão de homens explica o motivo pelo qual os Aliados escolheram a Normandia. Como a Grã-Bretanha ficava muito afastada, a oeste, e os estuários belgas e holandeses eram traiçoeiros — e próximos demais para um contra-ataque dos alemães —, as opções restringiam-se ou à região do Pas-de-Calais ou à Normandia, ambas permitindo uma extensa cobertura aérea a partir das bases inglesas. Enquanto os comandantes militares alemães mostravam-se genuinamente indecisos em relação às duas opções, para os Aliados o desembarque na Normandia era preferível por diversas razões. A região estava quase à mesma distância de todos os grandes portos de invasão do sul da Inglaterra e do País de Gales, ao passo que um desembarque próximo a Pas-de-Calais sem dúvida iria congestionar as sucessivas ondas de desembarque de material. A Normandia dava espaço para a insistência de Montgomery de desembarcar em cinco praias, em vez das três antes previstas; ela oferecia aos navios aliados mais espaço de manobra do que nos Narrows; e era também uma boa oportunidade para que um exército, saindo da Normandia, se dirigisse rumo ao oeste até a península de Cotentin, tomando Cherbourg, com o estabelecimento de uma grande conexão entre a França e os milhões de homens e enormes volumes de armamentos que poderiam ser embarcados diretamente da América. Tudo que era necessário seria ocupar uma parte da Europa ocidental e depois seguir em direção ao leste até a Alemanha. Mas isso era muito mais fácil de dizer do que de fazer.

A preparação para a chegada às praias e todo o trabalho de organizar os primeiros desembarques até hoje desconcertam a imaginação dos historiadores. Seria necessário dedicar a esses episódios todo o restante deste livro e muitos outros ainda para descrever o plano completo dos desembarques em detalhes.[39] Por exemplo, todas as 171 esquadrilhas de caças aliados que estariam no ar enquanto ocorresse a invasão seriam responsáveis por suas áreas específicas de patrulha; elas seriam dirigidas inicialmente pelo Comando de Caças da RAF e, em seguida, pela primeira vez o controle de tráfego aéreo passaria para unidades especiais nos navios afastados das praias, atuando como quartel-general da operação. O bombardeamento do escalão de retaguarda dos alemães foi programado para ser feito entre duas e quatro da madrugada, logo antes do lançamento intensivo de bombas sobre as defesas costeiras iniciais, seguidas por uma mudança de rota dos aviões mais pesados com o objetivo de bloquear as estradas conduzindo às praias da Normandia. À medida que a enorme armada aproximava-se de seu destino, as tropas não poderiam deixar de ver o bombardeamento colossal das instalações costeiras alemãs pelos navios de guerra, cruzadores e embarcações que monitoravam a operação. Ramsay planejara duas horas ininterruptas de fogo pesado, devastador, sobre as praias antes que os destróieres e as naves de desembarque, equipadas com foguetes, se aproximassem; o fogo deveria prosseguir até pouco antes que as hordas de desembarque de equipamento menores chegassem às praias — algumas trazendo tanques especializados, a maioria com pelotões compostos por ansiosos soldados de infantaria e material especializado nesse tipo de assaltos. Antes mesmo desse momento, já teriam entrado em ação as equipes de demolição, os mais valentes entre os valentes. De que maneira, exatamente, é possível demolir um tetraedro pontiagudo com fios e minas pendurados nele? Ao lado dessas unidades iniciais ia outro grupo de especialistas, os "localizadores" navais, incumbidos de escalar uma colina próxima e controlar o fogo vindo dos navios de combate.

Enquanto os soldados e os tanques anfíbios chegavam à praia (ou afundavam no meio do caminho), o comandante da praia os aguardava. Essa era uma posição extraordinária, de óbvia necessidade, que fora confirmada pelas experiências nas praias da Sicília e de Salerno: um capitão da Marinha Real tornava-se o diretor supremo da praia de desembarque, encarregando-se de fazer as tropas avançarem, dando ordens para que os veículos sem condições de uso fossem tirados do caminho, enviando as embarcações de desembarque de volta ao mar assim que completassem seu trabalho. Sua função de certo modo assemelhava-se à de um antigo guarda de tráfego num cruzamento movimentado, tratando de colocar ordem em meio ao caos, impedindo que o excesso de veículos produzisse um engarrafamento. Um desses comandantes de praia, o notável capitão William Tennant da Marinha Real, já havia sido responsável pelo desembarque de 340 mil soldados britânicos, franceses e belgas nas praias de Dunquerque em 1940; agora, quatro anos depois, ele estava trazendo números ainda muito maiores ao litoral da Normandia.

Poucas horas antes que o comandante da praia e as equipes encarregadas de varrer os obstáculos tivessem chegado às praias, as primeiras unidades das divisões aéreas aliadas já haviam saltado de paraquedas para suas posições, situadas a alguns quilômetros para dentro da terra firme. Utilizar tropas de paraquedistas como peça-chave numa operação em grande escala — bem diferente de enviá-las em pequenos raides de operações especiais — era um ato incomum e extremamente arriscado: nada havia (nem artilharia, nem apoio aéreo, nem bombardeios navais) que pudesse ser empregado para proteger sua descida diante da resistência inimiga — como já haviam descoberto os próprios paraquedistas alemães, de notável competência, ao aterrissarem em Creta em 1941. Apesar dos enormes riscos, no entanto, os planejadores de Eisenhower sabiam que a recompensa por um ataque bem-sucedido iniciado com paraquedas seria enorme: a tomada de pequenas cidades situadas a poucos quilômetros da praia de Utah pelas 82ª e 101ª Divisões Aéreas iria atrapalhar muito as defesas alemãs, e mais importante ainda seria que a Sexta Divisão Aerotransportada britânica ocupasse a ponte sobre o rio Orne, bloqueando assim o acesso a Caen pelo leste.

Por trás das tropas de desembarque, estacionadas no mar em posições diferentes das vias das forças anfíbias, bem como afastadas umas das outras, encontravam-se as cinco frotas aliadas que realizariam os bombardeios navais.

De acordo com o cronograma citado, elas começaram a abrir fogo contra as fortificações costeiras alemãs antes que a primeira embarcação chegasse à praia, passando depois a alvejar posições situadas mais adiante em terra firme. De uma a outra área existia uma diferença significativa de táticas. Hewitt deu início a uma outra sessão de bombardeios, um tanto mais tardia e breve (na verdade, apenas de trinta a quarenta minutos), bem diferente, portanto, do fogo ininterrupto de Ramsay com duração de duas horas durante a pré-invasão. Seja qual for o sistema mais adequado, deve ser dito que os resultados foram mistos. Bunkers de concreto construídos com muita solidez e dispostos de maneira oblíqua não eram fáceis de destruir, mesmo quando especialistas em demolição disparavam salvas de tiros sobre suas cúpulas. Segundo o depoimento de soldados alemães capturados, o efeito principal era causado pelo barulho ensurdecedor, pela poeira sufocante e pela confusão que os pesados morteiros provocavam; ou, um pouco mais tarde, pela surpresa de, quando se encontravam num comboio de caminhões a dezesseis quilômetros da praia, serem alvejados pelos tiros de um couraçado. Levou algum tempo até que os comandantes da Wehrmacht no campo de batalha se dessem conta de qual era o objetivo daqueles pequenos aviões de localização, desarmados, sobre suas cabeças.

Acima das praias, à medida que avançava o dia, as esquadrilhas aéreas dos Aliados patrulhavam os céus. Haviam se passado quase quatro anos desde aquela semana em que um número reduzido de esquadrilhas de Hurricane e *Fairey Battle* da RAF tentou proteger a fuga de forças britânicas e francesas dos bombardeios e das rajadas de metralhadora da Luftwaffe enquanto os Aliados corriam para os pequenos barcos na retirada de Dunquerque, a apenas 190 quilômetros mais ao norte no mesmo litoral. Agora a situação estava inteiramente invertida. Deixando de lado o célebre voo sobre as praias aliadas às dez da manhã, realizado pelo ás da Luftwaffe "Pips" Priller e seu ala Heinz Wodarczyk em seus Fw 190, que tipo de interferência alemã poderia vir do ar? Mais adiante, pesados bombardeiros aliados continuavam destroçando as redes de comunicação do inimigo da Renânia à França e aos Países Baixos, enquanto inúmeros aviões do Comando Costeiro patrulhavam o canal da Mancha, os Western Approaches e o golfo de Biscaia. Se os Aliados tivessem um problema no ar, o mais provável é que fosse decorrente da confusão e identificação errada de outro avião (a 1,5 quilômetro de distância, um Fw 190 e um Mustang ficavam muito parecidos), o que poderia provocar o chamado fogo amigo; esse foi o motivo pelo qual todos os aviões aliados incumbidos de operar sobre as praias do Dia D receberam a pintura de três faixas brancas paralelas. Nenhum outro comandante de Força Aérea desfrutou do privilégio de tanto poderio extra.

A arma defensiva mais eficiente dos alemães era, de maneira surpreendente, sua nova mina "ostra", que explodia quando as ondas criadas pela aproximação de um navio alteravam a pressão da água. Elas eram colocadas em grandes números por aviões voando a baixa altitude e por pequenas embarcações. Apesar do trabalho constante dos detectores de minas dos Aliados, essas "ostras" afundaram inúmeros navios de combate e navios mercantes, e danificaram muitos outros, inclusive o navio-capitania para a força-tarefa do Oriente do almirante Vian, o cruzador britânico *Scylla*. Diversos navios aliados precisaram ser rebocados até Portsmouth, suas tripulações acenando para as flotilhas de reforços dirigindo-se à Normandia. Em contrapartida, os U-boats alemães enviados em oposição à Operação Netuno eram na verdade o equivalente de navios kamikaze, sendo atacados na menor oportunidade por Beaufighter e Wellington, localizados por imensas telas de destróieres (canadenses, poloneses e franceses, bem como da Marinha Real), e tendo suas bases terrestres estraçalhadas pelos *Lancaster* da RAF. O Comando de Bombardeiros pode não ter conseguido um desempenho muito expressivo em seus ataques aéreos noturnos a Berlim, mas suas bombas Tallboy, de 5400 quilos, arrasaram totalmente os portos, pontes e ferrovias em poder dos alemães; ao serem atingidos por 325 *Lancaster* em 14 de junho, os tetos de concreto da estação naval do Havre esmagaram os catorze desafortunados U-boats alemães que se encontravam lá embaixo. Caças-bombardeiros Beaufighters voando a baixa altitude aterrorizaram todos os portos em poder dos alemães do canal da Mancha até a Dinamarca.[40] À noite, esquadrilhas de Mosquito dotados de equipamento especial ficaram encarregadas da ação.

Dirigir-se para o mar a partir dos portos belgas foi também uma das poucas opções restantes para os destróieres alemães que haviam sobrado. O corajoso ataque realizado pelos quatro destróieres da Oitava Flotilha de Destróieres alemã na passagem de 8 para 9 de junho — detectado pelos serviços de decodificação e esmagado por uma força anglo-canadense-polonesa com o dobro de seu tamanho — no fundo foi a derradeira ofensiva formal da Kriegsmarine contra as forças navais do Ocidente. Quando a guerra começara, quase cinco anos antes, o almirante Raeder, num tom sombrio, comentou que sua marinha subdesenvolvida ao menos saberia "morrer de forma elegante". E de fato foi o que fizeram.

As frotas de submarinos com a ordem de atacar os desembarques aliados (como se observou no capítulo 1) também haviam sido enviadas para uma missão suicida. A essa altura da guerra os serviços Ultra estavam operando com o máximo de eficiência e, como os submarinos chegavam às águas do canal somente depois que os desembarques haviam ocorrido, uma força colossal de aviões e escoltas de superfície já estava esperando por eles, equipada com sistemas avançados de detecção e armamentos. Os céus estavam cheios de aviões aliados e no horizonte só se viam fragatas. Até mesmo os novos submarinos equipados com schnorkel, embora tendo afundado meia dúzia de navios de escolta nos ataques iniciais, não eram capazes de enfrentar esse poderoso equipamento do inimigo e assim, depois de perdas severas, receberam ordem de se retirar da área.[41]

Portanto, em consequência dessa preponderância aérea total dos Aliados bem como de seu domínio quase completo do mar, a única questão a ser decidida — como ambos os lados já haviam admitido anteriormente — era a batalha em terra: a luta pelo domínio do litoral, e, dependendo do resultado, o avanço dos invasores pelo território francês em direção à Alemanha. Um observador neutro poderia concluir que, diante de todos os trunfos dos Aliados (poder aéreo, marítimo, logístico, apoio da Resistência e assim por diante), as fichas que decidiriam o jogo já estavam empilhadas a seu favor. E não há dúvida alguma quanto a isso. Mas era precisamente o desafio de desembarcar e em seguida levar adiante a ofensiva que causava as maiores preocupações em Eisenhower e seus oficiais. E, quanto ao outro lado, era justamente na tarefa de esmagar essas ações aliadas que os alemães depositavam todas as suas esperanças, todos os seus recursos, era nisso que se baseava sua única estratégia. À medida que se desenvolviam os eventos de 6 de junho, verificou-se que ambos os lados estavam certos; Rommel talvez o mais certo dos dois, ao considerar os três primeiros dias de luta como os decisivos.

No aspecto fundamental, há três partes diferentes nos desembarques anfíbios da Batalha da Normandia em 6 de junho de 1944. O melhor deles, pelo menos na perspectiva dos Aliados, estava na maneira de encarar o assalto mais a oeste, na praia de Utah, pela Quarta Divisão de Infantaria americana. Um exemplo perfeito de como a vitória pode ser arrancada das mandíbulas de um desastre em potencial. As nuvens já estavam escurecendo o litoral antes que as explosões provocadas pelos bombardeios navais produzissem uma espessa cortina de fumaça; os navios de escolta não eram mais visíveis. Se houvesse diretores da praia (os americanos ainda não haviam lhes dado a denominação de comandantes de praia), eles também nada poderiam enxergar. Quando as embarcações de desembarque se aproximavam das margens já escurecidas, foram empurrados pela maré para cerca de 1,5 quilômetro longe de seu alvo, que, por sorte, era uma zona que dispunha de defesas bem menores. Aqui os desembarques correram muito bem, com os foguetes dos navios disparando, os tanques anfíbios aproximando-se da praia e os homens da infantaria, com água até a cintura, avançando frente a uma oposição reduzida e os bombardeiros B-26 realizando seu ataque num voo baixo. Valendo-se de um estilo raro e clássico (basta comparar com Anzio), a Quarta Divisão livrou-se da oposição local, avançado com firmeza terra adentro e, tendo que avançar por terrenos pantanosos, conquistou oito quilômetros de território ao longo do dia. Com cerca de 21 mil soldados e 1800 veículos já desembarcados àquela altura, Utah não seria retomada com facilidade, quem quer que fosse tentar a façanha. O oitavo e o 27º Regimentos de Infantaria perderam, ao todo, doze homens. Foi a mais fácil operação anfíbia já efetuada pelos Aliados.

A 82ª e a 101ª Divisões Aerotransportadas americanas fizeram suas aterrissagens por trás das praias de Utah, com a intenção de conquistar cidades fora do litoral como Ste. Mère-Église, até que as forças principais chegassem pelo mar. Muito já foi dito sobre como os fortes ventos espalharam os paraquedistas pelas mais diferentes direções, deixando-os em pântanos, distribuídos por toda parte, arruinando seu pesado equipamento, impedindo que dessem apoio à ação seguinte, executada pelos planadores, causando grandes baixas a estes últimos. Os integrantes da 82ª Divisão Aerotransportada estavam tão espalhados pelos pântanos e nas areias úmidas do rio Merderet que três dias após seu salto dois terços deles continuavam desaparecidos. Mas estar "desaparecido" não significa que estivessem fora de ação. Na verdade, o caos transformou-se numa vantagem inesperada: a forma aleatória e esparramada com que ocorreu a descida dos paraquedistas provocou uma enorme confusão entre as forças alemãs situadas atrás da praia de Utah e prejudicou todas as tentativas de reforçar as defesas na linha da praia. Ao longo desse combate localizado, um pequeno grupo de paraquedistas armou uma emboscada para um veículo militar alemão, matando (como se descobriu mais tarde) o comandante de 91ª Divisão alemã, principal divisão de reserva da Península do Cotentin. No fim do dia, homens da 82ª Divisão Aerotransportada tinham avançado em terra até as encruzilhadas da cidade de Pont l'Abbé, e essa batalha em particular havia sido vencida.

Tudo isso era muito importante porque o plano principal de Ramsay consistia em assumir que a Quarta Divisão americana iria de fato avançar por terra e depois fazer a varredura das praias. O principal aspecto era que a 90ª Divisão estava por perto, para desembarcar entre 6 de 9 de junho, seguida pela Nona Divisão, e depois a 79ª, que deveria chegar em 30 de junho. (Ações semelhantes haviam sido planejadas também para as quatro outras praias.) Com quatro divisões completas do Exército instaladas nas praias, mais as duas divisões aéreas a caminho, o Sétimo Corpo Americano (comandado pelo general Joseph Collins) iria conquistar a Normandia ocidental. Se essas forças tivessem sido detidas nas praias, o próprio tamanho das unidades de invasão acabaria produzindo uma enorme confusão e o caos; porém não foi isso que aconteceu.

A maior parte da Operação Overlord dizia respeito aos três desembarques de forças britânicas e canadenses nas praias de Gold, Juno e Sword. Talvez as palavras mais adequadas para descrever esses ataques vindos do mar sejam adjetivos como *completo, cuidadoso, meticuloso* e *bem-orquestrado* — que não se aplicam à operação aerotransportada, não muito ousada, o que mais uma vez demonstrou o grande respeito do Exército britânico a seu velho inimigo. Se a campanha da Normandia de junho de 1944 tivesse se encerrado com um desastre, os americanos voltariam mais uma vez; havia mais de 4 milhões de soldados aguardando em casa o momento de serem convocados para atravessar o Atlântico, em caso de necessidade. Já os britânicos não tinham como assumir novas operações maiores que Dunquerque, Creta, Dakar ou Dieppe. Àquela altura suas reservas humanas haviam sido esticadas quase ao máximo, esse seria seu último grande confronto. Em consequência, eles tinham investido tudo que podiam em serviços de dissimulação, inteligência, comando e controle, sinalização, comandantes de praias, detecção de minas, tanques especialmente projetados — tudo que fosse necessário para não serem derrubados por um pequeno detalhe, sofrendo perdas irreparáveis.

Esse foi o motivo pelo qual os britânicos deram tanta atenção às unidades blindadas especiais e aos veículos incomuns que os ajudariam a superar as complexas e mortíferas defesas de praias concebidas por Rommel. A grande força por trás de tudo isso era um visionário determinado, de temperamento rude: o major-general Percy Hobart, criador da Sétima Divisão Blindada (que se tornou conhecida como os "Ratos do Deserto") no final dos anos 1930, depois rebaixado de posto e reformado por decisão de um Churchill insatisfeito com os rumos do conflito.* Hobart foi retirado da obscuridade e enfim recebeu a 79ª Divisão Blindada (Experimental) e os necessários recursos materiais para organizar suas próprias forças, carinhosamente chamadas de "A Turminha de Hobart" (Hobart's Funnies). A missão específica da unidade era cuidar dos obstáculos surgidos nas praias e no interior dos territórios — necessidade que se tornara ainda mais evidente depois de Dieppe.[42] O instrumento básico de Hobart era o vigoroso e confiável tanque Sherman ou seu posterior substituto britânico, o *Churchill*. Os veículos passaram por todo tipo de adaptações: havia tanques anfíbios com partes infláveis que os conduziriam até as praias; tanques equipados com rotores, cujas gigantescas correntes metálicas varriam a areia, detonando as minas do inimigo; tanques aparelhados com cortadores de arame ou poderosas lâminas de escavadeiras; outros (os "tanques de limpeza") que permitiam ao veículo passar por armadilhas e trincheiras; tanques lança--chamas semelhantes aos que os fuzileiros navais americanos usavam no Pacífico; tanques que se transformavam em rampas para outros e assim por diante. Hobart era um gênio, e na história dos combates blindados nada havia que se comparasse aos seus inventos. (Dentro do mesmo espírito, e frustrado com a lentidão da ofensiva de Bradley pelas passagens estreitas e as cercas vivas dos bosques cerrados e cheios de armadilhas da Normandia, um sargento americano, Curtis Culin, criou outra variante, o "Rinoceronte", cujos enormes dentes da frente conseguiam desbastar as cercas até a raiz, o que deixava o terreno aberto, dando assim passagem para os tanques.)

"A Turminha de Hobart" teve seu batismo de fogo nas praias britânicas e canadenses. Não se pode dizer que a equipe tenha se saído de maneira maravi-

---

* A reprovação do primeiro-ministro ao Departamento de Guerra, em outubro de 1940, por não aproveitar o talento de Hobart deveria ser decorada por todos os comandantes em chefe e presidentes de companhias: "O preconceito contra ele em certas áreas nada diz para mim. Esse tipo de preconceito com frequência atinge pessoas de personalidade forte e dotadas de visão original [...]. Neste momento estamos em guerra, lutando por nossas vidas, e não podemos nos dar ao luxo de impedir o acesso a atividades do Exército a oficiais que jamais deram margem a comentários negativos em sua carreira". (N. A.)

lhosa em toda e qualquer ocasião. Como isso seria possível? Não havia treinamentos no litoral escocês ou no canal de Bristol que pudessem se comparar à realidade mortífera de desembarcar numa praia repleta de armadilhas, sob a ameaça de tiros vindos de todas as direções. Ao longo de toda a costa, esses tanques dotados de dupla direção (com suas partes infláveis) tinham seu avanço retardado pelas fortes marés e assim com frequência eram ultrapassados por diversos equipamentos de desembarque transportando soldados e tanques de outros tipos. As forças britânicas e da França Livre talvez tenham sido aquelas que melhor se saíram, uma vez que a Sexta Divisão Aerotransportada já havia dominado as baterias de Merville enquanto os enormes canhões de 155 milímetros em Le Havre (que facilmente poderiam ter dizimado qualquer navio ou destróier que se aproximasse da costa) passaram a manhã nas proximidades travando um duelo desnecessário contra o navio inglês *Warspite*. Depois que os homens-rãs da Marinha Real eliminaram os obstáculos da praia, a busca obsessiva de Hobart por armas capazes de resolver problemas deu certo. Como um major do Exército britânico recordou, com admiração:

> Um canhão antitanque alemão começou a atirar neles. O tanque Sherman [encarregado de transportar as pontes] foi em sua direção e baixou sua ponte bem em frente ao canhão, colocando-o fora de combate. Os tanques varredores de minas avançaram limpando o terreno. "Eles acabaram com os bloqueios da praia", disse Ferguson. "Foram até as dunas, depois limparam o caminho pela direita e em seguida voltaram até o ponto máximo da maré alta." Outros tanques dotados de excelente material explosivo (detonadores chamados de bangalores, cobras ou serpentes) abriam passagem em meio ao arame farpado e às dunas. Além disso, outros inventos de Hobart lançaram suas pontes sobre os quebra-mares, seguidos pelos tanques-escavadeiras e pouco depois pelos tanques de limpeza que despejavam sua carga nas trincheiras antitanques. Completada essa tarefa, os tanques varredores de minas dirigiam-se à rota principal, situada a uns cem metros em terra firme e davam início à sua varredura, à direita e à esquerda.[43]

Esses engenhos fabulosos, que mais tarde iriam ajudar na ofensiva anglo-canadense pelos Países Baixos e pela Alemanha, por certo deram uma contribuição expressiva à tarefa de fazer com que as primeiras unidades anfíbias chegassem às praias e para avançar pelas ruas traiçoeiras das aldeias situadas ao longo das praias de Gold-Juno-Sword. Com raras exceções, como no porto de Hamel, a oposição logo se dissolveu; as divisões "estáticas" eram formadas por alguns russos anticomunistas, ao lado de lituanos, poloneses, veteranos da Primeira Guerra Mundial e garotos com dezesseis anos de idade. Para eles, a melhor coisa a fazer, depois de um abrir fogo puramente simbólico, era se render. Manter o combate dentro dos bunkers de concreto já não era mais seguro, porque os comandos avançados estavam lançando granadas pelas aberturas enquanto prosseguia o apoio naval (e num dos disparos navais mais espetaculares de todos os tempos, o cruzador britânico *Ajax* enviou um morteiro de quinze centímetros que atravessou a abertura frontal de uma plataforma maciça na praia de Gold, fazendo com que toda a construção voasse pelos ares). Aqui, pelo menos, a "crosta exterior" de Rommel encolheu bem depressa. Até o fim do dia, os britânicos já haviam colocado 29 mil homens na praia de Sword, sofrendo apenas 630 baixas e feito milhares de prisioneiros. Na praia de Gold foram 25 mil homens em terra com quatrocentas baixas. Esse número foi bem inferior ao dos cálculos mais pessimistas.

Na praia de Juno os invasores canadenses e britânicos enfrentaram dificuldades muito maiores. Os objetivos ficavam bem mais distantes, a defesa foi muito mais forte, havia obstáculos mais difíceis de transpor e além disso o apoio naval foi bem menor. Assim mesmo, naquele dia foi possível colocar 21400 homens na praia, tendo ocorrido 1200 baixas. Essa foi a praia em que os tanques com partes infláveis exibiram todo seu potencial, surpreendendo tanto os canadenses como os alemães quando chegaram à praia pedregosa, recolhendo as partes infláveis para abrirem fogo. Os quebra-mares de Juno eram bem mais elevados que os da praia de Omaha, mas a turminha de tanques de Hobart passou por cima deles, abriu caminho pelo arame farpado que estava por trás e seguiu em frente, limpando o terreno minado, com os soldados da infantaria exaustos e sobrecarregados, tentando acompanhá-los. Então, talvez por uma reação natural, diversas unidades reduziram a velocidade da ofensiva, acamparam, prepararam seu chá e pegaram no sono. Montgomery havia planejado um ataque bem rápido a Caen logo em seguida e depois ao vale do rio Orne, mas não foi isso que aconteceu. A Sexta Divisão de Paraquedistas britânica conseguira um sucesso extraordinário ao capturar as pontes sobre o Orne e suas três cabeças de ponte, e muitos outros soldados e tanques estavam chegando. Em uma semana, porém, os alemães enviaram um contingente bem mais forte para a área, e assim não foi possível efetuar um avanço mais amplo e rápido, como ocorrera na norte da África e na Sicília. Tampouco houve uma reprise de Dieppe, para grande satisfação de um exército canadense que a essa altura já era bem maior.

Os fatos do terceiro Dia D foram bem menos felizes para os Aliados: unidades da infantaria americana que desembarcavam (ou tentavam desembarcar) na praia de Omaha foram massacradas. O ataque anfíbio foi um fracasso total, com tanques, caminhões e homens sobrecarregados com armas e equipamentos indo parar no fundo do oceano. O número de mortos foi assustador. Dos 32 tanques anfíbios enviados para o ataque, apenas cinco chegaram à praia e também 32 dos cinquenta canhões afundaram com as barcaças que os conduziam. A maioria dos soldados viu-se na praia somente com as armas que levavam consigo, mas continuaram avançando porque era impossível voltar ao redemoinho que tomara conta das águas. Eles descobriram que os obstáculos da praia estavam quase intactos, e os tiros disparados das trincheiras eram devastadores. Com a maioria dos tanques no fundo do mar, os barcos que transportavam seus obuses e canhões foram levados pela correnteza, e grande parte das equipes de engenharia se afogou na longa travessia pelas águas. Apenas a infantaria e os pelotões de Rangers conseguiram ir adiante. Os tanques que chegaram à praia foram alvejados em questão de minutos, embora alguns conseguissem abrir brechas na defesa. Os destróieres americanos puderam chegar a cerca de novecentos metros da praia — bem próxima a possíveis minas — para abrir fogo contra as defesas alemãs.

No fim da manhã a maré crescente do Atlântico estreitou ainda mais a faixa da praia, arremessando os veículos que chegavam sobre aqueles já encalhados na areia. A situação ficou tão desesperadora que quando Montgomery foi informado, pensou por algum tempo — assim como Clark em Anzio — em transferir as unidades americanas endereçadas a Omaha para as praias anglo-canadenses; Bradley pensou o mesmo, e passou a considerar também outra hipótese, enviando novas levas de tropas, descansadas, para a praia de Utah. No entanto, é possível supor que qualquer dessas opções acabaria provocando uma imensa confusão na chegada às praias. Na verdade, os números expressivos (34 mil homens e 3300 veículos para o desembarque inicial, além da mesma quantidade na reserva), os bombardeios ininterruptos feitos pela Marinha e pelos aviões da Força Aérea americana, somados ao notável trabalho dos oficiais subalternos e sargentos encarregados de restabelecer a ordem, conseguiram derrotar as defesas alemãs. Os soldados deixaram as praias ensanguentadas e subiram aos penhascos, mantendo uma posição de apenas 1,6 quilômetro de largura. A menos que as divisões Panzer de Rommel atacassem (o que elas estavam proibidas de fazer), a Primeira e a 29ª Divisões de Infantaria americanas venceriam, mesmo que a um alto custo. Elas não haviam sido obrigadas a voltar para o mar. Apesar disso, mais tarde, no dia seguinte, quando Eisenhower e Ramsay, em seu navio de guerra, fizeram um reconhecimento da praia, ficaram preocupados ao constatar como a vitória fora difícil e como a situação ainda parecia confusa e instável.

Entre mortos, feridos e desaparecidos, o Exército americano perdeu cerca de 2400 homens em Omaha. Esse número assustador não chega a ser grande se comparado com as baixas de algumas batalhas da Guerra Civil, com as mortes ocorridas no primeiro dia da Batalha do Somme, ou com as fatalidades nos conflitos travados ao mesmo tempo no front leste, mas foi o mais elevado entre os cinco desembarques daquele dia, causando grande consternação e alarde entre os comandantes aliados e desde então vem provocando controvérsias.

Sob certo ponto de vista, não é difícil explicar por que a tomada e a manutenção da praia de Omaha foi a que deu mais trabalho. Os penhascos situados atrás das praias eram bem mais altos que nos outros lugares e só podiam ser penetrados se os pequenos vales situados ao lado dos rios fossem atravessados. Os alemães tinham colocado várias peças de artilharia próximas ao fim das ravinas, mas na posição em que se encontravam elas podiam atirar apenas em sentido oblíquo, cobrindo as praias à esquerda e à direita, e portanto nunca em direção aos navios que estivessem se aproximando para um ataque. Essas peças também eram difíceis de ser localizadas pelo ar, tanto por voos de reconhecimento como por meio de aviões durante um ataque eventual. E os penhascos tornavam toda tentativa de sair da linha da praia com tanques (ou qualquer outro veículo de rodas/tração) extremamente complicada. Mesmo com bom tempo e mar tranquilo, aquela seria uma missão muito difícil de resolver, e as condições estavam longe de ser favoráveis. A prudência talvez sugerisse que aquela fosse uma área a ser evitada; mas como os Aliados consideravam que era de vital importância conquistar as maiores praias da Normandia *e além disso* iniciar uma ofensiva pela península do Cotentin para tomar o porto de Cherbourg, não podiam permitir a existência de uma brecha convidativa bem no meio para os alemães explorarem; fora isso que quase arruinara a operação aliada em Anzio. Era necessário atacar.

Mesmo assim, é difícil de aceitar o argumento de que as inúmeras perdas americanas em Omaha foram apenas o resultado das marés desfavoráveis, da topografia hostil e do eficiente serviço defensivo dos alemães. Também existem sinais de um controle deficiente no campo de batalha, combinado com um excesso de autoconfiança, atitude sempre perigosa num confronto com a Wehrmacht. O bombardeio naval foi muito curto e por isso bem leve (em especial pela disposição dos bunkers alemães, que só poderiam ser alvejados pelos flancos). O controle de fora da praia do almirante Hewitt pretendia atacar de surpresa, mas isso é difícil de conciliar com o fato de que, à meia-noite, mais de mil pesados bombardeiros da RAF iniciaram ataques maciços a baterias alemãs ao longo da costa da Normandia; e à 1h30 da madrugada a 82ª e a 101ª Divisões Aerotransportadas começaram a chegar à praia. Além disso, o bombardeio da Marinha americana começou vinte minutos *depois* do fogo naval britânico, que podia ser ouvido até o litoral, embora os desembarques anglo-canadenses só fossem ocorrer uma hora mais tarde. Ainda por cima a falta de sorte ajudou a piorar as coisas: quando os B-17 chegaram com o objetivo de esmagar as defesas alemãs, ficaram frustrados com as nuvens. "Não caiu uma única bomba na praia ou nos penhascos", observou Stephen Ambrose; estábulos situados a cinco quilômetros é que foram atingidos.[44] Os foguetes da equipe de desembarque caíram longe dos alvos e tudo contribuiu para que a situação na praia de Omaha se agravasse ainda mais.

Com o aumento das ventanias e as ondas ficando cada vez mais crispadas, foi um ato de loucura os comandantes ordenarem que os tanques com comando duplo, os Sherman equipados para travessias difíceis pelas águas e os obuses fossem lançados a mais de 4,5 quilômetros da praia. Não havia veículos de desembarque de esteiras (Landing Vehicle Tracked, LVT); eles estavam todos no Pacífico. Os tanques Sherman que conseguiram chegar à praia fizeram tudo que podiam, mas nesse caso os Aliados não dispunham dos tanques para varrer minas, para cortar arame farpado nem de tanques de limpeza. Quando conseguiam evitar o afogamento, os soldados americanos ficavam encurralados na costa ou na entrada para as ravinas pelas unidades da 352ª Divisão de Infantaria alemã, que já haviam chegado ao terreno situado atrás das praias sem que, de maneira alarmante, os soldados de Bradley percebessem. O Exército americano enfim conseguiu deixar aquela praia atirando contra o alto dos penhascos, o que obrigou a Wehrmacht a recuar. Mas o fato de não dispor de equipamento motorizado vem se somar à lista de coisas que os americanos poderiam ter feito melhor — ou que ao menos tivessem tentado.

No cômputo geral, o mais longo dos dias proporcionou aos Aliados um ótimo resultado, recompensa considerável para o que havia sido notável em termos de preparação, treinamento, mobilização e execução. No fim da noite, Ramsay, ao mesmo tempo que expunha suas preocupações sobre Omaha e as praias ocidentais, escreveu em seu diário: "No conjunto, de todo modo devemos dar graças a Deus por este dia". Dependendo das fontes consultadas, entre 132 mil e 175 mil americanos, britânicos, canadenses, franceses e poloneses desceram à praia naquele dia, sofrendo cerca de 4900 baixas — um número que ficou bem abaixo dos cálculos iniciais. Esse front avançou por quase oitenta quilômetros; por certo, houve grandes espaços vazios entre algumas praias, mas foram aquelas que os alemães não tiveram como ocupar.[45] Sua resistência mostrou-se bem inferior ao que se temia, em grande parte porque as melhores tropas alemãs não estavam nas defesas da costa. As unidades dos comandos e os pelotões canadenses tiveram pela frente velhos soldados, a Juventude Hitlerista e convocados dos países do Leste Europeu. Entretanto, isso não servia como uma boa indicação daquilo que viria pela frente, especialmente no caso dos canadenses, que pouco depois atacariam defesas alemãs entrincheiradas ao redor de Caen, dia após dia, semana após semana, com avanços microscópicos. Mas essa é uma história para depois. Naquele momento, de acordo com as palavras de Churchill, "conseguimos fincar um pé no continente europeu".

Porém avançar rapidamente pouco mais de oito quilômetros do território ou apossar-se com dificuldade de um reduto inimigo no final do primeiro dia não era suficiente. Para ser bem-sucedida, uma invasão exigia um prosseguimento maciço, exigia mais e mais homens, armas e um fluxo contínuo de suprimentos sendo encaminhado pelas cabeças de ponte à medida que os exércitos invasores se espalhavam pelo terreno inimigo. E, como ficará claro por meio do esboço acima dos cinco desembarques, a Normandia não tinha um grande porto entre Cherbourg, no extremo oeste, Le Havre e Dieppe, bem mais adiante no canal da Mancha. Dessa maneira, a Operação Overlord incluía como um componente essencial algo que jamais havia sido visto na história das guerras anfíbias: portos artificiais. Seguindo uma instrução de Churchill, equipes de construção anglo-americanas deveriam criar portos marítimos, com o requisito adicional de que precisariam construir também quebra-mares que flutuassem, acompanhando o movimento das marés.

As resultantes construções Mulberry eram gigantescos caixotes de concreto que dispunham de um lastro interno de modo que podiam ser rebocados por barcas achatadas através da Normandia pelos heróis anônimos de toda a operação, os rebocadores do Almirantado, e então montados como peças de dominó num enorme quebra-mar (de maneira espantosa, com pistas em sua superfície). A essa altura, eles eram suavemente afundados nas águas rasas do oceano. Havia também píeres e quebra-mares flutuantes que atuavam como pontes de aço vindas do mar, uma necessidade absoluta, uma vez que a subida e a descida das marés chegavam a mais de seis metros. Como não estavam fixados ao leito do mar, tornando-se assim vulneráveis ao mau tempo, eles eram por sua vez protegidos por dezenas e dezenas de velhos navios mercantes e de guerra (apelidados de "Groselhas"), afundados em linha para servir de barreira externa. Apesar das fortes marés, os marinheiros e artesãos começaram a ancorar os dois portos em 9 de junho; no dia seguinte, os Groselhas foram devidamente afundados. A impressionante estrutura de 1,5 milhão de toneladas de aço e concreto estava, dessa maneira, colocada em seu lugar.

Naturalmente, no início a confusão foi enorme, mas muito menor do que ocorreria se milhares de embarcações leves encalhassem ou ficassem sem ter onde ancorar. A visão desses portos externos era algo reconfortante; observar os caminhões dos Estados Unidos locomovendo-se pela estrada artificial no alto dos caixotões era mais reconfortante ainda. Com isso o marinheiro e o soldado percebiam que de fato havia um plano. Seis dias após o Dia D, cerca de 326 mil homens e 54 mil veículos haviam sido trazidos através do canal.

Como já foi observado, em 19 de junho uma gigantesca tempestade no Atlântico destruiu grande parte de tudo isso, provocando uma diminuição significativa na chegada diária de tropas, veículos e provisões à Normandia. Mas não foi o suficiente para mudar os rumos da Operação Overlord. Três dias depois, o fluxo de reforços voltava ao normal, e o céu limpo permitiu à Força Aérea americana e à RAF retomarem seu ataque às forças alemãs situadas na zona de invasão. Nesse estágio da operação, enquanto os exércitos anglo-canadenses exerciam pressão máxima sobre Caen, enfraquecendo grandes contingentes da Wehrmacht tanto na cidade como ao seu redor, rápidas unidades americanas sob o comando de Bradley e, pouco depois, de Patton abriam passagem rumo ao sul. Também a essa altura as divisões situadas mais a oeste, comandadas por Collins, já haviam tomado Cherbourg, um notável recurso logístico depois de reparadas as demolições alemãs, pois os suprimentos e reforços de tropas americanos podiam agora ir de navio diretamente ao cenário europeu, em vez de fazer o caminho via Glasgow, Liverpool e Southampton. Ao longo de junho e julho os alemães resistiram em Caen aos repetidos ataques de britânicos e canadenses, mais uma prova de sua capacidade na guerra defensiva; mas ao fazer isso eles arrastaram suas divisões de reforço a uma batalha no estilo de Verdun até que, enfim, já não podiam mais ser os vencedores. Enquanto isso, os americanos preparavam o Terceiro Exército de Patton para irromper para o sul, como de fato ocorreu no final de julho e início de agosto. Com Rommel gravemente ferido em 17 de julho (por um Spitfire solitário que atirou em seu veículo) e seu substituto, Von Kluge, suicidando-se depois da conspiração para assassinar Hitler em 20 de julho, além do 21º Grupo de Exército de Montgomery avançando sobre o Sena e em direção ao Somme, a Batalha da Normandia chegava ao fim. Em 25 de agosto unidades avançadas dos exércitos da França Livre chegam a Paris, em meio a um júbilo imenso. Dois dias depois, o próprio comandante supremo aliado, general Dwight D. Eisenhower, entrou na capital francesa pela primeira vez desde 1932, quando trabalhava no manuscrito do livro do general Pershing, que tinha o título providencial de *Guide to the American Battlefields in Europe* [Guia dos campos de batalha americanos na Europa].[46] É de se perguntar se ele ainda conservava em sua carteira uma cópia de sua carta de 5 de junho, reconhecendo a derrota e assumindo total responsabilidade.

Sob o comando de Eisenhower, as forças aliadas ainda tinham um longo caminho a percorrer até Berlim. Embora as tropas do desembarque original tivessem recebido o reforço de mais 3 milhões de homens e apesar da supremacia aérea aliada que se tornava cada vez maior, derrubando impiedosamente a Wehrmacht, cortando as linhas de abastecimento do Terceiro Reich e destruindo as indústrias e cidades da Alemanha, o Exército germânico continuava lutando com determinação, às vezes de maneira agressiva (como no contra-ataque surpresa de dezembro de 1944 na Batalha das Ardenas ou Batalha do Bulge), e sempre com notável eficiência tática. Apesar de tudo, não se tratava mais de uma guerra anfíbia. Era uma campanha em terra e no ar, uma versão atualizada do ataque aliado à Alemanha entre agosto e novembro de 1918. Os combates navais não eram mais necessários, os portos artificiais podiam ser deixados para as marés, e os navios de desembarque com suas tripulações foram enviados ao Pacífico.

Depois das campanhas duplas da Normandia e das Marianas de junho de 1944, o ritmo dos desembarques anfíbios em cada hemisfério modificou-se: diminuiu na Europa, mas cresceu no Pacífico. Em 15 de agosto de 1944, a invasão aliada do sul da França, reduzida e tantas vezes adiada (Operação Anvil, nome depois mudado para Operação Dragoon), enfim ocorreu, realizada principalmente com tropas francesas e americanas. Àquela altura a Wehrmacht já estava se retirando da França, portanto embora esse ataque pelos flancos, que encontrou uma breve resistência, tenha sido importante ao levar as tropas aliadas às fronteiras do sudoeste da Alemanha, aumentando as pressões militares sobre o Terceiro Reich nos oito últimos meses do ano, não alcançou o amplo significado das grandes campanhas no norte e no leste. Também em setembro de 1944, o assédio do Exército Vermelho através das planícies da Polônia forçou o alto-comando da Wehrmacht a aliviar sua pressão sobre a Grécia e Creta. No mês seguinte as tropas britânicas estavam de volta (sem muita oposição) aos campos de batalha dos quais haviam sido expulsas naquele terrível ano de 1941. Mas essa tampouco era uma operação anfíbia, e a grande força da Marinha Real pôde enfim saborear uma experiência livre de perturbações ao desembarcar nos Piraeus: mais uma vez, ela estava de volta ao mar, só que dessa feita sobre a superfície de águas por baixo das quais, a centenas de metros de profundidade, repousavam outras tantas de suas embarcações de guerra.

Houve muito mais oposição inimiga no dia 1º de novembro, quando, no outro flanco do ataque ao Terceiro Reich, uma mistura de unidades do Exército britânico (inglesas, belgas, canadenses, escocesas, da França Livre, norueguesas e polonesas) realizou um ataque logo a Walcheren. Apossar-se da ilha (que depois de bombardeada pelos comandos da RAF ficou mais com a aparência de anéis) libertaria o rio Scheldt, dando acesso ao grande porto da Antuérpia. Como a falta de um porto em águas profundas na parte sul do mar do Norte prejudicava muito o envio de mantimentos para os exércitos de Eisenhower, a tomada de Walcheren a essa altura tinha objetivos estratégicos muito mais definidos que em 1809. No fim do mês esse objetivo havia sido alcançado, mesmo que só depois de bombardeamentos maciços e de severas perdas nos batalhões de comando.[47] Embora a guarnição alemã fosse formada basicamente por soldados feridos e em recuperação, ela resistiu por várias semanas, bem mais do que os planejadores de Montgomery haviam previsto. Agora, a segunda campanha de Walcheren, assim como Dragoon e o retorno à Creta, não é mais do que uma nota de rodapé na história. Mas a ofensiva sobre as posições do estuário do Scheldt é um lembrete sobre como essas operações continuavam sendo difíceis, mesmo com o emprego de forças devastadoras e quando se está a um passo da vitória.

A GUERRA ANFÍBIA E O PAPEL DO PLANEJAMENTO

A Segunda Guerra Mundial testemunhou o desenvolvimento e a intensificação de batalhas armadas num número tão grande de diferentes dimensões — dos combates blindados a bombardeios estratégicos e a operações especiais — que seria tolice alegar que as campanhas anfíbias, por si só, tenham sido a principal expressão militar do conflito de 1939-45. Contudo, não há dúvida de que elas foram as mais complexas. A batalha pelos comboios do Atlântico constituiu uma luta na qual se combinaram poder aéreo e marítimo. A ofensiva estratégica aérea sobre a Alemanha foi um duelo entre forças do ar. Enfrentar a Blitzkrieg nazista foi essencialmente um combate em terra à base de murros, com contribuições crescentes do poder aéreo. Apenas os confrontos anfíbios, tanto na Europa como no Pacífico, envolveram operações terrestres, aéreas e marítimas numa harmonia triangular — ou em sua ausência. Alguns historiadores descrevem a campanha da Normandia como "trifíbia", um palavra com um som horroroso, mas que não chega a ser inadequada.[48] Um desembarque bem-sucedido numa praia hostil não constituía apenas um enorme problema tático e operacional em si mesmo, mas também uma tarefa que decidiria quem teria o comando do mar e o controle dos problemas aéreos. É um exemplo que serve como lembrete aos teóricos das campanhas de um único serviço (terra, ar ou mar) no conflito de 1939-45 de como a Segunda Guerra Mundial caracterizou-se por suas muitas dimensões.

Por esses motivos não é possível apontar uma grande conquista isolada (o caso dos caças capazes de efetuar escolhas a longas distâncias no começo de 1944) ou a coincidência no conjunto de aperfeiçoamentos de armas e sistemas (a exemplo do que ocorreu com a detecção e destruição de submarinos em meados de 1943) que sirva de argumento para explicar como os Aliados enfim descobriram a maneira de desembarcar numa praia em poder do inimigo. Em cada caso as circunstâncias eram diferentes: por exemplo, o fator surpresa foi importante para a campanha de "pular sela" de MacArthur e a dissimulação assumiu um papel decisivo antes do Dia D; no entanto, em Saipan e Guam, Iwo Jima e Okinawa, as guarnições japonesas simplesmente ficaram em suas trincheiras aguardando os ataques que deveriam ocorrer, sem dispor de espaço para manobras. Bombardear a Normandia por sete dias seguidos, como seria feito em Okinawa, provavelmente teria sido um desastre — no momento em que os Aliados desembarcassem, eles talvez tivessem que enfrentar vinte ou mais divisões alemãs em estado de prontidão do outro lado da cerca. Mais uma vez, o trabalho de orquestração minuto a minuto na cabeça de ponte provou ser vital em muitas operações semelhantes às da Normandia, porém nem tanto na Sicília, em que a oposição na praia foi bem pequena. Nuvens e neblinas flutuantes sempre tornaram o poder aéreo mais ou menos útil. A maré bem mais baixa do que o habitual provocou o caos em Tarawa; uma inesperada saliência empurrou as tropas da praia de Utah a uma parte mais segura do litoral. Não havia receita ideal para uma ofensiva bem-sucedida vinda do mar, por mais bem preparada que fosse.

Desse modo, talvez a melhor maneira de pensar sobre o assunto seja classificar os diversos aspectos da guerra anfíbia em contribuições de primeira e de segunda ordem. Assim, embora bombardeios na área litorânea tenham sido impressionantes e em pelo menos duas ocasiões (Anzio e Omaha), eles efetivamente se mostraram capazes de impedir um contra-ataque numa praia mantida com dificuldade, raras vezes eliminaram a capacidade do inimigo de reagir à ofensiva quando instalado na segurança de um bunker.

Por outro lado, o domínio do ar sobre as áreas de desembarque e as áreas situadas nas proximidades sempre foi crucial e aqui, no começo de 1944, a vantagem aliada tornava-se cada vez mais evidente, pelo menos no cenário europeu. Além disso, os tipos de avião utilizados para dar apoio bem próximo sobre as praias (Marauder, Typhoon, Thunderbolt) estavam também bem equipados para destruir as forças terrestres do inimigo durante as operações que se seguiram.

Será que os muitos aperfeiçoamentos nos sistemas de armas anfíbias — que vão desde os tanques de Hobart na Europa à utilização de lança-chamas e tanques com lâminas de escavadeiras pelos fuzileiros navais americanos no Pacífico — constituem uma explicação de primeira ordem para a crescente capacidade de penetrar uma praia em poder do inimigo? É bem provável que sim. Será que a utilização cada vez maior de unidades de ataque bem treinadas e de forças especiais como os comandos e os Rangers ajudou? É claro que ajudou, e em certos casos (a tomada da ponte do rio Orne, até mesmo a ampla dispersão da 82ª e da 101ª Divisões Aerotransportadas que tanto confundiram as defesas alemãs) ajudou de maneira decisiva. Também não há dúvida que a produção em massa de equipamentos de desembarque (tanto os LVT como os DUKW da infantaria, que transportavam tanques ou caminhões, ou disparavam foguetes) e dos igualmente importantes navios-mãe que os levaram pelos oceanos até suas praias de destino foi de importância fundamental. De fato, sem esses veículos seria difícil imaginar como qualquer uma das maiores operações de desembarque como as descritas acima poderiam ter sido realizadas.[49]

Houve outros aspectos importantes empregados nos combates anfíbios por volta de 1944 que não existiam cinco anos antes. Ter o comando e o controle do quartel-general afastados da praia, separados tanto dos navios de guerra como das forças terrestres, reduziu de maneira significativa as falhas de comunicação e outros erros. Ter um único oficial para manter a ordem na praia e diversas conexões sem fio com o navio quartel-general, estabelecendo assim uma unidade de frente a ser chamada se fosse necessário abrir fogo representava outro grande progresso. A existência de equipes submarinas especializadas em demolições, bem como de equipes encarregadas de "varrer" as praias era vital (onde haveria de ser colocada toda aquela quantidade de arame farpado?). Com o aperfeiçoamento dos processos logísticos, reduziam-se (embora nunca chegassem a ser eliminados por completo) os previsíveis atritos envolvendo grandes números de homens, armas e suprimentos no calor da batalha.

Mas acima de tudo, orquestrando esse amplo conjunto, havia uma organização responsável pela articulação das diferentes atividades (essencialmente a cargo de Ramsay e, no Pacífico, de Nimitz), a qual, depois de muitos tropeços e decepções, descobriu como fazer as coisas. Se for necessário apontar um aspecto isolado da história sobre a evolução da guerra anfíbia dos Aliados, é muito provável que ele esteja aqui, no arranjo superior, até mesmo sofisticado, do grande número de partes em movimento. Orquestração é o termo que talvez melhor explique esse processo. Para um desembarque com a amplitude e a complexidade exigidas, tal orquestra com tantas facetas tinha necessidade fundamental de um maestro — que não poderia ser nem Churchill nem Roosevelt, nem os integrantes da Junta de Planejamento do Estado-Maior e tampouco os poderosos comandantes de cada serviço em particular. Era necessário que fosse um outro tipo de pessoa: um organizador, um planejador, um solucionador de problemas.

Os primeiros planejadores americanos e britânicos, tendo que atuar com o fantasma de Gallipoli em mente e em épocas de contenção de despesas, compreenderam desde o início as necessidades especiais das operações anfíbias. As ideias que haviam começado com Pete Ellis e outros precursores do planejamento no Corpo de Fuzileiros na década de 1920 e um pouco mais tarde, nos anos 1930, com o Centro de Treinamento e Desenvolvimento entre Serviços, foram sofrendo várias influências. Por meio do Comando de Operações Conjuntas de Mountbatten e do Corpo de Expedicionários dos Fuzileiros Americanos — e também das experiências de sobriedade de Madagascar, Guadalcanal, Dieppe, e das Gilbert —, elas se transformaram num produto final que teve sua apoteose nos ataques paralelos das Marianas e da Normandia de junho de 1944. Jetek A. Isley e Philip Crowl colocaram bem a questão em seu livro clássico de 1951, *The U.S. Marines and Amphibious War*, quando observam que uma análise cuidadosa daquelas difíceis operações iniciais "mostra que as principais deficiências não estavam na doutrina, mas sim nos meios empregados para colocar em prática as doutrinas existentes".[50]

Tudo era bem simples, desde que se compreendessem os princípios operacionais básicos. A guerra anfíbia era um tipo especial de combate que exigia muitos ingredientes especiais: novas estruturas de comando capazes de articular os diferentes campos de ação militar, sistemas de armamentos novos e muitas vezes de aspecto um tanto estranho, uma logística de extraordinária complexidade, um alto nível de treinamento para as batalhas, um suporte aéreo de baixa altitude altamente sofisticado e soluções inovadoras para conduzir massas de tropas e de veículos para dentro e para fora de estreitas cabeças de ponte. Quem conseguisse executar tudo isso da maneira certa teria uma chance muito boa de ser o vencedor. No entanto, ignorar qualquer uma dessas exigências básicas muito provavelmente traria um pesado castigo. E sempre havia o fator sorte.

Se fosse possível trazer de volta esses pioneiros — como visionários e como planejadores — para relatarem o primeiro ou o segundo dia dos desembarques de junho de 1944, com toda certeza eles ficariam assustados com as enormes dimensões e a complexidade do que estava ocorrendo diante de seus olhos. Mas é difícil imaginar muitos aspectos sobre os quais, ao menos do ponto de vista conceitual, eles já não tivessem refletido bem antes que houvesse a mais remota perspectiva de que poderiam ser realizados. Como tantos outros pensadores-estrategistas que usaram seus cérebros privilegiados na tentativa de resolver os desafios impostos pela guerra moderna, eles foram profetas antes de seu tempo.

5. Como derrotar a "tirania da distância"

> *O plano ofensivo japonês e a ação foram beneficiados em grande parte pela vantagem estratégica da posição geográfica do Japão. Como resultado das rápidas conquistas, o Japão foi protegido por anéis concêntricos de defesa que impunham obstáculos fabulosos a qualquer tentativa de contra-ataque dos Aliados ocidentais em direção ao país.*
>
> B. H. Liddell Hart, *The History of the Second World War*

> *A intenção do almirante Koga [era] lutar em qualquer lugar na nova linha de defesa. Porém sem iniciativa ou qualquer controle sobre o tampo das operações [seu plano] era tão bom quanto outro qualquer, mas o ponto fraco mais evidente [...] era que os porta-aviões americanos poderiam descer em qualquer parte da linha e destruí-la antes que ela pudesse ser efetivamente defendida.*
>
> H. P. Willmott, *The Great Crusade: A New Complete History of the Second World War*

Assim como outras grandes campanhas de conquista militar dos tempos modernos, mais precisamente aquelas dirigidas por Hitler ou por Napoleão, as extraordinárias ofensivas japonesas de 1941-2 ocorreram em um período curto de tempo para se tornar a vítima do que um historiador intitulou "a tirania da distância": isto é, eles falharam ao não reconhecer os limites naturais do esforço humano impostos pela geografia.[1] O alto-comando japonês superou a si mesmo. Teria sido difícil convencer os aterrorizados moradores de Darwin e Brisbane (ou os correspondentes habitantes igualmente nervosos de San Francisco e Bombaim) daquele fato geopolítico na primavera de 1942: o que teria sido um aumento significativo do desafio que o Japão representava para a hegemonia anglo-americana na Ásia oriental e no Pacífico durante os anos 1930 por fim se traduziria numa fúria devastadora de agressão chegando bem perto de suas praias.

No entanto, era verdade. O Japão, que nunca tinha sido derrotado numa guerra antes, foi longe demais. Como este capítulo irá mostrar, contudo, o que ocorreu não era algo apenas natural como a subida e a descida da maré. De maneira bem diferente, o vasto império do Japão foi destruído por forças externas, sobretudo pelo uso impressionante dos recursos americanos, de seu potencial humano e de seus sistemas de armamento. Os dois adversários não lutavam num espaço fixo como um ringue, mas sim numa vasta arena geográfica, na qual o aproveitamento por parte de cada lado da distância, do tempo e da oportunidade pelos líderes e planejadores era tão importante quanto o moral de seus soldados e a qualidade das armas. Havia um bônus inestimável reservado para o lado que melhor compreendesse e estivesse mais bem preparado para a geopolítica peculiar da gigantesca área do Pacífico. Nessa situação, a visão americana dos conflitos marítimos tinha uma clara vantagem sobre a liderança militar japonesa, focada em campanhas terrestres pela China.

Contudo, dificilmente terá sido uma surpresa que o Japão imperial tenha tentado se expandir pelo mundo afora, depois que séculos de autoisolamento foram substituídos pela Restauração Meiji, em 1868, e pelo desejo de modernização, embora não de liberalização; nesse sentido, o que ocorreu foi apenas uma questão de imitar as primeiras colônias bem-sucedidas, em especial aquelas do Ocidente.[2] Uma mudança acentuada rumo à industrialização e ao crescimento conduzido pela exportação aumentou suas capacidades produtivas e forneceu a base que tornou o Japão o único entre os Estados da Ásia e África a possuir, nos anos 1920, um Exército moderno, bem como a Marinha e a Força Aérea igualmente contemporâneas — na verdade, entre as melhores Forças Armadas do mundo. Tudo isso fez com que o país passasse a depender de maneira crítica e crescente da importação de alimentos e de matéria-prima, incentivando os nacionalistas do Japão a discutir a necessidade de obter fontes seguras de abastecimento, semelhantes àquelas do Império Britânico, Estados Unidos e União Soviética.

A real medida de comparação para o Japão — na verdade, a única comparação possível — era a Grã-Bretanha, outra nação insular que rompeu seus limites costeiros para se tornar algo maior, uma nação com Marinha e Exército organizados de maneira a garantir o controle de fontes distantes para o seu abastecimento. Uma vez que conseguir estanho, borracha, minério de ferro, cobre, madeira e sobretudo petróleo era essencial, o verdadeiro problema para Tóquio era se aquelas fontes poderiam ser obtidas com a permissão das potências estabelecidas ou deveriam ser conseguidas contra a vontade delas, o que obviamente aumentaria o risco de guerra. A discussão entre as elites política e militar japonesas, portanto, não era se o país deveria tornar-se outro protagonista no mundo como a Grã-Bretanha e a Alemanha, mas sim como e quando alcançar esse objetivo natural. Um antigo membro da casa japonesa como Yamagata Aritomo, examinando as cinco décadas anteriores aos anos 1920, pôde talvez imaginar a transformação da posição internacional do Japão desde seus primórdios — pensando não apenas na transformação de cidades medievais como Yokohama, cada vez mais parecida com Southampton e Baltimore, mas também na constante sequência de aquisições no exterior por uma nação que praticamente havia se isolado do mundo por mais de três séculos. Contudo, nem ele ou qualquer outra pessoa no poder questionava o direito de expansão do Japão.[3]

A transformação foi extraordinária. A guerra contra a China em 1894-5 não apenas destruiu as desorganizadas Forças Armadas daquele império decrépito, como também trouxe para o Japão a ilha de Taiwan, que era vital estrategicamente. Em 1904-5 o Japão chocou o mundo ao derrotar a Rússia czarista no mar (Tsushima) e na terra (Port Arthur, Mukden), conquistando assim a Manchúria e a península coreana. A batalha mais incrível dessa guerra foi a surpreendente vitória da Marinha japonesa contra os russos em Tsushima em maio de 1905; a façanha do almirante Tojo inspirou a Marinha por muitas décadas. Nove anos mais tarde, invocando os termos de sua aliança com a Grã-Bretanha de uma forma muito liberal, Tóquio aproveitou a deflagração da Primeira Guerra Mundial na Europa em 1914 para tomar o Império Oriental da

Alemanha, que consistia de áreas no norte da China, Shandong e Qingdao, mais o grupo de ilhas do Pacífico Central como Carolinas, Marshall e Marianas — obscuras na época, mas absolutamente vitais na Guerra do Pacífico trinta anos depois.[4] Àquela altura a posição geopolítica do Japão era muito forte. Com as grandes potências europeias envolvidas na guerra e a América de Woodrow Wilson, que não queria participar, Tóquio estava livre para fazer o que quisesse em toda a região.

No entanto, quanto ao temperamento Aritomo e seus companheiros nobres não eram muito diferentes de seus equivalentes aristocráticos britânicos ou prussianos após 1871: eles sabiam quando parar, quando demonstrar moderação e, no caso do Japão, quando se comprometer com grandes potências que em termos militares-industriais eram muito maiores do que eles. Em 1915 o Ministério das Relações Exteriores japonês tinha feito suas infames "21 Exigências" à China (o que teria criado uma possível suserania japonesa), mas logo desistiu em virtude de vigorosos protestos diplomáticos americanos. Era mais importante obter reconhecimento internacional da posse das colônias alemãs, o que foi conseguido em Versalhes. Havia também grande prestígio para qualquer nação asiática que ocupasse um lugar proeminente entre os "cinco grandes" nas negociações em Paris, assim como tornar-se um membro destacado na Liga das Nações.

As elites japonesas mais antigas desejavam, tanto quanto aquelas de outros países, estabelecer soluções de compromisso nos tratados de Washington de 1921-2: todos os participantes aceitaram o reconhecimento do status quo territorial em toda a região da Ásia oriental e do Pacífico ocidental, promessas sobre o não estabelecimento de bases militares e, em particular, limitações bastante rigorosas quanto ao número, tamanho e tonelagem das maiores Marinhas do mundo. Mas esse era provavelmente o limite da disposição japonesa em negociar. A recusa do Ocidente em concordar com a cláusula de igualdade racial para todas as pessoas em Versalhes, o abandono britânico da aliança anglo-japonesa de 1922, a morte dos antigos *genro* (os aristocratas tradicionais, algo semelhante aos Whigs da Inglaterra), a aceitação de novas ideias nacionalistas sobre a cultura especial do país e um lugar especial no mundo, a radicalização dos jovens oficiais do Exército e a fraqueza inerente ao sistema político forçaram o Japão a não ser mais uma potência que aceitava o status quo, mas sim a adotar uma postura revisionista poucos anos antes da Alemanha de Hitler e da Itália de Mussolini.*

Os eventos revisionistas seguiram-se uns aos outros de maneira algo atabalhoada: o golpe do exército Kwantung na Manchúria, de 1931 em diante; o confisco daquelas terras imensas; a decisão de desafiar a opinião mundial e deixar a Liga das Nações na mesma época que a Alemanha de Hitler (1933-4); a notificação em 1935 de que o Japão não iria se considerar limitado pelas restrições do tratado naval de Washington e Londres; a adesão ao Pacto Anticomintern e a invasão em larga escala do território chinês em 1937; e as várias tentativas (incluindo o bombardeio "acidental" de seus navios de guerra) para forçar o Ocidente a deixar a Ásia oriental. Em 1940-1 ocorreu outro grande golpe, a tomada da Indochina francesa de um regime de Vichy relutante porém fraco, decisão que não apenas ameaçava os nacionalistas chineses em uma área nova, mas dava aos japoneses o controle do poder aéreo e naval sobre o mar do sul da China e mais além.

Até esse momento, tudo estava indo muito bem para o Japão.[5] Então veio a decisão de Roosevelt em julho de 1941, apoiado pelos britânicos e holandeses, de congelar todos os ativos comerciais japoneses, principalmente cortando o consumo de petróleo (88% do óleo era importado). O Império do Sol Nascente poderia submeter-se ou atacar para garantir seu suprimento necessário de energia e outros materiais essenciais de guerra. Se ele não atacasse, sua economia ficaria paralisada, e a campanha na China estaria desfeita. Os aviões da Força Aérea ficariam nas pistas, e os navios de guerra permaneceriam em seus ancoradouros. Acreditava-se que o país resistiria a essa pressão estrangeira ou voltaria à condição medieval pré-Meiji.

Aceitar o status de país de segunda classe era simplesmente inconcebível para essa geração de líderes da Marinha e do Exército japoneses. Quase todos eles — o almirante Nagumo (que iria conduzir a Operação Pearl Harbor), o general Tojo (que fazia pressão pela guerra), o brilhante almirante Yamamoto (que comandou a Marinha em 1941) — foram jovens oficiais na Primeira

---

* O imperador japonês era descendente dos deuses e não deveria interferir na política. Mas era também o senhor supremo da guerra, e o Exército e a Marinha (em teoria) teriam que se reportar unicamente a ele. As Forças Armadas não eram controladas pelas autoridades civis — desse modo o poder do Ministério e da Dieta (o Parlamento), em matéria de guerra e paz, era limitado. (N. A.)

Guerra Mundial; tinham testemunhado os avanços do Japão durante aquele período e viram o país ser reconhecido como um grande poder na distribuição territorial efetuada pelo Tratado de Versalhes. Para cumprir o destino nacional, ir em frente e acabar com o domínio do Ocidente na Ásia oriental, eles só poderiam atacar. A lógica militar era consequência desse raciocínio político e econômico. Assim, a necessidade crucial de obter petróleo, borracha e estanho da Sumatra e da Malásia levou às decisões operacionais de atacar Hong Kong, as Filipinas, Bornéu, Java e Cingapura, eliminando as Forças Armadas americanas, britânicas e holandesas e apoderando-se de suas bases militares. E a necessidade estratégica de defender todos os territórios recentemente adquiridos criou a ideia de uma linha fortificada que se espalhava pelas ilhas Aleutas até a fronteira da Birmânia com a Índia.

Mesmo hoje, poucos leitores ocidentais entendem a lógica do pensamento militar japonês ou o sentido das prioridades de Tóquio. O ato decisivo não foi atacar simultaneamente Pearl Harbor, as Filipinas e Hong Kong em 7-8 de dezembro de 1941. A ação principal fora realizada no verão de 1937, com a invasão do continente chinês pelo Exército japonês. Tudo o que aconteceu depois foi, de certa maneira, mera consequência operacional ou diplomática: o estreitamento dos laços com a Alemanha nazista; a manutenção da neutralidade da União Soviética (apesar dos conflitos violentos na fronteira do norte da Manchúria); o avanço em 1941 sobre o sul da Indochina francesa; a decisão de partir sobre os campos petrolíferos das Índias Holandesas orientais; a necessidade operacional de se apossar das bases americanas e britânicas em Hong Kong, Cingapura e nas Filipinas; e — como medida final de segurança — a decisão de destruir a frota americana em Pearl Harbor para impedir que ela bloqueasse o avanço em direção ao sul. Mas o grande momento, do ponto de vista do Exército japonês, sem dúvida se deu na China.

Assim, o ataque alemão à União Soviética em 1941 e o ataque japonês a Pearl Harbor menos de seis meses depois, por mais que os relacionemos em nosso entendimento atual da Segunda Guerra Mundial, não poderiam ser mais diferentes em termos de distribuição de recursos militares. Para a Operação Barbarossa, Hitler destinou nada menos que três quartos de todas as divisões do Eixo. Para a guerra no Pacífico e no sudeste da Ásia, o quartel-general imperial designou menos de um quarto de seu 1,5 milhão de soldados. Essa comparação crua explica muito da história do conflito de 1941 naquela vasta região.

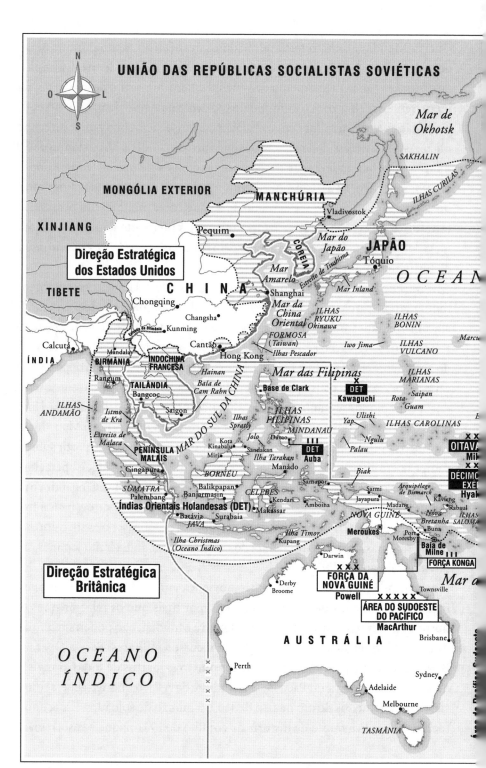

A EXPANSÃO DO IMPÉRIO JAPONÊS EM SEU APOGEU, 1942
Assim como as conquistas alemãs na Rússia, aqui está outro caso em que se foi longe demais.

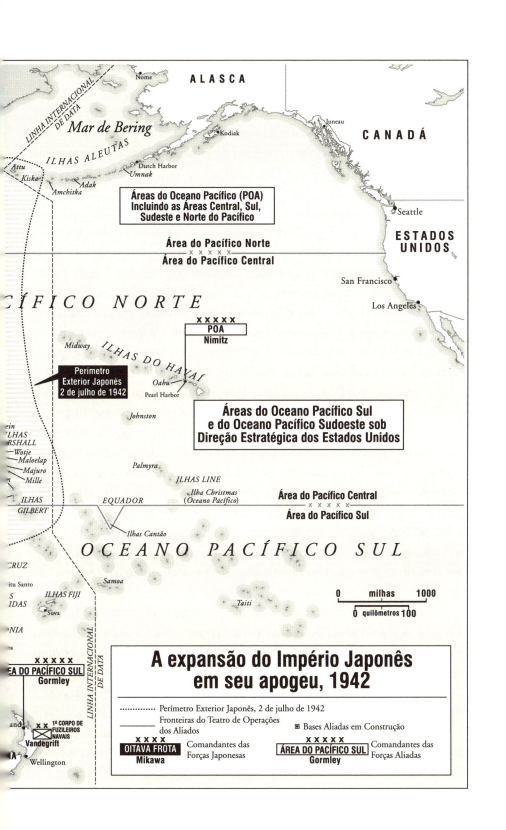

Em termos de eficácia militar comparativa, os líderes do Japão poderiam estar muito satisfeitos, talvez até demais. Dispostos a nunca serem dominados ou intimidados pelas práticas ocidentais, os japoneses não hesitavam em copiar as tecnologias estrangeiras, estruturas de pessoal (incluindo posições), estruturas de comando etc. Enquanto os padrões de vida das pessoas estavam ainda muito abaixo daqueles na Europa e na América, a poupança nacional do Japão era dirigida para uma "estufa" de desenvolvimento da indústria, ciência, navios de guerra, aviões e treinamento de alto nível para os oficiais militares.

Como todos os exércitos de períodos entreguerras, os soldados japoneses possuíam forças e fraquezas variadas. O Exército vinha sendo a arma mais importante do que a Marinha desde a bem-sucedida Guerra Russo-Japonesa e foi treinado para o continente asiático com uma preocupação especial em relação a uma futura guerra com a União Soviética. Dessa forma, os generais não estavam muito interessados nos americanos e britânicos, até que os bloqueios da economia aleijaram a máquina de guerra japonesa. As tropas eram amplas e disciplinadas, e sua escolha de sistemas de armamento e de treinamento apontava para uma visão de futuros conflitos. Havia pouco esforço em seguir Liddell Hart, Fuller, Guderian, Tukhachevski e outros postulantes ocidentais da guerra rápida e blindada; afinal, onde batalhas com tanques poderiam acontecer na Ásia quando não havia pontes suficientemente reforçadas e existiam poucas estradas revestidas de cascalho? Por outro lado, havia um interesse crescente em se preparar e praticar desembarques do mar, travessia de rios e campanhas militares nas florestas e montanhas do sudeste da Ásia. Conquistar as ilhas distantes do Pacífico não estava em suas mentes. Nem havia razão para criar uma custosa força estratégica de bombardeio de longo alcance, já que não havia alvos industriais modernos para bombardear — apenas as choupanas de madeira de Shanghai? Ou o cais de pescadores de Vladivostok?

As relações do Exército com a Marinha japonesa eram fracas, e isso não ocorria apenas por causa das típicas discórdias entre eles nos anos 1920 e 1930 sobre orçamentos. Tratava-se de uma discussão bem mais profunda sobre os objetivos estratégicos da nação, uma vez que a Marinha acreditava que um grande envolvimento no continente asiático era loucura e, fiando-se nas doutrinas de Alfred Thayer Mahan, queria manter o foco na ameaça dos poderes da Marinha ocidental. O Exército, por outro lado, acreditava na tradição militar prussiana e estava particularmente impressionado pelas três rápidas vitórias em terra (1864, 1866, 1870-1) que unificaram a Alemanha. Como nenhum lado concordava com o ponto de vista do outro, Exército e Marinha decidiram escolher cada um seu próprio caminho. Enquanto ameaçava tornar incoerente qualquer política militar num sentido amplo, o Exército ajudava a Marinha em outros aspectos. Acima de tudo, significava que ela poderia desenvolver sua própria Força Aérea, com porta-aviões e aeronaves próprios. A Marinha investiu muito mais em tecnologias do século XX do que o Exército e portanto estava mais informada sobre a América, a Grã-Bretanha e a Alemanha. Além disso, alguns líderes navais (acima de tudo Yamamoto, que fora adido naval em Washington) estavam preocupados com a desvantagem econômica do Japão. Mesmo assim, quando a decisão para a guerra foi tomada no final de 1941, tanto a Marinha quanto o Exército se sentiam prontos para agir.[6]

O espantoso e extenso fluxo de conquista durou apenas seis meses, de dezembro de 1941 até junho de 1942. Nesse período o 15º Exército japonês já tinha alcançado a fronteira entre a Birmânia e Assam, na Índia britânica; não poderia ir mais além. Os porta-aviões da Marinha Imperial japonesa tinham atacado duramente o Ceilão e as forças navais britânicas no oceano Índico durante o início de 1942. Eles tinham a capacidade de se deslocar ainda mais para o oeste, contra Aden e Suez; mas acabaram desistindo dessa possibilidade intrigante (que o Exército nunca aprovou) para realizar operações em outras áreas.[7] A incursão da Marinha um pouco mais tarde em direção à Austrália terminou com a Batalha do Mar de Coral (perto do sudeste da Nova Guiné) entre 7 e 8 de maio — na qual nenhum dos lados ganhou de forma decisiva, mas induziu os japoneses a se retirarem pelo menos em caráter provisório rumo ao norte. O deslocamento do Exército japonês para a costa norte da Nova Guiné em direção a Port Moresby no sul terminou rapidamente nas florestas montanhosas onde se encontraram as divisões americanas e australianas sob o comando do general Douglas MacArthur. O objetivo mais importante — a probabilidade de um ataque japonês pelo Pacífico Central, tomando o Havaí e assim ameaçando a costa oeste americana — foi destruído na batalha travada apenas com porta-aviões perto das ilhas Midway em 4 de junho de 1942. Pearl Harbor foi vingado em grande parte no mar, a centenas de quilômetros a oeste do Havaí.

Esses tropeços, contudo, não foram considerados pelo quartel-general imperial em Tóquio como desastrosos, talvez nem mesmo sérios. De fato, enquanto a liderança naval podia estar ansiosa por acabar de vez com as esquadras dos Aliados (sobretudo a americana), a facção dominante do Exército podia observar a situação no sudeste asiático e no Pacífico com alguma tranquilidade. As Forças Armadas do Japão tinham feito o que pretendiam, que era retirar os odiados americanos, britânicos e holandeses de sua futura Esfera de Coprosperidade da Grande Ásia oriental. Tinham se apossado dos campos de petróleo de Java, Sumatra e Bornéu do Norte, o que significava que a missão estratégica mais importante de Tóquio poderia continuar com vigor maior do que nunca — isto é, a subjugação da China e a conquista de uma primazia incontestável sobre o território da Ásia Oriental. Surpreendentemente, o Exército japonês tinha deslocado apenas onze das suas 51 divisões para realizar essa vasta série de conquistas pelo oceano Pacífico e sudeste da Ásia. Agora era necessário fortalecer o perímetro externo do anel com uma série de fortalezas de ilhas e repelir qualquer contra-ataque inoportuno do Ocidente. Assim que "os narizes dos americanos e britânicos estivessem sangrando", as fracas democracias reconheceriam que nada mais poderia ser feito e tratariam de negociar a paz dentro de um ou dois anos.

Há um outro ponto espacial e geopolítico a ser discutido sobre a enorme expansão territorial do Japão durante os anos 1941 e 1942. Ela oferecia um bom exemplo do que Liddell Hart chamou de "expansão torrencial", isto é, um ataque cujo arco se ampliava à medida que os avanços militares eram feitos. Mas Hart imaginou essa operação sendo executada por um grupo relativamente pequeno de rápidas unidades Panzer na Europa ocidental, rompendo as linhas de defesa do inimigo e então espalhando-se por mais 160 a 322 quilômetros.[8] No Pacífico, assim como na Rússia, as distâncias deveriam ser medidas em milhares de quilômetros. Quando as forças expedicionárias japonesas se deslocaram em direção ao Alasca, Midway, Hong Kong, Filipinas, ilhas Gilbert, ilhas Salomão, Nova Guiné, Tailândia, península Malaia e Cingapura, Bornéu do Norte, as Índias Orientais holandesas, e mais além — até a Birmânia e talvez o norte da Austrália —, aquelas poucas divisões foram se dispersando por enormes distâncias enquanto a maioria das tropas do Exército avançava pelo centro e pelo sul da China.

Naturalmente, portanto, quanto mais essas unidades japonesas avançavam pelo Pacífico e sudeste da Ásia, mais reduzida se tornava a densidade das tropas de ocupação em relação aos territórios capturados. Como já pudemos ver mais acima, isso não era diferente do dilema contemporâneo da Wehrmacht. Hitler tinha insistido para que a "torrente" nazista se expandisse para o norte (Leningrado), centro (Moscou) e sul (Stalingrado) das extensas planícies russas, além de ocupar os Bálcãs, controlando toda a Europa ocidental, mantendo ainda uma base de operações no norte da África. No entanto, as distâncias ao longo da Rússia ocidental não eram tão grandes quanto aquelas entre as ilhas Aleutas e a Birmânia, e Hitler possuía uma força militar e recursos industriais muito maiores quando começaram os contra-ataques.

Assim, no verão de 1942, o quartel-general imperial em Tóquio tinha se expandido demais e colocado a maioria de suas tropas no lugar errado, mas não reconhecia isso. Ele havia conseguido enormes ganhos territoriais, seu país estava intacto e a pilhagem de suas conquistas era torrencial. Enquanto os Aliados foram capazes de impedir os avanços japoneses em vários fronts, não chegou a ocorrer nenhum contra-ataque decisivo; por enquanto.[9] Então, para o quartel-general imperial, não havia grandes problemas.

Diante das forças de MacArthur, os reveses no mar de Coral e nas florestas da Nova Guiné causaram inquietação, e as perdas de quatro porta-aviões em Midway foram lamentáveis. Mas havia recursos amplos para fazer alguns outros avanços não tão expressivos, talvez sondando as fronteiras de Assam ou avançando em direção ao arquipélago de ilhas Salomão, para tornar mais sólido o perímetro do anel. O progresso lento de MacArthur na Papua e as batalhas emaranhadas em Guadalcanal pareciam fatos obscuros, distantes e sem grande importância. Em suma, nos meses finais de 1942, os toques de alarme não estavam soando. Mesmo um ano depois, suspeitava-se que aquele som ainda parecia muito distante na opinião dos generais japoneses do continente, educados na tradição prussiana em que o controle do território central era a própria essência da grande estratégia.[10]

OPÇÕES ESTRATÉGICAS DOS ALIADOS NA GUERRA CONTRA O JAPÃO

Assim, já que o Japão de certo modo havia alcançado aquilo que desejava, e a liderança militar do quartel-general imperial não precisava ir muito mais além, a obrigação de alterar o rumo dos fatos estava com os Aliados; eles é que deveriam tomar a ofensiva e assim forçar a derrota japonesa. Essa, em essência, era a lógica estratégica de toda a guerra no Pacífico e Ásia oriental a partir do verão de 1942 e era também a hipótese básica dos líderes e planejadores em Casablanca seis meses mais tarde. Mas como, onde e com que meios foi possível destruir o Império Japonês?

Sair de uma postura estratégica defensiva para uma ofensiva é sempre um desafio complexo, mesmo para as organizações mais eficientes e criativas, e nesse caso a geografia tornou a tarefa dos Aliados extremamente difícil. Observando o mapa era óbvio que as ilhas nativas do Japão estavam muito distantes de *qualquer* base aérea do inimigo, a não ser que fosse a partir da Manchúria (mas Stálin, lutando pela sobrevivência, não tinha intenção de abrir uma segunda frente enquanto a Wehrmacht ainda estava mais de milhares de quilômetros dentro da União Soviética). Assim, a virada da maré no Pacífico era muito diferente daquela ocorrida na Europa. Embora constituísse um desafio e tanto em termos operacionais militares, a tarefa de atravessar o canal da Mancha para acabar com o domínio nazista na Europa era algo compreensível e passível de realização, sendo uma operação que tinha sido bem ensaiada nos desembarques no norte da África e na Sicília. Por outro lado, a derrota do Japão não poderia ser planejada até que a Junta de Chefes do Estado-Maior tivesse decidido sobre o ponto — ou pontos — de partida.

Desse modo, ao eliminarem a opção Sibéria/Mongólia, os Aliados podiam escolher entre quatro rotas de ataque do perímetro até o centro do Japão, pois os ataques expansionistas de Tóquio de 1937 a 1942 desdobraram-se em muitas direções.*

A primeira opção era estabelecer a contraofensiva principalmente sobre o continente chinês, a área mais próxima do Japão e a mais engajada na luta. A segunda seria a reconquista do sudeste da Ásia, isto é, Birmânia, Tailândia, Cingapura, Indochina Francesa, Bornéu e as Índias Orientais Holandesas. A terceira seria estabelecer o comando da estrutura americano-australiana no sudoeste do Pacífico sob as ordens de MacArthur e avançar em direção ao norte

---

* No mapa, um avanço sobre o norte do Japão via Alasca e as ilhas Aleutas parece uma quinta opção (é, hoje em dia, o grande círculo de rota que as linhas aéreas usam para voar de Nova York até Tóquio). Mas as terríveis e contínuas tempestades e neblinas do Pacífico Norte refreariam a vantagem do poder aéreo americano e tornariam as operações anfíbias em larga escala quase impossíveis. (N. A.)

— da Austrália para a Nova Guiné e das ilhas Salomão e arquipélagos Bismarck para as ilhas Celebes e as próprias Filipinas, que se tornariam então o trampolim para Taiwan. A partir daí, os exércitos aliados poderiam tentar uma aliança com as forças continentais de Chiang Kai-Shek ou atacar o Japão diretamente, saindo do sul. Nesse cenário, Luzon e Taiwan se assemelhariam à própria posição da Grã-Bretanha como uma rampa de lançamento para a conquista da Europa nazista pelos Aliados. A quarta e última opção seria penetrar pelas imensas áreas do Pacífico Central, retomando os grupos de ilhas que o Japão conquistara em 1942 (as ilhas Gilbert), e capturar as mais importantes ilhas do Império (Carolinas, Marshall e Marianas) como trampolim para Iwo Jima, Okinawa e a invasão do Japão. Seria muito mais uma estratégia de "oceano azul", e teria que ser efetuada sobretudo pela Marinha e pela Força Aérea, não pelo Exército, pelo menos até a efetiva invasão do Japão.

É claro que não era um jogo que não admitia outras hipóteses; as opções não eram mutuamente excludentes. Todas as quatro opções de áreas tinham pretensões legítimas, que serão discutidas mais adiante. Analisando de forma razoável, do ponto de vista militar teria sido uma tolice se os Aliados tivessem se comprometido com apenas uma linha de avanço na área do Pacífico asiático, pois isso concentraria as defesas japonesas. Já aplicar pressão em todos os quatro campos de conflito não apenas dispersaria os recursos do inimigo, mas também permitiria uma transferência das forças aliadas, dotadas de maior mobilidade, caso algum ponto fraco fosse detectado.

Por fim, uma dessas rotas provou ser decisiva, mas vale a pena examinar as outras três opções, não somente para entender melhor por que eram menos viáveis, mas também para ver que luz aquelas operações lançariam sobre todo o desafio de derrotar o Japão. As três opções estariam forçando os japoneses a se defender com um número enorme de tropas e aviões (e no caso da campanha do sudoeste do Pacífico, navios de guerra japoneses) que de outro modo estariam livres para lutar contra a principal linha de ataque americana.

Avançar pelo Japão via China fazia muito sentido à primeira vista. Embora fosse a região onde a maior parte do exército japonês estivesse lutando, era também uma área onde os Estados Unidos poderiam montar uma Força Aérea de tamanho razoável, e que seria difícil para as esquadrilhas japonesas alcançarem. Era importante para a América apoiar os Exércitos nacionalistas chineses, porque, de um ponto de vista prático, manter a China na guerra consumiria

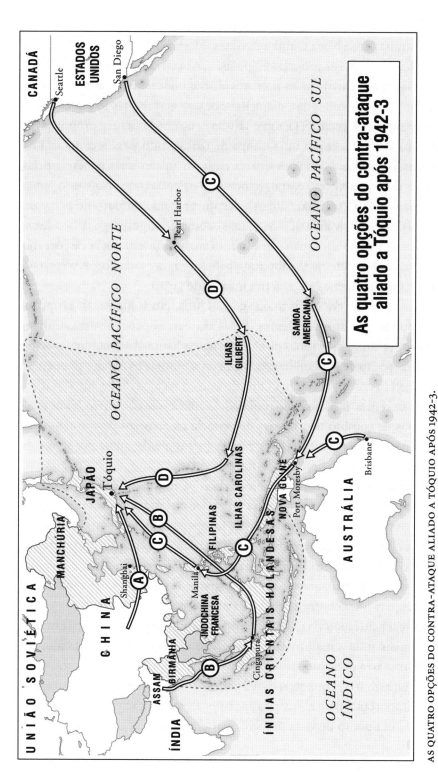

AS QUATRO OPÇÕES DO CONTRA-ATAQUE ALIADO A TÓQUIO APÓS 1942-3.
Diante das péssimas condições climáticas das ilhas Aleutas no Pacífico Norte, havia quatro caminhos possíveis para uma ofensiva aliada no Japão. A escolha pelo Pacífico Central provou ser de longe a mais fácil.

muitas divisões japonesas. Havia além disso aspectos sentimentais significativos em jogo. O presidente Roosevelt apoiava fortemente o relacionamento Estados Unidos-China. O general americano Joseph Stilwell era conselheiro do chefe militar Chiang Kai-Shek. O glamouroso grupo de Claire Lee Chennault, aviadores voluntários chamados de "Tigres Voadores", estava lá. Assim como um grande número de missionários americanos, professores e comerciantes. Do ponto de vista dos planejadores da Força Aérea do Exército, cientes de que o esquadrão de Doolittle tinha na verdade aterrissado na China depois de fazer seu audacioso ataque a Tóquio em abril de 1942, era óbvio que certas bases aéreas chinesas estavam suficientemente próximas para permitir o bombardeio de cidades e indústrias do Japão. Além disso, os aviões de bombardeios americanos baseados lá seriam capazes de interditar as rotas marítimas do mar da China ao se dirigir para o sudeste da Ásia.

Então por que a opção da China não foi adotada, ou adotada apenas por pouco tempo, e com recursos inadequados? Mais uma vez a resposta é fornecida sobretudo pela geografia. O interior da China ficava simplesmente longe demais para a base produtiva americana e portanto muito difícil de abastecer em grandes quantidades. Desde que todas as águas do Pacífico ocidental e o arquipélago da Indonésia estivessem dominados pela Marinha japonesa, a única assistência material do Ocidente poderia vir da Índia, então colônia britânica, por cima da "corcunda", isto é, os enormes picos montanhosos no leste do Himalaia a um custo logístico exorbitante — o simples fato de transportar os suprimentos de gasolina para os bombardeiros americanos na China era profundamente desgastante e antieconômico. Isso também em nada ajudava o trabalho das forças terrestres dos Estados Unidos. Uma vez que os níveis de consumo de uma divisão do Exército americano, isso sem falar de todo um grupo de tropas, eram muitíssimo maiores do que aqueles de qualquer Força Armada no mundo, não haveria como colocar unidades tão grandes no sudeste da China e ainda abastecê-las pelo ar.

Além disso, diante da obsessão do alto-comando japonês em vencer a qualquer custo, o país foi obrigado a despejar divisões novas contra as forças americanas e nacionalistas chinesas e em especial contra as bases aéreas identificadas de B-17 ou, mais tarde, de B-29 no sul e oeste do país — e, dessa vez, as filas de suprimento japonesas ficariam mais curtas e mais rápidas. Num retrospecto, e com o conhecimento privilegiado da enorme força militar americana que estava sendo reunida no Pacífico Central, é difícil compreender os ataques continentais do Exército japonês em 1943 e 1944, levando as forças nacionalistas chinesas para o sudoeste, e por sua vez desgastando suas próprias brigadas. Isso deu uma vantagem para os Estados Unidos, pois se não era possível colocar forças pesadas no continente asiático, sem dúvida era possível fazer o suficiente para dispersar a atenção da maior parte do Exército japonês. Ao apoiar o governo nacionalista chinês, na forma de munições vitais e suprimentos médicos, além de Stilwell e outros conselheiros militares e mais tarde os esquadrões de B-29, os Estados Unidos mantiveram a resistência chinesa funcionando e forçaram a permanência de milhões de tropas japonesas no continente. E, a partir do início de 1944, os suprimentos daquelas enormes forças foram sendo progressivamente destruídos pelos submarinos e aviões americanos.[11]

A rota do sudeste da Ásia era uma outra alternativa que tinha defensores sobretudo em Londres e Delhi. *Era* uma área importante, e não apenas pelas razões emocionais e simbólicas tais como o desejo (especialmente de Churchill) de reconquistar Cingapura. Tratava-se de uma região importante para o contexto geral da guerra e, ao atacar esse ponto, a Grã-Bretanha evidenciava um envolvimento maior na luta contra o Japão, não deixando tudo a cargo de americanos e chineses (com contribuições australianas). Tiraria muitos soldados e aviões japoneses da esfera do Pacífico, a recuperação do estanho e borracha da Malásia e do petróleo de Sumatra, Java e Bornéu do Norte deteria a máquina de guerra do Japão. Além disso, e pelas razões logísticas já descritas, seria impossível efetuar qualquer ação significativa na China sem que os campos de aviação dos Aliados em Assam e ao norte de Birmânia estivessem construídos e adequadamente protegidos.

Mas a campanha realizada pelas forças do sudeste da Ásia sob o comando de Mountbatten e seus antecessores teve duas grandes desvantagens. A primeira foi iniciar a contraofensiva pela fronteira de Assam/Birmânia e então avançar por lugares inacessíveis como Imphal e Kohima, o que deixou as Forças Armadas muito distantes da baía de Tóquio, e os obstáculos topográficos, logísticos e problemas de saúde continuariam imensos mesmo se tivessem sido reservados para essa área recursos muito maiores do que aqueles que haviam sido destinados em Casablanca e em outras conferências dos Aliados. A natureza dessa vasta região florestal impossibilitava certas formas de combate, corriqueiras em outros lugares. Não havia alvos industriais importantes para bombardeio estratégico (a menos que se quisesse dinamitar Rangum e Cingapura), e mesmo os esquadrões aéreos com sua crescente eficiência tática, e que tinham alvos, eram sempre os últimos da fila a receber os tipos mais novos de aviões e equipamentos. Não havia grandes espaços de campo aberto, como no norte da África e na Ucrânia, onde a distribuição de 250 tanques Sherman teria feito diferença; havia poucas estradas com cascalho através de florestas tropicais, e as pontes de madeira eram fracas demais para os tanques — com frequência, para transportar uma peça de artilharia de tamanho médio por um rio era necessário usar cordas e roldanas. As divisões de transporte aéreo estavam distribuídas pela Europa. As forças especiais nas florestas da Birmânia, como aos lendários "Chindits" de Wingate* e os Marauder de Merrill (seu equivalente americano) conseguiam atrapalhar o inimigo, mas não podiam influir no resultado final. Mesmo quando as unidades regulares de Mountbatten foram por fim fortalecidas no final de 1944, a floresta continuamente atrapalhava essa vantagem material. Os ventos sazonais eram um pesadelo que emperrava todos os exércitos. Nem William Slim, sem dúvida o melhor general que o Exército britânico produziu na guerra, era capaz de encontrar uma solução fácil para vales de rios inundados, florestas impenetráveis e a maldição das doenças tropicais; diante de problemas como esses, enfrentar os japoneses até que era fácil.[12]

Depois de operações iniciais sem resultado, suas forças esmagaram as guarnições japonesas na Birmânia e avançaram em direção ao Irauádi em 1945. Mas a ofensiva teria sido muito mais rápida se os britânicos tivessem sido capazes de fazer uma série de pequenos saltos anfíbios pelo litoral, semelhantes àqueles realizados em velocidade cada vez maior pelas unidades aceleradas de MacArthur, das ilhas Salomão até as Filipinas em 1944. Já que os desembarques em Anzio, na Normandia, nas Marianas, no golfo de Leyte e Iwo Jima sempre receberam prioridades maiores, tais planos para o sudeste da Ásia foram sendo várias vezes adiados, ou então até cancelados. Assim, as batalhas nas florestas eram a única solução para enfrentar os japoneses e, como as forças americanas e australianas descobriram na Nova Guiné, elas eram dolorosamente lentas. Foi apenas em abril e maio de 1944 que o 15º Exército obteve sua maior vitória em

---

* Os Chindits eram uma força auxiliar especial na Índia britânica durante a Segunda Guerra Mundial; os Marauder eram uma unidade de voluntários treinada especialmente para operações nas selvas. (N. T.)

Imphal-Kohima, mas que ainda ocorreu no lado indiano da fronteira. Os britânicos só tomariam Mandalay em março de 1945, e Rangum apenas no início de maio. Quando eles puderam planejar seriamente avanços mais ousados sobre a península Malaia e Cingapura, os japoneses tinham deslocado suas forças navais e aéreas para o Pacífico, Okinawa caíra e os americanos estavam preparando a invasão do próprio Japão. O grande romancista John Masters escreveu com entusiasmo em seu livro de memórias de guerra, *The Road Past Mandalay*, [A estrada além de Mandalay] sobre "o velho Exército indiano" abrindo (enfim) estradas pavimentadas que iam em direção aos subúrbios do norte de Rangum no final da primavera de 1945, mas para os japoneses — e também para os americanos — eles estavam indo na direção errada. A Guerra do Pacífico foi vencida em outro lugar.[13]

Esses fatores críticos de distância, logística e topografia significavam que o sudoeste do Pacífico oferecia de maneira clara uma rota melhor para a vitória sobre o Japão do que as opções China e Birmânia. Aqui a campanha de reconquista podia começar a uma distância relativamente curta do norte dos portos e bases aéreas da costa da Austrália, e o fluxo de tropas e suprimentos podia vir diretamente via Havaí, Samoa, Fiji, os portos do norte da Austrália e Port Moresby, no sul da Nova Guiné. Além disso, no primeiro ano da Guerra do Pacífico foi necessário que essa região recebesse muita atenção dos Aliados, porque era ali — Papua, o mar de Coral e as ilhas Salomão centrais — que os japoneses pareciam mais empenhados em cortar as linhas de comunicação entre americanos e australianos. À medida que cada lado destinava mais e mais tropas, aviões e navios de guerra para as batalhas de Guadacanal e da Nova Guiné na passagem de 1942 para 1943, a urgência pela vitória tornava-se um fator importante, exigindo ainda mais recursos. De mais a mais, havia a poderosa e intimidadora figura de Douglas MacArthur, que (com enorme atenção dos meios de comunicação e do Congresso) insistia que o núcleo da guerra contra o Japão deveria estar sob seu comando.[14]

A campanha da Nova Guiné de um lado e a campanha do Mediterrâneo de outro possuíam o mesmo perfil estratégico básico: nenhuma delas era dirigida diretamente ao centro da área do inimigo, mas ambas construíram quantidades tão grandes de movimentos operacionais e políticos que não poderiam ser detidas. E, para a sorte da Grande Aliança, havia tantos recursos suficientes chegando aos fronts até o término de 1943 e 1944 que as campanhas europeias e do

Pacífico podiam se permitir ataques diretos à França e Honshu *e ainda* as imensas e caras campanhas indiretas.

Havia algumas outras vantagens estratégicas e operacionais como consequência do envolvimento dos Estados Unidos na área do sudeste do Pacífico. Até os grupos de ilhas do Pacífico Central serem capturados, tornando-se bases avançadas, essa região mais ao sul ajudava as forças produtivas da América. Ela podia enviar diagonalmente um fluxo ininterrupto de suprimentos e apoio a partir de suas fábricas da costa oeste pelo oceano. Se as ilhas Salomão estavam longe de San Diego, estavam também longe de Yokohama. Em segundo lugar, como as batalhas eram em pequena escala se comparadas com Somme ou Kursk, a campanha não atraiu a atenção que merecia do quartel-general imperial, que continuou enviando reforços limitados para o sudoeste do Pacífico, nunca suficientes para deter os avanços dos Aliados. Finalmente, como essa zona de conflito absorvia cada vez mais forças japonesas médias, ela também servia como um teste para as novas unidades aliadas, que ganhavam experiência tanto de guerra na floresta quanto em desembarques do mar. Assim, por exemplo, a Primeira Divisão de Fuzileiros dos Estados Unidos que desembarcou em Guadalcanal em 1942 estaria três anos depois envolvida na luta em Okinawa, e tinha participado de muitas outras batalhas durante esse período. O general do Exército Bob Eichelberger, enviado para tomar Buna (Nova Guiné) por MacArthur com ordens de conquistá-la ou então não retornar vivo, conduziu suas unidades das vilas desde Papua até o norte das Filipinas e estava preparando-as para uma grande invasão anfíbia do Japão quando as bombas atômicas explodiram. Sem nenhuma surpresa, seu livro de memórias escrito após a guerra foi chamado *Our Jungle Road to Tokyo* [Nossa estrada selvagem para Tóquio].[15]

Mas, diante da rápida e espantosa ofensiva do almirante Nimitz, após Pearl Harbor, pelo Pacífico Central no final de 1943, e a relativa suavidade* daquele percurso, fica difícil alegar que as campanhas de MacArthur ao longo do litoral norte da Nova Guiné em 1943 e 1944 foram relevantes do ponto de vista estratégico, até mesmo quando as divisões americano-australianas aceleraram o

---

* Por "suavidade" não quero dizer que essas operações foram fáceis, mas que os próprios alvos não passavam de pequenos pontos no oceano Pacífico e, depois que as guarnições tivessem sido dominadas pelo superior poder aéreo e naval americano, eles só poderiam se render ou morrer onde se encontravam. Não eram comparáveis às grandes invasões em Anzio e na Normandia. (N. A.)

andamento das coisas "pulando sobre" pontos militares fortes do Japão e dessa maneira conseguindo isolá-los. Quando as tropas de MacArthur finalmente tomaram a ilha Biak (agosto de 1944) na costa noroeste da Nova Guiné, as Marianas já estavam dominadas e os preparativos para enfraquecer as defesas internas do Japão por meio da captura de Iwo Jima e Okinawa e dos bombardeios estratégicos sobre Iwo Jima e Okinawa já haviam começado. É possível argumentar que a maior parte das Filipinas poderia ter sido deixada de lado, da mesma forma como a entrada do Comando do Sudoeste do Pacífico na ofensiva rumo ao norte sobre o Japão talvez devesse ter ocorrido mais cedo. Mas não foi assim. Como Liddell Hart observou, "considerações de natureza política, e o desejo natural de MacArthur de um retorno triunfal às Filipinas, prevaleceram sobre a ideia de evitar as grandes ilhas".[16]

Talvez o motivo mais forte para os chefes do Estado-Maior concordarem em apoiar totalmente o ataque ao sudoeste do Pacífico não tenha sido tanto por aceitar as motivações imperiais de MacArthur. Eles devem ter imaginado que essa dupla ofensiva deixaria o Japão desequilibrado — o melhor exemplo foram as idas e vindas da principal frota japonesa por centenas de quilômetros entre Biak e as ilhas Marianas em junho de 1944, à medida que informações (algumas delas equivocadas) sobre as movimentações do inimigo faziam supor que a principal ameaça viria de outro ponto.[17] Com a Marinha japonesa começando a sentir a falta de combustível e seus aviões sendo destruídos tanto ao redor de Rabaul como nos mares das Filipinas pelas forças do Comando do Sudoeste do Pacífico, não se pode dizer que as forças de MacArthur desempenharam um papel insignificante, mas a verdade é que sua função principal foi a de distrair a liderança inimiga, desgastar as numerosas Forças Armadas japonesas, proporcionando assim a Nimitz e ao Comando do Pacífico Central uma ótima chance de ir diretamente ao coração do inimigo.

Dessa maneira, cada um desses três cenários alternativos de combate contribuiu muito para a derrota do Japão. Os números totais das respectivas perdas de militares japoneses (169 mil na Índia e na Birmânia e 772 mil no sul do Pacífico, em comparação com 296 mil no Pacífico Central) nos dizem isso.[18] E perto do final da guerra grandes guarnições japonesas espalharam-se pelo sudeste da Ásia, Índias Orientais Holandesas, ilhas isoladas do Pacífico, sul das Filipinas, Manchúria e, acima de tudo, pela China: milhões de homens protegendo as rotas erradas de invasão e enfraquecendo as defesas centrais do país.

cumprindo a "operação laranja"

Como era pouco provável que o Japão se ajoelhasse durante as campanhas aliadas no continente chinês e no sudeste da Ásia, e como a rota de Guadalcanal e Port Moresby via Manila era muito trabalhosa, a opção geopolítica restante parecia inevitável: um avanço americano pelo Pacífico Central numa série de ataques indo do leste para o oeste, ou seja, praticamente todo o norte do Equador. Muitos autores são taxativos: "Afinal, apenas uma campanha foi importante: a investida da Marinha americana de Nimitz no Pacífico para bombardear o Japão. Todas as outras, por mais amargas ou desesperadas, ou não passavam de campanhas auxiliares ou foram irrelevantes".[19]

Outras considerações geopolíticas confirmam essa hipótese. Em 1941-2 era evidente que apenas os Estados Unidos poderiam acabar com a dominação japonesa nesse vasto território; nem a Grã-Bretanha nem a União Soviética, ambas empenhadas na gigantesca luta contra o Terceiro Reich, estavam em condições de desviar os recursos necessários para enfrentar o Japão. Além disso, a base de armamentos da poderosa máquina de guerra americana concentrava-se cada vez mais ao longo da costa oeste, entre trinta e cinquenta graus ao norte, que era exatamente a latitude do Japão. Como não havia área terrestre alguma entre San Francisco e os portos de Tóquio, e como a rota das ilhas Aleutas apresentava as dificuldades climáticas já mencionadas, fazia todo sentido avançar pelo eixo situado um pouco ao sul do Trópico de Câncer, das bases do Havaí até as ilhas Gilbert e Marshall, antes de tomar o rumo do norte em direção ao território japonês.

Para os americanos havia também a vantagem adicional da posse do Havaí, que, com suas bases aéreas, estaleiros e oficinas, tinha uma capacidade estratégica inestimável para controlar o Pacífico Central, não apenas como uma barreira contra outra expansão japonesa ao leste, mas *também* como um gigantesco ponto de referência para qualquer retorno. Se algum dia o Japão conseguisse se apossar das ilhas havaianas, mesmo que não planejasse nenhum avanço em direção à costa oeste dos Estados Unidos, a posse de bases em Oahu poderia retardar uma contraofensiva americana por muitos anos, tornando bem difícil a conexão com a Austrália. Em mãos americanas, contudo, o Havaí era um ponto de saída para a ocupação das ilhas Gilbert e Marshall ao sudoeste, e para tudo o mais que se seguisse.

No aspecto prático, também, as perdas e os ganhos nas batalhas de Pearl Harbor e Midway contribuíram para levar as Forças Armadas americanas rumo a uma estratégia em direção à Micronésia. A destruição em Pearl Harbor de um grande número dos lentos couraçados americanos da Primeira Guerra Mundial também forçou a Marinha dos Estados Unidos, até certo ponto de maneira não intencional, a uma política de valorização dos porta-aviões, uma alteração no sistema de armamento que os confrontos de Midway e do mar de Coral logo provaram ser acertadas. Mas a lição que aqueles almirantes no comando de poderosos porta-aviões (como Marc Mitscher e William Halsey) extraíram da catástrofe de Pearl Harbor foi que sempre era mais seguro para uma frota estar no mar do que estacionada no porto; numa época de ofensivas aéreas inesperadas e velozes, um porto protegido oferecia pouca proteção, sendo na verdade um convite ao ataque. No entanto, se os porta-aviões americanos e suas escoltas de cruzadores e destróieres tivessem que permanecer por longos períodos em alto-mar, seria necessário criar uma "frota de serviços" sofisticada e de grande mobilidade para acompanhar e abastecer os navios de guerra onde quer que eles estivessem. No século XIX a Marinha Real tinha solucionado os problemas de abastecimento usando uma vasta rede de bases navais e estações de carvão, de Portsmouth e Gibraltar até Sydney e Hong Kong. A Marinha americana do século XX adotou um plano logístico diferente, que tornou possível pela primeira vez realizar operações em larga escala pelo Pacífico Central. Mesmo assim, a existência da "frota de serviços" apenas forneceu pernas mais longas às frotas da Marinha enquanto estivessem no mar; ela não podia formar bases para bombardeios estratégicos de longo alcance nem para forças maciças de invasão. Isso exigia ilhas estrategicamente localizadas, para abastecer portos marítimos e aeroportos. Por sorte, havia um pequeno número delas, a oeste e oeste-sudoeste do Havaí, disponíveis para ocupação.

A razão pela qual uma operação ofensiva dessas era preferida pela Marinha estava no fato de que o comandante da área seria um almirante (Nimitz), e não o difícil e autoritário MacArthur. Essa era uma preocupação de alta prioridade para o chefe das operações navais, almirante da frota King, um homem duro e inflexível decidido a ver a Marinha americana permanecer como uma força independente: ela não deveria se reduzir ao serviço de leva e traz da movimentação de MacArthur da Nova Guiné até as Filipinas; nem ser considerada secundária em relação à Marinha britânica, à Força Aérea americana e tampouco à ala Marshall e Einsenhower do Exército dos Estados Unidos em apoio às suas campanhas no Atlântico, no Mediterrâneo e na Normandia. Sem nenhuma surpresa, então, o Comando do Pacífico Central mereceu toda a atenção de King e, quando os novos e rápidos porta-aviões e couraçados foram lançados, receberam os melhores recursos. O Comando recebeu também muitas das embarcações de desembarque que vinham sendo solicitadas em tom de desespero. No final de 1943, as ferramentas estavam a postos para realizar aquela incursão pelo Pacífico Central, que recebeu o nome de Plano Laranja.[20]

O que eram aquelas ferramentas ou sistemas de combate? A primeira, em ordem cronológica, era o Corpo de Fuzileiros Navais americano, com seu plano de capturar bases na Micronésia, isto é, os grupos de ilhas Marshall, Carolinas e Marianas, que o Japão havia tomado da Alemanha Imperial durante a Primeira Guerra Mundial. Qualquer Estado-Maior competente, diante do pesadelo geográfico e estratégico de atravessar quase 10 mil quilômetros do Pacífico, teria aconselhado um método de etapa por etapa, como se estivesse se movimentando por um gigantesco tabuleiro de xadrez. Os planejadores em Newport e Quantico haviam pensado bastante sobre isso bem antes de Pearl Harbor, e um número expressivo de oficiais de médio escalão trabalhara com sistemas e táticas de armamento que poderiam transformar uma tática de guerra anfíbia destinada a capturar recifes de coral difíceis e espinhosos em uma operação viável, convertendo assim aquelas ilhas em valiosos recursos estratégicos.

O segundo fator estava na evolução dos grupos de porta-aviões rápidos. A Marinha americana logo compreendera as implicações estratégicas e operacionais das primeiras experiências britânicas de lançar aviões a partir de um navio de guerra reconstruído, de convés achatado, e assim tinha incentivado nos anos 1930 a construção de alguns porta-aviões espaçosos que não tinham rival em seu poder de combate — a não ser seus equivalentes na frota japonesa. Os entusiastas dos porta-aviões por vezes enfrentavam oposição, ou ao menos eram limitados pelos defensores da construção de couraçados muito maiores, que exerciam forte pressão. Contudo, sem uma Força Aérea americana independente naquela época, eles não passaram pelas atribuições dos oficiais da Força Aérea britânica nas disputas travadas entre Marinha e Aeronáutica do Reino Unido. Então, quando enfim a guerra eclodiu, a Marinha americana tinha porta-aviões seguros com aeronaves de qualidade, o que lhes dava uma boa chance na luta contra os japoneses — que, por sua vez, possuíam excelentes porta-aviões e excelentes aeronaves. E o ataque espetacular sobre Pearl Harbor abriu os olhos de todos para o incrível poder destrutivo dos porta-aviões. O tipo de navio que permitira aos japoneses atingir o Havaí podia obviamente, na versão americana, ser usado também para liderar um contra-ataque em direção ao oeste.

O terceiro fator foi a introdução do B-29 Superfortress de longo alcance, um bombardeiro tão avançado que, além de ser capaz de transportar um imenso carregamento de bombas por milhares de quilômetros, podia voar a uma altitude máxima de cerca de 9 mil metros, o que o tornava inacessível aos caças inimigos e projéteis antiaéreos. Não há dúvida de que a reconquista americana do Pacífico oeste poderia ter se arrastado para a frente, de maneira indireta, da Nova Guiné para as Celebes até o norte das Filipinas, talvez para as regiões de litoral chinês, e então para Okinawa, permitindo a construção de outros aeroportos a partir dos quais os bombardeiros B-17 e os B-24 Liberator poderiam aumentar o ataque aéreo sobre o Japão. Mas um novo bombardeiro com um poder de alcance e destruição sem precedentes, isto é, o Superfortress, combinado com a posição geográfica fantasticamente adequada das Marianas, acabou fornecendo um enorme atalho para uma guerra que, segundo muitos planejadores, poderia se estender até 1946 ou 1947, e com isso exigiria uma gigantesca invasão do território japonês.

O lançamento das bombas atômicas acabou com todos aqueles cenários de invasão, mas sem os B-29 nem a tomada das Marianas, quando elas teriam sido lançadas — e de onde? O B-29 era um excelente exemplo do que Hitler denominava "arma miraculosa", se bem que de 1943 a 1945 apenas os Estados Unidos tivessem condições de construir aquele monstro aéreo. A fiação elétrica e o alumínio utilizados em um único avião eram equivalentes ao que era necessário para construir um esquadrão de Messerschmitts.

O quarto fator estava nas unidades que construíram as bases, as instalações, os pontos de montagem e as estradas que faziam a luta prosseguir — nesse caso particular, os Batalhões de Construção da Marinha americana, os Seabees. Embora essas unidades tenham sido criadas por exigências da guerra específica, o trabalho realizado por essa nova força ganhou o reconhecimento de militares de todas as épocas. É difícil imaginar uma vitória sem engenheiros, mas com frequência os historiadores de grandes campanhas não valorizam devidamente seu trabalho, presumindo que tropas, frotas e esquadrões aéreos podem percorrer enormes distâncias por meio de uma simples rabiscada sobre um mapa em grande escala.[21] Para as tropas situadas no solo, por mais bem equipadas que estejam, são os rios, pântanos, montanhas, desertos e matas que determinam geograficamente a natureza das batalhas travadas. Em nenhum outro lugar isso foi mais verdadeiro do que nas imensas áreas do oceano Pacífico. Lá, eram necessárias a doutrina e a prática do Corpo de Fuzileiros Navais americano, os velozes porta-aviões, os B-29 e os Seabees para juntos atravessarem o Pacífico. No restante deste capítulo, veremos como essas partes se desenvolveram e em seguida se uniram, além da história de um quinto elemento: a força de submarinos americanos.

CHEGANDO À PRAIA

A evolução da forma de guerra anfíbia do Corpo de Fuzileiros dos Estados Unidos apresenta muitas semelhanças com as experiências dos combates anfíbios dos Aliados na Europa (ver capítulo 4), embora haja também diferenças significativas devido à organização das forças e, acima de tudo, à geografia do Pacífico. A história do Corpo de Fuzileiros é de um combate quase ininterrupto desde seu desembarque em Guadalcanal em meados de agosto de 1942 até o fim da resistência da guarnição japonesa em Okinawa no final de junho de 1945. Foi a história de um aprendizado difícil, que teve que transpor os mesmos obstáculos de floresta, clima e doenças que os britânicos encontravam na Birmânia e que MacArthur enfrentava em Papua-Nova Guiné, e ainda combatendo um inimigo que nunca se renderia. Numa época tão tardia como julho de 1945, os comandantes da área americana no Pacífico estavam frustrados com a lentidão das ofensivas para ocupar Okinawa, mas como seria possível avançar *rapidamente* contra um inimigo tão bem entrincheirado? Por fim, o comando de MacArthur no sudoeste do Pacífico, depois de combates extremamente árduos durante os dois primeiros anos, descobriu que seria possível vencer a guerra muito mais depressa se as tropas "pulassem" posições japonesas, indo para onde o inimigo não estivesse. Mesmo assim sempre havia lugares — as ilhas Salomão, as Gilbert, as Marianas, Iwo Jima, Okinawa — que era necessário ocupar, embora apresentassem uma resistência férrea. Essa era a saga dos fuzileiros navais.[22]

Como se deu o fato de que o Corpo de Fuzileiros Navais dos Estados Unidos (United States Marine Corps, USMC) viesse a ocupar esse lugar tão especial e lendário nos anais da guerra? A resposta é simples: os fuzileiros eram as únicas pessoas nos Estados Unidos depois de 1919 que se interessavam de maneira aguda, constante e crescente pelas operações anfíbias. Assim como a RAF e a Força Aérea americana precisavam comprovar na prática a importância dos bombardeios estratégicos para se impor como instituições militares independentes depois da Primeira Guerra Mundial, o Corpo de Fuzileiros tinha que deixar claro que seus serviços eram indispensáveis quando o orçamento militar dos Estados Unidos começou a sofrer grandes cortes depois de 1919. O resultado de seus esforços seria visto ao combinar uma convincente doutrina de guerra, aperfeiçoamentos tecnológicos e logísticos e unidades bem treinadas de especialistas que identificariam para sempre o Corpo de Fuzileiros com ataques maciços e eficientes a partir do mar. Estudou-se também o passado recente em busca de lições proveitosas; não é por acaso que os dois historiadores que escreveram o primeiro livro abrangente sobre os fuzileiros navais americanos e a guerra anfíbia iniciam sua obra com um esclarecedor ensaio comparativo intitulado "Success at Okinawa — Failure at Gallipoli".[23]

Numa análise retrospectiva, é de fato surpreendente que o conceito das operações anfíbias tenha conseguido sobreviver. A Marinha americana, mãe do Corpo de Fuzileiros, ficou obcecada por guerras futuras em alto-mar envolvendo grandes frotas e não tinha a menor intenção de exercer um papel secundário de apoio às forças terrestres. Quando os tratados navais de Washington de 1921-2 obrigaram a realização de mais cortes nas frotas, devido aos orçamentos limitados, a Marinha passou a considerar os fuzileiros navais como um rival na disputa por verbas, mesmo que, curiosamente, seus planos de guerra contra o Japão requeressem a utilização de forças expedicionárias para capturar bases no Pacífico. O Exército americano, por sua vez, saiu da Primeira Guerra Mundial guardando um profundo ressentimento quanto à grande publicidade dada à luta dos fuzileiros no front ocidental, além da irritação pelo fato de que seu próprio monopólio sobre a guerra terrestre tinha sido desafiado. E mais: havia oficiais superiores do Corpo de Fuzileiros que queriam preservar aquela imagem positiva dos fronts e receavam ser empurrados de volta ao limbo pré-1917, limitando-se a cumprir missões auxiliares em águas distantes. Finalmente, o desejo de cortar custos reduziu o Corpo de Fuzileiros para menos de 15 mil oficiais e soldados, apenas o suficiente para os deveres domésticos de providenciar vigias de navios, proteger embaixadas e defender bases americanas no Caribe. Em 1921, os fuzileiros navais chegaram a ser encarregados de proteger os serviços dos Correios contra ladrões, o que deve ter feito com que eles sentissem saudades dos tempos gloriosos dos "palácios de Montezuma".

Mas a doutrina da guerra anfíbia persistiu nos anos entre as duas guerras mundiais e aos poucos tornou-se uma possibilidade operacional por duas razões, uma estratégica e a outra mais pessoal e fortuita. A razão estratégica era, simplesmente, a perspectiva de uma futura guerra com o Japão. O planejamento para um conflito a fim de resistir ao expansionismo japonês na Ásia oriental e no oeste do Pacífico já estava traçado pelos estrategistas americanos desde a primeira década do século. A eliminação da Marinha alemã em 1919, mais o reconhecimento paralelo de que uma guerra anglo-americana era altamente improvável, significava que o único grande e possível inimigo só poderia ser o Japão. Suas amplas conquistas das ilhas do Pacífico Central — Marshall, Carolinas e Marianas — durante a guerra, sua teimosia na negociação sobre quantidade de navios de guerra e bases de frotas na conferência de Washington, e sua continuada *penetração pacífica* do território da China, tudo isso aumentou as suspeitas dos americanos. E mais, a moderna Marinha japonesa era a única rival suficientemente grande (considerando que os britânicos não eram hostis) para justificar o tamanho e as despesas com a Marinha americana. Não foi surpresa alguma, portanto, que já em janeiro de 1920 o chefe das operações navais tenha alertado o comandante do Corpo de Fuzileiros que a Operação Laranja a partir daquele momento determinaria os planos e programas da Marinha e o Corpo de Fuzileiros deveria portanto se preparar para possíveis operações anfíbias pelo Pacífico.[24] Embora o número reduzido de soldados tornasse isso inteiramente impossível na prática, a declaração estratégica havia sido feita e não desapareceria enquanto perdurassem as intenções suspeitas do Japão. A reivindicação do Corpo de Fuzileiros para que a unidade fosse considerada uma força especial de luta, e não apenas um agrupamento de policiais de segundo nível, fundamentava-se na ameaça do Japão.

Por sua vez, a identificação clara de qual seria o futuro inimigo levou um pequeno número de planejadores individuais e oficiais de médio escalão a resolver um problema: como, na prática, eles poderiam enfrentar um inimigo situado a 8 mil quilômetros de distância no Pacífico? Embora o major Earl H.

"Pete" Ellis do Corpo de Fuzileiros certamente não fosse o único americano a refletir sobre esse problema, ele começou a equacioná-lo numa série de memorandos que foram sendo reformulados entre 1919 e 1922. A tarefa deveria ser realizada por um organismo militar especializado — o maior deles, o Exército — especialmente devido a todo seu peso —, não poderia fazer isso, e é bem provável que tampouco estivesse interessado. Portanto, esse organismo teria que ser o Corpo de Fuzileiros Navais, o que era fortuito porque todas as operações navais/anfíbias estavam sob o comando da Marinha, e o Corpo de Fuzileiros era uma força de base avançada da Marinha. E, como Ellis escreveu em seu célebre memorando de julho de 1921 sobre as forças de base avançadas na Micronésia, para a ação eram necessárias tarefas específicas: "A redução e ocupação das ilhas" em poder dos japoneses e "que lá se estabelecessem as bases necessárias".[25]

Pela mesma lógica, a unidade militar encarregada de realizar essa tarefa — como o Corpo de Fuzileiros foi formalmente definido no acordo Exército-Marinha de 1927 — tinha que se preparar para implementá-la em terra, nas precárias condições de acessos a uma praia inimiga e a partir daí estabelecendo uma cabeça de ponte segura. E os primeiros planejadores do Corpo de Fuzileiros compreenderam que unidades anfíbias treinadas requeriam plataformas e armamentos especiais (isso cerca de 340 anos depois que marinheiros espanhóis capturaram os Açores). Nos memorandos iniciais de Ellis defendia-se a necessidade de equipamento de desembarque com armas instaladas na proa, tropas de comunicação bem equipadas, peritos em demolição para neutralizar os obstáculos na praia e nos campos minados e aviões para metralhar as praias. Algumas outras ideias seriam menos úteis — lanchas motorizadas para rebocar barcaças, por exemplo —, mas o homem sem dúvida tinha uma inteligência notável e sabia ver adiante de seu tempo. Sua morte misteriosa nas ilhas Carolinas em 1923 o tornou um personagem ainda mais romântico e intrigante.[26]

Mesmo na época da morte de Ellis, outros altos oficiais do Corpo de Fuzileiros tentavam também descobrir como concretizar suas ideias. Não era uma tarefa fácil. Exercícios anuais ao longo da própria costa sul da América, no Panamá (Culebra) e no Caribe, todos eles importantes a longo prazo mas que no início tiveram muitos contratempos, comprovaram a distância que separa teoria da realidade quando se tenta desembarcar em praias rasas ou em terrenos pantanosos. A maravilhosa história de Millett sobre os fuzileiros navais tem um comentário ácido sobre o "fiasco" dos exercícios em Culebra:

Os timoneiros da Marinha não alcançaram a praia certa no tempo apropriado: o descarregamento dos suprimentos foi um caos; o bombardeio naval era inadequado; e os barcos de desembarque da Marinha eram claramente impróprios tanto para as tropas como para o equipamento. O exercício, contudo, identificou erros suficientes para manter o Corpo de Fuzileiros ocupado por quinze anos.[27]

Por outro lado, a necessidade evidente de ter equipamentos melhores estimulava uma busca constante por novas ideias e técnicas. Em meados dos anos 1920, quem estivesse passeando pelas margens dos rios Potomac ou Hudson deve ter visto um tanque anfíbio atravessando aquelas águas, um outro produto do excêntrico projetista de tanques J. Walter Christie, cuja maior contribuição para a Segunda Guerra Mundial (ver capítulo 3) seria conceber a suspensão e o chassi de um veículo que um dia se tornaria o T-34 soviético. O tanque anfíbio de Christie afundou em águas menos protegidas (perto da praia), mas a ideia de construir um veículo anfíbio movido a motor, equipado com armas na frente, reapareceria mais de uma década depois, para grande proveito dos Aliados, como o LVT. Do mesmo modo, a insatisfação diante das inadequações dos primeiros protótipos de lancha motorizada de desembarque acabou motivando oficiais dotados de mais imaginação a procurar novas ideias, uma das quais foi o barco de fundo chato do inventor Andrew Higgins, originalmente concebido para utilização nas baías pantanosas de Everglades na Flórida. Sua versão posterior, a lancha de desembarque de pessoal (Landing Craft Vehicle Personnel, LCVP), levaria centenas de milhares de soldados e fuzileiros navais para as praias a partir de 1942.

Aqui surgem dois pontos um tanto contraditórios. O primeiro é que esse não era um sonho em evolução para os fuzileiros, mas sim a busca de uma doutrina à frente de seu tempo, várias vezes interrompida e com frequência suspensa. Não era apenas o fato de que havia pouco dinheiro para o desenvolvimento dessa forma de mecanismo bélico ou dos inúmeros obstáculos colocados por alguns setores do Exército, da Marinha e até mesmo dos fuzileiros; a realidade é que a escassez de recursos, além de outras exigências militares, mais as políticas de isolamento, com frequência paralisavam todo o projeto — operações na China e na Nicarágua ocuparam muitas unidades ativas do Corpo de Fuzileiros por longos períodos de tempo. Durante quase toda a década de 1930, o manual doutrinário básico tinha o título bem adequado de *Guia experimental para operações de desembarque.* Mesmo no final de 1939 o comandante do Corpo de Fuzileiros concordou que deveria ser salientado o papel defensivo básico dos fuzileiros navais quando fossem solicitados fundos adicionais ao Congresso, uma vez que as forças expedicionárias seriam vistas como "intervencionistas".[28] O aspecto mais positivo, contudo, foi que, depois de estabelecida uma doutrina de guerra anfíbia e com a Junta de Planejamento do Estado-Maior convencida do papel essencial do Corpo de Fuzileiros para sua implementação, sua sobrevivência estaria assegurada mesmo quando faltassem as ferramentas de guerra. Era necessária apenas uma postura mais agressiva do Eixo, com o consequente aumento da preocupação popular — dois fatores que logo mais se materializariam. Todas as organizações militares saem ganhando quando surgem inimigos — sejam eles concretos ou apenas perceptíveis.

No entanto, é claro que havia um segundo exército anfíbio no Pacífico durante essa guerra, a saber, o próprio Exército americano. Isso é facilmente explicado pelo fato de que o Exército já se encontrava de forma significativa naquela zona de operações, isto é, nas Filipinas e no Havaí, quando os japoneses atacaram em dezembro de 1941. A presença de MacArthur, o fato de que ele insistia em liderar a resposta aliada contra o Japão e o dado igualmente importante de que o Estado-Maior não o queria em nenhum outro lugar, tudo isso significava que um número considerável de divisões do Exército seria enviado ao Pacífico. Havia também a questão de ordem prática de que o Corpo de Fuzileiros, mesmo estando em rápida expansão, era pequeno demais para se encarregar de todo o combate em terra no Pacífico. Como nem a Marinha nem o Exército iriam permitir que a outra unidade militar tivesse o comando supremo dessa enorme área, foi feito um acordo: MacArthur administraria o novo Comando do Sudoeste do Pacífico, um empreendimento em sua maior parte pertencente ao Exército (embora com consideráveis elementos aéreos e navais), e Nimitz administraria o Comando do Pacífico Central como um feudo da Marinha americana, embora com uma participação importante do Exército. Era um tanto esquisito — eles não gastariam mais tempo competindo por recursos do que unidos para derrotar o Japão? Foi o que Churchill indagou em Casablanca —, mas no fim funcionou.

Não foi fácil para o Exército. Toda uma geração de oficiais e oficiais não comissionados cujo foco sempre fora o estilo de luta europeia precisava pensar agora em usar lanchas de desembarque em vez de batalhões de tanques pesados. Algumas unidades tinham começado a experimentar técnicas de guerra anfíbia no final dos anos 1930 (principalmente atravessando rios), mas era difícil para um oficial do Exército pensar que precisava aprender com os fuzileiros navais, ou pedir equipamento emprestado, ou em algumas ocasiões estar sob as ordens de um general do Corpo de Fuzileiros. E em termos absolutos, a expansão do Exército em números depois de dezembro de 1941 era muito maior do que em qualquer outra unidade militar, que ficava limitada por ter muitas de suas divisões de luta inexperientes ao lado dos "mais experientes fuzileiros navais de Primeira ou Segunda Divisões" (como na campanha das Marianas). Mas o Exército aprendeu depressa esse desafio de lutar ao longo dos recifes de coral. A apoteose veio provavelmente na grande batalha por Okinawa, na qual em 1º de abril de 1945, duas divisões dos fuzileiros navais e duas do Exército (protegidas, vale dizer, por mais de quarenta porta-aviões de diferentes tipos) chegaram em terra juntas, perto da pequena ilha de Hagushi. Para a defesa japonesa, não importava a qual unidade militar inimiga pertenciam os batalhões que se aproximavam em navios e embarcações de desembarque similares. Os invasores eram todos parte de uma enorme força anfíbia vinda do mar para a terra.[29]

CONTROLANDO OS OCEANOS E OS CÉUS

Todos os tipos de aviões contribuíram para o aumento do controle americano dos céus do Pacífico ocidental de 1943 em diante, e seria errado não reconhecer a importância dos esquadrões de P-38 Lightning, P-47 Thunderbolt, bombardeiros médios B-25 *Mitchell*, B-24 Liberator e assim por diante. Ainda é justo argumentar que as duas maiores contribuições para obter a supremacia aérea sobre o Japão naqueles espaços imensos a oeste do Havaí e ao norte da Nova Guiné — uma distância muito maior do que aquela da Irlanda até a Ucrânia — foram os porta-aviões da classe Essex e os caças F6F Hellcat, incumbidos de decolar daqueles navios de guerra. Eles romperam o equilíbrio em parte porque vieram a ser usados naquele ano crítico de meados de 1943 ao início de 1944, exatamente quando o contra-ataque americano ganhava velocidade, mas também porque eles se complementavam, o Hellcat sendo um grande defensor do sistema de porta-aviões que o tinha lançado, além de representar algo terrível para o inimigo.

A história da evolução dos rápidos porta-aviões americanos reporta-se ao início dos anos 1920. Observadores americanos ficaram profundamente impressionados pela ação original da Marinha britânica de transformar velhas embarcações, tais como cruzadores construídos pela metade, de navios de guerra em *flattops* — embarcações despojadas de toda a sua superestrutura, tornando-se navios de decolagem horizontal e de aterrissagem que liberariam combatentes, bombardeiros de grande altitude, bombardeiros de torpedo, bombardeiros de mergulho, os quais podiam voar centenas de quilômetros até atingir os navios do inimigo e então retornar à embarcação-mãe. O renomado almirante William Slim, em geral reconhecido como o pai dos porta-aviões americanos, relatou a um comitê do Congresso no início de 1925: "Uma frota cujos porta-aviões controlem o espaço aéreo inimigo pode derrotá-lo [...]. O porta-aviões rápido é o navio do futuro".[30]

Enquanto o porta-aviões britânico ficava para trás durante os anos entre as duas grandes guerras, no Japão e na América — nenhum deles tinha uma Força Aérea independente como uma "terceira força" — a Força Aérea da Marinha avançava, apesar dos preconceitos habituais dos almirantes superiores que eram a favor dos couraçados. Os quilômetros intermináveis de oceano para além das cidades da costa litorânea alimentavam a necessidade de ter porta-aviões e aeronaves em alto-mar para proteção a longa distância de seus respectivos países. Do início até meados dos anos 1930, preocupados com um ataque repentino, alguns oficiais na Marinha japonesa lutaram pela abolição universal dos porta-aviões, temendo que esse sistema revolucionário de armamentos pudesse causar mais estrago sobre o Japão do que sobre os outros países — como de fato aconteceu. Mas a ideia foi rejeitada nas negociações de desarmamento naval internacional dos anos 1920, e o Japão sentiu que tinha pouco a fazer a não ser construir mais porta-aviões e melhores aeronaves.

A Força Aérea naval japonesa e seus planejadores eram muito bons, e sua capacidade de pegar um plano ocidental e aperfeiçoá-lo era notável. Em 1930 seus estaleiros tinham produzido o Akagi (que levava sessenta aviões) e o Kaga (que levava 72), ambos extremamente rápidos e espaçosos; não havia nada igual a eles no Ocidente, embora os Estados Unidos estivessem cada vez mais perto da tecnologia japonesa. No final daquela década, os primeiros mas já eficientes protótipos estavam sendo reforçados pelos Soryu, Hiryu, Shokaku e Zuikaku; e mais porta-aviões estavam por vir. O responsável ultraeficiente da Agência Aeronáutica da Marinha, almirante Isoroku Yamamoto, e o dinâmico comandante da ala aérea, Minoru Genda (que mais tarde iria liderar o ataque a Pearl Harbor), pressionaram para que os porta-aviões fossem liberados de seu papel original e estático de defesa para outra função, mais agressiva e versátil. Yamamoto também pressionou para o aumento da produção de aeronaves japonesas mais novas, em especial o formidável Mitsubishi Zero. No início de dezembro de 1941, quando seus seis grandes porta-aviões atacaram Pearl Harbor, foi a melhor força naval de porta-aviões rápidos que o mundo já tinha visto.[31]

Mas a guerra tinha apenas começado, e os americanos voltariam com seus porta-aviões em tais números que desafiariam a imaginação. A Marinha americana também, assim como a britânica e a japonesa, tinha se debatido com o que se tornou o maior problema de material técnico-logístico, isto é, se o poder, velocidade, tamanho e forma de todos os aviões nos anos 1920 e 1930 estavam sendo aperfeiçoados, plataformas muito maiores para os porta-aviões seriam necessárias, maiores espaços de armazenamento para deixar os aviões, mais estoques de combustível, sistemas de proteção antiaérea aprimorados, muito mais espaço para tripulações extremamente ampliadas e assim por diante. Era necessário um navio que tivesse pelo menos 260 metros de comprimento e dotado de um sistema poderoso de propulsão, suficiente para movimentar a embarcação gigante em altas velocidades (acima de trinta nós, 55,5 quilômetros por hora) por dias, até mesmo semanas. Os projetistas deveriam refletir sobre os desafios de criar uma plataforma estanque para aterrissagem e decolagem que se mantivesse estável em todas as condições de tempo e quando carregada com mais de 5 mil toneladas de avião e combustível. Por fim, as enormes perdas sofridas pela Marinha britânica devido aos ataques da Luftwaffe nas campanhas da Noruega e de Creta foram um grito de alerta para os planejadores do Almirantado para dobrar ou mesmo triplicar o número de armas antiaéreas (e tripulação) a bordo dos navios. Tudo isso foi feito para sistemas de armamentos muito complexos e caros.

Por essa razão a Marinha americana estava pedindo ao presidente e ao Congresso que dessem uma enorme injeção de fundos visando à vasta expansão do poderio militar-naval-aéreo. E no final dos anos 1930 a máquina política, preocupada, respondeu devagar, mas de forma definitiva, pois as nuvens da guerra se aproximavam. Não foi difícil para a Marinha sugerir que os porta-aviões rápidos, independentes da frota de batalha mais vagarosa, poderiam manter distantes as forças hostis ao seu país. Mesmo os isolacionistas americanos aceitaram esse argumento. Com todo o dinheiro novo sendo despejado sobre aviões e navios, a capacidade produtiva de um continente inteiro começou a sair da Depressão e assim o fez, com grandes reservas de material bruto, básico, e mão de obra qualificada. Dessa forma, uma classe completa de novos e maiores porta-aviões seria construída, como participante um tanto tardia na guerra, porém não atrasada demais.

Em geral dois dos sete porta-aviões de esquadra ficavam estacionadas no Atlântico antes e mesmo depois de Pearl Harbor; o *Wasp*, num breve empréstimo, ajudou os britânicos a navegar em direção ao leste de Gibraltar, e Spitfires voaram para reforçar Malta. As outras cinco frotas estavam no Pacífico ou, se não ficassem nos portos da costa oeste, operavam fora de Pearl Harbor — felizmente, elas estavam ausentes no dia 7 de dezembro de 1941. Com cinco couraçados afundados em seus ancoradouros, e outros danificados, o que restou dos navios de guerra da Marinha foi levado para a Califórnia. Portanto, os primeiros confrontos na Guerra do Pacífico no lado americano foram sustentados por aqueles porta-aviões de antes da guerra, cujos nomes são hoje saudados na história: *Lexington, Saratoga, Yorktown, Enterprise* e *Hornet*.

Esses navios certamente reduziram os avanços japoneses, mas a um custo terrível. O *Lexington* afundou depois de sofrer pesados danos na Batalha do mar de Coral em maio de 1942, e o *Yorktown* foi destruído no grande conflito em Midway no mês seguinte. Logo depois, o *Wasp* foi torpedeado durante uma escolta para Guadalcanal, o *Hornet* despedaçado pelos bombardeiros durante a Batalha de Santa Cruz, e o *Enterprise* se desgastou com o trabalho e as lutas, sendo enviado aos estaleiros para recuperação. Durante algum tempo no início de 1943, a Marinha americana tinha apenas um porta-aviões operando no Pacífico, o USS *Saratoga*, até ele ser reforçado, de maneira notável, pelo novo e rápido porta-aviões britânico HMS *Victorious* — uma boa compensação para o empréstimo americano do *Wasp* ao comboio de escolta no Mediterrâneo. As duas embarcações trabalharam bem juntas, com seus aviões utilizando de modo intercambiável uma ou outra plataforma.[32]

Contudo, mudanças estavam por vir. Havia e há muitos assim chamados "momentos decisivos" na Guerra do Pacífico, variando de Midway e Guadalcanal ao golfo de Leyte, mas um competidor forte e menos conhecido é o dia 30 de maio de 1943, data em que o USS Essex avançou pela entrada de Pearl Harbor. Ele foi o primeiro dos porta-aviões novos em folha, resistentes, poderosos e sofisticados que deixaram uma imensa marca na história dessa guerra do grande oceano. O novo Yorktown (seguindo a tradição da Marinha dos Estados Unidos de transferir para uma embarcação recém-lançada o nome de um navio perdido em batalha) chegou no fim de julho, juntamente com a primeira leva de novos porta-aviões mais leves. Mas foram os porta-aviões da Classe Essex que tomaram conta da cena.[33]

Os planejadores e construtores tinham feito milagre, se considerarmos o fato de que essa era a primeira embarcação de um projeto quase revolucionário (sistemas de controle de artilharia com radar, hangares blindados, elevadores laterais para economizar espaço, turbinas enormes para alimentar uma velocidade de mais de 55 quilômetros por hora, de noventa a cem aviões). Sua quilha foi batida em julho de 1941, ele foi lançado em julho de 1942 e comissionado em dezembro de 1942. Outros 31 dessa categoria, os últimos com instalações aperfeiçoadas, foram encomendados, com 24 estaleiros navais gigantescos mobilizados para produzir a nova Marinha da América.* Esse reforço veio na hora certa. O novo Yorktown chegou a Pearl Harbor menos de quatro meses antes da Operação Gilbert.

Os novos porta-aviões estavam indo para o Comando do Pacífico Central de Nimitz, e não para o sudoeste do Pacífico, para a consternação do almirante Halsey, que possuía uma frota bastante sólida de navios de guerra e cruzadores, mas ainda fraca quanto ao poder dos aviões, quando ele se empenhou no apoio à ofensiva do Exército e da Marinha através do arquipélago de Bismarck e da ilha de Nova Guiné. Numa visão mais ampla, todavia, a relativa interrupção nos combates do Pacífico central deu aos almirantes e planejadores americanos no Havaí tempo para experimentar uma nova filosofia para porta-aviões. Fugindo à regra de que os porta-aviões americanos (cada um deles, é claro, com escoltas) deveriam operar de forma individual — para evitar que um grupo inteiro fosse afundado de uma só vez, como acontecera com os japoneses em Midway —, os

---

* Na verdade, apenas 24 porta-aviões foram terminados; as outras encomendas foram canceladas, pois o fim da guerra se aproximava. Assim como com o B-29, e diferentemente do magnétron, havia grandes equipes de engenheiros envolvidas, não um único grupo. (N. A.)

mais ambiciosos oficiais, pensando no poder aéreo, argumentaram que era precisamente agrupando aqueles navios que a força da Marinha ficaria maior: centenas de aeronaves saindo de muitos porta-aviões poderiam aplicar um golpe a um alvo inimigo ou a uma frota muito maior do que um único porta-aviões; além disso, eles se reforçariam ao confrontar qualquer ataque aéreo dos japoneses.

Essa mudança de filosofia foi de início testada em ataques rápidos, seguidos de fuga, sobre alvos menores em vez de ter como alvo uma força maior do inimigo ou uma base grande como Rabaul. Era uma ação inteligente, já que tanto os porta-aviões como a maioria das tripulações ainda não tinham passado por um teste, diferentemente do que ocorria com os Hellcat e grande parte de seus pilotos. Assim como o movimento cuidadoso do duque de Wellington na campanha para reconquistar a Espanha em 1808-14, Nimitz também queria avançar com cautela pelo Pacífico, sempre com muito espaço para recuar. Em 31 de agosto de 1943, a Força Tarefa 15 (TF 15), criada com base nos novos Essex e Yorktown, e o porta-aviões mais leve *Independence*, sob a proteção de um rápido couraçado, dois cruzadores e dez contratorpedeiros, desferiram ataques a aeroportos e instalações japonesas na ilha Marcus, uma pequena base muito mais próxima do Japão do que do Havaí. Depois das primeiras incursões pela manhã os ataques não prosseguiam e o comandante da força retornava com seus navios ao Havaí com a maior rapidez, mas a ideia era exatamente essa: atacar e fugir. No dia 1º de setembro um outro grupo com base em dois porta-aviões leves atacou a ilha Baker a leste das ilhas Gilbert, com ofensivas aéreas seguidas pela ocupação e construção de uma base aérea americana. Aqueles dois porta-aviões (*Princeton* e *Belleau Wood*) uniram-se ao novo *Lexington* num grupo reformulado de TF 15 e atacaram Tarawa nas ilhas Gilbert em 18 de setembro.

O último ataque não teve sucesso: a camuflagem inimiga em Tarawa frustrou a maioria dos bombardeios, dando motivos para o Quartel-General Imperial japonês entender que eles tinham um outro problema a resolver além de evitar o avanço de MacArthur para a grande base de Rabaul. A guarnição das ilhas Gilbert recebeu ordens para se defender até a morte, o que foi um tanto assustador para os fuzileiros invasores, especialmente porque as fotografias aéreas não haviam localizado os recifes de Tarawa nem os diversos locais de defesa camuflados. Numa visão geral, esses ataques em pequena escala foram operações de ensaio úteis para as tropas americanas, seus oficiais, a equipe de planejadores, além de confirmarem o argumento maior de que avançar em direção ao Japão ao longo de dois eixos era, pelo menos àquela altura, a melhor coisa a fazer. O experimento final, um ataque de aviões saídos de seis porta-aviões sobre a ilha Wake em 5 de outubro de 1943, projetado para forçar os Zero lá baseados a entrar em combate, para então serem derrubados pelos novos Hellcat, permitiu também que o comandante do TF 14 experimentasse trabalhar com seis porta-aviões juntos ou separando-os em subgrupos.[34]

A batalha nas ilhas Gilbert por Tarawa e Makin, de menores dimensões, em novembro de 1943, é justamente lembrada como um esforço dos fuzileiros, mas poderia ter sido muito pior para eles sem a intervenção dos grupos de porta-aviões protegendo esses desembarques anfíbios. O poder aéreo terrestre que trabalhara tão bem nas ofensivas sob as ordens de MacArthur e Halsey no litoral norte da Nova Guiné não conseguiu mostrar-se tão eficiente na Micronésia, porque não havia ilhas em número suficiente para ser convertidas em bases viáveis de bombardeiros, e as distâncias entre elas eram imensas. Os velozes grupos de porta-aviões, portanto, precisavam assumir a principal responsabilidade pela proteção aérea, e não apenas pela operação nas ilhas Gilbert, mas também pelos ataques posteriores às ilhas Marshall, Carolinas e Marianas; os porta-aviões, como escreve o grande historiador da Guerra do Pacífico, foram a "pedra fundamental" das operações.[35] Nesse estágio, seis porta-aviões da Classe Essex e outra meia dúzia da Classe *Independence*, menores, tinham chegado ao Pacífico. É impressionante: em janeiro a Marinha americana tinha colocado um único porta-aviões em funcionamento efetivo nessas águas, e em novembro tinha uma armada. A maré estava mudando muito rapidamente.

Na verdade, as grandes batalhas pelo domínio do espaço aéreo não ocorreram sobre as próprias ilhas Gilbert, mas sim ao sudoeste, onde pouco tempo antes o TF 38 de Halsey, com o vagaroso Saratoga e o juvenil Princeton, seguidos poucos dias mais tarde por um reforço de três porta-aviões (TF 50.3) sob o comando de Nimitz, devastaram um grande número de cruzadores e contratorpedeiros japoneses em Rabaul e danificaram metade das aeronaves saídas dos porta-aviões para reforçar as bases de aterrissagem. Quando 120 atacantes japoneses da base terrestre desceram sobre o TF 50.3, foram derrotados em menos de uma hora. Esquadões Hellcat de patrulha aérea, mais os mortais detonadores de proximidade dos novos canhões de 12,5 centímetros a bordo dos porta-aviões, foram capazes de se defender contra o ataque aéreo maciço mesmo sem contar com a proteção de couraçados e de cruzadores.[36]

Assim, quando os fuzileiros navais combatiam de uma ilha para outra nas ilhas Gilbert em novembro de 1943, um enorme guarda-chuva aéreo de porta-aviões entrou em ação. Vale a pena recontar os números, em parte porque essa foi a primeira das operações intermilitares coordenadas do Pacífico Central, e também porque foi o padrão das operações que se seguiriam. A força terrestre para Tarawa foi acompanhada por três couraçados, três pesados cruzadores, cinco porta-aviões de escolta (para atacar alvos em terra de um navio perto da costa), e 21 contratorpedeiros; em Markin, no norte, o acompanhamento foi feito por quatro couraçados, quatro pesados cruzadores, quatro porta-aviões de escolta e treze contratorpedeiros. O mais importante de tudo é que um grupo de quatro velozes porta-aviões das forças-tarefa — treze porta-aviões ao todo — deram proteção rondando os grandes mares, atacando outras bases japonesas e ocasionalmente retornando para lançar ataques aéreos em apoio às aterrissagens. A luta terrestre era terrível, mas o controle naval americano nunca se sentiu inseguro.

O domínio aéreo sobre as ilhas Gilbert estava garantido, não apenas porque as forças americanas se concentraram lá, mas também pelo que havia ocorrido no sudoeste do Pacífico. As forças de MacArthur que conquistaram Rabaul e as enormes e dolorosas batalhas aéreas sobre aquelas ilhas não apenas confundiram os almirantes e planejadores japoneses, mas diminuíram muito a quantidade de seus aviões disponíveis e (o mais importante) de seus pilotos, muitos deles ansiosos para lutar. Mas, sem o poder aéreo, aqueles grandes couraçados dos últimos dias já não podiam atacar de maneira decisiva. Como poderiam, se a base terrestre do poderio aéreo japonês enfraquecia com rapidez e se a maioria dos porta-aviões restantes tinha tripulações inadequadas e pouco treinadas?

O parceiro de batalha dos porta-aviões Classe Essex era o *Grumman* F6F Hellcat, um monomotor de grande vigor, resistente e veloz. Era costume uma frota de porta-aviões preparada entrar em ação com 36 caças (os Hellcat) para dar suporte a 36 bombardeiros de mergulho (sb2C *Helldiver*) e dezoito aviões aerotorpedeiros (TBF *Avenger*), proporcionando defesa aérea para os navios de guerra, caso os aviões japoneses contra-atacassem.

Os bombardeiros de mergulho e os aerotorpedeiros têm lugar importante na luta no Pacífico entre 1943 e 1945, mas o F6F desempenhou um papel fundamental. Ele foi projetado pelos engenheiros Grumman para substituir o anterior F4F Wildcat, um resistente e confiável avião de combate que podia absorver uma grande quantidade de danos e ainda assim voltar à base. Como em 1941 todas as forças aéreas estavam aumentando a velocidade, a potência e a capacidade de disparos de seus aviões — os mais novos Spitfire, Mosquito, os 190, Thunderbolt, Typhoon —, era aconselhável que Grumman fizesse o mesmo. Batalhas aéreas entre os Wildcat e Zero no primeiro ano da guerra foram um enorme aprendizado para os americanos porque o avião japonês tinha mais mobilidade e era mais rápido na subida. Mas Grumman e a Marinha americana tinham avançado mesmo antes das hostilidades; o contrato do F6F foi assinado em junho de 1941, o motor original Wright foi trocado pelo Pratt e Whitney Double Wasp (mais poderosos) logo depois, e o primeiro avião daquele tipo teve seu voo inaugural em 30 de julho de 1942.[37] São notáveis os paralelos com a história quase contemporânea do motor do Rolls-Royce Merlin substituindo o menos poderoso Allison no P-51 Mustang (ver capítulo 2).

O Hellcat tomou emprestada e aperfeiçoou a blindagem defensiva do Wildcat: a cabine do piloto, o para-brisa, o motor e os tanques de combustível receberam forte proteção, fazendo com que ficasse difícil abatê-lo. (Um avião, depois de uma luta intensa em Rabaul, voou de volta para seu porta-aviões com duzentos buracos de balas na fuselagem.) Mas a grande diferença agora estava no fato de que o novo avião subia melhor, mergulhava melhor e manobrava melhor do que qualquer avião japonês, mesmo o Zero, que estava começando a ficar para trás na corrida pelo espaço aéreo e poder de fogo. Os primeiros *Hellcat* juntaram-se aos Essex em fevereiro de 1943 e eram capazes de aproveitar a calmaria do Pacífico Central para dedicar-se a experiências intensivas com seus recursos aperfeiçoados. Em 23-24 de novembro, quando a operação Gilbert estava em curso, dizia-se que os Hellcat haviam abatido trinta Zero, perdendo apenas um avião. Não por acaso, a maioria dos aviões japoneses destruídos mais tarde na Batalha do Mar das Filipinas foram vítimas da superioridade do Hellcat no ar, como haviam sido aqueles derrubados sobre Rabaul, nas Filipinas, Iwo Jima e Okinawa. A essa altura as forças aéreas japonesas, como a Luftwaffe, tinham poucos pilotos com grande experiência em combate, mas a diferença em número de vítimas permanece espantosa. Por outro lado, os planejadores americanos no final de 1944 já queriam saber se na verdade estavam recebendo um número *excessivo* de tripulação altamente treinada.

Os F6F Hellcat decolaram para combate mais de 66 mil vezes durante a guerra, em quase todas as ocasiões de plataformas dos porta-aviões, e abateram 5163 aviões inimigos, perdendo apenas 270 de suas máquinas. Não havia em outro lugar nada igual a isso na guerra. De acordo com os levantamentos de um estatístico, os Hellcat contabilizavam 75% de todas as vitórias aéreas registradas pela Marinha americana no Pacífico. Esse avião resistente e flexível — dos quais foram construídos um total de 12 275 — provou adaptar-se perfeitamente ao arsenal preparado para derrotar o Império Japonês.[38]

Assim o cenário estava preparado para o próximo ato, as operações intermediárias de 1944 — aquelas através e ao redor dos grupos de ilhas Marshall e Carolinas —, antes do culminante ataque sobre as Marianas.[39] É interessante notar que quanto mais os americanos avançavam através dos remotos atóis da Miocronésia (tão diferentes das campanhas nas águas mais fechadas do sudoeste do Pacífico), menos obstruídos eles eram pelo poder aéreo japonês. Nenhum dos aviões japoneses em base terrestre podia ir muito longe na imensidão do Pacífico Central, e as tentativas de seus aviões de interromper as operações anfíbias enfrentavam perigos óbvios — exaustão por se esconderem dos submarinos americanos, e pesados contra-ataques vindos de bandos de aviões operando uma dúzia ou mais porta-aviões inimigos.

A apoteose do papel decisivo dos rápidos porta-aviões americanos na Guerra do Pacífico foi no dia 19 de junho de 1944, no confronto entre as frotas japonesas e americanas a caminho do oeste de Saipan, em cujas praias as forças anfíbias estavam desembarcando e lutando em direção ao interior da ilha. O episódio é oficialmente chamado de Batalha do Mar das Filipinas, porém, para os pilotos dos porta-aviões, trata-se de "O tiro ao pato nas Marianas".[40] Essa batalha de poder aéreo naval de longa distância foi uma reafirmação de Midway e da decisão estratégica de atravessar o Pacífico central com porta-aviões e forças anfíbias. Tanto na época como mais tarde, o almirante americano Raymond Spruance foi duramente criticado por adotar um plano tático cauteloso demais — como Jellicoe em Jutlândia, segundo um crítico —, enviando suas frotas a oeste das Marianas durante o dia, trazendo-as de volta para mais perto das ilhas durante a noite.[41] Isso não parece justo, já que proteger as forças anfíbias em Saipan (onde Spruance aterrissou de forma apressada sua divisão reserva quando o serviço de informação lhe informou que as forças navais japonesas tinham deixado suas bases) era sua primeira prioridade, *e não* afundar um ou três couraçados inimigos; isso poderia esperar.

Nos enormes ataques e contra-ataques aéreos que se seguiram, as embarcações de superfície da Marinha japonesa foram outra vez castigadas pelo grupo dos rápidos quatro porta-aviões de Mitscher. Numa visão geral, o Japão perdeu cerca de 480 aviões, ou perto de três quartos daqueles que utilizou. A essa altura, o desequilíbrio era surpreendente: os japoneses sofreram perdas aéreas dez vezes maiores que os americanos. A perda de pilotos treinados, somada aos já mortos em Rabaul, era irrecuperável, e a grande frota de batalha do Japão parecia mais e mais uma anomalia. O sonho de Yamamoto de punir a América e forçá-la a aceitar o domínio japonês do Leste Asiático tinha desaparecido. Aquele extraordinário conjunto de aviadores navais, que haviam devastado Pearl Harbor e enviado o *Prince of Wales* e o *Repulse* para o fundo do oceano em poucas horas, estava agora destroçado.

Poderia-se argumentar que essa batalha de junho pelos porta-aviões era mais importante estrategicamente do que a própria Batalha do Golfo de Leyte (outubro de 1944), embora lá um número ainda maior de navios de guerra e aviões estivesse envolvido de ambos os lados, mas numa posição menos significativa. Embora as análises deste livro não passem da captura das Marianas, vale a pena notar que a estratégia das forças americanas para repelir qualquer invasão das Filipinas — o Plano Sho-I — repousava sobre a força do porta-aviões do almirante Ozawa atraindo as forças-tarefa dos porta-aviões americanos, muito maiores, para o norte, e longe dos grandes couraçados, seguindo com cautela através de vários estreitos para surpreender e eliminar o desembarque anfíbio em Leyte. E a força de Ozawa era um verdadeiro engodo, pois em novembro de 1944 ela possuía apenas cem aviões e quase nenhuma tripulação aérea bem treinada. Provavelmente os almirantes dos couraçados da Marinha japonesa não se importavam em usar as embarcações de Ozawa para atrair a atenção dos americanos, pois se o plano de dissimulação funcionasse bem, eles finalmente conseguiriam a vitória decisiva. Como se verificou, e embora os americanos (em especial Halsey) tenham sido enganados no início pelo estratagema, eles tinham recursos suficientes para ferir a Marinha japonesa imperial em todos os fronts. Os quatro porta-aviões de Ozawa foram para trás, assim como três couraçados e nove cruzadores. Era outubro de 1944, e a posição do Japão estava desmoronando.

Os navios e a tripulação dos esquadrões de apoio deram suporte aos porta-aviões em todas essas campanhas. Assim como César precisava de seu cozinheiro na conquista da Gália, flotilhas rápidas e amplas que surgiram em Pearl Harbor precisavam de seu equivalente moderno, um comboio muito bem equipado de navios de suprimento e, em especial, os velozes petroleiros especificamente projetados sem os quais Spruance, Halsey, Mitscher e os outros teriam ficado com um raio de ação muito mais reduzido. Minicomboios de tanques, fortemente monitorados pelos contratorpedeiros de escolta, estavam sempre no mar, a uma distância relativamente curta das principais forças de batalha. Os historiadores militares não prestam muita atenção a esses petroleiros, mas eles, assim como qualquer outra peça de jogo de quebra-cabeça, contribuíram para a derrota da tirania da distância. Para o constrangimento da Marinha real, descobriu-se que quando ela por fim enviou seus modernos navios de batalha e porta-aviões para o Extremo Oriente em 1944-5, tinha, em comparação, uma Marinha de "pernas curtas". Seus ataques sobre as instalações na Birmânia e nas Índias Holandesas do leste iam bem, mas sua escassa capacidade de reabastecimento (e por isso sua necessidade de ajuda americana) para operações mais amplas no Pacífico permitiu ao almirante King vetar suas operações naquelas águas até bem mais tarde na guerra. O Almirantado tinha, afinal, navios projetados para lutar perto das costas da Noruega e no Mediterrâneo, enquanto os americanos apostaram numa guerra oceânica maior — e venceram a aposta.[42]

A PÁTRIA JAPONESA DIMINUÍDA

A captura das ilhas Marianas não teria significado tanto na Guerra do Pacífico se não tivesse sido pelo esforço americano — separado, mas em conexão com o desenvolvimento da maior de todas as estratégias de longo prazo de bombardeiros dos Aliados —, o B-29 Superfortress. Esse avião extraordinário foi a apoteose da crença de Mitchell-Trenchard de que "o bombardeiro sempre dava a volta por cima", não porque lutaria de sua maneira contra aviões de combate em alvos escolhidos, como na Europa, mas porque voaria mais alto e mais rápido do que qualquer aeronave de defesa japonesa pudesse alcançar. O B-29 pesava duas vezes mais que o B-17 ou o *Lancaster* e, com uma cabine pressurizada, sua tripulação podia voar a altitudes elevadas numa velocidade de 560 quilômetros por hora — alcançá-lo esgotaria os tanques de combustível dos aviões de defesa —, descarregando uma enorme quantidade de bombas pesadas, fragmentadas ou incendiárias sobre a infeliz população lá embaixo; era uma brutal devastação aérea. A maioria dos atos históricos dos B-29 envolveu o lançamento de bombas atômicas em Hiroshima e Nagasaki, que finalmente induziram a liderança militar japonesa "linha-dura" à rendição, mas seu ato mais destrutivo foi o bombardeio de fogo de Tóquio, em voo baixo, em março de 1945, que matou 130 mil pessoas, logo depois que os bombardeiros anglo-americanos tinham infligido um enorme número de vítimas em Dresden. Entre 1940 e 1942, com frequência diante de uma fila de casas incendiadas no leste de Londres, Winston Churchill advertiu os poderes do Eixo de que a vez deles chegaria. Mas, mesmo ele, com sua imensa imaginação, não tinha ideia do tamanho das futuras devastações aéreas.

De onde vieram os B-29?[43] As especificações para esse enorme avião já tinham sido emitidas em 1938-9 — assim como muitos outros sistemas de armamento que associamos com os anos do meio da guerra: bombardeiros *Lancaster*, Spitfire, tanques Sherman, lanchas de desembarque e os T-34, todos precisando de tempo para ser testados e desenvolvidos antes de serem utilizados. Na Segunda Guerra Mundial, bombardeiros pesados foram aos poucos tomando o lugar dos couraçados e cruzadores na pressão econômica sobre o inimigo, mas eles também levavam quase o mesmo tempo que um navio de guerra maior para ser projetado e construído. A história do Superfortress é um exemplo dessa lei perturbadora porém natural: quanto mais sofisticado é o instrumento a ser construído, maior será o número de problemas.

A enorme envergadura dos B-29 de 41 metros, pesando na decolagem 55 toneladas, levava implicações para o projeto da base aérea e da amplitude e comprimento da pista. Em sua maioria, os aeroportos, incluindo todos aqueles da Europa, eram pequenos demais para aceitá-lo; assim ele só poderia ser utilizado em terrenos novos e artificiais que seriam construídos nos atóis do Pacífico. Mas os desafios à engenharia nessas construções não se comparavam com a tarefa de construir a própria fera. Para decolar tal peso do chão e depois voar a 10 mil metros de altura eram necessários aparelhos de tecnologia extraordinária — quase todos ainda não testados —, o que exigia ainda mais da engenhosidade das equipes com projeto e desenvolvimento soberbos do Boeing. (E eram muitas equipes, dúzias e dúzias delas; no caso, nada de um único projetista superdotado, como ocorreu com Barnes Wallis para o Wellington.) Por exemplo, como exatamente construir uma cabine pressurizada para uma aeronave tão comprida quando ela levava tripulação tanto no nariz como na parte de trás, sendo que um setor central de onde a bomba seria lançada não poderia ser pressurizado? Não é difícil entender por que se levou tanto tempo para descobrir uma solução ainda não perfeita de todo, um longo e pressurizado "túnel de rastejar" sobre as baías da bomba. Como se aperfeiçoou o revolucionário sistema central de controle de fogo (Central Fire Control System, CFCS), dirigido por um computador análogo que se adaptava às variações do vento, da gravidade, velocidade do ar e assim por diante?[44]

O maior problema que os engenheiros e empreiteiros do Boeing enfrentaram foi com os próprios motores do Wright R-3350. Os primeiros eram todos inadequados e não inspiravam confiança. O contraste com o Merlin no Mustang e o Pratt & Whitney no Hellcat é intrigante. Naqueles casos, o excelente motor de reposição resolveu o problema de colocar em movimento uma aeronave potencialmente maravilhosa. Nesse caso, o B-29, um vigoroso e fantástico instrumento de guerra, tinha que superar não apenas os desafios de ordem técnica (como a cabine de pressurização), mas também o fato de que era de baixa potência e tinha baixo desempenho. A capota do motor Wright para o B-29 estava errada, as abas estavam erradas e os motores poderiam se aquecer demais e pegar fogo. O segundo protótipo pegou fogo durante um teste e colidiu com uma processadora de carne nas redondezas, com vítimas em massa, incluindo toda a tripulação. Quanto maior era a pressão para conseguir um avião perfeito, maiores e mais sérios eram os fracassos. Engenheiros da gigantesca fábrica Wichita, recebendo a encomenda de aperfeiçoar e completar quatro grupos, referiram-se ironicamente ao trabalho como sendo a "Batalha do Kansas". Eles não estavam errados. Não estavam exagerando. Travou-se uma séria discussão sobre cancelar o programa antes que Hap Arnold — como vimos, desesperado com as inadequações do bombardeio estratégico dos Aliados na Europa e agarrando-se a qualquer coisa — ordenou que o trabalho continuasse. Dezembro de 1943 e janeiro de 1944 foram um período crítico para os bombardeios estratégicos dos Aliados.

O trabalho de fato prosseguiu e obteve sucesso no desenvolvimento dos aviões, devido a centenas de pequenos ajustes feitos pelos engenheiros do Boeing. Os pilotos, com frequência assustados, perto do desespero, descreveram os primeiros vinte segundos de voo depois da decolagem como sendo "uma luta urgente pela velocidade", pois os tripulantes torciam para que a enorme aeronave ganhasse altitude.[45] Algumas vezes suas orações não foram atendidas; vários deles caíram assim que deixaram Saipan porque um motor falhou enquanto o avião, muito pesado, se esforçava para ganhar altitude. De fato, foi só depois de 1945 que um motor Pratt & Whitney bem melhor resolveu esse problema. Mesmo o famoso *Enola Gay*, quando saiu de Tinian com sua crucial bomba atômica para Hiroshima no dia 5 de agosto de 1945, chegou perigosamente perto de falhar no final de uma pista enorme e cambaleou pela noite.

Depois de ganhar a altura desejada, porém, o B-29 com frequência se tornava intocável e quase indestrutível. Seus problemas estavam nas próprias exigências tecnológicas, e um grande número desses aviões perdeu-se mais por causas operacionais (falha do motor, perda de pressão do ar) do que sendo abatido pelo inimigo. Contudo, depois que três ou quatro grupos aéreos dos Superfortress foram lançados de forma segura, inacessíveis aos aviões inimigos, começou a punição do Japão.

A maior pergunta que os planejadores da Força Aérea tinham era onde colocar essa aeronave gigante. A orientação original de Roosevelt era voar com os aviões fora das bases no sul da China, elas mesmas supridas pelas maiores bases na Índia. A ideia geral simplesmente não funcionaria diante do consumo de energia dos B-29, os quais teriam que voar de Seattle até o Havaí, daí para a Austrália e depois para Assam, superar a cordilheira em direção à base na província de Chengdu e então bombardear o Japão. Mas alguém teria também que levar a Chengdu as bombas, o combustível e a munição das metralhadoras, assim como batalhões de construção, o cimento, as cabanas Quonset, a fiação. Seria como reforçar a campanha italiana dos Aliados voando em aviões da Flórida para a Bahia, daí para Freetown, Cidade do Cabo, Zanzibar, Aden, Cairo e enfim Calábria. Era preciso encontrar um caminho mais curto.

Em junho de 1944 os planejadores americanos sentiram que deveriam tentar a opção da China. Embora os problemas de produção tenham cortado pela metade o número de grupos de B-29 que poderiam ter suas bases fora da Índia, o esquema foi adiante. Em 5 de junho de 1944, 98 B-29 voaram da Índia para atacar as oficinas de reparos de ferrovias em Bangcoc; deve ter sido uma extraordinária surpresa para a guarnição local tailandesa e também para a japonesa. E em 15 de junho de 1944, 47 Superfortress, que tinham de fato voado pelo leste do Himalaia, sendo reabastecidos em Chengdu, bombardearam a

Fábrica Imperial de Ferro e Aço em Yawata — o primeiro ataque no Japão desde a incursão de Doolittle mais de dois anos antes.

Mas junho de 1944 foi também quando os fuzileiros navais, o Exército e os Seabees tomaram as ilhas Marianas, diminuindo assim a necessidade de manter a caríssima e logisticamente tortuosa campanha de bombardear o Japão a partir do sul da China. Estes ataques do B-29 sobre o Japão a partir da província de Chengdu não cessaram imediatamente; eles podiam continuar atingindo o lar do inimigo por mais meio ano antes que as bases das Marianas estivessem prontas, e ao fazer isso permitiram importantes experiências operacionais.

Assim, eles continuaram a atacar, embora fazendo somente duas ofensivas por mês, de julho até dezembro de 1944. Em 21 de novembro, por exemplo, 61 B-29 decolaram de Chengdu para bombardear alvos japoneses; mas três dias depois 111 B-29 atacaram Tóquio saindo das bases mais convenientes das ilhas Marianas. O último bombardeio do B-29 sobre o Japão a partir da China foi em 6 de janeiro de 1945: depois disso, os esquadrões foram transferidos para o Pacífico.[46] As tripulações haviam passado por uma das mais árduas tarefas aéreas da guerra, e sua presença levou o Quartel-General Imperial japonês a mandar suas tropas cada vez mais para o interior da China, retirando-as assim do ataque americano de maior importância estratégica pelo Pacífico. A intenção original americana para colocar bombardeiros nesses lugares distantes era apoiar o regime instável de Chiang Kai-Shek e descobrir uma maneira inteligente de eliminar cidades e a base industrial do Japão. Mas talvez o maior benefício vindo da Operação Matterhorn foi estimular o aumento da tendência "continentalista" do Exército japonês, deixando-o, em 1944-5, com mais de 1 milhão de tropas no lugar errado e na hora errada.

A história posterior dos ataques do B-29 sobre o Japão leva-nos para fora da moldura do tempo, embora mesmo uma breve sinopse da campanha de bombardeio, a partir das ilhas Marianas, confirme seu ponto principal. A primeira missão a partir das ilhas contra Tóquio, em 24 de novembro de 1944, realizou-se enquanto os americanos, em casa, comemoravam o Dia de Ação de Graças. As autoridades japonesas, em contrapartida, davam instruções sobre como conservar comida e água e como formar vigias antiaéreos na vizinhança. Da virada do ano em diante, os ataques aéreos se intensificaram. Depois de algum tempo, o feroz comandante de campo dos B-29, o tenente-general Curtis LeMay, decidiu que o bombardeio de nível alto infligia dor insuficiente e que provavelmente era desnecessário voar a tais altitudes porque as defesas antiaéreas japonesas eram muito mais fracas do que aquelas que ele tinha encontrado na Europa. Sem consultar Washington, ele se desfez de grande parte de seu armamento pesado e seu equipamento de observação dotado de controle remoto, abrindo mais espaço para o combustível e para novo tipo de bomba — uma bomba incendiária à base de gelatina deliberadamente projetada para queimar as vulneráveis cidades de madeira do Japão.

Em 9 e 10 de março de 1945, 333 bombardeiros proveninentes das ilhas Marianas voaram sobre os combates de Iwo Jima e prosseguiram para devastar Tóquio na maior tempestade de fogo de toda a guerra. Durante os dias seguintes, Nagoya, Osaka e Kobe sofreram o mesmo destino. LeMay estava certamente despedaçando a indústria japonesa e muito mais; nessas poucas semanas, calcula Toland, "115 quilômetros quadrados de áreas industriais importantes tinham sido incinerados". Dois milhões de prédios foram arrasados e 13 milhões de civis japoneses perderam suas casas. O bombardeio estratégico funcionou.[47] O grande problema moral, como o bombardeio aliado das cidades alemãs realizado ao mesmo tempo, era que essa destruição das indústrias de guerra inimigas significava também tirar a vida de centenas de milhares de civis, principalmente mulheres, crianças e idosos. Nesse estágio do conflito, contudo, poucos vencedores estavam levantando as questões de santo Agostinho sobre a proporcionalidade na guerra. Em grande medida, as devastações das bombas atômicas de Hiroshima e Nagasaki foram epitáfios para as primeiras e maiores devastações aéreas de Berlim, Dresden e Tóquio.

CONSTRUINDO BASES PELO PACÍFICO: OS SEABEES

A história dos Seabees é sobre um homem que criou uma equipe, a qual por sua vez criou uma organização gigantesca que levou o poder militar-industrial americano na forma de cimento, asfalto, vigas de aço, fiação elétrica, borracha, vidro, escavadeiras e equipamento elétrico — por 11 mil quilômetros do oceano Pacífico até os territórios periféricos do Japão. É uma história que equivale àquela de Hobart e seu grupo de tanques, e àquela de Harker e Freeman resgatando o P-51 Mustang da destruição; ela se iguala a Barnes Wallis e sua criação do Wellington, das bombas saltantes "destruidoras de represas" e das Tallboy e Blockbuster. Ben Moreell era um daqueles "homens do meio de campo" negligenciados que fizeram a grande estratégia dos Aliados *funcionar*.

Moreell era um engenheiro civil que se tornou oficial naval e depois o único militar não combatente na Marinha americana a alcançar a posição de almirante.[48] Depois da graduação em engenharia na Universidade de Washington, ele imediatamente aderiu à Marinha durante a Primeira Guerra Mundial e mostrou seus extraordinários talentos para construção e desenvolvimento de bases militares, chamando a atenção do jovem Franklin Delano Roosevelt, então secretário assistente da Marinha. No início da década de 1930 Moreell foi enviado para estudar na École Nationale des Ponts et Chaussées de Paris, o principal lugar na Europa para construções de pontes e estradas militares. Em dezembro de 1937, Roosevelt o indicou para ser chefe do Departamento de Pátios e Docas, e também para o cargo de engenheiro civil chefe da Marinha, uma brilhante dupla nomeação. Uma das primeiras coisas que Moreell fez foi estimular e organizar a construção de duas gigantescas docas secas em Pearl Harbor. Os couraçados americanos e outras embarcações que foram danificadas naquela fatídica manhã de 7 de dezembro de 1941 foram restaurados parcialmente em Pearl Harbor; eles não precisaram ser rebocados, sem motor, para San Diego. Navios muito danificados nas ilhas Salomão, Gilbert e Marianas podiam também se restabelecer em Pearl Harbor. Ele foi um homem que pensava adiante.

Mas se Moreell planejava construções protetoras ou defensivas, pensava também no que seria necessário para atacar o inimigo. No final de dezembro de 1941, ele recomendou a Roosevelt o estabelecimento de batalhões de construção naval que seriam recrutados da construção civil e cujos oficiais poderiam exercer autoridade sobre todos os oficiais de patente mais baixa, bem como sobre homens designados para essas unidades. A ideia de colocar oficiais do Corpo de Engenheiros Civis acima de unidades da Marinha e dos fuzileiros navais causou um imenso alarde em Washington no início de 1942, mas Moreell conseguiu fazer o que pretendia. Assim nasceram os Batalhões de Construção (Construction Battalions, CBs), os Seabees, em 5 de março de 1942. Moreell já tinha o lema deles pronto: *Construimus, batuimus* ("Nós construímos, nós lutamos") — pois ele tinha obtido um regulamento atestando que seus integrantes eram *combatentes* e, portanto, se caíssem em mãos inimigas, não poderiam ser executados como guerrilheiros civis armados.

Conseguir trabalhadores qualificados em construção para os Seabees no início de 1942, quando todas as unidades militares estavam clamando por pessoal, foi uma enorme proeza. De acordo com o relato do Centro Histórico Naval dos Estados Unidos, "os primeiros recrutas foram homens que tinham ajudado a construir a represa de Boulder, rodovias nacionais e arranha-céus de Nova York, que haviam trabalhado em minas e pedreiras, e cavado túneis de metrô; que tinham trabalhado em estaleiros e construído docas e cais e mesmo transatlânticos e porta-aviões [...]. Eles dominavam mais de sessenta profissões especializadas". A idade média deles era de 37 anos, embora alguns tenham se infiltrado mesmo tendo passado dos sessenta.[49] Mais tarde, na guerra não foi permitido que Moreell sugasse toda a força de trabalho especializado da América como fazia antes, mas naquela fase ele e sua equipe tinham criado um sofisticado sistema de centros de treinamento e depósitos de bases avançadas pelo qual todos os novos recrutas passavam antes de ir para as linhas do front.

Quando veio a paz, 325 mil homens tinham se alistado no Seabees, tendo construído um valor superior a 10 bilhões de dólares em infraestrutura, de Trinidad a Londonderry, de Halifax a Anzio.* Eles criaram e equiparam os pontões (pontes provisórias) que permitiram aos exércitos aliados e a seus suprimentos desembarcarem na Sicília, Salerno e sul da França. Dez mil Seabees do 25º Regimento da Construção Naval desembarcaram nas praias da Normandia, com seus equivalentes do Exército de Engenharia dos Estados Unidos, para demolir os obstáculos de aço e concreto de Rommel — os engenheiros alemães ergueram a lendária Muralha do Atlântico e os engenheiros americanos a derrubaram. Os Seabees equiparam muitas lanchas de desembarque para as primeiras ondas de tropas e tanques, depois rebocaram e ancoraram milhares de pontões. Em Milford Haven, eles montaram os extraordinários portos Mulberry que iriam abrigar as cabeças de ponte dos Aliados.

O maior desafio logístico na guerra europeia foi reconstruir os portos de Cherbourg e de Le Havre, que tinham sido completamente arrasados pelos

---

* A fabulosa cultura musical caribenha de tambores de aço é um resultado direto da chegada dos tambores de combustível, encontrados nas periferias de todos os campos de aviações novos que os Seabees construíram nas ilhas. O gigantesco campo de aviação em Trinidad tinha nada menos que oitenta pistas pavimentadas; não é difícil imaginar quantos tambores de aço vazios estavam por lá no final da guerra quando os aviões partiram. (N. A.)

grupos de demolição alemães — os primeiros carregamentos foram desembarcados em Cherbourg apenas onze dias depois da captura da cidade. Construir os pontões para atravessar o Reno foi relativamente fácil. Enquanto tudo isso acontecia, Moreell foi chamado de volta com a missão de negociar um acordo para a greve nacional dos trabalhadores da refinaria de petróleo em 1943; um ano mais tarde ele foi convidado para ser o administrador da indústria de carvão betuminoso, depois que ela passou para controle federal. Sua capacidade organizacional era imensa.

As maiores realizações dos Seabees foram nas áreas da Ásia e no Pacífico, onde estavam localizados 80% de toda a Força de Construção Naval. As estatísticas básicas são surpreendentes: somente no Pacífico esses artífices da vitória construíram 111 pistas de aviões e 441 píeres, tanques para o armazenamento de 100 milhões de galões de gasolina, abrigo para 1,5 milhão de homens e hospitais para 70 mil pacientes. As histórias da guerra são ainda mais impressionantes. O primeiro batalhão enviado para o sudoeste do Pacífico — para a ilha de Bora Bora, infestada de doenças — teve tempo suficiente para construir os tanques de combustível que seriam usados pelos navios e aviões americanos durante a Batalha do Mar de Coral. Os Seabees desembarcaram com os fuzileiros navais em Guadalcanal e passaram dia e noite consertando as crateras de bombas do campo de Henderson e destruindo as estruturas japonesas. Eles saltaram todo o caminho, junto com o Comando Sudoeste do Pacífico de MacArthur, de Papua-Nova Guiné e as ilhas Salomão, via Nova Bretanha, ilhas do Almirantado, Hollandia, as Celebes e, por fim, as Filipinas centrais.

Quando MacArthur enfim cumpriu sua promessa ("Eu voltarei") e desfilou pelas águas rasas para dar um efeito fotográfico à cena, em outubro de 1944, ele chamou a atenção dos editores de jornais e revistas. Mas aquela foto só foi possível porque antes os Seabees tinham habilmente colocado em funcionamento as barcaças dos pontões e as unidades de estradas elevadas que trouxeram o exército — e os fotógrafos — para a terra. De imediato, 37 mil homens da Força de Construção Naval foram espalhados pelas Filipinas, construindo as principais bases de frota, bases de submarinos, campos de aviação, instalações de consertos, estradas, abrigos e hospitais para a gigantesca força militar que saltaria do norte para o próprio Japão.[50]

O salto da invasão não aconteceu, pois Hiroshima e Nagasaki trouxeram a guerra para um final muito mais próximo e mais rápido do que a maioria dos planejadores esperava. O instrumento da vitória foi um B-29 carregando a primeira bomba atômica, que decolou em 5 de agosto para seu fatídico voo noturno de um dos campos de aviação de Tinian, tão recentemente planejados pelos Seabees, tão recentemente capturados pelos fuzileiros navais e, por sua vez, protegidos pelos rápidos porta-aviões. A simbiose é notável.

Os Seabees não se limitavam ao trabalho de construção; eles lutaram e sofreram muitas perdas. Durante o conturbado ataque dos fuzileiros navais em Tarawa, esses engenheiros tinham que descobrir, sob fogo pesado, como fazer passar as embarcações de desembarque, e depois os tanques, de uma barreira de coral a outra. Os Seabees sofreram perdas em muitas batalhas porque sempre tinham que estar na segunda onda de ataque às praias de Guadalcanal, Sicília, Anzio, Saipan, Normandia e outros lugares. Mas este, naturalmente, era o objetivo original de Moreell: além de trabalhadores em construção, eles eram combatentes, porque antes que se pudesse desmantelar os bloqueios litorâneos e o arame farpado colocados pelo inimigo, seria preciso matar os soldados escondidos atrás deles. Apenas na área do Pacífico, os Seabees ganharam mais de 2 mil Purple Hearts (alta condecoração militar); perderam cerca de duzentos homens em combate e muitos outros nos perigosos trabalhos de construção. A resistência deles era notável. Quinze horas depois de os fuzileiros navais terem exterminado a guarnição japonesa em Tarawa, o campo de aviação, repleto de crateras feitas pelas bombas, já voltava a funcionar normalmente.

Quando as ilhas Marshall foram ocupadas em fevereiro de 1944, o atol Majuro, rodeado de coqueiros, foi convertido em uma grande base de frota com todas as instalações (incluindo um clube de oficiais da Marinha americana), enquanto o vizinho Kwajalein foi convertido em um gigante campo de aviação e centro de consertos, com muito menos conforto material (para os oficiais do Exército). As ilhas Carolinas, pela lógica, seriam o próximo passo, porque, no que diz respeito às linhas de abastecimento, tinham uma ótima posição para a pretendida invasão das Filipinas. Em setembro de 1944, os Seabees construíram instalações lá, incluindo Peleliu, que havia sido palco de uma intensa disputa, assim como na ilha de Morotai, que para MacArthur foi o trampolim entre o noroeste da Nova Guiné e o sul das Filipinas.

As joias da coroa do Pacífico ocidental, isto é, as ilhas Marianas, tinham sido tomadas dois meses antes. O papel dos Seabees em Guam, Saipan e Taipan em junho e julho de 1944 foi possivelmente o mais importante durante a guerra. Guam tinha valor simbólico — o primeiro território americano recuperado do inimigo — e Saipan ia se converter em outra enorme base naval para a Frota Americana do Pacífico, além de uma base aérea. Tinian, contudo, era o grande prêmio. Mesmo sendo pequena, era também plana e baixa, mais parecida com um grande campo de trigo na Ânglia oriental do que com as montanhas espinhosas da Nova Guiné ou mesmo os vizinhos penhascos pedregosos de Saipan. Ali já havia campos de aviação construídos e espaço para muito mais.

O principal problema de Tinian — pelo menos na visão das forças de invasão — era a dificuldade de acesso. Era possível desembarcar nas melhores praias, na própria Tinian Town, mas lá era onde os japoneses tinham suas defesas mais ferozes. Ao norte estavam as praias denominadas White 1 e White 2, que eram minúsculas em largura e guardadas por baixos penhascos de coral. Por exemplo, havia espaço para no máximo oito LVTs de cada vez, enquanto em cada onda de Saipan cabiam 96; portanto era grande a probabilidade de ficar encalhado no coral (como em Tarawa) ou isolado no funil estreito de uma praia. Contudo, a invasão em 24 de julho de 1944 acabou sendo surpreendentemente fácil, com muito menos vítimas do que em Saipan e Guam. Naquele dia, os americanos colocaram 15 mil homens nas White 1 e White 2, quase ao mesmo tempo que o Exército Vermelho alcançava o Vístula, em que Bradley ultrapassava as defesas alemãs na Normandia e os exércitos de Mark Clark iniciavam sua marcha para o norte de Roma. As defesas do Eixo estavam todas desmoronando ao mesmo tempo; bastante estendidas de modo imperial, era o começo de uma espécie de "fadiga de metal" geopolítica coletiva (como o engenheiro Moreell deve ter pensado).

Tinian era outro excelente exemplo de como conduzir uma guerra anfíbia. As forças americanas encenaram uma enorme porém falsa tentativa de desembarque no alvo mais previsível de Tinian Town, juntamente com um grande bombardeio naval, e assim como no caso da Operação Normandia, a dissimulação ajudou os invasores americanos. A atenção japonesa, bem como a de Hitler e Jodl, foi para o lugar errado. Então os fuzileiros navais desembarcaram, uma companhia de cada vez, pelas praias estreitas de White; em questão de três horas todo um regimento, surpreso, já estava em terra. Mas tudo isso só foi possível porque os Seabees tinham concebido e em seguida posto em funcionamento rampas móveis com as quais tropas e equipamentos podiam passar por cima dos recifes.[51]

Era apenas o início. O trabalho maior estava na construção dos campos de aviação que permitiriam a destruição sistemática das capacidades de guerra do Japão. Poucas semanas depois da tomada das ilhas Marianas, as bases aéreas — isto é, pistas de asfalto assentadas sobre fundações de coral triturado, mais a fiação, torres de controle, cabanas Quonset, cercas de perímetro, galpões de engenharia, estações de radar — estavam sendo construídas. Ao todo, os Seabees fizeram cinco grandes bases aéreas nas Marianas: uma em Guam, uma em Saipan, e nada menos que três em Tinian. Cada uma dessas cinco bases tinha capacidade para quatro grupos de aviões como os novos B-29. Tinian, portanto, podia conter doze grupos. Os Superfortress começaram a chegar de meados até o fim de outubro de 1944, enquanto os Seabees ainda expandiam as instalações da base. Como já se disse, o primeiro raide contra Tóquio, executado por 111 B-29, ocorreu em 24 de novembro de 1944, fora das ilhas Marianas. A partir desse momento, fluxos intermináveis de B-29, reluzindo brilhantemente com o sol do Pacífico refletido em seus corpos prateados, voavam rumo ao norte para punir o inimigo.

A UNIDADE SILENCIOSA

A quinta peça do kit de instrumentos no Pacífico era a força de submarinos americanos, cuja história é muito menos conhecida do que a dos fuzileiros navais e dos B-29, em parte porque por definição os submarinos eram menos visíveis. Os submarinos americanos na Guerra do Pacífico atuavam antes de tudo de maneira independente. Por sua própria natureza, submarinos são silenciosos e subversivos, escondendo-se nas profundezas e vindo a tona à procura de ar sob céus enormes e solitários. Quanto a esse aspecto, os submarinos alemães no meio do Atlântico eram uma exceção. Nos estágios finais da guerra, é verdade, a crescente capacidade dos criptógrafos de ler os códigos navais japoneses significava que o comandante dos submarinos em Pearl Harbor podia orientar três ou quatro barcos em direção a um grupo de batalha inimigo. Em geral, porém, submarinos eram vigias solitários, que não se importavam em enviar frequentes relatórios ao quartel-general, e gostavam que as coisas fossem assim.[52] Por isso não deve surpreender que a força de submarinos americana não estivesse intimamente conectada com aquela história das quatro partes operacionais e técnicas aqui esboçada, o quarteto do Corpo de Fuzileiros — doutrina anfíbia, porta-aviões rápidos, B-29 e Seabees, que, unidos, forçavam seu caminho pelo Pacífico Central.

Mas submarinos americanos tiveram um importante papel no colapso do Japão, e muito frequentemente misturavam seus papéis de "caça-fantasmas" independentes com ações coordenadas que contribuíram para o avanço por essas extensas águas.[53] Para começar, já que o reconhecimento por aeronaves era limitado pela distância, com frequência eles eram utilizados como os "olhos" ou batedores da Marinha americana, localizando os navios de guerra japoneses vindos do estreito de San Bernardino, ou outros que estivessem se dirigindo para reforçar Rabaul. Esse papel de "tocaia" não era muito atraente para capitães de submarino mais agressivos, a não ser que eles também tivessem permissão de atacar, mas era de grande valor para Nimitz no Havaí e Halsey com a frota do sudoeste do Pacífico. No final de maio de 1944, o USS Harder foi enviado para patrulhar e relatar a situação do porto de Tawi Tawi, o que fez com muito empenho; mas o Harder também foi capaz de afundar nada menos do que cinco contratorpedeiros japoneses em quatro dias, obrigando a frota japonesa a deixar a área mais cedo, dirigindo-se ao que se tornou a Batalha do Mar das Filipinas.[54] Outros submarinos americanos, durante as muitas batalhas no golfo de Leyte, localizaram o principal esquadrão de couraçados e cruzadores navegando pela passagem de Palawan e alertaram Halsey para que ele preparasse sua resposta (eles também afundaram dois cruzadores pesados e danificaram outro antes de saírem de cena). E, no final da guerra, foi outra dupla de submarinos que detectou antes de todos o gigantesco couraçado *Yamato* em sua corrida suicida em direção a Okinawa.

Como o esforço de guerra americano no Pacífico atingia seu auge, os submarinos iriam ter um papel auxiliar de coadjuvante, porém mais uma vez muito valioso. Por exemplo, podiam atuar como guias de navegação ou "retificadores de cursos" para grupos de bombardeiros americanos dirigindo-se para cidades japonesas em condições desfavoráveis de tempo. Eles levavam suprimentos e agentes para apoiar os movimentos de resistência nas Filipinas e retornavam com informações atualizadas sobre as forças do inimigo. Quando necessário, também atuavam como uma espécie de farol para as forças anfíbias que se aproximavam das praias ocupadas pelo inimigo antes do amanhecer, técnica que fora aperfeiçoada por um esquadrão especialmente treinado de submarinos da Marinha Real durante os desembarques no norte da África e na Sicília.

Essa embarcação de talentos múltiplos era usada para resgatar pilotos americanos que haviam sido forçados a deixar seus aviões danificados ao retornar dos ataques sobre alvos inimigos. Essa unidade extremamente útil já atuava na época da operação nas ilhas Gilbert em novembro de 1943; no fim do ano seguinte os submarinos americanos já tinham resgatado nada menos que 224 aviadores abatidos. Quando os B-29 de Curtis LeMay estavam deixando as bases aéreas das Marianas, três submarinos estavam em trabalho de resgate para todas as missões aéreas; outros 380 aviadores foram resgatados durante os meses de guerra em 1945, salvando vidas, trazendo de volta para a força pilotos qualificados e aumentando muito o moral dos combatentes.[55]

Mas o maior feito dos submarinos americanos na Guerra do Pacífico foi o extermínio de navios de guerra da Marinha Imperial japonesa e, mais ainda, da Marinha mercante japonesa.*[56] Como a força de submarinos americanos sabia que ela, assim como todas as outras engajadas na Guerra do Pacífico, teria que lutar contra a tirania da distância, seus comandantes haviam construído uma grande frota que em geral deslocava 1500 toneladas, em certos casos até acima de 2700 toneladas, com grande suprimento de comida e combustível, alguns dotados até de refrigeração, o que lhes dava uma autonomia de 16 mil quilômetros ou mais. Não havia comparação entre eles e os pequenos submarinos europeus que vagavam pelas águas rasas do mar do Norte e do Mediterrâneo e, mesmo mais tarde, os U-boats de Dönitz tinham dimensões consideravelmente menores que os submarinos americanos.

Por outro lado, quando começou a guerra, a força de submarinos tinha os piores torpedos entre todas as Marinhas das grandes nações: o torpedo Mark 14, que parecia um impressionante instrumento de destruição, não tinha sido rigorosamente testado, já que o custo (10 mil dólares cada um) para o Departamento dos Torpedos em Newport, Rhode Island, constituía uma preocupação

---

* Os submarinos britânicos e holandeses também causaram impacto principalmente no oceano Índico e nas águas das Índias Holandesas do leste, mas a cota de afundamentos americanos era esmagadora. Durante a guerra, 2117 navios mercantes japoneses foram afundados, totalizando um maciço 8 milhões de toneladas de navios, e 60% (5,25 milhões de toneladas) disso foi atribuído aos submarinos americanos. Os anglo-holandeses afundaram outros 73 navios mercantes, de 211 mil toneladas. (N. A.)

maior do que sua confiabilidade. Mesmo quando a guerra explodiu, os comandantes eram orientados a usá-los com moderação. Havia bases avançadas de submarinos dos Estados Unidos nas Filipinas (logo deslocadas para o norte da Austrália) e em Pearl Harbor, e a estratégia naval americana contava com eles para causar danos significativos, mas por um bom tempo ninguém parecia admitir que as armas fossem defeituosas.

Esses primeiros torpedos americanos não tinham apenas um, mas três defeitos. O primeiro era que o pino de contato de metal na cabeça do torpedo, que deveria detonar a massa de dinamite no impacto, era fraco demais para fazer o trabalho. A frustração dos comandantes de submarinos, que talvez tivessem passado muitas horas manobrando ansiosamente para encontrar uma boa posição e disparar, apenas para ouvir depois uma explosão chocha contra o alvo, era compreensível — mas por um bom tempo não se sabia qual era a causa. O segundo ponto fraco era ainda mais difícil de compreender. A unidade de submarinos dos Estados Unidos tinha entrado na guerra com torpedos que possuíam mecanismos magnéticos muito sofisticados: isto é, um torpedo disparado contra um navio inimigo seria detonado antes de chegar ao alvo, e o poder destrutivo de uma explosão em águas próximas seria maior do que num choque direto. Contudo, o Departamento de Artilharia Naval e a linha de desenvolvimento de armas em Newport, por inveja, nunca chegaram a testar exaustivamente esse engenhoso sistema, nem levaram em consideração que o campo magnético de um alvo cruzando as Marshall poderia ser diferente de um outro situado no litoral de Rhode Island, onde os testes eram feitos. O terceiro ponto: muitos dos torpedos Mark 14 lançados no início da guerra passaram por baixo dos alvos porque tendiam a se dirigir a profundidades maiores do que aquelas determinadas por sua configuração. Então, com frequência, ou se perdia totalmente o torpedo ou o pino da detonação apresentava defeito no momento do impacto. Nos dois casos não havia explosão.*

Mas como um comandante, operando em águas distantes e perigosas, poderia saber isso, quando os assim chamados especialistas, em seus laboratórios,

---

* Esse problema não era apenas dos americanos. Os aviões torpedeiros Swordfish do *Ark Royal* da Marinha Real foram os primeiros equipados para atacar o *Bismarck* (maio de 1941) com torpedos acústicos; quando eles falharam, a Marinha Real voltou a usar torpedos de contato, com ótimos resultados. (N. A.)

estavam convencidos de que tudo estava bem? Na verdade, somente no verão e outono de 1943 os cientistas da Marinha em Newport resolveram o problema. Por quase dois anos, os comandantes que reclamavam que seus torpedos eram "um fracasso" ou iam para longe do alvo, ouviam a sugestão de que deveriam se aproximar mais antes de lançá-los. Somente depois que capitães de submarinos experimentados e linha-dura, como Dudley W. Morton e Roy S. Benson, disseram ao comandante de submarinos do Pacífico Central, o almirante Charles A. Lockwood — com frequência de forma agressiva —, que as coisas estavam muito erradas, a situação começou a mudar. A maneira mais simples de estudar os defeitos era lançar os torpedos em um trecho isolado de penhascos perto do Havaí e assistir aos resultados desanimadores. Em junho, Nimitz ordenou que voltassem a ser usados torpedos de contato, e não os de campo magnético; o mecanismo de controle de profundidade foi aperfeiçoado em setembro de 1943 e o pino de contato foi trocado por outro bem mais confiável. A Marinha americana demorou 21 meses até produzir um torpedo confiável, e a maioria das iniciativas foi resultado da ação de comandantes e capitães regionais, não das autoridades do Quartel-General. Esse aperfeiçoamento não ocorreu no sudoeste do Pacífico porque o oficial que era o encarregado lá, o capitão Christie, havia trabalhado no desenvolvimento do torpedo de campo magnético e detestava a ideia de que ele fosse descartado — até receber a ordem de fazer isso, logo no fim de 1943.[57] As forças aliadas tinham sua cota de falta de imaginação, de burocratas que adoram uma boa obstrução, assim como de visionários.

Não é necessário fazer aqui um relatório detalhado da campanha dos submarinos americanos no Pacífico após junho de 1944, mas não há dúvida do impacto que eles provocaram. Roskill relata: "Embora em todos os anos da guerra o número de navios mercantes japoneses tenha aumentado, foi apenas em novembro de 1943 que ele subiu abruptamente".[58] Apesar das intensas batalhas de 1942, a quantidade de perdas da Marinha mercante ficava em apenas 239 mil toneladas; em 1943, subiu para perigosas 942 mil toneladas; e em 1944 as perdas foram de colossais 2,15 milhões de toneladas. No começo de 1945, o tamanho da Marinha mercante japonesa era apenas um quarto daquele da época do ataque a Pearl Harbor. No Japão havia fome em massa e a indústria entrava em colapso.

O fato óbvio a ser notado sobre os dados acima é que a elevação nos afundamentos ocorreu a partir da segunda metade de 1943, prosseguiu em 1944, e então chegou ao fim em 1945, já que a essa altura quase não havia mais nenhum alvo para afundar. Em consequência, vê-se que praticamente todos os dez grandes ases dos submarinos americanos na Guerra do Pacífico afundaram seus alvos depois de junho de 1943, o que é quase o oposto do que ocorreu no caso da história dos U-boats alemães na campanha do Atlântico.[59] Houve muitos outros fatores para explicar o enorme dano que a força de submarinos dos Estados Unidos causou sobre o Japão nos últimos dois anos de guerra (por exemplo, radar aprimorado, ogivas mais poderosas, melhor serviço de inteligência, maior cooperação entre ar e mar), mas o mais importante de todos foi a criação de torpedos confiáveis, eficientes e mortais. Uma resolução efetiva surgiu porque certos solucionadores de problemas de meio de campo entraram em ação e fizeram as coisas avançar.

Depois da queda da ilha de Luzon nas Filipinas centrais em janeiro de 1945, e embora Manila só estivesse dominada pelas forças de MacArthur em 4 de março, o almirante Halsey relatou que "as defesas externas do Império Japonês já não incluem mais a Birmânia nem as Índias Holandesas do leste; aqueles territórios agora são postos avançados isolados, e seus produtos não estão mais disponíveis para a máquina de guerra japonesa".[60] Era isso mesmo, mas a verdade é que as vias marítimas japonesas estavam sendo sistematicamente interrompidas (e acabariam sendo fechadas por inteiro) pela força americana de submarinos, a um custo bem menor do que aquele causado pelos combates em terra. Quando a guerra terminou, alguns entusiastas alegaram que os submarinos, dispensando qualquer ajuda, poderiam ter colocado de joelhos um Japão dependente de importações, sem necessidade das bombas atômicas nem dos desembarques em massa planejados para novembro de 1945.* Naturalmente isso não passa de uma hipótese, mas evidencia o longo caminho que a força de submarinos dos Estados Unidos percorreu desde os dias malsucedidos de 1942 e grande parte de 1943.

Todo relato de guerra submarina no Pacífico também precisa levar em conta a impressionante e catastrófica incapacidade da Marinha japonesa de

---

* LeMay e seus comandantes de bombardeios USAF alegavam que os B-29 também poderiam ter forçado os japoneses a se render, prolongando os ataques à bomba. Talvez sim, talvez não. A única coisa que parece certa é que a fome da nação japonesa pelo bloqueio dos submarinos ou a explosão das populações japonesas pela baixa altitude do bombardeio teria causado ainda muito mais mortes do que as A-bombs causaram ao serem jogadas em Hiroshima e Nagasaki. (N. A.)

usar as próprias embarcações para proteger sua Marinha mercante. Isso torna-se ainda mais enigmático, já que desde 1868 a Marinha do Japão seguia de maneira quase uniforme as melhores práticas da Marinha Real britânica e com certeza devia ter recebido lições sobre guerra submarina, tanto da Primeira Guerra Mundial como da Batalha do Atlântico, que vinha sendo travada. O problema não estava nas embarcações — era grande o número de submarinos japoneses, assim como seus equivalentes americanos, aqueles também com grande capacidade de percorrer longas distâncias e equipados com os famosos torpedos "de longo alcance" —, mas na maneira como eram usadas. Houve uma flagrante negligência por parte do alto-comando naval quanto ao papel natural dos submarinos como uma arma eficiente e poderosa para destruição do comércio inimigo; mais tarde, veio nova distorção daquele papel por parte do quartel-general imperial. Os líderes navais viviam obcecados pelo uso de submarinos para detectar e destruir navios de guerra aliados, não suas marinhas mercantes. Eles tiveram algum sucesso nisso no início da guerra, especialmente em águas fechadas como no caso das ilhas Salomão; o *Wasp* foi afundado precisamente sob tais circunstâncias, e um submarino japonês acabou com o Yorktown depois que ele foi seriamente danificado em Midway.

Mas quando os americanos aperfeiçoaram suas táticas da guerra antissubmarina e quando o radar miniaturizado chegou aos aviões e navios de guerra da frota do Pacífico, o oceano ficou inundado por dúzias de novos contratorpedeiros. Quando os novos e velozes navios de batalha e porta-aviões se tornaram o coração da Marinha americana, as perspectivas de que o Japão pudesse causar grandes baixas nos navios americanos desapareceram. Os imensos submarinos japoneses (alguns deles projetados para carregar e remanejar aeronaves de reconhecimento, e vários até mesmo para ser miniporta-aviões submersíveis) eram fáceis de detectar na superfície pelo radar, e por baixo d'água pelo sonar; eram barulhentos e difíceis de manobrar, e como seus cascos eram frágeis, eram fáceis de destruir. Nenhum barco rápido do tipo *schnorkel* chegou a ser desenvolvido numa linha análoga àquela dos alemães, e uma forma primitiva de radar foi colocada nos primeiros barcos somente de meados para o fim de 1944. A cooperação entre ar e mar era deficiente. Antes e durante a guerra, os estaleiros japoneses construíram 174 submarinos oceânicos, dos quais 128 foram perdidos. O moral das tripulações estava em baixa, já que seus oficiais sabiam que eles não tinham apoio nas altas esferas, e a força foi encolhendo constantemente, tornando-se um instrumento de guerra de segunda classe, num enorme contraste com as forças submarinas de alemães, britânicos e americanos.[61]

Dessa maneira, não é de surpreender que os submarinos japoneses tivessem uma atuação vacilante na campanha do Pacífico. Dos dezesseis submarinos utilizados durante as batalhas do golfo de Leyte, por exemplo, apenas um conseguiu destruir uma embarcação inimiga, um contratorpedeiro de escolta. Mas a verdade é que naquele momento, o Exército Imperial japonês estava mutilando a eficiência de seus submarinos, pois insistia em que eles servissem como embarcações de carga, levando mantimentos e munições para guarnições em ilhas distantes. Quanto maior era o número de guarnições isoladas pelas táticas americanas de saltar de ilha para ilha, mais a frota era exigida para trabalhar nessa capacidade, desviando-se seriamente de seus objetivos e recursos específicos. Às vezes esses submarinos eram encarregados de realizar atos simbólicos, tais como o bombardeio ao largo da costa da ilha de Vancouver em 1942. E se aqueles barcos, com seus poderosos torpedos, estivessem próximos aos portos de Portland e Long Beach e causassem devastação naquelas águas onde os U-boats de Dönitz viviam subindo e descendo pela costa leste durante aqueles mesmos meses? O fato é que a frota de submarinos japoneses afundou apenas 184 navios durante toda a guerra. O oficial naval e historiador americano da guerra, S. E. Morison, geralmente gentil em seus comentários, sentiu-se forçado a descrever a política japonesa dos U-boat como sendo algo "beirando a imbecilidade".[62] É difícil discordar dessa opinião.

Enquanto as forças dos submarinos japoneses eram desperdiçadas, a Marinha de superfície mostrava uma inacreditável miopia diante da mais vital das tarefas marítimas, a proteção do comércio pelo mar. Nesse sentido, nada poderia ser mais diferente do que a atitude dos almirantes britânicos e japoneses. Além de enfrentar os poucos navios alemães e italianos e de enviar comboios de ajuda para Malta e o Egito, a maior parte da Marinha Real dedicava-se a escoltar com segurança os navios mercantes aliados em alto-mar. Em contrapartida, os japoneses concluíram que suas primeiras conquistas no Pacífico e no sudeste da Ásia lhes davam o controle das águas situadas no meio do caminho. Qualquer embarcação aliada, intrusa e insolente seria logo detectada e afundada (umas poucas realmente foram, embora os números de afundamentos informados ao quartel-general tenham sido muito exagerados). Nada havia que pudesse ser comparado ao Comando dos Western Approaches de Max Horton nem aos correspondentes Comandos Costeiros da RAF ou da Força Aérea Real canadense. Os japoneses não dispunham de um departamento de pesquisas estatísticas ou operacionais para analisar os desdobramentos das campanhas. A produção de armas praticamente não existia: as cargas de profundidade usadas no fim da guerra eram mais ou menos as mesmas utilizadas no início do conflito. Radar miniaturizado, Hedgehogs, torpedos com endereço determinado e grupos de submarinos de ataque, tudo isso estava em falta.[63]

Em 1943-4, o alto-comando naval japonês percebeu que seria necessário agrupar seus navios mercantes em comboios e providenciar uma rede de escoltas; mas as táticas empregadas eram primitivas. O afundamento repentino de um dos navios mercantes japoneses levou as escoltas a se espalharem por todas as direções, derrubando acidentalmente as cargas de profundidade. Com isso, o melhor que o subcomandante do submarino dos Estados Unidos tinha a fazer depois de disparar seus torpedos era permanecer no fundo do oceano (ou pelo menos descer bastante) e esperar algumas horas antes de retomar a perseguição. Além disso, em seguida às grandes batalhas das ilhas Marianas e do mar das Filipinas de junho de 1944, os comandantes americanos da Marinha — em especial o contra-almirante Lockwood em Pearl Harbor — tinham embarcações suficientes para agrupar seus submarinos em pequenos "grupos de lobos". Em setembro de 1944 três desses grupos, cada um com três embarcações, estavam operando ao longo das águas de Taiwan incluindo os estreitos, causando um enorme estrago nos navios mercantes e também em seus contratorpedeiros. Além de arremessar dúzias e às vezes centenas de cargas de profundidade — somente poucas delas atingiram esses predadores subaquáticos —, a Marinha japonesa não encontrou outra forma de reagir, foi incapaz de adotar qualquer contramedida. A estatística de perdas de navios mercantes aqui exposta mostra as dimensões dessa falha colossal.

O CRESCIMENTO AMERICANO

Devido ao fato de que os instrumentos de guerra recém-projetados, dos torpedos às lanchas de desembarque e aos bombardeiros B-29, levaram um tempo relativamente longo até ser produzidos em grande números e obedecendo a padrões confiáveis, a contraofensiva americana no Pacífico desenvolveu-se bem mais tarde do que ocorrera com a grande reação aliada na Europa: a Batalha do Atlântico já estava vencida, o norte da África, a Sicília e o sul da Itália ocupados, antes mesmo que a Operação Gilbert (novembro de 1943) começasse. Mas, assim que os americanos uniram e testaram seus sistemas mais novos, eles atacaram numa velocidade impressionante. Foi um tributo à imensa capacidade de iniciativa dos Estados Unidos o fato de que, quase ao mesmo tempo que as contraofensivas aliadas começavam no norte da África e na Europa, os americanos também podiam promover a volta dos anfíbios em áreas de guerra situadas a quase 13 mil quilômetros de distância do Marrocos. Para os Estados Unidos, o princípio "Alemanha primeiro" nunca quis dizer que o país deveria se abster de ações agressivas no Pacífico depois que a força expansionista do Japão tinha se esgotado, como ocorrera na época da Batalha de Midway em junho de 1942. A pergunta principal, levando em consideração as grandes distâncias envolvidas entre quaisquer dois pontos estratégicos no Pacífico, e considerando a necessidade paralela de treinar mais divisões ativas, receber mais aviões e navios de guerra, e ainda produzir as indispensáveis lanchas de desembarque em um número muito maior, era onde deveriam se tentar as primeiras operações de retomada. Até as mais altas autoridades tomarem essa decisão, a coisa mais sensata a fazer, em primeiro lugar, seria fortalecer as posições aliadas no Pacífico e adquirir o que Ronald Spector descreveu como "o confisco dos pontos estratégicos do Japão".[64]

Do ponto de vista estratégico, a menos importante das contraofensivas americanas foi retomar duas das ilhas Aleutas (Kisha e Attu) das guarnições japonesas que tinham sido deixadas lá como uma questão secundária de Midway. A reconquista não ocorreu antes de maio-julho de 1943, em meio a constantes nevoeiros, e depois de pouco tempo os japoneses abandonaram aqueles atóis sem grande interesse. A Marinha japonesa ofereceu resistência por apenas meio dia (a desordenada Batalha das ilhas Komandorski) e depois recuou. O Exército japonês não estava esperando nas praias, não havendo portanto nenhuma oposição aos desembarques americanos. O mérito desse exercício foi que ele deu às inexperientes tropas americanas (eram 100 mil soldados) a oportunidade de desembarcar em praias distantes, e o intenso apoio naval — incluindo bombardeios por três couraçados —, uma chance antecipada de descobrir como é difícil causar grandes danos a tropas inimigas refugiadas em morros distantes. Seu demérito foi que em seguida ele não deu chance às forças de desembarque — embora houvesse uma resistência final das tropas japonesas em Kiska — de ficar sabendo como é enfrentar um inimigo disposto a forçar os atacantes de volta até os recifes.[65] Uma vez ocupadas essas ilhas assoladas por tempestades e cobertas de névoa, a Junta de Planejamento do Estado-Maior americana mostrou-se satisfeita e se voltou para outro lugar.

De modo geral as primeiras contraofensivas dos Estados Unidos e da Austrália foram mais importantes estrategicamente no sudoeste do Pacífico, isto é, na Nova Guiné e ilhas Salomão (sobretudo Guadalcanal). A obstinada sucessão de desembarques anfíbios de MacArthur e o extermínio completo das guarnições japonesas nas proximidades eram diferentes dos ataques aliados contra as praias do norte da África, da Sicília, da Itália e da França, assim como, do ponto de vista operacional, elas com frequência contavam uma história diferente dos esforços do Comando do Pacífico Central para capturar as ilhas Gilbert, Marianas, Iwo Jima e Okinawa. Em geral, os desembarques na área do sudoeste do Pacífico ocorreram em pontos ao longo da linha litorânea do inimigo que não se encontravam protegidos por tropas, armas devidamente posicionadas, nem campos minados. É claro que os japoneses responderam logo e com violência a essas invasões aliadas, mas as guarnições locais estavam sempre distante do ponto em que MacArthur desembarcava. Portanto, o problema físico particular de levar as tropas aliadas do navio até a praia diante de resistência maciça raramente acontecia durante tais campanhas. Até mesmo na sangrenta batalha por Guadalcanal (agosto de 1942-fevereiro de 1943), a grande conquista esteve no fato de que foi possível num só dia colocar em terra 11 mil dos 19 mil fuzileiros navais americanos, permitindo assim que eles consolidassem as linhas internas, ocupassem o aeroporto e então, para enganar os japoneses, acampassem sob as árvores, levando o inimigo a subestimar o tamanho da guarnição americana até o desfecho daquela árdua batalha.[66]

Desembarques sem resistência direta, em Guadalcanal e em qualquer outro lugar, tinham suas próprias e importantes lições para futuros ataques. Enquanto os fuzileiros navais provavelmente estavam mais bem preparados do que qualquer outra força de operações anfíbias, sua preparação havia sido toda feita em termos teóricos, como exercícios de verão. Junto com as divisões do Exército de MacArthur na Nova Guiné e na Nova Bretanha, eles foram beneficiados por terem testado novos métodos de reunir informações, de controlar as cabeças de ponte, do acompanhamento logístico, no apoio aos serviços de combate (se necessário), nas patrulhas aéreas e, em geral, no comando e controle efetivos quando o desembarque ocorresse sem resistência. Eles também começavam a aprender como lidar com os recifes de coral e manguezais, com florestas tropicais a mais de 2 mil metros de altitude, com névoas constantes e com altas taxas de doenças, especialmente diarreia. Sem dúvida, era proveitoso iniciar uma contraofensiva em lugares onde o inimigo não estivesse. Era preferível avançar de 1,5 quilômetro a oito quilômetros pelo interior do território antes que o inimigo surgisse com agressividade.

Há um outro ponto de comparação esclarecedor com as operações anfíbias europeias da época. Em setembro de 1943 o almirante Nimitz criou um novo comando operacional, responsável pela captura das ilhas Gilbert, o primeiro passo adiante para o ataque no Pacífico central. A história do ataque dos fuzileiros navais americanos sobre Tarawa no final de novembro está registrada no início deste capítulo, mas como se trata de um desembarque quase simultâneo com as operações da Sicília, ele merece ser lembrado aqui. Eisenhower não quis correr riscos ao destinar 478 mil homens para a Sicília. Nas ilhas Gilbert, seria utilizada outra força maciça de invasão. Enquanto a ilha menor, de Makin, seria atacada por 7 mil homens do Exército, 18 mil tropas da Segunda Divisão de Fuzileiros Navais iriam tomar Tarawa — e enfim uma previsão de Pete Ellis iria se concretizar, mas em dimensões muito maiores do que ele imaginara. Apoiando as forças anfíbias para as operações das Gilbert estava uma armada de couraçados novinhos em folha e outros bem antigos, porta-aviões de frota e de escolta, esquadrões de cruzadores pesados, dúzias de contratorpedeiros, 850 aeronaves embarcadas e 150 bombardeiros médios da Força Aérea do Exército americano (USAAF). Essa força naval já era a maior frota do mundo. E tudo isso por um grupo de ilhas (defendidas por meras 3 mil tropas navais em Tarawa e oitocentos em Makin) que nem mesmo faziam parte do perímetro externo fundamental definido pelo Quartel-General Imperial japonês.

Portanto, as notícias sobre as chocantes perdas em combate dos americanos na Operação Gilbert são pelo menos tão numerosas quanto aquelas sobre Dieppe, com frequência a ponto de se esquecer que as ilhas afinal foram capturadas. Porém, foi uma experiência que merece profunda reflexão. Nem o bombardeio naval distante nem os ataques aéreos causaram muito estrago aos bunkers japoneses ou chegaram a destruir muitas das armas das guarnições. Comando e controle estavam desorganizados. O contra-almirante John R. Hill, encarregado da operação do sul (Tarawa), estava no couraçado *Maryland*, cujas salvas de tiros interferiam na sua comunicação pelo rádio. O bombardeio encerrou-se muito cedo, como em Somme e Gallipoli, e assim os defensores puderam retomar suas posições e disparar sobre os atacantes. O pior de tudo foi que o nível da água na laguna cheia de corais estava excepcionalmente baixo, fazendo com que as lanchas de desembarque ficassem presas nos recifes. Em consequência, os fuzileiros navais tiveram de caminhar com dificuldade pela água uns 640 metros até a praia — onde foram massacrados. As inexperientes unidades do Exército em Makin conseguiram chegar às praias, mas ficaram presas nos coqueiros. Enfim, com os batalhões de reserva trazidos para ambas as batalhas, os americanos conseguiram triunfar, muito ajudados pelo hábito japonês de realizar contra-ataques suicidas perto do desfecho. Mas o custo de três dias de batalha em Tarawa foi alto: mais de mil americanos mortos e 2 mil feridos, tudo para capturar uma ilha com menos de oito quilômetros quadrados. As fotos na imprensa dos fuzileiros mortos flutuando na água ou deitados nos recifes de coral foram a indicação mais alarmante para o público americano de que a Guerra do Pacífico ia ser longa e difícil.

Uma diferença e tanto da captura das ilhas Marianas, apenas oito meses mais tarde, mas até lá o Corpo de Fuzileiros já tinha criado suas técnicas de guerra anfíbia, os porta-aviões causavam devastações, os Hellcat estavam no alto, os Seabees construíam gigantescas pistas feitas de corais triturados, e os B-29 logo estariam voando. Os fuzileiros navais em Tarawa pagaram um preço alto, mas isso nunca se repetiria.

Assim, apenas nove dias depois dos desembarques na Normandia, uma enorme força de tropas americanas (127 mil homens, principalmente fuzileiros navais) começou a desembarcar nas ilhas Marianas, treze fusos horários a leste do canal da Mancha. Essa foi a operação anfíbia mais importante da Guerra do Pacífico, e muito mais ameaçadora para o Japão do que para MacArthur ao longo da costa norte da Nova Guiné a caminho das Filipinas. Ao ocupar Saipan e também Guam — o primeiro domínio americano a ser reocupado — o Comando do Pacífico Central conseguiu, enfim, bases aéreas para sua estratégia de bombardeio a longa distância do Japão. Uma vez que ilhas haviam sido tomadas e as águas que as cercam estavam seguras, Tóquio já não era capaz de fazer muita coisa a respeito. Essa operação, do modo como ocorreu, entre os ataques às ilhas Carolinas e a Batalha do Mar das Filipinas, foi decisiva.[67]

As primeiras operações de guerra pelos porta-aviões dos Estados Unidos nas Marianas deram às forças de Nimitz o domínio do espaço aéreo. O bombardeio naval que durou dois dias foi muito mais pesado do que o que ocorrera perto da praia de Omaha; o tiroteio feito a longa distância pelos nove couraçados novos em folha dos americanos não adiantou muito, mas, quando os navios de combate mais lentos e os pesados cruzadores se aproximaram, alguns deles a apenas uns 1300 metros, os bombardeios começaram a produzir efeito. Entretanto, mesmo disparos efetuados a curta distância não podiam destruir posições bem construídas, e os japoneses eram capazes de causar muitos danos sobre a Segunda Divisão de Fuzileiros Navais, bem experiente, mas que tinha desembarcado no lugar errado, enquanto muitas embarcações anfíbias (ou seja, os LVTs) não conseguiam ultrapassar os obstáculos da praia. Porém os americanos foram lutando como era possível. Eles tinham 8 mil fuzileiros navais em terra nos primeiros vinte minutos, mais 20 mil em Saipan no final do primeiro dia; dentro daquele contexto, era algo como a praia de Utah na Normandia. Aviões de apoio estavam por cima, e os couraçados atiravam de posições próximas ao inimigo. As praias estavam claramente demarcadas por códigos coloridos. Por fim, havia um canal separado para tráfego do retorno: lanchas de desembarque vazias, embarcações danificadas e navios-hospital com mortos e feridos. Não houve interferência externa, devido à destruição do poder aéreo e naval japonês na Batalha do Mar das Filipinas.

A Operação Forager não foi um trabalho perfeito. Surpreendentemente, não havia um navio quartel-general único (com pessoal da Marinha e do Exército) como o *Largs* ou o *Bolulu*; de um modo geral o comando para a movimentação de navio para a praia ficava a cargo do comodoro Thiess, muito competente numa embarcação de patrulha, mas que não se comparava com aquelas utilizadas na Normandia — e que por certo lá não teria funcionado.[68] Os LVTs tinham pouca potência e, como já se viu, muitas vezes não conseguiam chegar a seu destino devido aos duros e ásperos corais e rochas situados no caminho. Um bombardeio naval era muito menos eficiente do que um bombardeio aéreo nas praias, mas mesmo este último ocorreu de modo desorganizado e com frequência distraía as missões auxiliares. Era necessário (mas não ocorreria antes de um ano) ter porta-aviões de escolta especificamente incumbidos de dar apoio às bases da praia e que não fossem chamados para eventuais batalhas em alto-mar. As guarnições japonesas lutaram com o mesmo vigor de sempre, dispostas a nunca se render; somente ao custo de três dias de árduos combates foi possível assegurar as cabeças de ponte ao norte de Saipan, período em que uma divisão específica do Exército (a 27ª da Guarda Nacional de Nova York) fraquejou, sendo severamente criticada pelo comandante geral (um general do Corpo de Fuzileiros), o que causou desentendimento entre Marinha e Exército. No entanto os resultados não foram postos em dúvida, e a ilha caiu em 9 de julho. Um pouco mais tarde, toda a oposição em Guam estava eliminada. Depois de mais algumas semanas, os Seabees iniciaram a construção daquelas pistas extremamente longas para os B-29, suas escavadoras anunciando o fim a muitas cidades japonesas e ao próprio Império Japonês.

Talvez possamos perdoar a declaração orgulhosa sobre esta operação feita por Samuel Eliot Morison, o patriótico professor de Harvard que, nomeado por seu ex-aluno Franklin Roosevelt, se tornou o historiador oficial naval americano:

> Juntas, as Operações Overlord na Europa e Forager no Pacífico fizeram o maior esforço militar já empregado pelos Estados Unidos ou qualquer outra nação no passado. Deveria ser uma questão de orgulho para os povos americanos e britânicos, que, com seus esforços conjuntos, fizeram de junho de 1944 o maior mês da história militar e naval. Ao mesmo tempo eles foram capazes de lançar essas duas grandiosas expedições ultramarinas contra seus poderosos inimigos do leste e do oeste.[69]

Rokossovski e Konev, lutando para atravessar o rio Dniepre contra duas dúzias de divisões da Wehrmacht, podem ter avaliado essa conquista de maneira diferente, mas quanto à história das operações de guerra anfíbia, Morison certamente estava com a razão. Talvez as sombras dos marinheiros da Espanha estivessem lá nos grupos de ilhas chamados Carolinas e Marianas, antigas possessões de Felipe da Espanha. Os Aliados por fim tinham compreendido como desembarcar numa praia ocupada pelo inimigo.

A guerra anfíbia estava no centro de tudo, e em 1944 as operações de desembarque foram se tornando ainda maiores e mais ambiciosas. Ao perceber que seu Comando do Sudoeste do Pacífico corria o risco de ser relegado a uma posição secundária e disposto a liderar um retorno americano às Filipinas, MacArthur começou a acelerar o avanço de novembro de 1943 (Bougainville) em diante, ignorando e pulando sobre as grandes bases japonesas de Rabaul em direção à costa norte da Nova Guiné. Contudo, as forças avançadas de seu comando só alcançaram as extremidades daquela enorme ilha em julho de 1944, e a essa altura muito mais coisas tinham acontecido, principalmente na zona de operações do Pacífico Central.

O restante da Guerra do Pacífico, assim, consistiu em evidenciar cada vez mais o poder anfíbio americano contra a tenaz resistência suicida japonesa: nas Filipinas de dezembro de 1944 a março de 1945, em Iwo Jima de fevereiro a março de 1945, e em Okinawa de abril a junho de 1945. Em 7 de abril, os primeiros P-51 Mustang de longa autonomia de voo decolaram das bases de Iwo Jima como escoltas dos B-29 para atacar cidades japonesas. Nessa altura da guerra, contudo, havia pouco a ser feito por esses caças possantes e de longa autonomia; os bombardeiros arrasavam aquelas cidades sem a menor preocupação com aquilo que o inimigo poderia fazer para detê-los.

Com a rendição do Terceiro Reich em 7 de maio de 1945, a Segunda Guerra Mundial tornou-se essencialmente uma guerra anfíbia contra o Japão. Naturalmente, as tropas do Império Britânico sob o comando de Slim estavam entrando em Ragoon e preparando o salto em direção ao sul, para a península Malaia e Cingapura, e ainda havia algumas "limpezas" a fazer no sudeste da Ásia (Bornéu, Mindanau). A luta continuava sem interrupção em grande parte do continente chinês. Submarinos americanos e bombardeiros de longa distância deixavam a economia japonesa em frangalhos. Mas do ponto de vista estratégico a operação mais importante — seguindo-se à ocupação de Saipan e Guam — foi a tomada de Okinawa, convertida em uma enorme base avançada para o ataque final sobre o Japão. Num sentido operacional mais restrito, a campanha de Okinawa foi importante e simbólica, justificando os comentários de Isely e Crowl sobre os diversos contrastes entre esse ataque do mar e aquele de Dardanelos (ver página 266). A natureza da guerra anfíbia mudara muito desde os desembarques em Gallipoli trinta verões antes — as incursões dos porta-aviões, os bombardeios do B-29 e os equipamentos especiais das forças de desembarque. No entanto, as antigas dificuldades persistiam, acima de tudo aquela de chegar às praias em poder de um inimigo determinado a não recuar. No caso, tanto faz se os adversários são turcos ou japoneses. Na conclusão oficial dos combates, em fins de junho, as baixas americanas em Okinawa totalizaram 49 mil homens (12500 mortos), de longe a maior perda da campanha da guerra no Pacífico, e um indício sombrio para Nimitz e MacArthur do que ainda estava por vir.

Bem antes de terminarem as lutas em Okinawa, os planejadores americanos preparavam-se para a maior operação anfíbia de todos os tempos: aquela nas ilhas do Japão, que se realizaria em novembro de 1945. Os números envolvidos nesse ataque seriam enormes, ultrapassando Overlord em um grau impressionante: 500 mil homens dispostos em quatro gigantescos Corpos do Exército, todos americanos, estavam sendo organizados para esmagar a ilha de Kyushu, no sul, uma área vital; eles seriam seguidos por uma força anfíbia ainda maior contra a região de Tóquio na primavera de 1946. Com esse objetivo, a maioria das unidades militares americanas, navios de guerra e esquadrões aéreos que tinham lutado na Europa dirigiam-se agora para o Pacífico. Mas, ao fim, esses ataques vindos do mar não seriam necessários. As bombas atômicas lançadas em Hiroshima (6 de agosto) e Nagasaki (9 de agosto) forçaram o final da Guerra do Pacífico. Para milhões de militares americanos, e para o número mais reduzido de unidades australianas, britânicas, canadenses, holandesas, francesas, indianas e neozelandesas que já tinham ou estavam sendo enviadas para o Extremo Oriente, o alívio sentido no final da guerra foi evidente; quase todos os livros de memórias mencionam esse sentimento, o demorado abrandamento da tensão. Os combatentes dos países ocidentais tinham feito sua parte ao serem atirados em uma costa litorânea hostil. Era hora de voltar para casa.

PENSAMENTOS MAIS AMPLOS

A ocupação das ilhas Marianas em meados de 1944 não foi apenas mais um passo adiante na guerra dos americanos no Pacífico, nem uma simples e agradável coincidência com a invasão da Normandia. Em termos estratégicos, ela foi a chave para a campanha do Pacífico Central, um avanço muito mais importante em direção à derrota do Japão do que qualquer outra ação nessa enorme área. Foram as ilhas Marianas e suas derivadas, Saipan, Guam e em especial a achatada e pouco atraente ilha de Tinian, que deram à Força Aérea americana um enorme e indestrutível porta-aviões para o extermínio das indústrias e cidades do Japão. Poucas outras realizações na campanha do Pacífico tiveram o mesmo significado. Ter o domínio do Havaí era importante pela razão óbvia que praticamente tudo passava por lá. Midway e Guadalcanal foram importantes em 1942, porque foi lá que o expansionismo da Marinha e do

Exército japonês, respectivamente, foram encerrados. Tarawa foi importante no final de 1943, num sentido negativo, porque foi lá que os Estados Unidos descobriram verdadeiros custos reais e as possibilidades das operações anfíbias. Mas a captura das Marianas representou um autêntico momento decisivo, mais parecido com a Normandia e com Stalingrado-Kursk do que com as batalhas do Egito, Sicília e Roma.

Ocupar aquelas ilhas em junho de 1944 não significava, naturalmente, que a guerra contra o Japão havia terminado. Muitos eventos ocorreram durante os treze meses seguintes — o ataque às Filipinas, as enormes, imensas, extensas e intensas batalhas do golfo de Leyte, de Iwo Jima e Okinawa, e os implacáveis bombardeios de cidades e indústrias japonesas, culminando no lançamento das duas bombas atômicas em agosto de 1945. Porém muito do que aconteceu teria sido bem mais difícil, talvez até mesmo impraticável, sem as bases Marianas. Quando Mussolini soube dos desembarques anglo-americanos na Itália, disse a famosa frase: "A história nos pegou pela garganta". O mesmo pode ser dito em relação à tomada das Marianas pelos americanos. Depois de ser informado da perda daquelas ilhas e do dano irrecuperável sofrido por suas forças navais e aéreas em Rabaul e na Batalha do Mar das Filipinas, o Ministério japonês renunciou. Era hora de partir; até mesmo hora de alguns líderes japoneses se comunicarem em segredo com Moscou sobre os termos da rendição.

Recentemente, o estudioso James B. Wood levantou uma questão a propósito da derrota japonesa: ela era mesmo inevitável? Seu meticuloso estudo complementa muito das análises apresentadas nas páginas acima, embora a partir de uma perspectiva japonesa. Por "derrota" Wood não quis dizer o esmagamento total de agosto de 1945; antes, ele indaga se a liderança japonesa não poderia, por meio de políticas diferentes, ter deixado Tóquio com uma "orla" interna de possessões, uma economia razoavelmente autossuficiente e um status continuado de grande potência, alcançando dessa maneira uma solução razoavelmente próxima daquela desejada pelo almirante Yamamoto.[70]

De maneira meticulosa, Wood organiza uma lista: e se a Marinha japonesa tivesse escoltado sua Marinha mercante desde o início? E se os seus formidáveis submarinos tivessem sido deslocados para cortar as comunicações comerciais dos Aliados? E se tivessem dado mais atenção à Força Aérea da Marinha e menos aos couraçados? E se o Quartel-General Imperial tivesse levado em conta que não poderia conquistar cerca de um quarto da Ásia e do Pacífico com apenas doze divisões? E se o Japão estivesse satisfeito em construir um formidável escudo defensivo interno (Marianas, Filipinas e Bornéu), em vez de avançar com tanta arrogância em direção a Midway, às Aleutas, às Salomões, à Austrália e ao nordeste da Índia? Afinal, se não tivesse sido punido tão duramente nos primeiros dois ou três anos da guerra tentando defender suas muralhas exteriores, será que não poderia ter mantido a capacidade de limitar os ataques americanos a ponto de que algum compromisso de "guerra parcial" fosse possível — como era comum em todos os conflitos entre grandes potências dos séculos XVIII e XIX? Por que não procurar aquela opção, seguindo políticas operacionais e táticas mais inteligentes?

Wood levanta uma série de perguntas importantes, e seu trabalho tem recebido o merecido respeito. Mas a resposta para elas só pode ser um "não". Uma vez que os Estados Unidos tinham sido traiçoeiramente atacados em Pearl Harbor, não havia volta para os americanos, nenhum acordo, nada que não fosse a rendição incondicional da nação agressora. O Japão, contando apenas com seus aviões da linha de frente, navios de guerra e divisões do Exército e considerando-os todos tão fortes, decidira atacar um país que tinha dez vezes seu poder econômico (em termos do PIB), mas que ainda não havia se mobilizado para a guerra total. No momento em que aquele país tivesse reunido todas as suas forças, a derrota do Japão teria de ocorrer, porque os Estados Unidos não tinham motivo algum para contemporizar. Curiosamente, tanto Yamamoto como Churchill estavam cientes disso. O primeiro falava da América como um "gigante adormecido que ainda não havia despertado"; o primeiro-ministro referiu-se a uma "imensa caldeira industrial" que não fora atiçada por inteiro.

Mas o gigantesco potencial produtivo pouco significa em tempos de guerra — a menos que essa força latente seja devidamente acionada — com seus recursos sendo dirigidos aos lugares certos. Forte produção de aço nada significa até ser destinada para porta-aviões de Classe Essex bem projetados. Alumínio, borracha e cobre de nada valem enquanto não são aproveitados para a construção de aviões B-29. Trabalhadores qualificados tampouco são úteis enquanto não são organizados por um Ben Moreell. O mesmo pode ser dito das embarcações de fundo plano, semelhantes àquelas usadas nos Everglades, até que os fuzileiros navais as transformem em lanchas de desembarque. Isso vale também para torpedos sofisticados que só se tornam importantes até que alguém descubra por que eles não estavam funcionando e consiga resolver o problema. Operações de porta-aviões de longa distância também nada significam até haver tanques de combustível para longas distâncias. Alguém — alguma organização, alguma equipe com liberdade de ação para experimentar — precisa surgir com soluções e então colocá-las em prática.

Conclusão
Solução de problemas na história

Prisioneiros de guerra alemães marcham pelas ruas de Moscou em julho de 1944.

Em 17 de julho de 1944, uma enorme força de quase 57 mil soldados alemães — vinte em cada fila — marchou pelas ruas de Moscou.

A fotografia dessa cena dramática faz lembrar as unidades da Wehrmacht marchando através do Arco do Triunfo, quatro verões antes. Mas vale a pena olhar de novo, prestando mais atenção. Esse não era o sonho de Hitler transformado em realidade. Era a vingança calculada de Stálin.

Quando os imperadores romanos derrotaram as tribos germânicas, trouxeram de volta seus prisioneiros para a capital do Império, fornecendo assim à população que aplaudia o desfile a prova física da grande vitória. Assim foi também em Moscou em julho de 1944. Os 57 mil soldados alemães que marchavam, cuidadosamente vigiados de cada lado por atiradores russos, eram sobreviventes do Quarto Exército Alemão que tinha sido derrotado, cercado e eliminado durante a Operação Bagration. Os bárbaros alemães voltavam a ser exibidos, em toda sua humilhação, antes de serem executados ou levados para o cativeiro.

Multidões de japoneses nunca chegaram a ser exibidas dessa forma porque poucos deles se renderam, e os Exércitos dos Estados Unidos e do Império Britânico preferiram organizar seus próprios desfiles de vitória por Roma, Paris, Bruxelas e outras capitais ocupadas. Expressões diferentes de triunfo com o mesmo significado. Em junho de 1944, com o colapso dos perímetros do Eixo em quatro áreas diferentes da guerra, não havia mais dúvida alguma sobre o resultado desse conflito de dimensões titânicas, e os vitoriosos já podiam se preparar para as cerimônias de maio e agosto de 1945.

Eis um caminho fácil para começar a entender como os Aliados ocidentais, pelo menos, transformaram derrota em vitória por meio de uma leitura detalhada dos diários do marechal de campo Lord Alanbrooke, principal assistente militar de Churchill durante a Segunda Guerra Mundial. Desde a retirada de suas próprias divisões de Exército de Dunquerque, após a desastrosa Batalha da França em junho de 1940, até sua nomeação como chefe do Quartel-General Imperial; desde sua atuação em todas as importantes conferências anglo--americanas sobre a estratégia de coalisão até o monitoramento de como suas queridas Forças Armadas britânicas receberam tantas derrotas (Creta, Tobruk, Cingapura) antes da longa e árdua jornada até a recuperação, Alanbrooke forneceu às gerações posteriores um relato sincero de como a guerra, que se apresentava como um triunfo do Eixo, aos poucos se transformou na vitória aliada. Em 1957 e 1959, quando o patriótico historiador Sir Arthur Bryant apresentou sua versão editada em dois volumes dos diários — intitulados *The Turn of the Tide 1939-1943* e *Triumph in the West 1943-1945* —, o leitor já podia reconhecer os poderes intelectuais de Alanbrooke e sua capacidade para amplos — embora amargos — julgamentos.[1] Mas somente com a publicação de *War Diaries 1939--1945* — uma edição mais extensa e mais sincera (por não ter sido corrigida), surgida em 2001 — foi possível obter uma melhor compreensão sob a perspectiva pessoal de Alanbrooke, das inúmeras e extenuantes responsabilidades enfrentadas naquele tempo: lidar com o Exército, lidar com seus colegas no comando britânico, lidar com os americanos e, acima de tudo, lidar com seu volátil, difícil e brilhante Senhor da Guerra, Churchill.[2] De fato, mestres e comandantes.[3]

Contudo, o que também impressiona nos diários é a profundidade com que Alanbrooke, indo além das altas políticas da guerra, tece conjeturas para saber se os mecanismos e o material humano para a vitória sobre o Eixo eram suficientemente bons. Talvez tenham sido as experiências de Dunquerque e Creta que assombraram sua mente, pois fica claro que todos os dias ele se inquietava para saber se os níveis médios da enorme máquina do Império Britânico poderiam resistir às terríveis exigências que lhe eram impostas; e se a Grande Aliança seria capaz de resistir a novos revezes. Suas preocupações (embora sem qualquer tom derrotista) tornaram-se de um valor inestimável: elas detiveram as ideias bizarras de Churchill sobre uma invasão em larga escala do norte da Noruega, diminuíram o desejo sem base dos americanos de invadir a França em 1943 e, acima de tudo, estabeleceram testes decisivos, extremamente pragmáticos e obrigatórios, para todas as novas operações propostas: "Onde ela será? Ela pode ser feita? Quem a fará? Existem forças suficientes, equipamento, treinamento?". Embora fosse odiar a comparação, Alanbrooke tinha uma abordagem muito leninista das coisas; seu caráter prático estava na essência de tudo.

Como enfim se verificou, tudo o que tinha de ser feito o foi, no devido cumprimento das diretivas operacionais de Casablanca, mesmo que a um alto custo e apesar dos inúmeros revezes em cada zona de confronto. No meio da luta em tantas regiões do globo, em terra, no mar e no ar, deve ter sido difícil reconhecer o momento em que a maré estava virando, quando os revezes ficavam menores e as vitórias tornavam-se mais evidentes. É digno de nota que somente em 25 de julho de 1943 — quando Mussolini se rendeu, o Exército Vermelho abriu caminho a ferro e fogo em Orel, e Patton ocupou Palermo — Alanbrooke admitiu numa noite, em seu diário particular, que as circunstâncias bem que podiam ter se alterado de "'o fim do começo' para 'o começo do fim'".[4] Por mais um ano inteiro, porém, ele sentiria um profundo desconforto diante dos revezes na Itália, as derrotas na Birmânia, a ineficiência das campanhas de bombardeio e a planejada invasão da França num momento que ele julgava prematuro. Assim como outro realista cauteloso, Eisenhower (ver página 296), ele se preocupava até o último minuto com a possibilidade de que a operação da Normandia pudesse se transformar em um horrível e imenso desastre. Desse modo, junho de 1944 foi um momento de forte emoção para Alanbrooke, quando pisou de novo em solo francês, de onde ele e suas divisões da Força Expedicionária Britânica tinham sido expulsos quatro anos antes.[5] Até lá, mesmo esse homem cauteloso, amargo e determinado podia ver que o fim da luta estava à vista.

Essa guerra terrível ainda iria exigir um número muito maior de vítimas, militares e civis, até agosto de 1945. Contudo, agora é tempo para algumas reflexões gerais de como, quando e por que a maré mudou ao longo das cinco grandes campanhas analisadas acima. Cada capítulo tentou recapturar o modo como o quadro se apresentava para os solucionadores de problemas, antes de se imaginar que a maré haveria de mudar. Agora podemos olhar para trás e observar o todo.

Dessa análise não é possível retirar um argumento isolado, que tenha o caráter de causa única, exclusiva. Se um julgamento de alcance global tivesse que ser feito, seria no sentido de que devemos ter cautela diante de nosso instintivo desejo humano de simplificar. Sociedades são organismos altamente complexos. Guerras são esforços complexos. Os sistemas militares e as Forças Armadas têm milhões de partes móveis, assim como as economias modernas. Essas estruturas também operam em muitos níveis. É por isso que fatores fundamentais como liderança, moral, fervor nacional e ideológico no período de guerra são tão importantes; são intangíveis antes se serem mensuráveis, e nenhuma discussão do fator "como" pode permanecer naquele nível. E cada ano, surpreendentemente, aparecem novas fontes de arquivo, que nos obrigam a repensar conclusões anteriores.

Muitos estudiosos tendem a se dividir em "lumes" ou "plotters"— aqueles que veem uma única causa primordial para o que acontece e aqueles que veem somente confusão ou múltiplas partes.[6] Esta abordagem costuma aparecer em livros didáticos de interesse geral (isto é, tudo está incluído); a primeira é mais frequente em trabalhos de visão restrita, com títulos sensacionalistas ("A arma que venceu a guerra", por exemplo). Nenhuma delas é adequada. Por certo, é possível fornecer uma análise de como a maré da Segunda Guerra Mundial virou a favor dos Aliados sem apresentar uma única razão ou oferecer uma narrativa higienizada na qual tudo é mencionado. Faz sentido pensar que algumas partes selecionadas da história têm maior poder explicativo do que outras. Na presente análise sobre como os Aliados foram assumindo o domínio da guerra ao longo dos dezoito meses centrais, entre janeiro de 1943 e junho-julho de

1944, exerceu-se o processo seletivo. Nem todas as contribuições para a vitória dos Aliados devem receber o mesmo valor. As afirmações de que certas inovações em métodos, batalhas, atuação individual e organizações foram vitais para a vitória precisam ser demonstradas.

As conclusões a seguir não estão reunidas em uma hierarquia rígida, embora a ordem dos temas e reflexões avance em direção a um pequeno número de fatores-chave que explicam como essa guerra em particular foi vencida. Isso conduz a outras explicações, num contexto que ajuda o leitor a ver onde elas são importantes, mas também onde elas não são. Não antecipei a ordem das causas das vitórias dos Aliados quando comecei este livro. O principal determinante, contudo, foi simples: será que esse novo aparelho, essa nova organização ou nova forma de armamento de fato *funcionara* para vencer as batalhas, e isso pode ser demonstrado na prática? Se depois do resultado final os estudiosos partiram do princípio de que uma nova invenção foi decisiva para o desfecho simplesmente porque funcionou, isso não é suficiente.

Um bom exemplo disso refere-se à parte desempenhada pelos serviços de inteligência para ganhar a guerra, sobretudo tendo em vista a grande atenção dada ao tema nas quatro últimas décadas. Atualmente a literatura sobre inteligência na Segunda Guerra Mundial é tão volumosa que de início pensei que seria apropriado para a bibliografia deste livro colocar um capítulo a mais, intitulado "Como vencer a inteligência de guerra". Então duas coisas aconteceram. A primeira foi que gradualmente tornou-se claro que isolar os serviços de inteligência num único capítulo fazia tão pouco sentido quanto isolar logística, ciência ou tecnologia. Todas essas áreas reivindicam um papel importante na vitória final dos Aliados na Segunda Guerra Mundial, mas a única maneira de medir o verdadeiro significado de cada uma delas — em vez de engolir as afirmações de seus defensores — é integrá-las na história e análise de cada uma das campanhas paralelas que compõem este livro. Afirmar que uma espantosa "inovação nos serviços de inteligência" mudou o curso do conflito sem mostrar onde essa inovação de fato funcionou nos campos de luta é tão superficial quanto afirmar que uma nova arma transformou uma campanha sem provar que ela realmente o fez.*

---

* Um bom exemplo disso é o teste decisivo do P-51 Mustang contra o Me 262. Ambos eram considerados grandes avanços na aviação, mas um teve um impacto impressionante no resultado da

Quando se tenta integrar a dimensão oculta da inteligência no curso da virada da maré, surge um quadro variado — para ser franco, um quadro bem confuso. A verdade é que a utilidade dos serviços de inteligência variava de uma área de operações para outra, de unidade para unidade, de ano para ano. A inteligência podia ser valiosa num determinado confronto e não ter valor especial em outro. Não existe uma forma de unir os inúmeros estudos de caso em um relatório completo de versões, e para este autor continua sendo um constante quebra-cabeça que um acadêmico como Sir Harry Hinsley tenha se aventurado em afirmar que o sistema Ultra teria encurtado a guerra em pelo menos três anos.[7] Isso não pode ser demonstrado.

Uma das coisas que surgem quando se estudam os serviços de inteligência em 1939-45, com toda a franqueza, é a preponderância das *falhas* da inteligência. A ladainha provavelmente começa em 1939-40, com a grosseira subestimação, por parte do Exército Vermelho, da capacidade de resistência dos finlandeses, com as falhas da inteligência britânica em relação à campanha da Noruega, e a completa ignorância francesa sobre o que estava a ponto de explodir nas Ardenas em maio de 1940. Somem-se a isso a recusa total de Stálin em ouvir *todos* os avisos da inteligência sobre a Operação Barbarossa e, em uma categoria diferente, a cegueira americana em compreender que um ataque estava para ocorrer em Pearl Harbor, e é provável que 1941 tenha a honra de ser considerado o ano em que houve mais falhas da inteligência em toda a guerra. Depois vieram os erros terrivelmente caros da inteligência de Wehrmacht ao não prever o cerco a Stalingrado pelo Exército Vermelho em 1942, o ataque militar no estilo da "pinça invertida" sobre uma posição inimiga por forças avançando dos dois lados em Kursk em 1943, e o ataque central em Bagration em 1944 — um recorde de três perdas sem igual.

A lista continua. O preconceito de MacArthur contra a inteligência das fontes navais com certeza prejudicou o rendimento que seria obtido com a decifração de mensagens inimigas efetuado pelo notável decriptador de códigos Magic and Purple.[8] Não houve uma avaliação realista dos Aliados quanto à forma vigorosa com que o Exército alemão contra-atacaria em Salerno e Anzio ou

---

guerra e o outro não. Assim, discussões sobre a importância desta ou daquela rede de espiões na Segunda Guerra Mundial precisam passar pelo mesmo tipo de teste decisivo: eles de fato ajudaram a ganhar a guerra, e onde, especificamente? (N. A.)

na Batalha de Bulge — foi como se ninguém na inteligência militar anglo-americana tivesse entendido que enfrentar uma divisão da Waffen-ss era um desafio muito difícil. A advertência de Brian Urquhart de que as unidades de paraquedistas em Arnhem iriam descer onde estariam aquartelados experimentados regimentos alemães foi ignorada. Essa incompetência era compartilhada por muitos, em muitas áreas. O Quartel-General Imperial em Tóquio muitas vezes foi surpreendido pelas inúmeras rotas dos avanços americanos pelo Pacífico, no entanto certamente qualquer pessoa que jogue xadrez perceberia que a contraofensiva poderia ocorrer ao longo de rotas diferentes e mutáveis. O argumento final talvez seja o mais importante de todos: durante a guerra ocorreram avanços tecnológicos fabulosos feitos nessa dimensão, especialmente no que se refere à decodificação e sinais da Inteligência, contudo isso não provocou uma vantagem automática em direção à vitória em uma batalha ou uma campanha. Até mesmo o sistema Ultra era imperfeito; muito melhor tê-lo do que ficar sem ele, mas devido à natureza da guerra da inteligência com a Alemanha, o dispositivo poderia produzir apenas resultados variados, nunca milagres.

Por outro lado, os sucessos, isto é, as vitórias no campo de batalhas que comprovadamente encurtaram o curso da guerra — o que constitui o teste decisivo — encontram-se todos num cardápio muito reduzido.[9] A Batalha de Midway — saber a localização dos porta-aviões do inimigo, esconder sua própria localização e então ser capaz de organizar suas forças de acordo com isso — certamente passa no teste. Mas o que mais passa no teste final? Várias vitórias da Marinha Real sobre a frota italiana nos confrontos do Mediterrâneo ocorreram porque os britânicos conheciam a localização do inimigo, e o afundamento do *Scharnhorst* ao norte, em dezembro de 1943, foi um triunfo evidente dos sistemas de detecção britânicos. Em 1943, a capacidade de apreender e afundar U-boats distantes pode ser considerada uma utilização expressiva da inteligência, desde que o alto grau de sucesso não comprometa o próprio sistema de detecção — como acabou ocorrendo quando o excesso de zelo da Marinha a fez atacar submarinos no Atlântico, ameaçando assim o sistema. A inteligência militar soviética foi se aperfeiçoando cada vez mais em 1944, mas o mesmo acontecia com o Exército Vermelho e com a Força Aérea. Assim, uma vez mais voltamos para a mesma questão: onde pode ser demonstrado que o conhecimento prévio das forças e intenções do inimigo provocou impactos militares? Em geral, e mesmo que se queira afirmar que o retrospecto aliado na área de inteligência era muito superior ao do Eixo, é mais fácil demonstrar onde a simples logística ajudou a ganhar a guerra do que mostrar onde foi que a inteligência levou à vitória.[10]

Uma surpresa mais positiva foi a repetida evidência da interligação absoluta das cinco narrativas. Embora a introdução sugerisse que um sucesso ou fracasso aliado numa campanha teria consequências em qualquer outro lugar, um dos meus pressupostos iniciais foi que este livro consistiria essencialmente de cinco narrativas independentes e paralelas, buscando de vez em quando as conexões entre, digamos, a campanha contra os U-boats e os desembarques na Sicília, ou entre a Operação Bagration e a Normandia. Além disso, histórias da guerra em qualquer área determinada, mesmo as brilhantes como as dos livros de Atkinson sobre o Exército americano no Mediterrâneo, prendem a atenção do leitor sobre aspectos particulares, oferecendo pouca perspectiva para compreender o que está acontecendo em algum outro lugar no mesmo momento da guerra.

Somente depois de ter esboçado vários capítulos ficou claro para mim, por exemplo, que seria necessário rastrear as ações de malabarismo desenfreado praticadas pela Wehrmacht e pela Luftwaffe ao movimentar as divisões e grupos aéreos da França para a Rússia e para o Mediterrâneo, e depois fazer o caminho de volta, como foi explicado nos capítulos 2, 3 e 4; analisar melhor como a luta britânica pelas rotas marítimas do Atlântico e do Ártico, juntamente com a campanha de bombardeio estratégico contra a Alemanha, encaixou-se com as batalhas defensivas e ofensivas do Exército Vermelho no leste; e ainda mostrar de forma detalhada como os deslocamentos excessivos do alto-comando japonês de suas divisões do Exército para o centro e sul da China enfraqueceram tanto sua capacidade de manter as posições conquistadas no Pacífico. Mas é raro que os historiadores de campanhas unam as partes, e mais raro ainda quando se trata de proceder a união através e entre as cinco maiores áreas da guerra aqui estudadas. Esse exercício comparativo nos deixa com uma compreensão melhor das enormes tarefas enfrentadas por governos que têm de conduzir um grande conflito multidimensional, e com um reconhecimento bem mais amplo sobre como os líderes de guerras anteriores acabaram sendo envolvidos na mesma espécie de ação de malabarista.*

---

* Entre outros casos, consideremos os romanos, que mantiveram seus diversos fronts por muitos séculos; William Pitt, o Velho, na Guerra dos Sete Anos, fazendo malabarismos na Europa, no

Algumas das grandes potências do período da guerra tinham menos necessidade de unir as partes do que outras; algumas tinham necessidade mas não foram capazes de alcançar equilíbrio e coerência. Os soviéticos não enfrentaram esse problema de prioridades; recusando-se a entrar na guerra do Japão, eles se concentraram quase exclusivamente na derrota do invasor nazista, deixando que tudo o mais ficasse subordinado de maneira clara e aterradora àquele objetivo. Os Estados Unidos enfrentaram seu clássico dilema Europa *versus* Pacífico levando em conta prioridades e recursos, mas em 1943-4 tiveram a capacidade, sem dúvida notável, de avançar nos dois cenários de guerra. Já o Japão caiu numa cilada ao atacar em muitas direções — China, Birmânia, sudeste da Ásia, Nova Guiné, Pacífico Central — sem a capacidade para fazer isso, e acabou pagando um alto preço por essa falta de concentração, bem como pelo esgotamento quase total de seus recursos. A Alemanha seguiu uma estratégia multidimensional, mas o regime de Hitler simplesmente não podia triunfar ao mesmo tempo na grande guerra no Atlântico, nas gigantescas batalhas aéreas sobre a Europa e nas diversas campanhas terrestres no Mediterrâneo, no norte da África, nos Bálcãs e (especialmente) na Rússia, bem como preparar-se para uma futura invasão anglo-americana da França. O caso da Alemanha é o exemplo mais preciso e significativo de expansão exagerada.

Se os britânicos fizeram isso bem melhor, talvez tenha sido porque eles vinham fazendo malabarismos com suas obrigações globais por mais de duzentos anos e seus sistemas de tomada de decisão haviam se tornado razoavelmente bons, mesmo que durante o complicado momento de 1941-2 — Grécia, Tobruk, Cingapura, o Atlântico — para muitos deve ter parecido que o velho e castigado império estava fraquejando. Durante toda a guerra os líderes britânicos *sabiam* que tinham se estendido demais — uma razão para os diários de Alanbrooke ser tão perspicazes — e isso explica por que os planejadores de Whitehall lutaram com tanto empenho para economizar, para encontrar novas tecnologias que reduziriam as futuras perdas de navios, aviões e sobretudo

---

Canadá e na Índia; e Clemanceau e Lloyd George na Primeira Guerra Mundial. Depois, em contrapartida, pensemos na falta de foco de Felipe II da Espanha e na dupla distração de Napoleão, na Espanha e na Rússia. Governar, sem dúvida, é escolher. As implicações desses dilemas para os governos americanos em nosso conturbado início do século XXI são evidentes. (N. A.)

soldados e unidades voluntárias de luta, além de gente vinda de pelo menos outras doze nações para as suas Forças Armadas. Isso explica também por que eles atribuíam tanta importância à necessidade de fazer com que os Aliados americanos vissem as coisas pela perspectiva britânica, ficando alarmados nas ocasiões em que seus primos mais poderosos e confiantes (e algumas vezes mais ignorantes) não lhes davam atenção.* Do modo como correram as coisas, a Grã-Bretanha terminou a guerra com o Eixo alemão-italiano sendo derrotado e o Japão destruído, mas a nação britânica também exigiu demais de si mesma e de seu império — fatalmente, como podemos ver agora.[11]

É surpreendente que com esses cinco grandes participantes, constituídos de maneira tão diferente, com cada um lutando sua própria guerra e ao longo de diferentes dimensões do ar, do mar e da terra, o resultado final — isto é, o resultado de 1944 — tenha sido tão uniforme, com o Eixo desmoronando ao mesmo tempo em quatro áreas diferentes. Mark Clark talvez tivesse razão quando reclamou que a chegada de seus exércitos a Roma em 4 de junho de 1944 quase não foi notada pela imprensa mundial, mas em termos e efeitos práticos a vitória aliada na Itália central foi bem menos importante para a resolução da guerra do que as outras três: a quase simultânea invasão da Normandia, a captura das Marianas e o poderoso ataque da Operação Bagration.

Terá sido isso, então, apenas uma nova forma de fadiga imperial? Será que as máquinas de guerra alemãs e japonesas, que haviam lutado com ferocidade e eficiência tão surpreendentes e por tanto tempo, foram esticadas demais por suas lideranças no aspecto geográfico, acabando por desabar diante do poder material acumulado do Império Britânico, dos Estados Unidos e da União Soviética? Por certo, é o que sugerem os dados frios das estatísticas: em 1942 a Grande Aliança era igual ao Eixo em termos de poder produtivo; em 1943 já havia crescido bastante; e em 1944 era a força dominante.[12] Tome-se qualquer

---

* Vale lembrar da recusa de King em aceitar o conselho da Marinha Real de escoltar os navios mercantes navegando pela costa leste dos Estados Unidos em 1942 (eram navios-tanques de petróleo vindos de Trinidad, supostamente sob a proteção da Marinha americana), a obstinação de Echolls em aceitar os P-51 com motor Merlin e a falta de interesse de Bradley em qualquer ideia dos britânicos em relação a técnicas de desembarques; tudo isso comparado com relatos da pronta aceitação por parte dos cientistas americanos do "magnétron", os trabalhos de inteligência partilhados nas cabanas de Bletchley e a colaboração nos planos de construção e reparos de navios. (N. A.)

medida — abastecimento de petróleo, produção de aço ou produção de aviões — e os Aliados estavam bem à frente.

Evidentemente seria tolice negar a enorme importância da superioridade produtiva dos Aliados em 1943 e 1944. Numa situação oposta, se o Eixo possuísse em 1943 um poder produtivo de 62,5 bilhões de dólares e a Grande Aliança tivesse apenas 18,3 bilhões de dólares, sem dúvida não acreditaríamos na derrota alemã e japonesa. Mas o argumento que decorre dos capítulos deste livro é que essas cruas disparidades produtivas poderiam ser, e muitas delas foram, afetadas por outras variáveis, entre elas: o papel da geografia (e sua maior ou menor valorização pelos planejadores, projetistas e aqueles que tomam decisões em todos os lados); e talvez a mais importante variável de todas, a criação de sistemas de guerra que contivessem um grande feedback, flexibilidade, capacidade de aprender com os erros, e uma "cultura de encorajamento" (sobre a qual voltaremos a falar mais tarde) que permitisse aos "homens do meio de campo" ter liberdade de experimentar, de oferecer ideias e opiniões e de atravessar as fronteiras tradicionais das instituições.

Se isso for verdade, este trabalho oferece uma interpretação diferente da vasta historiografia da Segunda Guerra Mundial, que tende a supor que a guerra foi ganha essencialmente na época das batalhas de Midway, El Alamein e Stalingrado. Ele tenta reduzir a explicação grosseira, econômica e determinista do resultado da guerra e oferecer alguma coisa mais sutil. Lembramos aqui o ponto de vista de Churchill, de que a guerra seria, e tinha de ser, ganha pela "aplicação adequada" da força. Somente números não eram suficientes. Oferecer à RAF outros mil *Lancaster* fazia pouco sentido (como a famosa reclamação do primeiro-ministro em setembro de 1941) se o Comando de Bombardeiros não conseguia localizar os alvos. Construir milhares de navios mercantes não poderia ganhar a guerra se não fossem encontradas maneiras de derrotar os grandes U-boats de Dönitz no Médio Atlântico. Quintuplicar o tamanho da Marinha americana não importava se eles não podiam descobrir a forma de entrar e sair de praias ocupadas pelo inimigo. Dez mil tanques T-34 eram simplesmente uma enorme montagem de aço e arame, até alguém descobrir como abastecê-los com gasolina, petróleo e munições. Tem-se a tentação de modificar a frase de Churchill para sugerir que a Segunda Guerra Mundial foi vencida pela "aplicação inteligente" de força superior.

Esse ponto de vista sobre a compreensão dos fatores que afetam esse conflito global torna-se mais importante quando voltamos a considerar o papel fundamental desempenhado pela geografia. Tamanho, distância e topografia estão presentes em todas essas cinco narrativas, assim como esses fatores influenciaram os exaustos combatentes que tinham de lutar naqueles espaços. O capítulo 5 trata explicitamente da conquista da "tirania da distância" pelas vastas extensões do Pacífico, mas todas as campanhas analisadas nos primeiros quatro capítulos podem ser visualizadas, cada uma à sua maneira, como a luta humana para ganhar o controle de grandes extensões do ar, mar e terra. A geografia esclarecia a estratégia. Evidentemente, na campanha americana contra o Japão, por mais extensa que fosse a rota de retorno do Havaí via Gilbert, Marshall, Carolinas, Marianas, Iwo Jima e Okinawa para as praias exteriores de Nihon, o fato é que ela continuou sendo a rota mais rápida para alcançar as águas japonesas, e a movimentação de MacArthur pelo litoral da Nova Guiné era, em termos geográficos, um caminho muito menos óbvio para a baía de Tóquio; pela mesma razão, era impossível para os esforços britânicos nas selvas birmanesas, mesmo extraordinários como eles eram, dar o golpe final.

Em todos os outros lugares, a geografia também determinava os resultados. Ela não apenas tornou os desembarques da Torch viáveis, mas muito provavelmente determinou seu sucesso: por causa da maior facilidade de movimento pela água, as divisões anfíbias anglo-americanas foram capazes de alcançar as praias do norte da África de maneira muito mais fácil vindo de Clyde e Norfolk, Virgínia, do que teria sido possível para as pesadas divisões de reserva da Wehrmacht vindas do sul da Alemanha ou do oeste da França; isso sem falar da Ucrânia. O mais importante era a proteção naval para os rápidos comboios das tropas aliadas, o que foi providenciado. Não havia rotas livres para U-boats, naturalmente, até que a grande disputa pelo comando do centro do oceano tivesse sido resolvida. A lacuna aérea do Médio Atlântico era um problema espacial que esperou três anos até que em junho de 1943 encontrou-se para ela uma solução militar--tecnológica. A luta para encontrar um avião de combate de longa distância que escoltasse os B-17 em direção a Praga e voltasse levou um pouco mais de tempo. Porém, em fevereiro de 1944, até mesmo aquele problema tinha sido resolvido, não por causa da força bruta, mas graças à criatividade humana e à iniciativa solidária. A geografia também alterou a forma do Ostfeldzug: o Exército alemão foi longe demais em terras inóspitas e pagou o preço numa campanha onde a força material primitiva ajudou a combater a sofisticação militar. E em El Alamein o lendário Afrika Korps se confrontou com uma guarnição imperial britânica entrincheirada num lugar em que Rommel ficava longe de seus suprimentos, lutando contra um inimigo que estava trabalhando na manutenção das linhas de extensão de comunicações para o Egito por muitas décadas. A conclusão é clara: nesse conflito de gigantescas dimensões, a distância podia fazer perder — ou ganhar — a guerra. Os sistemas de luta dos Aliados melhoraram drasticamente quando eles perceberam sua importância.

Por essa razão é impressionante a falha dos poderes do Eixo em ver a Segunda Guerra Mundial como um tabuleiro de xadrez geopolítico gigantesco, e assim reconhecer a importância estratégica de um número pequeno de posições (bases) que proporcionariam ao seu ocupante uma vantagem operacional desproporcional.

É surpreendente o fato de que o Quartel-General em Tóquio parece ter desistido de tentar capturar o Havaí depois da Batalha do Midway, quando as forças americanas no Pacífico ainda eram relativamente fracas. Em comparação com as ilhas havaianas, conquistas como as da Nova Guiné e da Birmânia eram meras bagatelas; de qualquer forma, elas cairiam no colo do Japão como uma consequência de Tóquio ter sido a primeira a assumir o lugar estratégico mais importante de todo o Pacífico. O fracasso de Hitler em ocupar Gibraltar — ou pelo menos de convencer Franco a neutralizá-lo — foi outra grande deficiência, explicada talvez por sua obsessão com o avanço rumo ao leste. Foi também o que aconteceu com a inabilidade de italianos e alemães em destruir as bases navais e aéreas britânicas em Malta. Se os Pilares de Hércules estivessem bloqueados, com a Argélia nas mãos solidárias de Vichy e Malta transformada numa enorme base da Luftwaffe, quanto tempo levaria até o Egito cair?

De uma forma geral o Eixo desperdiçou suas enormes vantagens ao se movimentar por áreas secundárias — os Bálcãs, Birmânia, sul da China — prestando menos atenção nos alvos realmente importantes. A estratégia de Hitler no front leste talvez seja o mais significativo de todos os exemplos. Do ponto de vista militar, foi uma tolice dirigir-se ao mesmo tempo para Leningrado ao norte, Moscou no centro e Stalingrado, Donbas e o Cáucaso ao sul. Moscou, sem dúvida, era o grande prêmio, mesmo num sentido negativo; isto é, enquanto uma ocupação total daquela cidade não iria garantir a esperada vitória imediata — mesmo sem Stálin, o Politburo, por certo, poderia ter se deslocado para o leste para continuar a luta —, o fato é que o fracasso alemão em capturar a capital soviética assegurou a continuação da guerra. Ao saber de tudo isso o estudioso tem a noção de que tanto as lideranças da Wehrmacht como os generais japoneses com influência prussiana tinham, ironicamente, esquecido a ênfase de Clausewitz sobre a importância de manter o foco sobre os *Schwerpunkte* (centros de gravidade, ou pontos--chave) do inimigo e pagaram o alto preço final por esse esquecimento. Muitos anos antes, Correlli Barnett havia sugerido que os resultados das batalhas militares, e das guerras como um todo, poderiam ser considerados o "grande auditor de instituições".[13] O presente estudo reafirma essa noção.

O ponto de vista final que emerge dessa investigação sobre como a guerra foi vencida refere-se à questão complicada, talvez intangível, do que poderia ser denominado a "cultura do encorajamento" ou a cultura da inovação. Todas essas máquinas de guerra grandes e orquestradas — na Grã-Bretanha, Estados Unidos, Alemanha, Japão e União Soviética — naturalmente esforçaram-se para defender suas posições e avançaram a fim de derrotar seus inimigos. Isso é óbvio. Para este livro, a pergunta mais interessante é *como*: como alguns desses sistemas político-militares atuaram de maneira mais eficaz do que outros? Uma boa parte da resposta deve estar no fato de que os sistemas bem-sucedidos alcançaram êxito porque eram dotados de feedbacks mais inteligentes entre os níveis superior, intermediário e inferior, porque eles estimulavam iniciativa, inovação e criatividade, e porque encorajavam os solucionadores de problemas a ir à luta, encarando e resolvendo grandes questões extremamente complexas.

É claro que os homens que estavam no comando fizeram a diferença. Os líderes individuais, ou lideranças individuais, revelaram mudanças acentuadas no estilo. Nesse aspecto os japoneses foram os piores. Com um líder-deus desobrigado de tomar decisões estratégicas, toda a autoridade foi transmitida ao Exército e à Marinha. Essas duas instituições revelaram uma rigidez e uma solidariedade de "velhos camaradas" que jamais tiveram condições de lidar com os criativos contra-ataques americanos no Pacífico. Hitler e Stálin eram, como diversos historiadores salientaram, muito semelhantes em suas obsessões em controlar tudo, com a diferença fundamental de que Stálin começou a relaxar sua força de ferro quando compreendeu que tinha uma equipe de generais de primeira classe trabalhando para ele, enquanto Hitler se tornava cada vez mais megalomaníaco e paranoico, dando aos seus generais experientes pouco espaço para manobras operacionais.[14] Em geral, quanto maior era a distância entre um comandante e o alto-comando da Wehrmarcht — Guderian ao longo do Sena,

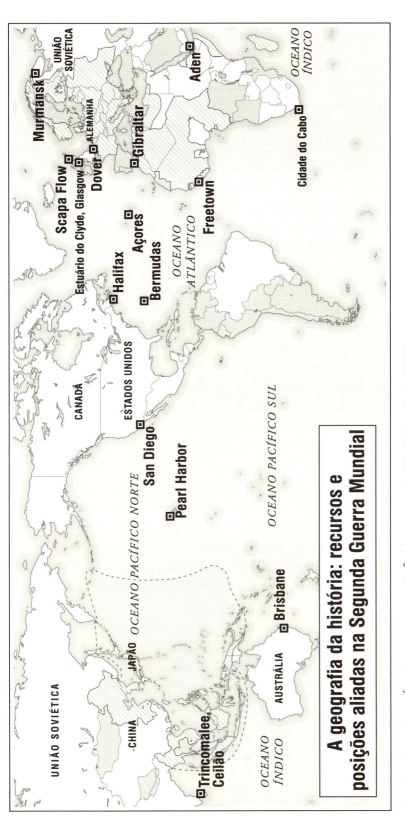

A GEOGRAFIA DA HISTÓRIA: RECURSOS E POSIÇÕES ALIADAS NA SEGUNDA GUERRA MUNDIAL
O conflito global de 1937/1939-45 foi a maior guerra mundial de toda a história até hoje. Sem levar em conta a guerra terrestre russo-alemã, a vitória dependia do controle de certas rotas marítimas fundamentais, bem como dos portos que abrigavam os navios e aviões que controlavam as águas. Enquanto o Império Britânico e os Estados Unidos tinham grandes vantagens aqui, tanto alemães como japoneses estavam numa situação geopolítica muito mais fraca. O mapa acima destaca as mais importantes bases navais aliadas durante a guerra.

Rommel no deserto, Kesselring no sul da Itália —, mais liberdade ele tinha para exercer suas indiscutíveis habilidades na frente de batalha.

Roosevelt e Churchill também eram diferentes. O presidente, ao que parece, tinha tanta fé no poder da América que raramente interferia em nomeações ou planos operacionais. Uma vez que a liderança militar americana tinha sido organizada, ele depositou uma fé enorme em Arnold (Força Aérea), King (Marinha) e sobretudo em Marshall (Exército) para fazerem a coisa certa. Além disso, havia o almirante Leahy, em quem depositava enorme confiança, atuando como o responsável pela Junta de Planejamento do Estado-Maior. A Marinha sempre ocupou um lugar de destaque especial nas afeições de Roosevelt, e a nomeação de Ben Moreell para liderar os novos Seabees foi uma brilhante medida. Por outro lado, Roosevelt não parece ter exercido um papel ativo nas nomeações de militares. Por que não deixar que George Marshall fizesse o trabalho difícil de se livrar dos generais malsucedidos logo no início do conflito, depois de Passo de Kasserine, e no meio dos tropeços de Anzio?

Por uma questão de temperamento teria sido impossível para o primeiro-ministro não se envolver na tomada de decisões — em seu caderno de anotações pessoais estava escrito: "Ação hoje!", e foi com dificuldade que ele foi impedido de estar nas praias da Normandia no próprio Dia D — o rei teve que interferir. Em certas ocasiões — e houve muitas, incluindo a Noruega, Dakar e operações navais em Creta e Cingapura — ele levou Alanbrooke e outros chefes britânicos bem perto do desespero e da renúncia. E certamente substituiu muitos generais em sua busca por uma liderança eficaz na frente de combate. Até mesmo o amargo Alanbrooke por vezes admitia que imaginação, ímpeto e retórica eram indispensáveis para o esforço de guerra.

Havia um outro nível desse conflito mundial no qual o estímulo e os surtos de entusiasmo de Churchill mostravam-se inestimáveis: ele reconhecia o talento, a iniciativa e, é preciso dizer, a falta de ortodoxia nas pessoas, dando-lhes oportunidade para provar seu valor. Sua crítica quanto ao fato de que o major-general Percy Hobart era negligenciado por "incitar controvérsia" foi mencionada no capítulo 4, mas fica difícil imaginar como as noções nada convencionais de Hobart a propósito de tanques poderiam ter se transformado em toda uma divisão blindada dentro do conservador Exército britânico sem a atuação do primeiro-ministro. Foi Churchill quem tirou o almirante Ramsay da aposentadoria para liderar o plano anfíbio do império, foi ele quem enviou Orde

Wingate para a Birmânia a fim de criar a operação especial Chindits, assim como foi ele que conseguiu o retorno de Sir Wilfrid Freeman para administrar o projeto e a produção de aviões no Ministério da Aviação. Quem mais senão o primeiro-ministro, após testemunhar pessoalmente os experimentos bem-sucedidos de Dodgers e Wheezers com seus morteiros Hedgehog, teria enviado logo no começo da manhã ao primeiro lorde do Almirantado uma determinação para que recursos fossem destinados a essa nova arma? A lista podia continuar, mas a verdade é que dificilmente terá havido outro líder de guerra com essa habilidade para identificar talentos e com sua capacidade de inspirar e encorajar. O homem era incomparável, mas nada existe de incomparável na lição que ele nos deixa: sem uma audaciosa e competente liderança, um grande empreendimento provavelmente fracassa.

No entanto, esse conceito de "cultura do encorajamento" não se limita aos gostos e caprichos de líderes poderosos. O Corpo de Fuzileiros Navais dos Estados Unidos, após 1919, mesmo com poucos recursos, teve liberdade suficiente para desenvolver suas ideias sobre bases navais avançadas na Micronésia. Os projetistas do tanque (Koshkin) e do avião (Yakovlev) de Stálin, embora vivessem apavorados diante do "chefe", sabiam que teriam todo apoio se desenvolvessem armas que matassem muitos alemães — e por isso recebiam bastantes recursos. Alguém do sistema de desenvolvimento de armas da RAF podia pedir a Ronnie Harker, da Rolls-Royce em Derby, para ir a Duxford em abril de 1942 com a incumbência de testar e fazer uma avaliação sobre o avião de caça P-51; alguém na Rolls-Royce sabia como encontrar Sir Wilfrid Freeman no Ministério da Aviação e fazer as coisas acontecerem. E um comandante de caça como Donald Blakeslee sabia que podia recorrer a seu superior na Força Aérea, o general Doolittle, e Doolittle por sua vez sabia que podia recorrer a Arnold e Lovett e conseguir que fosse mudada a política em relação ao caça Mustang, tornando-o muito mais eficiente. Dois jovens cursando pós-doutorado na Universidade de Birmingham foram estimulados a resolver o problema da construção de um radar miniaturizado que não desmoronasse sob a energia de sua trave pulsante; e quando eles resolveram, suas ideias foram aceitas. Em seguida, inicialmente o professor deles e depois Whitehall, Tizard, Vannevar Bush, os laboratórios Bell e o Instituto de Tecnologia de Massachusetts levaram o projeto adiante. Por fim, essa nova tecnologia ajudou a afundar um grande número de U-boats. Isso não foi um acaso; foi o resultado de um sistema superior.

Mas era preciso que isso começasse em algum lugar. E esse lugar era um espaço, uma cultura militar-política, que permitiu que a solução do problema acontecesse. Por razões ainda insondáveis, o Japão parece ter falhado miseravelmente nesse quadro de resultados: seus impressionantes sistemas de armas como o caça Zero, os porta-aviões tipo Akagi e navios de guerra da Classe Yamato eram essencialmente criações e projetos do final dos anos 1930; depois disso as capacidades de inovação do país parecem ter desaparecido. Não havia os equivalentes contemporâneos para os *Lancaster*, os Mustang, os terríveis esquadrões antissubmarinos de Walker, o radar miniaturizado, máquinas de decodificação, muito menos para a bomba atômica. O Terceiro Reich agiu de forma diferente, convertendo as forças tecnológicas da Alemanha pré-nazista em "superarmas", como os foguetes V-1 e V-2, o caça a jato e o submarino com *schnorkel*; mas nenhum desses magníficos instrumentos foi eficaz na guerra porque a Alemanha já tinha cedido o comando do mar e depois o comando do ar. Ninguém na Alemanha nazista — ninguém da organização de nível médio, nem mesmo o próprio Speer — conseguiu resolver o problema dos submarinos supereficientes montados em Bremen, que não poderiam ir para o mar se os motores a diesel não fossem transportados com segurança de Ruhr, já que os bombardeiros aliados haviam explodido todas as vias férreas.

Quando se fala na eficiência em conseguir equipamentos de combate e transferir combatentes de A para B, os britânicos são campeões; certamente isso não foi por causa de alguma inteligência especial, mas pela ampla experiência em organização e senso crítico depois de enfrentar chances adversas em 1940, juntamente com a perspectiva de uma derrota. Aqui a necessidade foi a mãe da invenção. Eles tinham que defender suas cidades, transportar tropas até o Egito, apoiar os gregos, proteger as fronteiras da Índia, trazer os Estados Unidos para a guerra e depois levar aquele imenso potencial americano para a área da Europa.[15] Era mais um problema a ser resolvido. Como foi possível fazer com que 2 milhões de soldados americanos, depois de chegar às bases de Clyde, fossem para bases no sul da Inglaterra preparando-se para o ataque à Normandia, quando a maior parte das ferrovias britânicas estava ocupada em transportar vagões de carvão para as fábricas de ferro e aço que não podiam parar de produzir? Como se viu, uma organização composta por pessoas que cresceram decorando os horários da estrada de ferro de Bradshaw como passatempo pode fazer isso, enquanto os altos comandantes consideravam que tudo estava garantido porque confiavam na capacidade de seus administradores de nível médio. Churchill acreditava que o melhor era não se preocupar demais com os problemas, pois tudo se resolveria, isto é, uma maneira havia de ser encontrada, passo a passo.

Há uma outra forma de pensar sobre essa história de soluções de problemas, e ela vem de um exemplo bem contemporâneo. Em novembro de 2011, enquanto o genial líder da Apple, Steve Jobs, recebia inúmeras homenagens póstumas, um artigo intrigante foi publicado na revista *New Yorker*. Nele o autor, Malcom Gladwell, argumentava que Jobs não era o inventor de uma máquina ou de uma ideia que mudou o mundo; poucos seres o são (exceto talvez Leonardo da Vinci e Thomas Edison). Na verdade, seu brilhantismo estava em adotar invenções alheias que não deram certo, a partir das quais construía, modificava e fazia aperfeiçoamentos constantes. Para usar uma linguagem atual, ele era um *tweaker*, e sua genialidade impulsionou como nunca o aumento de eficiência dos produtos de sua companhia.

A história do sucesso de Steve Jobs, contudo, não era nova. A chegada da Revolução Industrial do século XVIII na Grã-Bretanha — muito provavelmente a maior revolução para explicar a ascensão do Ocidente — ocorreu porque o país possuía uma imensa coleção de *tweakers* em sua cultura que encorajaram o progresso:

> Em 1779, Samuel Crompton, um gênio aposentado de Lancashire, inventou o *spinning mule* [tear mecânico] , que tornaria possível a produção de algodão em escala industrial. Mas no fundo, a verdadeira vantagem da Inglaterra era a figura de Henry Stokes, de Horwich, que adicionou rolos de metal à máquina; e James Hargreaves, de Tottington, que descobriu como nivelar a aceleração e a desaceleração da roda de fiar; e William Kelly, de Glasgow, que descobriu como adicionar a energia da água ao traçado das linhas; e John Kennedy, de Manchester, que adaptou a roda para criar desenhos mais elaborados; e, finalmente, Richards Roberts, também de Manchester, mestre em máquinas de precisão — ele foi o "*tweaker do tweaker*". Ele criou a máquina de fiar algodão automática: uma modernização precisa, confiável e de alta velocidade da criação original de Crompton.[16]

O leitor que seguiu essa analogia nos cinco capítulos precedentes ficará surpreso com a semelhança dos eventos. Afinal, a história da evolução do tanque T-34 soviético, de um grande pedaço de metal mal projetado e fraco para uma arma de guerra mortífera, segura e de grande mobilidade, não foi uma história contínua de *tweaking* (capítulo 3)? Não foi esse também o caso do grande bombardeiro americano, o B-29, que no início estava tão mergulhado em dificuldades que chegou a se propor seu cancelamento até que as equipes da Boeing resolveram os problemas (capítulo 5)? E as miraculosas histórias do P-51 Mustang (capítulo 2), dos tanques de Percy Hobart (capítulo 3) e de um poderoso sistema de radar tão pequeno que poderia ser inserido no nariz de um avião de patrulha de longa distância e virar a maré na Batalha do Atlântico (capítulo 1)? Depois que se unem os diversos pedaços espalhados, tudo se encaixa. Mas todos esses projetos exigiram tempo e apoio.

Se essas observações sobre a cultura da inovação são válidas, as cinco histórias especiais e paralelas narradas acima levam uma mensagem importante e que pode ser transferida para outros campos, outras disciplinas, outras grandes contestações. Isso não significa apenas transferi-las para conflitos militares de larga escala como a Guerra Napoleônica ou a Guerra Civil Americana, embora elas certamente também se aplicassem a esses casos, e na verdade cada um daqueles conflitos tem seus próprios esplêndidos historiadores contando como as guerras foram vencidas.[17] O argumento de qualquer um dos cinco capítulos deste livro pode alimentar a enorme literatura e os debates sobre o que veio a se chamar "estudos das inovações militares".[18] Os "casos de história" também, assim espero, podem contribuir para escritos sobre o nível operacional da guerra e para os programas de televisão populares sobre "gênios do design". E eles se referem (com total reconhecimento nas notas finais) aos estudos transformadores da eficácia militar.

Assim, por extensão, qualquer consultor ou diretor administrativo competente de nível médio no mundo dos negócios atual — ou um presidente que leia bastante — pode ver as lições que aparecem nessas narrativas. Na verdade, os administradores de grandes companhias mundiais provavelmente apenas fiquem maravilhados diante, digamos, do planejamento e orquestração do almirante Ramsay nos cinco desembarques simultâneos no Dia D e gostariam de poder realizar um décimo do que ele fez. De certa forma, o fantasma do falecido e grande Peter Drucker perambula por este livro, já que muitos de seus trabalhos foram sobre como administrar e organizar. E ninguém mais, é justo afirmar, fez melhor do que Ramsay e sua equipe na manhã do dia 6 de junho de 1944.

Em suma, a vitória em grandes guerras sempre requer organização superior, o que por sua vez exige pessoas que possam dirigir essas organizações, não com um interesse apenas moderado, mas da maneira mais competente possível e com estilo que permitirá às pessoas de fora propor ideias novas na busca da vitória. Os chefes não podem fazer tudo isso sozinhos, por mais que sejam criativos e dotados de energia. É necessário haver um sistema de apoio, uma cultura de encorajamento, feedbacks eficientes, uma capacidade de aprender com os revezes, uma habilidade de fazer as coisas acontecerem. E tudo isto tem de ser feito de uma maneira que seja melhor do que aquela do inimigo. É assim que as guerras são vencidas.

Portanto, o jovem trabalhador do poema de Brecht citado no início deste livro estava certo em suas perguntas algo perplexas. Quem realmente fez as coisas funcionarem: Alexandre, o Grande, Júlio César, Frederico, o Grande? Não foram os administradores de nível médio e os solucionadores de problemas? Com todo o devido respeito pelas grandes contribuições dadas pelos mestres e comandantes, por um lado, e por aquelas feitas pelos soldados e marinheiros que atravessaram as praias e patrulharam mares perigosos durante a guerra de 1939-45, por outro, é precisamente isso que o presente livro afirma. Sem o pessoal de nível médio e os sistemas que eles administraram, a vitória ficaria fora do alcance. Continua sendo um enigma que os solucionadores de problemas da Segunda Guerra Mundial tenham recebido um reconhecimento tão pequeno.

Em contrapartida, Frederico, o Grande, o administrador mais perspicaz que já existiu, recompensou seus generais, coronéis e administradores médios com títulos, honrarias e terras (alguns de seus herdeiros, acumulando os mesmos títulos aristocráticos, lutaram em Ostfeldzug 180 anos mais tarde, sob o comando de um ex-cabo austríaco que eles desprezavam). A equipe de combatentes de Alexandre o carregou de volta até onde foi possível, enterrou-o e então voltou à Macedônia para as honras devidas. Felipe II da Espanha foi generoso em distribuir recompensas para aqueles que o tinham servido fielmente e queriam continuar a lutar por sua causa divina, apesar do fracasso da Armada. O que aconteceu com o cozinheiro de César está perdido na história, mas seguramente ele desempenhou um papel importante.

O mesmo reconhecimento merecem, por certo, os militares de nível médio que mudaram a Segunda Guerra Mundial, transformando as agressões do Eixo em 1942 em avanços irreversíveis dos Aliados em 1943-4, e finalmente destruindo a Alemanha e o Japão. É verdade, alguns desses indivíduos, armamentos e organizações são reconhecidos, mas em geral de uma forma fragmentada e popularizada. É raro que esses fios isolados sejam tecidos em conjunto para mostrar como os avanços afetaram as muitas campanhas, fazendo a balança pender para o lado dos Aliados durante o conflito global. Mais raro ainda é a compreensão de como o trabalho desses vários solucionadores de problemas também precisa ser incluído numa importante "cultura do encorajamento" para garantir que simples declarações e intenções estratégicas de grandes líderes se tornem realidade e não murchem nas tempestades da guerra. Se isso é o que acontece, como foi discutido nas páginas acima, então vivemos com uma grande lacuna em nossa compreensão de como a Segunda Guerra Mundial foi vencida em seus anos cruciais. Talvez o presente trabalho ajude a preencher um pouco isso.

Agradecimentos

Este livro foi concebido em 2007, um ano após a publicação de meu estudo sobre as Nações Unidas, *The Parliament of Man*. Com o apoio da Random House em Nova York e da Penguin de Londres, comecei a escrever seriamente o capítulos 1, 2 e 4 durante os seis meses de licença para pesquisas em Cambridge, em 2008. Meu retorno para o trabalho em tempo integral como professor, captador de recursos e orientador em Yale, deixou-me com pouca oportunidade para outros projetos, mas consegui outra licença para novas pesquisas em Cambridge em 2010, quando escrevi os capítulos restantes, o 3 e o 5. A introdução e a conclusão foram redigidas no outono de 2010, após meu retorno a Yale. No período seguinte solicitei a incorporação, ou pelo menos a reflexão, dos comentários e críticas de muitos colegas acadêmicos e de meus editores-chefes.

Atualmente, acadêmicos com muitos compromissos só conseguem se engajar num grande trabalho de pesquisa e escrita tendo a assistência de universidades esclarecidas e fundações dispostas a apoiar tais esforços. Meus agradecimentos, portanto, devem ir em primeiro lugar para minha universidade, Yale, que não apenas proporcionou uma base intelectual, recursos acadêmicos e, o que é notável, um imenso coleguismo, como também de tempos em tempos me libera para trabalhos de pesquisas no exterior. Com relação a este último aspecto, o acolhimento e a hospitalidade que recebi dos colegas acadêmicos e de faculdades em Cambridge foram emocionantes e essenciais. Acima de tudo, sou grato aos mestres e companheiros da Universidade St. John's, que me ofereceram assistência e acomodação por três longas estadias; sem a generosidade da St. John's, duvido que este livro pudesse ter sido escrito. Também agradeço ao departamento IDEAS da London School of Economics and Political Science, que me convidou para ser professor visitante da Philippe Roman em 2008, permitindo-me assim a chance de dar aulas e de continuar minhas pesquisas e escritos. A generosidade de Roger Hertog me ajudou a juntar todas aquelas peças.

Meus colegas em Yale, principalmente John Gaddis e Charles Hill, toleraram meus discursos sobre os detalhes da guerra por muitos anos até agora e me permitiram oferecer algumas das ideias presentes neste livro no nosso curso ministrado em conjunto a respeito de grandes estratégias. A mesma tolerância e o mesmo encorajamento foram demonstrados pelos incomparáveis Michael Cox e Arne Westad da London School of Economics. Em relação ao encorajamento dado pelos estudiosos e funcionários, bem, nem sei por onde começar, e tenho certeza de que esquecerei um ou dois nomes: Zara Steiner, Christopher Andrew, David Reynolds, Jonathan Haslam, Richard Drayton (agora em Londres), Adam Tooze (agora em Yale) e Brendan Sims, todos me fizeram pensar e voltar a pensar. Allan Packwood, no Arquivo da Universidade Churchill, foi de uma imensa ajuda. Na St. John's, dois mestres consecutivos, Richard Perham e Christopher Dobson, juntamente com os presidentes Jane Heal e Mark Nicholls e, talvez em especial, o bolsista John Harris, que é perito naval, sempre me apoiaram.

Como o total de materiais publicados e não publicados para este projeto crescia cada vez mais, sou grato a um pequeno número de maravilhosos assistentes de pesquisa: Will Chou, Will Owen, Evan Wilson, Joyce Arnold, Elisabeth Leake, Gabriel Perlman, Isabel Marin e Daniel Hornung, que me ajudaram a coletar materiais da biblioteca, procurando por fontes obscuras e lendo rascunhos de manuscritos. Elizabeth Ralph foi uma editora particularmente determinada e eficaz. Ela me impulsionou a reexaminar o capítulo 2 sobre a guerra aérea, e as pesquisas de Igor Biryukov sobre o capítulo 3 foram inestimáveis. Durante o ano acadêmico de 2011-2, Daniel Hornung uniu-se a Igor num apoio semanal para este projeto. Nas fases de trabalho intenso do último verão, Isabel Marin e Sigrid von Wendel se uniram a Igor e a mim num "empurrão" final. Conferir os textos pela última vez e reunir, sob pressão, os mais apropriados mapas, tabelas e ilustrações não é uma tarefa fácil. Esse foi um trabalho de equipe perfeito, no qual foi possível executar tudo que era necessário. Foi um grande prazer trabalhar com todos os citados e aprender com eles, algo que constantemente me faz recordar o meu próprio papel como assistente de pesquisa de Sir Basil Liddell Hart, há mais de quarenta anos, quando minha tarefa era preparar os primeiros rascunhos para os capítulos sobre a Guerra do Pacífico, a Batalha do Atlântico, a campanha de bombardeio estratégico e a última metade do combate na Itália.

Diversos colegas acadêmicos foram tão gentis que deixaram de fazer seu próprio trabalho para ler e criticar vários capítulos, ou, como uma alternativa local, encontrar-me no pub Granta em Cambridge para discussões constantes sobre o rumo que este trabalho ia tomando. Entre eles estavam Kathy Barbier, Tami Biddle, Michael Coles, John Harris, Jonathan Haslam, John Hattendorf, Milan Hauner, David Kahn, Rich Muller, Geoffrey Parker, Adrew Preston, John Reeve, Nicholas Rodger e John Thompson. Estou certo de que inadvertidamente esqueci um ou dois nomes.

Para mim foi também uma grande sorte ter a oportunidade de apresentar algumas primeiras ideias sobre o livro em vários e estimulantes ambientes acadêmicos: a própria Yale, Cambridge, a Universidade Estadual de Ohio, o King's College de Londres (Conferência Anual dos Estudos de Guerra), o Naval War College, a Universidade Duke, o Conselho de Relações Exteriores, a Universidade da National Defense e muitos outros lugares nos últimos três anos. A Sociedade para a História Militar convidou-me para apresentar minhas ideias em janeiro de 2009 durante a conferência anual da Associação Americana de História, sob o título de "History from the Middle", que mais tarde foi publicada em sua revista, *Journal of Military History*. Aquelas ideias foram também apresentadas de uma forma diferente, organizadas pelo empreendedor Martin Lawrence, como a primeira Palestra Lady Lucy Houston, em Cambridge, em março de 2010, um amável tributo à formidável senhora cuja generosidade resgatou o futuro do Spitfire do esquecimento.

Este livro não é o único a discutir a importância dos aspectos mais básicos da guerra. Como em outros trabalhos com um tema ambicioso, ele se apoia em respeitáveis estudiosos que abordaram previamente o mesmo terreno: Martin van Creveld e o incomparável Geoffrey Parker nos aspectos mais gerais; e com respeito à Segunda Guerra Mundial especificamente, Rick Atkinson, Bruce Ellis, David Glantz, Richard Overy, Allan Millett e Williamson Murray, Marc Milner, Ronald Spector, Paddy Willmott e o falecido e notável John Erickson, um engenheiro que se tornou historiador. Do mesmo modo, devo muito aos estudiosos que contribuíram para as histórias oficiais da guerra americana, britânica, canadense e da Alemanha ocidental; muitos daqueles volumes têm cinquenta ou sessenta anos de idade, mesmo assim a qualidade permanece de alto nível.

Também agradeço aos detentores dos direitos autorais de muitas ilustrações que estão incluídas neste trabalho. Se não conseguimos localizar o proprietário, faremos o possível para fornecer essa informação. As pinturas marítimas incluídas entre as fotografias foram todas feitas pelo incomparável artista Ian Marshall. Elas representam um prelúdio para seu futuro livro ilustrado, *Fighting Warships of World War II*. Sou grato a Ian por sua grande generosidade.

Há quase quarenta anos fui apresentado a Bruce Hunter, meu agente literário, cujo sábio julgamento e integridade tem me orientado sobre muitos assuntos e cujo papel foi agora assumido pelo competente Andrew Gordon. Phyllis Westberg (Harold Ober) me conduziu pelo lado nova-iorquino das coisas, e Ania Corless por todos os contratos internacionais. Mika Kasuga da Random House foi de grande ajuda nos meses finais. Meus editores Will Murphy (Random House, Nova York) e Stuart Proffitt (Penguin, Reino Unido) foram guias exemplares, solidários, firmes e muito, muito pacientes. Stuart me encorajou a fazer diversas revisões e aperfeiçoamentos no original; espero ter aproveitado sua ajuda. Minha gratidão a todos eles é incomensurável.

Assim como é incomensurável minha gratidão à minha família, cuja maior virtude é a de ser ainda mais paciente. Refiro-me a Jim, John e Matthew; a Sophia a Cinnamon, Catherine e Olivia; e ao meu neto Charlie Parker Kennedy, que não estava por perto quando este trabalho começou.

Meu maior agradecimento vai à parceira que caminhou, riu e chorou comigo por mais de uma década e a quem este livro é dedicado.

Paul Kennedy
New Haven, 2012

Notas

INTRODUÇÃO [pp. 13-25]

1. Depois que nosso grupo de relatórios das Nações Unidas sugeriu grandes mudanças estruturais no topo da organização mundial — a saber, alterando o Estatuto das Nações Unidas para admitir novos membros permanentes de veto para o Conselho de Segurança — e descobriu os grandes obstáculos para propostas dessa magnitude, ficou óbvio que a melhor maneira de socorrer as Nações Unidas seria assegurar sua eficácia no trabalho de nível médio para manutenção da paz, desenvolvimento e direitos humanos. Comparar uma pauta maior, sugerida em Paul Kennedy e Bruce Russet, "Reforming the United Nations", *Foreign Affairs*, v. 74, n. 5, pp. 56-71, set./out. 1995, com as formulações mais cautelosas em Paul Kennedy, *The Parliament of Man: the Present, Past and Future of the United Nations* (Nova York: Random, 2006), cap. 8.

2. Caso o leitor tenha interesse no programa, ver "The Brady-Johnson Program in Grand Strategy and Studies in Grand Strategy Graduate Seminar". In: *International Security Studies/Yale University*. Disponível em: <http://iss.yale.edu/grand-strategy-program>. Acesso em: 8 maio 2013.

3. Para algumas exceções a essa generalização, ver muitos dos ensaios em Williamson Murray, MacGregor Knox e Alvin Bernstein (Orgs.), *The Making of Strategy: Rulers, States and War* (Cambridge: Cambridge University Press, 1994). Edward Mead Earle, Gordon A. Craig e Felix Gilbert (Orgs.), *Makers of Modern Strategy: Military Thought from Machiavelli to Hitler* (Princeton: Princeton University Press, 1971), enfatizam os escritos e pensamentos estratégicos em uma abordagem deliberadamente contraposta a uma leitura clássica.

4. Ver, respectivamente, Geoffrey Parker, *The Army of Flanders and the Spanish Road :The Logistics of Spanish Victory and Defeat in the Low Countries War* (Cambridge: Cambridge University Press, 1972); Peter Padfield, *Guns at Sea* (Londres: Evelyn,1973), cap. 10 e 11; James C. Riley,

International Government Finance and the Amsterdam Capital Market 1740-1815 (Cambridge: Cambridge University Press, 1980); Paul M. Kennedy, "Imperial Cable Communications and Strategy 1870-1914", *English Historical Review*, v. 86, n. 341, pp. 728-52, 1972.

5. Essas diretivas operacionais são resumidas mais claramente pelo historiador do Departamento do Estado Herbert Feis em *Churchill, Roosevelt, Stalin: The War They Waged and the Peace They Sought* (Princeton, NJ: Princeton University Press, 1957), pp. 105-8.

6. A melhor maneira de testar essa observação é examinar quatro das melhores histórias sobre a Segunda Guerra Mundial, citadas inúmeras vezes em meu próprio texto, e conferir as descrições (ou ausência de referências) das peças do quebra-cabeça como o P-51 Mustang, com motor Merlin, o "magnétron do vácuo", o morteiro Hedgehog, e a "turminha" de Hobart. Ver John Ellis, *Brute Force: Allied Strategy and Tactics in the Second World War* (Nova York: Viking, 1990); Richard Overy, *Why the Allies Won* (Londres: Jonathan Cape, 1995); Williamson Murray e Allan R. Millet, *A War to Be Won: Fighting the Second World War* (Cambridge, MA: Harvard University Press, 2000); Basil H. Liddell Hart, *History of the Second World War* (Londres: Cassell, 1970). Outro ponto de comparação proveitoso seria com dois recentes e aclamados trabalhos sobre a Segunda Guerra Mundial. O primeiro é *Fateful Choices: Ten Decisions That Changed the World 1940-41*, de Ian Kershaw (Londres: Penguin, 2007), uma leitura maravilhosa, embora deliberadamente construída como um conjunto de histórias de cima para baixo — ver cap. 2, "Hitler Decides to Attack the Soviet Union ", e cap. 7, "Roosevelt Decides to Wage Undeclared War", e assim por diante. O segundo é o emocionante livro de Andrew Roberts, *Masters and Commanders: How Roosevelt, Churchill, Marshall and Alanbrooke Won the War in the West* (Londres: Penguin, 2008), que pode ser visto como o complemento do mais alto nível para o objetivo de nível médio de meu livro.

1. COMO CONDUZIR COMBOIOS COM SEGURANÇA PELO ATLÂNTICO [pp. 31-106]

1. Liddell Hart, op. cit., pp. 316-7. Para os comentários de Alanbrooke sobre os atrasos da viagem, ver as páginas pertinentes em seu *War Diaries, 1939-1945: Field Marshal Lord Alanbrooke* (Org. de Alex Danchev e Daniel Todman (Londres: Weidenfeld e Nicolson, 2001).

2. Liddell Hart, op. cit., p. 386. Os cálculos matemáticos de Liddell Hart sugerem que Dönitz possuía 204 submarinos operacionais (de um total de 366) no final de 1942, mas a diferença é insignificante. O Grande Almirante Karl Dönitz foi o notável comandante em chefe do corpo de submarinos alemães, foi o próprio Kriegsmarine. Há tantos livros sobre esta campanha escritos nos últimos sessenta anos que é difícil saber quais enumerar. Os leitores podem começar com um excelente compêndio de Marc Milner, *Battle of the Atlantic* (Stroud, Reino Unido: Tempus, 2005), e consultar sua pequena bibliografia (pp. 265-7). A história oficial da participação do Reino Unido está em Stephen Wentworth Roskill, *The War at Sea, 1939-1945* (Londres: HMSO, 1954-61), 3 v. A história oficial da participação dos Estados Unidos está em *History of United States Naval Operations in World War II*, de Samuel Eliot Morison (Boston: Little, Brown, 1947-62), 15 v.; os volumes 1 e 10 são os mais relevantes porque abordam especificamente a Batalha do Atlântico. Outro aspecto significativo da obra de Milner é que ele mostra o importante e crescente papel da Real Marinha canadense e da Força Aérea. Há bons volumes da *Navy Records Society* [Sociedade

de Registros da Marinha] organizados pelo falecido David Syrett e por Eric Grove, além de um sem-número de outras informações em muitas publicações do Military History Research Office [Gabinete Alemão de Pesquisa da História Militar].

3. A citação é de Roskill, op. cit., v. 2, p. 367.

4. Para a teoria de estratégia geral, ver John Winton, *Convoy: The Defence of Sea Trade, 1890-1990* (Londres: Michael Joseph, 1983); Stephen Wentworth Roskill, *The Strategy of Sea Power* (Londres: Collins, 1963); e Sir Julian Corbett, *Some Principles of Maritime Strategy* (Londres: [s.n.], 1911).

5. Allan R. Millet e Williamson Murray (Orgs.), *Military Effectiveness*. Londres: Allen & Unwin, 1988. 3 v.

6. As tabelas mais completas estão em Roskill, *The War at Sea*, v. 3, parte II. Cf. os apêndices, nos quais está sintetizada a guerra naval como um todo.

7. A queda da França? Talvez, mas somente para os franceses. Stalingrado? Pode ser, embora o Exército alemão estivesse novamente avançando ao leste na primavera de 1943. Midway? Marcou o limite da expansão japonesa no Pacífico Central, não o começo da grande contraofensiva de Nimitz — que seria cerca de um ano mais tarde.

8. Há muitos bons trabalhos sobre os meses críticos da Batalha do Atlântico, incluindo Roskill, *The War at Sea*; Milner, op. cit.; e Correlli Barnett, *Engage the Enemy More Closely: The Royal Navy in the Second World War* (Londres: Hodder and Stoughton, 1991). Mas talvez o mais notável de todos seja o livro do historiador alemão (e ex-oficial da Marinha) Jürgen Rohwer, *The Critical Convoy Battles of March 1943* (Londres: Ian Allen, 1977), uma façanha de reconstrução histórica. Também muito surpreendente: Martin Middlebrook, *Convoy* (Londres: William Morrow, 1986).

9. Rohwer, op. cit., p. 55.

10. Ibid., p. 211 — para dados técnicos sobre os tipos de U-boats.

11. Barnett, op. cit., p. 599.

12. Sobre esse tema em geral, ver Derek Howse, *Radar at Sea: The Royal Navy in the Second World War* (Annapolis: US Naval Institute Press, 1993), um estudo impecável; Sir Arthur Hezlet, *The Electron and Sea Power* (Londres: C. Davies, 1975); e o excelente estudo (um dos muitos do mesmo autor) de Guy Hartcup, *The Effect of Science on the Second World War* (Londres: Macmillan, 2000), especialmente cap. 3 e 4.

13. Rohwer, op. cit., p. 113.

14. Ibid., p. 121.

15. Para as muitas preocupações de Alanbrooke nesse período crítico, ver Alanbrooke, op. cit., pp. 330-425.

16. Ver, por exemplo, a análise do vice-almirante Sir Peter Gretton no último capítulo de seu livro *Crisis Convoy: The Story of HX 231* (Londres: Naval Institute Press, 1974), "Why Did the Germans Lose the Battle of the Atlantic in the Spring of 1943?" [Por que os alemães perderam a Batalha do Atlântico na primavera de 1943?], que faz muitos rodeios e não responde a essa questão. Gretton não é o único autor que faz isso, embora tenha testemunhado e desempenhado um papel importante na virada da maré.

17. Roskill, *The War at Sea*, v. 2, mapa 38, p. 365.

18. Milner, op. cit., p. 127.

19. Ver novamente Roskill, *The War at Sea*, v. 2, cap. 5, e um mapa dos navios mercantes perdidos do comboio PQ 17, p. 141.

20. Barnett, op. cit., p. 600.

21. Avaliar a importância da contribuição do HX 231 para a Batalha do Atlântico é um quebra-cabeça. Roskill, em *The War at Sea*, v. 2, não faz menção a ela. Talvez seja esse o motivo para que seu comandante de escolta, Peter Gretton, escrevesse *Crisis Convoy*, um trabalho importante por si mesmo, mas com algumas informações de menor relevância sobre moral e treinamento e descrições detalhadas sobre o que os navios mercantes estavam carregando, o número de tanques e assim por diante. Milner, op. cit., reserva a esse conflito apenas uma sentença na página 158, mencionando o desapontamento de Dönitz com o fato de que somente seis navios tenham se perdido do comboio. Richard Overy em *Why the Allies Won* (2. ed. Londres: Pimlico, 2006), p. 69, escreve: "O comboio HX 231 de Newfoundland lutou por quatro dias de ventos tempestuosos contra um bloco de dezessete submarinos. Quatro U-boats foram afundados e não houve quase nenhuma perda". Mas a demorada compilação de Roskill sobre as perdas dos U-boats alemães (Roskill, *The War at Sea*, v. 2, apêndice J, p. 470) mostra apenas dois U-boats afundados no Atlântico norte nesses dias.

22. Peter Gretton, op. cit., p. 157.

23. Ibid., p. 173.

24. O desempenho dos navios de guerra e fotos de grupos de comandantes bem jovens de cada embarcação estão em *Convoy Escort Commander*, de Sir Peter Gretton (Londres: Cassell, 1964); a narrativa está nas pp. 149 a 162.

25. Barnett, op. cit., p. 610.

26. Para o caráter político de Dönitz, ver Peter Padfield, *Dönitz: The Last Führer* (Nova York: Harper and Row, 1984). Para seu relatório enviado para Hitler em meados de maio, ver Liddell Hart, op. cit., pp. 389-90. Para sua avaliação do papel do poder aéreo dos Aliados para bloquear os comboios HX 239 e SC 130, ver Barnett, op. cit., p. 611.

27. Karl Dönitz, *Memoirs: Ten Years and Twenty Days*. Londres: Weindenfeld and Nicolson, 1959, p. 326.

28. O memorando arrogante de Bomber Harris está registrado em Michael E. Howard, *Grand Strategy* (Londres: HMSO, 1972), v. 4, p. 21; já a avaliação sóbria de Dönitz está reeditada em Barnett, op. cit., p. 611. A história sombria sobre o lado britânico foi confirmada recentemente pela pesquisa de Duncan Redford em "Inter-and Intra-Service Rivalries in the Battle of the Atlantic", *Journal of Strategic Studies*, v. 32, n. 6, pp. 899-928, dez. 2009. As afirmações surpreendentes de Gretton sobre suas experiências pessoais na cooperação ar-mar estão em sua introdução a Ronald Seth, *The Fiercest Battle: The Story of North Atlantic Convoy ONS 5, 22nd April-7th May 1943* (Londres: Hutchinson, 1961), pp. 14-5. Gretton também relata que a Liverpool Tactical School tinha "aulas conjuntas" para a Marinha Real e para os oficiais do Comando Costeiro, o que seria algo notável.

29. Também conhecido, sob outro codinome, como Mark 24 Mine. Ver "Mark 24 Mine". In: *Wikipedia*. Disponível em: <http://en.wikipedia.org/wiki/Mark_24_Mine>. Acesso em: 30 abr. 2013; Kathleen Williams, "See Fido Run: A Tale of the First Anti-U-Boat Acoustic Torpedo", artigo apresentado no U.S. Naval Academy Naval History Symposium, 2009.

30. H. P. Willmott, *The Great Crusade: A New Complete History of the Second World War*. Londres: Michael Joseph, 1989, pp. 266-7.

31. Para ilustrações de uma equipe de carga de profundidade trabalhando, ver Roskill, *War at Sea*, v. 3, parte I, p. 257; sobre o aperfeiçoamento do sonar, ver Hartcup, op. cit., pp. 60-9.

32. Hartcup, op. cit., pp. 72-4. Há uma foto de um Hedgehog na ilustração 9.

33. Gerald Pawle, *The Secret War 1939-1945*. Londres: White Lion Press, 1956, cap. 12. Contudo, como um bom corretivo para a interpretação estritamente britânica de como a guerra foi vencida, ver David Edgerton, *Britain's War Machine: Weapon, Resources and Experts in the Second World War* (Londres: Allen Lane, 2011), e minha discussão em "Reflections" no final desse livro.

34. Rohwer, op. cit., p. 198; e Hartcup, op. cit., pp. 47-9, explica seu funcionamento.

35. Para o melhor e mais breve resumo, ver Hartcup, op. cit., pp. 24-31.

36. Liddell Hart, op. cit., p. 389.

37. Edward George Bowen, *Radar Days* (Bristol: Adam Hilger, 1987), cap. 9 a 12, explica a tecnologia e seu papel na transferência para o Rad Lab. John Burchard, em *Q.E.D.: M.I.T. in World War II* (Nova York: Wiley, 1948), observa que a "conquista britânica do magnétron talvez tenha sido a mais importante contribuição para o desenvolvimento técnico dos primeiros anos da guerra" (p. 219). Ver também Howse, op. cit., pp. 67-8, 156.

38. Há uma foto de uma Leigh Light em Barnett, op. cit., pp. 588-9. Antes, nas pp. 258-9, o autor detalha os intermináveis atrasos. Em geral Barnett é muito crítico em relação às falhas da indústria e das autoridades britânicas para levar as armas certas para o front. Minha impressão é que a Grã-Bretanha saiu-se bem nas circunstâncias tensas de guerra total, um ponto de vista muito reforçado agora por Edgerton, op. cit.

39. Barnett, op. cit., p. 609. Há uma avaliação equilibrada da contribuição do sistema Ultra para a vitória dos Aliados em geral em Hartcup, op. cit., cap. 5. Rohwer, op. cit., pp. 229-44, explica a quebra do código naval. O grande responsável pela história da quebra de código, David Kahn, também é cauteloso em atribuir importância demais ao Ultra ou a outros sistemas de decodificação; ver seu "Intelligence in World War II: A Survey", *Journal of Intelligence History*, v. 1, n. 1, pp. 1-20, verão 2001.

40. Herbert A. Werner, *Iron Coffins: A Personal Account of the German U-Boat Battles of World War II* (Londres: Arthur Barker, 1969), é um relato sombrio e fascinante, com muitas ilustrações maravilhosas, e possivelmente foi a inspiração para o grande filme *Das Boot* [*O barco — Inferno no mar*]. Direção: Wolfgang Petersen. Produção: Lothar G. Buchheim, Roteiro: Wolfgang Peterson. Intérpretes: Jürgen Prochnow, Herbert Grönemeyer, Klaus Wennemann, 1981 (149 min). Produzido por Twin Bros. Productions.

41. Roskill, *The War at Sea*, v. 3, parte 1, cap. 2 e 3. Há um mapa das destruições feitas pelos U-boast na baía de Biscaia em Morison, op. cit., v. 10, p. 97. As bombas jogadas de um planador são discutidas no excelente *Battle of the Atlantic*, de Milner, op. cit., pp. 193-4.

42. Sobre os esquadrões Mosquito poloneses (e outras nacionalidades dos esquadrões), ver Milner, op. cit., p. 189.

43. Barnett, op. cit., p. 606.

44. A maioria dos relatos mais detalhados sobre a Batalha do Atlântico menciona o papel de Walker — como não poderiam fazê-lo? —, mas os dados precisos, incluindo a citação, podem ser

encontrados no website pessoal *Captain Walker RN*. Disponível em: <http://captainwalker. info/>. Acesso em: 8 maio 2013.

45. Barnett, op. cit., p. 605; para uma pesquisa de operações mais abrangente, ver Hartcup, op. cit., cap. 6.

46. Roskill, *The War at Sea*, v. 3, parte I, p. 395; e Morison, op. cit., v. 10, cap. 8.

47. Werner, op. cit., p. 213, conta que ele e seus companheiros comandantes receberam ordens para atacar a embarcação do Dia D "com o objetivo final de destruir, colidindo com navios inimigos". Ver também Morison, op. cit., v. 10, pp. 324-5, sobre a grande exibição naval e aérea dos aliados (e a perda do Pink).

48. O período final de luta é bem abrangido em Roskill, *War at Sea*, v. 3, partes 1 e 2, e em Barnett, op. cit., pp. 852-8; Milner, op. cit., cap. 9, mostra como foram difíceis aquelas últimas batalhas.

49. Willmott, op. cit., p. 273, Ellis, op. cit., pp. 160-1, também expressa seu ponto de vista fortemente em relação aos números e produção, que considera muito importantes.

2. COMO CONQUISTAR O DOMÍNIO AÉREO [pp. 107-83]

1. Elmer Bendiner, *The Fall of Fortresses*. Nova York: Putnam, 1980; pp. 219-21.

2. Ibid., pp. 236, 225.

3. A literatura é extensa: Liddell Hart, op. cit., cap. 23; e Richard Overy, op. cit., cap. 4, oferecem visões gerais em capítulos sucintos. Considero o livro de Max Hastings, *Bomber Command* (Londres: Michael Joseph, 1979) o melhor volume, por ser muito crítico e criterioso. O quarto volume da história oficial britânica de Charles Webster e Noble Frankland, *The Strategic Air Offensive Against Germany* (Londres: HMSO, 1961), é um modelo do gênero.

4. Norman Longmate, *The Bombers: The RAF Offensive Against Germany 1939-1945*. Londres: Huchinson, 1983, p. 298.

5. Murray e Millett, *A War to Be Won*, p. 317; ver também John Terraine, *The Right of the Line: The Role of the RAF in World War Two* (Londres: Pen and Sword, 2010), que examina o papel da RAF ao longo da guerra europeia.

6. Overy, op. cit., p. 147; Hastings, op. cit., p. 318; Longmate, op. cit.

7. I. F. Clarke, *Voice Prophesying War: Future Wars 1763-1984*. Oxford: Oxford University Press, 1966.

8. Ver Alfred Gollin, *No Longer an Island: Britain and the Wright Brothers 1902-1909* (Londres: Heinemann, 1984), especialmente os últimos capítulos. Para a contenda de Amery em 1904, ver Paul Kennedy, *Strategy and Diplomacy 1870-1945: Eight Studies* (Londres: Allen and Unwin, 1983), p. 47.

9. Ver a clássica análise comparativa de Richard Overy, *The Air War 1939-1945* (Londres: Europa, 1980). Há fotografias fabulosas em Robin Higham, *Air Power: A Concise History* (Yuma, KS: Sunflower, 1984).

10. Comparar, por exemplo, as avaliações bastante críticas de Longmate, op. cit., e de Bendiner, op. cit., com as de um fiel defensor das políticas do Comando de Bombardeiros da RAF, Dudley Saward, em *Victory Denied: The Rise of Air Power and the Defeat of Germany 1920-1945*

(Londres: Buchan and Enright, 1985). Saward é também autor da biografia autorizada de Arthur Harris, cujo relato pessoal, *Bomber Offensive* (Londres: Collins, 1947), foi publicado logo depois da guerra e capta bem suas opiniões.

11. Longmate, op. cit., pp. 21-2 (grifo meu). Há uma boa e breve pesquisa sobre a RAF entre 1917 e 1940 em Hasting, op. cit., cap. 1; Webster e Frankland , op. cit., v. 1, é de valor inestimável.

12. Sobre as teorias da guerra aérea, ver Earle, Craig e Gilbert (Orgs.), op. cit., cap. 20; sobre Trenchard, ver Hastings, op. cit., cap.1. Grande parte da minha análise deriva de Tami Davis Biddle, *Rethoric and Reality in Air Warfare: The Evolution of British and American Ideas About Strategic Bombing, 1914-1945* (Princeton: Princeton University Press, 2001).

13. A extraordinária declaração de Trenchard, e as respostas igualmente extraordinárias do chefe do Estado-Maior imperial e do primeiro lorde do Almirantado, são extensivamente citadas em Longmate, op. cit., pp. 43-7.

14. Uri Bialer, *The Shadow of the Bomber: The Fear of Air Attack and British Politics 1932-1939*. Londres: Royal Historical Society, 1980. A citação de Baldwin está em Hastings, op. cit., p. 50.

15. Basil Collier, *The Defence of the United Kingdom* (Londres: HMSO, 1957), analisa a cena maior. Ver também Overy, *The Air War*, cap. 2.

16. Murray, *Luftwaffe* (Baltimore: Nautical and Aviation Publishing Company of America, 1985), pp. 43-61, é extraordinário ao tratar essa questão.

17. Ver Collier, op. cit.; e T. C. G. James, *The Battle of Britain*. Londres: Frank Cass, 2000.

18. Ver Robert Wohl, *A Passion for Wings: Aviation and the Western Imagination 1908-1918* (New Haven, CT: Yale University Press, 1994).Ver Robert Wohl, *A Passion for Wings: Aviation and the Western Imagination 1908-1918* (New Haven, CT: Yale University Press, 1994).

19. Liddell Hart, op. cit., p. 91.

20. Para o melhor relato resumido, ver Hartcup, op. cit., cap. 2 e 3.

21. Citação em Benjamin Schwarz, "Black Saturday", *Atlantic*, p. 85, abr. 2008, que é uma resenha para *The First Day of the Blitz*, de Peter Stansky (New Haven, CT: Yale University, 2007).

22. Murray, *Luftwaffe*, p. 60, tabela XI. Os índices comparativos de produção de aviões estão em Overy, *The Air War*, p. 33.

23. Murray, *Luftwaffe*, pp. 60, 10.

24. Números de Overy, *The Air War*, p. 150.

25. Citações de Liddell Hart, op. cit., pp. 595-6; ver também Webster e Frankland, op. cit., v. 1, p. 178.

26. Webster e Frankland, op. cit., p. 233.

27. Adam Tooze, *The Wages of Destruction: The Making and Breaking of the Nazi Economy* (Londres: Penguin, 2006), pp. 596-602, uma análise revisionista brilhante.

28. Para estatística de danos, ver Hastings, op. cit., p. 246. Sobre Speer e Hitler, ver Williamson Murray, *Strategic for Defeat: The Luftwaffe 1939-1945* (Maxwell, AL: Air University Press, 1983), p. 169. Note-se que este é um livro diferente e ligeiramente anterior a *Luftwaffe*, embora o autor utilize grande parte dos mesmos dados.

29. Ver Longmate, "The Biggest Chop Night Ever", op. cit., cap. 21. Para as citações de Harris, ver Hastings, op. cit., p. 319. Para a história oficial, ver Ibid., p. 320.

30. Russel F. Weigley, *The American Way of Warfare: A History of United States Military*

Strategy and Policy (Bloomington: Indiana University Press, 1973); no cap. 14, o autor apresenta seus próprios comentários sobre as ofensivas aéreas da Força Aérea dos Estados Unidos.

31. Wesley F. Craven e James Lea Cate (Orgs.), *The Army Air Forces in World War II* (Chicago: University of Chicago Press, 1948-1958), 7 v. Ver, especialmente, v. 2, cap. 9, "The Casablanca Directive" de Arthur B. Ferguson.

32. Bendiner, op. cit., pp. 232-4. A linguagem de Bendiner aqui não é dinâmica.

33. Esses números vêm de Anthony Furse, *Wilfrid Freeman: The Genius Behind Allied Survival and Air Supremacy 1939 to 1945* (Staplehurst, Reino Unido: Spellmount, 1999), p. 234; em Liddell Hart, op. cit., p. 603, os números são um pouco diferentes.

34. Craven e Cate (Orgs.), op. cit., v. 2, pp. 702-3; a descrição está no cap. 20, "Pointblank", de Arthur B. Ferguson.

35. Craven e Cate (Orgs.), op. cit., v. 2, pp. 706, 705.

36. Kurt Mendelssohn, *Science and Western Domination* (Londres: Thames and Hudson, 1976). A história foi desenvolvida por Daniel Headrick em *Power over Peoples: Technology, Environments, and Western Imperialism, 1400 to the Present* (Princeton: Princeton University Press, 2010).

37. Alec Harvey-Bailey, *The Merlin in Perspective: The Combat Years* (Derby, Reino Unido: Rolls-Royce Heritage Trust, 1983), é bastante técnico, mas importante ao salientar o papel fundamental do diretor de gerenciamento de E. W. Hives da Rolls-Royce após a morte de Royce. Ver também Jonathan Glancey, Spitfire*: The Biography* (Londres: Atlantic, 2006), cap. 1.

38. Harvey-Bailey, op. cit.

39. Glancey, op. cit., é o mais claro. Ver também Alfred Price, *The Spitfire Story* (Londres: Arms and Armour, 1995); e o surpreendente livro de Len Deighton, *Fighter: The True Story of the Battle of Britain* (Londres: Pimlico, 1996).

40. *The Story of the Spitfire* (Pegasus, 2001), DVD (55 min).

41. Harvey-Bailey, op. cit., é excelente ao tratar sobre a melhoria da potência do motor. Os esforços igualmente impressionantes dos engenheiros Packard para produzir em massa os motores Merlin 61 nos Estados Unidos são muito bem abordados em Arthur Herman, *Freedom's Forge: How American Business Produced Victory in World War II* (Nova York: Random, 2012), pp. 103-5.

42. Ver Furse, op. cit.

43. David Birch, *Rolls-Royce and the Mustang* (Derby, Reino Unido: Rolls-Royce Historical Trust, 1987), p. 10, a foto do avião original está na mesma página.

44. Furse, op. cit., pp. 226-9, apresenta um impressionante trabalho investigativo.

45. Paul A. Ludwig, *P-51 Mustang: Development of the Long-Range Escort Fighter* (Surrey, Reino Unido: Ian Allen, 2003), especialmente cap. 5, sobre a resistência de Echols.

46. Birch, op. cit., pp. 37-9 reproduz a carta de Hitchcock por inteiro; ver também Ibid., pp. 147-8. A citação dos historiadores oficiais está em Craven e Cate (Orgs.), op. cit., v. 4, pp. 217-8.

47. Craven e Cate (Orgs.), op. cit., v. 3, p. 8.

48. O relatório de Lovett e a resposta de Arnold têm a melhor abordagem em Ludwig, op. cit., pp. 143-5, 148.

49. Para dois deles, ver Murray, *Luftwaffe*, e Noble Frankland, *The Bombing Offensive Against Germany: Outlines and Perspectives* (Londres: Faber, 1965).

50. Furse, op. cit., pp. 234-5.

51. Ver a memória de Donald W. Marner (*Drop Tanks: The Wartime Experience of Donald W. Marner*. Disponível em: <http://www.cebudanderson.com/droptanks.htm>. Acesso em: maio 2008 — uma fonte incomum), um mecânico dos Estados Unidos que serviu o esquadrão Mustang baseado em Suffolk entre 1944 e 1945. A principal tarefa de Manner era cuidar dos aviões da RAF. Bendiner, op. cit., também menciona a gratidão dos pilotos americanos pelos tanques originais feitos em descartáveis. Para confirmação da importância dos tanques (especialmente a versão em papel) na guerra aérea, ver Ludwig, op. cit., pp. 168-70.

52. Craven e Cate (Orgs.), op. cit., v. 3, cap. 3 (sobre "Big Week"); e Murray, *Luftwaffe*, pp. 223 ss. Há dados comparativos das taxas de mortalidade dos P-38, P-47 e P-51 em Ludwig, op. cit., p. 204. Até certo ponto, como Graham Edward Cross observa, os P-47 Thunderbolts foram ofuscados pelos Mustang, assim como os *Hurricane* foram ofuscados pelo Spitfire na Batalha da Grã-Bretanha; na verdade, os quatro tipos de aviões desempenharam um papel importante. Ver Graham Edward Cross, *Jonah's Feet Are Dry: The Experience of the 353rd Fighter Group During World War Two* (Ipswich, Reino Unido: Thunderbolt, 2001).

53. Furse, op. cit., pp. 239-41.

54. Sobre as batalhas aéreas fazendo "mais para derrotar a Luftwaffe do que para a destruição das fábricas de aviões", ver Craven e Cate (Orgs.), op. cit., v. 3, p. 63. Há uma vasta literatura em língua alemã, talvez mais bem resumida em inglês no sétimo volume da história oficial alemã: Horst Boog et al., *Germany and the Second World War* (Oxford: Oxford University Press, 2006), v. 7: *The Strategic Air War in Europe, 1943-1944/45*.

55. Overy, *Why the Allies Won*, p. 152. Os dados apresentados no parágrafo precedente constam em W. Murray e A. R. Millet, *A War to Be Won*, pp. 324-5. Para a anedota de Kocke, ver E. R. Hooton, *Eagle in Flames: The Fall of the Luftwaffe* (Londres: Arms and Armour, 1997), pp. 270-1, também com nomes de companheiros mortos naquela época. (Essa é uma análise estatística rigorosa da guerra aérea na Europa.)

56. Frankland, op. cit., p. 86, oferece uma avaliação revigorante de como a chegada de caças americanos de longa distância atribuiu uma vantagem adicional ao Comando de Bombardeiros.

57. Murray e Millett, *A War to Be Won*, p. 413. Craven e Cate (Orgs.), op. cit, v. 3, é excelente. Ver também W. Hays Parks, "'Precision' and 'Area Bombing': Who Did Which and When?", *Journal of Strategic Studies*, v. 18, n. 1, pp. 145-74, mar. 1995. Também, comunicação pessoal de 30 de junho de 2008, do professor Tami Davis Biddle ao autor, cujos próprios escritos (incluindo *Rhetoric and Reality in Air Warfare*) estão convencendo estudiosos a reconsiderar os desafios que Harris enfrentou de meados de 1942 em diante.

58. Hastings, op. cit., pp. 342-3.

59. Sobre a chegada do Me 262s, ver Jerry Scutts, Mustang *Aces of the Eighth Air Force* (Oxford: Osprey Military Series, 1994), p. 56.

60. Sobre a redução do combustível aéreo, ver M. Cooper, *The German Air Force, 1933--1945: An Anatomy of Failure* (Londres: Jane's, 1981), pp. 348-9, 360.

61. Hastings, op. cit., pp. 422-3.

62. Saward, op. cit.; Harris, op. cit.

63. Todos esses trabalhos foram citados acima. É evidente que sou muito grato aos trabalhos de Hastings, Murray, Biddle e Overy, cujas conclusões fazem muito sentido para mim. Ver Hastings, op. cit., cap. 14 e 15; Murray, *Luftwaffe*, cap. 7 e 8; Biddle, op. cit., cap. 5 e conclusão;

Overy, *Why the Allies Won*, pp. 149-63. Mas talvez o prêmio vá para Webster e Frankland, op. cit., v. 3; e Craven e Cate (Orgs.), op. cit., v. 3, pass., como modelos de pesquisa acadêmica, objetividade e originalidade.

64. O cálculo sobre os custos do foguete V em contraposição aos números dos aviões está em Overy, *Why the Allies Won*, p. 294. As exigências de Hitler sobre o Messerschmitt Me 262 são bem tratadas em David Irving, *The Rise and fall of the Luftwaffe: The Life of Luftwaffe Marshall Erhard Milch* (Londres: Weidenfeld and Nicolson, 1973), cap. 21.

65. Os últimos volumes de Craven e Cate (Orgs.), op. cit., sobre a Guerra do Pacífico, são os melhores, mas há também uma grande pesquisa em Murray e Millet, *A War to Be Won*, cap. 17 e 18.

66. Nos abomináveis ataques de 11 de setembro em Manhattan e no Pentágono quase 3 mil vidas foram ceifadas.

67. O melhor obituário de Harker é aquele do *Times* (Londres) de 14 de junho de 1999, que o descreve como "o homem que colocou o Merlin no Mustang". O obituarista claramente desconhece a oposição posterior em relação ao Merlin-Mustang e fala dele como sendo "o maná dos deuses em Washington". Ao menos ele entendeu Harker.

3. COMO DETER UMA BLITZKRIEG [pp. 184-258]

1. A citação é de Rick Atkinson, *An Army at Dawn: The War in North Africa, 1942-1943* (Nova York: Henry Holt, 2003), p. 350; a principal batalha é tratada nas pp. 359-92. Ver também Samuel W. Mitcham Jr., *Blitzkrieg No Longer: The German Wehrmacht in Battle, 1943* (Barnsley, Reino Unido: Pen and Sword, 2010), pp. 66 ss.

2. Muito bem descrito em Atkinson, op. cit., pp. 212-3.

3. Williamson Murray, *German Military Effectiveness* (Baltimore: Nautical and Aviation Publishing, 1992), especialmente cap. 1. Liddell Hart, op. cit., é breve mas traz um bom resumo da campanha polonesa (ver cap. 3) e da derrota da França (ver cap. 7). Sobre como foi surpreendente o último resultado, ver o importante livro revisionista de Ernest R. May, *Strange Victory: Hitler's Conquest of France* (Nova York: Hill and Wang, 2000).

4. Ver a clássica trilogia de Evelyn Waugh, *Sword of Honour* (Nova York: Everyman's Library, 1994), especialmente o segundo volume, *Officers and Gentlemen*, em que ele descreve geograficamente seu regimento fictício "Royal Harbardies" sendo encaminhado pelos alemães na Grécia e Creta. Apenas os neozelandeses parecem ter enfrentado os invasores, homem a homem, mas a um custo muito alto.

5. Erick Jones, *The European Miracle* (Cambridge: Cambridge University Press, 1981), para esta tese; ver também Paul Kennedy, *The Rise and Fall of the Great Powers* (Nova York: Random, 1987), cap. 1.

6. Há detalhes claros e bons mapas em Archer Jones, *The Art of War in the Western World* (Urbana: University of Illinois Press, 1987).

7. Tim Lupfer, *The Dynamics of Doctrine: The Changes in German Tactical Doctrine During the First World War* (Leavenworth, KS: Combat Studies Institute, 1981); uma abordagem mais geral encontra-se em Trevor N. Dupuy, *A Genius for War: The German Army and the General*

Staff (Fairfax, VA: Hero, 1984). Ver também o comentário em Robert M. Citino, *Death of the Wehrmacht: The German Campaigns of 1942* (Lawrence: University Press of Kansas, 2007).

8. Ver a atraente análise dessa espiral de ataque versus defesa feita por Max Boot em seu *War Made New* (Nova York: Gotham, 2006).

9. Alguns bons mapas que tratam dessa campanha foram maravilhosamente reunidos por Liddell Hart, op. cit., pp. 110-1, 282, 292, 300; ver também mapas em Charles Messenger, *World War Two: Chronological Atlas* (Londres: Bloomsbury, 1989).

10. Um resumo simples, mas útil, de todas as movimentações da campanha do norte africano é acessível em Messenger, op. cit., pp. 46-55, 88-93, 116-23, 134-5.

11. Há um bom artigo de Lucio Ceva, "The North African Campaign 1940-1943: A Reconsideration", *Journal of Strategic Studies*, v. 13, n. 1, pp. 84-104, mar. 1990 (parte da edição especial organizada por John Gooch, cujo título é "Decisive Campaigns of the Second World War"), que, entre outras coisas, lembra ao leitor o papel significativo que as forças italianas desempenharam nessa campanha.

12. Citado em Edwin Rommel, *The Rommel Papers* (Org. de Basil H. Liddell Hart. Londres: Collins, 1953), p. 249. Ver também as cartas surpreendentemente sinceras que Rommel enviou para a esposa nas páginas seguintes. A importância central da falta de combustível é acentuada novamente em John Ellis, op. cit., cap. 5.

13. Um bom resumo desta evolução está em Shelford Bidwell, *Gunners at War: A Tactical Study of the Royal Artillery in the Twentieth Century* (Nova York: Arrow, 1972).

14. Liddell Hart, op. cit., p. 296.

15. A melhor (e quase única) autoridade aqui é Mike Croll, *The History of Landmines* (Londres: Leo Cooper, 1998). Esse é claramente um tópico pouco atraente, até mesmo para os historiadores militares.

16. Para os tanques Flail de Hobart (na verdade inventados pelo capitão su-africano Abraham Toit), ver cap. 4; ver também o artigo "Mine Flail". In: *Wikipedia*. Disponível em: <http://en.wikipedia.org/wiki/Mine_flail>. Acesso em: jun. 2010. Para o detector de minas, ver "Polish Mine Detector". In: *Wikipedia*. Disponível em: <http://en.wikipedia.org/wiki/Polish_mine_detector>. Acesso em: jun. 2010.

17. Não é surpresa, contudo, que Coningham também tenha comandado as forças aéreas em ambas as maiores campanhas subsequentes. Sobre as excelentes habilidades organizacionais de Dawson, ver as observações de aprovação de Ellis, op. cit., pp. 266-7; para a história maior da RAF na campanha norte-africana nessa época, ver Denis Richards e Hilary St. George Saunders, *Royal Air Force 1939-1945* (Londres: HMSO, 1954), v. 2, pp. 160 ss. A triste história narrada anteriormente está em David Ian Hall, *Strategy for Victory: The Development of British Tactical Air Power,1919-1943* (Westport, CT: Praeger, 2008).

18. Todos os livros sobre a Segunda Guerra Mundial citados neste volume — Willmot, op. cit.; Messenger, op. cit.; Millett e Murray, *A War to Be Won*; Overy, *Why the Allies Won*; Ellis, op. cit.; John Keegan, *The Second World War* (Nova York: Penguin, 1990), Liddell Hart, op. cit., e assim por diante — naturalmente abrangem El Alamein e apontam para os aspectos usuais: os limites geográficos reprimidos, a importância dos suprimentos, a superioridade britânica em números, a importância dos campos minados e da artilharia e as habilidades de combate de Wehrmacht. Não há nada nos escritos recentes que mude esse perfil geral.

19. Mitcham, op. cit., cap. 4, trata de maneira excelente as tensões entre Arnim e Rommel.

20. O segundo volume da trilogia de Rick Atkinson, *Day of Battle: The War in Sicily and Italy, 1943-1944* (Nova York: Henry Holt, 2007), sobre as campanhas na Sicília e na Itália, oferece uma excelente análise, além de introduzir uma ampla bibliografia — como Carlo D'Este, *World War II in the Mediterranean, 1942-1945* (Chapel Hill, NC: Algonquin, 1990). Para os números de vítimas, ver Keegan, op. cit., p. 368.

21. Trevor N. Dupuy, *Numbers, Prediction and War: Using History to Evaluate Combat Factors and Predict the Outcome of Battles* (Fairfax, VA: Hero, 1985) contém uma grande quantidade de estatísticas. Não é necessário seguir a parte profética do exercício para considerar as estatísticas históricas interessantes.

22. "Eastern Front (World War II)". In: *Wikipedia*. Disponível em: <http://en.wikipedia.org/wiki/Eastern_Front_(World_War_II)>, segundo parágrafo. Acesso em: maio 2010.

23. Messenger, op. cit., pp. 63-4; David M. Glantz e Jonathan M. House, *When Titans Clashed: How the Red Army Stopped Hitler* (Lawrence: University Press of Kansas, 1995), contém outros bons mapas.

24. Citado novamente em Liddell Hart, op. cit., p. 169.

25. Há mais detalhes na sobreposição dos capítulos finais de John Erickson, *The Road to Stalingrad: Stalin's War with Germany* (Londres: Weidenfeld and Nicolson, 1975) e os primeiros capítulos do volume seguinte, *The Road to Berlin: Stalin's War with Germany* (Londres: Weindenfeld and Nicolson, 1983). Na verdade, tendo Erickson como mestre, mas com tantos outros historiadores anglo-americanos tais como Earl F. Ziemke, o prodigioso David M. Glantz, Ian Bellamy, Malcom MacIntosh, Albert Seaton, e muitos excelentes especialistas alemães nesse assunto, é difícil evitar que as notas finais sobre a Guerra Russo-Alemã acabem ficando maiores do que o texto. Para a aprovação de Liddell Hart aos avanços orquestrados de Stavka ao redor da grande área de Stalingrado, ver Liddell Hart, op. cit., p. 481.

26. Robert Forczyk, *Erich von Manstein* (Oxford: Osprey, 2010), pp. 36-42 (nesse livro há excelentes ilustrações); Erickson, *Road to Berlin*, pp. 51 ss.

27. M. K. Barbier, *Kursk: The Greatest Tank Battle, 1943* (Leicestershire: Ian Allan, 2002; ver Mark Healy, *Kursk 1943: The Tide Turns in the East* (Oxford: Osprey, 1992), para detalhes notáveis; e Lloyd Clarke, *The Battle of the Tanks: Kursk, 1943* (Nova York: Atlantic Monthly, 2011).

28. Ver exemplo em: Andrew Nagorski, *The Greatest Battle* (Nova York: Simon and Schuster, 2007).

29. Erickson, *Road to Stalingrad*; Erickson, *Road to Berlin*. Ver também as reflexões em Citino, op. cit., especialmente pp. 14-9.

30. Bernd Wegner, "The Road to Defeat: The German Campaigns in Russia, 1941-43" [A estrada para a derrota: as campanhas alemãs na Rússia, 1941-43], *Journal of Strategic Studies*, v. 13, n. 1, pp. 122-3, mar. 1990. Um artigo intrigante.

31. Ver Jürgen E. Forster, "The Dynamics of Volksgemeinschaft: The Effectiveness of the German Military Establishmment in the Second World War". In: Millet e Murray (Orgs.), *Military Effectiveness* (Londres: Allen & Unwin, 1988), v. 3, pp. 201-2.

32. Paul Carell, *Scorched Earth: Hitler's War on Russia* (Trad. de Ewald Osers). Londres: Corgi, 1966), p. 623. Carell (na verdade, Paul Karl Schmidt) foi um nazista e destacado propagandista do período da guerra que conseguiu escapar dos julgamentos de Nuremberg e se transfor-

mou em um autor de livros de muito sucesso de histórias militares — trabalhos sempre informativos, mas com julgamentos suspeitos.

33. Wegner, op. cit., pp. 122-3.

34. Comunicação por e-mail de Igor Biryukov para o autor , 7 jun. 2010.

35. Os títulos revelam isso: Ellis, *Brute Force*; Glantz e House, *When Titans Clashed*; e o excelente livro de Richard Overy, *Russia's War: Blood upon the Snow* (Nova York: TV Books, 1997).

36. Douglas Orgill, *T-34: Russian Armor* (Nova York: Ballantine, 1971), é repleto dessas citações.

37. Carell, op. cit., pp. 75-6; ver também o artigo (que conta com uma magnífica bibliografia) "T-34". In: *Wikipedia*. Disponível em: <http://en.wikipedia.org/wiki/T-34>. Acesso em: maio 2010.

38. As citações de Mellenthin, Von Kleist e Guderian vêm de Orgill, op. cit. As espantosas vendas em nível global dos T-34 após a guerra são detalhadas no artigo "T-34", citado na nota anterior.

39. Embora de maneira negativa ao descrever os melhoramentos pó-1942; ver Orgill, op. cit., pp. 73 ss.

40. "T-34". In: Wikipedia. Disponível em: <http://pt.wikipedia.org/wiki/T-34>. Acesso em: 8 maio 2013.

41. Mary R. Habeck, *Storm of Steel: The Development of Armor Doctrine in Germany and the Soviet Union* (Ithaca, NY: Cornell University Press, 2003), tem muitos comentários interessantes sobre os mútuos "empréstimos" de várias unidades blindadas entre as guerras. Ver também "J. Walker Christie". In: *Wikipedia*. Disponível em: <http://wikipedia.org/Wiki/J._Walter_Christie>. Acesso em: maio 2011.

42. Detalhes resumidos em Orgill, op. cit.

43. M. Bariatinsky, "Srednii Tank T-34-85". In: *Istoria Sozdania*. Disponível em: <http://www.cardarmy.ru/armor/articles/t3485.htm>. Acesso em: 26 maio 2011. Sou grato ao professor Jonathan Haslam (Cambridge) por chamar minha atenção para esta fonte.

44. Uma peça muito informativa, apesar de seu título agressivo, está em Alexay Isaev, "Against the T-34 the German Tanks Were Crap". In: *T-34 in Action* (Org. de Arthem Drabkin e Oleg Sheremet. Mechanicsburg, PA: Stackpole, 2008), cap. 2.

45. "An Evaluation of the T-34 and KV Tanks by Workers of the Aberdeen Testing Grounds of the U.S., Submitted by Firms, Officers and Members of Military Commissions Responsible for Testing Tanks". Disponível em: <http://english.battlefield.ru/evaluation-of-the-t-34-and-kv--dp1.html >. Acesso em: 8 maio 2013. Sou grato ao professor Jonathan Haslam (Cambridge) por chamar minha atenção para esta fonte.

46. Carell, op. cit., frequentemente observa a necessidade de que o comandante do T-34 tivesse uma marreta por perto, e critica a falta de um rádio decente. É surpreendente que o desempenho não tenha sido muito pior do que foi.

47. Healy, op. cit., p. 31; Mitcham, op. cit., p. 132.

48. Encontrei a melhor fonte em Gordon L. Rottman, *World War II Anti-Tank-Tactics* (Oxford: Osprey, 2005), pp. 45 ss.

49. Keegan, op. cit., p. 407. Ver a confirmação em David M. Glantz, *Colossus Reborn: The Red Army at War, 1941-1943* (Lawrence: University Press of Kansas, 2005), p. 29.

50. Barbier, op. cit., p. 55. Há números similares apresentados no valioso trabalho de Walter S. Dunn Jr., *The Soviet Economy and the Red Army 1930-1945* (Westport, CT: Praeger, 1995), p. 179.

51. Dunn, op. cit., apresenta números impressionantes.

52. Glantz, *Colussus Reborn*, pp. 355 ss.

53. Ibid. A criação em massa de parques com pontões, contendo pontes do tipo Lego de vários comprimentos e capacidade de carga, parece muito semelhante à história dos Seabees (ver capítulo 5), mas ainda não encontrei um equivalente soviético do almirante Ben Moreell.

54. Ibid., pp. 361-2; Barbier, op. cit., p. 58.

55. Barbier, op. cit., p. 58; ver Mitcham, op. cit., p. 138, sobre os esforços dos partidários em Kursk. A observação de David R. Stone consta em *A Military History of Russia* (Westport, CT: Praeger, 2006), pp. 212-3.

56. Ver, por exemplo, o forum de discussão: <http://www.dupuyinstitute.org/ubb/Forum4/HTML/000052.html>.

57. W. Murray, *Luftwaffe*, e Richard Muller, *The German Air War in Russia* (Baltimore: Nautical and Aviation, 1992), mostram os enormes efeitos que as campanhas de bombardeios estratégicos britânicas e americanas tiveram, forçando os aviões alemães a sair do front oriental, deixando lá principalmente aviões para dar apoio às forças terrestres. Para a estatística específica, ver Richard J. Evans, *The Third Reich at War* (Nova York: Penguin, 2008), p. 461.

58. Os números de Mitcham, baseados em trabalho mais antigo de Niepold, estão em *The German Defeat in the East 1944-1945* (Mechanicsburg, PA: Stackpole, 2001), pp. 16, 36. Hardesty, Von. *Red Phoenix: The Rise of Soviet Power* (Minnetonka, MN: Olympic Marketing, 1982), é melhor.

59. Murray, *Luftwaffe*; e Muller, op. cit., são boas introduções.

60. Para detalhes dos Sturmovik, ver "Ilyushin II-2". In: *Wikipedia*. Disponível em: <http://en.wikipedia.org/wiki/Ilyushin_Il-2>. Acesso em: 8 maio 2013; descrição também em Andrew Brookes, *Air War over Russia* (Horsham, Surrey: Ian Allen, 2003), p. 63.

61. Erikson, *Road to Berlin*, cap. 5; Mitcham, *German Defeat in the East*; Glantz e House, *When Titans Clashed*, cap. 13.

62. Ver "Operation Bagration". In: *Wikipedia*. Disponível em: <http://en.wikipedia.org/wiki/Operation_Bagration>. Acesso em: 8 maio 2013; Mitcham, *German Defeat in the East*, cap. 1; e o mais completo relato em Steven Zaloga, *Bagration 1944: The Destruction of Army Group Centre* (Oxford: Osprey, 1996).

63. Ver em particular Habeck, op. cit., pp. 232-3. A ironia de os exércitos soviéticos tornarem-se mais flexíveis exatamente quando os exércitos alemães começavam a perder o ímpeto é abordada nos capítulos centrais do excelente trabalho de Glantz e House, *When Titans Clashed*, cap. 9 a 13; a questão também é discutida em Stone, op. cit., pp. 202 ss.

64. Mitcham, *Blitzkrieg No Longer*, pass.

65. Ibid.: Erickson, *Road to Berlin*, cap. 11 a 16, oferece muitos detalhes.

66. Ver os detalhes aterrorizadores em Niall Fergusson, *The War of the World: Twentieth--Century Conflict and the Descent of the West* (Nova York: Penguin, 2007); agora complementados por Ian Kershaw, *The End: Hitler's Germany, 1944-1945* (Londres: Allen Lane, 2011).

67. Mitcham, *Blitzkrieg No Longer*, pp. 215-6. A reflexão de Zeitzler foi publicada na edição de abril de 1962 do *Military Review* com o intrigante título: "Men and Space in War: A German

Problem in World War II". É pouco conhecido, mas é muito importante resgatar. Willmot também acentua esta questão de uma maneira comparativa e elegante em "Time, Space, and Doctrine". In: Willmot, op. cit., cap. 5.

68. Otto Preston Chaney, *Zhukov*. Ed. rev. (Norman: University of Oklahoma Press, 1996), oferece ótimos detalhes.

4. COMO AVANÇAR NUMA PRAIA DOMINADA PELO INIMIGO [pp. 259-333]

1. Ver, por exemplo, D. J. B. Trim e Mark Charles Fissel (Orgs.), *Amphibious Warfare 1000--1700* (Leiden: Brill, 2006); e para os dependentes da mídia eletrônica há o bom artigo "Amphibious Warfare". In: *Wikipedia*. Disponível em: <http://en.wikipedia.org/wiki/Amphibious_warfare>. Acesso em: maio 2008. Há o marcante trabalho de David Abulafia, *The Great Sea: A Human History of the Mediterranean* (Londres: Allen Lowe, 2010), que abrange as campanhas naquele mar.

2. Os relatos sobre esses ataques estão no clássico de Bernard Fergusson, *The Watery Maze: The Story of Combined Operations* (Londres: Collins, 1961), juntamente com capítulos sobre as invasões. O problema é que Fergusson é tão entusiasmado com qualquer ação sobre o inimigo que a distinção operacional não fica clara.

3. Ibid., p. 47.

4. Para um abordagem breve, ver "Amphibious Warfare", seção "16th Century". In: *Wikipedia*. Disponível em: <http://en.wikipedia.org/wiki/Amphibious_warfare#16th_century>. Acesso em: 8 maio 2013. Estudiosos interessados em mais detalhes podem conferir em "Terceras Landing".

5. Ver Basil H. Liddell Hart, *The British Way in Warfare* (Londres: Faber and Faber, 1932), especialmente cap. 1. Ver também o tratamento mais moderno de Michael Howard, *The Continental Commitment* (Londres: Maurice Temple Smith, 1972).

6. Para o fiasco de Tanga, ver Fergusson, op. cit., pp. 24-9.

7. Ver Millett e Murray (Orgs.), *Military Effectiveness*, especialmente v. 1, introdução e conclusão.

8. É difícil saber onde começar (ou parar) com referências para Gallipoli. O relato militar é de Alan Moorhead em *Gallipoli* (Londres: Hamish Hamilton, 1956); o lado político é mais bem abordado em Robert Rhodes James, *Gallipoli* (Londres: Batsford, 1965); e uma recente pesquisa muito boa de L. A. Carlyon, *Gallipoli* (Londres: Doubleday, 2002). Aqueles que estão longe de uma boa biblioteca podem encontrar um bom resumo, com um ângulo útil ANZAC, em "Gallipoli Campaign". In: *Wikipedia*. Disponível em: <http://en.wikipedia.org/wiki/Battle_of_gallipoli>. Acesso em: 8 maio 2013.

9. Ver Barnett, op. cit., pp. 540-3; Bernard Fergusson, op. cit., pp. 36-43; e a importante memória do primeiro diretor do ISTCD, L. E. H. Maund, *Assault from the Sea* (Londres: Methuen, 1949).

10. Roskill, *The War at Sea*, v. 1; Barnett, op. cit., cap. 3 a 13.

11. Os dois grandes historiadores da Marinha Real do século XX, Arthur Marder e Stephen Roskill, discordam em muitas questões. Sobre a interferência de Churchill e o desempenho fraco na campanha norueguesa, contudo, houve um surpreendente acordo. Ver Arthur Jacob Marder,

"Winston Is Back!", *English Historical Review*, suplemento 5, 1972; Stephen Wentworth Roskill, *Churchill and the Admirals* (Londres: Collins, 1977), pp. 283-99, cap. 8 e apêndice.

12. Liddell Hart, *History of the Second World War*, p. 226. Para a campanha de Creta, ver Barnett, op. cit., cap. 11 e 12; e especialmente de C. MacDonald *The Lost Battle: Crete 1941* (Nova York: Macmillan, 1993), com atenção para o assustador cap. 10, "Ordeal at Sea".

13. Murray e Millett, *A War to Be Won*, p. 106. As estatísticas sobre o poder aéreo da Noruega estão em Liddell Hart, *History of the Second World War*, p. 59; as estatísticas de *Prince of Wales/Repulse* estão na página 226.

14. Barnett, op. cit., pp. 203-6, é fraco; Bernard Fergusson, op. cit., pp. 59-69, é revelador. Ver também estudo detalhado de Arthur Jacob Marder, *Operation "Menace": The Dakar Expedition and the Dudley North Affair* (Oxford: Oxford University Press, 1976).

15. Bernard Fergusson, op. cit., p. 166; Barnett, op. cit., pp. 864-8.

16. Sobre a curva de aprendizado das Operações Combinadas, ver Barnett, op. cit., pp. 545-6; e Philip Ziegler, *Mountbatten: A Biography* (Nova York: Knopf, 1985), cap. 11 a 15.

17. A literatura sobre o raide de Dieppe já é em si um campo minado. Bernard Fergusson, op. cit., pp. 175-85, não mostra arrependimento sobre sua utilidade. Ver, em contrapartida, T. Robertson, *The Shame and the Glory* (Toronto: McLelland and Stewart, 1967); e Denis e Shelagh Whitaker, *Dieppe: Tragedy to Triumph* (Whitby, ON: McGraw-Hill, 1967), pp. 293-304, que é muito crítico mas em última análise entende os benefícios da operação para os sucessos do Dia D.

18. Bernard Fergusson, op. cit., p. 185. A linguagem de Churchill era bem mais discreta: "O sacrifício deles não foi em vão", afirma Ferguson. Mas, está claro pelo estudo brilhante de David Reynolds, *In Command of History: Churchill Writing and Fighting the Second World War* (Londres: Penguin, 2004), pp. 345-8, que Churchill, Ismay, Mountbatten e outros membros do alto-comando britânico estavam constrangidos sobre como explicar a operação depois da guerra.

19. Sobre a "articulação" anglo-americana, especialmente entre 1942 e 1944, não há nada como o clássico de Herbert Feis, *Churchill, Roosevelt, Stalin: The War They Waged and the Peace they Fought* (Princeton: Princeton University Press, 1957), pp. 37-324. O aspecto militar é tratado sobretudo por Maurice Matloff, *Strategic Planning for Coalition War, 1943-1944* (Washington, DC: Center of Military History, 1994); e no esplêndido livro de Michael E. Howard, *Grand Strategy*, v. 4: *Agosto 1942-setembro 1943* (Londres: HMSO, 1972).

20. Barnett, op. cit., p. 554.

21. Ibid., p. 563. Um maravilhoso relato sobre todo este caos está em Rick Atkinson, *An Army at Dawn*.

22. Ver o ponderado *The Mediterranean Strategy in the Second World War*, de Michael E. Howard (Londres: Weidenfeld and Nicolson, 1967), bem como sua história oficial, *Grand Strategy*, v. 4. A crítica implacável de Barnett, op. cit., cap. 17-18, 20-22, à estratégia "água azul" do Mediterrâneo me parece menos equilibrada. Samuel Eliot Morison oferece uma perspectiva americana em *Strategy and Compromise* (Boston: Little, Brown, 1958), bem como em *History of United States Naval Operations in World War II*, v. 9.

23. Morison, *History of United States Naval Operations in World War II*, v. 9, é maravilhoso ao abordar a questão. Liddell Hart, *History of the Second World War*, cap. 27 e 30, é agradavelmente sucinto. Atkinson, *The Day of Battle*, é épico na descrição da batalha.

24. Liddell Hart, *History of the Second World War*, p. 445; ver também Barnett, op. cit., pp. 627-50.

25. Ver Liddell Hart, *History of the Second World War*, pp. 460-5; Morison, *History of United States Naval Operations in World War II*, v. 9, parte III; Atkinson, *Day of Battle*, parte 2.

26. Liddell Hart, *History of the Second World War*, pp. 526-32; Atkinson, *Day of Battle*, parte 3; e Morison, *History of United States Naval Operations in World War II*, v. 9, parte IV.

27. Observe também os títulos das partes mais extensas do livro de Liddell Hart, *History of the Second World War*: Parte V, "The Turn"; Parte VI, "The Ebb"; Parte VII, "Full Ebb"; e Parte VIII, "Finale".

28. O texto é mais facilmente encontrado na biografia do avô de David Einsenhower, *Einsenhower at War 1943-1945* (Nova York: Random, 1986), p. 252.

29. Há milhares de livros sobre o Dia D e a campanha da Normandia, incluindo algumas histórias oficiais extraordinárias (britânicas, canadenses, americanas) sobre suas Forças Aéreas, Exércitos, Marinhas e Inteligência. Creio que os melhores livros sobre o assunto são de Max Hastings, *Overlord: D-Day and the Battle for Normandy* (Londres: Michael Joseph, 1984); Stephen Ambrose, *D-Day, June 6th, 1944: The Climatic Battle of World War II* (Nova York: Simon and Schuster, 1994); e Cornelius Ryan, *The Longest Day: The Classic Epic of D-Day* (Nova York: Simon and Schuster, 1959). Há também alguns mapas e ilustrações de alta qualidade em *Purnell's History of the Second World War*, v. 5, n. 1-6, pp. 1793-942.

30. Barnett, op. cit., cap. 24 e 25, oferece um bom resumo do planejamento e organização, assim como *Purnell's History of the Second World War*, v. 5, pp. 1794-5, 1870-5.

31. "Bertram Ramsay". In: *Wikipedia*. Disponível em: <http://en.Wikipedia.org/wiki/Bertram_Ramsay>. Acesso em: 8 maio 2013.

32. Overy, *Why the Allies Won*, p. 183.

33. Chris Gross e Mark Postlethwaite, *War in the Air: The World War Two Aviation Paintings of Mark Postlethwaite* (Marlborough, Reino Unido: Crowood, 2004), p. 78.

34. Mary Kathryn Barbier, *D-Day Deception: Operation Fortitude and the Normandy Invasion* (Westport, CT: Praeger, 2007) é um estudo muito importante sobre esse tópico, e suplementa Charles Cruikshank, *Deception in World War II* (Oxford: Oxford University Press, 1979), que tem fotografias notáveis e até mesmo hilárias. Mas o estudioso sério dessa dissimulação deveria também consultar um trabalho mais cuidadoso: Craig Bickell, "Operation Fortitude South: An Analysis of Its Influence upon German Dispositions and Conduct of Operations in 1944", *War and Society*, v. 18, n. 1, pp. 91-122, maio 2000. O artigo conta com uma excelente bibliografia, embora obviamente sem incluir aquelas encontradas em Barbier e outros trabalhos posteriores.

35. F. H. Hinsley et al., *British Intelligence in the Second World War* (Nova York: Cambridge University Press, 1988), v. 3, parte 2, seção 13, *Overlord*, é impressionante ao descrever os aspectos da dissimulação e da inteligência da operação Normandia. Ver também dois outros estimados trabalhos, David Kahn, *Hitler's Spies: German Military Intelligence in World War Two* (Nova York: Macmillan, 1978); e Michael Eliot Howard, *Strategic Deception in the Second World War* (Londres: HMSO, 1990), também publicado como o volume 5 de *British Intelligence in the Second World War*.

36. F. H. Hinsley et al., op. cit., v. 3, parte 2; pp. 107n, 127, 153, sobre ataques da Resistência. Detalhes espantosos da cooperação do SOE com os franceses estão em M. R. D. Foot, *SOE: An*

Outline History of the Special Operations Executive, 1940-1946 (Londres: BBC, 1984), especialmente pp. 222-9.

37. Citado em Overy, *Why the Allies Won*, p. 195. Como sempre, um resumo breve e extraordinário.

38. Na grande cena da adaptação para o cinema do livro de Cornelius Ryan, *The Longest Day* [O mais longo dos dias] (com Curd Jurgens interpretando Blumentritt), isso provavelmente está apresentado melhor do que em qualquer relato escrito. Ver: *The Longest Day*. Direção: Ken Annakin, Andrew Marton e Bernhard Wick. Produção: Darryl F. Zanuck e Elmo William. Roteiro: Cornelius Ryan, Romain Gary, James Jones, David Pursall e Jack Seedon. Música: Maurice Jarre. Intérpretes: Eddie Albert, Paul Anka, Richard Burton, Sean Connery, Henry Fonda e outros. Los Angeles: 20th Century Fox, 1962 (178 minutos). Produzido por: Twentieth Century Fox Film Corporation.

39. Há uma análise insuperável (com excelentes mapas e tabelas) em Roskill, *The War at Sea*, v. 3, parte 2, pp. 5-74; para outra versão ver também Barnett, op. cit., cap. 24 e 25, e Ambrose, op. cit., cap. 5 a 9.

40. Há uma foto notável de quatro Beaufighter, vindo de todas as direções para atacar os caça-minas e contra torpedeiros dentro de um porto do canal em junho de 1944. A foto está em Cajus Bekker, *The German Navy, 1939-1945* (Londres/Nova York: Hamlyn, 1972), p. 179.

41. Roskill, *The War at Sea*, v. 3, parte 2, pp. 53-9, analisa em detalhes a contenção e derrota dos U-boats assim como as perdas aliadas.

42. A carreira de Hobart atraiu um número de estudos, incluindo uma boa biografia de Kenneth Macksay, *Armoured Crusader* (Londres: Hutchison, 1967), e um artigo extremamente vivo de Trevor J. Constable, "The Little-Known Story of Percy Hobart", *Journal of Historical Review*, v. 18, n. 1, jan./fev. 1999) (também disponível em: <http://ihr.org/jhr/v18/v18n1p-2_Constable.html>. Acesso em: 20 fev. 2008). As ilustrações desses estranhos inventos em *Purnell's History of the Second World War*, v. 5, n. 2/5, pp. 1834-5, 1919, merecem ser vistas. A ordem de Churchill readmitindo Hobart encontra-se reproduzida no artigo de Constable.

43. Citado em Ambrose, op. cit., p. 551, um reconhecimento generoso do que estava acontecendo em outras praias além de Omaha e Utah.

44. Ibid., p. 323; ele dedica nove capítulos para a história de Omaha Beach. Ver também Hastings, *Overlord*, pp. 105-21; e Murray e Millett, *A War to Be Won*, pp. 417-23, que é extremamente crítico de Bradley, da Marinha americana e de toda a operação Omaha. Sou grato também ao professor Tami Biddle por me proporcionar um entendimento melhor do leque de dificuldades que os planejadores e comandantes de Omaha enfrentaram.

45. Ambrose, op. cit., p. 576; Roskill, *The War at Sea*, v. 3, parte 2, p. 53, oferece um incomum número exato de 132 715 homens desembarcados. Não está claro quando esses registros foram feitos — ao entardecer, à meia-noite, ou ao amanhecer do dia seguinte — nem se as forças aéreas estão incluídas. Isso não importa.

46. Eisenhower, op. cit., pp. 425-6.

47. Barnett, op. cit., pp. 843-51; e, de maneira menos ácida, Roskill, *The War at Sea*, v. 2, parte 2, pp. 142-3.

48. Ver seu uso em *Purnell's History of the Second World War*, v. 5, n. 1, p. 1793.

49. Há uma boa sinergia anglo-americana aqui, reconhecida por Jetek Allen Isely e Philip

Axter Crowl, *The U.S. Marines and Amphibious War: Its Theory, and Its Practice in the Pacific* (Princeton: Princeton University Press, 1951), pp. 583-4: a maior embarcação de desembarque e embarcação de infantaria de projeto britânico, os LVT e DUKW foram uma ideia americana. A união das duas partes foi perfeita.

50. Ibid., pp. 581-2. O cap. 12, "Amphibious Progress, 1941-1945", é uma boa reflexão, também com algumas referências cruzadas para as operações anfíbias europeias.

5. COMO DERROTAR A "TIRANIA DA DISTÂNCIA" [pp. 334-406]

1. Geoffrey Blainey, *The Tyranny of Distance: How Distance Shaped Australia's History* (Londres: Macmillan, 1968), um livro que aborda principalmente a questão de como extensas distâncias moldaram a história da Áustrália, mas também com implicações por toda a história do oceano Pacífico.

2. Para o que segue, ver Richard Storry, *Japan and the Decline of the West in Asia, 1894-1943* (Londres: Longman, 1979); Paul Kennedy, *The Rise and Fall of the Great Powers* (Nova York: Random, 1987), pp. 206-9, 298-302.

3. Ver Roger F. Hackett, *Yamagata Aritomo and the Rise of Modern Japan 1838-1922* (Cambridge, MA: Harvard University Press, 1971).

4. Além de Storry, op. cit., ver também Ramon H. Myers e Mark R. Peattie, *The Japanese Colonial Empire 1895-1945* (Princeton: Princeton University Press, 1984).

5. A melhor cobertura sucinta das crises da Ásia do Leste dos anos 1930 (há muitos trabalhos mais antigos, maravilhosos) está em Akira Iriye, *The Origins of the Second World War in Asia and the Pacific* (Londres: Longman, 1987). Os estímulos econômicos para impulsionar o Japão são enfrentados brilhantemente em Michael A. Barnhart, *Japan Prepares for Total War: The Search for Economic Security, 1919-1941* (Ithaca, NY: Cornell University Press, 1988). Também útil é Liddell Hart, *History of the Second World War*, cap. 16; e H. P. Willmott, op. cit.

6. Há um resumo da posição militar japonesa em Ronald H. Spector, *Eagle Against the Sun: The American War with Japan* (Nova York: Free Press, 1985), cap. 2; mas, acima de tudo, Alvin D. Coox, "The Effectiveness of the Japanese Establishment in the Second World War". In: A. Millett e W. Murray (Orgs.), *Military Effectiveness*, v. 3, pp. 1-4.

7. Ver um bom ensaio especulativo de Jeremy Black, "Midway and the Indian Ocean", *Naval War College Review*, v. 62, n. 4, pp. 131-40, outono 2009.

8. A melhor discussão está na biografia de Liddell Hart escrita por Alex Danchev, *The Alchemist of War: The Life of Basil Liddell Hart* (Londres: Weindelfeld and Nicolson, 1988).

9. Willmott, op. cit., pp. 314 ss. Para uma discussão semelhante, ver Liddell Hart, *History of the Second World War*, cap. 29.

10. Além de Willmott, op. cit., ver Paul Kennedy, *Strategy and Diplomacy 1870-1945* (Londres: Fontana, 1983), cap. 7, "Japanese Strategic Decisions, 1939-1945".

11. A análise breve mais recente é de W. Tao, "The Chinese Theatre and the Pacific War". In: Saki Dockrill (Org.), op. cit. Há também uma extensa bibliografia sobre Stilwell na China, sendo que o mais divertido é de Barbara Wertheim Tuchman, *Sand Against the Wind: Stilwell and the American Experience in China 1911-1945* (Nova York: Macmillan, 1970).

12. A luta extremamente difícil das forças do Império Britânico na área de Índia-Birmânia está analisada em detalhe na história oficial, major-general S. Woodburn Kirby et al., *The War Against Japan* (Londres: HMSO, 1957-69), 5 v.; para uma rendição posterior, ver Christopher Bayly e Tim Harper, *Forgotten Armies: Britain's Asian Empire and the War with Japan* (Londres: Penguin & Allen Lane, 2004). Como compensação, a luta também deu origem ao melhor volume isolado de memórias de um general de toda a guerra, *Defeat into Victory: Battling Japan in Burma and India*, de Field-Marshal Viscount William Slim (Londres: Cassell, 1956).

13. John Masters, *The Road Past Mandalay* (Londres: Michael Joseph, 1961). O jogo de palavras no título do poema/canção de Kipling é evidente. O livro mais claro e mais equilibrado de todos: Louis Allen, *Burma: The Longest War, 1941-1945* (Nova York: St. Martin's, 1984).

14. A natureza agressiva de MacArthur e suas opiniões estratégicas são tratadas em William Manchester, *American Caesar: Douglas MacArthur 1880-1964* (Boston: Little, Brown,1978). Há também comentários severos em Spector, *Eagle Against the Sun*.

15. Para a ordem de Eichelberger (e o "não volte vivo"), ver Spector, *Eagle Against the Sun*, p. 216; para os fuzileiros navais, ver o bom artigo "1st Marine Division (United States)". In: *Wikipedia*. Disponível em: <http://en.wikipedia.org/wiki/1st_Marine_Division_(United_States)>. Acesso em: jun. 2010.

16. Liddell Hart, *History of the Second World War*, p. 620.

17. Ibid., p. 617; para uma análise detalhada ver Morison, *History of United States Naval Operations in World War II*, v. 8, cap. 9.

18. Louis Allen, "The Campaigns in Asia and the Pacific", *Journal of Strategic Studies*, v. 13, n. 1, p. 175, mar. 1990, fonte e resumo extremamente ricos, em especial quanto ao lado japonês.

19. Ibid., p. 165.

20. Edward S. Miller, *War Plan Orange: The U.S. Strategy to Defeat Japan 1897-1945* (Annapolis, MD: U.S. Naval Institute Press, 1991), traz a história completa.

21. O melhor lembrete desse importante aspecto está no engenhoso trabalho de Martin van Creveld, *Supplying War: Logistics from Wallenstein to Patton* (Cambridge: Cambridge University Press, 1977).

22. Para mais detalhes, nada é melhor do que a publicação oficial *History of U.S.Marine Corps Operations in World War II* (Washington, DC: U.S. Marine Corps, 1958-1968), 5 v. Os volumes clássicos são Allan R. Millett, *Semper Fidelis: The History of the United States Marine Corps* (2. ed., Nova York: Free Press, 1991), cap. 12; e Isely e Crowl, op. cit., cap. 1 a 3.

23. A citação é de Isely e Crowl, op. cit., pp. 14-21.

24. Millett, op. cit., p. 320.

25. Isely e Crowl, op. cit., p. 26.

26. Para a abordagem completa, ver Dirk Anthony. Ballendorf e Merril Lewis Bartlett, *Pete Ellis: Amphibious Warfare Prophet 1880-1923* (Annapolis, MD: Naval Institute Press, 1997).

27. Ver Millett, op. cit., p. 327; há também um vívido relato em Isely e Crowl, op. cit., pp. 30-1.

28. Millett, op. cit., p. 336.

29. Tanto os volumes de Morison, *History of United States Naval Operations in World War II*, especialmente v. 5-8 e v. 12-4, bem como os volumes da história oficial do Exército americano abrangem o arquivo de suas respectivas unidades na área do Pacífico. Para um bom comentário sobre os Marines, o Exército e a guerra anfíbia, ver Spector, *Eagle Against the Sun*.

30. Citação de Clark G. Reynolds, *The Fast Carriers: The Forging of an Air Navy* (Nova York: McGraw-Hill, 1968), p. 1.

31. Um bom resumo está em ibid., pp. 4-13; para dados técnicos, ver Mark Stille, *Imperial Japanese Navy Aircraft Carriers 1921-1945* (Londres: Osprey, 2005).

32. Clark Reynolds, "Weapon of Expediency, 1942-1943", op. cit., cap. 3, traz o contexto no período crítico da Guerra do Pacífico. Em *The War at Sea, 1939-1945*, v. 2, Roskill discute a experiência incomum do navio *Victorious*.

33. Detalhes extremamente úteis estão em "Essex-Class Aircraft Carrier". In: *Wikipedia*. Disponível em: <http://en.wikipedia.org/wiki/Essex-class_aircraft_carrier>. Acesso em: maio 2010. Os apontamentos do autor e outras referências são as melhores que já vi.

34. Essas missões exploratórias são tratadas em Clark Reynolds, op. cit., cap. 2, e Morison, *History of United States Naval Operations in World War II*, v. 7.

35. Spector, *Eagle Against the Sun*, p. 257.

36. Para os ataques de Rabaul, ver Morison, *History of United States Naval Operations in World War II*, v. 6, parte 4, pp. 369 ss.; ver também Clark Reynolds, op. cit., pp. 96ss.

37. O número de livros e artigos sobre o lendário Hellcat é quase tão grande quanto as obras sobre o igualmente lendário Spitfire. O melhor lugar para começar pode ser com outro dos excelentes artigos acadêmicos da Wikipedia sobre aspectos da Guerra do Pacífico: "F6F Hellcat". In: *Wikipedia*. Disponível em: <https://en.wikipedia.org/wiki/F6F_Hellcat>. Acesso em: maio 2010.

38. Ibid.; Clark Reynolds, op. cit., pp. 57 pass.

39. A maioria dos historiadores da guerra no Pacífico Central percebe que havia um hiato no combate — pelo menos no combate significativo — entre novembro de 1943 (Tarawa) e junho de 1944 (Marianas, Rabaul), então eles tendem a dedicar menos espaço às operações durante esses meses e mais à chegada de sistemas de armas mais novos, à vinda do radar, e assim por diante. Morison, por ser o historiador naval oficial, preenche essa lacuna em *History of United States Naval Operations in World War II*, v. 7.

40. "The Great Marianas Turkey Shoot" — exceto por Midway, é o conflito aéreo da Guerra do Pacífico preferido de todos. Clark Reynolds, op. cit., pp. 194-204, é tão bom quanto qualquer outro. Morison, *History of United States Naval Operations in World War II*, v. 8, pp. 257-321.

41. Clark Reynolds, op. cit., pp. 163-5, 209-10, faz a análise mais vigorosa (no meu ponto de vista, forçada) sobre a analogia Jutlândia, seguido por Spector, *Eagle Against the Sun*, p. 312.

42. Clark Reynolds, op. cit., tem um capítulo generoso sobre o desempenho da frota britânica no Pacífico; Barnnett, op. cit., cap. 28, é um relato sombrio e quase desdenhoso.

43. Duas excelentes introduções: Carl Berger, *B29: The Superfortress* (Nova York: Ballantine, 1970); e um significativo verbete na Wikipedia, "B-29 Superfortress". In: *Wikipedia*. Disponível em: <http://en.wikipedia.org/wiki/Boeing_B-29_Superfortress>. Acesso em: maio 2010. Esses trabalhos também trazem boas listas para outras leituras.

44. Todos esses detalhes estão em Wikipedia, "B-29 Superfortress".

45. Berger, op. cit., tem um trecho maravilhoso em "The Battle of Kansas", pp. 48-59. A "luta urgente pela velocidade aérea" é uma frase precisa do último artigo citado da Wikipedia. Também excelente sobre os solucionadores de problemas dos muitos defeitos do B-29 é Herman, op. cit., pp. 297-322.

46. Berger, op. cit., pp. 60-107.

47. John Toland, *The Rising Sun: The Decline and Fall of the Japanese Empire 1936-1945* (Londres: Cassell, 1971), pp. 676, 745. Para o quadro mais amplo, ver as vigorosas reflexões de Michael S. Sherry, *The Rise of American Air Power: The Creation of Armageddon* (New Haven: Yale University Press, 1987).

48. Não encontrei um estudo satisfatório sobre Moreell, mas há alguns detalhes bibliográficos básicos em "Ben Moreell". In: *Wikipedia*. Disponível em: < http://en.wikipedia.org/wiki/Ben_Moreell>. Acesso em: primavera 2010.

49. Quase tudo que se segue é tirado de outro verbete minucioso da Wikipedia sobre aspectos da guerra no Pacífico e Extremo Oriente: "Seabees in World War II". In: *Wikipedia*. Disponível em: <http://en.wikipedia.org/wiki/Seabees_in_World_War_II>. Acesso em: primavera 2010.

50. Ibid.

51. Spector, *Eagle Against the Sun*, pp. 318-9.

52. A melhor visão nesse relato sobre independência e capacidade vem da leitura de memórias pessoais dos muitos tripulantes de submarinos americanos. Experimente Richard H. O'Kane, *Clear the Bridge!: The War Patrols of the U.S.S. Tang* (Nova York: Bantam, 1981); James F. Calvert, *Silent Running: My Years on an World War II Attack Submarine* (Nova York: John Wiley, 1995) — que perde vigor em seus comentários sobre o Departamento Naval de Material Bélico; e Edward L. Beach, *Submarine!* (Nova York: Bantam, 1952).

53. Mais detalhes em Clay Blair Jr., *Silent Victory* (Nova York: Lippincott, 1975), 2 v.; bons comentários comparativos estão em Peter Padfield, *War Beneath the Sea: Submarine Conflict 1939-1945* (Londres: John Murray, 1995), especialmente o cap. 9.

54. Edwin P. Hoyt, *The Destroyer Killer*. Nova York: Pocket, 1989.

55. Samuel Eliot Morison, *Two Ocean War: A Short History of the Unite States Navy in the Second World War* (Boston: Little, Brown, 1963), pp. 510-1.

56. Estatísticas exatas para as perdas japonesas no Pacífico são (como muitos outros conflitos) quase impossíveis de conseguir. Por exemplo, uma pesada explosão poderia convencer um tripulante de submarino que seu alvo foi destruído, mas poderia estar apenas danificado — ou o torpedo poderia ter explodido de forma prematura. E em uma ação tumultuada, um avião e um submarino podem alegar ter afundado o mesmo navio. As medalhas do período da guerra foram concedidas com base no que parecia ser uma prova contundente de mortes. Mas no final da guerra estabeleceu-se o Comitê de Avaliação Conjunta Exército-Marinha (Joint Army - Navy Assessment Committee — JANAC) para comparar todas as reivindicações com os próprios registros do Japão. Em quase todos os casos — incluindo os totais — os números foram muito reduzidos, sem alterar o quadro global. Para os números acima ver Padfield, *War Beneath the Sea*, p. 476; e Morison, *The Two Ocean War*, p. 511.

57. A história é contada em todos os relatos gerais (e quase todas as memórias) da Guerra do Pacífico. A explicação mais clara, embora contendo muitos detalhes técnicos, é um artigo em cinco partes que Frederick J. Milford publicou em *The Submarine Review*, entre abril de 1996 e outubro de 1997. Ver especificamente "Part Two: The Great Torpedo Scandal, 1941-1943", out. 1996.

58. A citação e as estatísticas seguintes são de Roskill, *The War at Sea*, v. 3, parte 2, p. 367.

59. Calculado a partir de Mackenzie J. Gregory, "Top Ten US Navy Submarine Captains in

ww2 by Number of Confirmed Ships Sunk". In: *Ahoy — Mac's Web Log*. Disponível em: <http://ahoy.tk-jk.net/macslog/TopTenusNavySubmarineCapt.html>. Acesso em: mar. 2010.

60. Citado em Morison, *Two Ocean War*, p. 486.

61. Carl Boyd e Akihiko Yoshida, *Japanese Submarine Forces in World War Two* (Annapolis: Naval Institute Press, 1995). Ver também várias comparações feitas em Padfield, *War Beneath the Sea*.

62. Morison, *Two Ocean War*, p. 486.

63. Padfield, *War Beneath the Sea*, cap. 9, é, como sempre, confiável aqui.

64. Ronald H. Spector, "America's Seizure of Japan's Strategic Points, Summer 1942-1944". In: Saki Dockrill (Org.), *From Pearl Harbor to Hiroshima: The Second World War in Asia and the Pacific, 1941-1945* (Londres: Macmillan, 1994), cap. 4.

65. O melhor relato, breve e bastante sarcástico, das ilhas Aleutas está em Spector, *Eagle Against the Sun*, pp. 178-82.

66. Liddell Hart, *History of the Second World War*, pp. 356-62.

67. Morison, *History of United States Naval Operations in World War II*, v. 8, é o mais detalhado.

68. Millet, *Semper Fidelis*, pp. 410-9, é excelente sobre as campanhas das ilhas Marianas.

69. Morison, *History of United States Naval Operations in World War II*, v. 8, p. 162.

70. James B. Wood, *Japanese Military Strategy in the Pacific War: Was Defeat Inevitable?*. Lanham, MD: Rowman and Littlefield, 2007.

CONCLUSÃO: SOLUÇÃO DE PROBLEMAS NA HISTÓRIA [pp. 407-28]

1. Arthur Bryant, *The Turn of the Tide, 1939-1943* (Londres: Collins, 1957); Id., *Triumph in the West 1943-1945* (Londres: Collins, 1959).

2. Ver Alanbrooke, op. cit. Esta última edição (2001) é um modelo no seu gênero. Não apenas inclui muitos dos mais sinceros verbetes que Bryant tinha achado prudente omitir enquanto Churchill e outros personagens importantes estavam vivos, mas também distingue entre os verbetes não censurados originais de Alanbrooke, notas posteriores de Alanbrooke e alterações feitas por Bryant (ver "Note on the Text", pp. xxxi-iv).

3. Ver o uso inteligente que Andrew Roberts, op. cit., faz dos diários de Alanbrooke.

4. Alanbrooke, op. cit., p. 433.

5. Ibid., p. 577. "Foi um momento maravilhoso entrar de novo na França, quatro anos após ter sido expulso" (trecho de 12 de junho de 1944).

6. A frase parece ter sido inventada pelo grande historiador de Stuart Britain, J. H. Hexter, em "The Burden of Proof", *Times Literary Supplement*, 24 out. 1975, pp. 1251 ss. — parte do debate feroz naqueles anos sobre as causas da Guerra Civil inglesa.

7. O argumento está no penúltimo parágrafo da Palestra de Hinsley para a Associação da Força Aérea dos Estados Unidos no Harmon Memorial em 1988, "The Intelligence Revolution: A Historical Perspective" [Uma revolução da inteligência: uma perspectiva histórica]. É um trecho maravilhoso, que mostra o ceticismo apropriado de muitos trabalhos populares dos anos 1970 e 1980 sobre as redes de espiões, gênios da decodificação e avanços da inteligência. Então é estranho que ele se arrisque com essa improvável estimativa.

8. Spector, "Behind the Lines", *Eagle Against the Sun*, p. 457, cap. 20. É uma pesquisa impressionante sobre muitos aspectos da guerra da inteligência — inclusive sobre suas limitações.

9. Escrevi estes parágrafos antes de receber o artigo importantíssimo de David Kahn, "An Historical Theory of Intelligence", *Intelligence and National Security*, v. 16, n. 3, pp. 79-92, outono 2001, do qual senti muita falta. Observe especialmente pp. 85-6: "A inteligência é necessária para a defesa, ela é apenas contingencial para o ataque".

10. David Kahn, "Intelligence in World War II: A Survey". *Journal of Intelligence History*, v. 1, n. 1, pp 1-20, verão 2001, é um bom resumo porque ele pergunta repetidamente pela prova de que a inteligência funcionou.

11. É um alívio para este autor que as críticas mais vigorosas de certos comandantes dos Estados Unidos às ideias e invenções britânicas são feitas pelos próprios historiadores americanos: Ludwig, op. cit., sobre a oposição de Echolls ao P-51; e Murray e Millett, *A War to Be Won*, pp. 249-50: sobre as carnificinas dos navios mercantes, principalmente do Reino Unido, ao longo da costa leste ("Era o pior do almirante King; ele jamais iria aprender qualquer coisa com os britânicos, não importa o que isso custasse"); e Ibid., pp. 418-9: sobre a má vontade de Bradley em aprender alguma coisa a respeito dos "problemas táticos enfrentados pelos ataques anfíbios sobre defesas preparadas". Compare a confiança americana em sua força muscular com a insistência de Churchill de que não seria pelos extensos números de homens e bombas, mas pela elaboração de armas mais novas e pela liderança científica "que nós lidaríamos com a força superior do inimigo" — um refrão importante em *Churchill's Secret Weapons: The Story of Hobart Funnies*, de Patrick Delaforce (Londres: Robert Hale, 1998).

12. Kennedy, *The Rise and the Fall of the Great Powers*, especialmente p. 355, Gráfico 35.

13. Correlli Barnett, *The Swordbearers*. Londres: Eyre and Spottiswood, 1973, p. 11.

14. Ver, entre outros, Allan Bullock, *Hitler and Stalin: Parallel Lives* (Londres: Harper Collins, 1991); e o contrastante Seweryn Bialer (Org.), *Stalin and His Generals* (Londres: Souvenir Press, 1970); e Helmut Heiber (Org.), *Hitler and His Generals* (Nova York: Enigman, 2003).

15. Ver Edgerton, op. cit., um nítido contraste com Correlli Barnett, *The Audit of War: The Illusion and Reality of Britain as a Great Nation* (Londres: Macmillan, 1986).

16. Malcolm Gladwell, "The Tweaker: The Real Genius of Steve Jobs", *New Yorker*, 14 nov. 2011. De maneira maravilhosa, o livro de Herman, op. cit., sobre a inovação e produtividade americanas na Segunda Guerra Mundial, é simplesmente uma versão prolongada da história de constante aperfeiçoamento de um projeto inicial para obter um produto final satisfatório.

17. Pensa-se aqui naquele brilhante trabalho de Hermann Hattaway e Archer Jones, *How the North Won: A Military History of the Civil War* (Urbana: University of Illinois Press, 1983).

18. Muito bem resumido em Adam Grissom, op. cit., que paga o devido tributo a Barry Posen, Eliot Cohen, Williamson Murray, MacGregor Knox, Timothy Lupfer e outras figuras notáveis neste campo. Minha breve tentativa foi em George Marshall Memorial Lecture em 2009, publicado como Paul Kennedy, "History from the Middle: The Case of the Second World War", *Journal of Military History*, v. 74, n. 1, pp. 35-51, jan. 2010. Sobre *The Genius of Design*, ver: <http://www.bbc.co.uk/programmes/b00sdb8x>. Acesso em: 8 maio 2013. Os conceitos de "eficácia militar" de Millett e Murray são mobilizados ao longo desse texto, sobretudo nas notas de fim.

Referências bibliográficas

OBSERVAÇÕES

As referências bibliográficas organizadas abaixo em ordem alfabética são do tipo padrão, mas eu gostaria de fazer alguns comentários sobre as fontes utilizadas para este livro. O primeiro é em relação à famosa base de dados eletrônica, a Wikipedia. Muitos professores universitários se incomodam com os aspectos incompletos ou não verificáveis dos verbetes, e com uma confiança indevida de seus alunos sobre as fontes eletrônicas de fácil acesso em vez da maravilhosa experiência de examinar devagar livros nas prateleiras mofadas das bibliotecas, descobrindo trabalhos que escaparam aos imperfeitos catálogos eletrônicos. Entendo isso muito bem. Mas devo confessar que estou bastante impressionado com os verbetes longos, detalhados e acadêmicos (e anônimos) da Wikipedia, cuja referência é feita aqui, em particular aqueles relacionados à Guerra do Pacífico. Trata-se de textos densos e muito bem documentados, e eu gostaria de prestar uma homenagem aos seus autores (ou o único autor, já que muitos sugerem que o trabalho era do mesmo artesão). Vários outros itens da Wikipedia são, como se alega, muito embaraçosos de examinar.

Gostaria também de agradecer aos autores de trabalhos que são frequentemente tratados com desprezo por historiadores profissionais como se fossem escritos para "fãs de história militar". Na verdade, não acredito que este livro teria sido escrito — sem dúvida não da maneira profunda como o foi — não fosse pela minha confiança em numerosos títulos disponíveis pela Osprey Press, Pen and Sword e outros extraordinários editores de história militar-tecnológica. Há muitos anos o professor Lawrence Stone, ao escrever a resenha de um livro muito distante de seus próprios gostos, observou que na grande mansão de Clio há muitos corredores e muitos apartamentos; e que há uma sala para todos. Gosto disso.

Finalmente, sou muito grato à extraordinária qualidade das muitas histórias oficiais publicadas por governos nacionais ou por suas unidades armadas a respeito dos vários aspectos da Segunda Guerra Mundial, militar e civil. Aquelas compostas por americanos, britânicos e historiadores oficiais, algumas delas de sessenta anos atrás, configuram uma homenagem à sua profissão; bem escritas, equilibradas, críticas (por exemplo, as histórias britânicas e americanas de suas próprias campanhas de bombardeio estratégico), são modelos de análise destacados. Depois, há a impressionante e mais recente história oficial alemã, *Das Deutsche Reich und der Zweite Weltkrieg*, que conduz os estudos acadêmicos a novos níveis. Estas referências bibliográficas contêm apenas títulos expressamente incluídos nas notas, mas eu gostaria de deixar a todos meus mais amplos agradecimentos.

LIVROS

ALANBROOKE, Field Marshal Lord. *War Diaries 1939-1945*. Org. de Alex Danchev e Daniel Todman. Londres: Weidenfeld and Nicolson, 2001.

ALLEN, Louis. *Burma: The Longest War, 1941-1945*. Nova York: St. Martin's, 1984.

AMBROSE, Stephen E. *D-Day, June 6th, 1944: The Climatic Battle of World War II*. Nova York: Simon and Schuster, 1994.

ATKINSON, Rick. *An Army at Dawn: The War in North Africa, 1942-1943*. Nova York: Holt, 2002

_____. *The Day of Battle: The War in Sicily and Italy, 1943-1944*. Nova York: Henry Holt, 2007.

BALLENDORF, Dirk Anthony; BARTLETT, Merrill Lewis. *Pete Ellis: Amphibious Warfare Prophet 1880--1923*. Annapolis, MD: Naval Institute Press, 1997.

BARBIER, Mary Kathryn. *D-Day Deception: Operation Fortitude and the Normandy Invasion.* Westport, CT: Praeger, 2007.

_____. *Kursk: The Greatest Tank Battle, 1943*. Leicestershire: Ian Allan, 2002.

BARNETT, Correlli. *The Audit of War: The Illusion and Reality of Britain as a Great Nation*. Londres: Macmillan, 1986.

_____. *Engage the Enemy More Closely: The Royal Navy in the Second World War*. Londres: Hodder and Stoughton, 1991.

_____. *The Swordbearers*. Londres: Eyre and Spottiswood, 1963.

BARNHART, Mark. A. *Japan Prepares for Total War: The Search for Economic Security, 1919-1941*. Ithaca, NY: Cornell University Press, 1988.

BAYLY, Christopher; HARPER, Tim. *Forgotten Armies: Britain's Asian Empire and the War with Japan*. Londres: Penguin & Allen Lane, 2004.

BEACH, Edward L. *Submarine!*. Nova York: Bantam, 1952.

BEKKER, Cajus. *The German Navy 1939-1945*. Londres: Hamlyn, 1972.

BENDINER, Elmer. *The Fall of Fortress*. Nova York: Putnam, 1980.

BERGER, Carl. *B29: The Superfortress*. Nova York: Ballantine, 1970.

BERNSTEIN, Alvim; KNOX, MacGregor; MURRAY, Williamsom. *The Making of Strategy: Rulers, States and War*. Cambridge: Cambridge University Press, 1994.

BIALER, Seweryn (Org.). *Stalin and His Generals: Soviet Military Memoirs of World War II*. Londres: Souvenir, 1970.

BIALER, Uri. *The Shadow of the Bomber: The Fear of Air Attack and British Politics 1932-1939*. Londres: Royal Historical Society, 1980.

BIDDLE, Tami Davis. *Rhetoric and Reality in Air Warfare: The Evolution of British and American Ideas About Strategic Bombing, 1914-1945*. Princeton: Princeton University Press, 2001.

BIDWELL, Shelford. *Gunners at War: A Tactical Study of the Royal Artillery in the Twentieth Century*. Nova York: Arrow, 1972.

BIRCH, David. *Rolls-Royce and the* Mustang. Derby: Rolls-Royce Heritage Trust, 1987.

BLAINEY, Geoffrey. *The Tyranny of Distance: How Distance Shaped Australia's History*. Londres: Macmillan, 1968.

BLAIR JR., Clay. *Silent Victory*. 2 v. Nova York: Lippincott, 1975.

BOOG, Horst et al. *Germany and the Second World War*. Oxford: Oxford University Press, 2006. v. 7: *The Strategic Air War in Europe, 1943-1944/45*.

BOOT, Max. *War Made New*. Nova York: Gotham, 2006.

BOWEN, Edward George. *Radar Days*. Bristol: Adam Hilger, 1987.

BOYD, Carl; YOSHIDA, Akihiko. *Japanese Submarine Forces in World War Two*. Annapolis: Naval Institute Press, 1995.

BROOKES, Andrew. *Air War over Russia*. Hersham, Surrey: Ian Allan, 2003.

BRYANT, Arthur. *The Turn of the Tide: 1939-1943*. Londres: Doubleday, 1957.

_____. *Triumph in the West, 1943-1946*. Londres: Collins, 1959.

BULLOCK, Allan. *Hitler and Stalin: Parallel Lives*. Londres: Harper Collins, 1991.

BURCHARD, John. *Q.E.D.: MIT in World War II*. Nova York: Wiley, 1948.

CALVERT, James F. *Silent Running: My Years on an Attack Submarine*. Nova York: John Wiley, 1995.

CARELL, Paul. *Hitler's War on Russia: The Story of the German Defeat in the East*. Sheridan: Aberdeen, 2002.

CARLYON, L. A. *Gallipoli*. Londres: Batsford, 1965.

CHANEY, Otto Preston. *Zhukov*. Ed. rev. Norman: University of Oklahoma Press, 1996.

CITINO, Robert M. *Death of the Wehrmacht: The German Campaigns of 1942*. Lawrence: University Press of Kansas, 2007.

CLARKE, I. F. *Voice Prophesizing War: Future Wars 1763-1984*. Oxford: Oxford University Press, 1966.

CLARKE, Lloyd. *The Battle of the Tanks: Kursk, 1943*. Nova York: Atlantic Monthly, 2011.

COLLIER, Basil. *The Defense of the United Kingdom*. Londres: HMSO, 1957.

COOPER, M. *The German Air Force 1933-1945: An Anatomy of Failure*. Londres: Jane's, 1981.

CORBETT, Julian Stafford. *Some Principles of Maritime Strategy*. Londres: [s.n.],1911.

CRAVEN, Wesley. F.; CATE, James Lea (Orgs.). *The Army Air Forces in World War II*. Chicago: University of Chicago Press, 1948-58. 7 v.

CROSS, Graham Edward. *Jonah's Feet Are Dry: The Experience of the 353rd Fighter Group During World War II*. Ipswich, Reino Unido: Thunderbolt, 2001.

CROLL, Mike. *The History of Landmines*. Londres: Leo Cooper, 1998.

CRUIKSHANK, Charles. *Deception in World War II*. Oxford: Oxford University Press, 1979.

D'ESTE, C. *World War II in the Mediterranean, 1942-1945*. Chapel Hill, NC: Algonquin, 1990.

DANCHEV, Alex. *The Alchemist of War: The Life of Basil Liddell Hart*. Londres: Weidenfeld and Nicolson, 1988.

DEIGHTON, Len. *Fighter: The True Story of the Battle of Britain*. Londres: Pimlico, 1996.

DELAFORCE, Patrick. *Churchill's Secret Weapons: The Story of Hobart Funnies.* Londres: Robert Hale, 1998.

DÖNITZ, Karl, *Memoirs: Ten Years and Twenty Days.* Londres: Weindenfeld and Nicolson, 1959.

DUNN JR., Walter S., *The Soviet Economy and the Red Army 1930-1945.* Westport, CT: Praeger, 1995.

DUPUY, Trevor N. *Numbers, Prediction, and War: Using History to Evaluate Combat Factors and Predict the Outcome of Battles.* Fairfax, VA: Hero, 1985.

_____. *A Genius for War: The German Army and General Staff, 1807-1945.* Fairfax, VA: Hero, 1984.

EARLE, Edward M.; CRAIG, Gordon A.; GILBERT, Felix. *Makers of Modern Strategy: Military Thought from Machiavelli to Hitler.* Princeton: Princeton University Press, 1971.

EDGERTON, David. *Britain's War Machine: Weapons, Resources and Experts in the Second World War.* Londres: Allen Lane, 2011.

EISENHOWER, David. *Eisenhower at War 1943-1945.* Nova York: Random, 1986.

ELLIS, John. *Brute Force: Allied Strategy and Tactics in the Second World War.* Nova York: Viking, 1990.

ERICKSON, John. *The Road to Berlin: Stalin's War with Germany.* Londres: Weidenfeld and Nicolson, 1983.

_____. *The Road to Stalingrad: Stalin's War with Germany.* Londres: Weidenfeld and Nicolson, 1975.

EVANS, Richard. *The Third Reich at War.* Nova York: Penguin, 2008.

FEIS, Herbert. *Churchill, Roosevelt, Stalin: The War They Waged and the Peace they Fought.* Princeton: Princeton University Press, 1957.

FERGUSSON, Bernard. *The Watery Maze: The Story of Combined Operations.* Londres: Collins, 1961.

FERGUSSON, Niall. *The War of the World: Twentieth-Century Conflict and the Descent of the West.* Nova York: Penguin, 2007.

FISSEL, Mark Charles; TRIM, D. J. B. (Orgs.). *Amphibious Warfare 1000-1700: Commerce, State Formation and European Expansion.* Leiden: Brill, 2005.

FOOT, M. R. D. *SOE: An Outline History of the Special Operations Executive, 1940-1946.* Londres: BBC, 1984.

FORCZYK, Robert. *Erich von Manstein.* Oxford: Osprey, 2010.

FRANKLAND, Noble. *The Bombing Offensive Against Germany: Outlines and Perspectives.* Londres: Faber, 1965.

FURSE, Anthony. *Wilfrid Freeman: The Genius Behind Allied Survival and Air Supremacy 1939--1945.* Staplehurst, Reino Unido: Spellmount, 1999.

GLANCEY, Jonathan. Spitfire: *The Biography.* Londres: Atlantic, 2006.

GLANTZ, David M. *Colossus Reborn: The Red Army at War, 1941-1943.* Lawrence: University Press of Kansas, 2005.

GLANTZ, David M; HOUSE, Jonathan M. *The Battle of Kursk.* Lawrence: University Press of Kansas, 2004.

_____. *When Titans Clashed: How the Red Army Stopped Hitler.* Lawrence: University Press of Kansas, 1995.

GOLLIN, Alfred. *No Longer an Island: Britain and the Wright Brothers 1902-1909.* Londres: Heinemann, 1984.

GRETTON, Peter. *Convoy Escort Commander.* Londres: Cassell, 1964.

_____. *Crisis Convoy: The Story of the HX 231.* Londres: Naval Institute Press, 1974.

GROSS, Chris e Mark. Poslethwaite. *War in the Air: The World War Two Aviation Paintings of Mark Postlethwaite.* Marlborough, Reino Unido: Crowood, 2004.

HABECK, Mary R. *Storm of Steel: The Development of Armor Doctrine in Germany and the Soviet Union, 1919-1939.* Ithaca, NY: Cornell University Press, 2003.

HACKETT, Roger F. *Yamagata Aritomo and the Rise of Modern Japan 1838-1922.* Cambridge, MA: Harvard University Press, 1971.

HALL, David Ian. *Strategy for Victory: The Development of British Tactical Air Power, 1919-1943.* Westport, CT: Praeger, 2008.

HARDESTY, Von. *Red Phoenix: The Rise of Soviet Power.* Minnetonka, MN: Olympic Marketing Corp, 1982.

HARRIS, Arthur. *Bomber Offensive.* Londres: Collins, 1947.

HARTCUP, Guy. *The Effect of Science on the Second World War.* Londres: Macmillan, 2000.

HARVEY-BAILEY, Alec. *The Merlin in Perspective: The Combat Years.* Derby: Rolls-Royce Heritage Trust, 1983.

HASTINGS, Max. *Overlord: D-Day and the Battle for Normandy.* Londres: Michael Joseph, 1984.

_____. *Bomber Command.* Londres: Michael Joseph, 1979.

HATTAWAY, Hermann; JONES, Archer. *How the North Won: A Military History of the Civil War.* Champaign: University of Illinois Press, 1983.

HEADRICK, Daniel. *Power over Peoples: Technology, Environments, and Western Imperialism, 1400 to the Present.* Princeton: Princeton University Press, 2010.

HEALY, Mark. *Kursk 1943: The Tide Turns in the East.* Oxford: Osprey, 1992.

HEIBER, Helmut (Org.). *Hitler and His Generals.* Nova York: Enigma, 2003.

HERMAN, Arthur. *Freedom's Forge: How American Business Produced Victory in World War II.* Nova York: Random, 2012.

HEZLET, Arthur. *The Electron and Sea Power.* Londres: C. Davies, 1975.

HIGHAM, Robin. *Air Power: A Concise History.* Yuma, KS: Sunflower, 1984.

HINSLEY, Francis. Harry et al. *British Intelligence in the Second World War.* Nova York: Cambridge University Press, 1979-1990. 5 v.

HOOTON, E. R. *Eagle in Flames: The Fall of the Luftwaffe.* Londres: Arms and Armour, 1997.

HOWARD, Michael E. *Grand Strategy.* Londres: HMSO, 1970.

_____. *The Continental Commitment.* Londres: Maurice Temple Smith, 1972.

_____. *The Mediterranean Strategy in World War Two.* Londres: Weidenfeld and Nicolson, 1967.

_____. *Strategic Deception in the Second World War.* Londres: HMSO, 1990

HOWSE, Derek. *Radar at Sea: The Royal Navy in World War 2.* Annapolis: US Naval Institute Press, 1993.

HOYT, Edwin. P. *The Destroyer Killer.* Nova York: Pocket, 1989.

IRIYE, Akira. *The Origins of the Second World War in Asia and the Pacific.* Londres: Longman, 1987.

IRVING, David. *The Rise and Fall of the Luftwaffe: The Life of Luftwaffe Marshal Erhard Milch.* Londres: Weidenfeld and Nicolson, 1973.

ISELY, Jetek Allen; CROWL, Philip Axter. *The U.S. Marines and Amphibious War: Its Theory, and its Pratice in the Pacific.* Princeton: Princeton University Press, 1951.

JAMES, T. C. G. *The Battle of Britain*. Londres: Frank Cass, 2000.
JONES, Archer. *The Art of War in the Western World*. Urbana: University of Illinois Press, 1987.
JONES, Erick. *The European Miracle*. Cambridge: Cambridge University Press, 1981.
KAHN, David. *Hitler's Spies: German Military Intelligence in World War Two*. Nova York: Macmillan, 1978.
KEEGAN, John. *The Second World War*. Nova York: Penguin, 1990.
KENNEDY, Paul. M. *Strategy and Diplomacy 1870-1945: Eight Studies*. Londres: Allen and Unwin, 1983.
_____. *The Rise and Fall of the Great Powers*. Nova York: Random, 1987.
KERSHAW, Ian. *Fateful Choices: Ten Decisions That Changed the World, 1940-41*. Londres: Penguin, 2007.
_____. *The End: Hitler's Germany, 1944-1945*. Londres: Allen Lane, 2011.
KIRBY, S. W. *The War Against Japan*. Londres: HMSO, 1957.
LIDDELL HART, Basil H. *History of the Second World War*. Londres: Cassell, 1970.
_____. *The British Way in Warfare*. Londres: Faber and Faber, 1932.
LONGMATE, Norman. *The Bombers: The RAF Offensive Against Germany 1939-1945*. Londres: Huchinson: 1983.
LUDWIG, Paul A. *P-51 Mustang: Development of the Long-Range Escort Fighter*. Surrey, Reino Unido: Ian Allen, 2003.
LUPFER, Tim. *The Dynamics of Doctrine: The Changes in German Tactical Doctrine During the First World War*. Leavenworth, KS: Combat Studies Institute, 1981.
MACDONALD, C. *The Lost Battle: Crete 1941*. Nova York: Macmillan, 1993.
MACKSAY, Kenneth. *Armoured Crusader: A Biography of Major-General Sir Percy Hobart*. Londres: Hutchinson, 1967.
MANCHESTER, William. *American Caesar: Douglas MacArthur 1880-1964*. Boston: Little, Brown, 1978.
MARDER, Arthur Jacob. *Operation "Menace": The Dakar Expedition and the Dudley North Affair*. Oxford: Oxford University Press, 1976.
MASTERS, John. *The Road Past Mandalay*. Londres: Michael Joseph, 1961.
MATLOFF, Maurice; SNELL, Edwin M. *Strategic Planning for Coalition Warfare, 1941-1942*. Washington, DC: Office of the Chief of Military History, 1953.
MAUND, L. E. H. *Assault from the Sea*. Londres: Methuen, 1949.
MAY, Ernest R. *Strange Victory: Hitler's Conquest Of France*. Nova York: Hill and Wang, 2000.
MENDELSSOHN, Kurt. *Science and Western Domination*. Londres: Thames and Hudson, 1977.
MESSENGER, Charles. *World War Two: Chronological Atlas*. Londres: Bloomsbury, 1989.
MIDDLEBROOK, Martin. *Convoy: The Greatest U-Boat Battle of the War*. Londres: Phoenix, 2003.
MILLER, Edward. S. *War Plan Orange: The U.S. Strategy to Defeat Japan 1897-1945*. Annapolis, MD: U.S. Naval Institute Press, 1991.
MILLETT, Allan R. *Semper Fidelis: The History of the United States Marine Corps*. Nova York: Free Press, 1991.
MILLETT, Allan R.; MURRAY, Williamson (Orgs.). *Military Effectiveness*. Londres: Allen and Unwin, 1988. 3 v.
MILNER, Marc. *Battle of the Atlantic*. Stroud, Reino Unido: Tempus, 2005.

MITCHAM JR., Samuel W. *Blitzkrieg No Longer: The German Wehrmacht in Battle, 1943*. Mechanicsburg, PA: Stackpole, 2010.

_____. *The German Defeat in the East 1944-1945*. Mechanicsburg, PA: Stackpole, 2001.

MOORHEAD, A. *Gallipoli*. Londres: Hamish Hamilton, 1956.

MORISON, Samuel Eliot. *History of United States Naval Operations in World War II*. Boston: Little, Brown & Co., 1947-1962. 15 v.

_____. *Strategy and Compromise*. Boston: Little, Brown, 1958.

_____. *Two Ocean War: A Short History of the Unite States Navy in the Second World War*. Boston: Little, Brown, 1963.

MULLER, Richard. *The German Air War in Russia*. Baltimore: Nautical and Aviation Publishing, 1992.

MURRAY, Williamson. *German Military Effectiveness*. Baltimore: Nautical and Aviation Publishing, 1992.

_____. *Luftwaffe*. Baltimore: Nautical and Aviation Publishing, 1985.

_____. *Strategy for Defeat: The Luftwaffe 1939-1945*. Maxwell, AL: Air University Press, 1983.

MURRAY, Williamson; MILLETT, Allan R. *A War to Be Won: Fighting the Second World War*. Cambridge, MA: Harvard University Press, 2000.

MYERS, Ramon H. PEATTIE, Mark R. *The Japanese Colonial Empire 1895-1945*. Princeton: Princeton University Press, 1984.

NAGORSKI, Andrew. *The Greatest Battle: Stalin, Hitler, and the Desperate Struggle for Moscow That Changed the Course of World War II*. Nova York: Simon and Schuster, 2007.

O'KANE, Richard H. *Clear the Bridge! The War Patrols of the U.S.S. Tang*. Nova York: Bantam, 1981.

ORGILL, Douglas. *T-34: Russian Armor*. Nova York: Ballantine, 1971.

OVERY, Richard. *The Air War 1939-1945*. Londres: Europa, 1980.

_____. *Russia's War: Blood upon the Snow 1939-1945*. Nova York: TV Books, 1997.

_____. *Why the Allies Won*. Londres: Jonathan Cape, 1995.

PADFIELD, Peter. *Guns at Sea*. Londres: Evelyn, 1973.

_____. *War Beneath the Sea: Submarine Conflict 1939-1945*. Londres: John Murray, 1995.

_____. *Dönitz: The Last Führer*. Nova York: Harper and Row, 1984.

PARKER, Geoffrey. *The Army of Flanders and the Spanish Road: The Logistics of Spanish Victory and Defeat in the Low Countries War*. Cambridge: Cambridge University Press, 1972.

PAWLE, Gerald. *The Secret War 1939-1945*. Londres: White Lion, 1956.

PRICE, Alfred. *The Spitfire Story*. Londres: Arms and Armour, 1995.

REYNOLDS, Clark G. *The Fast Carriers: The Forging of an Air Navy*. Nova York: McGraw-Hill, 1968.

REYNOLDS, David. *In Command of History: Churchill Writing and Fighting the Second World War*. Londres: Penguin, 2004.

RICHARDS, Denis; SAUNDERS, Hilary St. George. *Royal Air Force 1939-1945*. Londres: HMSO, 1954.

RILEY, James. C. *International Government Finance and the Amsterdam Capital Market 1740-1815*. Cambridge: Cambridge University Press, 1980.

ROBERTS, Andrew. *Masters and Commanders: How Roosevelt, Churchill, Marshall and Alanbrooke Won the War in the West*. Londres: Penguin, 2008.

ROBERTSON, Terence. *Dieppe: The Shame and Glory*. Toronto, ON: McLelland and Stewart, 1967.

ROHWER, Jürgen. *The Critical Convoy Battles of March 1943*. Londres: Ian Allen, 1977.

ROMMEL, Edwin. *The Rommel Papers*. Org. de Basil H. Liddell Hart. Londres: Collins, 1953.

ROSKILL, Stephen Wentworth. *Churchill and the Admirals*. Londres: Collins, 1972.

———. *The Strategy of Sea Power*. Londres: Collins, 1963.

———. *The War at Sea, 1939-1945*. Londres: HMSO, 1954-61. 3 v.

ROTTMAN, Gordon L. *World War II Infantry Anti-Tank Tactics*. Oxford: Osprey, 2005.

RYAN, Cornelius. *The Longest Day: The Classic Epic of D-Day*. Nova York: Simon and Schuster, 1959.

SAWARD, Dudley. *Victory Denied: The Rise of Air Power and the Defeat of Germany 1920-1945*. Londres: Buchan and Enright, 1985.

SCUTTS, Jerry. Mustang *Aces of the Eighth Air Force*. Oxford: Osprey, 1994.

SETH, Ronald. *The Fiercest Battle: The Story of North Atlantic Convoy ONS 5, 22nd April-7th May 1943*. Londres: Hutchinson, 1961.

SHERRY, Michael S. *The Rise of American Air Power: The Creation of Armageddon*. New Haven: Yale University Press, 1987.

SLIM, Field-Marshal Viscount William. *Defeat Into Victory: Battling Japan in Burma and India, 1942-1945*. Londres: Cassell, 1956.

SOBEL, D. *Longitude*. Londres: Penguin, 1996.

SPECTOR, Ronald H. *Eagle Against the Sun: The American War with Japan*. Nova York: Free Press, 1985.

STILLE, Mark. *Imperial Japanese Navy Aircraft Carriers 1921-1945*. Londres: Osprey, 2005.

STONE, David R. *A Military History of Russia: From Ivan the Terrible to the War in Chechnya*. Westport, CT: Praeger, 2006.

STORRY, Richard. *Japan and the Decline of the West in Asia 1894-1943*. Londres: Longman, 1979.

TERRAINE, John. *The Right of the Line: The Role of the RAF in World War Two*. Londres: Pen and Sword, 2010.

TOLAND, John. *The Rising Sun: The Decline and Fall of the Japanese Empire 1936-1945*. Londres: Cassell, 1971.

TOOZE, Adam. *The Wages of Destruction: The Making and Breaking of the Nazi Economy*. Londres: Penguin, 2006.

TUCHMAN, Barbara Wertheim. *Sand Against the Wind: Stilwell and the American Experience in China 1911-1945*. Nova York: Macmillan, 1970.

VAN CREVELD, M. *Supplying War: Logistics from Wallenstein to Patton*. Cambridge: Cambridge University Press, 1977.

WAUGH, Evelyn. *The Sword of Honour Trilogy*. Nova York: Everyman's Library, 1994.

WEBSTER, Charles; FRANKLAND, Noble. *The Strategic Air Offensive Against Germany, 1939-1945*. Londres: HMSO, 1961. 4 v.

WEIGLEY, Russel F. *The American Way of War: A History of United States Military Strategy and Policy*. Bloomington: Indiana University Press, 1973.

WERNER, Herbert A. *Iron Coffins: A Personal Account of the German U-Boat Battles of World War II*. Nova York: Da Capo, 2002.

WHITAKER, Denis; WHITAKER, Shelag. *Dieppe: Tragedy to Triumph*. Whitby: McGraw-Hill, 1967.

WILLMOTT, H. P. *The Great Crusade: A New Complete History of the Second World War*. Londres: Michael Joseph, 1989.

WINTON, John. *Convoy: Defense of Sea Trade, 1890-1990*. Londres: Michael Joseph, 1983.

WOHL, Robert. *A Passion for Wings: Aviation and the Western Imagination 1908-1918*. New Haven: Yale University Press, 1994.

WOOD, James B. *Japanese Military Strategy in the Pacific War: Was Defeat Inevitable?* Lanham, MD: Rowman and Littlefield, 2007.

ZALOGA, Steven. *Bagration 1944: The Destruction of Army Group Centre*. Oxford: Osprey, 1996.

ZIEGER, P. *Mountbatten: A Biography*. Nova York: Knopf, 1985.

ARTIGOS

ALLEN, Louis. "The Campaigns in Asia and the Pacific". *Journal of Strategic Studies*, v. 13, n. 1, pp. 162-92, mar. 1990.

BLACK, Jeremy. "Midway and the Indian Ocean". *Naval War College Review*, v. 62, n. 4, pp. 131-40, outono 2009.

CEVA, Lucio. "The North African Campaign 1940-43: A Reconsideration". *Journal of Strategic Studies*, v. 13, n. 1, pp. 84-104, mar. 1990.

CONSTABLE, Trevor. J. "The Little-Known Story of Percy Hobart". *Journal of Historical Review*, v. 18, n. 1, jan./fev. 1999.

COOX, Alvin D. "The Effectiveness of the Japanese Military Establishment in the Second World War". In: MILLETT, Allan R.; MURRAY, Williamson (Orgs.). *Military Effectiveness*. Londres: Allen and Unwin, 1988. v. 3: *The Second World War*.

FORSTER, Jürgen. E. "The Dynamics of Volksgemeinschaft: The Effectiveness of the German Military Establishment in the Second World War." In: MILLETT, Allan R.; MURRAY, Williamson (Orgs.). *Military Effectiveness*. Londres: Allen and Unwin, 1988. v. 3: *The Second World War*.

GRISSOM, Adam. "The Future of Military Innovation Studies". *Journal of Strategic Studies*, v. 29, n. 5, pp. 905-34, out. 2006.

HEXTER, J. H. "The Burden of Proof". *Times Literary Supplement*, pp. 1251 ss, 24 out. 1975.

ISAEV, Alexay. "Against the T-34, the German Tanks Were Crap". In: DRABKIN, Arthem; SHEREMET, Oleg (Orgs.). *T-34 in Action*. Mechanicsburg, PA: Stackpole, 2008.

KAHN, David. "Intelligence in World War II: A Survey". *Journal of Intelligence History*, v. 1, n. 1, verão 2001.

KENNEDY, Paul M. "History from the Middle: The Case of the Second World War". *Journal of Military History*, v. 74, n. 1, pp. 35-51, jan. 2010.

_____. "Imperial Cable Communications and Strategy 1870-1914". *English Historical Review*, v. 86, n. 341, pp. 728-52, 1972.

MARDER, A. J. "Winston Is Back!". *English Historical Review*, suplemento 5, 1972.

MILFORD, Frederick J. "U. S. Navy Torpedoes. Part Two: The Great Torpedo Scandal, 1941-1943", *The Submarine Review*, out. 1996.

SCHWARZ, B. "Black Saturday". *Atlantic*, abr. 2008.

SPECTOR, Ronald H. "America's Seizure of Japan's Strategic Points, Summer 1942-1944." In: DOCKRILL, Saki (Org.). *From Pearl Harbor to Hiroshima: The Second World War in Asia and the Pacific, 1941-1945*. Londres: Macmillan, 1994.

TAO, W. "The Chinese Theatre and the Pacific War." In: DOCKRILL, Saki (Org.). *From Pearl Harbor to*

Hiroshima: The Second World War in Asia and the Pacific, 1941-1945. Londres: Macmillan, 1994.

WEGNER, Bernd, "The Road to Defeat: The German Campaigns in Russia, 1941-43". *Journal of Strategic Studies*, v. 13, n. 1, pp. 122-3, mar. 1990.

ZEITZLER, Kurt. "Men and Space in War: A German Problem in World War II." *Military Review*, v. 42, n. 4, abr. 1962.

FONTES DA INTERNET

"Amphibious Warfare". In: *Wikipedia*. Disponível em: <http://en.wikipedia.org/wiki/Amphibious_warfare>. Acesso em: maio 2008.

"B-29 Superfortress". In: *Wikipedia*. Disponível em: <http://en.wikipedia.org/wiki/Boeing_B-29_Superfortress>. Acesso em: maio 2010.

"Ben Moreell". In: *Wikipedia*. Disponível em: <http://en.wikipedia.org/wiki/Ben_Moreell>. Acesso em: primavera 2010.

CONSTABLE, Trevor J., "The Little-Known Story of Percy Hobart", *Journal of Historical Review*, v. 18, n. 1, jan./fev. 1999. Disponível em: <http://ihr.org/jhr/v18/v18n1p-2_Constable.html>. Acesso em: 20 fev. 2008.

Drop Tanks: The wartime Experience of Donald W. Marner. Disponível em: <http://www.cebudanderson.com/droptanks.htm>. Acesso em: maio 2008.

"Essex-Class Aircraft Carrier". In: *Wikipedia*. Disponível em: <http://en.wikipedia.org/wiki/Essex-class_aircraft_carrier>. Acesso em: maio 2010.

"F6F Hellcat". In: *Wikipedia*. Disponível em: <https://en.wikipedia.org/wiki/F6F_Hellcat>. Acesso em: maio 2010.

"Gallipoli Campaign". In: *Wikipedia*. Disponível em: <http://en.wikipedia.org/wiki/Battle_of_gallipoli>. Acesso em: jun. 2010.

"Ilyushin II-2". In: *Wikipedia*. Disponível em: <http://en.wikipedia.org/wiki/Ilyushin_Il-2>. Acesso em: maio 2008.

"Kursk and Soviet Intelligence". In: The Dupuy Institute. Disponível em: <http://www.dupuyinstitute.org/ubb/Forum4/HTML/000052.html>. Acesso em: maio 2008.

"Operation Bagration". In: *Wikipedia*. Disponível em: <http://en.wikipedia.org/wiki/Operation_Bagration>. Acesso em: jun. 2010.

"Polish Mine Detector". In: *Wikipedia*. Disponível em: <http://en.wikipedia.org/wiki/Polish_mine_detector>. Acesso em: jun. 2010.

"Seabees in World War II", In: *Wikipedia*. Disponível em: <http://en.wikipedia.org/wiki/Seabees_in_World_War_II>. Acesso em: primavera de 2010.

"Srednii Tank T-34-85". In: *Istoria Sozdania*. Disponível em: <http://www.cardarmy.ru/armor/articles/t3485.htm>. Acesso em: 26 maio 2011.

"T-34". In: *Wikipedia*. Disponível em: <http://en.wikipedia.org/wiki/T-34>. Acesso em: maio 2010.

Crédito das imagens

Todos os esforços foram feitos para determinar a origem das imagens deste livro. Nem sempre isso foi possível. Teremos prazer em creditar as fontes, caso se manifestem.

Imagens de miolo
pp. 35-6: © National Maritime Museum, Greenwich, London. Reproduzido com a permissão de Royal Museums Greenwich
pp. 66-7: Adaptado com a permissão do espólio de John Winton
p. 125: Adaptado com a permissão de W. W. Norton e Penguin Books UK
p. 166: Adaptado com a permissão de The Nautical & Aviation Publishing Company of America
pp. 210-1: U. S. Army Center of Military History
pp. 241-5: Wikicommons
pp. 250-1, 302-3 e 340-1: Departamento de História, United States Military Academy
pp. 275, 283, 348 e 421: Sigrid von Wendel
p. 407: Russian State Documentary Film & Photo Archives at Krasnogorsk

Caderno de fotos
p. 1 (acima): © Imperial War Museum (NY-006079)
pp. 1 (abaixo), 5 (acima) e 13 (abaixo): Getty Images

pp. 2 (acima), 3 (acima) e 4 (ao centro): © Imperial War Museum
p. 2 (ao centro): Ullstein Bild/ The Granger Collection, New York
p. 2 (abaixo): Jim Highland, 487th Bomb Group
p. 3 (abaixo): Imperial War Museum (EN-010798)
p. 4 (acima): Hulton Archive/ Getty Images
pp. 4 (abaixo), 8 e 9 (ao centro): Ian Marshall
p. 5 (ao centro): © Imperial War Museum (COM-000707)
p. 5 (abaixo): E.G. Bowen, *Radar Days*. Bristol: Adam Hilger, 1987, p.110
p. 6 (acima): Coleção particular
p. 6 (ao centro): © Imperial War Museum (A-031000)
p. 6 (abaixo): United States National Archives
p. 7 (acima): © Imperial War Museum (A-021313)
p. 7 (ao centro): © Imperial War Museum (CH-013997)
p. 7 (abaixo): © Imperial War Museum (CM-006524)
p. 9 (acima): United States National Archives
p. 9 (abaixo): akg-images/ Interfoto
p. 10 (acima): akg-images
p. 10 (ao centro): IB-Russian State Archives of Cine-Photo Documents
p. 10 (abaixo): akg-images/ RIA Novosti
p. 11 (acima): © Imperial War Museum (MH-006547)
p. 11 (ao centro): US Navy/ Time & Life Pictures/ Getty Images
p. 11 (abaixo): Hulton Archive/ Getty Images
p. 12 (acima): Popperfoto/ Getty Images
p. 12 (ao centro): United States Air Force Archives
p. 12 (abaixo): National Museum of the US Air Force
p. 13 (acima): Rolls-Royce plc Archives
p. 13 (ao centro e à esquerda): Paul A. Ludwig, *Development of the P-51 Long-Range Escort Fighter Mustang*. Hersham, Surrey: Ian Allan Printing Ltd, 2003, p.89
p. 13 (ao centro e à direita): United States Marine Corps Archives
p. 14 (acima): © Imperial War Museum (H-020697)
p. 14 (ao centro e à direita): © Imperial War Museum (H-038080)
p. 14 (ao centro e à esquerda): United States Naval Institute
p. 14 (abaixo): © Imperial War Museum (A-024360)
p. 15 (acima): Roger Viollet/ Getty Images
p. 15 (abaixo): Manfred Jurleit, *Strahljäger Me 262 im Einsatz*. Berlin: Transpress, 1993, p. 90
p. 16: Galerie Bilderwelt/ Getty Images

Índice remissivo

Aachen (Alemanha), 108, 140
Aconit (fragata francesa), 52
Açores, 95, 262, 362
Aden, 343, 379
Afeganistão, 192
África: norte da, 16-7, 19-20, 33, 38, 43, 48, 76, 96, 100-1, 142-4, 146, 150, 180, 187, 198, 200, 204-5, 208-10, 212, 219, 225, 247, 254-5, 260, 276-7, 279-82, 286-9, 296, 300-1, 322, 345-6, 351, 389, 396-7, 415, 418; África do Sul, 39, 47, 131, 182, 201-2
Afrika Korps, 190, 199, 201-4, 208, 419
Agincourt (Michael Drayton), 259
Agostinho, Santo, 381
Airacobra P-39, caças, 160
Aisne, rio, 268
Alanbrooke, visconde (Sir Alan Brooke), 19, 32, 57, 280, 288, 293, 298, 408-10, 415, 422, 434-5*n*, 455*n*
Alasca, 344
Alderamin (cargueiro), 59
Aleutas, ilhas, 339, 345, 355, 396, 405, 455n
Alexander, marechal de campo Harold, 290

Alexandre, o Grande, 190, 427
Alexandria (Egito), 199
Almirantado britânico, 18, 38-9, 80, 104, 257
Alto Comando alemão, 149-50, 200, 218, 241, 243
Ambrose, Stephen, 324, 449*n*
Amery, Leo, 110, 438*n*
antitanques, armas, 24, 203, 207, 236-7, 239, 246, 280, 320
Antuérpia (Bélgica), 328
Anzio, 209, 264, 288, 293-6, 310, 317, 322, 324, 330, 351, 383, 385, 412, 422
Ardenas, 189, 193, 412
Argel, 280-1, 284-5
Argélia, 33, 186, 208, 419
Argyll Highlanders, 187
Aritomo, Yamagata, 336-7
Armada Espanhola, 308
Arnhem (Países Baixos), 176, 413
Arnin, general Hans-Jüergen von, 208-9
Arnold, general Henry "Hap", 144, 146, 378
Arquíloco, 296
arquipélagos Bismarck, 347, 369

469

artilharia antiaérea, 98, 113, 138, 140, 142, 148, 177-8, 206, 271
Ásia oriental, 335, 344
Assam, 343, 345, 350, 379
Atatürk (Mustapha Kemal), 265
Atenas, 261, 265
Atkinson, Rick, 186, 414, 442n, 444n, 448
Atkinson, Robert, 77
Atlântico, Batalha do *ver* comboios do Atlântico
Auchinleck, general Claude, 201, 204
Aurora (navio americano), 285
Austrália, 47, 131, 182, 202, 265, 343-4, 347, 352, 355, 379, 390, 397, 405
Áustria, 235, 264
Avro Manchester, bombardeiros, 157

Bagration, general Piotr, 248
Baker, ilha, 370
Bálcãs, 134, 225, 256, 345, 415, 419
Baldwin, Stanley, 118, 132
balões de barragem, 115, 125
Barbier, Kathy, 239
Barcos de Higgins, 363
Barmen-Wuppertal (Alemanha), 140
Barnett, Correlli, 55, 420, 435n, 456n
Batalhas: da Grã-Bretanha, 48, 90-1, 121-3, 131-2, 149, 156, 163, 179, 245, 278; da Normandia, 280, 316, 327; das Ardenas, 175, 327; das ilhas Komandorski, 396; de Berlim, 140, 142-3; de Blenheim, 191; de Borodino, 248; de Bulge, 413; de Caporetto, 194; de Guadalcanal, 148; de El Alamein, 20, 142, 184, 198-9, 201-3, 205, 219, 223, 236, 239, 249, 281, 417-8, 443n; de Hamburgo, 140-1, 179, 246; de Isonzo, 193; de Jutlândia, 266; de Kasserine, 186, 190; de Carcóvia, 219-20, 223; de Kursk, 106, 223, 231, 237, 243; de Malplaquet, 191; de Maratona, 261; de Midway, 345, 356, 368, 374, 393, 396, 403, 413, 419; de Passchendaele, 193; de Prokhorovka, 221; de Ramilles, 191; de Santa Cruz, 368; de Somme, 399; de Stalingrado, 225, 232, 247; de Verdun, 327; de Waterloo, 174; do Atlântico *ver* comboios do Atlântico; do Golfo Leyte, 351, 394, 404; do Mar das Filipinas, 170, 373-4, 388, 399, 404; do Mar de Coral, 343, 368, 384; do Nilo, 52; do Ruhr, 140, 152
Batalhões de Construção da Marinha americana ("Seabees"), 14, 24, 71, 358-9, 380-8, 399, 401, 422, 446n, 454n
baterias antiaéreas, *125*
Baxter, James, 92
bazucas, 197, 203, 207, 235, 238-9
B-Dienst, 44, 51, 55, 64, 71, 93-4, 96
Beaufighter, aviões de caça, 97, 158, 170, 315, 450n
Bélgica, 20, 47, 120, 188
Belleau Wood (navio americano), 370
Bendiner, Elmer, 108, 147, 170, 181, 438n, 440-1n
Benson, capitão Roy S., 391
Berezina, rio, 252
Berlim (Alemanha), 140, 142-3, 254, 327
Berlin, Isaiah, 296n
Bessarábia, 235
Biak, ilha, 354
Bielorrússia, 243-4
Birmânia, 200, 273, 339, 343-6, 350-2, 354, 359, 376, 392, 409, 415, 419, 423, 452n
Bismarck (couraçado alemão), 49, 83, 85
Blacker, tenente-coronel Stewart, 87-8
Blackett, P. M. S., 54
Blakeslee, major Donald, 163, 165, 171, 181, 423
Bleinheim, bombardeiros, 135
Bletchley Park, 24, 44, 51, 71, 79, 89, 93, 96, 178, 307
blindados, equipamentos de guerra, 185, 193, 203, 222, 226, 231, 234, 239, 319, 329, 369
Blitz *ver* poder aéreo
Blitzkrieg, 19, 22, 121, 184-5, 193, 198-9, 201, 208, 212, 216, 221, 226-7, 235, 254, 329, 442n, 446n
Blumentritt, general Günther, 309, 450n
Bochum (Alemanha), 140

Boeing, 377-8, 426, 453*n*
Bogue (navio americano), 52, 80, 84, 94, 100-1
bombardeio estratégico: aspecto moral do, 175, 177, 381; ataques de Schweinfurt-Regensburg, 108, 161, 277; ataques noturnos, 122, 128, 133, 138, 142, 144, 152, 170; Batalha de Berlim, 140, 142; Batalha de Hamburgo, 140, 179, 246; Batalha do Ruhr, 140, 152, 246, 424; bombardeios à luz do dia, 144, 149, 164, 167, 171; bombardeios em estradas e ferrovias, 167, 171; condições atmosféricas/ climáticas, 142, 148; críticas a, 136, 141, 181; defensores da, 119; doutrina de bombardeios de precisão, 144; esquadrões americanos, 144; estágios iniciais da guerra, 119; Harris e, 139, 177, 181, 248; Operação Pointblank, 165; questão de precisão, 113, 138, 140, 150, 171, 175; solidariedade anglo-americana em, 139; tanques descartáveis e, 165, 171, 176; teoria e origens da, 109
bombas atômicas, 107, 175, 181, 353, 358, 377, 379, 381, 385, 392, 403, 404, 424
Bonneville, salinas de, 155
Boot, Harry, 91
Bora Bora, ilha de, 384
Bornéu, 339, 346, 402, 405; Bornéu do Norte, 344, 350
Bougainville, 401
Bradley, general Omar, 298, 319, 322, 324, 327, 386, 450*n*, 456*n*
Bremen (Alemanha), 140, 151, 175, 177, 424
Brest (França), 48, 71, 113, 138
Bryant, Sir Arthur, 408, 455*n*
Buenos Aires (Argentina), 49, 65
Bulgária, 266, 267
Buna (Nova Guiné), 353
Burma *ver* Birmânia
Burrough, contra-almirante Harold M., 285
Bush, Vannevar, 423

Cabo da Boa Esperança, 34, 200
Cabo Farewell, 61, 76

caças a jato, 175, 179, 424
Cádis (Espanha), 261
Caen (França), 305, 313, 321, 325-7
Caine, Michael, 187*n*
Cairo (Egito), 20, 48, 198-9, 201, 205-6, 379
Cambridge Five, 244
Campanhas: da Crimeia, 264; da Normandia, 250, 253, 318, 329, 449*n*; de Gallipoli, 265, 267-8, 270, 276, 278-9, 292, 332, 360, 399, 402, 447*n*; *ver também* Batalha da Normandia
Campbell, Malcolm, 154
campos minados, 24, 203, 207, 236-7, 240, 244, 257, 270, 280, 362, 397, 443*n*, 448
camuflagem, 187, 242, 370
Canadá, 47, 68, 131
Canal da Mancha, 47-8, 90, 123-4, 127, 129, 146, 148-9, 171, 189, 197, 270, 277, 285, 297, 305, 306, 308, 314-5, 325, 346, 399
Canal de Suez, 205, 207
Card (navio americano), 100
Carell, Paul, 225, 227, 444-5*n*
cargas de profundidade, 31, 58, 60-2, 68, 71, 76-8, 84-7, 95, 97, 100, 395, 437*n*
Caribe, 36, 42, 49, 80, 361-2
Carlos Magno, 38, 191
Carolinas, ilhas, 337, 347, 357, 361-2, 371, 385, 399, 418
carregamento de navios mercantes: história de, 35; mapa de, 36
Cartagena das Índias (Colômbia), 263, 280
Casa Branca, 160
Casablanca (Marrocos), 14, 16-7, 18-20, 22, 32-3, 35, 39, 46, 54, 57, 105, 109, 132, 139, 146-7, 177, 180, 185, 257, 263, 280, 284-7, 293, 346, 350, 364, 409, 440*n*
Catalina (avião), 60, 63, 71, 81, 85
Celebes, ilhas, 347, 358, 384
Centro de Testes de Duxford, 182
Centro de Treinamento e Desenvolvimento entre Serviços (ISTCD), 268-9, 332, 447*n*
cerco de guerra, 191
Challier, Witold, 159-60

471

Chamberlain, Neville, 123-4, 270
Chatham, conde, 259, 263, 267
Chennault, Claire Le, 349
Cherbourg (França), 301, 312, 323, 325, 327, 383-4
Chiang Kai-Shek, 347, 349, 380
China, 21, 118, 177, 192, 268, 335-9, 344, 347, 349-50, 352, 354, 361, 363, 379-80, 414-5, 419, 451*n*
Christie, J. Walter, 230, 232, 363, 391
Churchill, Sarah, 88*n*
Churchill, Sir Winston, 16-9, 32, 34, 40, 47, 50, 87-8, 104, 122-3, 136-8, 144, 147, 157-8, 160-1, 172, 197, 200-1, 205, 207, 212, 246, 256, 261-3, 265, 270-1, 273-4, 279-80, 281, 286-8, 290, 294, 298, 301, 319, 325, 332, 350, 364, 377, 405, 408-9, 417, 422, 425, 434*n*, 447-8*n*, 450*n*, 455-6*n*
Cingapura, 339, 344, 346, 350-2, 402, 408, 415, 422
Cipião, 242
Cirenaica, 199
Citino, R. M., 223, 443-4*n*
Clark, general Mark, 291, 295, 386, 416
Clausewitz, Carl von, 15, 114, 127, 296, 420
Clemenceau, Georges, 415*n*
Cockleshell Heroes (filme), 261
Curtis, sargento Curtis, 319
Collins, general Joseph, 318
Colônia (Alemanha), 18, 139, 142, 145, 248
Comando de Operações Conjuntas (COC), 274, 298, 332
Comando dos Western Approaches, 42, 60, 65, 70, 77, 80, 94, 257, 394
combates com tanques: armas antitanques, 234, 246; na Primeira Guerra Mundial, 195; no norte da África, 204, 208, 212
combates em terra: abastecimento de combustível, 201, 205, 216, 224, 229, 240; apoio aéreo e, 196, 206, 209, 244, 258, 270; baixas alemãs, 186, 220, 252; baixas aliadas, 186, 212; batalha de Kasserine Pass, 186, 190, 422; batalhas de El Alamein, 142, 184, 198, 201, 219, 223, 236, 239, 249, 281, 418; batalhões antitanque, 203, 207; campos minados, 24, 203, 207, 236, 240, 244, 257, 270, 280, 362, 397, 443*n*, 448; capacidade de construção de pontes, 240; condições atmosféricas/ climáticas, 216; divisões Panzer, 196, 216, 224, 237, 310; guerra russo-alemã (1941-5), 213, 219, 444*n*; na história das guerras, 190; Operação Bagration, 22, 198, 219, 222-3, 243, 247-50, 253, 408, 414, 416; Operação Barbarossa, 170, 190, 213, 217, 224, 229, 241, 246-8, 339, 412; Primeira Guerra Mundial, 193; redes de partisans, 240, 242, 252; serviços de inteligência e, 217, 221, 243, 412; tamanhos de divisões, 217, 224; táticas de dissimulação, 240, 242; topografia e, 192, 205
comboios: do Ártico PQ 17, 69; Caribe, 42, 49; do Atlântico *ver* Comboios do Atlântico; Gibraltar, 43, 61, 65, 96, 100; Malta, 394; Mar do Norte, 76; Mediterrâneo, 34, 40; norte da África, 43, 96, 100; comboio HX 228, 52; comboio HX 229, 53, 55, 60, 68, 95; comboio HX 230, 72; comboio HX 231, 76, 436*n*; comboio HX 233, 72; comboio HX 237, 94; comboio HX 239, 79-81, 94, 436*n*; comboio KMF 11, 61; comboio KMS 11, 61; comboio ON 170, 52; comboio ON 172, 61; comboio ON 173, 62; comboio ON 206, 98; comboio ONS 20, 98; comboio ONS 3, 72; comboio ONS 4, 72; comboio ONS 5, 74; comboio SC 121, 51; comboio SC 122, 35, 53-5, 59-65, 69-70, 73, 80, 277; comboio SC 123, 72; comboio SC 129, 79, 94; comboio SC 130, 79-81, 436*n*; Rússia, 40; Serra Leoa, 33, 34, 49
comboios do Atlântico, 20, 22, 101, 149, 170, 267, 282, 329; batalhas de março a maio (1943), 35, 50, 70, 72, 95, 99; cargas de profundidade e, 62, 71, 76, 78, 84-5, 95, 97; concepções estratégicas e operacionais, 39; condições atmosféricas/ climáticas, 32, 50, 68, 72, 150; escoltas para, 31, 40, 51, 65, 71, 73, 78, 98, 105; granadas Hedgehog (grana-

das antissubmarinos), 62, 71, 77-8, 86, 257; grau de sucesso de, 41; Leigh Light e, 71, 92-3, 95, 257; liderança e o moral, 45; na Primeira Guerra Mundial, 39; política operacional, mudança na, 70; quantidade mensal de toneladas transportadas, 41; radar e, 71, 81, 88, 257; serviços de inteligência e, 43, 51, 64, 71, 93; sonar e, 39, 62, 68, 86, 88, 99; suporte aéreo e, 40, 43, 51, 54, 59, 65, 71, 78, 94, 257; tipos de navios em, 53; tripulações de, 46; velozes versus lentos, 55
comunicação pelo rádio *ver* rádio
Conferência de Casablanca, 14, 18, 20, 35, 39, 46, 54, 105, 146-7, 177, 180, 185
Conferência dos Comboios do Atlântico, 43, 50
Coningham, marechal do ar Arthur, 206, 443*n*
construção de navios, 47, 53, 103, 165, 274
Coracero (cargueiro britânico), 60-1
Core (navio americano), 100
Corpo Aéreo Real, 115
Corpo de Fuzileiros americanos, 71, 268-9, 273, 332, 357, 359-65, 388, 399, 401, 423
corvetas, 32, 51, 54, 71, 76, 79, 86, 90, 96-7, 99
Cotentin, península do, 297, 312, 318, 323
Coventry (Inglaterra), 133-6, 175
Creta, 20, 187, 189, 200, 212, 243, 256, 270-1, 276, 289, 300, 313, 318, 328-9, 367, 408-9, 422, 442*n*, 448
Crimeia, 264
Crowl, P. A., 332, 402, 451-2*n*
Cruiser Mk III (tanques), 230
Cruzadas, 261
"cultura do encorajamento", 420, 423, 428
Cunningham, almirante Andrew, 281
Curtiss V-12 (motor americano), 154

Dakar (Senegal), 272-4, 318, 422, 448
Daniels, comandante de voo Pat, 109, 143
Dardanelos, 265-6, 402
Darlan, almirante François, 286
Darmstadt (Alemanha), 174
Dawson, vice-marechal do ar G. G., 206, 443*n*
De Gaulle, general Charles, 272

Defiants, 130
Degtyaryov PTRD-41 (rifle antitanque), 238
Dempsey, general Miles, 298
Departamento de Desenvolvimento de Armas Diversas (DMWD), 87
Departamento de Pesquisas Operacionais do Almirantado, 99
Depressão de Qattara, 198, 204, 205
descartáveis, tanques, 162, 165
detectores de direção de alta frequência (HF-DF), 68
Detectores de minas, 297, 315
Dewoitine, caças, 284
Dia D, 24, 72, 101, 109, 134, 143, 156, 167, 171, 173-4, 178, 181, 242, 248, 279, 300, 304-5, 315, 322, 326, 330, 422, 426, 438*n*, 448-9
Diego Suarez, baía de (Madagascar), 273
Dieppe (França), 19, 173, 276-81, 286-7, 295, 300, 318-9, 322, 325, 332, 398, 448
Dinamarca, 48, 73, 122, 188, 255, 264, 301, 315
Dnieper, rio, 252, 401
Dobradiça do destino, A (Churchill), 296
Dogger Bank, 103
Don, rio, 218, 241
Donets, rio, 220, 222
Dönitz, grande almirante Karl, 18, 35, 41-2, 44-6, 49-53, 55-6, 59, 61, 63-5, 69-70, 74, 76, 79-84, 88-9, 91, 93-8, 100, 102, 104, 108, 168, 257, 307, 389, 394, 417, 434*n*, 436*n*
Dönitz, Peter, 79
Doolittle, tenente-general Jimmy, 285, 349, 380, 423
Dornier, aviões, 120, 130, 135
Dortmund (Alemanha), 140
Douhet, Giulio, 117-8
Dowding, marechal do ar Sir Hugh, 121, 124, 126, 129, 133
Drake, Sir Francis, 261
Drayton, Michael, 259
Dresden (Alemanha), 174, 177, 377, 381
Drucker, Peter, 426
Duisburg (Alemanha), 113, 140
DUKW (caminhões anfíbios), 331, 451*n*

473

Dunquerque (França), 47, 49, 121, 130, 173, 271, 289, 299, 305, 313-4, 318, 408-9
Dupuy, Trevor, 212, 442n, 444n
Düsseldorf (Alemanha), 140

Eagle has landed, The (filme), 187n
Eaker, general Ira, 139, 145, 147, 149
Eban Emael (fortaleza belga), 187
Echols, major general Oliver, 161-2, 440n
Edison, Thomas, 154, 425
Egito, 34, 40, 48, 190, 198-200, 265-7, 394, 404, 419, 424
Eichelberger, general Bob, 353, 452n
Eisenhower, general Dwight D., 19, 143, 146, 167, 171-3, 186, 205, 208, 281-2, 288, 292, 296, 298, 308, 313, 316, 323, 327-8, 398, 409, 450n
Elin K. (cargueiro), 56
Ellis, major Earl H. "Pete", 332, 398, 452n
Enigma, decodificações da, 65, 134, 244, 257
Enola Gay (avião B- 29), 379
Entente Cordiale, 47
Enterprise (navio americano), 368
equipes de demolição, 312
Erickson, John, 223, 238, 444n
Escócia, 47, 60, 84, 270, 276, 304
Esfera de Coprosperidade da Grande Ásia Oriental, 344
Espanha, 16, 18, 80, 96, 118, 191, 261-2, 265, 370, 401, 427
Essen (Alemanha), 140, 142
Essex (navio americano), 81, 365, 369-73, 405
Estreito de Messina, 288-91
Estreito de San Bernardino, 388
Etiópia, 118, 122
Evelegh, comodoro do ar Vyvyan, 285
Exército americano, 57, 60, 116, 143, 185-7, 230, 232, 278, 285, 288, 323-4, 349, 360, 364, 398, 414, 452n
Exército britânico, 20, 117, 194-5, 204-5, 212, 273, 281, 318, 320, 328, 351, 422
Exército Kwantun, 217, 338
Exército Vermelho, 13, 20, 22-4, 195, 217, 220-2, 224-35, 237, 238-43, 247-9, 252-5, 257-8, 328, 386, 409, 412-4
Extremo Oriente, 16, 41, 46, 50, 137, 146, 157, 180, 217, 224, 265, 277, 376, 403, 454n

F6F *ver Hellcat F6F*, caças
Fábrica Imperial de Ferro e Aço (Yawata), 380
Fechando o cerco (Churchill), 296
Feiler, tenente comandante, 55
Felipe II da Espanha, 427
Fergusson, Bernard, 279, 447-8n
Fiji, ilhas, 352
Filipinas, 21, 146, 187, 245, 272, 289, 339, 344, 347, 351, 353-4, 356, 358, 364, 373, 375, 384-5, 388, 390, 392, 395, 399-402, 404-5
Finlândia, 216
Fisher, almirante Jacky, 265
Flail (tanques), 204, 443n
Flower, corvetas da classe, 90
Focke-Wulf 190, caças, 161, 248
Foguetes V-1 e V-2, 424
Folkestone, 115, 306
Força Aérea americana, 132, 139, 143-5, 147, 149-52, 159, 160, 162-5, 171-2, 174, 178, 277, 306, 322, 326, 356-7, 360, 403
Força Aérea do Deserto Ocidental, 206
Força Aérea Real (britânica), 13, 18, 43, 45, 49, 60, 71, 83, 97, 103, 109, 111, 116-8, 120-1, 123, 126-32, 135-41, 143-5, 147, 150, 152, 155-8, 161, 163-4, 171-2, 174, 177, 180, 182, 197, 206, 212, 219, 246, 256, 271, 278-9, 285, 300, 304-6, 312, 314-5, 324, 326, 328, 357, 360, 395, 417, 423, 438-9n, 443n
Força Aérea Real Canadense (Royal Canadian Air Force — RCAF), 43, 71, 76, 163
Força Aérea Vermelha, 216, 244, 245, 247-8, 252
Força Expedicionária Britânica (British Expedicionary Force — BEF), 47, 188-9, 410
Força H, 274, 282
Forças da Comunidade Britânica, 200, 205, 208
Forças Especiais, 212, 351
Forczyk, Robert, 221, 444n
Formosa, 272

Fort Cedar Lake (navio mercante), 59
Fortaleza Norte (plano militar), 301
Fortaleza Sul (plano militar), 301, 304
"Fortalezas Voadoras" B-17, 19
fragatas, 54, 71, 76, 86, 97, 316
Frankfurt (Alemanha), 142
Fredendall, major general Lloyd, 186-7, 285
Frederico, o Grande, 191, 311, 427
Freeman, marechal do ar Sir Wilfrid, 157-61, 164, 181, 183, 381, 423
Fuller, J. F. C., 194-5, 199, 239, 342

G7 (torpedo), 57
Galland, Adolf, 108, 156, 167, 246
Gallipoli *ver* Campanha de Gallipoli
gás venenoso, bombardeios com, 118
Gee, código de, 139
Genda, comandante do ar Minoru, 367
Genghis Khan, 190
geografia, 82, 124, 132, 198-9, 241, 335, 346, 349, 359, 417-8
Gibraltar, 33, 36, 43, 48, 61-2, 65, 80, 96, 100, 273, 281, 284, 356, 368, 419
Gilbert, ilhas, 21, 260, 344, 347, 355, 370-2, 389, 397-8
Gironda, 48, 261
Gladwell, Malcolm, 425, 456*n*
Goebbels, Joseph, 141
Godt, contra-almirante Eberhard, 45
Gold, praia de, 318
Golfo da Biscaia, 61, 71, 84, 93, 95-8
Gollin, Alfred, 110, 438*n*
Göring, Hermann, 121, 124, 127-9, 131-4, 142, 144, 156, 167, 179, 246
Gotha, bombardeiros, 115
Gott, general William, 203*n*
Grabin, V. G., 238
granadas, 62, 71, 77-8, 86-7, 110, 194, 239, 321
Grande aliança, A (Churchill), 296
Grande Guerra Patriótica *ver* guerra russo--alemã (1941-5)
Grant (tanques), 203, 207
Granville (cargueiro), 60

Great Crusade, The (Willmott), 184, 334, 437*n*
Grécia, 20, 53, 73, 189, 192, 200, 209, 225, 243, 265-6, 270, 289, 304, 328, 415, 442*n*
Gretton, Sir Peter, 63, 76, 79, 83, 99, 105, 435-6*n*
Groenlândia, 55, 76-7, 95
"Groselhas" (apelido de navios de escolta), 326
Grumman, engenheiros, 372
Grupo de Escolta B7, 73
Grupo de Longo Alcance do Deserto, 199
Guadalcanal, 260, 332, 345, 353, 355, 359, 368, 384-5, 397, 403
Guam, 330, 385-7, 399, 401-3
Guderian, general Heinz, 189, 196, 201, 228, 235, 240, 310, 342, 420, 445*n*
Guernsey, 262
guerra aérea tática, 111, 114, 122
guerra anfíbia: 263-4, 268, 269, 327, 329, 331-2, 357, 359-61, 364-5, 386, 399, 401-2, 452*n*; Anzio, 209, 264, 288, 293, 310, 317, 322, 330, 351, 412, 422; bombardeios navais, 279, 286, 386, 396, 398; equipamentos, 274, 330, 363; Exército americano, 364; Filipinas, 272, 289; Golfo Leyte, 351, 369, 375; Guadalcanal, 397; Iwo Jima, 289, 351; Marianas, ilhas, 289, 351, 354, 399; na História, 261; na Primeira Guerra Mundial, 264; Normandia *ver* Batalha da Normandia; norte da África, 279, 280, 296, 418; Okinawa, 289; Operação Ameaça, 272; Operação Ironclad, 273; papel do planejamento, 329; poder aéreo e, 272, 279, 282, 289; portos artificiais, 325; raide a Dieppe, 173, 276, 286, 295, 300, 322; Saipan, 179, 248, 330, 374; Salerno e Taranto, 288, 291, 296, 300-1, 313, 412; Sicília, 288, 296, 313; tanques e, 278, 313, 317, 319, 322; Tarawa, 330, 370, 385, 398; Tinian, 386; treinamento, 277
Guerra Civil Espanhola, 122
Guerra da Coreia, 181, 182
Guerra de 1812, 269
Guerra de Mentira (Phony War), 188
guerra de tanques: armamentos antitanques, 234, 246; na Primeira Guerra Mundial, 194,

475

229; no norte da África, 204, 208; proponentes, 195; tanques Panther, 220, 234, 238, 252; tanques Sherman, 203, 207, 220, 319, 324, 377; tanques T-34, 220, 227, 235, 238, 252, 257, 363, 377; tanques Tiger, 220, 234, 238, 252

Guerra do Pacífico: a ascensão americana, 396; abastecimento de petróleo, 338, 344, 350; baixas aliadas, 384, 394, 399, 402; Batalha de Midway, 345, 356, 368, 374, 393, 396, 403, 413, 419; Batalha do Mar das Filipinas, 170, 373-4, 388, 399-400, 404; Batalha do Mar de Coral, 343, 368, 384; Batalhas do Golfo Leyte, 351, 369, 375, 388, 394, 404; combates anfíbios *ver* guerra anfíbia; conquistas japonesas, 343; esquadrões de apoio, 375; estratégia da Micronésia, 356, 362; Gilbert, ilhas, 260, 332, 344, 347, 355, 359, 370, 382, 389, 396, 398; Guadalcanal, 148; ilhas Carolinas, 337, 347, 357, 361, 371, 385, 399; Iwo Jima, 289, 330, 347, 351, 354, 359, 373, 381, 397, 402, 404, 418; Marshall, ilhas, 337, 347, 355, 361, 371, 374, 385; Nova Guiné, 343, 351, 369, 384, 397, 399, 402; Okinawa, 271, 289, 330, 352-3, 359, 373, 388, 397, 402; opções estratégicas dos aliados, 345; Pearl Harbor, 48, 146, 243, 338-9, 343, 353, 356-8, 367-9, 375-6, 382, 387, 390-1, 395, 405, 412; perdas japonesas, 354, 374, 381; Plano Laranja, 357; poder aéreo na, 179, 358, 365, 376, 399, 401; Saipan, 179, 248, 330, 374, 385, 387, 399, 403; Salomão, ilhas, 344, 351, 359, 382, 384, 393, 397; Seabees, 358, 381, 388, 401; serviços de inteligência, 93, 392, 412; submarinos na, 387, 402; Tarawa, 330, 370, 398; Tinian, 386, 403; transportadores de aeronaves, 355, 358, 365, 381, 387, 393; Wake, ilha, 371

Guerra do Vietnã, 181, 192
Guerra dos Seis Dias, 185*n*
Guerra dos Sete Anos, 191
Guerra Fria, 240, 245
Guerra nos ares, A (Wells), 113
guerra russo-alemã (1941-5), 212-3, 219, 225, 233, 248, 257-8, 444*n*
guerra russo-japonesa (1904-6), 342
guerras napoleônicas, 38
Guilherme, o Conquistador, 308

H2S, código de, 139
Haig, Douglas, 133, 194
Halder, Franz, 218, 255
Halifax (navio), 109, 157
Halsey, almirante William "Bull", 356, 369, 371, 375-6, 388, 392
Hamburgo (Alemanha), 18, 141, 142; *ver também* Batalha de Hamburgo
Handley-Page, bombardeiros, 116
Happe, primeiro-tenente, 77
Harder (navio americano), 388
Harker, Ronnie, 158-60, 162, 182, 381, 423, 442*n*
Harriman, Averell, 161
Harris, marechal do ar Sir Arthur "Bomber", 18, 45, 84, 139-44, 171, 174, 177-8, 181, 248, 436*n*, 439*n*, 441*n*
Hart, B. H. Liddell, 185, 334
Hastings, M., 176, 438-9*n*, 441*n*, 449-50*n*
Havaí, 21, 343, 352, 355-6, 358, 364-5, 369-70, 379, 388, 391, 403, 418-9
Hawker Hurricanes (aviões), 130
Healy, Mark, 237, 444-5*n*
Hébridas, ilhas, 60
Hedgehog (granadas), 62, 71, 77-8, 86, 88, 97, 105, 257, 423, 434*n*, 437*n*
Heinkel (aviões), 120, 130, 132, 135
Hellcat F6F, caças, 246, 365, 370-4, 378, 399, 453*n*
Helmuth von Moltke o Velho, 191
Henrique V, 308
Herz, Adolf, 91
Hewitt, almirante H. Kent, 290-291, 314, 324
Higgins, Andrew, 363
Hill, almirante John R., 398

Himalaia, 349
Hinsley, Sir Harry, 412, 449n, 455n
Hiroshima, 15, 377, 379, 381, 384, 403
Hiryu (porta-aviões), 367
History of the Second World War (Liddell Hart), 25, 185, 334
Hitchcock, Thomas, 160-2, 181, 440n
Hitler, Adolf, 20, 42, 46, 48, 52-3, 81, 83, 87, 104, 118, 120, 122-4, 128-9, 133-4, 136, 141, 167, 170, 174, 179, 189, 199-201, 205, 208-9, 218, 220-7, 252, 254-6, 261, 270, 286, 289, 294-5, 301, 304-5, 309-10, 327, 334, 338-9, 345, 358, 386, 407, 415, 419-20, 433-4n, 436n, 439n, 442n, 444n, 446n, 449n, 456n
Hitler's War on Russia (Carell), 227, 444n
Hives, E. W., 159, 440n
HMS (Navio de Sua Majestade): *Ajax*, 321; *Anemone*, 62-3; *Archer*, 80, 94-5, 442n, 456n; *Ark Royal*, 272; *Barham*, 272; *Beverly*, 57; *Bulolo*, 285; *Cygnet*, 99; *Devonshire*, 272; *Dorsetshire*, 85; *Duke of York*, 92; *Duncan*, 79, 99; *Harvester*, 52; *Indomitable*, 272; *Jed*, 79; *Kashmir*, 271; *Kite*, 99; *Largs*, 285, 400; *Loosestrife*, 76, 78-9, 99; *Mansfield*, 57, 59; *Oribi*, 78; *Pelican*, 78; *Pennywort*, 57; *Pink*, 77, 102; *Prince of Wales*, 271, 375; *Repulse*, 271, 375; *Resolution*, 272; *Rodney*, 284, 300; *Scylla*, 315; *Sennen*, 77, 79; *Snowflake*, 76, 79; *Starling*, 99; *Sunflower*, 76, 79, 99; *Victorious*, 368, 453n; *Vidette*, 78-9, 99; *Volunteer*, 56, 58, 61, 63, 68, 95; *Warspite*, 293, 301, 320; *Wild Goose*, 99; *Woodpecker*, 99; *Wren*, 99
Hobart, general Percy, 24, 204, 298, 319-20, 330, 381, 422, 426, 434n, 443n, 450n, 456n
Holanda, 53, 121, 188, 263; *ver também* Países Baixos
Hong Kong, 339, 344, 356
Hopkins, Harry, 160-1
Hornet (navio americano), 368
Horton, almirante Sir Max, 42, 45, 70-1, 78, 80, 100, 104, 394

Hudson, bombardeiros, 79, 97
"humint" (inteligência humana), 43
Hungria, 216, 235
Hurricane, caças, 441n

Illustrious (porta-aviões), 81
Ilyushin Sturmovik, aviões, 248
Império Britânico, 16, 36, 48, 83, 124, 143, 168, 197-8, 201, 204, 210, 223, 249, 270, 276, 289, 336, 402, 408-9, 416, 421, 452n
Império Otomano, 267
Império Romano, 38, 407
Imphal-Kohima, 352
Independence (navio americano), 370-1
Índia, 34, 48, 137, 202, 266, 273-4, 293, 339, 343, 349, 354, 379, 405, 424, 452n
Índias Orientais Holandesas, 344
Índico, oceano, 69, 85, 200, 343
Indochina, 21, 338, 339, 346
infláveis, tanques com partes, 319, 320-1
Influence of Sea Power upon History, The (Mahan), 38, 114
inteligência *ver* serviços de inteligência
Iowa (navio de guerra), 300
Irena (cargueiro), 58
Irene du Pont (cargueiro), 59
Irlanda do Norte, 60, 63, 84, 95
Iron Coffins (Werner), 95, 437n
Irwin, general Noel, 273
Isaev, Alexay, 232, 445n
Islândia, 60, 62-3, 76, 95, 97
Isely, J. A., 332, 402, 450n, 452n
Israel, 185n
Itália, 17, 40, 48, 100, 116, 122, 137, 144, 155, 162, 178, 193-4, 200, 209, 210, 216, 254, 264, 268, 282, 288-9, 291, 294-5, 299, 338, 396-7, 404, 409, 416, 422, 444n
Iugoslávia, 73, 189, 192, 243, 254, 270
Iwo Jima, 289, 330, 347, 351, 354, 359, 373, 381, 397, 402, 404, 418

James Oglethorpe (cargueiro), 57
Japão, 17, 19, 21, 38, 83, 116, 137, 146, 155,

177-8, 180, 265, 268, 334-9, 342-7, 350, 352-5, 357-8, 360-1, 364-6, 370-1, 375, 379-81, 384, 387-8, 391-3, 396, 399, 402-5, 415-6, 418-20, 424, 428, 451*n*, 454*n*
Java, 339, 344, 350
Jefna (Tunísia), 187
Jellicoe, almirante John, 374
Jobs, Steve, 425, 456*n*
Jodl, Alfred, 227, 305, 386
Jukov, general Gueorgui, 217, 236-7, 240, 244, 246, 249, 258
Júlio César, 308, 375, 427
Junkers (bombardeiros), 90, 98, 127, 130
Juno, praia de, 321
Jutlândia, 103, 266, 374, 453*n*
Juventude Hitlerista, 253, 325

kamikazes, 101, 271, 315
Katyushas (foguetes russos), 237
Keegan, John, 239, 443-5*n*
Kepner, major general William, 163
Kesselring, marechal de campo Albert, 124, 132, 209, 293-5, 299, 422
Kesselschlacht (bolsão de tropas cercadas), 196, 219, 237, 244
Kiel (Alemanha), 151, 175
Kiev (Ucrânia), 216, 222, 241
King George V (navio de guerra), 300
King Gruffydd (cargueiro), 59
King, almirante Ernest, 42, 146
Kingcobra P-63, caças, 160
Kingsbury (cargueiro), 59
Kinzel, tenente capitão, 59-61, 63, 102
Kittyhawk P-40, caças, 160
Kleist, general Ewald von, 228, 445*n*
Kluge, Hans von, 221, 327
Knoce, Heinz, 170
Koga, almirante, 334
Konev, marechal Ivan, 293, 401
Kosacki, Józef, 14, 204
Koshkin, Mikhail, 230-31, 423
Kwajalein, 385

Laboratório de Radiação do MIT, 92, 105, 176
Laboratórios Bell, 105

lança-chamas, tanques, 319
Lancaster, bombardeiros, 109, 136, 140-1, 157, 171, 173-4, 305, 310, 315, 376-7, 417, 424
LCVP (lancha de desembarque de pessoal), 363
Leahy, almirante William, 146, 422
Legião Condor, 122
Le Havre (França), 261, 267, 301, 315, 320, 325, 383
Leicester, regimento de, 186
Leigh Light, 71, 92-3, 95, 257, 437*n*
Leigh, Humphrey de Verd, 92
Leigh-Mallory, marechal do ar Trafford, 172
Leipzig (Alemanha), 142, 219
LeMay, tenente general Curtis, 180, 380-1, 389
Leningrado, 218, 222, 229, 345, 419
Leonardo da Vinci, 110, 425
Levante, o, 265
Lexington (navio americano), 368, 370
Liberator B-24 (aviões), 61, 81, 84
Liberty (navios), 62, 257
Liga das Nações, 337, 338
Lightning P-38, caças, 158, 160, 164-5, 300, 365
Lille (França), 147, 149
Limbo (morteiros), 88
Linha Gustav, 294-5
Linha Maginot, 195
Lloyd George, David, 115
"Locksley Hall" (Tennyson), 107
Lockwood, almirante Charles A., 391, 395
Londres, bombardeios de, 115, 128, 133, 135
Lovett, Robert A., 162-3, 165, 181, 183, 423, 440*n*
Lubeck (Alemanha), 136
Lucas, major general John, 294
Lucy, núcleo de espionagem, 244
Ludendorff, Erich von, 133, 194
Luftwaffe, 18, 23, 42, 47-8, 82-4, 90, 98, 101, 109, 111, 118-23, 127-36, 140, 142-4, 148-51, 153, 156, 158, 167-71, 173-6, 178-80, 188-9, 196-7, 200, 202, 205, 216, 219, 225, 245-7, 270-1, 276-8, 290, 292, 295, 300, 306, 314, 367, 373, 414, 419
Lupfer, Timothy, 194, 442*n*, 456*n*
Luther, tenente comandante, 56, 58, 61, 64
Luzon, ilha, 272, 347, 392
LVTs (tanques anfíbios), 386, 400

MacArthur, Douglas, 21, 139, 146, 187, 343, 345-6, 351-4, 356, 359, 364, 370-2, 384-5, 392, 397, 399, 401-2, 412, 418, 452*n*
Mackensen, general Eberhard von, 294-5, 299
Madagascar, 273, 276, 332
Magic, códigos, 93, 412
magnetron, 24, 160, 176, 434*n*, 437*n*
Mahan, Alfred Thayer, 38, 114, 342
Makin, ilha, 371, 398-9
Malásia, 271, 339, 350
Malta, 34, 48, 156, 206, 262, 291, 293, 368, 394, 419
Malyshev, V. A., 231, 233
Manchúria, 268, 336, 338-9, 346, 354
Mandalay, 352
Mansek, tenente capitão, 57
Manstein, Erich von, 20, 196, 220-3, 243, 257, 444*n*
Manteuffel, Hasso von, 196
Mar cruel, O (filme), 58*n*
Mar cruel, O (Montserrat), 58*n*
Mar da China, 349
Mar do Norte, 47-8, 89, 103, 112, 146, 173, 267, 328, 389
Marauders de Merrill, 351
Marcus, ilha, 370
Marianas, ilhas, 22, 248, 250, 260, 289, 328, 332, 337, 347, 351, 354, 357-9, 361, 365, 371, 374-6, 380-2, 385, 387, 389, 395, 397, 399-400, 403-5, 416, 418, 453*n*, 455*n*
Marinha americana, 24, 42-3, 51, 71, 100, 146, 232, 271, 324, 355-7, 360-1, 364, 367-8, 371, 373, 382, 385, 388, 391, 393, 417, 450*n*
Marinha Real britânica, 22, 33, 39, 44, 46-7, 49, 54, 68, 71, 83, 91, 103, 115, 117, 135, 162, 188, 206, 261-2, 266, 270-2, 284-5, 290, 297-9, 301, 309, 313, 315, 320, 328, 356, 376, 389, 393-4, 413, 436*n*, 447*n*
Marinha Real canadense, 434*n*
Mark (tanques), 228
Mark 14 (torpedos), 389-0
Marlborough, duque de, 191, 449*n*
Marrocos, 33, 208, 281, 284, 396

Marshall, general George, 84, 181, 422
Marshall, ilhas, 179-0, 357, 371, 374, 385, 390, 418
Maryland (navio americano), 232, 399
Masters, John, 352
Mathew Luckenbach (navio mercante), 61
Matilda (tanques), 203
Mediterrâneo, mar, 34, 36, 40-1, 45, 50, 72, 76, 100-1, 105, 122, 134, 137, 143, 147, 163, 167, 185, 190, 198-9, 204-6, 208-9, 218, 225, 247, 265-6, 281-2, 284, 286, 288, 293, 297-8, 301, 306, 352, 357, 368, 376, 389, 413-5, 448
Mellethin, general Friedrich von, 228, 445*n*
"Men and Space in War" (Zeitzler), 255
Men at Arms (Waugh), 272
Merlin (motores), 157, 159, 440*n*
Messerschmitt, caças, 107, 126-7, 130-1, 145, 175, 442*n*
Micronésia, 356-7, 362, 371, 423
Midway, ilha, 343-4, 356, 368-9, 393, 396, 403, 405, 413, 417, 419, 435*n*, 451*n*, 453*n*
Milch, Erhard, 179, 246
Millett, A. R., 41, 362, 438*n*, 441*n*, 443*n*, 447-8*n*, 450-2*n*, 456*n*
Milner, Marc, 68, 434-8*n*
minas terrestres *ver* campos minados
Mindanau, 402
Minsk, Belarus, 241, 252-3
Missão Tizard, 91, 105
MIT (Massachusetts Institute of Technology), 92
Mitchell B-25, bombardeiros, 365
Mitchell, general Billy, 109, 117, 271
Mitchell, J. R., 156
Mitscher, almirante Marc, 356, 375-6
Moltke, Helmuth von (o Jovem), 192
Mongólia, 346
Monte Cassino, mosteiro de, 295
Montgomery, general Bernard Law, 40, 186, 192, 199, 202, 204-5, 207-8, 212, 236-7, 291, 293, 298-9, 311, 321-2, 327, 329
Montserrat, Nicholas, 58*n*
Moreell, Ben, 14, 382-6, 405, 422, 446*n*, 454*n*

479

Morison, Samuel Eliot, 394, 401
Morotai, ilha, 385
Morton, capitão Dudley W., 391
Mosa, rio, 268
Moscou (Rússia), 216-9, 221-3, 225, 241, 248, 253-4, 345, 404, 407, 419
Mosquitos (aviões), 98
motores, 55, 98, 110, 112, 116, 119, 136, 154-60, 216, 378, 424, 440*n*
Mountbatten, vice-almirante Lord Louis, 274, 276-7, 279, 332, 350-1, 448
Mulberry (St. Laurent), 309
Muralha do Atlântico, 19, 204, 255, 277, 280, 310, 383
Murray, Williamson, 41, 131, 188, 433-5*n*, 439*n*, 442*n*, 456*n*
Mussolini, Benito, 17, 48, 104, 116, 122, 189, 199, 289, 338, 404, 409
Mustang P-51, caças, 24
Mustang ver P-51 (aviões)

Nagasaki, 377, 381, 384, 403
Nagumo, almirante, 338
Napoleão, 18, 53, 113, 191, 201, 242, 248, 334
Narvik, 76, 270
navios: mercantes, 14, 18, 32-3, 35-6, 38-40, 44, 46, 50-4, 56-7, 59-61, 63-6, 72-3, 77-8, 80, 85, 89, 94, 98, 103-4, 150, 206, 261, 268, 282, 315, 326, 391, 394-5, 417, 436*n*, 456*n*; navios-tanque, 33, 72; *ver também* HMS; *nomes específicos*
Nelson, almirante Horatio, 38, 52, 76, 201, 273
Nevada (navio americano), 300
Newfoundland, 47, 76-7, 83-4, 95, 146, 281, 436*n*
Nilo, 52
Nimitz, almirante Chester, 331, 353-6, 364, 369-71, 388, 391, 398, 400, 402, 435*n*
Norden, visor de bombardeio, 144, 148
Normandia *ver* Batalha da Normandia; Campanha da Normandia
norte da África *ver* África
North American Company, 158, 161

Noruega, 20, 48, 53, 71, 73, 120, 122, 127, 188, 190, 225, 243, 255, 257, 261, 269-71, 300-1, 367, 376, 409, 412, 422, 448
Nova Bretanha, 384, 397
Nova Guiné, 21, 146, 343-5, 347, 351-3, 356, 358, 365, 369, 371, 384-6, 397, 399, 402, 415, 418-9
Nova Zelândia, 47, 131, 182, 201-2, 265
Nurembergue (Alemanha), 143

Oboe, código de, 139-41
Ochersleben (Alemanha), 151
Ofensiva de Brusilov, 193
Ofensiva de Polatsk, 253
Okinawa, 271, 289, 330, 347, 352-4, 358-60, 365, 373, 388, 397, 402-4, 418
Oliphant, Mark, 91
Omaha, praia de, 321-4, 400
On War (Clausewitz), 114
Operações de guerra: Ameaça, 272; Anvil, 328; Avalanche, 291, 293; Bagration, 22, 198, 219, 222-3, 243, 247-50, 253, 408, 414, 416; Barbarossa, 170, 190, 213, 217, 224, 229, 241, 246-8, 339, 412; Bolero, 34; Dragoon, 328; Forager, 400; Gomorrah, 141; Husky, 288; Ironclad, 273, 275; Jubilee, 277; Leão-Marinho, 270, 277; Matterhorn, 380; Netuno, 315; Overlord, 102, 183, 288, 294, 309, 318, 325-6; Pointblank, 165; Rutter, 277; Shingle, 288; Slapstick, 291; Torch, 280; Zitadelle, 223
Orã (Argélia), 280
Orne, rio, 313, 321, 331
Ostfeldzug, 212-3, 222, 225, 238, 246, 252, 256, 258, 418, 427
Our Jungle Road to Tokyo (Eichelberger), 353
Owen, tenente aviador, 173
Ozawa, almirante Jisaburo, 375

P-51 (aviões), 158-62, 164-5, 171, 176, 182-3, 229, 234, 373, 381, 402, 423, 426, 434*n*, 440-1*n*, 456*n*

Pacífico, oceano, 17, 146, 344, 359, 381, 451*n*; *ver também* Guerra do Pacífico
Packard Company, 157, 160-1, 440*n*
Países Baixos, 48, 73, 103, 120, 122, 149, 171, 191, 309, 314, 320; *ver também* Holanda
PaK, bazucas, 239, 257
Panamá, 53, 73, 100, 362
Panther (tanques), 220, 231, 238, 252
Panzercorps, 220-1
Panzerfausts (bazucas), 235, 238
Papua Nova Guiné, 345, 352-3, 359, 384
Paris, 297, 299, 308, 337, 382
partisans, 192, 240, 242-3, 252, 258
Pas-de-Calais, 48, 126, 128, 295, 304-6, 311
Passagem de Palawan, 388
Patton, general George, 139, 146, 186, 209, 253, 285, 290, 298, 304-5, 327, 409, 452*n*
Paulus, marechal de campo Friedrich, 20, 219
Pearl Harbor, 48, 146, 243, 338-9, 343, 353, 356-8, 367-9, 375-6, 382, 387, 390-1, 395, 405, 412
Peck, Gregory, 152*n*
Peenemünde (Alemanha), 141
Pelelieu, ilha, 385
petróleo, 34, 73, 336, 338-9, 344, 350, 384, 417
Phony War, 188
Pitt, William, o Velho, 414*n*
Plano Laranja, 357
Plano Z, 47
Polônia, 46, 53, 120-2, 149, 188, 196, 226, 230, 235, 249, 253, 257, 328
Pont l'Abbé (França), 318
Port Auckland (cargueiro), 61
Port Moresby, 343, 352, 355
porta-aviões, 43-4, 47, 80-2, 84, 92, 94, 96, 100-1, 118, 245, 257, 271-3, 334, 343, 345, 356-9, 365-76, 383, 385, 388, 393, 398-400, 402-3, 405-6, 413, 424
Portal, marechal das forças aéreas Sir Charles, 133, 143, 163
Pound, Sir Dudley, 70
Pratt & Whitney (motores), 373, 378-9
Priller, "Pips", 314

Primeira Guerra Mundial, 39, 41, 45, 86, 88, 115, 122, 133, 154-5, 193, 195, 226, 264, 268, 298, 300, 321, 336, 338, 356-7, 360, 382, 393
Princeton (navio americano), 370-1
Projeto Manhattan, 179
proporcionalidade, princípios da, 381
Purple, códigos, 93, 385, 412

Quai d'Orsay, 205
Quinto Corpo britânico, 291

Rabaul, 354, 370-3, 375, 388, 401, 404, 453*n*
radar, 23, 31, 71, 81, 88, 90-2, 95-7, 105, 123-6, 128, 134, 139, 141-2, 171, 176, 204, 206, 257, 261, 369, 387, 392-3, 423-4, 426, 453*n*
rádio, 68, 71, 89-90, 93, 95, 97, 99, 110, 123, 206, 234, 244, 293, 304, 307-8, 399, 445*n*
Raeder, grão-almirante Erich, 42, 47, 49, 270, 315
RAF *ver* Força Aérea Real (britânica)
raides, 137, 274, 277, 313
"Raides dos Mil Bombardeiros", 139
Ramsay, almirante Sir Bertram, 290, 298-9, 312, 318, 323, 325, 422, 426, 449*n*
Randall, John, 91
"Ratos do Deserto" *ver* Sétima Divisão Blindada britânica
Reagan, Ronald, 181
Regensburg (Alemanha), 107-8, 161, 277
Reichenau, Walther von, 188
Relatório Butt, 138, 177
Relatório Smuts, 115, 153
Reno, rio, 121, 140, 167, 179, 191, 384
Resistência francesa, 273
Rhodes, 243, 256, 447*n*
Richelieu (navio de guerra), 272
Ridgway, general Matthew, 293
Road Past Mandalay, The (Masters), 352, 452*n*
Road to Berlin, The (Erickson), 223, 444*n*, 446*n*
Road to Stalingrad, The (Erickson), 223, 444*n*
Rohwer, Jürgen, 51, 55, 90, 169, 435*n*, 437*n*
Rokossovski, general Konstantin, 401

Rolls, Charles, 154
Rolls-Royce, 24, 136, 154-60, 164, 176, 183, 373, 423, 440*n*
Roma, 22, 250, 254, 288, 294-5, 386, 404, 408, 416
Roma (navio de guerra italiano), 293
romanos, 191, 256, 407; *ver também* Império Romano
Romênia, 216, 235, 254, 266
Rommel, marechal de campo Erwin, 20, 184-6, 190, 192, 194, 196, 199-202, 204-9, 236, 239, 249, 282, 286, 295, 297, 304, 306, 308-10, 316, 318, 321, 323, 327, 383, 419, 422, 443-4*n*
Roosevelt, Eleanor, 162
Roosevelt, Franklin D., 16, 19, 32, 123, 137, 160-1, 262, 277, 281, 286-8, 332, 338, 349, 379, 382, 401, 422, 434*n*, 448
Roskill, S. W., 32, 65, 101, 391, 434-8*n*, 447-8*n*, 450*n*, 453-4*n*
rotas comerciais, 40
Rote Kapelle, Die (rede de espionagem soviética), 244
Royal Air Force *ver* Força Aérea Real (britânica)
Royce, Sir Henry, 154
Ruhr, 24, 138, 140, 175, 246, 424; *ver também* Batalha do Ruhr
Rundstedt, marechal de campo Gerd von, 224, 255, 305-6, 308, 310
Rutherford, Ernest, 91
Ryder, major general Charles W., 285

Sacro Império Romano-Germânico, 191
Saipan, ilha, 179, 248, 330, 374, 379, 385-7, 399-403
Salerno (Itália), 209, 282, 288, 291, 293, 295-6, 300-1, 313, 383, 412
Saliência de Orel (Rússia), 221-2
Salomão, ilhas, 344-5, 347, 351-3, 359, 382, 384, 393, 397
Salônica (Grécia), 267
Samoa, 352
Saratoga (navio americano), 368, 371

Sardenha, 288-9
SB2C *Helldiver*, bombardeiros de mergulho, 372
Scharnhorst (cruzador de guerra), 92, 413
Scheldt, rio, 328-9
Schlieffen, Alfred von, 192
Schweinfurt (Alemanha), 19, 107-9, 151, 161, 181, 277
Schweppenburg, general Geyr von, 310-1
Scientists Against Time (Baxter), 92
"Seabees" *ver* Batalhões de Construção da Marinha americana
Senegal, 272
serviços de inteligência, 51, 55, 64, 69, 71, 93-4, 101, 123, 135, 148, 167, 178, 209, 217, 221, 243-5, 256-7, 279, 299, 304-6, 311, 392, 411-2
Seth, Ronald, 78, 436*n*
Sétima Divisão Blindada Britânica ("Ratos do Deserto"), 293, 319
Shakespeare, William, 29
Shark, códigos, 80
Sherman (tanques), 203, 319-20, 324, 351, 377
Sherman, William Tecumseh, 242
Shokaku (porta-aviões), 367
Sibéria, 346
Sicília, 17, 38, 100, 142, 206, 209-10, 222, 225, 261, 265, 288-91, 296, 299, 301, 313, 322, 330, 346, 383, 385, 389, 396-8, 404, 414, 444*n*
"sigint" (inteligência de sinais), 43
Skorzeny, Otto, 187*n*
Slapton Sands (Devon), 269
Slessor, marechal do ar Sir John, 45, 104
Slim, general William, 298, 351, 366, 402, 452*n*
Smolensk (Rússia), 216, 222, 241
Smuts, Jan, 115
sonar, 31, 39, 60, 62, 68, 86-8, 96, 99-100, 393, 437*n*
Soryu (porta-aviões), 367
Southern Princess (baleeiro), 58
Spaatz, general Carl, 139, 141, 145, 149-50, 159, 162-3, 167, 171

Spector, Ronald, 396, 451-6*n*
Speer, Albert, 18, 141-2, 147, 149, 152, 175, 179, 220, 246, 424, 439*n*
Sperrle, Hugo, 124, 128, 133
Spitfire, caças, 126, 130, 134, 136, 149, 156-9, 163-5, 167-8, 170, 173, 179, 245, 247, 271, 278, 284, 300, 327, 368, 373, 377, 440-1*n*, 453*n*
Spruance, almirante Raymond, 374, 376
Squid (morteiros), 88
Stálin, Josef, 20, 24, 137, 146, 170, 189, 195, 198, 220, 222-3, 229-30, 243, 246, 248-9, 256, 258, 277, 288, 346, 407, 412, 419-20, 423
Stalingrado, 20, 142, 187, 198, 218-9, 222-3, 225, 229, 231, 234, 242, 244, 248, 250, 253, 255, 345, 404, 412, 417, 419, 435*n*, 444*n*
Stavka (o Alto Comando do Estado-Maior Russo), 198, 219-22, 225, 229, 231-2, 235, 237-8, 242-4, 249, 253, 257-8, 444*n*
Ste. Mère-Église (França), 317
Stilwell, general Joseph, 349-50, 451*n*
Strachan, Sir Richard, 259, 263, 267
Stuka Junker, bombardeiros de mergulho, 111, 120, 130, 197, 247
Stuttgart (Alemanha), 142
submarinos: afundamentos pelos aliados, 33, 35, 49, 56, 64, 72, 78; batalhas de março--maio (1943), 35, 50, 72, 99; cargas de profundidade e, 62, 71, 76, 78, 84, 86, 95, 97; comandantes de, 42, 45, 58; combates de superfície e, 98; comunicações sem fio e, 44, 56; condições atmosféricas/climáticas e, 50, 56, 68; Dia D, 101; Dönitz como comandante de, 41, 49; Hedgehog, granadas, 62, 71, 77, 86, 88, 97, 105, 257, 395; Leigh Light e, 71, 92-3, 95, 257, 437*n*; na Primeira Guerra Mundial, 39; números de, 34, 46, 49, 69, 94; perdas de, 73, 103; radar e, 81, 88, 95, 423; reabastecimento de, 49, 101; rendição de, 103; serviços de inteligência e, 43, 51, 55, 64, 71, 93, 306, 413; tipos de, 65, 94, 95, 102, 175, 389; torpedos e, 56, 58, 86, 93, 95; tripulações de, 31, 44, 49, 52, 80, 82; *ver também* U-boat

Suécia, 152
Suíça, 152, 244
Sumatra, 339, 344, 350
Sunderland, bombardeiros, 60, 62-3, 81, 93, 97-8
Superfortress (aviões), 180, 358, 376-7, 379, 387, 453*n*
Supermarine Aviation, 155
Suvorov, general Alexander, 241
Svend Foyn (baleeiro), 62
Sword, praia de, 318, 321

T-34 (tanques), 13, 24, 220, 227-35, 238, 246, 252, 257, 363, 377, 417, 425, 445*n*
Tailândia, 21, 344, 346
Taipan, 385
Taiwan, 336, 347, 395
Tanganica, 265
tanques: antitanques, armas, 24, 203, 207, 236-7, 239, 246, 280, 320; descartáveis, 162, 165; infláveis, tanques com partes, 319-21; lança-chamas, 319; *ver também* combates com tanques; guerra de tanques; *nomes específicos*
Taranto (Itália), 282, 288, 291
Tarawa, 21, 370-2, 385-6, 398-9, 404, 453*n*
TBF *Avenger*, aviões aerotorpedeiros, 372
Tchecoslováquia, 149, 268
Tedder, comandante-em-chefe Sir Arthur, 172, 206, 281, 298
Tennant, capitão William, 313
Tennyson, Alfred Lord, 107, 110, 114, 122
Terkoelei (navio holandês), 60-1
Thiess, comodoro, 400
Thunderbolt P-47, caças, 108, 111, 149, 158, 160, 164-5, 167-8, 170, 300, 330, 365, 373, 441*n*
Tiger (tanques), 220, 231, 235, 238, 252
"Tigres Voadores" (aviadores voluntários), 349
Tinian, ilha de, 379, 385-7, 403
tiras de alumínio, 139
TMP, pontões, 242
Tobruk (Líbia), 201, 208, 212, 408, 415

Tojo, general, 336, 338
Toland, John, 381, 454*n*
Tooze, Adam, 140, 439*n*
Tóquio, bombardeios de, 180, 349, 377, 381
torpedos, 31, 53-4, 56, 59-60, 71, 78, 82, 85-6, 95, 97-8, 101, 231, 265, 285, 389-5, 406
Tratado de Versalhes, 39, 195, 339
Trenchard, marechal do ar Sir Hugh, 117, 141, 180, 376, 439*n*
trincheiras, 112, 115-6, 122, 133, 180, 193-4, 237, 242, 319-20, 322, 330
Trinidad, 33, 54, 65, 383
Tripolitânia, 122
Triunfo e tragédia (Churchill), 296
Trótski, Leon, 195
Troubridge, comodoro Thomas Hope, 285
Truman, Harry, 110
Tukhachevski, Mikhail, 195, 342
Tunísia, 20, 43, 185-7, 208, 286, 289-90, 293
Turquia, 265, 267
Twelve O'Clock High (filme), 152*n*
Typhoon (aviões), 103, 111, 158, 300, 330, 373

U-boat (submarinos): U 125: 78; U 192: 77; U 305: 61; U 338: 59-60; U 384: 63; U 432: 51-2; U 435: 58; U 444: 52; U 569: 94; U 600: 58; U 603: 56-7; U 638: 78-9; U 653: 55; U 752: 94; U 758: 57; U 91: 57, 59; U 954: 79; *ver também* submarinos
U.S. Marines and Amphibious War, The (Isely & Crowl), 332, 451*n*
Ucrânia, 106, 190, 199, 224, 249, 351, 365, 418
Ultra (sistema criptográfico), 24, 93-5, 101, 289, 306, 316, 412-3, 437*n*
Universidade de Birmingham, 91, 105, 423
Upshur (navio americano), 59
Urquhart, Brian, 413
Utah, praia de, 313, 316-7, 322, 330, 400

Vaagso (Noruega), 261-2
varredores, tanques, 278, 320
Varsóvia (Polônia), 120, 136, 175, 177, 188, 253
Vasilevsky, Aleksandr, 249, 258

Verne, Júlio, 87
Vian, almirante Philip, 315
Vichy, França de, 19-20, 33, 123, 272-3, 281-2, 286-7, 338, 419
Vickers (tanques), 116, 156, 230
Vickers Vimy, bombardeiros, 116
Vietnã *ver* Guerra do Vietnã
Vilnius, 253
Vístula, rio, 179, 241, 253
VLR (Very Long Range), aviões de longa autonomia, 81-2
Volga, rio, 218, 223, 227, 241-2
Vyazma (Rússia), 216

Wake, ilha, 371
Walcheren (Holanda), 259, 263, 276, 301, 328-9
Walker, capitão Johnny, 99-100, 105, 424
Wallis, Barnes, 24, 97, 377, 381
Walter Q. Gresham (navio), 62
Walter, Hellmuth, 102
War at Sea, 1939-1945, The (Roskill), 434*n*
Wasp (navio americano), 368, 393
Watson-Watt, Sir Robert, 126
Waugh, Evelyn, 190, 272, 442*n*
Wegner, Bernd, 223, 444-5*n*
Wehrmacht, 19, 22, 42, 47, 170, 172, 184-5, 187-8, 190, 192-3, 196-8, 200, 208-10, 213, 216-9, 221-5, 227-8, 235, 237, 239-40, 243, 245, 250, 252-6, 269, 277, 290, 292-5, 299, 301, 304-7, 309-11, 314, 324-8, 345-6, 401, 407, 412, 414, 418, 420
Wellington (bombardeiros), 60, 71, 81, 97, 135, 157, 315, 377, 381
Wellington, duque de, 53, 174, 191, 262
Wells, H. G., 87, 113
Werner, capitão Herbert, 95, 101, 437-8*n*
West Kent, regimento britânicos de infantaria, 187
West Madaket (navio mercante), 77
Wildcat F4F, caças, 373
William Eustis (cargueiro), 58
William III, rei da Inglaterra, 260
Willmott, H. P., 184, 334, 437-8*n*, 451*n*

Wilson, Woodrow, 337
Winant, John, 160-1
Wingate, major general Orde, 351, 423
Witzig, major Rudolf, 187
Wodarczyk, Heinz, 314
Wood, James B., 404
Wright R-3350 (motores), 378
Wright, irmãos, 109-10

Yak-3 (caças), 245-8
Yak-9 (caças), 248
Yamamoto, almirante Isoroku, 338, 343, 367, 375, 404-5
Yamato (navio de guerra), 424

Yorktown (navio americano), 368-70, 393

Zaaland (cargueiro holandês), 57
Zaloga, Steven, 253, 446*n*
Zanzibar, arquiepélago de, 85
Zeebrugge (Bélgica), 261, 267
Zeitzler, Kurt, 255-6, 446*n*
Zeppelins, 115
Zero, caças, 158, 246, 367, 371, 373, 424
ZiS-2 (canhão antitanque), 238
Zouave (cargueiro), 61
Zuckerman, Solly, 172
Zuikaku (porta-aviões), 367
Zurmuehlen, comandante, 58

1ª EDIÇÃO [2014] 1 reimpressão

ESTA OBRA FOI COMPOSTA PELA SPRESS EM MINION E IMPRESSA EM OFSETE
PELA GEOGRÁFICA SOBRE PAPEL PÓLEN SOFT DA SUZANO PAPEL E CELULOSE
PARA A EDITORA SCHWARCZ EM ABRIL DE 2016